KB042227

제3판

개발협력시대의
비교행정학

선진국과 개발도상국의
행정체제의 분석적 이해

임도빈

박영사

이 저서는 정부(교육과학기술부)의 재원으로 한국연구재단의 지원을 받아
수행된 연구임(NRF-2014S1A3A2044898)

제3판 서 문

최근 우리가 살아가는 세상은 놀랍도록 변화하고 있다. 특히 세계화가 세상을 변화시키는 속도는 가속화되고 있으며, 지금의 세상은 한 국가가 혼자만의 힘으로 할 수 있는 일은 거의 없다고 할 수 있다. 이러한 변화는 우리나라에도 그대로 적용된다. 우리나라는 무역 의존도가 매우 높은 경제구조를 가지고 있으며, 이에 전 세계 거의 모든 국가와 교역관계를 맺고 있다. 즉, 우리나라는 교역상대국으로서 상대 국가의 지역특수성을 잘 알아야 살 수 있는 국가라고 할 수 있을 것이다. 또한 활발하게 이루어지고 있는 국제개발협력(ODA) 프로그램은 우리가 개발도상국에도 많은 관심을 가져야 함을 의미한다. 결과적으로 지금 우리가 살고 있는 이 세상은 행정학자는 물론이고, 온 국민이 우물 안 개구리가 아닌 세계인이 되어야 한다. 즉, 언론보도 내용도, 일상 대화도 국내뿐만 아니라 국외에 대한 것으로 가득 찰 수 있는 코스모폴리탄(cosmopolitan)의 마음을 가져야 하는 사회가 되었다.

행정학은 그동안 한국의 문제에 관심을 국한시켜 왔다는 특징이 있다. 구체적으로 우리 한국의 행정관료제를 어떻게 발전시킬 것인가에 대해서 외국의 사례를 많이 배우고, 이를 바탕으로 행정개혁을 해 온 것이 사실이다. 특히 이러한 외국 사례에 대한 학습의 배경은 한국 행정이 낙후되었기 때문에 선진국에서 배워야 한다는 생각이 기본적으로 깔려져 있었다고 할 수 있다. 하지만 이제는 한국 행정도 다른 국가와 비교하여 상대적으로 더 나은 점도 많이 있다고 생각한다. 즉, 과거와 같이 선진국에서 개발도상국으로 전파되는 일방적인 학습의 형태가 아니라, 서로 배워야 될 상호 학습의 관계가 되었다는 것이다. 예컨대, ODA 국가의 경우, ODA 수원국가가 우리에게 배워야 될 점도 있을 뿐만 아니라, 우리도 그들의 행정에서 배워야 할 점이 분명 있다는 의미이다.

이러한 의미에서 본다면, 우리 한국 행정학은 외국행정을 받아들이는 수입업자였다고 생각한다. 초창기의 비교행정 책이나 대부분의 행정학 책은 선진국의 좋은 사례를 소개하는 데 중점을 두었다. 오직 선진국을 배워야 할 존재로 놓고, 그 관심을 국한시켜 왔다는 한계도 있었다. 그러나 이제는 우리의 것을 외국에 수출도 해야 하고, 개발도상국에서 배워야 할 것도 많이 있는 시대가 되었다. 우리나라에 소위 후발주자의 장점이라는 것도 있기 때문이다. 예컨대, 그동안 우리나라는 IT기술의 발달로 공항에서 출입국심사가 가장 간편하고 빠른 나라였다. 지금은 어느 새 많은 나라, 심지어 러시아까지도, 입국 시 세관신고서를 쓰지 않고 있다. 여권 하나면 국경을 통과한다.

따라서 선진국 여부에 관계없이 모두 제도의 겉모습보다는 실제의 운영(기능)을 중심으로 이해하는 것이 필요하다. 따라서 이번 개정판에서는 선진국과 개발도상국 국가들을 각각 6개씩 선정하여 총 12개의 국가를 다루는 균형 있는 책으로 만들고자 하였다. 즉, 종전(책명: 비교행정)에는 9개 나라를 다루었는데, 이번에는 선진국에서는 스위스, 개발도상국에서는 몽고와 우간다 두 국가를 추가하였다. 특히 후자의 경우 아시아, 아프리카에 대한 관심과 정보가 부족한 우리나라 행정학계의 입장에서는 상당히 중요한 의미가 있다고 생각한다. 또한 내용적으로는 각국의 장점뿐만 아니라 단점도 소개하려고 노력하였다.

각 국가의 행정체제는 마치 살아있는 유기체와 같이 진화한다. 따라서 특정 시점에 측정된 수치로 행정체제를 설명한다는 것은 한계가 있다고 볼 수 있다. 그럼에도 불구하고 수치가 직접적으로 보여주는 마력으로 인해 무작정 통계수치를 무시할 수 없는 것도 현실이다. 이 책에서는 가급적 해가 바뀔 때마다 달라지는 통계수치를 제시하지 않으려고 하였지만, 불가피하게 제시한 것이 많이 있다. 이는 곧 시간이 지날수록 이 책의 신선도를 떨어뜨리는 한계가 있다는 뜻이다. 그러나 요즘 독자들은 각 국가의 통계수치가 인터넷으로 접근 가능하다는 것을 알고 있기 때문에, 이를 적극적으로 활용해서 내용을 이해하길 바란다.

아울러 이 책에서는 각 국가의 정치행정체제가 작동하는 기본 원리와 그 특성을 설명하고, 장점과 단점을 모두 다루고자 노력하였다. 그리고 전체 국가를 설명하는 틀인 통합모형이 이제는 상당히 균형 있게 들었다고 자부한다. 이와 같이 하나의 분석틀로 여러 개의 국가를 다루는 책은 전 세계적으로 상당히 드물다고 생각한다. 아무쪼록 모든 행정학자들이 이러한 균형 있는 시각으로 다른 국가의 행정에 좀 더 관심을 갖는 계기가 될 수 있도록 이 책이 조금이나마 기여하였으면 하는 바람이다.

이 책이 나오기까지 여러 사람이 수고를 많이 했다. 특히 내용을 업데이트하고 새로 작성하는 과정에서 연구실 제자들이 많은 도움을 주었다. 모두에게 감사를 표하며, 앞으로 세계인으로서 균형 있는 시각을 가진 모범적인 학자가 되기를 바란다. 또한 한국연구재단의 한국 사회과학 지원사업(SSK)을 통해 정부경쟁력이라는 관점에서 이 책의 이론적 바탕을 연구하고, 각 국가에 대한 정보를 수집, 분석할 수 있었다. 이에 한국연구재단에도 깊은 감사를 드린다. 마지막으로 이 책의 출판을 맡아주신 박영사 안종만 회장님과 편집부의 노고에 감사드린다.

2016년 8월 15일

저 자 씀

제2판 서 문

이 책이 나온 지 벌써 수년이 지나 출판사에서 개정요청이 온 지도 2년은 된 것 같다. 시간이 없어서 차일피일 미루다가, 드디어 개정을 하기로 하였다. 사실 이 책에서 다루고 있는 나라는 마치 유기체와 같이 매일 변화하는데, 몇 년이 지나면 거의 낡은 내용이 되고 만다. 이러한 내용을 다루는 책이 가지는 본질적인 한계이다.

개정판에서도 기존의 목차와 분석체계를 그대로 유지하기로 하였다. 이런 책이 일정한 분석틀을 가지고 쓰여지기가 쉽지 않은데, 이것이 바로 이 책의 장점 중의 하나라고 생각된다. 몇 가지 중점을 두고 개정한 내용을 언급하기로 한다.

우선, 지난번에 포함시키지 못했던 비교행정 연구방법론에 관한 내용을 다루는 제2장을 신설하였다. 그러나 구체적인 내용은 다른 전문 방법론책에 맡기기로 하고, 지나치게 자세한 내용이 되지 않도록 노력은 하였다. 독자들이 소홀히 하기 쉬운 방법론적 문제와 이슈에 대해 관심을 갖고 이해하는 데 도움이 되었으면 한다.

둘째, 러시아, 브라질, 사우디아라비아 등 우리나라에 비교적 잘 알려져 있지 않은 나라에 대한 내용을 보완하는 데 노력을 기울였다. 우리는 서구중심의 사고를 하기 때문에 선진국들은 다른 책에서도 잘 다루고 있지만, 이들 나라에 대해서는 잘 다뤄지지 않는다. 그러나 한국의 국제적 위상이 올라감에 따라 이들 나라에 대해서도 우리가 반드시 알아야 한다고 생각한다. 아직도 내용이 미흡하지만, 이들 나라에 대해 관심도 갖게 되고 이 장들이 충분히 활용되기 바란다.

이외의 것은 통상적인 개정작업을 하였다.

데이터를 최신의 것으로 하는 것이 그것이다. 더 이상 최신 자료를 구할 수 없는 것은 삭제하기도 하였다. 그러나 해가 가면서 이 내용이 낡아지는 것은 불가피한 일이다. 따라서 독자들은 그때 그때 주어진 인터넷주소 등을 활용하여 최신의 것으로 사용하기 바란다.

그리고 초판에서 미처 발견되지 못했던, 논리적 전개의 어색함이나, 부정확한 표현 등을 바로잡았다. 이런 오류수정을 하고 나니 상당히 설득력 있는 책이 되지 않았나 생각한다.

마지막으로 이 책의 개정작업에 수고한 사람들이 많다. 이제 제법 숫자가 많아 일일이 거론하기에 지면이 부족한 조교들이 나라를 분담하여 자료찾는 작업을 도왔다. 모두 훌륭한 학자가 되기를 기대한다. 그리고 여전히 어려운 출판사 사정에도 불구하고 개정을 흔쾌히 허락해 주신 박영사 안종만 회장님과, 실무를 맡아 수고한 이정은 대리, 그리고 꼼꼼히 교정작업을 해 주신 나경선 선생님께 감사한다.

2011년 8월 20일

저　자 씀

서   문

 세계화시대에는 다른 나라와의 상호 작용이 급증하기 때문에 우물 안 개구리식으로 한국만을 알고 살 수는 없다. 수 년 전에 호암에서 식사를 같이 한 F. Riggs 교수님은 미국이 자국우월주의에 빠지지 않기 위해서는 더욱 비교행정을 연구해야 한다는 점을 강조하였다. 하물며 손바닥만한 나라로서 외국과 무역으로 사는 우리나라는 말할 필요도 없다.

 서울대에서 '비교행정'을 가르치면서 학생들에게 "외국에 대한 '바른 이해'가 현대사회를 사는 데 필수적"이라는 점을 강조해 왔다. 그런데 해가 갈수록 외국에 대해서 안다고 떠드는 것이 모두 '장님 코끼리 만지기'에 불과할 뿐이라는 생각을 하게 되었다. 독자들이 외국인에게 한국의 정치행정에 대해 2~3시간 동안 바르게 소개해야 하는 작업이 얼마나 어려운지를 생각하면 이 말의 의미를 이해할 수 있을 것이다.

 그래서 내린 결론이 학생들에게 특정 국가에 대해 공부할 호기심을 불어넣어 주면 족하다는 것이었다. 우리 국민 모두가 각자 특정 국가에 관심을 갖고, 기회 있을 때마다 그 나라에 대한 정보를 수집하고, 그 나라 말도 배우고, 그 나라 사람과 친구가 된다면 그것이 바로 한국의 지적 자산이 아닌가 생각되기 때문이다. 특정 국가에 대해 완벽한 지식을 전달한다기보다는 관심을 갖도록 동기부여를 해 준다는 생각에서 본서가 집필되었다. 이런 점에서 강조하고 싶은 이 책의 특징은 다음과 같다.

 첫째로, 전세계에 존재하는 나라들 중 가능한 한 다양한 유형의 나라를 다루려고 했다. 그 동안 비교행정론 교과서들에서는 소위 선진국을 중심으로 접해 볼 수밖에 없었다. 지금까지는 한국이 개발도상국가로서 선진국으로부터 하나라도 더 배워야 하기 때문이었는지도 모른다. 이제는 소위 후진국이 선진국의 모델을 배우는 단선적 역사관이 지배하고 있지 않기 때문에 우리는 다양한 나라들로부터 배워야 한다. 자료의 한계에도 불구하고 러시아, 사우디아라비아, 브라질을 다룬 것은 이러한 의도이다.

둘째로, 어떤 나라를 보는 다양한 학설을 소개하기보다는 법적·공식적 제도를 중심으로 그 나라 정치행정의 현실을 소개하려고 노력했다. 그런데 각 나라의 제도는 고정되어 있는 것이 아니라 살아 있는 생물과 같이 변화한다. 따라서 헌법에 규정되어 있는 기본적인 사항들을 중심으로 정리하고, 이에 덧붙여 생생한 설명을 하려고 노력하였다.

셋째로, 가능한 한 여러 곳에 '유용한 웹사이트'를 예시해 놓았다. 인터넷 시대의 학생들은 지루한 설명보다는 컴퓨터를 통하여 그 나라의 현실에 접하는 것을 선호할 것이라는 생각에서이다. 흥미 있는 사례나 구체적인 정보를 곳곳에 배치하였고, 각 장의 말미에 '차 한잔의 사색'이라고 하여 좀더 깊이 생각해 볼 만한 주제도 제시하였다.

넷째로, 각국의 정치행정제도가 다름에도 불구하고 공통된 분석틀을 가지고 설명하였다. 가장 거시적인 관점에서 보면, 각 나라의 제도가 어느 정도 분화되고 서로 조화를 이루는 정도에 따라 통합성(integration)이란 시각을 가지고 보았다. 좀더 구체적으로는 국가개황, 거시환경, 정당과 의회 등 투입기제, 사법제도 등 통제기제, 행정부의 조직, 인사, 재무, 그리고 거버넌스 등을 중점적으로 살펴보았다.

이러한 노력에도 불구하고 탈고를 하는 이 시점에서는 얼마나 독자들을 만족시킬 수 있을지 두려움이 앞선다. 역시 저자도 '장님 코끼리 만지기'를 할 수밖에 없었는데, 그나마 코끼리는 코도 길고, 귀도 넙적하고, 몸집이 통통한 코끼리의 전체 형상을 설명해 주는 '괜찮은 장님'이 되었는지 자신이 없다.

이러한 저자의 한계를 보완하기 위해 여러 분들의 도움을 얻었다. 바쁘신 중에도 귀한 시간을 할애하여 김순은, 최영출, 정창화, 임승빈 등 여러 교수님들이 지역전문가로서 원고를 검토해 주셨다. 중국관료제로 학위논문을 쓴 김윤권 박사와 모스크바대학에서 박사학위를 받으신 박상남 박사님, 그리고 중국인 유학생 장영지, 일본인 유학생 나카무라 박사후보생들도 거들어 주었다. 그리고 2004년도 비교행정 수강생들은 브라질, 사우디아라비아, 러시아 등 정보가 부족한 나라에 대해서 집중적으로 자료조사를 해 주었다.

본서가 나올 수 있도록 연구여건을 마련해 주신 서울대 행정대학원의 은사, 선배, 동료교수님들께도 감사드린다. 특히 그 동안 서울대 행정대학원을 찾아주신 외국 학자들이 진행한 교수 세미나와 토론내용도 도움이 되었다. 그리고 열악한 원고상태에도 꼼꼼히 교정을 봐주신 박영사 홍석태 선생님 등 관계자분들도 고생

이 많으셨다. 끝으로 늘 튼튼한 울타리가 되어 주시는 양가의 부모님, 아내 이영진, 그리고 사랑스런 경진, 수진에게도 출간의 기쁨을 같이 하고 싶다.

2005. 2. 25.

프랑스 파리정치대학에서

저   자

〈후기〉 파리에서 머무는 동안 완성된 원고를 저장했던 USB를 분실하였다. 불행하게도 이번 학기 내내 과거의 파일을 가지고 다시 작업을 할 수밖에 없었다. 파리버전에 비해서 불만족스런 상태에 머물고 있음에도 불구하고 시간압박 때문에 그냥 출간을 하기로 하였다. 서론 부분의 비교방법론은 아예 다음 기회에 추가하기로 하고 이번에는 포함시키지 않았다.

2005. 6. 4.

목   차

제1편 비교행정연구의 기초

제 2 편   상대적 통합모델

제4편   비통합모델

제 1 편

비교행정연구의 기초

I 개발협력시대의 비교행정론

1. 비교행정이란

Robert Dahl(1947: 1~11)은 "비교연구를 하지 않는 한, 학문으로서 사회과학을 주장하는 것은 공허할 뿐이다"라고 하였고, Fred Riggs는 "비교행정론의 시대가 도래할 것이다"라고 예언한 바 있다. Riggs(2000)는 미국행정을 제대로 이해하고 미국이 자민족중심주의(ethnocentrism)에 빠지지 않기 위해서는 비교연구가 반드시 이루어져야 한다고 주장하였다.

우리나라도 외국에 공적개발원조(ODA)를 본격적으로 제공하면서 외국 행정에 대한 관심이 제고되고 있다. 그런데 ODA를 위한 이론적 연구는 매우 취약한 편이다. 이처럼 실용적 연구가 필요한 분야에서도 근본적인 차원에서는 비교연구가 요구되는 이유가 있다. 즉, 사회과학에서는 연구대상의 본질적인 특성상 자연과학적인 진실험 또는 준실험방법을 엄밀하게 적용할 수 없기 때문이다. 따라서 다른 나라 또는 사회의 유사한 경우를 준거로 혹은 자국의 경우와 비교하는 방법을 불가피하게 구사해 왔다. 결국, '비교행정'연구란 여러 국가의 행정현상을 비교분석함으로써 일반행정이론을 정립하는 동시에 실제 행정개선에 도움이 될 지식을 구축하는 것을 목적으로 한다(Guess, 1989).

한편, '여러 국가'라는 개념의 해석상 문제 때문에 비교행정은 두 가지 차원에서 접근이 가능하다.

- ●광 의: 자신 나라의 것 외에 다른 나라의 정치행정현상에 관심을 갖는 학자들에게 유용한 모든 자료.[1]
- ●협 의: 2개 이상의 국가를 대상으로 직·간접 비교를 하는 행정연구.

우선 두 개 이상의 국가행정에 관련된 모든 연구는 광의로 비교행정이라 할 수 있다. 예컨대 A국가에 대한 연구를 B국가에서 발표하면 비교행정연구라고 할 수 있다. 왜냐 하면 B국가 독자들에게 암묵적으로 A국가의 것과 비교하도록 유도하기 때문이다. 예컨대 인류학자들이 현대 서구사회의 행정구조를 알기 위해 원시사회의 권력구조를 연구한다면 일종의 비교행정연구활동이라고 힐 수 있디.

다음으로 협의로는 명시적으로 두 개 이상의 나라를 특정한 차원에서 비교해야 비교행정이다. 여기에는 소수의 국가를 대상으로 한다는 점과 비교적 엄격한 비교방법을 사용하는 것을 포함한다. 예컨대 주류 비교연구방법에서는 미국의 50개 주를 대상으로 통계분석을 하는, 즉 많은 수의 사례를 분석하는 것은 통계분석(statistical method)이라고 하여 비교연구에 포함시키지 않는다(Lejphart, 1985: 682~693). 그러나 본서에서는 하나의 사례를 연구하는 것이나 다수의 사례를 포함하는 경우 모두를 비교행정연구라고 보기로 한다.

2. 비교행정연구의 필요성

비교행정을 연구해야 하는 필요성은 다음과 같다.

- 전세계적으로 존재하는 행정의 본질적 특성을 이해하는 것이다. 나라 간 차이는 연속선상에 있기보다는 단절적인 것도 있는데, 이 차이를 이해하는 것이 중요하다.
- 전통적으로 비교행정을 미국중심의 발전론적 시각으로 연구하였는데, 이를 탈피하여 보편적인 이론을 창출하는 데 도움이 된다. 즉, Preworski(1987:

---

[1] materials that are useful to scholars who are interested in politics other than theirs (Montgomery Van Vart, 1991: 239).

32)가 말한, 국가의 고유명사를 설명변수(explanatory variables)로 대체하는 것이다. 물론 이런 맥락에서 선진국도 연구대상이다.

- 국제화에 따라 다른 나라의 제도에 대한 깊은 연구가 절실히 요청되는 시기이다. 우리나라와 같이 대외의존도가 높은 국가는 외국에 대한 정확한 이해가 필수적이다. 우리가 흔히 사용하는 벤치마킹(Benchmarking)도 초보적인 수준에서 비교행정연구이다. 즉, 선진국은 후진국을 학문적으로 연구할 필요성이 적어졌다고 인식할 수 있지만, 그 반대로 선진국도 후진국에서 배워야 할 점도 있다.

- 세계적으로 독립된 국가의 수가 증가하였다. 교역의 필요상 이들을 연구할 필요도 있지만, 실험이 불가능한 사회과학에서 비교의 가능성이 증대하여 통계방법을 이용한 이론검증이 좀더 용이하게 되었다. 세계의 국가 수는 1776년에는 21개국, 1917년 53개국, 1945년 68개, 1994년 185개국(UN회원국), 2004년 191개국으로 늘어났다.[2)]

- 우리나라의 경우 개발 원조를 받던 나라에서 이제 개도국에 원조(ODA)를 제공하는 입장으로 바뀐 유일한 나라이다. 선진국이 실패한 것을 반면교사로 삼아 우리나라 나름대로의 독특한 원조모델을 만들기 위해 비교행정연구가 필요하다.

3. 비교행정론의 유형

비교행정론은 세부적으로 보면 전통적인 비교행정론과 최근에 각광을 받고 있는 비교정책론으로 나눌 수 있다. 양자 간의 구분은 행정(public administration)과 정책(public policy) 간의 차이와 마찬가지로 보는 시각에 따라 같은 것일 수도 있고 다른 것일 수도 있다. 그러나 차이점을 강조하는 입장에서 보더라도 양자가 겹치는 부분이 많은 것이 사실이다. 즉 제도나 조직을 중시해서 '비교행정체제론'이라고 하더라도 그 체제의 산출물인 '정책'을 간과하기 어렵고, 반대로 정책을 프로그램 정도로 보는 비교정책론의 입장에서도 정책(프로그램)이 산출되고 집행되는 정부기구(혹은 조직)를 간과할 수 없다. 다음에서는 양자의 극단적인 차이만을 중심으로 보기로 한다.

---

2) http://www.un.org/Overview/growth.htm 참조.

1) 비교행정체제론

연구대상 국가에 존재하는 공식적 조직 혹은 기구 중심의 연구를 하는 것이다. 체제(system) 혹은 구조(structure)를 무엇으로 보느냐에 따라 비교행정체제론이 다루어야 할 내용이 달라진다. 가장 기본이 되는 것은 그 나라의 헌법에 명시되어 있다. 이외에도 각종 법률규범이나 관행을 통해서도 이를 알 수 있다. 구체적인 비교항목은 연구단위 혹은 연구수준에 따라 달라질 수 있는데 그 예는 아래와 같다.

- 헌법제도
- 최고통치기구
- 정치체제 및 정치이데올로기
- 관료제(조직구조, 인사제도, 재무제도 등)
- 행정문화 및 행정인의 행태(예, 관료부패)
- 정책결정체제
- 특정 분야 행정발전 현황(예, 정보화수준)
- 국가와 사회 간 관계: 거버넌스

단순한 공식적인 구조에서 머물지 않고, 그 구조의 작동(operation)에 관심을 갖게 되는데, 이를 위해서 비공식적인 관계도 연구해야 한다. 아울러 '아무개'라는 구체적인 행위자를 포함시키면 더욱 현실감있게 이해하고 설명할 수 있다. 즉, 맥락, 구조, 행위자라는 세 가지 차원에서 연구할 필요가 있다. 그러나 이러한 심도 있는 연구를 수행하기 위해서는 연구자의 능력, 정보수집의 한계 등이 존재한다. 아울러 연구하는 정치행정체제의 산출물로서 '정책'을 포함시켜 연구하는 것은 자연적인 현상이다.

2) 비교정책론

연구대상 국가가 산출하는 정책을 중심으로 연구하는 것을 의미한다. 특정 국가가 갖고 있는 정책의 일반적인 경향(예, 민영화 정책)을 비교하는 것이 대표적인 예이다. 그러나 특정 정책분야별로 비교하는 것도 가능하다. Anneliese Dodds (2013)의 *Comparative Public Policy*(Palgrave Macmillan) 책이 대표적인 예이고, 한국에는 남궁근의 『비교정책』(1999)의 저서가 있다. 정책의 분야별 분류체계에 따라 그 범위와 숫자는 달라진다. 예를 들면 다음과 같은 것을 생각할 수 있다.

　－복지정책
　－환경정책
　－교육정책
　－국방안보정책
　－산업정책

　여기에는 불가피하게 왜 그러한 정책을 산출하게 되었는가에 대한 설명이 필요하다. 예컨대 그 나라가 겪은 정치사에 비추어 이데올로기적 편향으로 설명할 수도 있다. 혹은 정책과정별로 정책형성, 집행, 평가, 환류 등으로 비교할 수도 있다. 이경우에 특히 정책집행과정에 초점을 맞춘다면 정치행정체제론적 설명이 필요하다.

Ⅱ 비교연구의 학문적 발달

1. 비교연구의 발달과정

　'비교하는 것'은 매우 오래 전부터 존재했다. 플라톤은 일찍이 군주정치제, 귀족정치, 금권정치, 민주정치, 전제정치제 등 유형을 생각해 내고 이들이 단계적·순환적으로 변화한다는 것을 주장하였다. 아리스토텔레스는 이러한 플라톤의 생각을 현실에 적용해 보기 위하여 당시 지중해연안의 128개 도시국가들의 헌법을 수집하여 비교함으로써 정치체제 유형화를 시도하였다.

　단순한 역사 혹은 법제도의 기술에 불과한 사회과학을 한층 더 발달시킨 것은 사회현상에 대한 인식론의 발달에 기인한다. Durkheim(1995)은 A. Comte가 말한 '특정 사회에 특정 제도가 존재한다'고 하는 것이 그 제도의 기능이나 발생을 설명하여 주는 것은 아니라고 비판하면서 다른 차원의 사회연구를 주장한다. 그는 '집단사고(pensee collective)'가 특정 사회단위를 객관적으로 구별하는 기초가 되는 것으로 보았으며, 이러한 사회단위를 하나의 물체와 유사한 것으로 취급(예, 가톨릭지역과 신교지역)한 후 집단의 속성을 통계적(예컨대 자살률)인 측면에서 국제비교하면서 설명하려 하였다.

1930년대 세계대공황시에 학자들은 사회에 현실적인 공헌을 하기 위한 노력을 기울였다. 이 당시 정치학은 선진국인 유럽과 북미를 대상으로 비교연구에 집중하였던 반면, 비교사회학은 인간생태학(human ecology)이라는 이름 아래 빈민지역의 도시생활에 대한 경험적 연구 등을 진행하였다.

학문으로서 비교행정론은 제2차 세계대전 후 체제경쟁에서 우위를 점하려는 미국이 소위 후진국을 대상으로 연구하면서 발달하게 되었다. 이후 사회과학(특히 정치학)분야에서 비교연구는 1960년대 이후 미국에서 각광을 받기 시작한 행태주의와 체제론의 영향을 받으면서 학문적으로 발전하게 된다. 특히 서구의 시각에서 비서구 사회를 저울질하며 단선적 역사발전관을 토대로 한 발전정치(행정)론의 발달을 가져왔다.

그러나 전통적인 비교방법론은 국가 간에 상대적으로 유사성이 많은 서구 신진국 간에는 유용한 면이 있었으나, 서구와 비서구 국가 간의 비교에는 너무나 이질성이 많아 심각한 한계성을 드러냈다. 나아가 국제비교에 있어 미국이 일방적 모델이 되는 것에 회의를 느끼면서, 중심부(central), 주변부(periphery)로 사고하는 세계체제의 모델이 등장하였다. 그리고 이러한 경향을 탈피하려는 노력이 제3세계를 중점적으로 연구하는 경향을 낳았다. 특정지역의 특성을 그 자체로서 연구하여 해결책을 모색하려는 지역연구(area study)가 활성화되는 것도 이러한 맥락에서이다.

2. 비교행정론의 연구경향

행정학의 한 분과학문으로서 비교행정연구는 비교적 늦게 발달하였다. 특히 유럽에서 공식적 명칭을 사용한 행정학의 발달이 늦은 것과 마찬가지로 비교행정론의 발달 또한 늦다. 그럼에도 불구하고 유럽의 학자들이 타국의 정치행정체제에 대해 전혀 연구를 하지 않았다고 보기는 어렵다. 식민지 경험을 통하여 축적된 자료와 더불어 외국 거주를 경험한 사람들의 단편적인 연구는 많이 축적되어 있기 때문이다. 그러나 이러한 자료를 체계적으로 정리하고 이를 바탕으로 비교행정론으로 발달하는데 부족하기 때문에 이하에서는 미국을 중심으로 소개한다.

미국의 행정학 시초를 1887년 윌슨의 *The Study of Administration*에 둔다면, 미국은 국내 행정의 관리기법에 치중하면서 국제간 비교연구를 소홀하여 왔다고 할 수 있다. 그럼에도 불구하고 그 당시 미국은 유럽의 경험으로부터 배우는 시대였으므로 유럽의 연구들이 수입되었다는 점에서 광의의 비교연구는 이 시기에도 진행되었다고 할 수 있다. 그리고 제2차 세계대전 이후 아래와 같은 3단계 정도의 발달과정을 겪어왔다.

1) 제1기: 거시이론 모색기

미국의 비교행정연구는 실용적인 목적에서 출발하였다. 제2차 세계대전 이후 공산주의와의 경쟁에서 미국 자본주의 체제의 우월성을 증명하기 위하여 개발도상국에 대한 연구가 활발히 진행되었다(Montgomery Van Vart, 1991). 1968년 미국 행정학회 내 비교행정그룹(Comparative Administration Group)이 창설된 이후로는 주로 발전행정론적 시각을 가진 비교행정 연구시기였다. 비록 액수는 적었지만 2년간 포드재단으로부터 재정지원을 받았고 500여 명의 회원들이 활발히 활동하였다. F. Riggs가 초창기 10년간 회장직을 맡아 이끌었고, 아시아, 유럽, 중남미 등 여러 나라에 대한 연구를 소그룹별로 진행하였다.

하와이 대학의 Riggs 교수는 태국과 한국에 거주하면서 후진국의 행정체제에 대해서 연구하기 시작했다. 그는 1956년 서울의 중앙공무원 교육원과 서울대 행정대학원에 머물면서 비교행정연구그룹(study group)을 만들었다. 이 연구모임은 대단히 활성화되었는데, 여기에 참여했던 학자 중의 하나가 박동서 교수이다.[3] 한국에서는 이런 전통을 이어받아 비교행정론이 행정학의 주요 과목으로 개설되고, 저서가 출판되었다. 박동서, 서원우, 한영환 교수(1964)가 함께 Riggs(1964)의 *Administration in Developing Countries*란 책을 번역하였고, 서원우 교수(1968)가 Heady의 『비교행정론』(*Public Administration: A Comparative Perspective*, 1966)을 번역하였다.

이 당시 학자들은 기능주의적 접근시각을 가지고 행정에 관한 거시이론(grand theory)을 만들려는 노력을 하였다. 중국, 태국, 한국을 연구한 결과로 도출해 낸 Riggs 교수의 프리즘모델(Prism Model)이 대표적인 예이다. 그러나 그들은 이러한 이론들이 경험적 연구를 선도하는 데 별로 도움이 되지 않는다는 것을 알게 되었다. 이후 1970년대에 비교행정론의 유용성에 대한 비판론이 강하게 제기되었다. 1971년 포드재단 지원이 중단되고 연구도 위축되었다. 결국 이 시기가 좁은 의미의 비교행정연구의 황금기였다고 할 수 있다.

---

3) Riggs 교수와의 인터뷰, 2000년 9월.

2) 제2기: 행태주의 연구

미국에서 일어난 행태주의의 영향이 비교행정분야에도 미치게 되었다. Aberbach, Putnam and Rockman(1981)의 연구가 대표적인 것으로 계량적인 방법으로 국제비교를 하는 것이다. 이 시기에는 이론개발보다는 행정의 여러 측면에 관한 좀더 견고한(solid) 데이터 베이스 구축에 중점을 두었다. 실무계에서 OECD, UN이 세계 각국의 통계를 주기적으로 발간하는 것은 물론이고, 유럽연합이 Eurobarometer라는 통계를 매 6개월마다 발표하고 있는 것도 이러한 맥락에서 이해할 수 있다. 또한 각국에서도 나름대로 통계자료를 생산하여 공표하고 있다. *Yale Political Data Handbook*과 *Global Studies*가 특히 정치사회학분야에서 국제적으로 권위를 인정받는 자료가 되었다.

이 시기에 미국 여러 대학에서 「비교행정론」이라는 교과목이 자취를 감추기 시작하였다. 그럼에도 불구하고 이 시기에도 종전의 비교행정체제 자체에 대한 연구가 아니라, Aberbach 외의 행정엘리트에 관한 연구와 같이 비교행정의 하위분야에 대한 연구는 수행되었다. 즉, 비교하고자 하는 사회(혹은 제도)를 구성하는 요소가 무수히 많음에도 불구하고 이 중 일부를 선정하여 가치중립적으로 비교하는 것이 주류를 이루게 되었다(B. Badie et Guy Hermet, 1990: 18).

한편, 이 시기에도 미국중심의 발전행정론적 비교행정연구는 유럽에 큰 영향을 주지 못하였다. 유럽은 유럽나름의 외국연구(특히 후진국)를 계속해 오면서 법적·제도적 접근법을 유지하였다(예, Ziller, 1993). 다만, 프랑스의 Timsit(1987)는 비교행정의 이론화를 위해 통합성과 분화라는 측면에서 접근을 시도한 바 있다.

한국에서는 이 시기에도 상술한 거시이론적 비교행정론이 여전히 전국의 많은 행정학과의 필수과목으로 지정되는 등 중요과목으로 자리잡았다. 박동서, 김광웅·김신복 교수의 공저인『비교행정』(1982)은 출판된 이래 비교행정론의 중심적인 교과서이었으며, 김규정의『비교행정론』(1976) 저서도 대학교재로 사용되었다

그러나 우리나라에는 미국과 같은 행태주의적 비교방법이 본격적으로 도입되지는 않았다. 행정학자들이 각종 연구용역에 참여하여 특정 주제를 놓고 외국(특히 선진국)의 제도를 기술하는 방식의 연구는 계속 증가하는 추세에 있다. 즉, 각종 보고서나 논문에는 서론 다음에 '외국의 경우'라는 장이나 절을 두어 관련 정보를 나열하는 방식이 지배적인 비교행정연구라고 볼 수 있다. 그러나 이런 비교연구는 주어지는 정보가 체계적이지 못하고 단편적이며, 법적인 제도의 기술에 치중한다

는 한계가 있다.

3) 제3기: 비교행정연구의 성숙기

이 시기에는 이론과 경험적 연구 사이의 연결을 시도하려는 노력이 두드러진다. 이론적 측면에서 비교행정에 관한 중범위이론(middle range theories)을 개발하려는 노력들이 그것이다. 또한 과학적인 엄격성을 유지하기 위하여 비교행정의 하위분야에 대한 적절한 자료를 축적하는 것도 이에 해당한다. Peters(1988)의 비교관료제론을 비롯하여 Dwivedi and Henderson(1990), Farazmand(1991) 등의 연구가 그 예이다. 더불어 비교연구에 한계를 느끼며 지역연구를 심층적으로 수행하는 경향도 보인다. 현상학적 연구와 포스트모더니즘적 연구들이 이런 맥락에 속한다.

Geer Hofstede(2010)는 초판에서 50개국과 3개 지역을 비교한 이후 중국을 포함하는 등 점점 분석대상을 확대하였다. 구체적으로는 각국에서 실시된 설문조사를 통해 권력의 거리(power distance) 등 다양한 차원에서 여러 나라의 문화심리적인 측면을 비교하였는데, 이는 많은 연구에서 활용되고 있다.

또한 이전단계부터 시작된 것이기는 하지만 미국중심적 사고방식에 강한 비판적 시각을 가지고 새로운 시각으로 제3세계 연구를 하게 된 것도 중요한 발전 중의 하나이다. 이것은 비교행정론보다는 주로 비교정치학이나 사회학분야와 관련된 것인데, Wallerstein의 Center, Periphery, Dependencia 등의 개념으로 마르크스적 시각에서 자본에 종속되는 현상을 본 것이다. 즉, 종전의 '가치중립적' 제도연구를 비판하고, 여기서 벗어나 이데올로기적인 관점에 근거한 비교의 패러다임을 주장한 것이다.

한편 Diwidedi, O.P. & Henderson, Keith M.(1990)은 *Public Administration in World Perspective*라는 저서에서 소위 선진국뿐만 아니라 라틴아메리카, 아시아, 아랍 등 12개 나라에 대한 행정을 비교하고 있다. 각자 다른 학자들이 각 나라를 자신의 시각에서 집필하고, 제3편의 정리하는 장에서는 개발도상국가를 선진국과 비교하면서 이들 나라의 행정의 형성(formation)과 비교행정의 미래를 예측하고 있다. Verhoest(2012) 등은 전세계 30개 국가들을 대륙별로 유형화하여 신공공관리론(NPM)의 실제 적용 상황을 비교하고 있다. 각 나라의 전문가들로 하여금 책임기관화(agencification) 현상이 어떻게 나타나는가를 각각 서술한 방식이다.

이 시기에 한국의 행정학은 사회과학의 한 분파로서 그 위치를 견고히 하게

되었다. 또한 선진국 벤치마킹(Bench marking)이라는 방법으로 외국의 모범적인 경
험을 받아들이는 것도 활성화되었기 때문에 비교연구는 더욱 활발해졌다고 하겠다.
KOICA나 KOTRA에서 각 나라 경제상황에 대한 정보도 많이 제공하고 있다. 다만
'비교행정론'이라는 명칭이 명시적으로 사용되는 현상은 감소되었다. 그러나 엄격
한 행태주의적 방법을 활용한 비교행정연구는 여전히 답보적인 상태이다. 대신 각국
의 제도나 사례에 대한 정보를 종합한 수준의 문헌은 홍수와 같이 쏟아지고 있다.

비교행정론 교과서도 각국의 전문가로 구성된 집필진에 의해 좀더 상세한 정
보를 제공하는 방향으로 쓰여지고, 각국에 대한 연구서로서 미국, 프랑스, 독일 등
에 관한 저서가 출판되기도 한다(예, 함성득·남유진, 2003; 임도빈, 2002; 박응격, 2003
등).[4] 이 시기에는 미국과 마찬가지로, 비교연구는 양적으로 증가하고 질적으로 심
화되어가고 있는데, 비교행정이라는 단어는 점점 그 중요성을 잃어가는 역설적인
현상이 벌어지고 있다. 아울러, 동남아, 아프리카 등 소위 제3세계에 대한 연구들
이 이뤄지고 있다. 국가경쟁력 또는 정부경쟁력이란 차원에서 여러 나라의 정부를
비교하는 연구도 진행되고 있다.

Ⅲ   비교행정의 연구대상: 국가의 분류

모든 연구는 비슷한 것끼리 묶는 유형화작업부터 시작한다. 지구상의 모든 국
가들이 비교행정의 대상이지만, 너무 많으므로 유사한 국가끼리 묶는 작업이 필요
하다.[5] 강대국과 약소국(weak and powerful nations), 선진국과 개발도상국(devel-
oped and developing nations) 등 국가유형에 대한 논의는 많다. 또한 전세계 국가들
이 민주화의 길을 걷고 있음에 따라 민주국가로 분류하되 그 정도에 따라
Kamrava(1996: 81)는 제1민주국가(first world democracies), 신생민주국가(new de-
mocracies), 의사민주국가(pseudo-democracies)로 분류하기도 한다(Hancock, 1998:
xvii). 국가기구는 정치와 경제가 기초를 이루므로, 본서에서는 경제제도, 정치제도
를 중심으로 유형론을 시도하기로 한다.

---

4) 이미 오래 전에 고광림(1974)은 영국, 프랑스 등에 대한 단독저서를 출판하기도 하였다.
5) 세계지도는 http://home.hanmir.com/~stopline2/e.html를 참조할 것.

1. 경제체제 기준

경제체제란 재화와 서비스의 생산, 분배, 소비를 특수한 방법으로 담당하는 사회제도(social institution)를 의미하는데, 대표적인 예로서 사회주의(Socialism, or Communism)와 자본주의를 들 수 있다. 사회주의는 국민들 간 재화의 평등한 분배를 강조하는 반면, 자본주의는 개인 간 자유경쟁에 의한 재화의 배분을 강조하며, 자율적인 시장운영 메커니즘을 중요하게 생각한다. 두 제도의 비교를 요약하면 [표 1-1]과 같다.

그러나 이 두 제도는 순수형(ideal type)에 불과하고 현재 지구상에 존재하는 나라들은 양자의 혼합형이다. 특히 공산권이 붕괴된 후, 중국, 러시아가 경제체제를 개혁함으로써 순수한 공산주의 경제체제는 지구상에서 거의 찾아보기 힘들게 되었다. 그러나 구공산권 국가들이 아직도 사회주의적 경제체제의 잔재를 많이 가지고 있다.

표 1-1 경제체제의 유형

	자본주의	사회주의
생산수단의 소유	개인	국가 혹은 공공(public)
경제활동의 동기 혹은 목적	이윤창출	국민의 요구(욕구) 충족
경 쟁	경쟁원칙(개인중심)	약한 경쟁(공동체중심)
정책결정 메커니즘	가격	중앙(계획)기구
정부의 역할	제한적	팽창(SOC, 복지, 교육)
단 점	경쟁에서 낙오자문제	효율성
예	미국	북한

2. 정치체제 기준

Weber는 정치사회학에서 정당한 권력인 권위(Authority)가 어떻게 행사되어지는가를 강조한다. 즉, 국민 개개인의 자유, 주권, 권위가 얼마만큼 보장되고 공권력이 어떻게 행사되느냐를 기준으로 한다. 이를 기준으로 대표적인 유형은 다음 네 가지로 나눌 수 있다.

- 민주주의 체제(Democracy): 국민주권을 원칙으로 하지만 이를 제도화하는 데 있어 정의하기 난해하며, 다양한 의미로 사용됨.
- 권위주의 체제(Authoritative Pol. System): 정치참여권만 제한, 다른 부분에 대해서는 자유 허용, 제3세계
- 전체주의 체제(Totalitarian Pol. System): 정치는 물론이고 다른 여러 측면에서 개인의 자유를 제한

최근에는 민주주의의 가치가 널리 인정됨에 따라 기본적으로 민주주의 체제인가 아닌가로 2분하는 경향이 있다. 유럽에서는 헌법상으로는 아직 군주제를 택하고 있는 나라도 많이 있지만, 실제 운영상에는 민주적인 요소가 많이 도입되어 있다.

유용한 정보 제공 웹사이트

• 유엔
 - http://un.org/english
• 유엔 데이터베이스
 - http://www.un.org/database/index.html
• 세계은행
 - http://www1.worldbank.org/publicsector/index.cfm
• 유럽통계자료원
 - http://europa.eu.int/comm/eurostat/Public/datashop/

---

3. 정치행정레짐 기준

Pollitt와 Bouchavet는 공공부문 개혁을 제대로 이해하기 위해서는 정치행정레짐(politico-administrative regime)을 봐야 한다고 보고 있다. 이 레짐의 구성요소로는 국가기구체제(state structure), 집행부(executive government), 장관-고위직 관계(minister/mandarin relations), 행정문화(administrative culture), 그리고 정책 아이디어의 다양성(diversity of policy advice) 등 5가지를 들고 있다. 이를 기준으로 12개 서

표 1-2 정치행정레짐

	국가 구조	행정부	장관/관료 관계	행정 문화	정책 제언의 다양성
호주	-연방제 -조정	다수제	-분리 -약간 정치화됨	공익	1980년대까지는 주로 공무원
벨기에	-연방제	합의제	-정치화됨	법치국가(rechts-staat 이하 동)	주로 컨설턴트와 대학
캐나다	-연방제 -상당히 분열	다수제	-분리	공익	주로 공무원이나 2000년 이후로 정치자문의 수 증가
핀란드	-단방제 -지방분권	합의제	-분리 -상당히 정치화	법치국가였으나, 현재는 보다 다원주의적	주로 공무원
프랑스	-단방제 -과거엔 중앙집권 -조정	중간	-통합 -상당히 정치화	대부분 법치국가	주로 공무원 2000년 이후로 컨설턴트도 참여
독일	-연방제 -조정	중간	-분리 -상당히 정치화됨	법치국가	주로 공무원(과 소수의 학자)
이탈리아	-단방제 -점점 더 지방분권화	연합제	-정치화됨	법치국가	다양함
네덜란드	-단방제 -상당히 분열	합의제	-분리 -상당히 정치화됨	원래는 매우 법률주의적이나 다원주의/합의주의로 바뀜	다양함: 공무원, 학자, 컨설턴트, 그 외 전문가
뉴질랜드	-단방제 -중앙집권 -약간 분열	다수제 (1996년까지)	-분리 -정치화되지 않음	공익	주로 공무원
스웨덴	-단방제 -지방분권	중간	-분리 -점점 더 정치화됨	원래는 법률주의적이나 조합주의적으로 변경	다양함. 조합주의적 프로세스로 학자, 사업가 그리고 노동조합이 참여
영국	-단방제 -중앙집권 -조정	다수제	-분리 -정치화되지 않음	공익	-1980년대까지는 주로 공무원 -최근엔 싱크탱크, 컨설턴트 그리고 정치자문
미국	-연방제 -분열	합의제	-분리 -매우 정치화됨	공익	매우 다양: 정무직, 기업, 싱크탱크, 컨설턴트

출처: Pollitt(2011), p.50.

구국가의 행정개혁을 비교하고 있다(표 1-2 참조).

4. 정치체제 유형론과 경제체제 유형론의 결합

이상에서 제시한 경제체제의 이념형으로서 자본주의와 사회주의, 그리고 정치체제의 이념형인 민주주의와 전체주의를 결합하면 다음 네 가지 유형이 나온다. 유럽은 국민의 기본적 필요를 보장해 주기 위한 사회주의적 경제체제를 많이 가지고 있다. 임대차 등 사유재산권에 대한 주택 규제가 대표적인 예이다. 각 유형의 대표적인 예는 [그림 1-1]과 같다.

최근 세계화 추세에 따라 국가 간 상호모방 및 동형화(isomorphism) 현상이 가속화되므로 과거에 비하여 극단적인 사례가 점점 줄어들고 있다. 본서에서는 상술한 이념형에 가까우며, 한국과 지리적으로 밀접한 나라, 그리고 여러 가지 이유에서 관심을 가져야 할 필요성이 있다고 판단되는 나라를 다루려고 한다.

먼저 [그림 1-1]에서 볼 수 있는 대표적인 예로 미국과 프랑스(유럽의 대표적인 나라)의 모델을 설명한다. 다음으로 후술하는 기관 간 통합성을 기준으로 상대적 통합모델, 완전통합모델, 그리고 비통합모델 순서로 다루기로 한다. 개발도상국은 우리의 공적개발원조(ODA) 대상으로서 완전통합모델에서 비통합모델로 가는 과정에 있는 나라들도 있다.

그림 1-1 정치-경제 결합모형

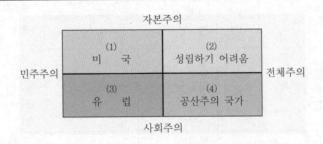

표 1-3 본서의 분석대상 국가

구 분	서구 선진국	한반도 주변국	개발도상국
국 명	프랑스, 미국 영국, 독일 스위스	중 국 러시아 일 본	사우디아라비아 브라질 몽고, 우간다

Ⅳ 비교연구의 주요 이론

1. 발전행정론적 시각: 리그스의 프리즘모델

F. Riggs의 모델은 기본적으로 후진국의 행정체제를 거시적으로 정치, 경제, 사회, 문화 등 다양한 측면에서 보고 있다. 이러한 거시환경의 특성들이 행정관료 체제에 어떻게 나타나는가를 밝힌다는 측면에서 그의 모델은 생태모델(ecological model)로 분류되기도 한다. Riggs모델의 특징은 태국어, 스페인어 등 여러 나라의 언어를 차용하여 쓰기 때문에 우리에게는 생소한 개념이 많다. 예컨대 일반적인 개념으로서 정치체제를 "Cephaly"란 용어로 쓰면서 이의 구성요소인 행정부, 관료제, 입법부, 정당 등의 존재 여부를 배합하여 무정치체제(Acephaly), 고전적 정치체제(Procephaly), 정통적 정치체제(Orthocephaly), 이질적 정치체제(Heterocephaly), 메타 정치체제(Metacephaly), 초정치체제(Supracephaly)의 6가지로 나눈다(김규정, 1976: 27~28).

Riggs는 선진국과 후진국을 2분법적으로 대조시켜 본다.[6] 이것은 Talcott Parsons를 비롯한 60년대 구조기능주의 사회학자들이 전통사회와 근대사회의 특징을 대조시켜 보는 것과 맥락을 같이한다. 이를 뉴튼의 프리즘원리에 비유하여 프리즘에 통과하기 전의 햇빛을 후진국으로, 7가지 색깔로 분리되어 나온 후의 빛을 선진국으로 본다. 과도기에 해당하는 빛이 프리즘 내를 통과하는 상태를 프리즘적 사회로 본다. 즉, 융화사회(fused society)·프리즘사회(prismatic society)·분화사회(diffused society)라는 시각에서 경제, 사회, 정치권력, 상징 등을 구분해서 본

---

6) 자세한 내용은 Riggs(1964), *Administration in Developing Countries: The Theory of Prismatic Society*, Boston: Houghton Mifflin Co. 참조.

다. 특히 개발도상국을 선진사회와 전통사회의 특성이 독특하게 혼재하는 사회로
표현한 것이 그의 모델이 갖는 장점이라 볼 수 있다. 예컨대 경제체제의 경우 시장
경제가 정착되어 하나의 가격(예, 정가제)에 의해 모든 것이 분배되는 곳을 선진국
이라고 한다면, 전통사회에서는 호혜주의로서 일정한 규칙이 없이 재화가 분배된
다. 즉, 선진국은 상품공급자와 수요자의 사회적 권력, 명예 등 다른 요인들(환경적
요인)이 시장경제에 영향을 미치지 않는다. 이에 비하여 프리즘적 사회에는 가격이
존재하기는 하지만 특권을 가진 자는 싸게 공급받기도 하고, 반대로 아부하는 차
원에서 가격보다 높게 공급하는 공납적 캔틴도 존재하며, 특히 시간(time)은 원가
개념에 포함되어 있지 않다. 마찬가지로 권력분야에서는 권력, 부, 교육이 상호 연
결되어 특권적으로 특정인에게 배분되는 만화경적(萬華鏡) 계층현상이 존재한다.

　　Riggs의 프리즘모델이 협의의 비교행정론에 특히 기여하는 것은 '살라(Sala)모
델'이라 칭하는 것이다. 그는 중립적인 개념으로 'Bureau'라는 개념을 사용하면서
선진국에서 볼 수 있는 바와 같이 비교적 기능이 분화된 것을 관공서(office)라 하
고, 전통사회의 미분화된 것을 관아(chamber)라고 부른다. 이의 중간적인 유형으로
살라모델을 제시한다. 살라모델에서는 지연, 학연, 혈연 등이 작용하여 행정서비스
의 가격이 가변적이며, 이에 따라 어느 정도 부패가 존재한다. 즉, 살라관청에서는
사안이 계층을 오고갈 때마다 일정부분의 돈이 유출되는(trickle down) 현상이 발생
한다. 관료의 충원에서도 엽관주의, 분파주의가 존재하고, 관료들이 다양한 가치
(정치권력, 돈, 명예 등)를 병행해서 소유하게 된다. 따라서 전통사회에서 관이 존경
받는 것과는 달리 어느 정도 반항적인 고객이 존재하며, 이상을 표방하는 것과 실
제 이루어지는 것 사이에 괴리가 존재한다. 이를 형식주의라고 할 수 있다.

　　프리즘적 모델은 후에 많은 비판을 받게 된다. 가장 핵심적인 비판은 선진국
을 미화하고, 선진국을 목표로 후진국이 쫓아간다는 단선적 행정발전을 전제로 한
다는 것이다. 또한 개발도상국의 행정현상을 한마디로 '뒤죽박죽'인 것으로 보고,
이를 잘 분화시키고 정리해야 할 대상으로 본다는 것이다

　　이에 대하여 Riggs는 자신의 모델에 약간의 수정을 가하였으며, [그림 1-2]와
같이 가로축에는 융합사회, 프리즘사회, 분화사회로 구분해 놓고, 세로축에 잘 통
합된 경우와 그렇지 못한 경우로 이원화하여 2차원 모델을 제시한다. 이에 따라 6
가지 모델이 가능하다. 프리즘에 통과되어 분절(diffracted)된 사회와, 프리즘적 사
회가 그것이다.

그림 1-2 프리즘적 유형(prismatic type)

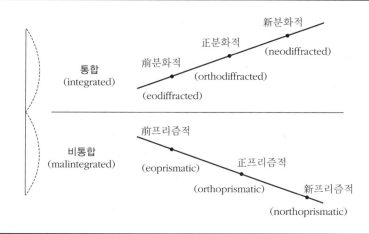

2. 가치중립적 시각: 제도 통합성 기준 모델

1) 개   관

각 국가 정치행정체제의 내부에는 다시 각종 하위체제가 서로 다르게 발달되어 있다. 정치하위체제, 행정하위체제, 사회하위체제, 문화하위체제, 교육하위체제 등이 그 예이다. 이들 간 분화(disintegration) 정도와 통합성(integration) 정도는 나라에 따라 다양한다. Timsit(1986)는 국가를 구성하는 정치제도, 경제제도, 사회제도, 행정제도 등을 구분하여 이들이 얼마나 강하게 통합되어 있는지 그 정도에 따라 사회주의모델,[7] 서구모델, 그리고 개발도상국모델로 구분하고 있다.

－완전통합모델

제도 간 '완전한 통합'(absolute Integration)을 이루어 서로 구분되지 않는 경우를 의미한다. 달리 표현하면 정치, 경제, 사회, 행정을 담당하는 기관(혹은 제도)이 서로 혼재되어 있는 경우를 말한다. 비록 이들 기관들이 다른 기관으로부터 분리되어 있어도 실제로는 연계성이 높거나 담당자가 겸임하는 방식으로 섞여 있기 때문이다. 극단적인 경우로 한 사람에 의하여 모든 것이 통제되는 것은 권위주의적

---

7) 구공산권을 지칭함.

전체주의국가라고 할 수 있다.

－ 비통합모델

'비통합모델(non-integration)'은 국가 사회 내에 각 하위체제들이 발달되어 있지 않거나 서로 조화를 이룰 수 있는 통합성을 결여하고 있는 특성을 갖고 있다. 이는 그가 프랑스의 학자로서 주로 아프리카의 여러 나라를 암묵적으로 지칭하고 있는 것으로 논란의 여지가 많이 있다고 보여진다. 왜냐하면 후진국사회를 Riggs 의 프리즘적 모형으로 보면 사회의 기능분화가 안 되어 있어 선진국사회에서 볼 수 있는 많은 특수기능을 하는 기관들의 기능들을 포괄(즉, 통합)하여 담당한다고 도 볼 수 있기 때문이다. 따라서 Timsit의 모델은 기관을 디자인한 사람이나 책임 자들이 얼마나 이를 '통제하고 조정하느냐'에 초점을 맞춘 분류방식이라고 해석해 야 한다. 소말리아 같이 해적들이 해상을 장악해도 정부가 어떻게 하지 못하는 상 황을 예로 들 수 있다.

－ 상대적 통합모델

'상대적 통합(relative integration)'은 각 구성요소들이 어느 정도의 자율성을 유 지하면서 동시에 의존성을 갖고 있다는 점에서 사회주의모델과 후진국모델의 중 간에 해당한다. 이는 자율과 조화의 미를 갖춘 경우를 말한다.

이하에서는 비통합모델인 개발도상국모델은 전술한 프리즘모델과 같은 발전 행정론적 시각과 유사하므로 상술을 생략하기로 하고 나머지 두 가지 모델에 대해 서만 부연설명하기로 한다.

2) 상대적 통합모델

상대적 통합모델로서 정치선진국이라고 불리는 나라는 민주주의국가들이다. 민주주의국가는 다음과 같은 특징을 가지고 있다(Meny, 2004).

첫째, 사회 내에 다양한 집단이 존재하여 그들의 이해관계나 생각을 자유로이 표현한다. 또한, 가장 중요한 기준 중의 하나는 다양한 정당이 존재한다는 점이다.

둘째, 사회 내에서 표출되는 다양한 요구를 처리하기 위해 설치한 각종 기구 나 메커니즘이 발달해 있다. 즉, 민주적 정치 행정기구를 지칭한다.

셋째, 이들 기관들은 어느 하나도 다른 모두를 지배하는 우월한 위치에 있지 않다. 다시 말해 권한 면에서 절제되어 있고 다른 기관과 균형적 권력관계를 유지하고 있다.

마지막으로, 공적 권력은 항상 국민주권(헌법에 표현되어 있음)에 종속된다.

이러한 공통점에도 불구하고 최고정책기관들의 공권력 배분과 그 운용방식은 상당한 차이를 보이고 있다. 베버모델과 행정엘리트모델이 극단적인 두 모델이라고 한다면 이를 절충하는 제3의 모델이 있다.[8]

- 베버모델

서구민주주의의 여러 가지 특성 중 정치행정 분야에 국한하여 모델을 설정할 경우 다음 두 가지의 특징을 추출할 수 있다. '정치와 행정의 분리원칙'이 그 하나이고 '정치에 행정의 종속'이 두 번째의 특징이다(Max Weber, 1947).

정치기관과 행정기관은 그 구성원리와 기능 면에서 구분된다. 정치기관은 국민주권의 원리에 입각하여 국민 전체 또는 국민 일부의 '투표'로 구성된다. 주로 일반국민(혹은 선거구민) 전체의 복리를 증진시킨다는 목적 하에 이들의 욕구를 국가권력기관에 전달하거나 그 반대방향의 의사전달을 수행하는 기능을 담당한다. 한편, 행정은 일정한 능력을 갖춘 사람들을 선발하는 방식으로 충원하는 것이 원칙이며, 주어진 과업을 충실히 집행하는 기능을 담당한다.

이렇게 서로 상이한 기능을 담당하기 위해 상이한 구성원리에 의해 기관이 각각 정비되면 정치기관이 행정기관을 지배하도록 하는 것이 두 번째 특징이다. 실제로 기술적으로 불가능한 부분도 있지만 적어도 이론적으로는 행정이 정치에 종속된다는 것이 일반적으로 알려진 원칙이다. 물론 정치행정 일원론자들은 실제로 행정관료가 담당하는 업무가 그 성격상 반드시 행정(즉 집행)적인 것에 국한되는 것이 아니라고 주장하기도 한다. 그러나 이 책의 논의는 개인의 업무의 성격이라는 차원보다는 기관의 차원에서 이루어지는 것이다. 상술한 두 가지 원리를 바탕으로 한 모델을 편의상 '베버모델'이라 칭하고 도식으로 표현하면 다음과 같다.

---

8) 다른 각도에서는 유럽의 선진국도 다른 각도에서는 다음 세 가지 유형으로 구분할 수 있다 (Meny, 2004).
   - 다원주의국가(pluralist): 미, 영, 유럽연합 등이 이 유형에 속하며, 정치권력의 분산과 이들 간 자율, 경쟁의 특성을 가진다.
   - 국가주의국가(etatist): 프랑스, 이탈리아 등이 이 유형에 속하며, 국가를 중심으로 비교적 집권적인 정치권력과 정책결정과정을 가진다.
   - 민주조합주의국가(democratic corporatist): 스웨덴, 독일 등이 이 유형에 속하며, 공무원, 경제계, 노동계 등이 서로 참여하여 공동 의사결정과정을 가진다.

국민 → 정치기관 → 행정기관

베버모델의 전형적인 예는 미국과 영국이다. 미국은 의회가 정책결정을 주도하는 모델이다. 영국은 국민들의 이익을 대변하는 기능을 전문으로 담당하는 양대 정당이 있고 이들이 선거를 통하여 하원(정치기관)을 구성한다. 그리고 하원의 다수당 지도자가 수상이 되어 내각을 구성한 후 중립적인 행정관료 조직을 이끌어 간다.

- 행정엘리트모델

베버모델이 자유주의모델 혹은 민주주의모델이라면 행정엘리트를 중심으로 한 모델이 있다. 베버모델과는 반대로 이 모델은 정치기능을 2차적인 것으로 묘사하고 주도적인 역할을 하는 존재로 행정관료, 특히 고급 공무원의 역할을 부각시키는 것이다. 법률상으로는 적어도 정치기관이 행정기관의 잘못을 제재할 수 있는 권한과 수단을 가지고 있으므로 정치권의 반응을 늘 염두에 두고 업무를 수행하고 있다. 환언하면 행정엘리트는 최소한도의 정치적인 지원을 확보하고 있다는 것이다. 따라서 정치기관은 정책과정에서 소외되거나 행정기관의 정책내용이 국민의 요구에 지나치게 벗어날 경우에 통제할 수 있다는 잠재적 위협을 제공하고 있을 뿐이다.

독일과 같이 수상이 의회의 영향력과는 비교적 독립적으로 정책을 이끌어 가는 수상민주주의(Kanzlerdemokkratie)의 원칙과 각 부의 장관이 소관업무에 대하여 자율성을 향유하며 소신 있게 정책과정을 이끌어 가는 장관소관주의(Ressortprinzip)가 행정엘리트모델의 한 예이다. 이외에도 행정엘리트모델은 대부분의 선진국뿐만 아니라 개발도상국의 정책과정을 설명하는 데에도 강력한 모델이다. 특히 고대보다는 현대에 들어와서 이 모델의 설명력이 더욱 강력해졌다고 할 수 있는데 그 이유는 다음과 같다.

첫째, 인구의 과대화와 기술적인 이유로 직접 민주주의의 실행이 매우 어려운 시대가 되었다는 것이다. 특히 개인·집단 등의 이기주의 확산으로 공동체의 활동인 정치에는 무관심한 층들이 확산되면서 현대사회에서 정치의 기능은 다른 기능들에 비하여 상대적으로 점점 약화되고 있다는 점을 주목해야 한다.

둘째, 공권력을 다루는 문제가 점점 고도의 전문지식을 요구하고 있기 때문에 국회의원, 대통령 등 정치기관의 구성원들의 활동이 실질적으로 제한받고 있다는 점이다.

셋째, 베버모델은 정치 및 행정기관의 구성에 적용되고(즉, 누가 누구를 임명 혹은 선출하느냐의 문제) 국가의 건국 및 해체 통합시(예, 유럽공동체 형성과정에서의 정치역할) 등 비상시를 설명하는 것이라고 한다면, 행정엘리트모델은 이러한 기관이 구성된 이후의 평상시 문제해결과정을 보여주는 것이라고 하겠다.

－종　　합

베버모델과 행정엘리트모델 중 어느 것이 더 현실을 잘 묘사하고 있는가. 이 질문은 모델의 효용성에 관한 것으로서, 모델이 얼마나 현실과 유사한 구조적 동일체를 갖느냐에 달려있다.

베버모델과 행정엘리트모델은 양자 모두 세계 어느 나라의 경우에서나 어느 정도는 공통적으로 발견된다는 측면이 있다. 즉, 두 가지 모델은 각각 부분적으로나마 현실의 정책결정 과정과 구조적 유사성을 지니고 있다. 단지 서로 다른 측면을 보고 있을 뿐이다. 우선 베버모델은 법률이 규정하는 형식적인 측면이고 정치행위자가 행정행위자를 임명한다는 기관 구성적인 측면을 잘 나타내고 있는 모델이다. 이에 비하여, 행정엘리트모델은 공식적인 구조보다는 일상적인 운용의 실제적 측면을 더 잘 묘사하고 있다.

3) 완전통합모델

기관 간 완전통합성으로 특징지워지는 공산국가에서는 정치행정체제의 작동에서 일반국민들이 현저히 배제되어 있다. 인민의 통치라는 이름 하에 거대한 국가기구를 만들어 이를 좌우하는 소수가 국가공동체의 주요 의사결정을 독점하는 것이다. 공산국가는 이들 기구(혹은 사실상 소수가 지배하는 사회)를 정당화하는 논리를 마르크스주의 사상에서 찾는다. 이에 비하여 아랍의 권위국가들은 신(神)의 뜻을 정당화의 논리로 사용한다. 아프리카의 나라들은 부족의 장, 혹은 이들의 연합이 지배를 한다.

그런데 최근 전세계적으로 민주화라는 움직임이 거세게 불고 있다. 특히 공산권의 붕괴 후 탈권위주의적 체제변화가 이루어지고 있는 것이 세계적인 추세이다. 그러나 이들 체제는 구체제를 유지하려는 집단들 때문에 일시에 '상대적 통합모델'로 가지 못하고 다른 변형으로 나타난다. 그 유형은 [표 1-4]와 같다.

표 1-4

정책능력 국가자율성	높 음	낮 음
높 음	발전국가	자본주의국가
낮 음	약탈국가	신 가산제국가

출처: 장덕준(2002), "체제전환기 국가의 성격," 『한국정치학회보』, 36권 2호, p.308.

이 유형들은 국가자율성과 정책능력이라는 두 가지 변수로 분류한 것이다.

첫째, 국가의 자율성이란 국가가 사회세력(자본)으로부터 얼마나 자유롭게 정책결정을 할 수 있는가의 문제와, 둘째, 주어진 정책의제를 얼마나 잘 실행할 수 있는가의 차원에서 유형화한 것이다.

[표 1-4]에서 자본주의국가란 선진국가를 말한다. 국가의 자율성이 높고 정책능력은 낮은 것으로 분류한다. 그것은 내부적으로 보면, 유럽의 국가주의 모델과 영미권의 베버모델로 분류할 수 있고, 상대적 통합모델이다. 아래에 제시된 다른 세 가지 모델에 비하여 국가의 사회에 대한 상대적 자율성은 낮은 편이라는 점이 공통점이다.

－발전국가

국가가 경제성장과 근대화라는 발전목표와 전략을 가지고 있다. 이를 위해 전문성과 내적 응집력, 그리고 정책입안능력과 집행력을 가진 관료조직이 있다. 이들은 상당한 자율성을 가진다. 즉, 관료조직은 관료조직 내외에 인적네트워크를 형성하고 있어 정책집행의 효율성을 높일 수 있다. 이를 에반스(Evans Peter, 1995: 50)는 배태된 자율성(Embedded Autonomy)이라고 부른다.

상술한 Riggs의 경우 프리즘적 사회를 상정하는 것과 유사하다. 단지 여기에 강한 국가관료조직이 활동할 가능성이 커진다는 점을 강조할 필요가 있다. 대부분의 신흥 아시아국가와 일부 라틴아메리카국가가 여기에 속한다고 할 수 있다. 중국과 같이 공산주의국가이면서 동시에 국가주도의 경제발전정책을 추진하는 경우도 이 유형의 한 변종으로 볼 수 있을 것이다.

－약탈국가(Predatory state)

국가의 발전목표, 이를 추진하기 위한 전문관료조직, 그리고 전략을 결여한 채 최고통치자를 중심으로 기능하는 국가를 말한다. 이런 국가에서는 최고통치자를 중심으로 소수 기득권 세력들에 의한 정치적, 경제적 자원이 자의적으로 배분된다. 즉, 대다수의 국민들은 이들에게 약탈당하는 셈이 된다. 이러한 약탈의 구조는 국가의 최고위 조직부터 하위조직에 이르기까지 연쇄적으로 일어난다(Evans Peter, 1995: 45~47). 사우디아라비아, 요르단 등 아랍의 왕족국가, 북한 등이 그 예이다.

— 신가산주의국가(Patrimonial state)

정치적 지배세력이 그들의 정치적 영향력을 이용하여 경제개혁 등의 정책을 수립해가는 과정에서 희소한 자원을 특정 사회세력들에게 나눠주고 그 대가로 일정한 반대급부를 받아내는 상호 의존관계를 나타내는 나라를 말한다(장덕준, 2002: 307).

자본가 계급이 미처 형성되기 이전에 국가관료와 일부 자본가의 결탁에 의하여 정책의제가 설정되는 경우를 상정할 수 있다. 즉, 사회세력이 형성되어 있지 않은 상황에서 정경이 유착되는 것이다. 그럼에도 불구하고 국가가 정책을 강력히 추진할 만한 능력이 결여되어 있는 경우는 신가산주의국가라고 할 수 있다.

옐친 시대의 러시아는 옐친이 국가를 자신의 사유물로 간주하면서 자신에게 유리한 소수 재벌들에게 이권을 나눠주는 방식으로 가산제적 성격을 가졌었다(Jensen, 1997; 1998). 이러한 상호 협조관계를 통하여 엄청난 부와 권력을 획득한 신흥사업가층을 '올리가르히'라고 칭한다. 장덕준(2002)은 러시아의 경우 1980년 후반부터 1990년대 초반까지는 약탈국가적 성격이 강하였으나, 1994년 옐친 대통령 이후 신가산제적 국가의 특성이 강화되었다고 본다.

3. 본서의 분석틀

1) 유기체적 체제론

본서에서 다루는 나라는 각국의 국경을 기준으로 하여 외국과 구분되는 일종의 폐쇄체제(closed system)를 가지고 있다. 물론 과거에 비하여 국제교류가 확연히 증가되었지만, 이런 폐쇄성 때문에 비교행정의 가장 기본단위는 국가단위의 비교라고 할 수 있다.

폐쇄체제인 한 국가의 제도를 생물학적 진화론에 비유할 수 있을 것이다. 마치 단세포에서 점점 세포가 분화되어 다세포 유기체가 되듯이 한 국가의 제도도 진화한다고 볼 수 있다. 세포분화가 잘못되어 암이 되는 경우도 있고, 노화되어 일부 기관이 퇴화되거나 조화를 잃어버리기도 한다. 신생국의 경우 단세포 동물과 같지는 않겠지만, 제도분화가 덜 되어 최고 권력자 수준에서 완전통합형에 가까울 것이다. 이것이 제대로 진화되어 상대적 통합형이 될 수도 있고, 통제 불가능한 비통합형이 될 수도 있을 것이다. 이들 세포차원을 높여 생물의 기관(organ)들로 제도를 보면, 체제론과 연결될 수 있다.

체제이론(System Theory)은 어떤 분석대상을 하나로 보는 것이 아니라 하위 구성요소의 복합체로 본다는 점과 이들 구성요소 간에 상호 연결성이 있다고 보는데서 시작된다. 특히 환경과의 관계에서 투입 → 변환 → 산출 → 환류로 보는 것이 D. Easton(1965)의 시각이다.

이에 덧붙여 본서에서 채택하는 체제의 특성은 다음과 같다(Kamrava, 1996: 14).

첫째, 모든 정치체제(political system)는 나름대로의 정치적 구조(political structure)를 가진다. 따라서 다른 나라와 구조적 특화(structural specialisation)의 유형과 그 정도를 비교할 수 있다.

둘째, 모든 정치체제에서는 대체적으로 유사한 기능들이 수행된다. 각 나라마다 다른 유형의 구조에 의하여 수행되거나 다른 빈도로 수행될 뿐이다.

셋째, 모든 정치체제에는 그 나라의 문화적 측면이 혼합되어 있다.

이러한 본서의 정치행정체제론 시각은 구조기능론(structural functionalism)과 밀접하게 관련된다. 대표적인 구조기능자로서 T. Parsons는 모든 사회는 일종의 하위체제로 구성되어 있고 이들은 서로 다른 기능을 담당한다고 본다. 즉, AGIL (Adaptation, Goal attainment, Integration, Latent structure maintenance)로 대표되는 4 대 기능은 어느 사회에서도 그 기능을 담당하는 것이 있다는 것이다(Parsons, 1967). 적응기능(Adaptation)은 체제과정을 진행시키고 체제의 목표를 달성할 수 있도록 환경으로부터 충분한 에너지, 자원, 수단 등을 획득하는 것을 말하며, 사회체제에서는 경제기능을 말한다. 이에 비하여 사회체제에서 일정한 목표의 설정과 합의를 얻어내는 것은 정치과정의 목표달성기능(Goal attainment)이다. 마찬가지로 사회체제구성원 간의 소속감과 안정성을 갖게 하는 것이 사회통합기능(Integration)이다. 그리고 이러한 통합과정을 통하여 그 사회 공통의 고유성을 확보하고 어떤 변화에도 계속성을 갖도록 하는 것이 잠재적 구조유지 기능(Latent structure maintenance)이다.

표 1-5 Parsons 정치체제의 하위체제

잠재적 구조유지-헌법	통합-법규범
적응-정당, 정치적 교환	목표달성-행정

이런 AGIL의 논리는 분석의 수준을 달리하여 모든 하위체제에 적용가능하다. 사회체제는 하위체제로, 하위체제는 다시 더 낮은 수준의 하위체제로, 마치 양파껍질을 벗기듯이 분석할 수 있기 때문이다. 예컨대 위에서 목표달성기능체제로 분류한 정치체제도는 [표 1-5]와 같이 세분될 수 있다(Horst Reimann et al., 1993: 187). G. Almond & B. Powell의 구조기능론(structural-functionalism)도 이와 같은 맥락에 있다. 즉, 이익표출, 법칙준수, 정치적 의사소통 등을 중심으로 원시국가부터 근대국가까지 비교가 가능하다.

비교행정에서 이러한 체제론적 시각을 채택하는 것은 곧 정적인 측면의 분석에만 한정된다는 것을 의미하는 것은 아니다. 체제론도 그 자체로서 동적인 측면을 내포하고 있다. 또한 행정체제는 거버넌스라는 측면에서도 유용할 뿐만 아니라, 공공재를 생산해 내는 주체로서 행정의 역할을 조명할 수 있기 때문에 유용한 개념이다(Eugene B. McGregor, Jr., and Paul Soplano, 2002: 101).

본서에서는 이와 같은 논리를 좀더 구체적으로 적용시켜 개별국가를 분석하는 틀로서 [그림 1-3]을 제시하고자 한다.

우선 맥락적 차원에서 각 국가가 처한 기본적 요소와 환경을 살펴본다. 행정체제를 연구하는 데 우선 해결해야 할 것이 그 사회에서 공적 부문이 차지하고 있는 비중이다. 공공부분이 작으면 시장이 담당하는 기능이 많을 수밖에 없다. 그럼에도 불구하고 이런 사회에도 정치 및 행정기능이 어떤 행태로든 존재하기 때문에 이를 연구해야 한다. 공적 부분에 가면 정치와 행정의 상대적 기능분담이 어떻게 되어 있는가를 본다. 대체로 양자는 융합되어 있으나 나라마다 변형된 형태로 존재하기도 한다. 이를 공식적 구조를 중심으로 정치과정과 행정과정으로 나누어 세부적인 내용을 분석한다. 최근에는 전통적인 정치부분 혹은 행정부분이 아니면서 과거 정치나 행정이 담당하던 기능을 하는 행위자(기구)가 있다. 이를 집행의 차원 혹은 거버넌스라는 차원에서 살펴본다.

분석의 관점은 정치행정체제를 구성하는 행위자 혹은 기관이 얼마나 분화되

그림 1-3 각국별 분석흐름도

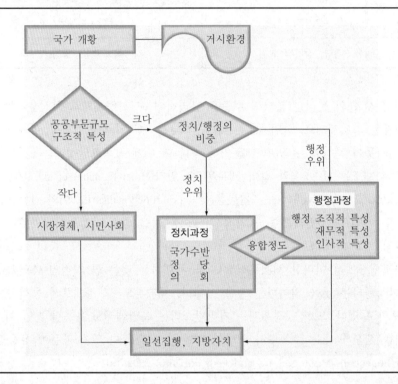

어 있는가에 관심을 가진다. 분화되어 있다는 것은 다른 인접기관(혹은 행위자)에 대하여 어느 정도 자율성을 가지고 있다는 점을 의미한다. 그럼에도 불구하고 이들 부분은 전체에 대하여 완전히 자율적인 존재일 수 없다. 완전히 자율적이라는 것은 다른 별도의 체제라는 것을 의미하기 때문이다. 따라서 어느 정도 통합성을 갖게 되는데, 이 말은 전체에 대하여 일관성을 갖는 기능을 하는 동시에 다른 부분들에 대한 의존성을 갖고 있다는 것을 의미한다.

한편, 개도국에 대한 공적원조(ODA)도 그 나라에 대한 심층적 이해가 선행되어야 한다. 본서의 분석틀에 따라 다른 나라들의 상대적인 특성을 파악하여야 한다. 그 다음 단계는 개도국이 직면한 다양한 문제를 해결하기 위해, 그 나라 정부가 무엇을 해야 하는지 보는 것으로서 정부경쟁력의 관점이 필요하다(임도빈 외, 2014).

2) 비교기준

본서에서 다루는 나라의 정치행정에 관한 정보는 각각 무한하기 때문에 어느 정도 각 나라에서 다루는 내용은 다음과 같은 항목으로 설명된다. 다만, 나라의 특성에 따라 비교항목이 일부 다를 수 있다.

Ⅰ. 개   관
  1. 국가개황
  2. 거시환경
Ⅱ. 정치과정
  1. 정치행정체제의 기본구조
  2. 투입제도
  3. 통제제도

Ⅲ. 행정과정
  1. 행정조직구조
  2. 인적자원 및 인사행정제도
  3. 예산 및 재무행정제도
Ⅳ. 거버넌스 체제
  1. 지방자치와 참여
  2. 국가거버넌스와 정부개혁
Ⅴ. 결어: 한국과의 비교

Ⅰ. 개   관
1. 국가개황

지리적 위치, 인구, 경제지표 등 그 나라에 대한 일반적인 지식으로 볼 수 있는 정도의 기본지식을 의미한다. 특히 사회문화심리적 특성은 곧 그 나라의 정치행정과정에 지대한 영향을 주기 때문에 배경지식으로서 필요한 것이다.

2. 거시환경

국제적 무대 혹은 인근 지역공동체 수준에서의 역할 및 제약요인을 비롯한 그 나라의 국경을 초월한 요소로서 정치행정체제에 영향을 미치는 것을 외부 거시환경이라고 할 수 있다. 이외에도 국가의 지배적인 이념 및 종교 등 정치행정체제의 행위자로서 포함시킬 수 없는 요인들을 내부 거시환경 혹은 정치적 맥락(context of national politics)으로 분류하여 약술한다. 아울러 인적자원, 자연자원 등의 특성을 서술한다.

Ⅱ. 정치과정
1. 정치행정체제의 기본구조

본서에서 다룰 주요 행위자를 중심으로 그 나라의 정치행정체제를 전체적으로 파악할 수 있도록 한다.

우선 공공부문의 규모에 대해서 일별하고, 다음으로 정치적 행위자, 행정적 행위자, 기타 행위자 등의 종류와 개괄적인 특성을 설명한다. 주요 정책의 결정 및 집행(formal decision making and implementation structures)과 관련된 흐름을 이해하도록 한다.

2. 투입제도

국민의사의 정치체제에 대한 투입을 담당하는 각종 행위자로서 정당, 의회, 국가수반 등은 물론이고 기타 투입관련 기능을 하는 행위자를 다룬다. 구체적으로는 정치엘리트의 충원, 정당(political parties), 이익집단(organized interest groups), 투표행태(electoral behavior) 등 각 나라의 특색에 해당하는 항목을 중점적으로 다룬다. 예컨대, 국가(행정)수반 기능강화의 원인(Peters, G., Rhodes and V. Wright, 2000: 7~8), 정치의 대통령화와 대통령을 위한 정치의 개인화(the general presidentializa-tion and personalizaition of politics) 등을 생각할 수 있다.

3. 통제제도

정치적 행위자의 권력행사(the uses of political power)를 통제하는 각종 제도 및 행위자를 설명한다. 단순히 정치에 대한 통제보다는 정치행정체의 전체적인 통제를 담당하는 기구(예컨대, 사법기구)도 여기서 설명한다. 정치와 행정의 구분이 애매한 경우도 많고, 행정통제에 관한 것이면 다음 장(행정과정)에서 다뤄야 하지만 편의상 여기에서 서술한다.

Ⅲ. 행정과정

1. 행정조직구조

협의의 집행기관인 정부부처조직 및 산하기관 등의 종류, 내부구조, 주요기능 등을 설명한다. 즉, 전통적인 정부관료제를 의미하는 부처조직, 장관을 비롯한 최고의사결정자 집단, 행정엘리트의 충원과 구성, 의사결정구조, 내부운영상의 특성 등이 다뤄진다. 즉, 국가(행정)수반 보좌기구의 주요기능(Peters, G., Rhodes and V. Wright, 2000: 11~12), 체제관리(system management), 정부기구의 관리(managing the state apparatus), 정책조정(policy-co-ordination) 혹은 정책관리(policy-management) 등을 탐구한다.

2. 인적자원 및 인사행정제도

주요 공직자(예컨대 diplomats, technocrats, politicians)들이 어떻게 구성되고 양성되는지, 그리고 공무원의 분류, 충원, 경력 등이 어떻게 다뤄지는가에 관한 인사행정체제를 다룬다.

3. 예산 및 재무행정제도

공공부문에서 사용되는 재원의 관리와 관련된 제도로서 예산회계제도, 각종 재정통제에 관한 사항 등을 다룬다.

Ⅳ. 행정과정

1. 지방자치와 참여

지방자치구역 및 제도에 관한 사항을 비롯하여 일반 국민들이 공공부문에 참여하는 제도를 다룬다. 예컨대, 유권자들의 압력(Electoral pressure) 증대에 따라 좋은 정부(Ensuring good government)를 확보하기 위하여 일반국민과의 접촉점은 어떻게 확보하고 있는가를 살펴본다.

2. 국가거버넌스와 정부개혁

상술한 주요 행위자를 비롯하여 NGO 등 필요시에는 구체적으로 다루지 못한 행위자도 포함하여 해당 국가사회의 전반적인 거버넌스 체제에 대한 일관을 한다. 즉, Ⅱ의 1에서는 전통적이고 공식적(즉 헌법구조)인 것을 다룬다면, 여기서는 실제로 운용되는 측면에 대해서 가능한 한 동적(dynamic)으로 기술하는 것이다. 예컨대 국내정책의 종합조정 필요성 증대(The increasing demands of domestic policy co-ordination) 등을 다룬다. 아울러 최근 추진되고 있는 정부개혁 혹은 행정개혁에 관한 내용을 약술한다.

Ⅴ. 결어: 한국과의 비교

그 국가에 대한 결론에 대신하여 한국과 비교하여 아주 유사한 점이나, 두드러지게 다른 점이 무엇인가를 한번 음미하는 부분이다. 비교행정은 기본적으로 자국과의 비교를 통하여 교훈을 얻으려는 실용적인 목적이 있는 학문이기 때문이다.

☕ **차 한잔의 여유**

현지화·차별화만이 살 길

우리는 대개 자신의 시각이나 입장에서 사물을 파악하고 판단하기 쉽다. 그래서 외국 생활을 하다 보면 현지의 문화나 사고방식의 차이로 인해 오해가 생겨 일을 그르치는 경우가 적지 않다. 예를 들면 인샬라(아랍어·알라신의 뜻에 따라), 소데스네(일본어·그렇군요), 뭉킨(인도네시아어·아마도) 등과 같이 표현의 미묘한 뉘앙스가 전혀 다른 결과를 초래할 수 있다.

세계화 시대에 해외 진출 성공의 비결은 무엇일까. 국내 산업이 포화상태에 다다르고 있는 오늘날 대기업이든 중소기업이든 해외진출에서 출구를 찾고 있다. 최근 중국 경기가 둔화 조짐을 보이는 가운데 '아세안 경제 공동체'의 출범으로 동남아 시장이 주목받고 있다.

전세계 기업들이 앞다퉈 동남아 시장에 진출하려 하고 있는 지금, 그 성공의 해답은 글로컬리제이션(glocalization)에 있다. 사고와 전략은 글로벌하게(think globally), 하지만 행동과 운영은 현지 실정에 맞게 해야(act locally) 한다는 의미이다.

철저한 현지화를 통해 성공한 사례는 많이 있다. 인도네시아에서 성공신화를 쓴 우리 기업들을 보면 치밀한 현지상황 분석에 바탕을 둔 현지화 전략을 추구한다. 한국인 직원들도 인도네시아 언어와 문화를 필수적으로 습득해야 한다. 기업의 사회적 책임(CSR) 활동을 통한 지역 사회와의 화합과 상생도 중시하고 있다.

라오스의 우리 자동차 그룹도 현지화에 성공한 대표적 예다. 동남아 지역은 일본 차가 휩쓸고 있지만 유일하게 라오스만은 이 회사 자동차가 40%의 점유율로 대세를 이루고 있다. 자동차뿐 아니라 오토바이 시장에서도 시장특성에 맞는 제품을 발굴하고 현지 여건에 맞는 최적의 서비스를 제공함으로써 성공가도를 달리고 있다.

현지화와 아울러 타 경쟁사와는 다른 차별화 전략 또한 성공의 키워드다. 우리의 한 전자회사가 동남아에서는 치명적인 뎅기열 모기를 퇴치하는 에어컨을 개발한다든가, 현지인이 선호하는 음질 특성을 반영해 특화된 주파수 음역대의 홈시어터 음향제품을 출시한다든가 해서 좋은 반향을 얻고 있다. 또 한 우리 식품회사는 인도네시아 사람들이 인삼을 좋아하는 것에 착안, 인삼 커피를 생산해 대박을 터트렸다. 한편 현지화에 실패해 고배를 마신 기업들도 많다. 세계화와 더불어 현지화를 철저하게 추진할 때 비로소 경쟁력을 확보할 수 있다.

10개국 경제공동체를 출범시킨 아세안은 세계가 눈독드리는 소비 시장임에 틀림없다. 인구 6억2,200만 명(세계 3위), 국내총생산(GDP) 2조6,000억 달러(세계 7위)의 아세안경제공동체(AEC)가 출범하면서 그동안 무시당하던 동남아시아가 주목을 받기 시작하였다. 앞으로 10개 회원국별로 복잡하고 다양한 제도가 하나의 표준으로 통합될 예정이다. 그러나 이들 국가들의 특성과 문화를 이해한 바탕 위에 철저한 현지화·차별화 노력을 할 때에만 비로소 성공의 여신은 미소로 화답할 것이다. 비교행정을 제대로 연구해야, 그 나라의 기본적인 제도를 이해하게 된다.

출처: 서울경제, 2016. 4. 24 (일부발췌 및 수정).

◈ 참고문헌

고광림(1974), 『영국정부론』, 서울: 일조각.

김규정(1976), 『비교행정론』, 서울: 법문사.

남궁근(1998), 『비교정책』, 서울: 법문사.

이송호(1995), "비교정책연구에 있어서 전통적 방법론의 재검토," 『한국행정학보』, 제29권 2호.

임도빈 외(2014), 『정부경쟁력: 이론과 평가지표』, 서울: 박영사.

정성호(2002), "마키아벨리 연구," 『한국행정학보』.

장덕준(2002), "체제전환기 국가의 성격," 『한국정치학회보』, 제36권 2호, 307쪽.

Dahl, R.(1947), "The Science of Public Administration," *PAR*, Vol.7.

Diwidedi, O. P. & Henderson, Keith M.(ed.) (1990), *Public Administration in World Perspective*, Ames: Iowa State University Press.

Dodds, Anneliese(2013), *Comparative Public Policy*, Palgrave Macmillan.

Durkheim(김충선 옮김, 1995), 『에밀 뒤르켐: 자살론－사회학적 연구』, 서울: 청아출판사.

Easton D(1965), *A Systems Analysis of Political Life*, New York: John Wily.

Evans Peter(1995), *Embedded Autonomy: States and Industrial Transformation*, Princeton, N. J.: Princeton University Press.

Eugene B. McGregor, Jr. and Paul Soplano(2002), *Comparative Civil Service Research: The Strategic Agenda*.

Hofstede Geer et al.(2010), *Cultures and Organizations*, London: McGraw-Hill book company.

Horst Reimann et al.(이남복 옮김)(1993), 『사회학의 이론모델』(원저 *Basale Soziologie: Theoretische Modelle*), 서울: 닥나무.

Heidenheimer et al.(1983), *Comparative Public Policy*, London: St. Partin Press.

Kamrava, Mehram(1996), *Understanding Comparative politics: A framework for analysis*, London: Routledge.

Lijphhart, Arend(1985), "Comparative Politics and Comparative Method," *American Political Science Review*, Vol.65.

Mény, Y. et Surel(2004), *Politique Comparée*, Paris: Monchrestion.

Montgomery Van Vart(1991).

Parsons, T.(1967), *Sociological Theory and Modern Society*, New York-London.

Peters, G., Rhodes and V. Wright(2000), *Administering the Summit*, London: Macmillan Press.

Pollitt, C. & G. Bouchavet(2011), *Public Management Reform*, Oxford: Oxford University Press.

Preworski(1985), *Capitalism and Social Democracy*, Cambridge: Cambridge Uni. Press.

Riggs, F.(2000), "Past, Present and Future in Korean Public Administretion," 서울행정학회 춘계학술대회논문집, pp.1~18.

Tocqueville(1835), *Democratie en Amerique*.

Verhoest, Koen et al.(2012)(ed.), *Government Agencies: Practices and Lessons from 30 Countries*, Palgrave Macmillan.

Weber, M.(1947), *Economy and Society, The Theory of social and Economic Organization*, Chicago: Free Press.

Ziller, Jacques(1993), *Administration Comparée*, Paris: Montchrestien.

Chapter 2

비교행정 연구방법론

I 비교행정연구의 분석수준

1. 국가수준 비교연구의 전제

비교행정 연구에서 사용하는 방법론은 사회과학에서 일반적으로 사용되는 연구방법론이 그대로 적용된다. 인식론이나 존재론에 관한 철학, 통계분석기법들과 함께 인과관계를 밝히려는 논리도 그대로 적용된다. 여기에서는 이러한 일반적 연구방법론 중에서 비교행정이 적용되는 부분만 강조하여 살펴보기로 한다.

1960년대는 미국에서 비교행정연구그룹을 중심으로 국제간 비교 연구가 매우 활발히 이루어진 시기이다. 이론적으로는 국내외적 차원에서 모든 것이 비교연구의 대상이 될 수 있지만, 실제로는 1960년대 이뤄진 미국의 비교행정 연구와 같이 국제간 비교연구를 함에 있어서 더 적합한 것과 그렇지 못한 것이 존재한다. 이러한 국가수준의 비교연구를 수행하려면 다음과 같은 조건이 충족되어야 한다(Henry Teune, 1990: 44). 특히 행태나 태도를 비교하는 연구에서는 이러한 조건이 더욱 중요해진다.

첫째, 국가라는 차원이 연구하고자 하는 변수에 결정적으로 영향을 미치는 원인이어야 한다. 이는 일반적으로 비교행정연구의 목적이 국가 간의 차이를 보는 것이기 때문이다. 그러나 한 국가 내에서 지역 간 차이가 더 큰 경우도 많이 존재한다. 이러한 경우 국가 간 비교는 큰 의미가 없다. 즉, 한 국가에 내재해 있는 내재적 변인이 국가 간 차이인 외재적 변인보다 큰 경우는 국제비교의 의미가 적다.

실증적 행정학 연구의 궁극적 목적은 국가라는 단위와 관련이 있다고 추정되는 두 개 이상의 현상 간에 존재하는 인과관계를 규명하는 것이다. 이와 관련해서 내재론적 모델과 외재론적 모델이 있다. 국가 내재론적 모델(endogenous model)은 한 행정현상을 국가 내 변인으로 설명이 가능하다고 보는 반면, 외재론적 모델(exogenous model)은 상호연관체제로 보고 다른 나라의 것이 원인변수가 될 수 있다고 보는 것이다. 예컨대 유럽의 여러 나라를 대상으로 실시한 국민들의 태도에 대한 조사에서 국가 간 차이가 10% 이상이 되는 경우는 매우 드물다(Scheuch, 1989). 이와 같이 국가 간 차이변수(between-country)가 국가 내 차이변수(within country variance)보다 적으면, 국가 간 차이보다는 다른 변수에서 설명요인을 찾아야 한다. 즉, 내재론적 모델을 취할 경우, 연구목적이 특정 행정현상에 대한 이론적 인과관계 설명에 있다면 굳이 국가 간 비교행정연구를 할 필요성이 없어진다. 그러나 실용적인 정책아이디어를 찾는다면 유사한 상황에 있는 다른 나라의 예를 찾아보는 식의 비교행정연구가 내재론적 모델에서도 필요하다. 즉, 양자의 어느 입장을 취하든 비교행정연구는 필요한 것으로 볼 수 있다.

둘째, 현실적으로 연구하려는 변수(예, 국민태도)가 국가 내에서 변화될 수 있는 성질의 변수이어야 한다. 예컨대 인접국을 침범할 역량이 없는 국민들과 그렇지 않은 나라를 대상으로 '국민들의 태도가 평화적인가, 호전적인가'라는 비교연구를 하면 의미가 없다. 행정학연구가 실제의 처방을 목적으로 하는 것이 많기 때문에 비현실적인 전제하에 수행된 연구는 그 효용성이 낮을 수밖에 없다.

2. '국가'단위

비교행정은 인구, 영토, 주권을 기본구성요소로 보는 '국가'를 연구의 기본단위로 한다. 베스트팔렌협정 이후 국가가 국제정치 무대에서 가장 중심적인 지역단위가 되었다. 실제로, 그 분석수준을 지역(아세안, 유럽)-국가-지역(호남, 영남 등) 등 일종의 지리적 경계로 상정할 수 있다. 사실상 복수 이상의 지리적 경계를 전제하고 이들 간의 영향력을 고려하는 연구가 많다. 이러한 지리적 경계는 무의식적으로 이들 간의 상하관계를 상정하는 수준(Level)이란 개념을 내포한다. 즉, 지리적 공간은 경험적으로 확인할 수 있는 크기가 존재하고, 두 개 이상 단위 간의 포함관계를 고려할 때 이들 간의 계서관계를 알 수 있다는 것이다. 이를 정리해보면 [표 2-1]과 같다.[1]

표 2-1 분석수준

맥락의 단계	분석의 수준	비교연구대상
구성부분(bits)	개인/개체	행정인의 인지, 동기, 행동, 행태, 행위의 속성과 관계
중간맥락(mid-context)	조직/집단	관료제, 부처조직, 공기업, 지방자치, 지배적 생산양식
상위맥락(meta-context)	국가/범사회	국가이념, 문화, 역사, 제도, 정치체제
최상위맥락	지역	종교, 문명

전통적인 비교행정연구는 [표 2-1]에서의 세 번째 수준인 상위맥락에 집중되어 있다. 즉, 국가를 하나의 단위로 하고 국가 내의 차이를 고려하지 않는 것이다. 이는 거시적으로 국가행정의 특징을 비교하여, 궁극적으로는 거시이론(meta-theory)을 만들어내려는 것이다. 그러나 이러한 경우에는 보통 자료습득도 어렵고, 한 국가 내에서도 수많은 이질적인 요소가 존재하기 때문에 과잉단순화(over simpli-fication)의 위험성을 가지고 있다. 따라서 거시이론을 만들어내는 것은 쉽지 않은 일이다.

거시이론의 개발이 한계에 부딪히자 각광을 받기 시작한 것이 중간맥락에서 이루지는 연구이다. 이를 다른 표현으로는 중범위이론(middle range theory)의 개발이라고 하기도 한다. 이와 같은 중범위이론의 개발이 각광을 받게 된 원인은 거시이론에 비해 분석의 수준을 낮춤으로써 좀 더 적실성 있는 자료습득과 분석이 가능해지기 때문이다. 예컨대 한국의 조달청 조직과 미국의 조달행정처(general ad-minstration service)조직을 비교하여 행정조직문화나 의사결정 패턴을 연구하는 것이 막연히 한국과 미국의 전체 행정체제비교를 하는 것보다 훨씬 구체적인 함의를 이끌어낼 수 있다. 실제로 한국과 터키의 관료적 엘리트체제(bureaucratic elite re-gime)를 비교하기 위하여 양 국가 관료들을 면접한 결과, 유의미한 차이를 발견하지 못한 연구가 있다(Metin Heper, Chong Lim Kim, & Seong-Dong Pai, 1980: 137~

---

1) 강신택, 전게서, p.60 표 3-3 행정이론의 맥락단계에 관한 것을 발췌 수정하였음. 강신택은 각 단계에서 행정학이 경험적 입장을 취하는가 아니면 해석학적 혹은 비판이론적 입장을 취하느냐에 따라 행정학의 목적과 방법이 달라진다고 설명하고 있다. 이런 입장은 본서의 비교행정연구에도 그대로 적용된다고 볼 수 있다.

157). 한편, 미시수준인 구성부분(bits)은 최하위 수준의 분석단위로서 행태론적 접근, 혹은 심리학적 접근이 이에 해당한다.

어떤 이론을 활용하는 것과 상관없이 모든 비교행정연구는 '국가'가 기본단위가 되어야 한다. 이렇듯 비교행정연구의 기본단위로서 '국가'가 구체적으로 어떻게 고려되는가를 살펴보면 다음과 같다(Guy Peters, 1998: 10).

첫째, 단일국가연구이다. 이것은 한 국가에 대하여 어느 하나를 연구하는 것으로서 단일 사례연구라고 할 수 있다. 둘째, 연구의 목적에 따라 연구대상 국가를 선정하고, 이들 국가에 대하여 유사한 제도나 과정을 분석하는 것(Skocpol, 1979; Collier and Collier, 1991)이다. 셋째, 국가의 하위수준의 단위들을 유형론(typologies)을 사용하거나 유형론을 개발하면서 그 의미를 도출하는 것(Lijphart, 1990)이다. 넷째, 지리적 혹은 발전의 정도 등을 기준으로 하여 표본으로 선정한 일정한 수의 국가에 대하여 어떤 가설을 검증하기 위한 통계분석 혹은 기술적 분석을 하는 것이다. 마지막으로 세계의 거의 모든 국가에 대하여 통계분석하거나, 관련된 모든 정치체제들에 대한 관계(relationships)를 검증하는 것(Sullivan, 2000)이다.

3. 비교행정의 전형적 연구대상: 구조와 기능

1960년대 이후 연구된 비교행정연구는 위의 유형 중 두 번째 범주에 드는 것이 많았다. 즉, 주로 국가의 행정(기구) 기능을 비교하는 것이었다. 이는 어느 나라에서는 관료제가 이렇게 작동하는데, 다른 나라에서 다르게 작동한다는 식의 논리에 기초를 두고 있다.

예컨대, 우리나라는 감사원이 행정부에 속해 있어 감사의 독립성이 확보되지 않는 반면, 미국에서는 의회에 속해 있어 정권에 관계없이 감사원의 업무가 공정하게 이뤄진다는 주장이 있다. 이를 증명하기 위해 선진국의 감사기구 소속유형과 감사의 정치적 독립성에 대해 비교한다고 해보자. 서구의 사례를 보면, 반드시 그렇지 않은 경우가 많은데, 예를 들어 프랑스의 경우에는 감사원(cour des comptes)이 행정부에 속해 있으나, 독립성은 지켜지고 있다.

이상의 예시에서 보았듯이 설명이 완벽하지 못하고, 각각의 사례에 대해서도 연구자에 따라 '독립성'의 유무를 다르게 평가할 수 있다. 또한 예외적인 경우가 발견되는 이유는 너무 많은 변수를 가진 현상을 적은 사례를 가지고 증명하려 하기 때문이다. 이와 더불어 분석의 심도와 구체적인 대상 면에서도 차이가 발생한다. 특히 위와 같은 구조기능적 설명을 할 경우에는 다음과 같은 점에 주의를 해야 한다.

- 기능적 유사성의 문제(functional equivalence): 겉으로 유사해 보이는 기구가 다른 기능을 수행하기도 하고, 반대로 피상적으로 전혀 다른 기구처럼 보이는 것이 실제로는 유사한 기능을 수행하기도 한다(Peters, G., Rhodes and V. Wright, 2000: 4ff.).

- 가치와 인식의 문제: 그 나라 국민(혹은 정치인, 행정인 등 주요 행위자)들이 제도나 기구에 대하여 갖고 있는 인식이나 가치가 다른 나라에 비하여 상이한 경우가 많다. 예컨대, 한국에서는 '(정당)정치'라는 것이 매우 부정적인 의미로 생각되는 반면, 대부분의 유럽선진국에서는 긍정적인 의미가 있다. 관료나 행정에 대해서도 네덜란드 국민들은 긍정적으로 생각하는 경향이 있다. 이러한 차이에 따라서 어떤 기구에서 일하는 사람이 정치적인 일을 하는가 혹은 행정적인 일을 하는가는 상이할 수 있으며, 이들이 갖는 책임도 다르다. 이러한 점을 고려한다면, 여러 나라의 기구를 단순 비교하는 작업은 매우 조심스럽게 이뤄져야 한다.

- 기구변화의 문제: 기구란 정체되어 있는 것이 아니고 끊임없이 신설, 통합, 폐지, 변화를 겪는다(Peters, G., Rhodes and V. Wright, 2000: 5). 따라서 이를 충분히 고려하여 비교하는 것이 필요하다. 즉, 현재의 제도는 과거의 축적이므로 그 기능면에서도 이를 면밀히 고려해야 한다. 경로의존성을 강조하는 신제도주의적 입장에서 본다면, 제도는 어느 정도 영속성이 있으므로 일시적으로 어떤 기구가 폐지되더라도 기능은 어떤 형태든 계속되는 경우가 많기 때문이다.

4. '공간'개념으로 국가

사실 전통적인 구조기능주의적 시각에서 본 비교행정의 대상은 한계가 있다. 따라서 이를 다른 시각에서 보면 훨씬 더 의미 있는 단위가 나타날 수 있다.

Galtung(Else, 1990)은 '수준(level)'이란 개념보다 좀 더 일반적인 '공간(space)'이란 개념을 사용한다. 왜냐하면, 수준은 상위수준, 하위수준 등의 개념에서 알 수 있듯이 암묵적으로 인과관계를 내포할 위험성이 있기 때문이다. 즉 환경결정론이란 측면에서 상위환경이 연구대상에 영향을 미친다는 것이 암묵적으로 가정될 수 있다. 나아가서 Galtung이 말하는 공간은 자연적인 물리적 공간뿐만 아니라 더 다양한 의미를 가지고 있다. 바로 개인의 심리적 공간, 사회적 공간 등의 문화로까지 공간의 의미가 확대된다.

그런데 이상의 논의는 경험주의적 입장에서 존재한다고 믿어지는 실체라는 것을 전제로 하고 있다. 이에 반해 최근의 사회과학은 포스트모더니즘과 같은 구성주의(주관주의)적 입장에 많은 영향을 받고 있다. 예컨대 '국가'라는 것은 따지고 보면 우리 눈에 보이지 않는 실체라는 점에서 문제가 생긴다. 뷔르도(Burdeau, 1970)는 국가를 역사적인 상황에 의하여 규정되는 인간의 지적 산물이며, 하나의 '아이디어'라고 본다. 국가는 사회의 다양한 이해관계를 초월하여 동질적인 기반을 만들어내는 정치투쟁의 조정자 역할을 하는 존재이다. 다시 말하면 국가의 일차적 존재이유는 권력의 대표성에 의하여 사회의 세력관계와는 다른 기반 위에서 통치자와 피통치자 사이를 구별짓는 것이다. 이런 추상적 국가를 전제로 하면, 상술한 비교행정 연구단위인 국가가 애매해진다.

그러나 이와 같은 추상적인 국가를 비교행정연구에 있어서 연구가능하게 해주는 것은 국가기구(state apparatus)라는 개념이다. 이는 권력을 행사하는 사람들이 국가라는 이름하에 자신들의 존재에 알리바이를 성립시키는 기능을 한다(Burdeau, 2009: 17). 즉, 국가를 통치하는 사람들은 수많은 조직 속에 어떤 '자리'를 차지하고 있다. 이러한 자리들로 조직된 기구는 사회의 정치·문화적 특성을 반영하고, 축적하며, 이끌어 가는 기능을 한다. 그러나 이런 구성주의적 입장을 취하더라도 상술한 실재론에서 보는 국가의 지리적 경계와는 사실상 크게 다르지 않을 수 있다.

이와 같이 비가시적인 국가를 분석하는 것은 정치행정과정의 실제적이고 역동적인 측면을 보게 하는 장점이 있다. '알리바이'가 성립되는 상황에서 일하는 여러 중요 행위자(actor)들 사이에 발견되는 일정한 게임규칙을 알아보는 것이 이에 해당한다고 할 수 있다. 또한 게임의 규칙을 공식화하고 있는 것이 제도(institution)이다. 제도는 조직자체이기도 하고, 조직들에 의해서 운영되는 것이기도 하다. 따라서 제도의 운영을 잘 이해하기 위해서는 조직 원리를 파악하는 것이 중요한데, 이와 같은 관점에서 국가를 다시 정의하면 '정치현상을 초래하는 관계들의 총합'이라고 할 수 있다(l'ensemble de relations qui engendre le phenomene politique). 즉 행위자, 게임규칙, 계속성이 곧 비교행정의 연구대상인 국가를 구성하는 주요 요소이다.

○ 행위자(지리적 경계포함)

○ 게임규칙(법조문이 아니라 실제로 일어나는 현상에 중점)

○ 계속성

위와 같은 의미의 국가는 실제 사회현상으로 존재하는 '현상학적 국가'를 의미한다. 그리고 비교행정연구의 가장 높은 수준은 바로 이러한 '현상학적 국가'로서의 국가연구라고 할 수 있으며, 심층적인 지역연구가 그 예이다. 그러나 현재로서는 헌법구조에 나와 있는 공식적 구조(formal structure)를 비교하는 차원에서 크게 벗어나지 않는 연구가 주를 이룬다.

비교행정연구는 어떤 행정체제가 속해 있는 맥락을 설명변수로 사용하는 경향이 있다. 그러나 크게 보면 비교행정연구에서 '국가'는 지역연구에서 다양한 용도로 사용될 수 있다. 우선 지역연구(area study)는 한 국가를 집중 연구한다는 점에서 국가를 가장 핵심적인 위치에 놓는 연구방법이라고 할 수 있다. 그럼에도 불구하고 국가(국경을 전제하는 '나라')가 모든 비교행정연구에서 연구의 초점 자체라고 볼 수는 없다.

자세히 보면 국가는 다음과 같은 의미로 사용되어 연구될 수 있다(Kohn, 1989: 20~41; Else 1990: 6).

–**연구의 대상**(object of the study): 1차적 연구대상이 한 국가이며, 그 국가 자체에 국한됨

–**연구의 맥락**(context of the study): 다른 하위 현상을 설명하기 위하여 국가는 연구의 배경 혹은 2차적 연구대상임

–**분석의 단위**(unit of analysis): 한 나라는 다른 나라와 함께 분석의 단위가 됨

–**초국가적**(trans-national): 여러 국가의 집합인 세계체제를 간주하며, 국가는 그 안에 내포되는 있는 연구단위임

II 비교연구의 논리

국가 단위가 비교 연구에 중요하다고 하더라도, 실제로 무엇을 비교하는가에 대해서는 고려해야 할 것이 있다.

1. 유 형 화

비교는 기본적으로 유사한 것을 묶는 유형화 작업에서 출발한다. 어떻게 보면, 유형화는 사회과학의 출발점이라고 할 수 있다. 예를 들어 아리스토텔레스는 누가 지배하며 누가 이익을 얻는가라는 관점에서 도시국가들의 정치체제를 유형화하였다. 1인이 지배하여 잘 기능하는 체제를 군주제, 이것이 타락한 것은 폭군제라고 하였고, 소수가 지배하는 순수형은 귀족제이고 이것이 부패하게 되면 과두제라고 유형화하였으며, 다수가 지배하는 순기능적인 것을 민주제, 이것이 타락한 형태를 중우정치체제라고 하였다.

사실 비교행정에서 오래전부터 사용해 온 유형화의 기본은 서로 대조적인 두 개의 유형으로 분류하는 이분법(dichotomy)이다. 퇴니스의 Gemeinschaft와 Gesellschaft, Robert Redfield의 전통문화(Folk culture)와 도시문화(urban culture), Durkheim의 기계적 유대(Mechanistic solidarity)와 유기적 유대(Organic solidarity), Bronislaw Malinowski의 성스런 사회(Sacred society)와 세속적 사회(Secular society)가 대표적인 예이다. 이러한 2분법적 논리는 1960년대 미국의 비교행정연구에서 많이 사용된 패러다임이다.

이분법은 대부분 순수한 이념형(ideal type)으로서 양자의 극단적인 경우를 가정하여 그 특성을 비교한다. 이러한 유형화 방법은 모집단을 전부 고려하여 특정사례를 고려한 뒤 설명을 하는 것이 아니기 때문에, 사실과는 다른 역설적인 설명을 할 위험성이 있다(Mattei Dogan & Dominique Pelassy, 1984: 144). 즉, 전체 모집단의 성격에 따라 대표성의 결여문제가 생길 수 있음을 유의해야 한다.

한편, 비교행정에서 유형론은 두 가지 용도로 활용될 수 있다. 어떤 유형을 귀납적으로 도출하는 것은 비교행정연구의 산출물일 수도 있고, 이념형을 가지고 이를 비교하여 다른 사례를 연역적으로 연구하는 출발점이 될 수도 있다. 어느 경우나 실제로 분석대상을 어떤 국가로 하느냐의 문제가 최종 결론에 중요한 차이를 가져올 수 있다. 후술하게 될 차이법을 사용한다면 분석대상국가가 여러 측면에서 유사하나 관심대상인 측면에서 차이가 나는 경우를 선택해야 한다. 반대로 유사법을 사용하는 경우에는 두 개 이상의 국가가 여러 가지 측면에서 상이하나 분석대상측면에서는 유사한 경우를 선택해야 한다. 이러한 분석대상의 선정자체가 과학적 연구방법의 논리에 따라 이루어져야 하는 중요한 단계이다.

이상의 사례선정의 문제는 '객관주의 혹은 실재론'의 입장에서 연구할 때나 '주관주의 혹은 구성주의'적 입장에서 연구할 때 공통적으로 부딪칠 수 있는 문제이다. 특히 극단적인 주관주의나 구성주의적 입장에 선다면 비교 가능한 국가를 선정한다는 자체가 매우 가치함축적이기 때문에 논란을 불러일으킬 소지가 있다. 그러나 객관주의적 입장을 택해도 과연 여러 나라에 대해서 충분한 자료와 정보를 가지고 분석대상국가를 선정했는가에 대해서 이의가 있을 수 있다.

2. 차이법과 일치법

근본적으로 비교행정연구는 어떤 현상이 국가 간에 차이가 있는가, 아니면 국가 간에 공통적으로 나타나는 특성이 있는가를 밝히는 것이라고 할 수 있다. 즉 유형화 작업을 통해 분류한 후, 그 관심현상이 특정국가에서 나타나느냐 여부를 확인하는 것이다. 구체적으로 이를 실행하는 논리에는 일치법, 차이법 등 다양한 것들이 있다.

1) 일치법(method of agreement)

관찰되는 현상(A)을 연구하는 데 있어 여러 나라에서 공통적으로 한 가지 요소 또는 조건(a)이 발견되면, A와 a는 인과관계로 연결되어 있다고 보는 것이다. 이는 상이한 여러 측면들을 상수로서 통제하고, 유사한 측면을 설명변수로 한다는 점에서 '최대 상이 정책사례비교'라고도 할 수 있다(이송호, 1995: 343~344). 즉, 여러 나라들 간의 일치점을 발견하여 설명하려는 것이다. 예컨대, 관료부패라는 현상

이 여러 나라에서 발견되는데 이들 나라의 공통점으로서 미국의 식민통치경험이
라는 사실이 비교연구를 통하여 입증되었다면, '관료부패'가 미국의 식민통치방식'
에서 기인한다고 보는 것이다.

	설명대상 현상	원인후보현상
사례1(필리핀)	관료부패	절대빈곤, 분파주의, 미식민경험
사례2(한국)	관료부패	급속경제성장, 미국문화유입, 경쟁의식
사례3(베트남)	관료부패	미국과 프랑스식민경험, 공산주의체제

일치법의 응용된 형태로서 간접적 차이법이라는 것이 있을 수 있다(남궁근,
2010: 57; Skocpol). A라는 현상에 대한 설명요인(독립변수)으로 a의 출현을 관찰하
는 것이 일치법이라고 한다면, 여기에서는 다른 나라에서 관심대상 현상이 발견되
지 않으면(-A) 그 설명요인(독립변수)도 존재하지 않는 것(-a)을 관찰함으로써 일치
법을 보완하는 것이다. 예컨대 관료부패가 일어나지 않는 싱가포르는 미국의 식민
통치(독립변수)를 경험하지 않았다는 것을 증거로 제시하는 논리이다.

2) 차이법(method of difference)

여러 나라를 관찰하고, 이를 통해 관심연구대상이 출현하느냐 여부는 좀 더
엄격한 방법으로 볼 수도 있다. 어느 나라에서 관찰되는 현상A에 대하여 이를 설
명할 수 있는 한 가지 요소 또는 조건(a)이 발견되고, 다른 나라에서는 a조건 이외
의 모든 조건이 동일한 데 반해 A현상이 관찰되지 않는다면 A와 a는 인과적으로
연결되어 있다고 보는 것이다. 즉, a의 존재여부라는 차이가 A현상을 설명한다는
것이다. 이 방법을 활용하려면 설명대상의 현상을 차이가 있는 것을 선정하여, 양
국 간의 공통점은 설명원인변수가 될 수 없고, 차이가 있는 것이 곧 원인변수라고
보는 것이다.

예컨대 어느 나라가 관료부패 현상이 심각하여 이를 연구하려고 한다면, 다른
상황은 모두 동일하면서 관료부패가 심각하지 않은 다른 나라를 찾아서 과연 양자
간에 어떤 차이가 있는가를 비교하는 것이다. 아래에서 보는 바와 같이 세 나라의
차이는 관료부패의 심각성인데, 원인후보가 되는 변수에서 다른 것은 동일하고 대
통령중심제인지 내각책임제인지의 차이가 있을 뿐이다. 따라서 이를 통해 정치체

제의 차이가 관료부패를 가져왔다고 보는 것이다.[2]

	설명대상 현상	원인후보현상
사례1(한국)	관료부패심각	계급제공무원, 엘리트주의, 대통령중심
사례2(프랑스)	관료부패없음	계급제공무원, 엘리트주의, 내각책임제
사례3(독일)	관료부패없음	계급제공무원, 엘리트주의, 내각책임제

한편, 차이법의 응용된 변형형태로서 잔여법이 있다. 이것은 특정현상에서 이미 밝혀진 부분을 모두 제거한 후, 남는 부분이 그동안 연구되지 않은 다른 선행요인들에 의한 것이라는 논리이다. 여기에서는 가능한 한 모든 변수를 연구한다는 것을 전제로 하고 있다. 하지만 사회현상은 대부분 통제 불가능할 정도로 수많은 변수가 작용한다고 볼 수 있기 때문에, 잔여법을 적용하는 것은 그만큼 제한적이라고 할 수 있다.

사실 일치법과 차이법은 논리적으로 반대라기보다는 유사한 맥락에 있는 방법이다. Mill(1834/1911: 258)은 인과관계에 대한 논리에 충실하려면 일치법만으로는 인과관계를 규명하는 데 충분하지 않으며, 따라서 차이법이 이를 보완할 수 있는 방법이라고 언급하였다. 물론 Mill의 주장에 충실하려면 이러한 독립변수 현상의 출현여부뿐만 아니라, 그것이 결과변수보다 시간적으로 더 선행해서 발생해야 한다.

따라서 인과관계를 좀 더 연구하기 위해서는 이와 같은 시간적 변수를 더 고려해야 한다. 이를 고려한 예로는 공동변화법이 있다. 공동변화법은 특정요인이 나타나지 않도록 완전히 제거할 수 없는 경우 그 상태를 조금씩 변화시키는 방법을 택하는 것이다. 엄격한 의미에서 변수의 인위적 조작이나 통제가 어려운 사회과학에서는 사용하기 어렵지만, 상술한 일치법과 차이법보다 좀 더 발전된 형태라고 할 수 있다. 하지만 최근 국가의 숫자가 증가하고 있고 이들 나라에서 각종 통계자료가 축적되고 있기 때문에 공동변화법의 활용이 점점 용이해지고 있다. 공동변화법은 변수 a의 변화가 있을 때마다 행정현상A의 변화가 일어나며 그 밖의 다른 요인에서 일어나는 변화를 찾아볼 수 없다면, a와 A는 인과관계로 연결되어 있다고 본다. 예컨대 다른 요인은 동일하고 공무원들의 학력수준이 올라감에 따라 공직부

---

2) 물론 이렇게 단순화해서 결론짓기 어려우나 여기서는 단지 비교의 논리를 보여주고자 한 것이다.

패가 감소하는 것을 연구하는 것이다. 이것은 독립변수와 종속변수 간에 시간적 선후관계를 분명하고 명백하게 규정한다면, Mill의 인과관계 요건에 거의 부합되는 방법론적 특성을 갖춘 것이라 할 수 있다.

그러나 실제로 지금까지 수행되어 온 비교행정연구의 결과물들을 보면, 최소한 공동변화법이 요구하는 정도의 엄격한 의미를 지닌 과학적인 연구를 찾아보기 어렵다. 대체로 유형을 분류하여 의미를 부여하는 정도가 지배적이라고 할 수 있다. 예컨대 1990년대 이후에 유행한 신공공관리론(New Public Management)이 각국에서 어떻게 나타났는가를 연구한 것을 들 수 있다(예, Pollitt and Bouchaert, 2011). 이렇게 과학적인 연구가 부족한 이유 중의 하나는 엄격한 의미의 자료가 부족하기 때문이다. 하지만 그렇다고 하여 방법론적 논의를 게을리 해서는 안 된다. 이는 어설픈 비교연구가 커다란 손실을 가져오기 때문이다.[3] 그럼에도 불구하고, 아직도 우리의 비교행정연구는 선진국의 우수사례를 벤치마킹하는 정도로 머무를 때가 많다.

Ⅲ   양적 방법

양적 연구방법은 일반적으로 자연과학주의적 사회과학 방법론에서 다루는 내용과 유사하므로 자세한 언급은 생략한다. 통계적 방법은 실증주의적 방법론 철학에 기초하고 있고, 실험설계를 이상적인 것으로 보고 있다. 그러나 통계적 변수통제는 자연과학분야의 실험방법이 할 수 있는 변수통제에 비하여 많은 한계점을 가지고 있다. 즉, 완벽한 실험방법이 사회과학분야에서는 잘 적용될 수 없기 때문에 이러한 비교는 논리적으로 유사하다는 정도로 받아들이는 것이 더 적합할 것이다. 또한 실용적으로는 실험방법의 적용이 불가능한 부분에 통계적 방법이 널리 쓰이는 것이 불가피하다. 양적 연구방법에서의 비교의 논리는 외생변수를 통제하면서, 실험변인(즉, 독립변수의 영향)을 극대화하고 오차를 최소화하는 것이다(Peters, 1998: 30).

---

3) 최근 행정에서 외국사례의 Benchmarking들은 엄격한 의미에서 인과성이 증명되지 않은 것을 증상만을 가지고 모방, 도입하려는 것이 많다. 적어도 맥락의 문제를 도외시하여 잘못된 결과를 가져온 것이 많이 있다.

1. 자료의 수집

최근 각 나라별로 혹은 국제기구에서도 신뢰할 수 있는 수준의 통계를 많이 산출하고 있다. 따라서 최근에는 이러한 데이터베이스를 이용하여 통계적 방법에 의한 비교연구를 수행하기가 용이해졌다. 또한 서베이를 통하여 1차 정보를 직접 산출하여 통계분석에 이용하는 것도 빈번해졌다. 이는 수 개 내지 수십 개의 변수를 다수 국가에 해당하는 통계자료를 가지고 분석하는 것이다.

이러한 각 국가별 통계자료를 획득하는 가장 쉬운 방법으로는 인터넷 검색엔진을 통하여 각 국가의 국토면적, 인구, 경제지표 등 일반적인 정보를 획득하는 것이다. 예컨대, OECD(http://www.oecd.org/infobycountry), 한국외교통상부(http://www.mofat.go.kr/so) 및 주한 외국대사관 혹은 외국주재 한국대사관의 자료 등이 있다.

최근 각 국 정부의 홈페이지는 많은 데이터를 제공하고 있다. 언어가 다른 나라의 경우에도 영어로 제공하는 정보가 많이 있으므로, 인내심을 가지고 탐색하면 양적 연구를 위한 좋은 자료를 획득할 수 있으며, 각종 서베이 결과도 얻을 수 있다. 특히 각국의 통계청 홈페이지에는 해당 국가의 각종 시계열 자료들도 찾을 수 있다. 이른바 인터넷 시대가 이러한 객관주의적 연구를 할 수 있는 가능성을 더 높이고 있다고 할 수 있다. 한편, 각 국의 통계자료를 설문지와 함께 제공하는 기구도 많이 있다. 이들은 기본적으로 각국의 상황에 대해 특정 주제를 가지고 비교행정 연구를 하는 기관들이다.

또한 빅 데이터 시대를 맞이하여 많은 실제 데이터를 접할 수 있는 시대가 되었다. 표본추출 방법에 의해 모수를 추정하던 것에서 이제 모집단의 특성을 그대로 파악할 수 있게 된 것이다.

통계자료를 제공하는 대표적 기관

- OECD
  - http://www.oecd.org/topicstatsportal/
- 스위스국제경영원 International Institute for Management Development
  - http://www02.imd.ch
- 국제투명성기구
  - http://www.transparency.org

- 유엔
  - http://www.un.or
- 월드뱅크
  - http://www1.worldbank.org/publicsector/index.cfm
- 유럽통계자료원
  - http://europa.eu.int/comm/eurostat/Public/datashop/
- 한국자료 통계청
  - http://www.nso.go.kr/

물론 이렇게 이미 주어진 자료를 이용하는 방법 이외에도 직접 외국에 설문조사를 할 수도 있다. 기존 자료의 타당도와 신뢰성이 의심되거나, 자신의 연구주제에 대하여 체계를 갖춘 자료가 없는 경우에 이러한 직접 설문 조사방식을 생각할 수 있다. 만약 설문조사와 같은 방법으로 별도의 정보를 획득하려면, 설문문항의 작성을 비롯하여 필요시 조사국가의 언어로 번역, 그리고 설문대상자의 선정(즉, 표본의 추출), 설문조사방법의 결정 등의 과정을 거쳐서 설문조사를 실시해야 한다. 특히 설문지를 번역할 경우에는 정확한 번역을 위해 역번역(reverse translation) 방식으로 확인해보는 것을 권장한다. 또한 글자 그대로 직역하는 것보다는 각 나라의 문화와 언어적 특성에 맞게 과감히 의역하여 조사의 타당도를 높이는 것이 필요하다. 한편, 이러한 설문조사에 있어서 조사대상자 표본추출의 방법으로는 단순무작위추출, 계통적 표본추출, 층화표본추출, 집락표본추출 등의 방법이 있다(남궁근, 2010: 448).

국제적 비교연구는 연구대상국가에 공동연구자가 있는 것이 편리하다. 현재에는 다양한 국제학술대회를 통해 연구자간 국제적 네트워크를 만드는 경우가 많이 있다. 그러나 이런 네트워크가 없는 경우에는 연구하고자 하는 주제에 대한 관심 있는 학자를 찾아내는 것이 중요하다. 가장 쉬운 방법은 같은 주제에 대해 이미 연구를 진행한 사람을 찾아 접촉하는 것이다. 예컨대 국제저널에 게재된 논문을 찾아서, 해당 저자에게 협조를 구하는 것이다. 대부분의 학자들은 자신의 주제에 대해 다른 나라는 어떠한지에 관한 비교연구를 진행하는 것에 관심을 가지고 있기 때문에 의외로 쉽게 이 문제를 해결할 수도 있다.

2. 양적 연구의 논리

양적 연구를 신봉하는 학자들은 기본적으로 학문의 목적을 통계적 규칙성을 통해 시간적·공간적 제약을 벗어나서 적용되는 일반법칙(generalizations)을 찾아내는 것에 둔다. 그리고 그것은 모집단(즉, 실재하는 세계)을 대표하는 일부(즉, 표본)를 가지고 규칙성에 대한 가설을 검증함으로써 이뤄진다. 이러한 표본을 통해 검증하여 전체를 추측하는 것은 전체의 세계가 법칙에 근거하여 존재한다고 보는 관점에 따른 것이다. 이렇듯 학문 활동의 목적은 이미 존재하지만 알려져 있지 않은 규칙성을 찾아내는 것이라 할 수 있다. 하지만 실제 이루어지는 연구들은 엄격한 검증을 하지 못하는 준실험적인 것이 많이 있다.

1) 비교의 심화정도

수치로 나타나는 자료를 가지고 두 나라 이상을 비교하는 것도 그 심도에 따라 몇 가지로 유형화할 수 있다.

첫째, 가장 단순하게 평면적으로 비교하는 것이 있다. 즉, 체제간의 속성을 1차적으로 단순히 비교하는 것이다. 예컨대 각국의 공무원 수, 공무원의 평균교육연수 등이다. 이는 수치를 통하여 어느 나라의 공공부문의 비중이 크다든지 혹은 공무원의 자질이 낮다든지 등의 방식으로 각국의 특성을 밝히려는 기술적(descriptive)인 방법이다.

둘째, 두 개 이상의 체제 사이에서 인과관계가 다르게 나타나는 것을 비교하는 것이 있다. 예컨대 산업화(원인)가 진행되면서 공공부분의 비중이 증가(결과)한다는 것을 보기 위해 한국과 일본의 경제성장률과 1인당 공무원의 비중을 비교하는 것이다. 그리고 이를 통해 두 나라에서 통계적으로 유의미한 차이가 나온다면 그 설명은 체제속성으로 돌릴 수밖에 없다. 그러나 이런 체제속성에 관한 연구는 대체로 연구자의 사유(speculation)를 통해서 이뤄진다.

셋째, 체제속성에 의한 인과관계를 설명하는 것이 있다. 앞의 유형에서 설명한 '사유'부분을, 즉 두 변수간의 관계가 왜 행정체제에 따라 다르게 나타는가에 대한 것을 통계적 방법으로 살펴보는 것이다. 예컨대 체제속성을 민주화정도로 놓고, 이를 검증하는 것이다. 민주화를 직접적으로 측정할 수 있는 지표가 없으므로 예를 들어 교육수준과 투표율을 고려한 민주화지수를 만들었다고 하자. 그러면 국가들 간의 산업화에 의한 공무원증가율의 차이는 그 체제의 민주화정도의 차이로 설명할 수 있는 것이다.

2) 시간차원에서 본 양적 연구유형

(1) 횡단면분석

횡단연구는 어느 한 시점에서 사람이나 상황의 표본, 혹은 단면을 관찰하는 것이다. 일정시점에서 다수의 분석단위에 대한 자료를 수집하는 연구를 의미하는 것으로 일정 시점에서 관찰이 이루어지는데, 이는 마치 x선 촬영을 통해 특정 시점에서의 건강상태를 진단하는 것과 같다(남궁근, 2010). 즉, 어떤 시점에서 공간적으로 다른 복수 이상의 나라를 비교하는 것으로서, 전형적인 비교연구방법이라고 할 수 있다. 이는 어떤 특정 시점에서 비교하려는 국가 사이에 있을 수 있는 많은 독립변수적 차이점이 유사하다고 간주할 수 있다.

Geer Hofstede는 50개국과 3개 지역을 비교연구하였다. 권력의 거리(power distance) 등 몇 가지 개념적인 차원에서 이들 나라의 조직문화적 특성을 측정한 것이다. 구체적으로 각국의 사람들에게 간단한 심리적인 측면을 묻는 설문조사의 결과를 지표화(index)해서 비교하였다.[4] 그러나 그 설문의 내용이나 분석내용을 보면, 그리 엄격한 방법을 사용한 것은 아니라는 점을 알 수 있다.

한편, 이미 존재하는 데이터를 가지고 국가 간 비교를 할 수도 있다. 다음은 행정에서 늘 문제가 되고 있는 정부규모에 관한 횡단면 연구를 한 결과의 예이다.

> 인구 1,000명당 공무원(군인은 제외)은 OECD국가의 평균은 66.9명인 데 비하여 한국은 22명으로 평균의 3분의 1 정도이다. 또한 국가인구규모와 GDP수준을 고려하여 비교하면 한국은 OECD의 대표치(회귀분석결과)를 1이라고 할 때, 0.5 수준이다.[5]

이러한 연구는 객관성과 엄밀성의 측면에서 매우 많은 비판을 받을 가능성이 높다. 즉, 각 국에서 공무원이라고 내놓은 통계수치가 과연 동일한 분류로 이루어

---

4) Geer Hofstede(2010), *Cultures and Organizations*, London: McGraw-Hill book company.
5) 김태일, 2000, "우리나라와 OECD국가의 공무원 규모 비교분석", 「한국행정학보」 제34권 제1호.

져 있는가의 문제나 각 국에서 공무원이 수행하는 기능이 동일한가의 문제이다. 전술한 대로 비교의 첫 번째 단계는 유형화인데, 이러한 문제들은 유형화의 정확도에 의문을 갖게 하는 것이다. 김태일(2000)도 공무원 규모에 대한 한계 때문에 보완적으로 재정규모의 비율을 비교한 결과, 한국은 OECD국가에 비하여 공무원의 규모가 그리 작지 않은 것으로 보고 있다. 이러한 측정의 오류문제가 있음에도 불구하고 이 연구는 공무원의 비중에 대해 국제비교적 의미를 어느 정도 갖게 하였다는 점에서 그 의미가 있다.

(2) 종단면적 분석

종단면적 연구(longitudinal study)란 둘 이상의 시점에서 다수의 분석단위를 연구하는 것이다. 대개 횡단연구와는 대조적으로 동일한 현상을 긴 기간 동안 관찰할 수 있도록 설계된다. 비교연구에서 종단면분석(cross-time comparison)을 하는 것은 한 나라의 행정(복수 이상의 국가도 가능)을 비교하는 것이다. 즉, 국가 간 비교는 아니지만, 적어도 두 개 이상의 대상에 대한 비교를 한다는 점에서 광의의 비교연구라고 할 수 있다. 이것은 횡단면적 비교보다는 비교대상의 문화적 혹은 사회적 (환경)요인을 동질적으로 통제해 주는 장점이 있다(Peters, 1998: 23). 또한 어떤 현상이 시간의 흐름에 따라 점진적 혹은 단절적으로 변화하기 때문에 의미가 있다. 이런 의미에서 종단면적 분석은 역사학의 연구방법과 일맥상통한다.[6]

한편, 종단면적 분석은 통계자료를 가지고 비교할 수 있는데, 바로 연구대상이 된 국가의 수년 혹은 수십 년간 축적된 통계자료를 비교분석하는 것이다. 엄밀히 말하면 각 나라에 대한 역사적 변화를 계량화된 형태로 유추해보는 것이라 할 수 있으며, 사례내부에 대한 분석을 비교하는 것이라고 할 수 있다. 그리고 이는 시계열(Time Series)분석이 대표적인 예이다. 시계열분석은 같은 연구대상이 T1과 T2 사이에 어떠한 변화가 나타났는지를 비교하는 것이다. 이러한 시계열분석의 장점은 횡단면분석에서 늘 문제가 되는 외생변수의 영향을 통제할 수 있다는 점으로서, 이는 같은 사례에 대해 시점을 달리 해서 보는 것이기 때문에 가능하다.

아울러, 비교행정연구에서 이러한 방법을 쓰는 좀 더 정교한 통계분석방법은 아래의 혼합분석이라고 할 수 있다.

---

6) 특히 역사적 제도주의자(historical institutionalists)들은 비통계적 방법을 가지고도 정책과 제도의 선택(혹은 양자의 관계)을 규명하는 데 큰 영향을 미치고 있다(Peters, 1998: 24, K. Thelen, F. Longstreth and S. Steinmo, 1992).

그림 2-1 선진국과 한국의 노령사회 속도 비교

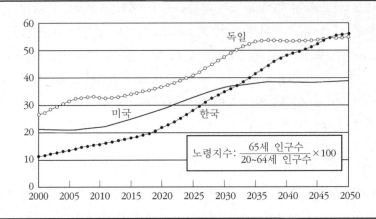

노령지수: $\dfrac{65\text{세 인구수}}{20\sim64\text{세 인구수}} \times 100$

(3) 종, 횡혼합분석

혼합분석은 분석단위로서 시간과 공간을 결합한 형태를 지칭하는 것으로서, 매우 복잡한 것이다. 예컨대 한국과 선진국가들의 노령화 속도와 그 원인을 비교하는 것이다([그림 2-1] 참조). 이렇게 하는 경우 종적인 면과 횡적인 면을 서로 비교하여 종합적으로 보지 않으면 별 실익이 없다.

일례로 개발 협력 분야에서 외국의 원조가 과연 그 나라의 발전에 기여하는가에 대한 의문이 제기되고 있다. 국제원조가 개도국의 정치발전이나 민주화에 도움이 된다는 주장과 그렇지 못하다는 주장이 엇갈린다. 많은 경우, 부패가 가장 큰 장애요인이라고 규정짓는다. 그러나 송효진(2015)이 아시아 50개국을 대상으로 1995년~2012년 자료를 분석한 결과, 부패를 근절시키는 것이 모든 개도국의 원조 효과성을 제고시킨다는 일반화는 성립하지 않는 것으로 나타났다.

이와 같이 통계적 방법을 사용할 경우, 시계열분석과 횡단면분석을 결합하는 것을 생각할 수 있다. 시계열 연구는 복수의 연구대상을 둘 이상의 시점에서 관찰한 다음 그 결과를 비교하는 연구를 말하며, 추세연구라 부르기도 한다. 즉, 시간에 따른 모집단의 변화를 조사하는 종단연구의 한 유형인 것이다. 그러나 이러한 분석방법을 결합하여 양자의 장점을 살리려면 오차항의 이분산성, 교차상관, 자기상관 등의 문제를 해결해야 한다. 오차항의 이분산성은 회귀분석 시에 종속변수의 오차항의 분산이 모든 x값에 동일하여야 한다는 가정을 하게 되는데 상이한 분석

방법을 결합하여 이 가정에 위배되는 문제가 발생할 수 있음을 의미하는 것이다. 그리고 교차상관은 두 시계열 사이에 존재하는 발생 시간의 시차관계를 보는 것으로 동행성, 선행성 또는 후행성의 관계를 규명하는 것이다. 발생 시간의 시차에 따라 변화하는 상관관계의 정도 및 방향을 측정하는 데 있어 이러한 혼합분석 방법은 문제가 발생할 수 있다. 또한 자기상관(autocorrelation)은 시계열 자료 분석 시에 서로 다른 기간의 잔차항들이 상관관계를 가져서 잔차항의 독립성 가정을 위반하는 경우를 말한다. 어느 한 시점의 관측치에 따르는 오차가 미래시점에 영향을 주는 경우 발생하는데 일반적으로 정(+)의 시계열 상관이 존재하는 경우는 회귀분석에 의하여 추정된 모수는 영향을 받지 않지만 표준오차는 실제치보다 작게 나타나고 따라서 실제보다 모수의 추정치가 더 정확하다고 평가되므로 기각되지 않을 귀무가설이 기각되는 경우가 발생한다.

계량주의 연구자들은 종, 횡혼합분석을 패널 모형(panel model)이라는 이름으로 하여 다양한 통계적 기법들을 개발해 왔다. 패널 분석은 각 (국가의) 횡단면 관측치를 시계열로 축적한 데이터를 활용하는 기법인데, 기존의 횡단면 분석이나 시계열 분석만 했을 때보다 더 많은 정보를 제공해주며 각 대상(국가)의 역동적인 움직임들을 포착해 낼 수 있어 유용하다(Kennedy, 2003; Gujarati 2003; Frees 2004).[7] 국가 간 비교 연구에 있어서 패널분석이 특별히 갖는 장점은 국가수준 데이터 수집의 어려움으로 인해 많은 통제변수들을 포함시키기 어려운 경우라도 이로 인해 나타날 수 있는 변수 누락의 편의(omitted variable bias) 문제를 상당 부분 해결해 줄 수 있다는 것이다. 패널 분석에서 가장 많이 사용되는 모형으로는 고정효과 모형(fixed effect model)과 확률효과 모형(random effect model)이 있다. 고정효과 모형은 각 (국가) 단위에서 시간이 흘러도 변하지 않는(time constant) 개별적으로 특정한(individual specific) 설명변수를 모두 절편에 포함시킴으로써 통제를 할 수 있는 장점이 있는 반면 자유도의 손실이 크기 때문에 확률효과 모형을 사용하기도 한다. 그러나 확률효과 모형은 오차항과 독립변수 간 상관 관계가 있는 경우 불편추정이 될 수 있으므로 주의해야 하며 하우스만 검정(Hausman Test) 등을 통해 이를 확인해 보아야 한다.

---

7) 패널 분석을 국가 간 분석에 활용한 예로 Im(2010)은 1960년대부터 축적된 63개국의 국가수준 데이터를 통해 지방분권화가 경제발전에 미치는 영향을 검토하였다.

3) 가설의 검증방법

상술한 대로 국가 간에 차이가 있는지의 여부를 검증하는 것이 비교행정연구 방법이다. 구체적으로 두 개 이상 국가에서 관찰된 행정현상에 대한 그 인과관계의 차이가 있는지를 보는 방법이다. 즉, 어떤 현상에 관해서 두 개 이상의 나라의 경우에 '차이가 없다' 혹은 '어떤 원인이 그 결과를 가져오는 것이 아니다'라는 식을 귀무가설과 이의 부정인 대립가설로 놓고 통계적으로 채택여부를 판단한다.

비교적 많은 국가에 관한 수치적 정보를 가지고 통계분석을 하는 경우에는 ANOVA, T-Test, Regression, Factor Analysis, 판별분석, 주성분분석 등 자료특성 및 가설에 따라 차이를 검증하여 인과관계를 추론해 낼 수 있다.[8] 통계적 방법에서는 분석한 자료인 표본을 잘못 추출함으로써 생길 수 있는 오차와 잘못된 결론을 내릴 수 있는 가능성을 수치로 계산한다. 이것을 유의수준이라고 하는데, 이에 대한 정교한 모델들이 통계학자들에 의해 발달하고 있다.

최근 한국에서도 계량적인 데이터가 축적됨에 따라 행정학을 비롯한 사회과학에서 좀 더 세련된 통계기법을 사용하는 방향으로 발전하고 있다. 그러나 많은 자료의 성격이 확증적 통계이론이 전제하고 있는 가정과 어긋나는 경우가 많이 있다. 예컨대 많은 자료가 무작위적이지도 않고, 비선형적이며, 비누적인 경우에 해당한다. 즉, 자료는 부족한 부분이 많은데, 통계기법은 최고급의 것을 활용함으로써 마치 엄격한 검증을 한 것처럼 일종의 덫에 빠지는 격이 된다. 따라서 현 자료의 성격으로 볼 때, 고급의 통계기법보다는 중간정도 수준의 기법을 활용하는 것이 더 적합하다는 것을 깨닫게 되는 것이다(김웅진·박찬욱·신윤환, 1995: 192~193).

4) 한계: 내적 타당성의 저해요인

이러한 통계적 방법은 엄격한 의미에서 인과관계를 설명하기 곤란한 점이 많이 있다. 예컨대 원인현상이 결과현상보다 항상 먼저 일어나야 하는데, 이 시간적 측면에 대한 것을 밝히지 못하는 경우가 많이 있다. 이러한 시간적 부분을 비롯하여 연구의 내적 타당성을 저해하는 요인들은 다양하게 지적되고 있다. 그리고 비교행정연구에서 내적 타당성을 저해하는 요인들도 일반 실험적 연구에서 지적되

---

8) 구체적인 통계방법에 대해서는 고길곤, 2014, 「통계학의 이해와 활용」, 서울: 문우사를 참조할 것.

는 바와 유사하며(Peters, 1998: 49~57; Campbell & Julian Stanley, 1967), 이러한 내적 타당성 저해요인은 다음과 같다.

- **역사효과**(history bias): 경제 분야의 세계화가 촉진되는 가운데, 경제성장의 효과를 특정 정책의 효과로 보는 것이 그것이다. 역사효과는 특히 단일사례를 대상으로 하는 종단면적 연구를 할 때 조심해야 한다. 사례 외부의 영향력에 의한 것이라는 점에서 성숙효과와는 구분된다.

- **선택효과**(selection bias): 자기가 잘 아는 사례나 변수만을 선택하는 경우, 그렇지 않은 경우에 비하여 대표성에 문제가 있을 수 있다. 예컨대, 자신이 잘 알거나 자료획득이 가능한 몇 선진국만을 선택하는 경우가 그것이다. 또한 특정시점에서 cross-sectional한 연구와 cross-time analysis는 집합효과(aggregation, disaggregation)가 있어서 불필요한 인공적 효과를 낼 수 있다. 이러한 선택효과에 관한 논쟁은 매우 복잡하다(Kramer, 1983). 예컨대 5년 주기의 통계자료는 매년 산출되는 통계자료에 비하여 다른 의미를 가질 수 있다. 이런 경우 그 이유를 이론적으로 정당화해야 한다.

- **도구효과**(instrument bias): 측정도구 및 연구도구에서 오는 오차를 의미한다. 예컨대 설문지를 통한 통계자료에서는 각 나라의 언어로 번역했을 때 설문 응답자가 다른 뜻으로 이해할 수 있는 오류를 의미한다. 사회과학에서는 연구자가 중요한 연구도구이다. 연구자 개인적 성향, 설문지나 인터뷰 내용과 방법에서 오는 오차가 그것이다.

- **성숙효과**(maturation bias): 외부의 영향 없이 연구대상 자체에서도 변화가 있을 수 있다. 예컨대, 외부의 영향 없이도 행정관료제 내부의 의사결정 속도가 (예, 학습효과에 의하여) 빨라질 수 있다. 이를 다른 독립변수의 영향으로 보는 것은 오류이다.

그러나 비교행정은 진실험방법이 불가능한 사회과학에서 사용하는 방법이기 때문에 그 한계점은 자연과학과 비교하여 차이가 있다. 즉, 흔히 사용되는 비교행정연구방법은 인위적 실험적 처치(예, 정책변화)에 의한 실험효과를 측정해야 하는 문제는 없다고 봐야 한다. 다만 연구대상국가의 선정이나 자료수집과정에서 생길 수 있는 위와 같은 잠재적인 위험성을 항상 염두에 두어야 한다는 것을 강조하는 것 뿐이다.

Ⅳ 질적 연구방법

1. 질적 연구의 필요성

이론화작업의 수준은 묘사(description), 주장(thesis assertion), 가설 혹은 모델검
증(hypothesis or model testing)의 세 가지로 나눌 수 있다. 사회과학은 학문성이 저
급한 수준에 있기 때문에 묘사나 주장 단계의 연구가 대부분이다. 가설검증 등은
엄밀히 말하면 아직 의사(疑似) 가설검증수준인 연구가 대부분이다.

한편, 협의의 과학적 설명(위의 3번째 범주 활동의 결과)에는 다음과 같은 두 가
지 기본조건이 있다.

－둘 이상의 변인간에 존재하는 보편적이고 실증적인 관계를 정립
－다른 변인의 통제(ceteris paribus)

하지만 이 두 가지 조건을 만족시키는 가장 가까운 방법인 양적 방법도 다른
변인을 완전히 통제하지 못하는 것이 보통이다. 특히 국가 간 비교분석은 사례수
가 적기 때문에 체계적 통제가 불가능하다. 양적 비교행정방법의 약점을 살펴보면
다음과 같다.

첫째, 일반적으로 너무 많은 변인을 적은 수의 사례로 설명하려 하기 때문에
통계적 방법에 비하여 체계적 통제를 하지 못한다는 점이다. 그러나 이것은 정도
차이의 문제일 뿐 다른 사회과학에서도 안고 있는 보편적인 문제이다. 따라서 가
능한 사례의 수를 늘리는 등의 노력을 해야 한다. 그럼에도 불구하고 이것이 되지
않는 경우가 많다. 자료의 한계는 양적 방법론의 적용을 제약하는 중요한 요인이다.

둘째, 양적 방법론에 의하면, 유의성 검증요건을 통과하기 어렵기 때문에 일
정 수 이상의 예외가 있으면 기각된다. Popper에 의하면, 부정적 발견(negative
findings)이 있으며 기각해야 한다. 그러나, 적은 수의 사례를 연구하면서 단 하나
의 이례(deviant case)가 발견되었다고 하여 그 가설을 부정하는 것은 바람직하지
않을지도 모른다. 물론 어떤 가설을 주장하려면 충분한 표본이 있어야 한다. 그러
나 인간사회는 극도의 복잡성을 지닌다는 점을 감안하면 약간의 예외는 있을 수
있다고 봐야 현실적일 것이다. 즉, 법칙이란 결정론적인 것이 아니고, 경향(trend)

을 설명해줄 뿐이다.

이러한 양적 연구의 한계 때문에 최근 질적인 연구방법에 대한 관심이 커지고 있다. 질적 연구방법은 세상에 대한 인식이나 과학의 목적이 양적 연구와 다르다. 사실 질적인 연구라고 해도 다양한 유형이 있을 수 있다. 극단적인 유형의 질적인 연구는 양적인 연구의 가치를 인정하지 않는 정도로 다른 입장을 취한다(임도빈, 2009).

질적 연구는 연구대상에 대한 기술(description)을 목적으로 하고 사회현상에 대한 이해(understand)에 중점을 둔다. 이에 반해 양적 연구는 변수를 추출하여 변수간의 관계를 증명(test)하는 데 목적이 있기 때문에 이를 가설검증적 연구라고 한다. 극단적 질적 접근법을 택하면, 사회현상은 각 나라마다 너무나 달라서 유사한 현상이라고 전제하고 가설을 검증하는 것은 원천적으로 불가능하다고 본다. 또한 각각의 경우의 독특성을 정확히 이해하는 것 자체도 커다란 학문적 성과라고 본다. 양적인 입장은 과학의 궁극적인 목적은 미래를 예측하거나 좀 더 나은 미래를 만들기 위해 처방을 내려야 하는 것이지 단순한 기술이나 묘사는 너무나 미흡한 학문 활동이라고 본다. 이러한 이유에서 양적 접근법과 질적 접근법이 서로 타협할 수 없는 평행선을 달리는 것이다. 양적인 접근은 통계학의 이론에 의존하여(즉, 유의성 검증) 가설을 받아들일 수 있는가를 검증한다면, 질적인 연구에서는 학자들 간의 공감대형성을 통해 의미 있는 발견과 해석이 중요하다.

한 가지 강조할 것은, 양적인 연구가 연구자 개인의 역할을 완전히 객관적이고 기계적인 것으로 한정하는 것은 아니라는 점이다. 차이법과 일치법을 통하는 경우 제시하는 자료가 양적인 자료이든 질적인 자료이든 양국 간 차이여부는 연구자의 판단에 의존한다. 예컨대 어떤 나라에 관료부패가 '존재'하는지 존재하지 않는지는 어느 누구도 판단하기 어렵다. 즉, 아주 심한 경우와 비교적 양호한 경우의 양극단 사이에 다양한 경우가 있을 수 있는데, 이에 대해 연구자는 여러 자료(예, 설문조사)를 제시하면서 나름대로 판단을 제시하는 셈이다.

2. 사례연구

질적 연구는 대부분의 경우 소수 사례를 연구한다. 즉, 모든 사례연구가 모두 질적인 연구라고 할 수는 없으나, 거꾸로 거의 대부분의 질적인 연구는 사례연구라고 할 수 있다. 양적인 연구의 한계를 보완하는 방법 중의 하나가 사례연구이다.

사례연구가 필요한 학문적 이유(Collier, D., 1991: 9)는 다음과 같다. 첫째, 이론 발달의 초기단계에서 사례연구는 주요변수를 확인하여 후속적으로 다른 경험적 연구를 하도록 하는 데 기여할 수 있다. 즉, 발견의 맥락에서 보면 유용하다는 것이다. 둘째, 시간, 에너지, 재원 등이 제약되어 있는 상황에서 적은 수의 사례를 집중적으로 분석하는 것은, 많은 수의 표본을 가지고 피상적으로 통계분석을 하는 것보다 훨씬 유용하다.

사례연구가 소수의 사례를 대상으로 하는 연구라는 주장은 "사례"에 대한 특정한 정의를 전제로 할 경우에만 타당하다. "사례"는 "모집단" 그리고 "변수" 등과 더불어 사회과학 연구의 핵심적 개념이지만 다양한 의미로 사용되고 있다. 따라서 사례의 개념을 어떻게 정의하느냐에 따라 연구자가 찾고자 하는 질문의 답이 달라지는 것이다. Ragin은 사례에 대한 개념적 지도(conceptual map)를 그리는 두 가지 기준을 제시하고 있다.

첫 번째 기준은 사례가 경험적 단위인가 이론적 구성개념인가 하는 점이다. Ragin이 제시한 첫 번째 기준은 앞에서 논의했던 실재론(realism)과 명목론(nominal)이라는 철학적 구분과 중복된다. 실재론적 관점에서는 사례가 경험적으로 검증될 수 있는 형태로 외부에 존재한다고 본다. 그리고 명목론적 관점에서는 사례를 이론 또는 관습에 따른 것이라고 본다.

두 번째 기준은 사례가 일반적(general)인가, 아니면 구체적인가 하는 점이다. Ragin의 두 번째 기준은 사례 범주가 가지는 일반성의 정도에 관한 것이다. 사례가 개인, 가족, 회사, 도시, 국가 등과 같은 일반적인 것인가, 아니면 '권위주의적 인성' 또는 '반-신식민지 혁명'과 같이 구체적으로 정의되어야 하는가에 대한 기준이라 할 수 있다.

발견하는 단위로서의 사례는 경험적으로 실재하지만 구체적이라 할 수 있다. 이러한 사례는 연구의 진행과정에서 확인되고 확정되어야 한다. 객관적 단위로서의 사례는 사례가 경험적으로 실재한다고 믿지만, 사례를 일반적으로 존재하는 객관적 단위로 보기 때문에 그 존재를 증명할 필요를 느끼지 않는다. 또한 구성되는 단위로서의 사례는 연구과정에서 만들어지는 구체적인 이론적 구성개념으로 본다. 즉, 사례가 경험적이거나 주어진 것은 아니며, 연구과정에서 점진적으로 모습을 갖추어 가는 것으로 보는 것이다. 마지막으로 관습적 단위로서의 사례는 사례를 일반적인 이론적 구성개념으로 보면서, 동시에 관련 학자들의 집합적인 공동노력과 상호작용의 산물로 보는 입장이다(남궁근, 2010).

표 2-2 사례의 개념

사례에 관한 이해	사례에 관한 이해	
	구체적(Specitic)	일반적(General)
경험적 단위 (Empirical Unit)	1) 발견하는 단위로서의 사례 (예: 세계체제)	2) 객관적 단위로서의 사례 (예: 지방정부, 국가)
이론의 구성개념 (Theoretical Construct)	3) 구성되는 단위로서의 사례 (예: 전제정치체제)	4) 관습적 단위로서의 사례 (예: 산업사회)

출처: Ragin, 1992, Introduction: Cases of "What is a case?"

Tocqueville은 미국, 프랑스, 영국을 비교연구하였다. 미국은 순수한 형태의 민주주의 유형으로 보고, 영국은 순수한 형태의 귀족정치(aristocracy)로, 그리고 프랑스는 민주주의와 귀족정치의 양자 혼합형태로 본다. 토끄빌의 연구문제는 '프랑스가 (혁명의 이념과는 달리) 왜 대혁명 이후에 중앙집권화되었는가'와, '혁명을 통해 평등을 쟁취했으나 왜 그 대가로 자유를 지불해야 했는가'를 밝히는 것이었다.

이를 위해 토끄빌은 미국의 성공적 민주주의와 프랑스의 실패한 민주주의를 비교하면서 그 원인을 찾는다. 그가 사용한 변인으로는 지정학적 요인, 종교와 풍습, 정치적 요인(민주적 제도와 법제도), 그리고 사회적 상황을 들 수 있다. 그러나 지정학적 요인 등은 그리 중요한 요인으로 보지 않고, 결국 미국에서 민주주의에서 왜 중앙집권적 전체주의로 가지 않았는가를 분석하는 데 심혈을 기울였고, '민주적 전체주의(democratic despotism)'라는 개념을 가지고 미국의 민주주의를 분석하였다.

토끄빌에 의하면 민주적 전체주의는 행정의 집중화(centralization of administration), 다수의 횡포(tyranny of majority), 그리고 개인주의화(individualization)로 구성된다. 행정의 집중화는 오늘날 지방자치와 대비되는 차원에서 중앙집중화(concentration)와 유사한 개념이다. 즉, 중앙정부가 모든 것을 스스로 하려고 하는 것을 말한다. 토끄빌은 이를 제도적인 차원의 것으로, 다수의 횡포와 개인주의화는 풍습 혹은 행태적인 것으로 보았다. 먼저 행정의 집중화는 권력집중화의 본능에 의해 제도적으로 발생한다. 그러나 나머지 둘은 인간의 행태나 본능에 의해 발생한다. 즉, 농노에서 귀족에 이르기까지 서로 사회적 연결고리가 존재했던 때와는 달리 혁명 이후 이뤄진 사회적 평등은 각 개인이 다른 사람들에게 의존하지 않고 고립된 상태에서 오직 자신의 마음대로 살게 하는 개인주의화를 가져온다. 이러한 개인화는 자신을 남들과 똑같은 군중 속에 묻혀버리게 하여 간편하게 다수결이라는 방법으로 소수의 의견을 무시하게 된다.

토끄빌은 이러한 세 가지 요인이 상호작용하여 민주적 전체주의가 생긴다고 본다. 행정의 집중화와 다수의 횡포가 결합하면, 행정부는 다수에게 아첨하는 방식으로 존재를 지키게 된다. 그리고 행정의 집중화와 개인주의화가 결합하면 국가는 무력화되고, 개인주의화된 개인들을 보호하려 하면서 권력은 더욱 집중하고 따라서 권력은 더욱 집중화된다. 또한 다수의 횡포와 개인주의화가 결합하면서 다수가 소수에게 '너 마음대로 생각하라고 하면서 결국은 다수의 결정에 따르도록 하여 다수의 횡포가 강화된다.

출처: 김용학, 임현진, 2000: 94.

3. 레긴의 질적 비교방법

단순히 story telling 방법을 통해 사례를 기술하는 질적인 연구는 지나치게 주관적이라는 비판을 받는다. 이를 극복하기 위한 방법 중의 하나는 Ragin(2003)의 질적인 비교방법이다. 그는 흔히 자료를 쉽게 얻을 수 있는 경우가 5~50개 나라에 관한 것인데 반해, 실제로는 이런 범주를 다루는 연구가 드물다고 본다. 하지만 그는 이에 대한 체계적인 연구가 가능하다고 보았으며, 이를 configurational한 것이라 부른다. 즉, Ragin(2003)은 5~50개 숫자의 사례를 가지고 과학적이고 독특한 연구를 진행할 수 있다고 보는 것이다.

단일사례연구가 그 사례내부의 독특성을 파악하는 데 중점을 둔다면, Charles Ragin의 Configurational Comparative research9)(약자 CCR)는 사례 간 관계의 유형을 비교한다. 그러나 여러 사례들 간의 관계 자체에만 중점을 두는 양적 비교방법과는 달리 개별사례 내부의 특성에도 중점을 둔다. 즉, 사례내부심층분석(within-case analysis)과 사례간분석(cross-case analysis)을 결합하는 것이다. 다른 말로 표현하면, 인과관계가 존재하도록 하는 조건 혹은 맥락을 찾아내는 것이라 할 수 있다. 이는 인과관계가 대부분의 경우 전제조건이 되는 맥락(어떤 상황의 존재 여부)에 의존하기 때문이다.

---

9) Ragin(2005), '어의콜로키움 사회과학방법론 워크샵' 자료. 이 자료에는 Ragin(2003), "making Comparative Analysis Count", Ragin(1987), "The Comparative Method, Ch.6," Ragin (2000), "Fuzzy-set Social Science, Ch.6," Ragin(2004), "From Fuzzy Sets to Crisp Truth Tables" 등의 글을 근거로 작성.

Ragin이 주장하는 이 방법론은 단일사례연구방법과 인과관계를 규명하고자 하는 양적 방법론이 각각 가지고 있는 장점을 결합하는 것이다. 흔히 독립변수와 종속변수 간의 인과관계를 규명하는 양적 방법론은 순수한 인과관계(net effect)를 과장하는 경우가 많다. 양적 분석 방법론자들도 이미 허위변수는 물론이고, 성숙효과, 역사효과 등 여러 가지 방해요인을 고려하고 이를 제거하는 노력을 하고 있다. 그러나 Ragin이 지적하고 있는 것은 대부분의 사회현상이나 행정현상이 그것이 존재하도록 하는 상황적 맥락을 충분히 고려하지 않는다는 점이다. 따라서 엄격한 방법론을 적용하여 규명한 인과관계적 연구결과가 사회현상을 설명하는 데 크게 도움이 되지 않는 경우가 나타난다. 예컨대 미국에서 연구된 인과관계 결과가 미국의 다른 상황이나 한국에 적용되지 않는 경우가 많은 것이다. 즉, 이는 방법론에서 말하는 일반화(generalization)가 이루어지기 어려운 것이다. 이에 반해 단일사례 연구법은 일반화나 법칙규명을 목적으로 하지 않는 경우가 대부분이기 때문에 이러한 논의가 적용되지 않는다.

표 2-3 연구방법론 비교

	사례연구	CCR	양적(변수) 연구
목적	소수 사례의 특수한 측면을 규명	5~50사례를 가지고 개별 사례의 특수성과 유사사례간의 관계를 규명	다수사례를 가지고 변수간에 존재하는 규칙성 규명
모집단	연구대상 사례가 어떤 성격의 것인가(즉, 얼마나 풍부한 함의)가 중요	이론적 근거를 가지고 연구할 사례군을 선택	주어진 것으로 봄. 예, 비교행정에서 국가군
표본 (연구대상)	대상의 특수성이 중요한 기준. 비교가능성에 대해서 부정적	다양한 사례를 추구하지만 사례간 동질성도 추구	가능한 많은 사례추구
이론의 역할	기존이론과 다른 사례를 심층 연구하여 이론발전	기존이론이 가설설정에 도움 안 됨. 개념개발, 세련화, 이론발전이 목적	기존이론에 의존 가설형성 및 검증
결과(효과)	특수한 사례에 관심. 흔히 원인-결과간 구분이 애매	유사한 사례를 선정하여 이들간 차이를 찾아내려 함	결과변수가 사례간에 차이가 없는 것을 가정
인과관계	구조, 행위자, 사건간 holistic적 인과관계설명. 혹은 사건전개과정 관심	여러 경로(multiple pathways) 측면에서 인과관계 규명	단일인과관계 추구. 독립변수간의 독립성을 전제
사례내외 분석	사례내 분석에 집중	사례간 관계와 사례내 심층 분석 결합	사례간에 어떤 차이를 보이는가에 집중

Ragin은 자신의 방법론은 이러한 단점을 극복하여 일반화된 지식(general knowledge)을 추구하는 것이라고 주장한다. 이 방법론이 추구하는 궁극적 목표는 경험적 바탕을 둔, 이론적으로 적합한 유형론을 개발함으로써 일반이론의 개발은 물론이고 역사적·사회적으로 특수성을 가진 것을 설명하고 이해하고자 하는 것이다.

Ragin은 5~50개의 제한된 사례에 대해 어떤 현상이 존재하는가를 간단한 데이터를 가지고 비교한다. 이를 위해 19세기 조지 부울(George Boule)이 주창한 부울대수학(Boolean algebra)의 논리를 이용한다. 즉, 부울대수학이 0 혹은 1을 기초로 하는 것과 같이, 비교연구에서도 어떤 현상의 존재를 1, 부재를 0으로 표시한다. 또한 등간척도는 다범주적 명목척도(multicategory)로, 그리고 다범주적 명목척도는 몇 개의 2분법 변인으로 바꾸어 사용한다. 그리고 여기에 수학에서 사용하는 교집합과 합집합의 논리를 적용한다. 이는 어떤 사건(즉, 설명변수)이 일어나기 위한 여러 필요조건들의 조합(combination)을 보는 것을 의미한다. 컴퓨터 프로그램도 나와 있고, 교육 훈련 프로그램도 있다. 이를 질적·양적 방법을 결합한 것으로 보고, 질적 비교방법(Qualitative Comparative Analysis: QCA)이라고 한다.

QCA방법은 많은 장점이 있다.[10] 우선 원인이 될 수 있는 모든 가능성에 대해 체계적으로 검토할 수 있는 시각을 제공하여 주고, 둘째, 원인요소들을 일종의 조합 형태로 일목요연하게 볼 수 있으며, 셋째, 각 사례들에 포함되어 있는 이질적 원인요소들을 추출하여 예외적인 사례와 일반화할 수 있는 사례들을 보아 양자, 즉 법칙정립적 보편성방법(nomothetic method)과 개성기술적 특수성방법((idiographic method)을 조합하는 장점이 있다(김용학·임현진, 2000: 204~205).

V   결론: 비교연구방법의 과학성 문제

다른 사회과학의 연구와 마찬가지로 비교행정연구의 궁극적인 목적은 이론의 개발이다. 이론이란 '체계적으로 관련된 언명들(statements)의 집합이며, 이것은 경험적 검증이 가능한 법칙적 일반화(generalizations)를 포함'해야 한다(Rudner, 1966: 5). 즉, 이론을 개발하려면 경험적으로 관찰한 것으로부터 개념들을 추출하고 이들 개

---

10) http://www.socsci.uci.edu 참조.

념 간에 의미 있는 연결 관계를 언명으로 만들어 내야 한다. 하지만 사실상 이런 단계로까지 발전한 사회과학연구는 흔치 않다.

비교연구방법은 질적 방법론 및 양적 방법론에서 발달된 것과 같은 구체적인 비교방법이 존재하는 것은 아니다. 따라서 연구자 각자의 지적인 능력이 매우 중요하다. 그러나 비교연구가 소수 사례를 대상으로 하는 경우가 많기 때문에 상술한 비교의 논리대로 일치법, 차이법 등을 명시적 혹은 묵시적으로 사용할 수밖에 없다. 비교연구는 기본적으로 여러 나라의 행정에서 발견되는 현상들의 차이점과 공통점을 찾아서 왜 그러한 차이가 있는가를 알아보는 것이기 때문이다. 그리고 이때 이러한 비교의 단위는 국가체제이다. 즉, J. S. Mill의 방법론적 논의를 국가 간 비교연구에도 그대로 적용할 수 있다.

요컨대, 비교행정에서는 국가 간의 차이를 대상으로 연구한다. 나아가 발전행정이나 벤치마킹으로서 어떤 나라의 행정을 변화(개혁)시키려 한다. 그러나 이러한 전통적인 비교론적 접근법은 다음과 같은 문제점에 봉착하지 않을 수 없다(*Ibid.* 22~38).

첫째, 과연 국가를 초월하여 공통적인 기준으로 사용될 수 있는 보편적인 것이 존재하는가에 관한 회의에서 오는 '보편주의의 위기'가 있다.

둘째, 한 국가에서 다른 국가로 도입 내지 전환가능하다는 전제에 근거한 과거의 발전론적 설명방식에 대한 비판이다. 즉, 특수성을 강조하다 보면 한계에 부딪치게 되는 '설명의 위기'가 있다.

셋째, 과거에는 깊은 역사에서 이유를 찾을 수 있는 문제를 비교연구에서는 예외적이고 특수한 경우라는 식으로 설명하는 데 그쳤다. 이에 관한 회의를 느끼게 된 '역사와의 무관계에 대한 위기'가 그것이다.

이러한 세 가지의 위기에 대처하는 방법은 우선 피상적인 측면에서 차이와 동일함을 비교하는 것을 지양하고, 각각의 특수한 경우를 고려해야 한다는 것이다. 즉, 비교의 특색이 감소함으로써 지역연구(area study)라는 차원에서 접근이 이뤄지고, 연구방법론으로는 인류학이나 민속론(ethnography)이 각광을 받게 되었다. 이러한 접근법들은 대표적인 질적 연구방법이라고 할 수 있다. 질적 연구방법은 독립변수와 종속변수와의 관계를 연구하기보다는 종속변수 자체를 설명하는 데 만족하는 것이 많다. 따라서 인과법칙의 추출이 가능한가에 관해 근본적인 의문이 제기된다.

둘째, 전종섭(Jong S. Jun, 2007)도 비교행정연구에서 과거의 구조기능주의, 프리즘적 모델, 그리고 관료모델에 의존하던 것에서 벗어나 현상학적인 방법으로 돌파구를 찾을 것을 주장하고 있다. 상술한 지역연구도 이와 같은 현상학적 방법을 통해서도 할 수 있다.

셋째, 구조기능주의가 한 나라의 정치행정체제 전체를 하나로 간주하는 전체주의적 접근법(wholistic approach)을 극복해야 한다. 이런 전통적 비교방법론에 대해 방법론적 개별주의를 강조하며, 국민 개개인들을 중심으로 연구를 진행한다. 예컨대 전략접근법(strategic analysis)을 사용함으로써 행위자(즉 사람)로 초점을 다시 맞추는 것이다(B. Badie et Guy Hermet, 1990: 59). 이러한 새로운 비교방법론은 어떤 면에서 보면 마르크스 혹은 베버식 사고방식으로 다시 돌아가는 것과 맥을 같이한다. 왜냐하면 Weber(1992)에게 있어서 분석대상은 추상적인 사회(société)단위가 아닌 사회행위(action sociale)이고, 사회행위는 곧 사회적인 규칙 혹은 게임을 분석대상으로 함을 의미하는데, 이는 행위자간의 상호작용적인 측면과 문화적인 측면을 함축하고 있기 때문이다.[11]

어떻든 현 비교행정학(넓게는 사회과학)의 발달수준으로 봐서 비교정치와 비교행정의 목적은 가설검증이나 이론개발보다는, 외국 경험으로부터 교훈을 받는 데 있다고 봐야 한다(Teune, 1990: 58). 적어도 현 단계에는 사례연구, 특히 심층적인 지역연구를 많이 해야 상술한 방법론적 한계를 조금이나마 완화할 수 있을 것이다. 그리고 이와 같은 지역연구가 충분히 축적되면 그 다음 단계로서 일반화를 시도할 수 있을지도 모른다.

☕ **차 한잔의 여유**

종교와 자살에 대한 국가간 비교

프랑스의 학자 Durkheim은 사회통합과 이기적 자살에 관한 관계를 실증적인 방법을 통해 연구했다. 이 연구는 사회과학적 측면에서 자살이란 개인의 순수한 의지가 아닌 '사회적 산물'임을 주장하고 그 논리를 추출하였기 때문에 매우 지대한 의미를 가지고 있다. 그는 이기적 자살과 이타적 자살로 구분하고 사회의 결속

---

11) 문화비교법은 변화 혹은 변혁이라는 측면을 설명하기 곤란하다는 단점이 있다(B. Badie et Guy Hermet, 1990: 50).

력이 낮은 사회에서는 이기적 자살의 행태가 보이고, 사회의 결속력이 강한 사회에서는 이타적 자살의 행태가 보인다고 설명한다. 이러한 Durkheim의 연구를 논리적으로 분석하면 다음과 같다(Lin, 1976).

가정(postulates)

1. 사회통합의 결여는 많은 심리적 압박을 가져온다.
2. 심리적 압박은 보다 많은 일탈행위(deviant behaviour)를 가져온다.
3. 사회통합의 결여는 가톨릭교도보다는 신교도의 경우가 더 심하다.
4. 일탈행위가 많을수록 자살률도 높아진다.

여기서 가정 1과 2는 일종의 이론적 언명으로서 경험과 직접 연결되지 않은 추상적인 것이다. 이에 비하여 3과 4는 1, 2의 이론적 언명을 경험적으로 연결할 수 있는 일종의 이론으로 경험의 가교적 역할을 하는 언명이다. 이를 그림으로 나타내면 다음과 같다(상게서).

〈Durkheim 자살론의 논리적 연결〉

경험적 수준	A ──────→ B ──────→ C
경험적 수준	A' ────────────────→ C'

A: 사회통합의 결여, B: 심리적 압박, C: 일탈행위의 정도
A': 가톨릭교도와 신교도의 비교, C': 자살률

위 그림에서 보면 이론적 수준에서 볼 때 A는 B를 가져오고, B는 C를 가져오므로 A는 곧 C를 가져온다는 인과관계를 나타낸다. 또한 사회통합의 정도를 종교간 비교를 경험의 세계로 연결시키는 A → A'와 심리적 압박을 자살률로 연결시키는 C → C'의 가교적 언명으로 바꾼 것이다. Durkheim은 이를 경험적으로 검증하였다. 간단한 공식적인 통계자료를 통해 그가 경험적 증거로 든 것은 다음과 같다.

1. 1852년~1859년 사이 오스트리아에서 가톨릭교도의 자살기록은 100만 명당 51.3명, 신교도는 79.5명의 비율로 나타났다.
2. 1849년~1855년 사이 프러시아 가톨릭교도의 자살기록은 100만 명당 49.6, 신교도는 159.9명으로 나타났다.

이 두 가지 통계적 정보는 가톨릭 지역인 오스트리아나 신교지역인 프러시아에서 모두 신교도의 자살률이 가톨릭교도의 자살률보다 높음을 보여준다. 비교행정

론 입장에서 본다면 두 국가 간 차이에서 오는 맥락적 변수는 독립변수로 나타나지 않는 것이다. 가톨릭과 신교는 모두 자살을 금지하고 있지만 신교도의 자살률이 더 높은 것은 보다 자유로운 분위기의 프로테스탄트보다 가톨릭이 더 전통을 중시하고 또한 보다 결속력이 강한 종교공동체를 형성함으로써 인간관계상 강하게 응집되어 있기 때문이라는 것이다(김용학·임현진, 2000: 127). 결국, '신교도의 자살률이 구교도의 자살률보다 높다'는 Hempel의 소위 연역적 법칙, 즉 경험적 일반화(generalization)를 도출한 것이다. 따라서 사회통합의 결여는 많은 심리적 압박을 가져온다는 이론적 일반화가 검증이 된 것이다.

출처: 오명호(1995) 일부수정.

◆ 참고문헌

강성남(1999), 『비교행정연구』, 서울: 장원출판사.

김병섭(2010), 『편견과 오류 줄이기』, 법문사.

김용학·임현진(2000), 『비교사회학』, 서울: 나남.

김웅진·박찬욱·신윤환 편역(1995), 『비교정치론강의1-비교연구의, 분석논리와 패러다임』, 서울: 한울아카데미.

김태일(2000), "우리나라와 OECD국가의 공무원 규모 비교분석," 『한국행정학보』, 제34권 1호.

남궁근(2010), 『행정조사방법론』, 서울: 법문사.

배병돌, "공무원 보수결정에 관한 비교분석", 『한국행정연구』, 제9권 2호.

송효진(2015), "개발도상국의 부패는 원조를 통한 민주주의 발전의 걸림돌인가?" 『한국행정학보』, 49(3): 333~359.

오명호(1995), 『현대정치학방법론』, 서울: 박영사.

이송호(1995), "비교정책연구에 있어서 전통적 방법론의 재검토," 『한국행정학보』.

임도빈(2009), "양적인 질적 연구와 질적인 질적 연구," 『정부학연구』, 제15권 1호.

정용덕(1996), "미국행정학의 무국가성이 한국 행정(학) 발달에 미친 영향," 『행정논총』, 제20권 2호.

Badie, Bertrand et Guy Hermet(2001), *La Politique Comparee*, Paris: Dalloz.

Burdeau, G(2009), *L'Eat*, Paris: Seuil.

Collier, D.(1991), Comparative method: two decades of change, in Rustow D. and Erikson, K.(ed.), *Comparative Political Dynamics: Global Research Perspectives*, New York: Harper Collins.

Else, Oyen(ed.)(1990), *comparative Methodology*, London: Sage.

Frees, Edward W.(2004), *Longitudinal and Panel Data: Analysis and Applications in the Social Science*, New York: Cambridge University Press.

Geer Hofstede(2010), *Cultures and Organizations*, London: McGraw-Hill book company.

Gujarati, Damodar N.(2003), *Basic Econometrics*, Boston: McGraw Hill.

Im, Tobin(2010), Does Decentralization Reform Always Increase Economic Growth?: A Cross Country Comparison of the Performance, *International Journal of Public Administration*, 33: 508~520.

Jong, S. Jun and F. P. Sherwood(2007), *The social construction of Prublic Administration*, NY: SUNY Press.

Kennedy, Peter(2003), *A Guide to Econometrics*, Cambridge: The MIT Press.

Lijhart(1971), "comparative politics and the comparative method," APSP, Vol.N.

Lin Nan(1976), *Foundations of Social Research*, New York: McGraw-Hill.

Mason, Jenifer(1999)(김두섭 역), *Qualitative Researching*(질적연구방법론), 서울: 나남출판.

Mattei Dogan & Dominique Pelassy(1984), *How to Compare Nations: strategies in comparative politics*, Chatham, New Jersey: Chatham House Publishers,. Inc.

Metin Heper, Chong Lim Kim, & Seong-Dong Pai(1980), "The Role of Bureaucracy and Regime Type: A Comparative Study of Turkish and South Korea High Civil Servants," *Administration and Society*, vol.12, N.2.

Mill, J.S.(1834/1911), *System of Logic Ratiocinative and Inductive: Being a Connected View of the Principles of Evidence and the Methods of Scientific Investigation*, London: Longmans, Green and Co.

Peters, B. Guy(1988), *Comparing public bureaucracies: problems of theory and method*. Alabama: University of Alabama Press.

Peters, G., Rhodes and V. Wright(2000), *Administering the Summit*, London: Macmillan Press.

Peters, Guy(1998), *Comparative politics*, New York, N.Y.: New York University press.

Pollitt, Christophe & G. Bouchaert(2011), *Public Management Reform: A Comparative Analysis*, Oxford: Oxford University Press.

Ragin, Charles C.(2003), "Making Comparative Analysis Count," 어의 콜로키움세미나 자료(미발간).

Rudner, Richard(1966), *Philosophy of Social Science*, Englewood Cliffs, N.J.: Prentice-Hall, Inc.

Scheuch, E. K.(1989), "Theoretical Implications of Comparative survey research," *International sociology*, 4(2): 147~162.

Sullivan, T.(2000), *Methods of Social Research*, Wadsworth Publishing.

Teune, H.(1990), Ch3. Comparing countries: Lessons Learned. in Else, Oyen(ed.), *Comparative Methodology*, London: Sage.

Thelen, K., F. Longstreth and S. Steinmo(1992), *Structuring Politics: historical institutionalism in comparative analysis*, Cambridge university press.

Chapter 3

시장주의 모델: 미　국

국명: 아메리카합중국(United States of America)

수도: 워싱턴 D.C.

면적: 9,147,593㎢

인구: 321,368,864(2015년)

인구밀도: 35.1명/㎢

종교: 기독교 51%, 천주교 24%, 유대교 2%, 무교 12%

통화: 달러(USD)

GDP: $17.97조(2015년)(1인당 $56,300)

Ⅰ 개 관

1. 국가개황

미국은 본토 48개주와 알래스카·하와이 2개주로 구성된 연방국가이다. 북아 메리카 대륙의 온대 주요부를 차지하며, 50개주와 1개 수도구 외에 해외자치령인 푸에르토리코·사모아제도(諸島) 웨이크섬, 괌섬, 캐롤라인제도 등을 보유하고 있다.

미국이라는 나라는 다양한 민족으로 구성되어 있는 만큼 구성원들이 갖고 있 는 문화 및 사고방식도 다양하다. 미국의 인종구성을 살펴보면, 백인이 80.0%로 가장 많고, 그 다음으로 흑인 12.9%, 아시아계열 4.4%, 원주민 1.0% 순이다. 이중 히스패닉은 15.1%이다.[1] 이처럼 다양한 인종, 문화적 배경을 가진 구성원들이 존 재하는만큼, 국가가 유지되려면 이들이 공존할 수 있는 방법을 모색하는 것이 필 수적인 요건이다. 미국은 평등(즉, 차별금지)과 법치주의를 발달시켰으며, 사회구성 원들 간의 관계 대부분이 법률적 효과가 있는 계약의 형태로 이루어지고, 이를 실 천하는 데 생기는 갈등은 법률적 심판에 의해 조정 및 해결된다.

미국은 사회 구조상 과거의 한국이나 일본과 달리 고용안정이나 평생직장의 개념보다는 계약에 의한 고용 유연성을 가지고 있다. 결국 공사부문간, 그리고 기 업간 직업이동이 활발히 이루어지며, 급료의 성격도 월급이 아닌 주급(weekly pay) 이 일반적이다.

정치적으로는 계층이념이 아닌 정부의 역할에 대한 태도를 기준으로 미국인 이 가지고 있는 정당적 이념을 다음과 같이 유형화해 볼 수 있다. 공화당의 이념적 기초가 되는 보수주의(conservatism)는 정부의 역할이 제한되어야 한다고 보며, 정 부의 간섭을 벗어난 자유시장을 우선시한다. 뉴딜정책 이후, 정부가 사회문제에 책 임을 가지고 있는 것은 인정하지만 그 해결을 위한 대규모 개입은 반대하는데, 이 를 신보수주의라고 한다. 자유주의(liberalism)는 경제적 보호와 민권의 수호를 위하 여 강력한 정부를 신봉하는 동시에 개인의 자유와 관련된 사회적 영역에 대한 정 부의 간섭을 배제한다. 진보주의자들 중에도 각종 사회문제를 해결하는 것이 중요 하지만 이보다는 경제성장을 이끌어 내는 것이 최우선 과제라고 보는 신자유주의

---

1) 히스패닉은 중남미 출신 스페인어 사용 인구를 의미하므로 인종 구분과 다르다.

(neo-liberal)가 등장하는데 이들이 민주당의 이념적 기초가 된다.

2. 거시환경

오늘날 미국은 전세계를 주도하는 최강대국임이 틀림없다. 미국은 풍부한 자연자원과 인적자원을 바탕으로 높은 경제수준을 유지하고 있기 때문에 미국시장(market)은 전세계 경제인들의 관심대상이다. 이러한 미국경제의 각종지표는 [표 3-1]과 같다.

구매력이 높은 미국시장에 수출하는 것은 전세계 기업인에게 관심있는 일이기 때문에, 예컨대 미국정부의 무역제재는 매우 중요한 위협수단이 된다. 또한 이를 바탕으로 거꾸로 미국이 만드는 것은 전세계의 각종 표준 혹은 기준이 된다. 나아가 미국의 강한 경제력을 바탕으로 달러가 전세계의 기축통화로서 중요하기 때문에 미국은 금융시장에서도 주도적인 역할을 한다.

정치적으로도 미국의 영향력은 지대한데, 한국전쟁, 월남전, 아프카니스탄전, 이라크전 등의 예에서 볼 수 있는 바와 같이 해외분쟁지역에 군인을 파견하는 것

표 3-1 미국의 경제지표

고용관련항목	2000	2005	2010	2015
16세 이상의 고용 가능 인력	142.6	149.3	153.9	157.1
미취업 및 실업(단위: 백만)	5.7	7.6	14.8	8.3
미취업 및 실업률(%)	4.0	5.1	9.6	5.3
비농업분야고용인력 총계(단위: 백만)	131.8	133.7	130.4	141.9
제조업 분야(%)	13.1	10.6	8.8	8.7
기타 재화 생산 분야(%)	5.6	6.0	4.8	5.1
서비스 분야(%)	65.5	67.1	69.1	70.7
정부기관(%)	15.8	16.3	17.3	15.5
주급(82년 화폐 기준)	276	276	297	306
시간당 산출물 비율(2009년 100기준)	80.7	93.7	103.3	105.9
고용 비용(2005년 100기준)	83.6	100	112.5	124.5

출처: U.S. Government Publishing Office (https://www.gpo.gov)

은 물론이고, 문제가 있다고 생각하는 나라를 침공하는 등 국제사회에서 맏형 정도의 역할을 자임하고 있다. 또한 북대서양조약기구(NATO)를 통해 지역의 안보를 주도하고 있고, UN, World bank, IMF, G8[2) 등 국제기구에서도 적극적인 역할을 하고 있다.

3. 미국의 정신

미국은 여러 민족이 혼합되어 사는 용광로와 같다. 국적 취득도 미국에서 출생한 자가 자동으로 미국인이 되는 '출생지주의'를 택하고 있다. 서로 다른 생각을 가진 여러 사람들이 더불어 사는 것이 가능한 것은 다른 단일민족국가에 비하여 강한 정신적 유산을 가지고 있기 때문이다. 미국의 정신을 다음과 같이 요약할 수 있는데, 이 세 가지 축은 미국사회를 이해하는 데 필수적인 것이다.

－민주주의

민주주의의 개념은 다양하지만, 미국에서는 국민주권의 정신을 기반으로 하여 '정부의 책임은 개인의 자유를 지키는 것'이라는 의미가 강조된다. 이와 관련하여 Tocqueville(1944)은 미국의 민주주의가 가능한 것은 자유와 평등의식, 그리고 종교가 중요한 역할을 하기 때문이라고 보았다. 이는 각 개인은 평등하다는 전제하에 각자의 자유를 최대한 인정해 주는 것이며, 당시 유럽의 계급사회와는 본질적으로 다른 것이다. 입헌주의자들이 가지고 있는 철학은 정부의 역할이 균형정부(balanced government)여야 한다는 것이다. 균형정부를 통하여 유럽의 군주제가 갖는 폐단을 억제하고 각 개인의 능력을 최대한 발휘할 수 있기 때문이다.

－자본주의

개인의 평등과 자유를 최대한 누리게 하는 원리는 경제생활에서 자본주의로 나타난다. 즉, 어떤 이익이 다른 이익을 압도하는 것을 원치 않으며, 정부의 주된 목적과 기능이 개인의 재산권을 보호하는 것이라고 생각한다. 이는 정부가 어느 한쪽에 편파적으로 치우치는 것을 원하지 않았기 때문이다(최명·백창재, 2000: 32).

여기서 주목해야 할 것은 모든 인간이 인간으로서 평등하게 타고났다는 것이지, 능력 및 성과에서도 평등하다고 보는 것은 아니다. 즉, 자유경쟁을 통하여 승

---

2) 2014년 크림반도 영토분쟁으로 러시아가 퇴출되었음.

리한 사람들에게 차별적 보상을 주는 형태의 차별을 인정한다는 점에서는 차별주의라고 할 수 있다. 또한 공정한 경쟁에 의해 축적된 부는 질시의 대상이 아니라 부러움의 대상이다. 이는 곧 부자가 그들의 월등한 구매력으로 차별적인 삶을 살고, 가난한 자는 그 반대의 삶을 사는 것을 인정하는 것을 의미한다.

그렇다고 하여 미국사회 전체가 황금만능주의로 인한 비인간적인 혹은 비윤리적인 사회를 지향하는 것은 아니다. 토크빌(1944)은 미국의 기독교는 다수의 독재(tyranny of majority)의 위험성을 막아주는 역할을 한다고 보았고, 초기 정착인들의 청교도 정신은 건전한 삶의 기초가 되고 있다고 보았다.

–실용주의

경제적 자본주의는 실제 삶에 도움이 되는 실용적인 측면을 강조한다. 미국인에게는 모든 것이 생활의 편리함과 연결되는 것이 중요하다. 실제 생활에 아무런 영향이 없는 공허한 이데올로기나 철학은 별로 중요하다고 생각하지 않는다. 실용주의 철학자 존 듀이(John Dewey)를 비롯한 많은 학자들이 이를 발전시키고 있으며, 이를 미국적인 학문의 특징이라고 해도 과언이 아니다. 경영학 등과 같은 응용학문이 발달하는 것을 비롯하여, 언어학 등 순수학문이 대학에서 사라져 가는 것이 그 예이다.

4. 정부의 역할

미국의 GDP대비 공공 지출률은 3분의 1 정도로 50%를 넘는 다른 선진국에 비하여 낮은 편이다. 대체로 미국 건국 시 생각했던 작은 정부의 틀이 지켜지고 있다고 볼 수 있다. 문제는 작은 정부가 경쟁력 있는 정부로 이어지지 않는다는 데 있다. 영국왕정의 독재를 벗어나 자유를 만끽하는 나라를 만들고자 한 초기 건국 사상가들의 생각이 다른 문제들을 야기한 것이다.

미국에서 정부에 대한 신뢰는 점점 낮아지는 경향을 보인다. 1960년대에는 국민의 3분의 2 정도가 '연방정부가 많은 경우 옳은 일을 한다(to do the right thing most of time)'고 믿는다고 답한 반면, 오늘날에는 약 5분의 1로 낮아졌다(Nye, 2011: 199). 지난 몇 십년 동안 미국인들의 각종 제도에 대한 신뢰는 약 50% 정도 떨어졌다. 미국이 사회자본인 신뢰의 위기를 겪고 있는 것이다.

미국에서 정부(공권력)에 대한 불신은 치안부문에서도 역사적 뿌리를 찾을 수 있다. 미국은 수정헌법 2조에 스스로 무장을 할 수 있는 권리(the right of the people to keep and bear arms)를 보장하고 있다. 따라서 버지니아주의 조승희 사건, 올랜드 나이트클럽 총기사건 등 최근까지도 발생하고 있는 많은 총기사건들이 무고한 국민들의 목숨을 앗아가도 총기소지 금지 법안을 만들지 못하고 있다. 이처럼 정당방위로서 자신의 안위를 스스로 지킬 수 있는 권리를 보장하고 있다는 점은, 국가만이 강제력을 가진다는 유럽식 사고와는 다르다(임도빈, 2014: 221~222).

하지만 한편으로는 미국이 광활한 영토에 수많은 인종이 섞여 살고 있다는 점을 감안해야 한다. 대부분의 미국인들은 자기가 살고 있는 지방에서 각종 공동체의 일(자원봉사 등)에 참여하기도 하고, 매주 교회에 나가는 사람도 많이 있으며, 상당히 안정적인 지역공동체가 존재한다. 정부의 일상적인 운영이나 성과에 대해서는 신뢰를 하지 않지만, '가장 살고 싶은 나라', 혹은 '민주주의적 제도를 갖춘 나라'가 어디라는 질문에는 80~90% 응답자가 미국을 꼽는다(Nye, 2011: 199).

Ⅱ   정치과정

1. 정치행정체계의 기본구조

미국의 정치행정체제는 각 하위제도 간 상대적 통합(relative integration)이 이루어지는 대표적인 예라고 할 수 있다. 역사적으로 국가주의 모델을 경험한 프랑스와 대조적으로, 미국은 대의제적 헌법구조의 형성과 더불어 권력의 상호 견제에 중점을 두고 있다. 제도 간의 관계에 있어 권위적·계서적 조정보다는 상호 견제 및 시장원리(즉, 재정에 의한 조정)에 의한 조화점을 찾는 방법이 다른 나라에 비하여 더 발달되어 있다고 할 수 있다.

-작은 정부의 지향

18세기 말 건국 초기부터 19세기 말까지의 미국은 기본적으로 국가부문의 성장을 경계하는 최소 국가의 특성을 띤 나라이다(Schick, 1970: 15~26). 이것은 연방정부의 재정지출이 국민경제에 차지하는 비중을 통해서도 알 수 있다. 예컨대 1930

년대에는 연방의 세입세출이 각각 GDP의 약 5%와 10%에도 미치지 못하고 있었다. 이후, 제2차 세계대전을 겪으면서 일시적으로 급격히 증가하였고, 현재는 GDP 대비 연방의 세출은 20% 정도로 유지되고 있다.

표 3-2 GDP 대비 세출 비율

	1990	1995	2000	2005	2010	2013
세출($ bill)	1,253	1,516	1,789	2,472	3,456	3,455
GDP($ bill)	5,980	7,661	10,280	13,090	14,960	16,770
GDP 대비 세출 비율(%)	20.95	19.78	17.40	18.88	23.10	20.60

출처: CIA The World Fackbook.

미국은 약 2천만 명이 넘는 공무원 규모를 가지고 있는데, 구체적으로 연방정부에는 약 3백만 명, 주 정부에 500만 명, 지방정부에 1,400만 명이 고용되어 있다. 총 고용인구에 대한 공공부문 종사자 비율은 2015년 현재 약 14% 정도이다. 이러한 수치들은 유럽에 비하여 낮은 편이지만, 한국에 비해서는 높은 편이다.

이것은 미국이 유럽의 자유국가에 비하여 공공부문이 상대적으로 작은 규모로 유지되어 왔지만(Peters, 2001), 현재는 건국 초 작은 국가의 이념이 어느 정도 변질되었다는 것을 의미한다. 그럼에도 불구하고 아직 국가의 각종 제도나 학문적 논의 속에는 이러한 작은 정부 모델이 많이 남아 있다. 1990년대 대두된 신공공관리론(NPM)의 유행도 이런 제도적 맥락에서 행정국가화를 견제하고자 하는 심리에서 나온 것이라고 할 수 있다. 일례로 일반 상점에서도 판매세(부가가치 세금)를 물건 가격에 포함하지 않고 따로 받는다. 이것은 국민들로 하여금 일상생활에서도 조세에 대한 경각심을 갖도록 한다.

그러나 감축관리를 주장했던 1981년에서 1993년 사이에 연방과 지방정부의 재정지출을 합산하면 그 절대액 기준으로 약 35% 정도 증가한 것으로 나타난다. 오히려 클린턴 정부 시기에 약간 감소하는 추세가 보이지만 이후 2000년과 2010년 사이 10년 동안 세출의 절대액이 100% 증가하여 약 2배가 되었다. 정부의 인력과 공공지출이 차지하는 비중도 유럽에 비하여 낮은 편이긴 하지만 무시할 수 없을 만큼이라는 점에서 시장중심 국가라는 미국의 전통이 상당히 변질되었음을 알 수 있다.

-권력분산

미국정신을 구현하기 위한 사회를 만드는 데에는 공권력의 역할이 중요하다.
국가 권력형태의 구성원칙을 제시한 헌법의 원리들을 살펴보면 미국은 기본적으
로 권력분산을 강조한다는 것을 알 수 있다. 즉, 거대한 국가권력이 어느 한 기관
에 독점되는 것을 두려워하였기 때문에 여러 곳에 분산시키는 방법을 선택한 것이
다. 구체적인 원리로 다음과 같이 연방주의와 권력분립을 들 수 있다.

-연방주의

권력분산은 우선 지리적 수준에서 생각할 수 있다. 미국은 공권력 구조의 형
성도 연방이 아닌 지방정부로부터 이루어졌다. 즉, 연방의 성립은 주(州)의 성립
이후에 논의된 것이다. 유럽이 봉건사회를 거쳐 강력한 중앙정부가 들어서고 난
후에야 비로소 지방정부가 파생되어 나오는 하향식 국가체제형성과정을 거친 것
과는 대조적이다. 미국에서는 유럽의 지배에서 독립하려는 독립전쟁 분위기에서
지방이 느슨하게나마 연합을 형성하였고, 주(state)끼리 비준되었던 연맹(articles of
Confederation, 1779~1781)의 힘이 너무 미약하다는 결함이 드러남에 따라 좀더 강
력한 연합기구가 필요하여 연방정부를 탄생시킨 것이다(Constitutional Convention,
1787).

한편, 헌법의 처음 3개 조항은 일정한 범위의 입법, 사법, 행정권을 연방정부
에 위임하고 있으며, 이를 명시된 권한이라고 본다. 이 외에도 헌법 1조 8항의 '필
요하고도 적당한(necessary and proper) 권한'이라는 규정에서 연방정부의 권한을
암시하고 있다.

미국관련 유용한 정보 제공 웹사이트

• 미국의 정부개관, 사회와 문화에 관한 정보
  - http://usinfo.state.gov
• 미국정치에 대한 전반적인 정보(선거, 각 주, 핫 이슈 등)
  - http://www.politicsl.com
• 미국정책
  - http://korean.seoul.usembassy.gov

그러나 기본적으로는 주에 모든 권한을 주고 있다는 점에서 독일이나 다른 연방국가와 다르다. 헌법 수정 10조에서는 헌법이 연방정부에 부여하지 않고, 헌법에서 주에 금지하지 않은 모든 권한은 주에 부여하는 것으로 규정하고 있다. 그러나 이렇게 주에 부여된 권한이 연방정부가 전혀 개입할 수 없는 배타적인 것이라고는 볼 수 없다(최명·백창재, 2000: 87).

-권력분립: 견제와 균형

권력분산은 각 정부의 권력구조 내에서도 이루어진다. 미국은 어떤 수준의 정부 혹은 의사결정체제에서도 한 사람에게 권력이 집중되는 것을 방지하고자 하였다. 즉, 강력한 중앙집권이나 1인에 권력이 집중되는 것을 경계한다.

연방정부의 경우, 3권분립의 취지에 맞게 대통령중심제를 택하고 있으면서도 대통령의 권한은 의회를 초월하지 못하도록 하는 것이 그 단적인 예이다. 즉, 의회, 대통령, 대법원으로 3권이 각각 분립되어 있다. 견제와 균형의 원리와 권력분립의 원리는 서로 독립된 것이 아니라 상호 의존적인 것이다. 대통령이 법률을 집행하지만 이를 집행하는 행정기구의 예산권은 대통령이 아닌 의회가 가지고 있다. 즉, 정부의 구조도 '분리된 권한으로 이루어진 정부(government of separated powers)'가 아니라 '권한을 나누어서 가진 분리된 기구들로 이루어진 정부(government of separated institutions sharing powers)'라고 할 수 있다(최명·백창재, 2000: 44~45)

입헌주의자들은 권력을 전횡하기 가장 쉬운 기관은 입법부라고 보았다. 따라서 입법권을 상·하원으로 나누어서 권력을 전횡하지 못하도록 하였다. 즉, 권력을 분산시키고 이들 간에 견제를 통하여 전횡을 방지하고 서로 권력균형을 이루도록 한 것이다.

-법의 지배

다수 민족이 거주한다는 것은 다양한 문화와 생활규범을 가지고 한 나라를 구성한다는 것을 의미하며, 이는 대립과 갈등의 소지를 내재하고 있다. 조정의 기제가 없는 상태로 '모든' 것이 공존한다면 사회질서는 혼란에 빠지고 말 것이기 때문이다. 따라서 미국은 사회생활의 기본질서를 규정하는 법을 두고 있으며, 이의 엄격한 준수를 기본으로 한 사회를 건설하였다.

법은 의회에서 제정된다. 그런데 다양한 민족이나 개인들 사이에는 이의 집행을 놓고 의견의 대립이 있을 수 있다. 따라서 법률적 분쟁에 공정한 심판을 하는 권위있는 기구가 필요하며 이에 사법부의 역할은 매우 중요하다. 대륙 국가들과 달리 미국은 법원의 판례를 통하여 새로운 사회규범이 형성되기도 하며, 법원이 관여하는 국민의 생활범위가 다양하고 강력한 편이다. 그 결과 법률종사자, 특히 변호사의 수가 많고, 국민들이 송사에 지출하는 비용의 비율도 다른 나라에 비하여 월등히 많은 편이다.[3)]

2. 투입체제 — 정당과 로비

1) 정당체제

미국에서는 건국 당시 '연방정부의 수립'이란 문제를 중심으로 연방주의자(federalist, Hamilton)와 반연방주의자(Democratic Republicans, Jefferson)의 의견차이가 있었으며, 이를 바탕으로 일종의 양당정치의 단초가 이루어졌다. 이후 1832년 민주공화당이 지방분권을 주장하는 민주당과 연방주의에 동조하는 휘그당으로 분열된 후, 1856년 링컨 대통령 때 노예해방파와 휘그당이 통합하여 1861년에 공화당이 창당되었다.

현재의 공화당-민주당의 2원체제는 이념적 차이를 바탕으로 성립된 유럽의 좌우파와는 다르다. 역사적으로 볼 때 공화당은 상공업자, 은행가, 북부와 서부의 농부를 기반으로 하고 있는 반면, 민주당은 남부의 가난한 백인과 대지주를 기반으로 한다(McKay, 1989: 5). 따라서 민주당이 중하류계층의 이익을 대변하는 경향이 있는 반면, 공화당이 상류(자본가)계층의 이익을 대변한다는 점에서 공화당의 우파적 성향이 민주당보다 약간 강하다고 할 수 있다.

미국의 정신 중의 하나인 실용주의적인 특성도 정치이데올로기의 약화에 일조한 것으로 보인다. 국민들의 실용주의 정신은 이념적 중요성이 강조되는 토양을 제공하지 않는다고 볼 수 있기 때문이다. 나아가서 유권자들의 교육수준 향상으로 정당별 투표보다는 정책대안에 대한 선호로 바뀌고 있다. 이외에 미국에서 정당체

---

3) 특히 변호사들은 서로 경쟁적으로 소송을 부추기고 이를 통하여 수임료를 챙기기 때문에 '정의의 실현'을 넘어 서서 하나의 기업화를 이루고 있음을 비판하는 시각도 많이 있다. 즉, 법치주의의 원칙이 변질되어 변호사에 의한 지배가 이루어지고 있다는 것이다. 예컨대 집단소송제는 동일한 사건을 한꺼번에 수임하는 것이 변호사들 입장에서 유리하다고 보고 이에 거액의 돈을 투자하는 것이다. 담배가 몸에 해롭다는 것, 실리콘 주입을 한 유방 성형수술의 피해 등에 관한 소송에서 각 피해자들이 얻은 보상금은 수천 달러에 불과하지만 변호사들은 큰 돈을 벌게 된다(Olson, 2003).

제가 발달하지 않는 이유를 살펴보면 다음과 같다.[4]

- 국민, 특히 하층민들의 계급의식이 약하다. 정책에 대한 찬반은 소득에 대한 궁극적인 효과에 집중되지 않는 경우가 많다. 그 이유는 미국에는 공산당이나 사회당 같이 계급론과 연계되어 있는 정당이 발달하지 않았기 때문이다.

- 공화당이나 민주당 양당이 계급적 이익을 대표하는 것이 아니기 때문에 선거에서 이기기 위하여 다양한 이해를 모두 포괄하려고 경쟁하는 독식정당(catch-all party)화도 이념정당체제의 미발달에 영향을 미치는 요인이다(최명·백창재, 2000: 205).

- 전국(연방)-주-의원선거구, 지방순으로 구조상 계서적으로 조직되어 있으나 지방단위로 내려올수록 정당구성원의 응집력이 강하며(박천오 외, 2002: 120), 연방국가의 특성상 주별로 다른 정치적 상황에 있을 수 있다. 이것은 전국적으로 체계적인 정당조직이 있는 나라에 비하여 당의 영향력을 약화시킨다.

- 소속 의원에 대한 정당의 통제력이 약하다. 단합도도 낮고 일탈자에 대한 규율도 낮다(최명·백창재, 2000: 205). 이는 예비선거제도로 인해 한국의 정당지도부가 행사하는 후보공천권이 박탈된 셈이다. 또한 이것은 주요 공직임명이 엽관주의에서 실적주의로 많이 바뀐 것과도 관계가 있다. 선거결과 전리품을 많이 나눠주던 과거 엽관제 시대에 비해서 실적주의와 직업공무원제는 정당의 열성분자 양성을 저해한다.

어떻든 표면적으로 미국에서는 공화당과 민주당을 통한 형식적인 양당정치가 이루어지고 있다. 그러나 미국의 정당은 유럽의 정당에 비하여 비이념적이어서, 일종의 선거시에만 활발히 작동하는 도구라고 봐도 무방하다. 실제 정치에는 각 개인들이 국가가 무엇을 해야 하는가에 대한 생각이 다른 것이 가장 크게 작용한다. 2001년 9. 11테러사건 이후 등장한 신보수주의도 이러한 맥락에서 이해해야 한다(안병진, 2004; 장훈, 2004). 따라서 정당이 아닌 다른 방식으로 주요 투입이 이루어진다고 봐야 한다.

---

4) '미국의회가 유럽에 비하여 더 일반적인 내용의 입법을 한다'는 것이 정당발달의 장애요인이라고 보는 시각도 있다(박천오 외, 1999: 120). 그러나 유럽의회도 일반적인 입법을 하고 행정입법으로 구체화하기 때문에 이렇게 단정하기는 힘들 것이다.

2) 로비와 돈의 정치

유럽에서는 정당들이 국민의 다양한 의견과 이해관계를 정치행정체제에 투입하는 과정에서 매개 역할을 한다면, 미국에서는 이익집단이 이 기능을 담당한다고 할 수 있다. 즉, 미국의 정당은 주로 주요 공직자에 대한 선거를 치르기 위한 도구로서 역할에 그치고, 투입기능은 로비스트에 의해 수행된다는 점에서 유럽정당과 미국의 이익집단은 기능적 유사성(functional equivalence)이 있다고 할 수 있다.

시장중심의 사회에서 정치의 역할이 제한되기 때문에 미국에서는 각자 자유주의적인 입장에서 자신의 이해관계를 추구하는 경쟁을 하게 된다. 개인들은 자신의 영향력을 증대시키기 위해 힘을 합하게 되고 이를 통하여 조직을 결성하게 된다. 그리고 이러한 결사의 원칙이 미국을 다른 나라와 구별시키는 요인이라고 볼 수 있다(Tocqueville, 1944). 이런 맥락에서 로비가 미국에서 발달하게 된 조건은 다음과 같다(최명·백창재, 2000: 146~147)

- 미국사회는 여러 민족집단, 전문직 조직 등 이질적인 집단으로 구성되어 있다.
- 이익집단이 공식적인 정책결정에 합법적으로 접근할 수 있는 기회와 창구가 많다.
- 다른 나라와 같이 이익을 투입시킬 정당제도가 발달하지 못했다.

이익집단은 미국의 역사만큼 길다고 할 수 있다. 국가기구에 비하여 시민사회의 성립이 더 앞섰다고 봐도 과언이 아니기 때문이다. 이익집단은 진보적인 이념을 가진 것들도 있지만 보수적인 성향의 것들도 있다. 이들 이익집단들 중 대부분은 수도인 워싱턴 특별구에 본부를 두고 정책결정의 핵심적인 역할을 하는 의회에 로비활동을 전개하는 것이 보통이다. 예컨대 전국교육협회(National Education Association), 미총기협회(American Rifle Association) 등 전문이익단체들도 미국의회의 정책결정에 강력한 영향을 행사한다.

이익집단은 공익을 수호하는 공익적 NGO와 자기 집단의 특수이익을 관철시키고자 하는 사적 이익집단으로 분류할 수 있다. 여기서 발생하는 문제는 자신들의 경제력에 비례하여 로비스트들을 고용하고, 정치행정과정에 투입시킨다는 점이다. 즉, 돈이 많은 이익집단이 그렇지 못한 집단에 비하여 훨씬 월등한 지위에서 다양한 방법으로 이익투입을 하게 된다. 이는 뇌물을 제공하지 않더라도, 합법적인 범위에서 많은 돈을 들여 자신의 정당화논리를 개발하는 비용을 쓸 수 있을 뿐만 아니라, 유권자에게 신경을 쓰는 의원들을 위해 매스컴에 막대한 광고비를 지불하여 여론을 '사로잡기' 때문이다. 돈이 많으면 저명학자들을 통한 유리한 학술연구 등 고도의 방법을 동원할 수 있다.

대부분의 나라에서 정치권에 대한 로비는 부정적인 것으로 인식된다. 그러나 미국에서는 합법적인 활동이고, 로비스트도 떳떳한 직업 중의 하나이다. 즉, 로비스트들은 법안심의 단계에서 합법적으로 관여할 수 있다. 의회 상임위원회에 회부된 법안이 청문회(Hearing)를 거치는 경우 관련 로비스트들이 발언할 수 있는 기회가 주어진다. 이외에 행정부에서 법안이 구체화될 때에도 로비스트들이 활약할 수 있다.

3) 의 회

3권 분립의 원리에 충실한 미국의 제도하에서 정책형성기능은 의회에, 집행기능은 행정부에 명확히 귀속되어 있다. 적어도 공식적으로는 정책형성의 주도권이 의회에 있기 때문에 행정부는 이에 종속된다고 볼 수 있다. 따라서 미국정치의 1번지는 Capitol Hill(의사당건물)에 있다고 한다. 상징적으로 바둑판같이 도로가 되어 있고 체계적으로 주소번호가 부여되어 있는 워싱턴 DC 1번지에 의사당이 위치하고 있다.

(1) 양 원 제

미국의회는 상원(Senate)과 하원(House of Representatives)으로 구성된다. 의원들은 자기의 지역구를 대표하여 워싱턴 DC에서 법안을 제·개정하면서 정책형성권을 행사한다. 의원들은 정당의 정책방향에 종속되어 투표하기보다는 자기 지역구의 이해관계를 대표하여 투표하는 경향이 강하다. 의원들의 투표는 기명으로 하는 것이 대부분이고 이들의 투표는 곧 매스컴의 주목을 받는다. 의원들을 대상으로 의원의 역할에 대해 조사한 결과 30% 정도가 지역구민과 '지속적인 접촉'을 하는 것을 꼽았고, 다음으로 19%가 입법활동이라고 답하였다(윤종빈, 2002: 186).

하원의원은 지역구의 대표로서 임기는 2년이다. 법률에 의원 수가 435명을 넘지 못하도록 제한하고 있다. 매 10년마다 인구센서스를 실시하고 그를 근거로 선거구를 재조정(reapportionment)한다. 즉, 선거구의 크기는 인구수/435로 하고 이에 따라 주별 의원수가 결정된다. 현재 약 55만 명당 의원 1인의 비율로 하원의원이 선출된다. 구체적인 선거구의 확정과 선거제도는 주정부의 소관이며, 연방정부는 총의원수를 정하고 주별 의원수를 배분할 뿐이다.

상원의원은 각 주의 인구규모와 관계없이 두 명씩 선출하여 총 100명이며, 이들은 상원의 투표에서 각각 1표씩 행사한다. 주별로 인구차이가 상당함에도 불구하고, 1인 1표제를 한다는 것은 인구비례에 의한 대표가 아니라 주별 대표이기 때문이다.[5] 이것은 미국의 건국역사에서 나타난 각 주의 주권을 중시하는 연방국가라는 특색을 반영한 것이다.

권력의 사유화를 경계하는 건국당시의 이념에 따라 주요 공직은 선거를 통하여 충원하며, 그 임기를 너무 길지 않게 하였다. 미국 하원의원의 임기는 2년이고, 매 짝수년에 선거를 실시한다. 하원의 출마자격은 미국국적 보유기간 7년이며, 연임제한은 없다. 이에 비하여 상원의원의 임기는 6년, 하원선거 때(즉, 매 2년마다) 3분의 1씩 개선된다. 상원의원으로 출마하려면 미국 국적 보유기간이 9년 이상이어야 한다. 이렇게 되면 4년마다 실시되는 대통령선거 시 하원의원선거와 전체의 3분 1의 주의 상원의원선거가 같은 날 동시에 실시되게 된다. 이외에도 주에 따라서 다르지만 각종 지방공직에 대한 선거도 겸하게 된다.[6]

(2) 의회의 권한

미국의회는 헌법 제1조 8항에 규정된 권한을 행사한다. 즉, 법률제정, 예산안 확정, 탄핵, 조세의무의 부과와 징수, 채무부담행위, 외국과의 통상규제, 전쟁선포, 화폐주조, 도량형의 결정, 하급법원의 설치, 국군의 양성 및 지원이다. 이 조문만으로는 다른 나라와 큰 차이가 없는 것처럼 보인다. 미국 의회는 대부분의 정책분야에서 국가정책을 결정할 수 있지만 그 중에서도 상업, 우편, 군대의 모집 및 유지 등에 관한 정책은 특별히 의회의 관할사항으로 하고 있다.

의회의 행정부에 대한 견제권력은 내각책임제를 택하고 있는 유럽에 비하여 크다고 할 수 있다. 미국은 정치활동과 행정활동을 분리하여 행정은 정치가 정해준 것에 대하여 충실히 집행하는 막스베버의 관료제모델에 입각하고 있다고 할 수 있다. 형식적인 측면에서 봐도 행정부의 법안제출권이 없기 때문에 항상 법안의

---

5) 연방상원의원은 주(state)의 상원의원(주정부는 네브라스카 주만 단원제이고 모두 양원제)과 구분된다.
6) 동시선거에 의하여 투표할 사람이 많기 때문에 '긴 투표용지(long ballot)'란 용어도 나오게 된다.

제·개정은 의원들이 주도한다. 의회 내에는 많은 직원들이 있어 정책연구를 하고 있고, 매일 수많은 청문회, 소위원회가 열리고 있어 의회가 미국의 정책형성기능을 주도하고 있음을 알 수 있다.

미국관련 유용한 정보 제공 웹사이트

• 안보국제, 경제, 환경 등 분야별 미국의 정책에 관한 정보
  - http://www.state.gov
• 미국의회의 TV중계
  - http://www.c-span.org/(TV Schedule → Library)

이와 더불어 의회의 예산재정 통제권이 행정부의 정책집행을 좌우하는 큰 무기가 된다. 행정부의 정책프로그램은 의회에서 통과되는 법에 의하는데, 그 비용지출을 기준으로 보면 다음 두 가지 종류가 있다.

- authorization law: 행정부의 프로그램에 대하여 양원의 사전승인이 있어야 지출이 되는 것
- 12개 Appropriation acts: 일정한 범위에서 재량권을 가지고 사용할 수 있는 것. 특수목적에 대하여 정확한 액수를 지정한 경우도 있고 액수를 정하지 않은 것도 있으며, 단년도 아니면 다년도 등 성격에 따라 의회가 다양한 방식으로 허용하는데, 이에 따라 행정부는 재량권을 가지고 지출가능하다.

의회의 권한이 강화되었던 과거에는 재량권 인정 예산이 전체예산의 약 2분의 1 정도였으나 이제는 3분의 1에 못미치고 있다. 즉, 행정부의 재량범위는 점점 줄어들고 있는데, 40년간 이 차이는 다음 [표 3-3]과 같이 47%에서 30%로 줄었다. 따라서 이 점에서 본다면 행정부의 의회에 대한 상대적 자율도는 낮아졌다고 볼 수 있다. 그러나 전술한 대로 자유방임적 시장주의모델에서 정부의 관여부분이 증가한 점은 (시민사회에 대한) 행정권의 강화를 가져왔다고 할 수 있다.

요컨대, 미국 의회의 행정부 통제권은 기본적으로 재원에 대한 통제권에서 나온다. 행정부에서 추진하고자 하는 모든 정책에는 재원이 수단으로 필요하기 때문에 이는 상당한 권한이라고 할 수 있다. 즉, 법에 의한 정당성(즉, 의회의 결정)에 기초하지 않으면 행정부는 국고에서 돈을 사용할 수 없다.

표 3-3 예산지출권 비중 변화 — 40년 간 차이 비교

	1976	2015
재량적 정부 지출($ 백만)	197,766	1,116,661
정부 지출($ 백만)	420,870	3,772,713
재량적 정부 지출 비중(%)	46.99	29.60
비재량적 정부 지출 비중(%)	53.01	70.40

출처: www.gpo.gov/fdsys에서 검색.

그런데 대통령의 임기는 4년이고, 양원의 선거는 2년마다 실시되기 때문에 의회의 다수당과 대통령의 당이 서로 다른 경우[7] 의회의 반대 때문에 대통령의 개성이 강한 정책을 추진하기 어렵게 되는 경우가 많다. 그러나 미국의회가 기본적으로 정당중심의 대립정치가 아니라 의원들의 지역구 이익중심의 의정활동을 하기 때문에 정치체제가 마비되는 등의 극단적 상황은 나오지 않는 편이다.

(3) 의회의 조직

미국의회의 주요 행위자는 개별 의원이다. 이들은 원활한 의사결정을 위해 의장을 두고, 의원들은 소관기능 분야별로 위원회에 소속되어 있다.

하원의장은 의회 내 다수당의 의원총회에서 지명되는데, 이 당이 의회 내 다수당이기 때문에 본회의에서 의장으로 자동으로 선출된다. 그 외 지도자(majority leader)와 원내총무(whip)를 선출한다.

상원도 하원과 유사한 방식으로 조직되어 운영된다. 미국제도에서 특이한 점은 부통령이 당연직으로 상원의장이 된다는 점이다. 이 점에서는 3권분립의 원리에 어긋난다. 상원의장(부통령)은 대통령 유고시 권한대행 서열 1위이다. 2위는 하원의장이다. 상원의장은 의회에서 투표권은 없으나 가부동수일 경우 투표권을 행사할 수 있다. 상원의장은 부통령으로서의 직무 때문에 의회에 참석하지 못하는 경우가 많으므로 의장대행(President pro tempore)을 선출하는데 보통 다수당의 다선의원이 맡는다.

미국의회의 상하원은 전체 의원이 참석하는 본회의와 각종 위원회 모임이 있다. 본회의에서는 운영위원회가 정해준 토론시간 범위 내에서 상정된 법안에 대한 지지자와 반대자들이 열띤 토론을 벌인다. 상원에서는 60명의 의원들이 반대하지

---

7) 이러한 상태를 분할정부(divided government)라고 함.

않는 한, 각 의원은 의사진행 지연발언(filibuster)을 통해 법안통과를 저지시킬 수 있다(함성득, 1999: 81).[8]

미국의회에서 주목해야 할 점은 각종 위원회가 활성화되어 있다는 점이다. 위원회는 소관분야의 법안에 대하여 심도있고 전문적인 심의를 하는 모임이다. 또한 필요시 다양한 형태의 청문회도 열어 올바른 의사결정을 하기 위해 최선을 다하고 있다.

모든 하원의원은 보통 2개의 위원회에 배속된다. 어떤 의원을 특정 상임위원회에 배정하는 것은 양당의 상급위원회에서 한다. 결국 하원의장(다수당)과 소수당 지도자가 하는 셈이다. 위원장은 해당 위원회에서 연령순(senority)으로 한다.

이외에도 각종 비공식 의원모임이 있다. 특정 공동관심사에 대해 의견교환 및 연구를 위해 특별 이익모임(special interest caucuses)을 결성하기 때문이다. Caucuses는 산업별, 인종별, 지역별 등 다양한 기준으로 결성되어 있다(함성득, 1999: 95). 그러나 현재 이들 중 많은 모임이 재정보조를 받지 못하여 폐지될 운명에 있다.

(4) 의회의 보좌행정기구

미국정치행정체제에서 의회가 정책형성기능을 비교적 주도적으로 할 수 있는 것은 의원들의 의정활동을 도와줄 수 있는 보좌기구 때문이다. 미국 의회는 의원 이외에도 매우 많은 직원을 가진 조직이다. 구체적으로 하원의원 개인별 보좌관, 위원회에 속해 있는 보좌인력, 의회 내 지도부의 보좌관, 일반 사무직원 등이 있다. 따라서 하원의원은 1인당 평균 18명의 개인참모를 두고 있고, 상원의원은 그의 2배의 인력인 36명을 워싱턴에 두고 있는 셈이다. 하원의원의 경우 총 18명의 상근 보좌진과 4명의 비상근 보좌진에 필요한 재원을 지원 받는다. 상원은 국고로 지원해 주는 보좌진의 상한선이 없이 수십 명을 두는 경우가 많다(미국정치연구회, 2008: 222).

이들 다양한 보좌인력들은 각각 의원의 지역구 관리(정치적 업무), 입법보조 기능 등을 분담한다(최명·백창재, 2000: 318~319). 이에 더하여 대학생 인턴 등과 같은 인력들도 있다. 의원 자신뿐만 아니라, 보좌인력들에게도 로비스트들이 접근하여 각종 정보를 제공한다.

또한 의회는 각종 보조기구도 가지고 있다. 입법조사국(Congressional Research

---

8) 참고: 영화 "Filibuster"에서는 개발을 저지하기 위하여 출신지 Filibuster 상원의원이 발언시간 제한이 없으므로 계속 발언으로써 특정법안의 통과를 저지하는 것을 묘사하고 있다.

회계감사원(General Accounting Office: GAO)

GAO는 1921년 설립되었다. 원장은 의회의 동의를 얻어 대통령이 임명하며 임기는 15년이고 연임가능하다. 미국 전국에 10개의 사무소를 두고, 아시아를 위해 하와이, 유럽과 북아프리카를 위해 프랑크푸르트에 사무소를 두고 있다.

GAO의 활동은 예산이 소요되는 각종 문제에 관한 심층 조사가 주를 이룬다. 즉, 감사기구라기보다는 정책연구기관이라고 보는 것이 더 적합하다. 80%의 조사는 의회의 요청에 의한 것이고, 20%는 자체적인 발의에 의한 것(Goldbeck, 1996: 52~53)이다. 1993년의 경우 1,000가지의 보고서를 작성하였고, 200여회 의회의 증인으로 활동하였다.

행정기관은 이들의 결론을 반드시 따라야 하는 것은 아니지만, 60일 이내에 권고사항에 따라 취한 조치든지 혹은 다른 대안적 조치를 취하든지 혹은 아무조치도 하지 않은 사유를 GAO에 제출해야 한다. 그러나 거의 매일 GAO의 보고서는 신문, 라디오 등 매스컴을 장식하고 있으므로 이에 대하여 국민의 정보권을 보장해 주는 것이라 할 수 있으며, 따라서 그 영향력이 지대하다고 할 수 있다. 이러한 GAO를 벤치마킹한 것이 한국의 예산정책처이다.

Service), 회계감사원(General Accounting Office), 의회예산국(Congressional Budget Office), 과학기술평가국(Office of Technological Assessment) 등이 그것이다.

(5) 의정활동

모든 법안은 반드시 의원이 제출한다. 즉, 미국에서는 정부발안 법률안이 허용되지 않는다. 의회가 정책형성권을 주도하기 때문에 매우 많은 수의 법안이 의회에서 제·개정된다. 실제로 1년에 수천 개 법안이 하원에서 제안된다. 그러나 법률안(bill)이 법(act)으로 실제로 입법화되는 것은 10~20%에 불과하다.[9] 하지만 영국 등 대부분의 나라에서는 많은 정책(법안)이 내각에 의하여 형성되고 의회는 이를 추인하는 정도의 역할을 하는 데 비하여 미국 의회의 정책형성권은 큰 편이다.

의회 내 입법과정은 [그림 3-1]에서 볼 수 있는 바와 같이 상하원의 의결을 모두 거친다. [그림 3-1]에는 표현되어 있지 않지만, 위원회에 제출된 법안은 그와 관

---

9) 용어: 의회에 정식으로 제출된 법률안은 Bill, 대통령의 승인을 받은 정식법은 act라고 한다. 이를 구체화하기 위한 규범이 대통령령(executive order), 재량의 예산범위 내에서 하는 대통령의 행위도 이의 형식으로 이루어진다.

그림 3-1　입법과정

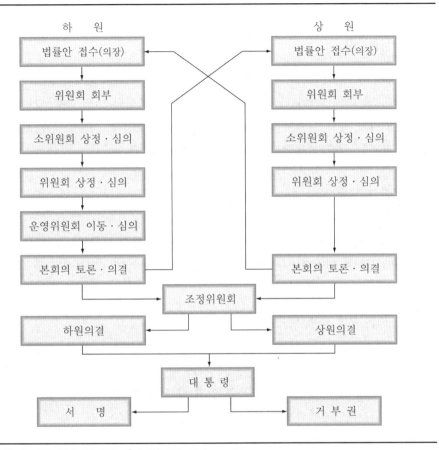

출처: 함성득·남유진(1999), 『미국정치와 행정』, p.87.

련된 행정기관과 회계감사원(GAO)에 송부된다. 이들은 법안의 필요성과 타당성에 대한 공식적인 검토의견을 소관위원회에 제출한다. 유관행정기관은 법안에 대한 검토보고서를 작성하기 전, 관리예산처(OMB)에게 대통령의 정책의지와 일치 여부를 검토받는다. 이러한 과정들은 모두 정부법안제출권이 없고 의원제출법안밖에 없기 때문에 생기는 과정들이다.

　　의회는 회기제도가 없고 연중 매일 열린다. 각종 문제를 해결하기 위한 조사 활동으로서 청문회(hearing)가 매일 5~6건 정도 이상 열린다. 우리나라와 같은 국 정감사제도는 없다.

3. 통제제도

1) 삼권분립

미국의 제도는 어느 한 행위자가 권력을 남용하는 것을 방지하기 위해 권력분립과 상호 견제를 철저히 하고 있다. 몽테스키외가 주장한 입법, 행정, 사법의 3권분립의 원리는 유럽이 아니라 미국에서 꽃을 피운 것이다. 상술한 의회의 정책형성권을 제외한 각종 통제장치를 약술하면 다음과 같다.

(1) 의회의 행정부 통제권

● 의회거부권(legislative veto)

의회가 행정부에 위임한 후속조치에 대하여, 의회가 사후적으로 거부를 하는 것을 의미하는데, 연방대법원에서 위헌판결을 받은 바 있다. 그럼에도 불구하고 여전히 중요한 권한 중의 하나이다.

● 조직인사에 대한 통제권

각 부처의 신설 등 정부조직에 관한 통제권을 행사한다. 특히 행정부의 모든 활동에는 재원이 소요되는데, 의회는 재정지출에 대한 통제권을 행사한다. 또한 상원은 각부 장관을 비롯한 고위공무원 임명동의권을 가지고 있다. 의원이 장관을 겸직하는 내각책임제에서는 상상할 수 없는 제도이다.

● 정책강제권(gridlock)

국가에게 유익하다고 보는 프로그램을 행정부가 의회로 하여금 승인하도록 요청하지 않는 경우에, 거꾸로 의회가 행정부가 수행해야 할 구체적인 프로그램을 정해 주는 것이다(Goldbeck, 1996: 51).

(2) 행정부의 의회통제권

● 대통령의 법률안 거부권

대통령은 양원을 통과한 법안에 대하여 거부권을 행사할 수 있다. 대통령에 의하여 거부된 법안을 재의결하려면 의원 3분의 2 이상의 찬성이 필요하다. 따라서 대통령의 거부권은 매우 강력한 것이다. 개원 후 현재까지 총 2,500여 건의 거부권 행사가 있었다. 재임 중 거부권을 한 번도 행사하지 않은 대통령도 있지만 거

그림 3-2 미국의 권력분립의 원리

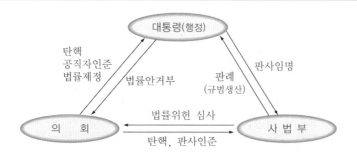

부권 행사가 가장 많았던 대통령은 루즈벨트 대통령으로 총 12년 재임기간 중 635 건을 거부하였다. 정책형성기능이 의회에 주어져 있음에도 불구하고, 권력분립의 원칙을 지키기 위한 강력한 장치가 마련되어 있는 것이다.

● 대통령에 대한 탄핵권

대통령에 대한 탄핵안은 다음과 같은 상하원의 의결을 거쳐야 한다.

－하원: 대배심(grand)처럼 유무죄를 조사한 후 과반수 이상의 찬성으로 결정
－상원: 하원이 결의한 탄핵소추안에 대하여 3분의 2 이상의 찬성으로 탄핵결
　정을 한다. 상원의 탄핵관련 청문회 및 본회의의 사회는 대법원장이 한다.

(3) 의회의 사법부 통제권

상원은 고위직에 대한 인사동의권을 가지고 있다. 연방대법원 판사의 임명동 의권과, 대법원 판사에 대한 탄핵권이 그것이다.

(4) 사법부의 의회통제권

연방대법원은 다른 나라의 헌법재판소가 담당하고 있는 법률안 위헌판결권을 가지고 있다.

2) 사 법 부

헌법 제3조는 연방대법원을 3권분립을 이루는 하나의 기관으로 명시하고 있 다. 연방대법원은 헌법의 수호자로서 독립성이 보장된다. 예컨대 연방대법원 판사

는 종신직으로 임명되며, 재임중 보수를 감소시킬 수 없도록 명시되어 있다.

대법원장(The Chief Justice)은 상원의 동의를 얻어 대통령이 임명한다. 연방법원 판사의 임명을 위해서는 대통령이 예비후보자의 명단을 작성하여 FBI에 보내면 신원조회를 하고 동시에 미국변호사협회(American Bar Association)에 보내어 평가를 받게 한다. 변호사협회는 후보자를 우수, 보통, 열등(well-qualified, qualified, not-qualified)으로 나누어 평가한다(함성득, 1999: 117). 이것은 판사가 어떤 영향도 받지 않고 독립적으로 재판을 하도록 보장하는 장치이다.

미국은 연방법원과 주법원이 모두 3심제로 되어 있고, 각각 수준에 따라 병렬적으로 존재한다. 연방법원은 대법원과 더불어 연방고등법원(Courts of Appeal) 13개 외 군사법원 1개, 연방지방법원(District Courts) 94개가 있다.[10] 연방법원은 연방정부에 관한 사건이나 복수의 주정부가 관련된 사건을 다룬다. 연방정부의 규율대상 분야에 관한 갈등의 최종 판단은 연방대법원이 한다.

문화가 다른 다양한 민족으로 구성된 미국은 여러 부문에서 갈등의 소지를 안고 있으며, 특히 평등을 주장하는 분위기에서 차별에 대한 소송이 많이 발생하는데, 대부분의 경우 이를 법치주의로 해결한다. 즉 많은 변호사들이 있어 소송을 하지만 일단 법원의 판결이 나면 이를 복종하는 사회적 분위를 가지고 있다. 정부의 각 부처에도 법률가(lawyer)들이 상당수 재직하고 있어 행정행위의 합법성의 문제에 대한 배려를 한다.

연방대법원이 주대법원의 상급심을 담당하는 것은 아니기 때문에 주민생활에 상대적으로 중요한 지방정부의 행정에 대한 판례를 보려면 주정부법원으로 가야 한다. 1960년 이후 거의 모든 행정행위가 사법적 심사대상이 되었기 때문에 사법부의 권한은 확장되어 왔다고 할 수 있다. 사법부는 판례를 통하여 규범을 형성해 가는 역할을 하며, 행정행위에 대하여 불복하거나 이의가 있는 경우 사법부가 이에 대해 판결할 수 있다. 판례를 통하여 사회정의의 기준을 쌓아가는 영미식 모델로서 대륙법체계와 차이가 있다(임도빈, 2014: 248~250).

기본적으로 사법부의 판결은 사후통제라는 점에서 그 근본적 한계가 있다. 그럼에도 불구하고 비록 사후통제라는 한계가 있으나, 판례에 따라 차후 행정행위가 제도화된다는 점에서 사법부는 의회와 함께 입법원(legislative source)이 된다는 의의가 있다.

---

10) 이와는 별도로 주의 법원은 주의 법원대로 따로 있다. 연방법과 주법의 관할범위가 각각 다르기 때문이다.

> **미국관련 유용한 정보 제공 웹사이트**
>
> • 미국의 사법부(각급 법원과 판례자료)
>   - http://www.uscourts.gov

의회와 사법부가 행정에 어떻게 관여하는가는 Morrison v. Olson의 판례가 잘 예시하여 준다. 이것은 1978년 The Ethics in Government Act에 의하여 도입된 후 1992년 폐지된 특별검사의 임명에 관한 것으로 행정의 경계선이 어디에 있느냐를 암시하여 준 사건이다. 일정수준 이상의 고위직의 범법행위가 의심될 때에는, 검찰총장(attorney general)이 특별수사부(Special Division)에 의하여 예비조사를 하게 한 후, 더 독립적인 수사가 필요하다고 인정되면 특별검사를 임명하도록 한다. 특별검사는 일단 임명되면 완전한 독립성을 가지며, 자의로 해고되지 않고, 최소한의 의회 감독을 받는다. 1986년 특별검사로 임명받은 Morrison은 검찰부총장(assistant attorney general) Olson이 의회 소위원회에서 위증을 했는가 여부에 대하여 조사하였는데, 이에 대하여 헌법의 권력분립원칙에 위배되는가 여부를 판단해 달라고 제소하였고, 연방대법원은 합헌판결을 내렸다.

이 문제의 핵심은 Morrison이 단독기관으로서의 고위직(principal officer)이냐 종속된 관료(inferior officer)냐는 문제에 대한 해석에 있다. 만약 전자라면 그의 임명은 상원의 동의를 얻은 후 대통령이 해야 한다는 것이다. 이에 대하여 4개의 기준(즉, 고위 행정직에 의하여 해고될 수 있는가, 특수하고 제한된 임무가 있는가, Officer's juridiction이 제한적인가, 임기가 제한적인가)에 긍정적이면 후자라고 할 수 있는데, 결과적으로 Morrison은 후자인 종속된 관료라는 것이다.

두 번째 질문은 의회가 정부의 다른 Branch에 임명권을 행사할 수 있는가이다. 특히 비록 유일하기는 하지만 법무부에 종속된 관료(inferior officer)를 임명할 수 있는가이다. 일단 판례는 이를 허용하고 있지만, 일반적인 의미로 interbranch적인 임용권 간섭은 3권분립의 원칙에 따라 적합하지 않다고 보고 있다.

이에 대한 논란의 여지는 많이 있으며, '과연 관료제는 누구의 손아래 있는 것인가?'라는 일반적 질문을 하게 된다. 여기에 대하여 대통령이 충실히 법을 집행할 수 있는 범위 내에서는 3부에 공유된다고 보고 있으며(it belongs to all three branches)(Rosenblom, 1993: 167), 따라서 행정부의 조직은 3부 간의 정치적 투쟁의 산물이다(Rosenblom, 1993: 168).

Ⅲ 행정과정

역사적으로 보면 적어도 1930년대까지는 입법부가 미국정부에서 지배적인 위치에 있었다. 윌슨 대통령이 의회정부(Congressional government)라고 부를 정도로 의회는 행정부에 강력한 견제력을 가지고 있었다. 또한 의회내 양당의 규율도 엄하였고, 강력한 리더십에 의하여 통제되었다(최명·백창재, 2000: 296). 1883년 Civil Service Act, 1887 Interstate Commerce Act로 인한 행정국가화까지 감안하더라도, 1930년대 뉴딜 정책시대까지는 의회의 지배가 확실하였고, 연방대법원도 행정국가화에 반대하는 입장이었다(Rosenblom, 1989).[11]

이러한 의회의 우월성 때문에 미국정치학에서도 의회연구, 투표행동, 이익집단 등에 대한 연구가 주류를 이루어왔다. 접근방법면에서도 공공선택론과 같은 경제학적 설명이 주류를 이루어왔다고 볼 수 있다. 그런데 1980년대부터 점차 미국에서는 행정관료의 영향력에 관심을 갖게 되었다.[12] 이것은 현실의 급격한 변화라기보다는 학자들의 시각의 변화라고 할 수 있다. 아직 미국학계에는 행정부가 중요하다는 시각과 의회가 중요하다는 시각이 공존한다. 이런 차이는 학자들이 각각 다른 측면을 보기 때문이다. 미국의 대통령중심적 사고에 의해 행정부를 보는 시각에서는 철새들에 의한 정부(government of strangers)가 대표적이고(Heclo, 1977), 의회중심적인 사고는 iron triangles, micromanagement에 의한 정책분석을 하는 경향이 있다.

---

11) 1939년부터 대통령의 관리(managerial presidency)에 의하여 행정부가 강화되기 시작한다. 특히 아이젠하워 대통령 재임 때 임명직의 수가 증가하였고, 결국 Schedule C가 1,700명으로 늘었다. 1970년 OMB가 신설되고, 1978년 Civil Service Reform Act에 의하여 SES가 신설되었다. SES직 정원의 10%는 정치적 임용이 가능하게 되었다. 1992년 National Performance Review도 인센티브에 의한 행정자율권의 증대로 나타난다(Rosenblom, 1993: 175).

12) 이를 '국가 재발견'이라고 칭한다(日本計劃行政學會, 『中央廳の 政策形成過程』, 중앙대학출판부, 1998: 16~17).

1. 행정조직구조

1) 돈의 정치; 대통령 선거

미국의 대통령은 명실공히 미국의 행정부를 대표하는 인물이다.13) 대통령은 4년의 임기로 1회에 한하여 연임할 수 있다. 미 헌법 2조에 따라 미국 대통령은 취임일을 기준으로 만 35세 이상, 14년 이상 미국에서 거주한 '태생적인 미국 시민(natural-born citizen)'이어야 한다. 이 조항의 보호성으로 오바마, 테드 크루즈 등이 논란이 된 적도 있다. 이에 따라 미 의회는 2011년, '부모가 외국인이더라도 미국 영토에서 태어났거나 외국에서 태어났어도 부모가 미국 시민권자라면 태생적인 미국 시민(natural-born citizen)'으로서 대통령에 출마할 수 있다고 언급하였다.

미국의 선거는 고비용방식으로 이루어진다는 단점이 있다. 매스컴(특히 TV)과 선거전문가를 활용하기 때문에 막대한 자금이 소요된다. 특정 후보를 공개적으로 비판하는 TV 정치 광고를 위해 모금 혹은 지출되는 정치자금으로 법의 규제를 받는 하드 머니와 구별되어, 암묵적으로 어느 정당과 후보지지 광고인지 자명함에도 불구하고 특정 이슈 광고(issue advocacy)만을 내용으로 하여 법의 규제를 피하는

표 3-4 2000년 정당 위원회의 소프트 머니 지출 내역

	민주당		공화당	
	총액($)	%	총액($)	%
미디어 활동	100,301,422	44.3	72,050,484	31.7
우편물	5,612,418	2.5	5,135,318	2.3
유권자 동원	19,544,266	8.6	18,961,972	8.3
컨설팅	8,443,216	3.7	7,496,579	3.3
정당인건비	24,778,417	11.0	39,601,116	17.4
정당행정	36,693,720	16.2	44,956,334	19.8
모금활동	30,822,279	13.6	39,421,358	17.3
합계	243,062,909	100.0	228,963,053	100.0

출처: 서정건·최은정(2015), 미국의 정당정치 변화와 정치자금 규제, 평화연구 23(2), p.101.

---

13) 봉급은 1969년 닉슨 때 수준인 200,000달러로 유지되고 있다. 봉급은 의회에서 결정하나, 부정적인 시각 때문에 인상이 드물게 이루어진다. 예컨대 명문가출신인 케네디는 봉급을 국고에 반납하였다. 대통령은 공군1호기, 35대의 자동차 등 매우 풍부한 지원을 받는다.

소프트 머니의 경우 1990년대 이후 그 지출이 급격히 늘었다. 예컨대 2000년 당시 정당위원회의 소프트머니 지출 내역을 살펴보면, 민주당은 2억 4천여만 달러, 공화당은 약 2억 3천만 달러 정도임을 알 수 있다. 특히 이 중 미디어 활동이 차지하는 비중이 1/3을 넘는다.

1970년대 이후 미국의 정치자금 이슈와 관련해서 정치자금 규제를 강화하려는 연방의회와 지나친 규제를 경계하는 연방대법원 사이의 제도적 긴장 관계가 지속되었다. 1971년 연방선거위원회의 설치와 1974년 정치자금 규제를 위한 수정안들, 그리고 2002년 소프트 머니를 금지하는 선거개혁법안 통과 등 의회의 정치자금 규제 시도가 이어졌다. 그러나 이는 1976년 버클리(Buckley) 판결과 2010년 Citizens United 판결 등 정치자금의 헌법적 보호 원칙을 재차 확인한 연방대법원의 입장과 대조되고 있다. 정치자금의 기부를 정치적 의사 표현이라 간주하여 수정헌법 1조에서 규정하는 언론과 표현의 자유 범주로서 보호하고 있는 것이다(서정건·최은정, 2015).

물론 기부금 제도가 발달되어 있어서 이론적으로는 돈 많은 사람만 출마할 수 있는 것은 아니다. 기부금에는 각각 상한선이 있으나(최명·백창재, 2000: 261), 기본적으로 돈이 많이 있는 사람에게 유리한 금권정치화가 될 가능성도 배제하기 어렵다. 2016년 대선의 경우, 2016년 2월 현재 기부금 후원 순위를 보면 갑부인 Donald J. Trump가 약 1,300만 달러의 기부금을 100% 스스로 후원함으로써 약

그림 3-3 미국 대선의 슈퍼팩 자금 비중 변화(단위: 달러)

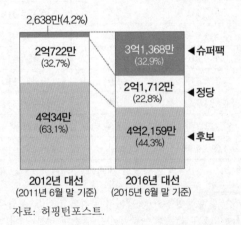

2,638만(4.2%)

2억722만 (32.7%)

3억1,368만 (32.9%) ◀슈퍼팩

2억1,712만 (22.8%) ◀정당

4억34만 (63.1%)

4억2,159만 (44.3%) ◀후보

2012년 대선 (2011년 6월 말 기준)

2016년 대선 (2015년 6월 말 기준)

자료: 허핑턴포스트.

1,100만 달러를 후원하는 Robert Mercer을 200만 달러나 되는 차이로 제치고 1위에 자리하고 있다.

정치자금 중 PAC은 특정 후보의 계좌와 직접 연계되지 않고 한도액도 없다는 점에서, 정치자금을 엄격히 통제하는 것에 예외인 제도이다. PAC(Political Action Committee)이란 이익단체들이 만드는 선거운동 조직이다. 일반 시민들뿐만 아니라 기업, 노조 업계협회 등에서 조직할 수 있다. 위원회는 자신의 정치적·사회적 목표달성에 부합하는 후보와 정책을 지지하기 위해서 정치자금을 모금하고 후보자에게 기탁한다. 1974년부터 정치인과 정당의 합법적 정치자금 조달창구가 되었다. 개인은 특정 후보에게 한 번에 1,000달러씩 총 2만 5,000달러까지 기부할 수 있는 반면, PAC을 통하면 한 번에 5,000달러씩 기부할 수 있고 기부 총액에 제한이 없다. 최근 선거자금에서 슈퍼팩의 비중이 점점 늘어나고 있는 것을 볼 수 있다. 2012년 대선에서 2,638만 달러로 전체 선거자금 6억 3,394만 달러 정도의 4.2%를 차지하던 슈퍼팩 자금은, 2016년 대선에서는 2015년 6월 말 기준으로 3억 1,368만 달러를 기록하여 총 9억 5,239만 달러의 선거자금 중 32.9%를 차지하고 있다.

미국 대통령 선거제도

후보지명(예비선거)과 관련하여 대통령 후보지명에 대한 아무런 규정도 없다가 1832년 각 정당의 전국대회에서 지명하는 제도로 바뀌었다. 즉, 매 4년마다 열리는 민주당, 공화당 전국대회(national convention)에서 각 주와 워싱턴 특별구에서 선출된 대의원 과반수 찬성에 의하여 대통령과 부통령 후보자가 지명된다. 예비선거는 비용과 시간이 많이 들지만 일반국민들로 하여금 정당의 후보를 지명하는 데 참여하도록 하는 역할을 한다. 미국에서만 볼 수 있는 독특한 이 제도는 정당의 공천권을 박탈하여 평당원과 유권자들의 참여를 확대시키는 결과를 가져온다.

본격적인 선거는 각 주에서 선거인단(electoral college)을 선출하는 것이다. 선거인단은 50개 각 주의 하원의원 수와 상원의원 수(2명)를 합한 수인 538명으로 구성된다. 이들이 대통령을 선출하기 때문에 간선제이다. 선거인단이 자신들이 득표한 결과에 관계없이 실제 대통령선거에서 한 후보에게 전부를 주는지 여부는 각 주의 입법사항이지만 많은 주에서 이 방법을 택하고 있다. 따라서 각 주의 선거인단 선출이 곧 대통령후보의 실질적인 선거인 셈이다. 선거인단 선거는 의회가 결정하며 11월에 투표가 이루어진다.

형식적인 선거는 12월 셋째주 월요일에 선거인단이 대통령과 부통령후보를 선출하는 것이다. 이때 선거인단 선거에서 예측된 후보별 득표수에 비하여 실제 이 형식적 투표결과가 약간 다를 수도 있다. 만약 과반수 이상의 득표자가 없을 경우에는 대통령 선출은 하원으로, 부통령 선출은 상원으로 권한이 넘어간다. 하원에서는 각 주가 1표씩 선거권을 가지며, 총 3분의 2 이상의 투표에 투표자의 과반수 이상을 득표하면 선출된다.

양당의 전당대회를 거치는 예비선거를 통하여 선출된 후보를 본 선거에서 다시 선거함으로써 유권자(정당원)의 입장에서 투 번 선거권을 행사하는 셈이 된다. 또한 본선거(선거인단 선거)에서 메인(Maine)주만 제외하면 승자독식의 형태를 취하기 때문에 결국 각 주는 실질적으로 자기 주(state) 전체가 원하는 후보에 투표하는 셈이 된다. 즉, 연방제적 성격을 갖는다(최명·백창재, 2000: 256~7). 따라서 각 주의 득표수를 단순합계한 최다득표자가 실제로 당선자가 되지 않을 수도 있다.

미국의 대통령은 선거인단의 최소한 과반수 이상의 득표를 얻어야 함으로써 연방정부 수반의 정통성을 확보하도록 하고 있다. 다른 나라는 30~40%의 득표로도 당선되는 사례가 있어 논란의 대상이 되고 있다는 점에서 비교가 된다. 하지만 이러한 간선방식은 건국 당시 교통통신의 발달이 덜 된 상황에서 이루어진 것이기 때문에, 현대에는 잘 맞지 않는 점도 있다.

2) 대통령의 헌법상 권한

대통령은 국가수반, 행정수반, 최고외교관, 군최고사령관, 최고입법권자, 정당지도자의 지위를 가진다(홍준현 외, 1997: 4~5). 유럽의 대부분 국가들이 상징적 혹은 약간의 실질적인 권한을 갖는 국왕 등 국가수반이 행정수반과 별도로 존재하는 반면, 미국은 양자가 대통령 1인에게 집중되어 있다는 특징이 있다. 대통령이 향유하는 구체적인 권한은 다음과 같다(함성득, 1999: 130~).

- 고위 공직임명권
- 의회소집권
- 거부권: regular veto-의회입법에 대하여 부적합하다고 판단될 경우 10일 이내에 의회에 회부.[14]

---

14) 또한 'pocket veto'라고 하여 법률안이 통과된 후 10일 이내에 의회가 폐회되고 대통령이 서

- =항목별 거부권
- =조약체결권
- =군대의 최고 사령관
- =사면권

미국관련 유용한 정보 제공 웹사이트

- The White House(백악관)
  - http://www.whitehouse.gov/
- 현재 미국정부 내각의 장관들 이름과 사진, 정보 제공
  - http://www.whitehouse.gov/government/cabinet.html

---

3) 보좌기관

미국 대통령은 막강한 권력을 행사하기 때문에 많은 보좌인력과 보좌기구를 가지고 있는데, 협의의 보좌기구는 다음과 같다.

- =대통령행정집무실(executive office of the president)
- =백악관 비서실(white house office)
- =비서실장,[15] 분야별 특별보좌관, 고문, 자문 등이 있고 정규직 400명과 각 부처 파견자 150명 정도가 있다(함성득, 1999: 153).

미국대통령실은 세계에서 규모가 큰 편이지만, 공식화된 조직 외에는 조직과 운용의 융통성이 높다고 하겠다. 비공식적 통로로 대통령이 자문을 받기도 하고, 이에 많이 의존하기도 한다. 대통령이 주요 결정을 할 때, 우리나라의 국무회의와 같이 공식적이고 제도화된 최고 의사결정 기제가 있는 것은 아니다. 회의 참석자도 가변적이고, 토론분위기도 매우 자유분방한 것으로 알려져 있다(Rockman, 2012: 254~258).

명하지 않은 경우는 그 법률은 자동사멸한다(김규정, 1994: 192).

15) 비서실장(chief-of staff)의 역할은 다음과 같다(김혁, 2001).
- 정직한 중재자로서 대통령에 조언
- 정책형성과 결정과정에서 대통령에게 최적안 추천
- 대통령에 대한 비난을 막는 방패역할

좀더 광의의 보좌기구로서 대통령의 정책결정을 도와주는 기구들이 있다. 자율성 정도와 기능은 다양하지만, 기구표상 대통령에 속해 있는 자문기관과 정책결정기관들이 그것이다. 이들은 대통령의 권한이 강화됨으로써, 이 정책결정기능을 보좌하거나 일정한 자율성을 가지고 주요 정책결정을 하는 기능을 하고 있다(하태권, 1999: 106~107).

- 국가안전위원회(National Security Council)
- 경제자문위원회(Council of Economic Advisors)
- 관리예산처(OMB, Office of Management and Budget)
- 행정처(Office of Administration)
- 마약통제정책처(Office of national Drug Control Policy)
- 무역대표부(Office of the US Trade Representatives)
- 과학기술정책처(Office of Science and Technology Policy)
- 환경위원회(Council on Environment Quality)

4) 행정관료제

미국에서는 의회권한이 우월하다고 믿었기 때문에 미국 정치학자들은 행정관료제의 역할에 대한 연구를 등한시해 왔다. 최근 미국에는 이상적 관료의 역할에 대해서 서로 상반되는 견해가 있는데, 관료제의 성장을 최대한 억제하고 민간부분의 원리를 도입하자는 신공공관리론(NPM)과, 행정은 기본적으로 행정적 특성을 띠므로 그 자체원리에 의한다는 버지니아대학 교수들을 중심으로 한 Blacksburg Manifesto(1983년)학파들이 있다. 미국 행정관료제의 현재 역할에 대한 해석은 다를 수 있으나, 미국의 정치행정체제에서 행정관료제가 적어도 중요한 비중을 차지하고 있다는 점에는 동의할 수 있다.

(1) 관료제의 발달

미국에서 의회는 국가정책의 주도권을 가지고 있다. 이러한 의회의 권한 강화는 Weber/Wilson식으로 제도형성을 해 온 것이다. 따라서 관료제 성장을 견제하는 제도가 많이 발달되어 있으며, 행정관료에 대한 정치적 통제권도 의회와 대통령에 나뉘어 있다. 내각책임제 국가에서는 이것이 수상의 통제권으로 일원화되어 있는 것과 대조적이다.

이것은 거꾸로 관료조직의 성장 자체도 대통령과 의회가 서로 경쟁하는 가운데 이루어졌다고 볼 수 있다(Johnson et al., 1994). 의회는 의회 내의 직원수를 증대시키는 동시에 행정부에도 자신들의 영향력 하에 있는 관료의 수를 증대시키려 한 것이다. 마찬가지로 행정부는 행정부 나름대로 자신의 영향력 하의 관료를 증대하려고 한다. 관료제를 통제하는 주체가 대통령이어야 하는가, 의회이어야 하는가, 사업부이어야 하는가, 아니면 관료제 자체가 자율적이어야 하는가에 대해 미국의 제도는 시계추와 같이 변화되어 왔다(Park, Soo Yong, 2005).

어떻든 헌법 기초자들은 행정권이 독자적으로 팽창되는 것을 상당히 경계하였다(Rosenblom, 1995: 160). 헌법은 대통령에게 행정에 관해서 행사할 수 있는 권한을 크게 두 가지로 명시하고 있다(*Ibid.*). 하나는 자신의 업무에 관하여 서면으로 각 부처(서)의 장에게 의견을 물을 수 있다는 것이고, 다른 하나는 상원이 휴회중인 경우에 고위공직자의 공석을 스스로 임명할 수 있다는 것이다.

미국의 관료제는 정부의 정책을 형성하는 데 중요한 역할을 담당하여 왔다. 관료들은 직업안정성(job security)을 부여받음으로써 행정현장에서 그들의 영향력을 유지할 수 있게 되었다. 엽관제의 폐단을 경험한 미국에서 제도개혁을 주도한 사람들은 관료들의 정년을 보장함으로써 정부의 계속성을 유지할 수 있게 하는 것을 이상으로 생각하였다. 미국에서 관료권이 제약되는 요인을 살펴보면 다음과 같다(Kaufman, 2001: 27~31).

- 의회의 입법권

의회에 법률안제출권이 없는 것과 마찬가지로 적어도 공식적으로 모든 정책은 의회에서 주도한다.

- 사법기관의 강력한 견제

행정의 판단과 규제에 대하여 누구나 제소할 권리를 가지고 있다.

- 행정최고책임자

대통령과 그 측근(즉, 정무직)의 강력한 정치력 때문에 그 하위에 있는 관료권 자체의 성장이 어렵다.

- 관련 고객 및 이익집단

자유주의 사상에 기초한 이들 집단들이 관료권의 증대를 견제한다.

- 매스미디어

칼럼니스트, 편집자 등은 자신들이 주도권을 가지고 아이디어를 산출하기도 하는데 여론과 사법기관의 반응을 의식한 관료들은 이를 수용해야 하는 경우가 있다.

따라서 관료제의 효율성을 유지하려는 노력과 환경의 요구에 부합하려는 노력은 계속되는 것이라 할 수 있다. 이와 더불어 행정조직 내부의 통제기제도 발달되어 있다. 1970년 이후 적어도 연방정부수준에는 60개 행정기관에 내부감사관(inspector general)제도가 도입되었다. 이 중 큰 기관의 감사직 자리는 상원의 동의를 얻어 대통령이 임명하고, 작은 기관은 그 기관의 장이 임명하도록 되어 있다(Kaufman, 2001: 30). 이것은 행정조직에 대한 중요한 내부통제기능을 하는 것이다.

(2) 정부조직

미국은 기업가정신을 가진 민간의 활동을 위주로 하고 있고 정부나 국가의 존재에 대하여 부정적인 시각을 가지고 있다(정용덕, 1996). 따라서 자본주의를 경제이념으로 하고 있으며, 가능한 한 국가가 경제분야에 직접 관여하는 것을 제한하고 있다.

연방정부는 15개의 정부부처와 58개의 정부기업(Government Corporations) 및 독립기관(Independent Agencies)으로 구성되어 있다. 물론 이들은 다시 45,000여 개의 작은 단위조직으로 되어 있다. 이들 단위조직 중 1,000명 이상의 인력을 고용하는 조직은 전체의 1.6% 정도에 불과하므로 대부분 작은 규모의 조직들이다(Goodsell, 1983: 112). 미국의 관료조직은 하나의 균질적인 조직이 아니라 매우 다양하게 이루어져 있다. 즉, 관료조직의 파편화(fragmentation)를 들 수 있는데, 최소 30여 개의 다른 직류의 공무원이 일하고 있다. 또한 미국에 존재하는 거의 모든 직종에 정부조직이 진출되어 있으며, 이들은 나름대로의 논리에 의하여 움직인다.

● 연방정부 부처

초대 대통령 워싱턴 시기에는 재무부, 전쟁부(War department), 국무부(State department) 등 세 개의 부만 있었으며, 이들의 책임자를 비서(secretary)라고 불렀다. 이어 1829년 잭슨 대통령시 체신청(Post Office)이 재무부로부터 분리되고 그 책임자가 장관급으로 격상되면서, 그 후 연방관료제의 기능이 확대되고 부처의 수가 증가하게 되었다.

프랑스 등 유럽국가에서 정부부처의 성립은 왕이 국가를 통치하는 데 필요한 기능을 부하에게 분담시킨 대신(大臣)에서 비롯되었다면, 미국에서는 압력집단의 로비에 의하여 연방정부의 부처가 형성되었다. 즉, 기본적으로 특정 정책집단의 요구에 의하여 설립된 것이 많이 있는데, 이를 고객기관(Clientele agencies)이라고 부른다. 다원주의 사회를 기반으로 하는 미국에서는 농업부(1862년 설립), 교육부(1867년 설립), 노동부(1888년 설립) 등이 각각 이해관계자들의 압력에 의하여 정부기구에 등장하게 된다(Seidman, 1998: 164). 1903년 루즈벨트 대통령시기에 설립된 상공노동부(Department of Commerce and Labor)도 여기에 속한다.

부처조직은 비교적 경직적인데, 특정한 사건이나 로비의 영향으로 분기되고 신설되는 경향이 있다. 절반 이상의 정식부처(cabinet department)가 1960년 이후에 신설되었다. Department of Health, Education, and Welfare(HEW)가 교사들의 로비에 의하여 1980년 Health and Human Services부와 Education부로 분화된 것이나, 9·11사태 후 FEMA가 신설된 것이 그 예이다(Rockman, 2012: 250). 그리고 부처조직 이외에 여러 가지 명칭과 지위를 가진 조직이 있어서 실태를 파악하기조차 쉽지 않다.

표 3-5 행정부처의 규모: 예산(단위: $ 백만)

	설립연도	2000	2005	2010	2015
국무부	1789	8,113	14,595	30,285	29,118
재무부	1789	391,649	411,697	392,169	485,987
국방부	1789	290,307	483,846	695,646	570,861
법무부	1870	15,751	21,772	30,171	29,371
내무부	1849	8,363	10,553	12,843	12,538
농업부	1889	75,162	95,023	130,983	142,471
통상부	1903	8,733	6,476	13,679	13,819
노동부	1913	31,258	47,155	179,228	45,953
보건복지부	1953	392,122	591,392	889,608	1,045,158
주택 및 토시개발부	1965	24,277	35,029	45,075	44,115
교통부	1966	49,965	64,543	84,342	71,898
에너지부	1977	15,291	21,093	23,026	25,393
교육부	1979	31,816	74,476	62,911	87,258
재향군인부	1989	45,462	68,889	124,305	160,466
국토안전부	2003	13,840	100,689	45,423	45,272

그림 3-4   2015 행정부처 예산 비중

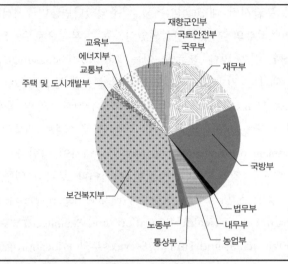

출처: 백악관 홈페이지(http://www.whitehouse.gov)

내각(cabinet)은 총 15명의 장관으로 구성되어 있다. 이들의 역할과 대통령과의 관계는 내각책임제의 내각과는 다른 측면을 가지고 있다. 연방정부가 어떤 분야에 중점을 두고 있는가는 행정부처별 인력과 예산을 보면 알 수 있다.

[표 3-5]에서 알 수 있는 것은 미국이 시장중심적인 모델임에도 불구하고 보건복지부(health & human service)가 타 부처에 비해 상대적으로 비중이 크다는 점이다. 특히 매년 증가 추세가 계속되며 2000년부터 2015년까지 15년 간 약 6,530억 달러가 증가한 것을 볼 수 있다. 2010년 미국 국민건강보험 개혁도 일조하였으리라 생각된다. 통상부(Department of Commerce)의 예산도 큰 비중을 차지하고 있는데, 이를 통해 최근 미국이 무역문제에 관심을 기울이고 있음을 알 수 있다. 그 외에 국방부의 예산이 많은 것은 세계 경찰을 자임하는 미국의 국가전략 때문이다. 가장 최근에 신설된 부처는 국토안전부(Department of Homeland Security)로서, 9·11테러사건 이후 미국의 안전을 확보하기 위하여 발족된 것이다. 참고로 내무부는 치안질서보다는 인디언 보호 등을 비롯하여 자연자원의 보존임무를 담당한다는 점에서 한국이나 프랑스와 다르다.

각 부처의 내부 조직은 장관(secretary), 부장관(deputy secretary), 차관(under secretary), 차관보(assistant secretary) 등 보좌기관들로 구성된다. 그러나 이러한 체계가 모든 부처에 일률적으로 나타나는 것은 아니다. 보조기관으로는 국, 실, 청

(service, or administration, bureau, office), 과(division) 등이 있으나, 그 법적 지위와
조직방법은 다양성을 띠고 있다.

● 규제조직

미국에서는 정부의 직접 개입이 매우 제한적이라고 할 수 있다. 유럽에서는
상대적으로 행정의 직접 개입방식이 더 발달한 반면, 미국에서는 규제 등의 방법
으로 간접적 개입을 하는 것이 발달하였다. 즉, 공정한 게임이 이루어지도록 규칙
을 제정하고 이에 위반하는 경우를 막는 것이 미국식 행정방식인 것이다. 개입방
식이 다를 뿐이지 미국사회가 정부의 완전방임 속에서 모든 것이 시장원리에 의하
여 작동한다고 본다면 오류이다. 즉, 정부의 직접적인 간섭이라기보다는 규제라는
방식이 사용될 뿐이다(Lindblom, 1977: 114).[16]

미국은 규제의 나라라고 해도 과언이 아니다. 따라서 이러한 규제업무를 담당
하는 규제위원회는 중요한 기구이다. 최초의 독립규제위원회(Independent regulatory
commission)는 1887년 설립된 주간통상위원회(Interstate Commerce Commission)이다.

행정부에 속해 있는 규제위원회 이외에 법원의 역할도 중요하다. 어떤 분야라
도 공정하지 못한 일을 당했다고 생각하면 누구나 법원에 제소하기 때문에 행정기
관이 일일이 단속하지 않아도 어느 정도 규칙준수가 가능하다. 예컨대, 고용기회균
등위원회와 인사처의 규정에 의하여 25인 이상의 직원을 가진 기관이나 조직은 고
용에서 평등성을 확보하기 위해 '직무기술서'를 근거로 인사관리를 해야 한다. 업
무특성 자체에서 비롯되는 것 이외의 이유로 고용차별을 할 수 없게 되어 있다. 만
약 어느 회사가 직무분석(job analysis)을 하지 않고 특정인을 고용하였다고 하자.
이때 이에 대해 불만을 가진 사람이 불평등 고용에 대하여 제소를 한다면, 그 공평

---

16) 자원의존이론적 관점에서 정부규제를 다음과 같이 볼 수 있다(Pfeffer & Salancik, 1978:
   188~205).
   다른 관점에도 불구하고 정부와 기업, 혹은 경쟁기업 간의 관계에서 자원의존모형에 의해
   서 볼 수 있다. 그러나 이런 규제를 통해서도 정부가 기업에 일정한 혜택을 줄 수 있다.
   1) 보조금: 수혜업체는 우월한 자원을 확보하는 셈, 다른 경쟁업체에서 나눠먹고 싶어함.
   2) 진입규제
   3) 대체자원 혹은 보완물에 영향을 미침. 예, 도로건설은 자동차 제조업체에게 이익을 주는
      셈, Amtrak에 도움 철도 건설.
   4) 가격규제. 공공요금, 물가 등을 정부가 관리.
   또한 이런 규제를 규제자와 피규제자 간의 특수한 관계를 형성하게 한다. 피규제자는 규제
   자에게 정보를 제공하거나 정부행정기능의 일부를 수행함으로써 참여함(예, 협회가 자격증
   인정 역할). 여기서 정보자원이란 측면에서 규제자는 피규제자에 의존할 수 있음 → 포획이
   론(capture theory)이 이에 해당한다.

성 여부를 판정하기 이전에 직무분석을 하지 않은 것이 위법사항이므로 처벌받게
된다.

독립규제위원회는 상원의 비준을 받아 대통령이 임명하는 이사들로 구성된다.
이사들의 임기가 보장되면 독립규제위원회의 강력한 독립성이 보장되며, 그 종류
는 아래와 같다.

- 고용기회균등위원회(Equal Employment Opportunity Commission)
- 소비자제품안전위원회(Comsumer Product Safety Commission)
- 연방선거위원회(Federal Election Commission)
- 연방통신위원회(Federal Communication Commission)
- 연방노사관계위원회(Federal Labor Relations Commission)

이외에도 연방준비은행(Federal Reserve Bank)을 언급할 수 있다. 이사장의 지
위는 화폐정책에 관한 한 대통령이라 표현할 수 있으며, 독립된 이사회를 중심으
로 경제적인 측면에서 화폐금융정책을 담당한다.

● 정부기업

행정의 관여분야가 적다는 것이 곧 기타 부분이 완전히 자유방임의 상태로 방
치된다는 것을 의미하는 것은 아니다. 정부가 사회에 관여하는 방법은 직접 개입
과 간접 개입이 있으며, 직접 개입수단은 공기업이나 산하단체를 통하여 관련분야
정책을 입안하고 집행하는 방법과 민간(혹은 준민간)에게 보조금을 지급하면서 행정
기능을 대행토록 하는 방법이다. 유럽국가는 주로 직접 개입방법이 발달되어 있다.

미국은 19세기 말에서 20세기 초 전통적인 행정조직 이외에 새로운 형태의
행정조직이 출현한다. 그것은 상술한 바와 같이 정치적 독립성을 갖고 사회의 공
정한 심판자 역할을 하는 독립규제위원회와 정부가 직접 서비스의 생산을 담당하
는 정부기업의 출현이다(김번웅 외, 1992: 67~71). 그러나 미국의 정부기업은 국가가
국민생활에 필요한 기초욕구를 다양한 공기업의 형태로 충족시켜 주는 유럽에 비
하여 그 종류나 규모면에서 작은 편이다. 연방정부가 가지고 있는 정부기업은 약
100개 정도인데, 1904년 프랑스로부터 매입한 파나마 철도회사와, 뉴딜정책의 대
명사라고 할 수 있는 테네시강유역개발공사(TVA)가 대표적이다.

따라서 공기업은 매우 제한적으로 존재한다고 할 수 있다. 예컨대 철도, 교육,
의료, 각종 보험 등 유럽에서 국가가 담당하는 것을 미국에서는 민간부문이 담당하

고 있다. 이외에도 제3섹터방식이 있고, NGO 등에 의한 공공문제해결이 있다.

그럼에도 불구하고 미국에는 국가주도의 산업정책이 존재하지 않거나 민간에 의해 완전한 주도가 이루어진다고 볼 수는 없다. 예컨대 군수산업은 매우 막대한 예산을 차지하고 있는데, 이를 통해 R&D활동이나 특정 산업의 발전을 국가가 주도한다. 이것도 역시 간접적 관여방식이지만, 매우 효과적이고 중요한 수단이다. 즉, 미국에는 산업정책이나 과학기술정책이 전혀 존재하지 않는다는 것을 의미하지 않으며, 군수산업 등을 통하여 간접적으로나마 지원되는 면이 있다.

2. 인사행정

1) 인적자원과 공공부문인력

미국은 우수한 인력을 세계로부터 이민받는 나라로서 인적자원이 풍부한 편이다. 그러나 교육수준은 평균적으로 높은 편이 아니다. 과거로부터 현재까지 젊은 세대의 40% 정도가 대학수준의 교육을 받는 것으로 알려져 있는데, 이는 다른 선진국에 비하여 월등히 높은 것은 아니다.

미국은 한때 '아메리칸 드림'이란 표현이 말해주듯이 재능있고 능력있는 사람들이 자아실현을 할 수 있는 나라였다. 그러나 시장경제 제도 내에서 보이지 않는 유리천장이 존재하고, 지니계수가 0.5 정도로 소득불평등이 있는 나라이기도 하다. 의료보험과 의료체제는 선진국에서 가장 비용이 높고 불평등한 나라이다. 아울러 고용이 유연하여 해고가 자유롭고, 공사부문간 직업이동도 자유롭다. 인사행정과 민간부문의 인사관리 사이에 큰 차이가 없는 나라라고 할 수 있다.

연방 정부에서 인력이 가장 많은 분야는 국방, 체신, 보건, 의료 부문이라 할 수 있다. 예산이 가장 많은 부처가 보건복지부, 국방부 순인 것으로 보아 인력 또한 그 중요성 비중에 따라 많은 것이라 판단된다. 그 외에 체신의 경우 우편이나 전신 등의 통신분야를 담당하는데, 연방 차원에서 미국 전역에 통신 수단을 확보하기 위하여 많은 인력이 유지되고 있음을 알 수 있다. 주정부와 지방정부의 차원에서 보면 가장 두드러지게 높은 부문은 교육 부문(즉, 교사)이다.

미국 전체 인력 수준 및 예산 수준을 보면 유럽이나 한국에서 많은 비중을 차지하는 주택 및 도시개발부가 적은 편이다. 그리고 과학기술, 산업 등의 분야는 관할 부처조차도 독립적으로 존재하지 않고 있는데, 이를 통해 국가의 주요 기능분

표 3-6 미국 공공부문의 기능별, 정부수준별 인력(2013. 03)

기능별 분류	연방 정부		주 정부		지방 정부	
	고용	급여 지불 총액 (단위: 백만)	고용	급여 지불 총액 (단위: 백만)	고용	급여 지불 총액 (단위: 백만)
총계	2,744,931	16,503	5,281,933	20,502	13,804,391	50,936
재정 관련 부처	117,151	519	170,596	768	249,065	1,012
기타 부처	24,352	161	57,793	248	342,055	936
사법	62,233	460	176,284	937	250,571	1,113
국방	775,999	3,385	X	X	X	X
경찰	192,213	1,003	105,348	584	864,580	4,479
소방	X	X	X	X	420,318	2,044
교정	38,544	226	439,240	1,860	262,729	1,118
도로 및 고속도로	2,874	19	222,820	999	286,679	1,140
항공 교통	47,216	354	3,196	17	45,389	220
배수	4,612	15	4,704	25	9,071	50
공공복지	9,993	82	237,923	905	282,821	1,056
보건	165,250	1,229	204,811	850	268,270	1,023
의료	215,580	1,483	419,634	1,865	625,021	2,862
사회복지부	65,710	412	82,566	336	437	2
주택 및 도시개발	12,882	98	64	0	116,348	482
공원 및 휴양	25,926	137	40,823	120	356,085	757
천연자원	178,405	1,092	143,125	568	43,549	157
쓰레기	X	X	2,778	14	110,312	408
하수	X	X	1,690	10	129,414	572
수도 공급	X	X	778	4	182,502	808
전력	X	X	4,135	28	77,342	514
가스 공급	X	X	0	0	11,404	51
교통	X	X	32,086	199	203,946	1,073
초중등 교육	X	X	60,562	230	7,566,261	25,931
고등 교육	X	X	2,579,522	8,679	577,971	1,622
기타 교육	9,947	73	92,650	377	0	0
도서관	3,871	27	711	2	183,346	426
우주 연구 기술	17,922	175	11,283	28	0	0
체신	579,694	4,044	X	X	X	X
주류 판매	X	X	X	X	X	X
기타 분류 인력	194,557	1,508	186,811	848	338,905	1,078

출처: United States Census American FactFinder(www.factfinder.census.gov)

야를 짐작할 수 있다.

미국은 시장주의 모델임에도 불구하고 대체로 관료의 수가 증가되어 온 역사를 가지고 있다. 그렇다면 관료제 성장에 대한 견제심리에도 불구하고 미국에서 관료의 수가 늘어나는 이유는 다음과 같다.

- 정부기능 확대의 부산물이다. 관료가 늘어나는 것은 독립변수가 아니다. 정치인들은 정책방향을 어떻게 할 것인가에 대해 전문적 지식이나 정보가 부족할 때 이를 담당하는 전문가와 기술자들로 구성된 기구(agencies)들을 만드는 것이 유행이다. Civil Aeronautics Board and Civil Aviation Adminis-tration, Federal Communications Commission, FDA 등이 그 예이다 (Kaufman, 2001: 24).
- 관료제는 정치변화와 비교적 무관하게 정책을 추진할 수 있다.[17] 현대의 복잡한 정치, 경제, 사회적 제도는 정책분야에 대해 일정 수준의 안정성을 요구하고 있다. 모든 정책이 정치권 세력변화에 의하여 좌지우지된다면 행정에서 계획(Planning), 투자, 신용 등은 불가능하다(Kaufman, 2001: 26).

2) 직위분류제

미국의 인사행정체제는 엽관제에서 실적제로 변화되어 왔다(유민봉·임도빈, 2016). 인사행정의 곳곳에 능력에 의한 차별을 인정하는 정신이 담겨 있고, 관료들의 전문성을 제고시키기 위한 제도들이 발달하였다. 이것의 대표적인 것이 직위분류제이다.

직위분류제는 계급제와 달리 사람중심의 임용이 아닌, 직무와 직무수행에 수반되는 책임을 기준으로 능률성을 강조하는 인사관리제도이다. 이러한 직위분류제는 산업사회의 전통과 능률적 관리의 강조에 따라 형성된 것이며, 공·사부문 모두에서 임용의 기본원칙으로 적용되고 있다. 그럼에도 불구하고 미국의 모든 관료들이 직위분류제인 동시에 직업공무원이 아닌 것은 아니다. 미국의 관료제 속에도 그 내부에는 다양한 부류의 관료들이 존재한다.[18] 즉, 실적주의제, 직업공무원제를

---

17) 이탈리아와 일본의 경우를 살펴보면, 이탈리아는 연합정권 불안에도 불구하고 관료들은 안정적으로 정책을 추진하였고, 일본의 관료들 역할이 중요한 것도 마찬가지이다.

18) A Downs, *Inside Bureaucracy*(1967: 103). 네 가지 관료 유형은 다음과 같이 제시한다. climber: 권력과 수입과 위신을 자신의 가치구조에서 가장 중요한 것으로 여긴다.

적용받는 사람과 그렇지 않은 사람들이 있으며 이들을 분류하면 다음과 같다.

- 5대 정치적 피임명직(political appointees)[19]
- 전문경력직관료(professional careerists)
- 일반관료(civil service generalists)
- 노동직(unionized workers): 주로 육체노동자와 정신노동자집단을 말한다.
- 계약직(contractual employees): 소위 민간위탁에 의해 계약을 통하여 행정업무를 담당하는 인력을 이런 범주에 넣을 수 있다.

한편, 미국 연방정부는 변화하는 행정환경에 민첩하게 대응하기 위해서 보수체계를 18등급에서 15등급으로 줄이면서, 과거 GS16-18을 폐지하는 대신 상위직(Senior Level: SL)과 상위과학기술직(Senior Scientific and Technical: ST) 및 고위공무원단(Senior Executive Services)을 신설하여 인력관리의 탄력성을 제고하기 위한 노력을 기울이고 있다(Title 5, United States Code).

3) 인사기관

미국의 각 부처는 독자적인 인사행정을 담당한다. 그러나 연방 차원에서 인사정책을 총괄하는 중앙인사기관에는 다음 두 가지를 들 수 있다.

- 실적제보호위원회(Merit system Protection Board)

인사조치에 대한 소청심사와 인사제도에 대한 평가를 담당하는 기관으로 준사법적(quasi-judicial agency) 지위를 갖는 기관이다. 특히 이 위원회는 특정 개인이나 정치적 영향으로부터 관료들의 독립성을 확보하기 위해서 설립되었으며, 구성은 대통령이 상원의 동의를 얻어 임명하는 3명의 위원으로 구성된다. 이들 3명 중

---

conserver: 편의성과 안정성을 가장 중요한 것으로 본다. 기존에 가지고 있는 권력, 수입, 위신의 양을 계속 유지하려 한다.

zealots: 열광형 핵잠수함의 개발과 같이 상대적으로 협소한 정책 내지 개념에 집착하고 충성을 바란다. 이렇게 하여 실현된 정책은 그들 개인의 산물이라고 불러도 될 것이다.

advocates: 열광자들에 비하여 광범위한 기능 내지 조직에 충성한다.

statesmen: 전체로서의 사회에 충성한다. 일반복지라는 데 관심이 있어서 이타적인 사람들이라고 할 수 있으며 일반적인 행정학 책에서 보는 관료상에 가깝다.

19) 선출된 고위집행부(대통령, 주지사, 시장), 핵심내각(고위각료직), 비핵심내각(각료 중 주요 부처나 기관의 장급), 주요 차관, 차관보, 비내각기관의 장급, 주요 기관의 정치참모, 자문관, 고위관료책임자, 지역책임자, 준정치적 경력직(예, SES).

두 사람이 어느 한 정당에 소속되어서는 안 된다는 점에서 '양당적 합의체(biparti-san)'라고 한다.

– 인사관리처(Office of Personnel Management)

인사관리처는 정부 인력의 성과 향상을 담당하는 기관으로, 처장은 4년을 임기로 임명되며 상원의 동의대상이다. 대통령직속으로 인사행정에 관한 전반적인 가이드라인을 제시한다. 조직상으로는 비독립형 단독형 조직형태이지만, 대통령에게 완전 종속적이라고 보기는 어렵다.

– 공무원교육

각 부처의 공무원 교육훈련방법은 다양하다. 직위분류제에서는 그 직위에 적합한 사람을 채용하기 때문에, 한국의 중앙공무원교육원과 같은 채용 후 교육훈련 기관은 필요없다. 최근에는 공무원의 능력계발을 위해 설치된 교육훈련기관이 사라지고, 개인이 민간부문에서 능력개발을 하도록 하는 방향으로 변하고 있다.

3. 재정분야

최근 들어 재정적 측면에서 연방정부가 지방정부에 비하여 차지하는 비중이 낮아지고 있다. 1950년에는 연방정부가 총공공인력의 33%를 가지고 있으면서 총공공지출의 약 64%를 지출한 데 비하여, 1994년에는 총인력의 14%를 갖고 공공지출의 60%만을 지출한 것으로 나타난다(Guy Peters, 1999: 39). 클린턴 정부 이후 정부규모의 축소도 이러한 경향을 촉진시켰다고 할 수 있다. 연방정부 및 주정부의 재정상황은 [표 3-7]과 같다. 여기서 주목할 것은 미국의 정부가 거액의 부채에 허덕이고 있다는 점이다.

최근에는 연방정부, 주정부 및 지방정부를 포함한 모든 정부조직들의 세출액이 약 2조 5천억 달러로 집계되었는데, 이는 국민총생산의 35%에 해당하는 액수이다. 이 중에서 연방정부의 세출액은 약 1조 6천억 달러로 국민총생산의 23% 수준이다(최명·백창재, 2000: 429). 이 역시 국내총생산의 40~50%에 해당하는 액수를 정부세출로 하는 유럽국가에 비하여 낮은 편이다.

특히 자유시장주의를 주장하는 시카고 학파의 영향을 깊게 받은 레이건 대통령 이후 빈부격차가 심해지고(피케티, 2013: 419~420), 소위 신공공관리론적 개혁이

표 3-7 연방정부 및 주정부의 재정상황

정부수준		1990	1995	2000	2005	2010	2013	2015
연방정부 ($ bil)	예산세입	1,032	1,352	2,025	2,154	2,163	2,775	3,250
	예산세출	1,253	1,516	1,789	2,472	3,456	3,455	3,688
	잉여/부족(-)	-221	-164	236	-318	-1,294	-680	-438
	미결 총부채	3,206	4,921	5,629	7,905	13,529	16,719	18,120
	연방채 및 보조금	1,010	1,364	1,637	N/A	N/A	N/A	N/A
주정부 ($ bil)	세입	517	739	985	1,642	2,040	2,193	N/A
	일반세출	508	734	965	1,473	1,944	2,006	N/A
	미결부채	318	427	548	811	1,115	1,137	N/A

출처: U.S. government Publishing Office (http://www.gpo.gov)
United States Census American FactFinder(www.factfinder.census.gov)

이뤄진 이 시기부터 역설적으로 미국 연방정부의 경쟁력은 낮아진 것으로 보인다. 공공부문이 민영화되면서 축소되고, 결과적으로 민간부문의 사회적 비중이 커진 것이다.

성과관리가 평가를 통한 재무관리 전반에 도입되었으며, 결과중심적 예산관리(result based budgeting)도 도입되었다. 예산비중에서 사회복지분야 예산이 증가하는 현상도 많이 보인다. 미국이라고 하여, 모든 부분이 투명한 것은 아니다. 예컨대 R&D분야에는 정부기관과 민간기관, 대학 등이 활동을 하고 있는데, 이 분야 정부지원금의 관리가 항상 투명한 것은 아니다(경제인문사회 연구회, 2009: 40~41). 특히 많은 재원이 소요되는 국방부문의 R&D가 매우 불투명하고, 다른 정부지원 프로젝트도 누가 용역을 수행하는지 위치파악조차가 어려운 경우도 있다.

성과관리의 도입 등으로 재무관리가 많이 향상되었음에도 불구하고, 미국 정부의 공공부채증가와 재정건전성은 큰 문제가 되고 있다. 캘리포니아주, 일리노이주 등 대부분의 주가 재정적자 때문에 주립대학 예산을 줄이는 등 여러 가지 노력을 하고 있다. 예산과 재정을 연계시키려는 개혁도 여러 가지 각도에서 시도되었다. 재정절벽(fiscal cliff)라는 표현을 쓸 정도이다. 연방의회는 연방정부의 지출증가를 억제하기 위해 1985년 '평균예산 및 긴급적자 통제법'을 제정하였다(임도빈, 2014: 314). 이는 매년 1,100억 달러의 공공지출을 줄임으로써 장기적으로 균형예산을 이루자는 의도이다. 그러나 때로 정부지출이 늘어나서 이 목표를 달성하지 못하여 연방정부가 문자 그대로 문을 닫는 경우가 생긴다. 이 경우, 국방 등 필수행정조직을 제외하고, 사무실이 문을 닫음으로써 비용지출을 강제로 억제하고 대통령에 압력을 가하는 것이다. 사무실이 문을 닫으면, 공무원들이 출근하지 못하게 되고, 주급을 받는 직원들의 월급도 지출되지 않는 일이 발생하게 된다.

보건복지예산이 상당한 비중을 차지하고 있음에도 불구하고 미국에는 영국의 국민건강보험(National Health System)과 같이 전국민이 가입되는 의료보험제도가 없다. 물론 저소득층 등 일정한 범주에 속하는 사람에 대한 의료보호(Medicaid) 등의 제한적 제도 등은 있으나 매우 약한 사회안전망이 형성되어 있다.

한편 의료보험은 민간업자들이 이익을 낳는 사업 분야 중의 하나로서 로비가 강한 정책분야이다. 각 주에 따라 상이하지만 의료보험시장이 민간기업들이 각축을 벌이는 분야 중의 하나이기 때문이다. 클린턴 대통령 재임 1기시 부인 힐러리가 이러한 의료보험제도를 개혁하려는 위원회를 주도하였으나 결국 실패한 바 있다.

2010년에 제정된 소위 오바마케어법(정식명 Patient Protection and Affordable Care Act)은 지나치게 비효율적인 의료보험체계를 고치고, 의료보험 혜택을 보지 못하는 저소득층에 의료보호(medicaid)혜택을 확대하는 것을 골자로 한다. 민간보험회사와 의료계의 저항에도 불구하고, 개혁이 조금씩 진전이 되고 있는 것으로 보인다. 2014년 갤럽조사에 의하면, 의료보험의 혜택을 전혀 보지 못하는 인구가 13.4%로 현저히 감소하였다.

미국관련 유용한 정보 제공 웹사이트

• 미국의 예산
  – http://www.gpoaccess.gov/usbudget/
• 각종 통계자료 제공
  – https://www.cia.gov/library/publications/resources/the-world-fact-book/ geos/us.html

Ⅳ 거버넌스

1. 지방자치와 참여

유럽에서 국가는 시민사회의 방해물이나 간여자와 같이 외부적인 것이 아니라 국가사회 본연의 내생적인 존재라고 보았다. 이를 연역적-국가주의 전통(deductive-stateness tradition)이라고 한다면, 미국은 이와 정반대로 귀납적-무국가주의 전통(inductive-stateless tradition)이라고 할 수 있다(Mark R. Rutgers, 2001: 226~231). 물론 미국 정치학자들 중 일부는 국가가 미국정치학의 중심개념으로 자리 잡고 있다고 본다. 이는 논쟁거리이지만 분명한 것은 미국에서는 '국가(기구)'와 '행정(기구) 간'의 직접적 연결성을 인정하지 않는 반면, 유럽에서는 양자를 거의 동일시한다는 것이다(Rudgets, 2001: 221). 미국에서는 추상적인 '국가'개념(an abstract notion of state)보다는 자치정부, 풀뿌리민주주의 등이 논의의 출발점이 되고, 따라서 거버넌스가 핵심개념이 된다.

1) 현   황

미국은 무국가적 특성 때문에 국가(혹은 공공부문)의 규모를 유럽과 같은 방식으로 비교하기 어렵다. 미국은 인구와 국토가 클 뿐만 아니라 연방주의를 택하고 있기 때문에 정부(governments)의 수가 약 9,000개 정도에 이를 만큼 많다. 물론 여기에는 교육과 같은 특별 자치단체도 포함된 것이기는 하나, 정부의 숫자가 큰 것은 사실이다.

상술한 바와 같이 지방의 여론을 충실히 반영하고자 하는 대통령 선거제도와 선거인단의 구성면에 볼 때, 지방분권 및 지방자치는 미국의 중요한 특색 중의 하나이다(Kelly, 1987: 21). 그럼에도 불구하고 연방정부의 영향력도 여전히 중요하다. 연방정부가 행사하는 가장 핵심적인 수단은 연방의 보조금을 지방에 줄 때 어떠한 조건을 부여하거나, 경쟁을 시켜서 좋은 제안서를 제출한 지방에 돈을 주는 것이다. 하지만 최근에는 조건을 부여하지 않는 보조금이 확대되는 추세이다. 특이한 점은 연방정부 차원에서 각종 부정적 규제(negative regulation)는 증가되는 경향이 있는 반면, 목적을 지정하지 않은 포괄보조금(block grant)도 확대되고 있다는 점이다. 이는 결국 서로 상반된 방향으로 지방분권이 진행되고 있다고 할 수 있다(Kelly, 1987: 300).

표 3-8 미국 정부 수의 변화

정부유형	1942	1972	1977	1982	1987	1992	1997	2002	2007	2012
연방정부	1	1	1	1	1	1	1	1	1	1
주정부	48	50	50	50	50	50	50	50	50	50
지방정부	155,067	78,218	79,862	81,780	83,186	84,955	87,453	87,525	89,476	90,056
카운티	3,050	304	3,042	3,041	3,042	3,043	3,043	3,034	3,033	3,031
시자치체	16,220	18,517	18,862	19,076	19,200	19,279	19,372	19,429	19,492	19,519
타운	18,910	16,991	16,822	16,734	16,691	16,656	16,629	16,504	16,519	16,360
교육부	108,579	1,578	15,714	14,851	14,721	14,422	13,726	13,506	13,051	12,880
특별구	8,299	23,885	25,962	2,808	29,532	31,555	34,683	35,052	37,381	38,266

출처: U.S. Census(http://www.census.gov)

2) 주정부 및 지방정부

주정부는 각각 주헌법을 가지고 있고, 이에 의하여 정치행정기관들이 설치되어 있다. 연방정부의 독점적 권한에 속하는 것 이외의 모든 권한은 주정부가 가지고 있다. 주민입장에서 볼 때, 연방정부보다는 지방정부와 주정부가 더 중요한 행정기관이다.

그럼에도 불구하고 지방에는 연방정부의 각종 기관들이 있다. 연방 지방법원은 물론이고, 연방의 주요부처의 특별지방행정기관이 지방에 설치되어 있다. 이들 연방정부의 특별지방행정기관에는 전문가인 근무자들이 많다(Kelly, 1987: 27). 대표적인 것이 산림청(Forest Administration)인데, 미국 산림공무원(영림서)에 관한 기술을 주로 담당한다. 이들은 지리적으로 분산되어 있으며, 관료들은 독립성이 강한 특성을 지니고 있다(Kaufman, 1960).

한편, 공교육도 지방정부의 몫이다. 주정부에는 과거 농경시대에 발달하였던 농과대학이 중심이 되어 설립된 주립대학이 있다. 초중고는 특별지방자치단체인 교육자치단체에서 직접 관할하는 것이 보통이지만, 공교육이 연방의 직접 행정의 대상이 아니고 지방이 주도한다는 점에서는 공통된 특성이라 할 수 있다.

미국관련 유용한 정보 제공 웹사이트
• 미국의 지방정부에 대한 정보 제공
  – https://www.census.gov/govs/local/index.html

---

2. 국가거버넌스와 행정개혁

1) 이익집단

정당이나 노조의 정책형성기능이 상대적으로 낮은 미국에서는 이익집단이 거버넌스에 중요한 역할을 차지한다. 각종 직능분야를 대변하는 이익집단이 많이 있어서 워싱턴만 해도 이익집단의 수가 4,000여 개에 이른다(스틸만, 1992: 122).

예컨대, 변호사협회(Bar Association), 의사협회(Medical Association), 교사협회(Teachers Association) 등 수많은 단체가 있고 이들의 본부가 Washington DC에 있으며, 이들 전문가 단체(집단)에게 규제의 일부가 위임되어 처리되기도 한다. 즉, 이들이 자신의 분야에 대한 진입규제 등의 활동을 일부 수행한다(Kelly, 1987: 35).

또한 전문지식을 바탕으로 하는 공익단체들이 정책개발이나 비판에 중요한 역할을 수행한다. 연방정부의 재원에 거의 전적으로 의존하는 연구소, 즉 사실상 국책연구소도 있다. 기금에 의해서 운영되며, 실용적 정책을 개발하는 것을 목적으로 하는 연구소도 있다. 대학의 연구소들이 정부 연구비에 의존하며 싱크탱크(think tank)의 역할을 하는 경우도 많다(경제사회인문연구회, 2009). 상공회의소, 브루킹스 연구소, 헤리티지 재단 등이 그 예이다. 이들은 각종 조사 및 정책개발을 하는데, 공화당측 시각에서 연구를 하는 헤리티지 재단의 경우 12명의 정책연구전문가들이 레이건 대통령 재임기간 동안 백악관이나 다른 연방기관에서 중요한 역할을 담당한 바 있다.

이렇게 볼 때, 미국의 이익투입과 규제는 전문분야별로 단편화(fragmented), 분권화(dispersion of power), 다원화(pluralistic)되어 있다고 할 수 있다. 이들 간 경쟁, 협상, 타협이 중요한 게임전략이 된다(Ripley & Wildavsky, 1986). 또한 이들이 소관 업무를 담당하는 행정부의 관료, 상하원 위원회 의원과 접촉하는데, 이러한 3자간 의사결정체제를 철의 삼각관계(iron triangle)(Ripley & Franklin, 1991)라고 한다.

한편, 분권화되고 다원화된 행정관료제는 복수의 권력중심(power center)을 두어 정책결정에 참여하는 단체에게 다양한 접근통로를 제공한다. 또한 이들간 상호작용과 경쟁을 통하여 이해관계의 조정을 용이하게 한다(박천오 외, 2002: 156). 강력한 영향력을 가진 이익집단이 다수일 때 관료는 이들 간의 선택권을 향유함으로써 더 큰 권력을 행사할 수 있다. 이들 간 관계의 유형을 보면 [그림 3-5]와 같다.

연방-주-지방정부간 정책과정에서 동일한 정책분야에 종사하는 전문관료들끼리 서로 폐쇄적인 연합을 형성하기도 하는데, 이를 Yates(1982: 72)는 정책하위정부(policy subgovernment)라고 칭하였다. 이를 수직적으로 길게 연결된 '울타리치기(picket-fence federalism)'라고 부르기도 한다. 이 양자는 모두 외부통제를 어렵게 한다는 단점이 있다(하태권, 1999: 157~158)

국민들의 일상생활에는 NGO를 비롯하여 민간인들이 공동체생활에 중요한 기능을 담당한다. 주로 기독교 계통의 종교단체들이 빈민구제, 장애인복지 등 다른 나라의 사회복지 행정서비스에 해당하는 것들을 제공한다. 또한 그 사회의 특정 이슈가 발생하면, 뜻이 있는 사람들이 기금을 마련하는 등 각종 아이디어를 제공하고, 시간을 투입하여 봉사한다.

그림 3-5 이익집단의 지지의 수·규모와 기관의 권력 간의 관계

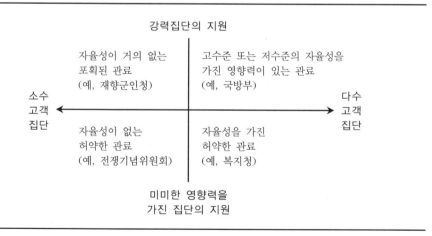

의회 설득 공들이고 막힐 때면 한걸음 양보 "이것이 정치다"

버락 오바마 미국 대통령이 미 워싱턴 백악관에서 건강보험 개혁법안이 하원에서 표결 처리된 뒤 "100년에 가까운 좌절과 수십 년간의 노력, 그리고 1년 동안의 지속적인 노력과 토론 끝에 우리는 마침내 승리를 선언할 수 있게 됐다"고 말했다. 하지만 오바마 대통령은 "오늘의 승리는 어느 한 정당의 승리가 아니라 미국인의 승리"라며 "급진적인 개혁이 아니라 중대한 개혁"이라고 강조했다.

오바마 대통령은 1912년 시어도어 루스벨트 대통령이 국민건강보험을 약속한 이래 프랭클린 루스벨트, 존 F 케네디, 지미 카터는 물론이고 빌 클린턴 전 대통령 등 전임 대통령의 실패 사례를 꼼꼼히 벤치마킹했다. 특히 1993년 당시 상원 56석과 하원 258석이라는 절대다수를 가지고도 첫 국정개혁 과제인 건보개혁법안의 의회 부결을 경험했던 클린턴 전 대통령의 실패 원인을 의회와의 관계 정립 실패로 판단한 오바마 대통령은 취임 초부터 의회 설득 작업에 주력했다.

표 3-9 미국 건보개혁 주요 연표

• 1912년	시어도어 루스벨트 전 대통령, 국민건강보험 공약 제시… 대선패배로 실패
• 1929년	최초로 근대적 건강보험 탄생
• 1934년	프랭클린 루스벨트 대통령, 국민건강보험 논의했으나 반대로 포기
• 1962년	존 F 케네디 대통령, 건보개혁 문제 제기했으나 실질적 추진 실패
• 1965년	린든 B 존슨 대통령, 고령층 저소득층 장애인 등에 대한 의료지원 도입
• 1993~94년	빌 클린턴 대통령도 건보개혁 추진했으나 의회 통과 실패
• 2008년	버락 오바마 민주당 후보, 건보개혁 대선 공약으로 제시
• 2009년 11월	하원 건보개혁안 통과
• 2009년 12월	상원 건보개혁안 통과, 상하원 간 단일안 위한 물밑 조율
• 2010년 3월 21일	하원, 상원의 건보개혁안 원인 의결, 수정안도 함께 채택

하지만 그 과정이 모두 순탄한 것만은 아니었다. 건보개혁이라는 대의를 위해 작은 부분은 버렸고, 반대파들과 타협하는 실용주의적인 태도도 보였다. 오바마 대통령은 당내 진보주의자들이 절대불가를 외치던 퍼블릭 옵션(정부 운영 공공보험)을 빼는 조건으로 온건·중도파들의 참여를 설득했다. 또 법안 내용 중에 낙태를 위한 정부보조금이 포함돼서는 안 된다는 일부 반대파는 하원에서 건보개혁법안이 통과되는 즉시 낙태 시술에 연방기금이 지원되지 않도록 한다는 내용의 행정명령

을 발표하겠다는 약속으로 불만을 무마했다.

올 1월 19일 에드워드 케네디 전 의원의 유고로 치러진 매사추세츠 주 상원의원 선거가 공화당의 승리로 돌아간 직후에는 대통령이 직접 발의한 건강보험 개혁안을 내놓기도 했다. 당시 오바마 대통령은 "상하 양원의 의견 차를 접목시킬 수 있는 안"이라며 "공화당도 건설적인 제안을 내놓고 미국인들의 복지 향상을 위한 진정한 토론을 하자"고 주장했다.

출처: 동아일보, 2010. 3. 23.

2) 정부개혁의 이념 및 추진방식

미국에서는 1970년대 후반 지출 축소와 생산성 확충으로 대표되는 관리개혁이 제기되었다. 그리고 1980년대 후반 이후 행정서비스 품질에 대한 관심도 크게 높아졌다. 특히 1993년 클린턴 대통령의 'Reinventing Government'라는 기치하에서 관료적 형식주의의 제거, 고객우선주의, 결과를 이끌어 내기 위한 공무원 권한 강화 등을 주요 골자로 하는 연방정부 차원의 혁신작업이 추진되었다.

정부재창조 작업은 고어 부통령의 주도하에 약 250명의 공무원으로 구성된 '정부실적평가위원회(NPR)'에서 정부가 무엇을 해야 하느냐가 아니라 어떻게 운영되어야 하느냐에 초점을 두고 이루어졌다. 이런 개혁을 신공공관리론(New Public Management)이라고 하는데, 그 내용이 무엇인가는 이론적으로 잘 정리되어 있는 것이 아니다.[20] 신공공관리론은 크게 두 가지 측면을 가지고 있는데, 첫째는 경쟁원리의 도입과 고객주의로 표현되는 시장주의이고, 둘째는 기업가적 정부운영을 강조하는 사명지향적·성과지향적·탈통제적 관리로 표현되는 신관리주의이다(정정길, 2000).

특히 정부성과법(The Government Performance and Results Act, 1993)에 의하면 모든 연방기관이 각기 장기목표, 연간목표, 성과측정지표 등을 전략계획서, 성과계

---

20) 신공공관리론의 특성은 다음과 같다(Hughes, 1998).
　　첫째, 투입위주의 행정이 아니라 산출물 위주의 행정(산출물 평가지표 체계 및 그 적용, 그리고 피드백의 강조), 둘째, 조직, 인사, 고용조건들의 유연한 관리(성과급주의, 계약직, 임시직, 외부에 공직 개방, 공직내외부 공개경쟁 등), 셋째, 조직 및 개인의 명확한 목표설정과 성과지표를 통한 성과측정(부서별 성과공시제도, 공무원 개개인의 성과계약 체결, 목표의 계량화 등), 넷째, 고위공무원들의 (정치적 중립이 아니라) 정치적 목표달성에 헌신, 다섯째, 정부의 기능은 '노를 젓는 것'이 아니라 '방향을 잡아 주는 것' 등.

획서, 성과보고서에 수록하여 의회에 보고하도록 하고 있다. 이것은 단순히 의회에 보고하는 것으로 끝나는 것이 아니라, 보고서에 기술된 목표가 실제로 집행되었는지 여부를 관리예산처(OMB)가 확인하도록 하고 있다. 조직목표의 확인이 중요하기 때문이다.

Hood & Jackson에 의하면, 이러한 최근 미국 행정개혁의 특징을 다음과 같이 평가할 수 있다. 우선 공사행정일원론에 입각하여 경쟁을 기반으로 한 다양한 민간기법을 적극 수용하며, 정책과 관리의 이원화로 공공관리자의 주된 임무는 관리업무의 효율적 수행에 있다고 본다. 그리고 대규모 관료제구조를 준자율적 기관으로 분해하는 조직개편, 산출 및 성과를 강조하여 공공관리자의 결과적 책임성을 강조하는 성과중심의 관리, 경쟁적 서비스의 제공 및 공공서비스의 민영화를 선호하며 시민의 서비스에 대한 요구나 의사를 적극 반영하고자 하는 고객지향성, 비용절감, 능률성, 긴축관리 등을 통한 경제적 효율성의 강조라고 할 수 있다.

V 한국에의 시사점

미국 국토의 물리적 특성, 독립을 전후로 한 역사적 배경, 그리고 다민족으로 구성된 국가라는 점은 미국의 정치 행정의 고유한 특징을 이해하는 데 중요하다. 특히 국가가 다민족으로 구성되어 있기 때문에 이들 간 조화로운 삶을 영위하기 위한 차별금지와 법준수 문화가 발달했다는 점이 한국과는 크게 다르다.

2차 세계 대전 당시 미국의 대통령이었던 프랭클린 루스벨트는 미국·영국·중국·소련 등 연합국 4개국이 전쟁 후 평화를 이끌고 가야 한다는 의미에서 이들을 "4명의 경찰"이라고 불렀다. 하지만 전후 냉전으로 미국이 서방의 리더 역할을 떠맡게 되면서 세계의 경찰도 미국을 지칭하는 말로 바뀌었다. 특히 1991년 소련이 붕괴하고, 2000년대 미국이 알카에다와 탈레반을 상대로 테러와의 전쟁을 치르면서 세계의 경찰이라는 용어도 더욱 빈번하게 등장했다. 그러나 오바마 대통령은 2015년 시리아 사태를 군사적 수단이 아니라 외교로 풀겠다는 방침을 밝히면서 "미국은 세계의 경찰이 아니다"라고 말했다.

현재 미국이 안고 있는 가장 심각한 문제는 엄청난 국가채무이다. 이로 인하여 세계 경찰의 역할도 어려움을 겪고 있다. 2016년 대선 후보 트럼프가 동맹국들의 방위비 증가 요청을 주장한 것도 이와 전혀 무관하다고 보기는 어려울 것이다. 미국의 국가채무 규모는 약 19조 달러에 달하며, 이는 GDP 대비 국가채무 비중이 110.6%로, OECD 27개 회원국 가운데 5위이다. 이것을 어떻게 해결할 것인가에 대해서는 논란의 여지가 있다. 미국을 중심으로 세계 시장이 만들어진 가운데, 미국의 채무 감소를 위한 노력이 무역에 타격을 주어 국제 시장 전체를 흔들어놓을 수도 있기 때문이다.

미국사회의 또 다른 문제는 다민족국가이지만, 현 체제의 기반이 되고 있는 백인 및 기독교인들의 지배적인 위치가 유지될 것인가에 있다. 이미 인구증가율로 볼 때 유색인들이 백인들보다 높은 것은 사실이고, 영어권보다는 스페인권 인구가 상대적으로 높은 증가율을 보인다. 현재에는 다민족국가가 누릴 수 있는 장점도 많지만 장차 사회통합에 관한 여러 문제가 내재되어 있는 것도 사실이다.

미국은 정치적으로는 민주주의를, 경제적으로는 자본주의를 택하고 있는 대표적인 나라이다. 개인의 자유권을 최대한 보장하는 형태로 국가의 기관들이 형성되었다. 기관 간 통합성 기준에 의하면 각 수준의 정부들 간에 어느 정도 자율성이 인정되는 상대적 통합성 모델에 속하는데, 단일국가인 한국에 비하여 미국에는 연방제도가 있다는 점이 가장 중요하다. 마치 미국 연방정부는 한국의 중앙정부, 주정부는 한국의 광역자치단체(시, 도)라고 생각하는 경우가 있는데, 이는 기능적 유사성에 대한 전제를 잘못한 데서 오는 오류이다.

정치행정체제는 기본적으로 시장과 국가 중 어느 쪽 비중이 큰가, 이익투입기제로서 정당의 역할을 비롯하여 정책과정에 의회와 행정부 중 어느 쪽이 더 중요한 역할을 하는가, 공무원제도의 특성 등을 기준으로 정리하면 [표 3-10]과 같다.

표 3-10 미국과 한국의 비교

구 분	미 국	한 국
공공부문 비중	시장중심(공기업 약화)	국가중심(공기업 발달)
정당의 역할	미약	정당 조직 일천
이익집단	활성화, 로비	집단이기주의, 로비불법시
정책형성	의회 중심	행정부 중심
정무직 활성화 정도	철새들	정무직 불안정
연방	지방분권	중앙집권
공직분류	직위분류제	계급제

그럼에도 불구하고 정치행정체제에서 차지하고 있는 대통령의 역할이 중요하다는 점은 양국이 유사하다. 또한 정치행정체제에 들어 있는 행위자 간의 경쟁의식이 중요하다는 점도 공통점이다. 물론 한국이 전통적으로 집단주의적이고, 정적(靜的)인 측면이 더 강한 것은 사실이지만 최근 개인주의에 기초한 경쟁제도가 많이 확산되고 있다. 중요한 것은 미국이 여러 부분에서 한국의 벤치마킹모델이 되는 것이 현실이라는 점이며, 이는 미국에서 공부한 학자들이 한국사회에서 중요한 위치에 있는 경우가 많기 때문이다.

최근 이루어지고 있는 대중정치화와 정치에서 언론역할의 강화 등도 미국과 유사해져 가는 예 중의 하나이다. 사법개혁을 통하여 변호사가 양산되고, 법률산업이 중요한 시장이 되어가며, Law School 제도가 도입되는 것 등도 모두 미국을 닮아가고 있는 현상들이다. 이런 외형적인 제도의 도입이 한국인의 사고방식이나 행동유형에 어떤 변화를 가져올지, 그리고 그것이 바람직한 것인지는 깊이 연구해야 할 과제이다.

미국관련 유용한 정보 제공 웹사이트

- 주한미국대사관
  - http://korean.seoul.usembassy.gov/
- Cental Intelligence Agency (CIA)
  - http://www.cia.gov
- U.S. Government Publishing Office
  - http://www.gpo.gov

☕ **차 한잔의 여유**

'죄수들의 나라' 미국?

세계 최대 부자 나라인 미국이 국민을 감옥에 가두는 비율이 세계적으로 가장 높은 것으로 드러났다. 전세계 죄수 980만 명의 약 24%인 230만 명이 미국의 죄수이다. 이는 미국 인구의 0.73%에 달하는 수치이며 이 외에 보호관찰, 보석 등

법의 감시 하에 있는 475만 명을 더하여 700만 명이 넘는 수로 따지면 미국 인구의 2.2%에 달한다. 인구 10만 명당 죄수의 수를 봐도 미국이 698명으로, 캐나다 106명, 영국 148명, 호주 151명, 스페인 141명, 그리스 120명, 노르웨이 71명, 네덜란드 75명, 일본 49명에 비하여 압도적으로 많은 수를 기록하고 있음을 알 수 있다.

미국에서 죄수가 급증하게 된 계기는 1971년 시작된 마약과의 전쟁이다. 당시 리처드 닉슨 대통령은 전국적인 마약과의 전쟁을 선포했고, 대대적인 마약사범 단속을 시작했다. 당시 뉴욕주지사였던 넬슨 록펠러 역시 마약사범에 대해선 가석방 없는 종신형, 보석금지를 내걸었다. 마약 판매상과 단순 구매자 모두 15년형에 처하는 과격한 조례를 발표하기도 했다. 뉴욕주 등에서 재소자가 급증한 것도 이와 무관하지 않다. 뉴욕은 현재 미국에서 가장 많은 교도소와 죄수를 보유한 대표적인 주다.

많은 죄수를 수용하기 위해서 미국은 연간 전체 예산 중 2.3%인 740억 달러(83조원)의 예산을 쓴다. 이는 서울시 예산의 4배에 달하는 정도이다. 수감자 1명당 3만2,000달러(약 3,600만 원)을 쓰고 있는 셈이다. 뉴저지의 경우는 재소자 비용으로 1인당 5만4,000달러(약 6,100만 원)로 뉴저지가 걷어 들이는 세금의 18%나 쓰고 있다.

죄수 수감 및 교정 사업에 쓰이는 예산 지출이 많아지자 재소자 수용에 민간 자본을 끌어들였다. 텍사스의 사업자였던 톰 비슬리, 존 퍼거슨, 돈 휴토는 텍사스 주정부에 교도소 건설부터 운영에 이르기까지 모든 것을 책임지겠다며 민간 사설 교도소 건립에 앞장섰다. 미국교정협회(CCA)라는 단체를 만들어 본격적인 교도소 사업을 시작하였고 이후 사업은 번창하여 미국내 전체 교도소의 10%는 사설교도소로 채워지게 되었다. CCA는 현재 16개 주에서 51개 사설교도소를 직영체제로 운영하고 있으며 7개 주 18개 주정부소유 교도소를 위탁운영하고 있다.

사설교도소에서는 순수익만 1억5,700만 달러(약 1,770억 원)에 이르는 등 많은 순익을 올리면서도 주정부 예산을 절감하는 데 일조하고 있다. 많은 주정부들이 사설교도소와 계약을 맺을 때 의무적으로 예산 절감을 요구하고 있긴 하지만, CCA는 주정부가 정한 기준을 훨씬 초과해서 단기계약은 평균 19.25%, 장기계약은 평균 28.82% 예산을 절감시키고 있다. 그러나 이는 수감자 1명당 소요비용을 크게 줄이고 총수감자수를 늘림으로써 실현되었다. 또한 교화 사업에는 크게 관심을 두지 않는다. 재소자가 많을수록 수익을 내는 구조이기 때문에 재소자를 늘리는게 사설교도소 입장에서 유리하기 때문이다. 오클라호마주가 1997년부터 2008

년까지 교도소별 재수감률을 조사한 결과, 사설교도소의 재수감률은 공동교도소
보다 약 4% 더 높은 것으로 나타났다. 게다가 2010년 애리조나의 한 사설교도소
에서는 살인죄로 복역중인 죄수 3명이 탈출해 민간인 2명을 죽인 사례가 있었는
데, 조사과정에서 교도관들이 탈출에 협조한 것으로 드러나 충격을 던졌다. 또 같
은 해 아이다호 사설교도소에서는 죄수가 죄수를 폭행하는 사건이 발생했는데 교
도관들이 이를 제지하지 않고 방관하는 모습을 보이기도 했다.

　　이런 일들이 반복되면서 사설교도소에 대한 시민들의 불만이 높아지고 있지만
대부분의 주정부들은 사설교도소와의 계약을 끊을 경우 당장 부담해야 할 교도소
관련 추가예산 때문에 이러지도 저러지도 못하고 있다.

출처: 뉴스투데이, cjw610@gmail.com

◆ 참고문헌

김번웅 외(1992), 『미국관료제』, 서울: 대영문화사.

김혁(2001), "대통령의 리더십과 비서실 조직구조에 관한 연구: 백악관 비서실 조직의 사례를 중심으로," 『한국행정학보』, 제35권 3호.

미국정치연구회 편(2008), 『미국정부와 정치』, 명인문화사.

박천오 외(2002), 『비교행정론』, 서울: 법문사.

서정건·최은정(2015), "미국의 정당정치 변화와 정치자금 규제," 『평화연구』, 23(2), pp.79~111.

안병진(2004), "미국 신민주주의의 사상적 배경," 『한국사회과학』, 제26권 1, 2호, pp.37~67.

유민봉·임도빈(2016), 『인사행정론』, 서울: 박영사.

윤종빈(2002), "국회의원과 선거구민의 관계 연구," 『한국정치학회보』, 제36집 4호

이장훈(2003), 『네오콘-팍스 아메리카나의 전사들』, 서울: 미래 M&B.

임도빈(2014), 『행정학』, 서울: 박영사.

장장훈(2004), "미국 정당정치의 변동과 신보수주의," 『한국사회과학』, 제26권 1, 2호, pp. 69~93.

정용덕(1996), "미국 행정의 무국가성(無國家性)이 한국의 행정발전에 미친 영향," 『행정논총』, Vol.34, No.1.

정용덕(2003), "미국의 국가이념과 행정개혁," 『행정논총』, 제41권 4호.

최명·백창재(2000), 『미국정치의 이해』, 서울: 서울대학교 출판부.

피케티(2013), 『21세기 자본』, 글항아리.

함성득·남유진(1999), 『미국의 정치와 행정』, 서울: 나남출판사.

Arthur Goldbeck(1996), "Etats-Unis: l'evaluation des politiques publiques: l'exemple du General Accounting Office," in G. Timsit et al.(sous la direction de), *Les Adminsitrations qui changent*, Paris: PUF.

Heclo, Hugh(1977), *A government of strangers: executive politics in Washington*, Washington: Brookings Institution.

Johnson, Ronald N. and Gary D. Libecap(1994), *The Federal Civil Service System and the Problem of Bureaucracy*, University of Chicago Press.

Kaufman(1960), *The Forest Ranger*, Baltimore: Johns Hopkins Press.

Kaufman(2001), "Major Players: Bureaucracies in American Government," *PAR*, Vol.61,

No.1.

Lindblom(1977), *Politics and Markets: the world's political economic systems*, New York: Basic Books.

McKay(1989), *American Politics and Society*, 2nd ed., Oxford: Blackwell.

Nye, J.(2012), The Future of Power.

Park, Soo-Young(2005), "Who is Our Master?-Congressimal Debates during Civil Service Rotorm-", Ph.D dissertation Virgiria Polytechnic Institute (Unpublished).

Peters, G.(1999), *American Public Policy: Promise and Performance, Chappaqu*a, N.Y.: Seven Bridges Press, LLC.

Peters, G.(2001), *The Politics of Bureaucracy*, London: Routledge.

Rockman(2012), "13 Administering the summit in the united states", in Guy Peters et al.(ed.), Administering the summit, Mcmillan Press.

Rosenbloom, David H & Goldman, Deborah D(1993), "The US Constitutional Separation of Powers and Federal Administration," *Public administration: understanding management, politics, and law in the public sector*, New York: McGraw-Hill.

Rutgers, Mark R.(2001), "Tradition Flavors? The Different Sentiments in European and Amerian Administrative Thought," *Administration & Society*, Vol.33.

Seidman Harold(1998), *Politics, position, and power: the dynamics of federal organization*, New York: Oxford University Press.

Tocqueville, Alexis ed. by Richard D. Heffner(1984), *Democracy in America*, New York: Mentor.

국명: 프랑스 공화국(La République Française)

수도: Paris   면적: 675,417㎢(해외영토제외시 549,000㎢, 한반도의 약 2.5배)

인구: 66,660,000명(2016년), 인구밀도: 109.9/㎢

종교: 가톨릭 82%, 기독교 2%, 유태교 2%, 이슬람교 5%

통화: 유로화(Euro)   1인당 GDP: $44,583(2014)

Ⅰ 개 관

1. 국가개황

1789년 프랑스인들은 권위주의적 왕정체제인 구체제(Ancient Regime)를 타파하기 위해 과감히 대혁명을 일으켰다. 프랑스는 대혁명을 통해 들어선 제1공화국이 내세운 자유(liberté), 평등(égalité), 박애(fraternité)라는 3대 대혁명정신에 대한 자부심이 강하며, 현재 정치행정제도 곳곳에 이 정신이 스며들어 있다.

물론 이러한 이념은 하루 아침에 생긴 것이 아니라, 중세 이후 유럽지성을 주도해 온 여러 학자들과 더불어 누적적으로 발전해 온 것이다. 프랑스인들은 기질적으로 철학적이며 토론을 즐겨한다. 이와 더불어 아주 실용적인 측면도 가지고 있다. 프랑스인들의 특징을 약술하면 다음과 같다.

자유를 추구하는 사고(思考)는 학문과 사상의 자유로 나타난다. 즉, 표현의 이론적 정연성을 추구하는 주지주의가 중세 봉건제의 발전과 더불어 점차 프랑스인의 기질에 침투하여 16세기 프랑스 르네상스시대에 이르러서는 괄목할 만한 특징으로 자리잡았다. 이런 맥락에서 "인간이 무엇을 할 수 있을 때, 금지하거나 강제하지 않는다"라는 똘레랑스(tolérance)개념이 발달하였다.

국가는 개인의 자유를 보장하고 사회질서를 유지해야 한다. 특히 개인의 사유의 자유, 개성을 중시하여 이를 억압받는 것을 싫어한다(조홍식, 2000b). 따라서 프랑스 국민들은 거의 매년 반복되는 대중교통 파업이나 시위에 큰 불평을 하지 않고 용인한다.

루이 14세 절대왕정을 거쳐 나폴레옹에 이르면서 프랑스는 '강력한 국가'로 형성되었다. 콜베르와 같은 명재상이 행정체제를 정비하고, 중상정책을 실시함으로써 근대국가의 모습을 갖추게 되었다. 나폴레옹이 전국을 통일적으로 관리하려는 차원에서 만든 도지사(préfet)제도는 지방자치시대인 현재에도 남아 그 장점을 발휘하고 있다.

또한 독일에 비해서는 집권적이지만 나름대로의 분권화 개혁을 통해 '중앙집권적이면서도 지방자치적'인 제도형성을 하고 있다. 파리를 중심으로 집권화가 이루어진 것은 사실이지만, 행정구역상 파리에는 인구가 약 215만 명 정도이고, 위성도시를 포함해도 약 1,100만 명밖에 되지 않는다. 전체 인구에 비하여 수도권인 구의 구성비로 본다면 프랑스의 인구분산정책이 상당히 성공적이라는 것을 알 수 있다.

국가(state)가 프랑스사회의 통합성을 유지하는 축이 된다는 점은 여전히 강조된다. 즉, 국가(행정)보다 시장(market) 및 민간의 주도성을 강조하는 미국모델과 달리 프랑스는 사회가 다원화되면 될수록 더욱 국가의 역할을 강조하는 경향이 있다. 특히 국가는 '평등'과 '박애'의 가치를 실현시키는 역할을 담당한다. 공공서비스에 대해 모든 국민이 평등한 권리를 갖는 것이나 사회통합이 바로 이런 가치를 실현하는 활동이다.

따라서 이러한 특성을 지닌 프랑스는 국가주의 모델이라고 명명할 수 있다. 미국식 신자유주의적 개혁이나 시장지향적 개혁바람이 국제적으로 유행할 때에도 프랑스는 자신의 고유한 특성을 고려하여 제한된 범위 내에서 개혁을 해 왔다. 프랑스 행정은 국민에게 질 높은 서비스를 고르게 제공하는 목적을 달성하기 위해 비교적 체계가 잘 잡혀 있고 충분한 역량도 갖추고 있다.

2. 거시환경

원래 유럽에서 가장 양호한 기후와 자연조건을 지닌 국가로서 농업이 주축인 농업국가였으나, 산업의 과감한 구조조정을 통하여 경제체제를 개편하고 있다. 특히 국가주도의 튼튼한 기초과학연구전통을 기반으로 프랑스는 경쟁력있는 산업을 확보해 가고 있다. 우수한 과학기술력을 바탕으로 항공, 군수산업, 핵발전, 화학 등의 분야에서 세계적 명성을 누리고 있다.

경제성장률은 다른 유럽국가와 마찬가지로 마이너스(−) 성장에서 1~3% 정도로 낮은 편이다. 미국과 EU권(특히, 프랑스의 제1교역국인 독일)의 지속적 경제부진, 유로화 강세, 금융·재정정책의 제약, 실업증대, 인구고령화에 따른 소비패턴 변화 등을 고려할 때 프랑스 경제의 침체국면이 쉽게 해소되지는 않을 것이라고 예측되고 있다. 그러나 문화를 상품화하는 등 관련 산업이 중요한 비중을 차지하고 있으며, 예술, 패션, 음식 등의 국제경쟁력이 유지되고 있다.

특히 프랑스는 드골 대통령 이후 미국에 대해서 독자적인 목소리를 내면서 국제적으로도 중요한 역할을 하고 있다. 프랑스어가 외교계의 언어로 자리잡게 됨에 따라 프랑스어를 국어로 공식선포한 나라도 32개국이나 된다. 여기서는 복잡한 역사에 대한 설명은 생략하기로 하고, 프랑스의 국제적 영향력의 기반인 프랑스어문화권 국가와 유럽연합을 언급하기로 한다.

프랑스어문화권은 전세계 5대륙에 걸쳐 55개국(6지역) 1억 5천의 인구를 포함하는 광범위한 문화공동체를 말한다. 구체적으로 벨기에, 스위스, 룩셈부르크 등 유럽의 여러 국가들, 캐나다의 퀘벡, 아프리카 제국, 뉴벨칼레도니아 등 오세아니아 지역에 편재해 있는 국가들이다. 이들은 프랑스 본토의 제도를 모델로 하여 정치·경제·사회·문화를 형성해 나가는 국가들로서 프랑스와 무역은 물론이고, 교육 및 문화협력관계를 긴밀히 유지하고 있다.

특히 아프리카의 구 프랑스 식민지 국가들은 아직도 정치·경제·문화적으로 프랑스에 많이 의존하고 있다. 프랑스 정부는 이들 지역을 주요 타겟으로 하는 국제개발 협력 정책을 오래전부터 추진해 왔다. 그 뿌리를 찾자면 1941년까지 거슬러 올라가는데, 이를 담당하는 프랑스개발협력공사는 민간도 참여하는 기구로서 공적개발원조(ODA)를 다각도로 펼치고 있다.

한편 유럽연합은 독일, 프랑스를 주축으로 하여 구성되었으며, 유럽차원에서 상호협력하에 '민주주의'가치를 실현하려는 정치체이다. 아직 제도가 형성되어 가고 있는 상황이므로 장차 미국식 연방주의국가 형태가 될 것인지 예측하기 어려운 상태에 있다. 그러나 정치·경제·사회 등 여러 정책분야에서, 유럽연합기구를 포함하여 민간 및 지방자치단체 수준에 이르기까지 다차원적으로 협력하여 공동의 이익을 추구함은 틀림없다. 그리고 경제적인 측면에서 미국에 대응하는 중요한 축이 될 것으로 보인다.

프랑스관련 유용한 정보 제공 웹사이트

• 프랑스 통계청(프랑스에 관한 각종 경제지표 제공: 영어지원)
  – http://www.insee.fr/
• 주프랑스 대한민국대사관
  – http://fra.mofat.go.kr/kor/eu/fra/main/index.jsp
• 프랑스개발협력공사(AFD)
  – http://www.afd.fr

유럽연합(European Union)

유럽연합은 유럽경제공동체(EEC) 설립을 위해 1957년 로마조약에 서명한 프랑스, 룩셈부르크, 이탈리아, 서독, 벨기에, 네덜란드 등 6개국에서 시작한다. 이 조약에 의한 공동시장의 창설은 이 지역 내 관세의 철폐, 대외 공통관세라는 목표를 1968년 7월 달성하였다. 그후 1991년 마스트리흐트조약(Treaty of Maastricht)을 통하여 유럽연합이란 개념으로 격상되었다. 유럽의 강대국인 독일과 프랑스를 주축으로 많은 국가가 참여한 이 조약은 유럽의회의 강화, 유럽경찰 등 유럽의 정치통합과 경제 및 통화 통합(유로화)을 위한 것이었다. 이어 2000년에 체결된 니스조약(Treaty of Nice)은 회원을 15개국으로 늘리는 등 유럽연합제도를 강화하는 것이었다. 그후 동유럽국가까지 가입을 하게 됨에 따라 유럽지역의 대부분 국가들(28개국)이 가입하는 거대한 기구가 되었다.

센겐조약

1985년 룩셈부르크 센겐에서 서명된 조약으로 역내에서 인적 이동을 자유롭게 하는 것을 골자로 한다. 독일, 프랑스, 스페인, 포르투갈, 베네룩스 3국 등 당시 유럽연합(EU) 12개국 중 7개국이 국경에서의 검문검색 폐지, 외국인의 여권검사 면제 등 국경철폐를 합의한 국제조약이다. 현재 가입국가가 확대되어 10개국이 되었다. 그런데 센겐조약국과 유럽연합회원국 등이 서로 일치하지 않는 경우가 있어 문제를 야기하고 있다. 예컨대 중동에서 오는 난민이 이탈리아(센겐 조약국)에 들어오면, 국경을 맞대고 있는 스위스(유럽연합 비회원국)를 통과하는데 여권검사를 해야 하느냐의 문제이다.

유로존(Eurozone) 또는 유로랜드(Euroland)

유럽연합의 단일화폐인 유로를 국가통화로 사용하는 나라 또는 지역을 의미한다. 1999년 1월 1일 유로가 유럽연합의 공식화폐가 되면서 등장한 개념으로, 통화정책은 각국 중앙은행이 아닌 유럽중앙은행이 담당한다. 유로존에 가입하려면 2년 동안 환율변동을 조정하여 유로통화의 안정성을 확보하는 장치인 유럽환율메커니즘(European Exchange Rate Mechanism)에 참여하여 의무를 이행해야 한다. 유럽연합 회원국이지만 유로존이 아닌 나라는 덴마크·스웨덴·영국·불가리아·체코·에스토니아·헝가리·라트비아·리투아니아·폴란드·루마니아 등 11개국이고, 거꾸로 유럽연합 회원국이 아니면서 유로를 사용하는 나라로 오스트리아, 마요트·모나코·산마리노·생피에르에미클롱·바티칸시국 등이 있다.

Ⅱ   정치과정

프랑스는 역사적으로 공화국형태와 전제정권(혹은 왕정)의 체제가 서로 바뀌는 과정을 되풀이하였다. 특히 이러한 시계추와 같은 체제변환은 혁명, 쿠데타, 전쟁 등이 계기가 되었다(임도빈, 2002: 31~35). 전후 등장한 제4공화국은 민주주의 요구가 갑자기 분출한 시기였다. 정치제도는 국회의원 비례대표제와 내각책임제의 원리에 의하여 이루어졌다. 즉, 대통령이 수상을 임명할 권한을 가지고 있었으나 하원의원의 재적과반수 이상의 찬성으로 인준을 받아야만 했다. 그러나 다양한 정파가 존재하던 당시에 하원 재적과반수 이상의 지지를 얻는 것은 용이한 일이 아니었다(신용석, 1980: 567). 단명한 내각이 수없이 교체되는 역사를 경험하였다. 따라서 국민들은 정치불안정에 대한 혐오증을 갖게 되었고, 이를 방지하고자 제5공화국은 드골 대통령의 지도하에 강력한 대통령중심제를 채택하였다. 이런 강력한 국가개입의 요구는 이미 섭리국가(l'État-providene)[1])시대의 전통에서 찾아볼 수 있는 것으로 프랑스 정치행정모델의 근간을 이루고 있다고 할 수 있다.

1. 정치행정체제의 기본구조: 국가주의 모델

1) 공공부문의 비중 확장

'프랑스 인권선언(Delaration de droit de l'homme)'은 루소의 사회계약론에서 사용되는 '인민주권(souverainté populaire)'과 대조되는 개념으로서 '국가주권(souveraité nationale)'이란 개념을 사용한다(Drefus et d'Archy, 1987: 15~16). 유권자와 선출된 대표자와의 관계라는 측면에서 본다면, 인민주권은 후자가 전자를 직접 대표하며 소환할 수 있는 것으로 보는 강제적 위임(le mandat impératif)으로 보는 반면, 국가주권은 후자가 전자만을 대표하는 단순한 관계가 아니라 이를 초월하여 독립적으

---

1) 대혁명 후 1791년에 출현한 '섭리국가' 개념은 '신의 섭리를 대신하는 국가'를 말한다. 여기서 국가는 그 구성원의 인권보호는 물론 복지와 안녕을 보장하는 섭리적 존재로 신성시된다.

로 '국가 전체(nation)'를 대표하는 대표적 위임(le mandat représentatif)을 의미하는 것으로 본다.

프랑스는 GDP 대비 정부지출이 50% 후반대로서 영미계국가는 물론이고 독일·일본에 비해서도 높은 나라이다. 또한 경제규제와 사회규제도 많다. 이와 같이 국민 전체를 대표하는 대표적 위임을 받은 국가는 국민의 공동체 생활의 중심에 위치하여 핵심적인 역할을 수행한다. 즉, '국가' 없는 프랑스란 존재할 수 없다. 구체적으로 사회복지, SOC, 교육 등 각종 공공서비스 제공은 물론이고, 분쟁소지가 있는 문제 등에는 항상 국가가 관여한다. 역사적으로 국가가 주도적으로 국민이 필요로 하는 여러 서비스를 제공한다는 섭리국가를 경험한 것도 이러한 개념형성에 일조하였으리라 생각한다.[2]

예컨대 교육의 원칙은 공사교육 공존의 원칙, 무상공교육의 원칙, 공교육에서 종교배제의 원칙 등으로 확립되어 있다.[3] 이 중 공사교육의 공존은 원칙에 불과하며 실제로 공교육이 중심이 된다. 그나마 존재하는 사립학교도 순수한 민간이 설립한 것이 아니라 가톨릭 교회가 세운 것이 거의 대부분이다. 공교육이 중심이 된다는 측면에서 국가는 생후 3개월부터 다니는 탁아소부터 대학까지 무료 교육제도를 실시하고 있다.

사회복지제도도 프랑스의 국가공동체 중심적 사고를 엿볼 수 있는 것이다. 유럽의 사회주의적 사상은 국가가 사회보장제도를 통해서 인간적인 사회를 만드는 것을 당연시한다. 프랑스 사회보장제도의 골격은 1945~46년에 거의 확립되었다. 그리고 제5공화국이 들어서고 난 후 이른바 '1967년의 개혁'이 이루어져, 종래의 사회보장제도에 대한 대폭적인 개혁이 단행되었다. 종래 재정을 총괄하던 전국사회보험기금을 대신하여 질병보험기금, 노령보험기금, 가족·급여기금을 설치하였으며, 비농업수공업 및 독립근로자도 사회보장의 혜택을 받게 되었다. 프랑스의 사회보장제도는 의료보험위주로 되어 있으며, 연금은 개인들의 경제력에 따라 상호

---

2) 이러한 스테레오타입(stereo type)적 특징을 미국과 대비시켜 정리하면 다음과 같다.

	미국	프랑스
사상	실용주의	주지주의
가치	자유	박애
중심	개인	민족
경제	시장	국가

3) 프랑스에서는 사상적 논란이 있었지만, 대혁명기인 1791년에 이르러서야 비로소 모든 국민은 '교육을 받을 권리'가 있다는 것이 선언되었다. 탈레랑·콩도르세·라카나르 등에 의해 새로운 일반교육방침이 작성, 실시되었고 그 정신은 오늘날에도 계승되고 있다.

부조의 형태로 보완되기 때문에 다른 유럽국가의 복지병에 비하여 현재 프랑스의 문제는 덜 심각한 편이다. 그러나 국가주도의 복지제도가 운영된다는 점은 미국과는 명확하게 대조된다. 요컨대 프랑스모델은 다음과 같은 특징을 가지고 있다.

- 프랑스 국민들은 국가 전체(nation)를 대표하는 기구인 국가(state)에 대하여 긍정적인 이미지를 가지고 있다. 즉, 프랑스 국민에게 '국가'란 중립적이고, 신뢰할 수 있는 존재이다.
- 우편과 통신, 방송, 교통(철도, 항공, 시내버스, 고속도로 등), 주요 기간산업(에너지, 핵발전소, 군수산업, 광산), 주요 산업(자동차, 알루미늄),[4] 연구개발(R&D), 박물관 등 거의 모든 분야를 국가가 직·간접적으로 관리한다.
- 국가는 추상적인 개념에 불과한 것이며, 구체적으로는 행정공무원을 비롯한 공직자로 나타난다. 따라서 '국가 전체'를 대표하는 실체인 행정을 신뢰할 수 있는 존재라고 본다(임도빈, 2000: 63~64). 전통적으로 프랑스 사회에서 가장 엘리트 집단은 관료들이다.

프랑스 전체 공무원 수는 총 250만 명에 이른다. 여기에 체신업무 종사자, 주요 공기업, 정부와 계약관계로 있는 사립학교 교사 등을 합하면 총 310만 명 정도가 된다. 경제활동인구 중 약 16~20%가 공공부문에 종사하고, 공공지출/국내순생산액 비율이 57%에 이른다. 이런 통계수치를 통해 알 수 있듯이 프랑스 사회에서 국가(행정)가 차지하는 비중은 매우 크다. 따라서 행정기관의 수도 많고 담당기능도 다양하다. 즉, 상대적 통합모델의 선행조건인 제도와 조직의 분화가 이뤄져 있다. 그렇다고 하여 국가가 행정서비스에 관한 한 무엇이든지 독점하는 체제를 가지고 있는 것은 아니며, 공산주의 국가와는 달리 각 서비스의 특성에 따라 국가가 다양한 방법으로 직·간접적으로 관여한다.

2) 정치부문의 기능축소와 행정부문의 팽창

프랑스 사람들, 특히 드골의 사상을 추종하는 사람들은, 정당(정치)국가보다

---

4) 과거 궁중에 납품하던 산업이 그대로 국영기업화한 것들로부터 시작하여 제2차 세계대전 후 복구를 위한 산업, 최근 신산업분야까지 다양하다. 전자의 예로는 국가가 카페트와 타피(벽에 거는 장식용 카페트)를 만드는 공장까지 경영한 바 있다. 이들 공기업 중 많은 부분이 민영화를 겪고 있지만 아직도 공기업의 비중이 크다.

그림 4-1   계서제적 프랑스 행정체제

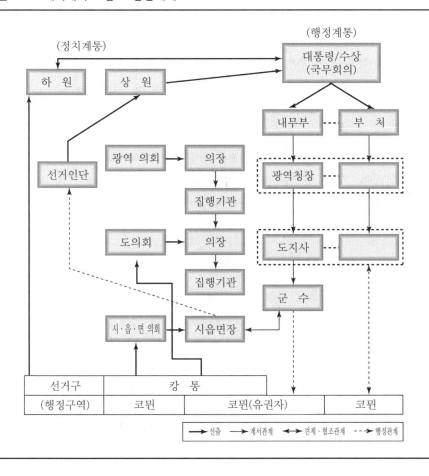

행정국가를 더 선호한다. 공무원들은 정치인들보다 전문성이 더 높고, 이데올로기에 덜 종속적이며, 보편적인 가치를 더 추구한다고 보기 때문이다(Hancock, 1998: 202). 그러므로 프랑스 사회에서 '국가'가 갖는 의미는 다른 나라와는 차이가 있다. 국가사회를 신체로 비유한다면 몸체(즉, 사회)를 조화롭게 이끄는 것이 머리인데, 프랑스 사회에서는 국가가 이런 머리의 역할을 하는 것이다. 그리고 머리의 역할을 돕기 위해 정치적으로 중립적인 행정기구가 팽창되어 있다. 이런 국가행정기구는 조직도표상으로는 행정부 산하에 있지만 미국식 3권분립에 의한 행정부 소속이라고 보기 어렵고, 3부를 초월하는 존재라고 봐야 한다.

우선 정당정치적인 측면에서 볼 때 어느 정당에 대해서도 독립적인 기관인 헌법위원회, 일종의 자문기관인 경제사회위원회 및 각종 행정위원회가 있다(임도빈, 2002: 173~209). 법적인 제도계통상으로는 행정부 아래에 소속되어 있지만 실제로는 상당히 독립적인 국사원(le Conseil d'Etat)도 프랑스만의 독특한 제도이다. 한국의 감사원과 유사한 기구인 회계심의원(la Cour des Comptes)도 마찬가지이다.

다음으로 독립행정위원회(AAI: Autorite Administrative Intedependante)가 있다. 이것은 미국의 독립규제위원회와 비슷한 것으로, 법적으로 행정부에 대해 독립성을 가진 지위를 부여받아 자율성을 가지고 있다는 점에서 정부부처와 다르다. 독립행정위원회의 조직론적 지위와 기능은 다양하다. 보통 소관사항에 대한 평가의견 제시(d'avis), 각종 개선을 위한 제안(proposition), 제재(sanction), 책임자임명(nomination), 규제(réglementation) 등을 담당한다.

3) 체계적 정부구조

중앙부처 내부는 물론 중앙-지방 간에도 행정구도가 체계적으로 구성되어 있다. 체계적이란 의미는 계서적으로 그 위상을 명확히 이해할 수 있도록 되어 있다는 것이다. 현재 기초자치단체부터 중앙정부 그리고 유럽연합까지 체계적으로 조직되어 있다.

모든 광역, 중간, 기초자치단체의 구역에 유사한 형태의 제도가 형성되어 있다. 따라서 수준별로 본다면 위에서 아래까지 매우 체계적인 조직이 이루어져 있어 이해하기 쉬운 편이다. 각 구역에는 자치단체가 있으며, 이와 병렬적으로 국가기구가 있다. 이 국가기구를 통하여 프랑스의 국가 통일성이 확보된다.

2. 국민의사의 투입기구

국민들의 다양한 의사를 정치행정체제에 투입시키는 매개역할을 하는 존재로는 정당과 노조를 들 수 있다.

1) 정   당

프랑스의 정치문화는 분열, 변혁, 이념성으로 요약할 수 있다(Macridis, 1987:

75~79).

- 정치현실에 있어서는 다양한 의견으로 분열되는 것이 합의를 이루는 경우보다 더 일반적이다.
- 정치체제나 제도의 변혁이 심하다. 정치적 견해에 분열현상이 일반적이고 이에 대한 대응으로 전제체제에서 공화정으로의 체제변혁과 같은 현상이 나타나는 것이 일반적이다.
- 정치현상에 대한 논쟁 속에는 항상 강한 이데올로기가 내포되어 있다.

　이와 같은 프랑스 정치문화는 다양한 방식으로 지적 사유를 즐기는 일반국민들의 특성이 반영된 것이라고 할 수 있다. 이상적인 국가에 대한 국민들의 생각과 토론을 공식화하여 정치체제로 투입시키는 역할을 하는 것이 정당이다. 프랑스의 정당은 유럽의 다른 나라에 비해서 그 이념적 스펙트럼이 넓은 편이다. 역사적으로 이런 특성을 반영한 프랑스 의사당 내의 의석배치방법으로부터 '좌파', '우파'라는 개념이 생겨났다.

　정당의 내부를 들여다보면 다시 중간보스가 있어 이들 간 이념적 차이를 보이는 연합현상이 나타난다. 이를 단순화하여 정리하면 [표 4-1]과 같다.

　대통령연합(UMP: union pour la majorite presidentielle)은 2002년 6월 총선시 의회내에서 다수당을 확보하여 좌우파 정당의 동거정부가 나타나지 않도록 하기 위해 Chirac 대통령의 제안으로 결성된 것이다. 드골주의를 표방하면서 정통 우파를 지켜온 공화국연합당(RPR)이 주축이 되어 다른 동조세력을 흡수해 확대된 당이다. 한편, 드골주의에서 벗어나 Giscard d'Estaing이 중도좌파들을 모아 출발한 UDF는 2007년 해체되고, 중도좌우파 계파들의 연합인 민주운동(mouvement democrate)이 출발했다.

　사회당은 1905년 발족한 '국제노동자운동 프랑스지부(SFIO: Section Française

표 4-1

	국민전선(FN)	대통령연합	민주운동	사회당	녹색당	공산당
창 당	2002.6	2002	2007	1969	1984	1936
정 강	극우주의	보수주의	자유주의	사회주의	환경보존	공산주의
역 대 주요인물	Le Pen	Chirac Sarkozy	Bayrou	Holland, Jospin	La Londe	Mélenchon, Laurent

de l'Internationale Ouvriere)'에 뿌리를 두고 있으며, 1958년에 공산당과 분리되었다. 사회주의와 유럽주의를 주요 이념으로 하고 신흥지식인과 사무원, 교원, 중산층 근로자를 주요 지지층으로 한다. 공산당은 동구권 몰락 이후에도 노동자의 지지를 기반으로 여전히 존재한다.

녹색당은 환경보존과 저성장주의, 근무시간 단축으로 실업문제 해결, 유럽연합 및 지방자치 강화, 평화주의 대외 정책 등을 이념으로 대도시 중상류 지식층을 기반으로 하는 비교적 신생정당이다. 환경운동을 주장하는 사람들 간에도 노선의 차이가 있는데 크게 녹색당(Les Verts)과 환경세대(Génération Ecologique)가 있다.

국민전선은 르펜(Le Pen)이라는 카리스마적 지도자를 중심으로 생긴 정당이다. 유럽연합을 지지하며, '순수한 가치'를 기치로 내걸고 극우적인 생각으로 일부 불만있는 국민들의 지지를 받고 있다. 대체로 많은 국민들은 외국인 혐오 정책 때문에 나치를 연상하며 우려하고 있다. 그러나 기존 정당에 실망한 유권자들이 표를 줌으로써 각종 선거에서 약진하고 있다.

이상이 집권경험이 있는 당인 대통령연합, 사회당, 민주연합 등 주요 정당과 비교적 지지기반이 넓은 편인 3개 군소정당이다. 이외에도 '자연주의법칙당(le movement pour la loi naturelle)' 등 많은 정당이 존재한다.

6대 정당만으로 한정하더라도 이들이 각각 추구하는 이념적 성격은 매우 다르다. 정당의 이념은 이들 정당이 집권하였을 때 추진하는 정책의 내용을 결정할 뿐만 아니라 야당일 경우 정부정책에 대한 비판의 방향이 되기 때문에 중요하다. 물론 녹색(환경)당은 고전적인 정치철학에 바탕을 둔 뚜렷한 정당이념보다는 환경보호라는 측면에서 모든 문제를 보고 있기 때문에 분류가 애매하다.

경제와 국가와의 관계는 곧 좌파와 우파 사이의 차이라고 볼 수도 있는데 좌파인 사회당과 공산당은 국가의 경제관여를, 우파인 국민전선, 민주연합과 대통령연합당은 자유방임주의의 입장에 서 있다. 또한 논란이 되고 있는 유럽연합건설과 국가주권과의 관계라는 측면에서 본다면, 사회당과 민주연합은 적극적인 편인 반면에 공산당과 국민전선은 유럽연합에 대하여 매우 부정적이고, 대통령연합당은 비교적 소극적 찬성의 태도를 취하고 있다.

투입제도로서 강조해야 할 점은 프랑스의 각 정당은 그 조직적 측면에서 민주적인 절차가 정착되어 있다는 점이다. 일반국민들의 여론을 취합하여 정책 이슈화하기 위해서 이러한 당내 민주주의는 중요하다. 극우파인 국민전선과 극좌파인 공산당이 표명하는 당내 민주주의에도 불구하고 1인 중심의 당권 독점을 하고 있기는 하지만, 국민 일부계층의 정치욕구를 만족시켜 주는 데 공헌을 하고 있는 것은 사실이다.

2) 노동조합

(1) 종류와 조직

프랑스의 노동법은 산별노조 및 직장별 노조를 허용하고 있다. 1983년 당시 약 30,000개의 노조가 존재한 바 있으나, 점점 그 숫자는 감소하는 추세이다 (Adam, 1983). 그들 중 대부분은 군소 노동조합이지만 실제 프랑스 정치에서는 4~5개의 거대 노조가 주도하여 노동정책에 영향을 미친다. 프랑스에서 영향력이 큰 노조는 노동자총연맹(CGT: Confédération général du travail), 프랑스 민주노동연합(CFDT: Confédération françaidse démocratique du travail), 노동자세력(FO: Force ouvrière), 교육연합(FEN: Fédération de l'éducation nationale) 등이 있다. 노동자총연맹은 주로 저임금 육체노동자를 주축으로 투쟁성이 강한 편인 반면, 프랑스 민주노동연합은 중상급직의 임금노동자를 광범위하게 흡수하고 있고 투쟁성도 비교적 절제되는 편이다.

각 노동조합의 조직은 직장 혹은 지역별로 최하부 단위의 조직이 있고, 이들의 대표로 구성되는 상위조직이 있다. 일반적으로 임금협상 등 중요하고 전국적 규모의 단결력을 통하여 노동자권익을 보호해야 하는 것은 전국수준의 연합조직 (confédération, 혹은 fédération)이 교섭을 담당하고, 기타의 문제는 하부조직이 다룬다.

노동조합은 프랑스 조직운영의 공식적 참여자로 인정받고 있다. 일종의 공동결정방식(co-decision)인데, 예컨대 노동계와 밀접한 조직으로는 직장위원회와 노사심판관이 있다. 이들은 모두 노동자(직원) 선거에 의하여 구성되는데, 노동조합의 대표가 후보로 출마하는 것이 보통이기 때문에 주목할 필요가 있다.

먼저, 직장위원회(comité d'entreprise)는 각 기업에 의무적으로 설치되는 조직으로 기업의 대표가 의장이 되고 직원들의 대표가 구성원이 되어 인사문제를 비롯한 기업의 주요 문제를 논의하는 것을 주요 임무로 하고 있는 조직이다. 각 노동조합은 직원들의 직선에 의하여 구성하는 직장위원회(comité d'entreprise)의 위원후보를 내세워 당선시킴으로써 기업경영에서 자신들의 권익을 극대화하려 한다. 따라서 공공부문뿐만 아니라 민간기업에도 직장별로 구성되는 직장위원회에는 주요 노동조합의 대표들이 위원으로 참여하고 있다. 최근 직장위원회 구성현황을 보면 강력한 투쟁성을 보이는 노동조합에 대한 지지는 감소되고, 탈노조 중심체제로의 전환이 진행되고 있다. 그러나 종합적으로 보면 일반 산업계에서는 노동자연합과 민주노동연합이 가장 핵심적인 노조임을 알 수 있다.

다음으로 노사심판관(Prud'home)에 대해서 살펴보기로 한다. 노동조합은 정치 행정을 담당하는 행위자들에게 장애물 역할만 하는 것은 아니다. 스스로 사회갈등을 해소시키는 역할도 한다. 예컨대 노사분쟁을 중립적으로 다루는 노사심판관이라는 기관은 각 지역 노동자의 투표에 의해 구성되는데 실제로 직장위원회의 경우와 마찬가지로 각 노동조합을 지지기반으로 한 선출직으로 구성된다. 일상적으로 노동현장의 문제와 갈등을 해결한다는 점에서, 다른 나라의 노동심판 기능의 일부를 담당한다고 볼 수 있다.

이 기관은 사법기구적 성격을 가진 중립적인 기구이기 때문에 그 선거도 관할 구역별로 다른 선거와 마찬가지로 국가가 관리한다. 노사심판관을 선출하는 선거에는 각 관할지역에서 일하는 모든 노동자(고용인)들이 유권자인데 대체로 각 노조가 내세운 대표들에 대하여 직접 투표함으로써 선출된다.

프랑스에서의 노조가입률은 유럽 다른 나라에 비하여 낮은 편이며, 오늘날에는 더 낮아졌다. 그러나 노동조합이 프랑스를 움직이는 중요한 힘이라는 점은 명백하다. 어떤 요구는 사회개혁주의적이라면, 어떤 것은 보수주의적인 기능을 한다고 할 수 있고, 어떤 노조는 투쟁적인 반면 어떤 노조는 비교적 갈등완충적인 기능을 한다(Minc, 1995: 34). 어떻든 최근 높은 실업률로 인하여 노동조합의 활동이 침체되는 경향도 없지 않으나, 프랑스 정치와 행정의 현장에서 노동조합은 일상적으로 중요한 행위자 중의 하나로 간주되어 왔다. 예컨대 식당, 카페, 영화관 등 극히 일부 업종을 제외하면 모든 사업장이 토요일과 일요일에는 문을 닫는 것이 원칙이다. 심지어 수퍼마켓과 백화점도 일요일에는 문을 닫기도 한다. 이것은 자본의 논리 앞에서 노동자들의 삶의 질을 즐길 권리를 보장하기 위한 노동조합운동의 산물이다.

(2) 노동조합과 정치행정과정

노동조합의 목적은 모든 노동자의 물질적, 정신적 권익을 보호하는 데 있다. 구체적으로는 임금인상, 노동권(즉, 해고방지 등) 보호, 노동환경 및 노동방식의 개선, 노동자 삶의 향상에 있다(Mouriaux, 1982: 152~170). 프랑스에서는 법적으로 노동조합의 활동이 순수 노동운동으로 제한되고 있으며, 정치조직화하는 것은 금지하고 있다.5) 즉, 영국의 노동당은 노동조합과 공생관계에 있는 데 비하여 프랑스 노동자총연맹은 공식적으로는 어떠한 정당에 대해서도 독립적임을 천명하고 있다(Mouriaux, 1982: 197).

그러나 실제로 프랑스 공산당은 노동자총연맹과 긴밀히 연결되어 있다. 노동자총연맹은 줄곧 노동조합의 간부가 공산당의 비선출직 정치직을 겸직해야 한다고 주장해 왔고, 보통 노동자총연맹의 집행부(bureau confédéral) 인원 중 절반 정도가 공산당원이며, 거꾸로 공산당의 정치국(bureau politique) 구성원 중 두 명은 노동자총연맹의 집행부를 맡고 있다(Mouriaux, 1982: 198~199).

노동자총연맹을 예외로 한다면 프랑스에서는 노동조합이 특정정당과 직접 연계되어 있지 않다고 이해하는 것이 정확하다. 그럼에도 불구하고 노동조합은 정치행정과정에서 중요한 직·간접적 행위자로 기능하고 있다. 국민은 경제활동의 주체이고 이들은 피고용자의 입장에서 직접 혹은 간접적으로 노동조합운동에 연관되어 있기 때문이다. 더구나, 프랑스의 경우 국가가 경제부문에 깊이 관여하고 있고, 경제는 정책결정을 좌우하는 중요한 요소이다.

각 노동조합의 대표는 단독으로 혹은 직장위원회의 위원으로서 고용주에게 자신들의 요구를 주장하고 협상을 벌이는 창구역할을 한다. 물론 이들 대표들 뒤에는 다수 노동자들의 지지와 협상결렬시 파업 등도 불사하는 행동력이 위협적 수단이 된다. 실제로 노동조합의 주도로 주요 지하철, 우편 등 공공부문을 비롯한 공·사(公私)부문에서 단체행동에 들어가는 경우가 드물지 않다.6) 그러나 노동조합은 일방적으로 자신들의 주장만을 관철시키기보다는 반대로 개인 노동자를 그들이 공동으로 추구하는 목적에 맞게 길들이는 역할도 수행한다(Lefranc, 1978).

---

5) 프랑스 노동조합제도의 성격을 규정하는 '노동헌장(la Charte du travail)'의 핵심적인 내용인 6원칙은 다음과 같다(Reynaud, 1975: 28). 첫째, 자본주의에 반대한다. 따라서 모든 형태의 노동자억압에 반대한다. 둘째, 특수(개별)이익이 일반이익에 종속된다는 원칙을 받아들인다. 셋째, 노동조합은 그 본연의 임무를 벗어나서는 안 된다. 여기서 정치운동화하는 것이 부정된다. 넷째, 인종, 종교, 사상 등에 의한 차별을 거부하고 인권을 존중한다. 다섯째, 노동조합 내 집단활동이나 개인권의 행사에서 각 구성원은 완전히 자유로워야 한다. 여섯째, 외국의 노동자 등 외국과의 국제적인 협력을 모색해야 한다.

6) 프랑스 국민들은 빈번히 발생하는 파업으로 인하여 자신들의 생활에 불편을 겪어도 파업자들에게 극도의 불만을 갖기보다는 파업하는 노동자들의 권리로서 이해하는 문화를 가지고 있다(조홍식, 2000 참조).

노동조합이 고용주에게 지나친 요구를 하거나 파업 등의 사태를 초래하는 것은 국가경제를 관리하는 정부(즉, 노동부, 사회부, 재정경제부, 심지어 수상)의 지대한 관심사가 아닐 수 없다. 또한 노동자총연맹, 민주노동연합, 노동자세력 등 각 노조에 가입한 공무원이 주동이 되어 공무원 혹은 공기업 종사자가 파업을 일으키면 상급 부처가 이들의 고용주의 입장에서 노조대표들과 직접 협상을 벌여야 한다. 이러한 점에서 노동조합은 프랑스 정치행정과정에서 빼놓을 수 없는 중요한 행위자라고 할 수 있다.

3. 의   회

베버모델이 규정하는 바와 같이, 프랑스에서 행정관료는 전문성을 바탕으로 임용되는 데 비해, 정치인은 국민의 대표로 선출된다. 그러나 의회의 내부조직과 운영측면에서는 수상의 영향을 많이 받는다. 극단적인 당파적 대립보다는 행정을 책임진 수상이 정당한 절차를 통해 추진할 수 있도록 하는 국가주의적인 특성을 가지고 있기 때문이다.

1) 의회의 구성

프랑스의 제도가 베버모델에 충실하고자 한 흔적은 여러 곳에서 찾아볼 수 있다. 우선 정치기관과 행정기관을 엄격히 분리하는 것이 중요한데, 이런 원칙하에서 국회의원(상하원)이 임명직 공무원을 겸직할 수 없도록 한 것이다(Maus, 1988: 47). 거꾸로 임명직인 공무원도 선출직에 진출하는 것을 규제하고 있다. 특히 고급 공무원이 선거를 의식하여 자신의 직책을 활용하는 경우를 방지하려는 취지에서 후보등록을 제한하고 있다. 예컨대 지방장관으로서 주민과 접촉이 많은 국가도청의 도지사(préfet)는 3개월 이내 재임했던 지역에서는 출마가 금지되어 있다.

그러나 국회의원들이 지방의원과 같은 선출직 공직을 겸직하는 것은 허용되고 있을 뿐만 아니라, 이 겸직현상이 보편화되어 있다. 지방의원직은 순수 정치인 자리라기보다 집행기능직 자리로 보기 때문이다. 사적 부문 및 정당직의 경우 정치적 선출직을 겸직하는 것이 허용되는 것은 두말 할 필요도 없다.[7]

---

7) 실제로 역대 하원의원의 약 50%가 공무원, 교사 등 공직출신자이다(임도빈, 2002: 64~66).

프랑스 의회의 권한 및 의무를 살펴보면 다음과 같다

- 법률안 발의, 심의, 의결권
- 대정부 통제권: 하원은 대정부 불신임 결의를 가결하여 내각을 총사퇴시킬 수 있음. 또한 의회는 서면 및 구두질의를 행할 수 있으며, 조사 또는 통제 위원회를 구성할 수 있음
- 의원은 각료직 및 기타 공직이나 공기업에서 주요직을 겸할 수 없음(단 지방 의회 의원직이나 시장직, 구주의회 의원직은 겸직 가능).

프랑스의 공직선거방법

프랑스에는 총선, 상원의원선거(3년마다 간선), 유럽의원선거, 대선, 3계층의 지방선거, 노사심판관선거 등 선거가 매우 자주 치러진다. 프랑스 선거의 특징은 결선투표가 있다는 점, 모두 공휴일인 일요일에 선거가 치러진다는 점과 모든 선출직에는 대리인제도가 있다는 점을 들 수 있다.

■ 하원의원

정원이 577명인 하원의원의 선거는 소선거구제를 채택하고 있다. 선거구별로 유권자들이 단기명 투표를 하되 1차 투표에서 과반수 이상의 득표자가 없으면 2차 결선투표를 하여 최다 득표자를 당선자로 한다. 1차에 당선자가 없을 때 2차 투표에 후보로 나설 수 있는 자격에 관하여도 1차 투표시 총투표자 수의 5%(1958년), 10%(1966년), 12.5%(1976년)로 바뀌어 왔다(Maus, 1988: 38). 결국 현행 12.5%는 결선투표에서 후보의 수를 최다 8명 이내로 줄이는 효과를 가지고 있다. 제5공화국의 총선거는 소선거구·단기(單記)·2회제(二回制)인데, 인구 약 9만 명을 단위로 선거구를 나누고 있다.

■ 상원의원

320명으로 하원의원수의 약 절반에 해당한다. 상원에는 각 도가 균형적으로 대표하도록 하고 있기 때문에, 각 도(départment)에 1명을 기본(인구 15만 4천 명까지)으로 하고 매 25만 명마다 1명을 추가한 수의 상원의원이 선출된다. 그러므로 상원의원의 수는 도의 인구규모에 따라 상이하지만, 도마다 3~4명이 있는 것이 보통이다. 각 도별로 상원선거구가 형성되는 셈인데 기초의원, 도의원, 지역의원 등 지방의

원과 하원의원으로 구성되는 선거인단이 상원의원을 선출하는 간선으로 구성된다. 이때 각 기초단체(commune)에서 적어도 한 명 이상이 선거인단에 포함되어야 한다. 이것은 젊은 개혁가들이 일반대중인 유권자를 대상으로 선거열풍을 일으켜 당선될 수 있는 하원의원 선거에 비하여, 상원의원이 되기 위해서는 이미 자신들이 선거에서 당선된 정치인(기득권층)들의 지지를 얻어내야 한다는 것을 의미한다. 상원의원의 임기는 9년이고 매 3년마다 3분의 1씩 개선된다. 즉 각 도에는 3~4명의 상원의원이 있는데 이 중의 한 명 정도는 3년마다 교체된다.

■ 대 리 인

하원들은 중앙정부의 장관을 겸직할 수 없다. 현직 각료가 상원의원에 당선되는 경우 1개월 이내에 각료직과 상원의원직 중 하나를 택일해야 한다. 하원의원이 상원의원에 당선되는 경우 하원의원직은 그의 입후보시 지정한 대리후보(Suppléant)가 승계하게 된다. 이와 같이 프랑스에서는 선출직에 대하여 겸직이 허용되지 않는 경우를 대비하여 각자 선거후보자 등록시 유사시에 그를 대리하여 선출직을 수행할 '대리인(suppléant)'을 지명한다. 즉 선거에서 탈락된자 중 고득표자 순서로 되는 것이 아니라 당선자의 분신과 같은 사람(보통 당선자의 비서실장 등을 역임하면서 정치적 도제관계인 사람)을 대리인으로 지명함으로써 정책의 계속성을 유지하게 한다. 특정 상황조건하에서 가능한 이런 제도가 있기 때문에 보궐선거가 필요 없다. 대리인은 원 당선자의 궐위사유가 해제되면 다시 그 자리를 원래 당선자에게 돌려준다.

2) 의회내 활동방식

의회 내부의 조직은 비교적 단순한 편이다. 의회를 대표하는 운영실무 기관인 의장단 회의가 있고, 상하원에는 각각 상임위원회가 있다. 그러나 의회내 의정활동이 수상에 의해 어느 정도 조정이 되는 메커니즘이 발달하였다.

의장단 회의(la conférence des présidents)는 원래 20세기 초부터 양원에 각각 존재해 온 기관으로 매주 의사일정을 정하는 등 의회의 원만한 운영을 위하여 최고 책임을 지는 모임이다. 행정부로부터 독립성을 갖고 있어야 하기 때문에 당초의 구성원은 의장, 부의장, 원내교섭단체장,[8] 상임위원회위원장, 예산보고위원

---

8) 교섭단체는 의원 30명 이상이어야 구성할 수 있다.

(rapporteur) 등이었다. 그러나 제5공화국에 들어와서 이 회의에 정부의 각료인 '의회담당 장관'이 당연직으로 참석할 뿐만 아니라 의사일정 수립 등 실제 운영에 있어서 정부가 거의 지배적인 영향력을 갖게 되었다. 따라서 의회의 입장에서 보면 의장단 회의는 보충적인 의사일정의 수립 등 2차적인 기관으로 전락했다고 봐도 무방하다(Maus, 1988: 56~57).

다음으로 의회의 입법활동에 전문성을 더해 주는 역할을 하는 상임위원회(Commission)의 구성도 제약을 받고 있다. 미국의 의회는 위원회의 수가 많고 그 영향력도 강력하다(Mény; 1991: 234~235). 마찬가지로 프랑스의 제4공화국 시기에는 정부 각 부처의 기능에 상응하여 한 개씩의 상임위원회가 국회 내에 있다시피 하였다. 이것은 위원회가 담당부처를 집중적으로 비판하여 정부를 곤경에 처하도록 하는 등 정치불안을 가져 왔다(Macridis, 1987: 98; Rossetto, 1992: 146; Mény, 1991: 235~240). 제5공화국에서는 이러한 위원회 중심의 운영이 바람직하지 못하다는 판단하에 헌법조문으로 상임위원회의 수를 6개로 명시하였다. 6개의 상임위원회는 외무(Affaires étrangères), 재무(finance), 국방(Défence nationale), 법무 및 일반행정(Constitution, législation et administration générale), 산업통상(Production et commerce), 문화기업가정(culture, affaires et familiales) 등이다. 각 위원회는 의원 중에서 정당별 비례로 할당하여 총 60명에서 120명의 위원으로 구성되는데 한 의원이 1개의 위원회에 소속되도록 배려하고 있다.

프랑스관련 유용한 정보 제공 웹사이트

• 상하원의 의석분포, 주요 법안, 연구보고서 등에 관한 정보 제공

 - 하원 www.assemblee-nationale.fr
   (특히 하원의 전체회의에 대한 시청각 자료: 해당 부분을 클릭하면 각 참여자의 역할에 대한 설명이 되어 있음. http://www.assemblee-nationale.fr/connaissance/ quiquoi/)
 - 상원 www.senat.fr

일반적으로 위원회의 수가 많으면 많을수록 한 위원회는 좀더 좁은 분야를 다룰 것이고 그 역도 성립한다. 다른 모든 조건이 동일하다고 전제한다면, 한 위원회가 좁은 분야의 문제를 다루면 그렇지 않은 경우보다 위원들의 전문성은 증가한다

고 볼 수 있다.

물론 이러한 상설위원회 외에도 행정부의 통제 및 감독을 목적으로 설치되는 위원회로서 '조사 및 통제위원회(commission d'enquéte et de contrôl)'가 있다. 특별한 사안에 대한 진상을 규명할 목적으로 창설되는 조사 및 통제위원회는 사법부의 수사를 방해하지 않고 조화롭게 하기 위하여 법무부 장관(garde des Sceaux)의 동의하에 구성된다. 그리고 특정 행정기관 및 공기업의 회계 및 재정을 검사하기 위하여 통제 및 감독을 목적으로 하는 위원회도 창설할 수 있다. 양자 모두 상하원 의원들의 발의로 구성되는 데 상설화되는 것을 방지하기 위하여 활동기간이 6개월을 넘지 못하고(1977년 7월 19일 법), 한번 위원회가 구성되었으면 동일한 목적으로 1년 이내에 위원회를 다시 구성할 수 없도록 하고 있다.

4. 행정부와의 권력관계

프랑스의 국가주의적 특성은 의회와 수상 간 관계를 견제와 균형(checks and balances)의 원리에 비추어 보면 더욱 선명히 부각된다. 프랑스 의원들의 활동영역은 미국이나 영국에 비해 수상에 의하여 많이 제약되고 있다고 할 수 있다.

1) 내각불신임권

외형적으로 보면 프랑스의 내각불신임제도는 다른 의원내각제 국가와 다를 바가 없다. 하원은 의원총수의 10분의 1 이상의 발의와 재적 과반수 이상의 찬성으로 내각을 불신임할 수 있다. 또한 새로운 수상이 임명되면 국회에서 시정방향을 연설해야 하는데, 이어 실시되는 투표에서 출석의원의 과반수 이상의 동의를 얻지 못하면 그는 대통령에게 사표를 제출하여야 한다.[9] 이러한 불신임제도 자체는 행정이 정치에 종속된다는 원리인 베버모델에 입각한 것이라고 할 수 있다.

그런데 제5공화국 헌법은 수상이 이미 의회의 다수당의 지지를 받고 있다는 전제하에 운영되므로 의회불신임안이 쉽게 가결되지 않는다. 따라서 헌법 제49조 3항의 내용과 같이 불신임제도는 수상이 의회의 영향력을 우회하여 인기 없는 정

---

9) 이를 수상임명에 대하여 국회가 인준권을 행사하는 것이라고 볼 수도 있으나 실제로 나가서 연설하는 것이 강제적인 것은 아니기 때문에 임명 동의권이라고 보기는 힘들다.

책을 추진할 수 있는 수단으로 활용된다.

헌법 제49조 3항은 불신임제도를 이용하여 정부가 하원의 반대가 예상되는 일반정책 및 특정 법률안을 통과시키는 데 활용하는 것을 허용하는 규정이다. 수상이 자신의 불신임 문제와 연계하여 어떤 법률안을 제안한다고 표명하면 하원은 24시간 이내에 상술한 정부불신임 조건과 동일한 방법으로 불신임을 의결해야 한다. 불신임이 의결되면 그 법률안은 자동적으로 부결되는 것은 물론이고 내각은 총사퇴해야 하는 반면, 불신임안이 가결되지 못하면 해당 법률안은 하원에서 별도의 토론이나 의결과정이 없이 가결된 것으로 간주된다.

이 제도는 특히 수상을 지지하는 여당의원이 하원의석의 과반수 이상을 확보하고 있을 때, 의원들의 많은 반대가 예상되는 획기적인 개혁정책을 추진하는 데 사용하기 편리한 제도이다. 여당의원들이 개혁안의 내용에는 반대하지만 정부가 불신임당하는 것은 싫어할 때와 야당의원도 여러 가지 정치적 고려에 의하여 수상이 바뀌는 것을 원치 않을 때는 불신임안이 통과되지 않기 때문이다. 따라서 의원들에 의한 의사당 점거 등의 극단적인 대립이 일어나지 않는다. 이러한 방법은 이미 제5공화국 초기에 246회나 사용되었으며, 이를 남용하지 않겠다던 사회당 정부도 1990년에는 23회나 사용하였다(Rossetto, 1992: 155). 의회의 토론을 억제하는 제도라는 비판 속에서도 정부는 의회의 반대를 돌파하기 위해서 오늘날에도 간혹 이용하는 제도이다.

2) 의회입법영역의 축소

국민주권론에 입각하면 의회는 무엇이든 입법할 수 있는 반면, 행정부는 의회가 정해준 범위 내에서 집행하는 것이 베버모델의 원리이다. 이러한 맥락에서 제4공화국 헌법 제13조는 국회만이 유일하게 법안에 대한 투표를 할 수 있고, 입법권은 위임할 수 없는 것으로 규정한 바 있다.

그러나 이후 프랑스는 제4공화국 시기에 입법부의 과중한 부담으로 정치적 불안을 겪었다고 판단하여, 제5공화국에서는 가능한 한 의회의 업무량을 줄이는 방법을 택하고 있다. 구체적으로는 의회입법사항을 최소화하고 가능한 행정규범(즉, 명령, 규칙)의 규율범위를 넓히는 것이다.

우선, 의회를 통한 입법권(pouvoir législatif)의 대상이 되는 분야를 미리 규정해 놓고 있기 때문에 이외의 모든 분야는 행정부의 규제권(pouvoir réglementaire)의 대상이 된다고 볼 수 있다(Chapus, 1994: 53; Maus, 1985: 73). 헌법 제34조는 의회입법의 대상분야로서 공공자유권(les libertés publiques), 민법(le droit civil), 형법(le droit pénal), 재정법(le droit financier), 행정기관 및 지방자치단체(les institutions administratives et des colletivités locales), 공무원의 지위(le statut de la fonction publique), 국유화문제(les nationalizations) 등을 나열하고 있다.

다음으로 국회의 역할은 근본적인 원칙만을 정하는 데 국한하고, 구체적인 사항은 행정부에 맡기는 분야가 있다. 국방, 지방자치단체의 자치행정, 교육, 상법과 사회법 분야가 그 예이다. 이외에도 헌법 제37조는 행정규범의 규제 대상이 되지 않는 분야를 열거하고 있다.[10]

이러한 점들은 국가공동체 생활에서 국민 간, 그리고 국가 간의 관계를 규정짓는 규범의 주된 생산자는 의회보다는 행정적 행위자(즉, 행정부)라는 것을 의미한다.[11] 따라서 다른 나라에 비하여 프랑스에서 이루어지는 입법 건수는 적은 편이다.

이와는 반대로 행정에서 산출되는 법규범의 수가 많다. 예컨대 법령체계로서 우리나라에는 없는 '행정입법(ordornance)'이 있다. 이것은 법과 같은 지위를 가지지만, 제개정은 대통령이 하는 것이다. 물론 일정한 조건과 절차를 따라야 한다(오시영 외, 2008: 51). 법규의 계서관계라는 측면에서 볼 때 하위단계에 있는 규범일수록 구체성을 띠고, 국민 일반의 생활에 직결되며, 그 수효도 많다. 이러한 맥락에서 행정규범들이 상위규범인 법규범에 모순되지 않고 또한 그들 간의 일관성을 갖도록 하는 기능이 중요하다. 프랑스에서는 행정규범의 합법성 문제는 전적으로 국사원(Conseil d'Etat: 후술)이 담당한다.

나아가서 비록 의회입법의 영역 안에 있는 문제라고 하더라도 의회가 제안하는 입법 및 수정안 중에서 국가의 세입을 감소시키거나 지출을 증가시키는 결과를 가져오는 것을 내용으로 하는 것은 입법이 금지되어 있다(헌법 40조). 이것은 의원들의 입법활동을 매우 심각하게 제한하는 조항으로 다른 나라에서 찾아보기 힘든

---

10) 실제로 의원들이 법률안을 제안할 때 그것이 행정규범의 영역을 침해하지 않는가 하는 점을 통제하는 장치가 있다. 정부는 의원발안의 경우 그것이 법률의 규정대상 범위에 들어가는지 여부를 양원 의장에게 선심하도록 요구할 수 있고 후자는 8일 이내에 이를 결정해야 한다. 법안이 의회에서 이미 통과되었을 경우 정부는 이를 공포하기 이전에 헌법위원회에 제소할 수 있도록 되어 있다. 그러나 일단 공포가 되기만 하면 그 법은 위헌성 시비를 할 수 없는 소위 'incontestable(비판할 수 없는)'이라는 확고부동한 성격을 갖게 된다(Chapus, 1994: 57).

11) 이를 지칭하여 '행정입법'이란 용어를 사용할 수도 있을 것이나, 이 책에서는 '입법'은 국회가 한다는 의미에서 사용하지 않기로 한다. 여기서 사용되는 '행정(법)규범'의 개념은 ordonance, decret 뿐만 아니라 기타 모든 것을 포함하는 넓은 의미를 가지고 있다.

사항이다. 심지어 사형제도를 폐지하는 내용의 법안이 의회를 통과했음에도 불구하고, 죄수들을 교도소에 평생 가둬 놓으면 교도행정비용을 증가시킨다는 이유로 정부에 의하여 거부된 바 있다(Mény, 1991: 80).

5. 입법과정에서 행정부가 차지하는 역할

이제 5공화국 헌법에 의하여 정부를 운영한 결과 실제로 의회입법과정에서 행정부(수상)가 의회와 어떠한 관계를 가지고 있는가를 살펴보도록 하겠다. 먼저 행정부 제안건과 입법부 제안건 수를 비교하고, 다음으로 의회의 입법절차를 촉진시키는 방법에 대하여 분석하도록 하겠다.

1) 의원제안 법률안 수

법률안 제출건수 면에서 볼 때 의회가 제안하는 법률안의 수는 정부제안법률안 수의 약 8배에 이른다. 이것은 입법을 전담하는 행위자로서 의회가 입법초기에는 정부에 비하여 활발한 활동을 하고 있다는 것을 의미한다. 그러나 의회가 제안한 법안이 실제 법률로 채택되는 비율은 대체로 5% 정도에 불과하다는 점을 보면 이를 달리 해석해야 한다(Rossetto, 1992: 149~152; Maus, 1988: 82~82).[12]

이러한 현상은 정책형성(즉, 입법)은 정치기관(즉, 의회)에서 하고 이의 단순한 집행을 행정부에서 담당한다는 베버모델에 어긋나는 것이다. 그 이유는 국회의원과 행정관료 중 누가 입법사항에 대한 전문성을 더 확보하고 있으며, 또한 구체적으로 법률안을 마련하는 작업을 하는 데 필요한 인적, 조직적, 정보적 자원을 누가 더 많이 가지고 있느냐라는 점에서 이해할 수 있다. 즉, 모든 현대 국가에는 예외 없이 의회에 비하여 행정부에 거대한 관료제가 있어서 행정부가 전문성을 확보할 수 있음은 주지의 사실이다.

---

12) 이 비율은 1986년 이후 약간 증가하여 간혹 20%까지 육박하곤 하였다. 그 이유는 좌파 대통령하에 우파 수상이 일하는 소위 '동거정부' 기간에 수상이 법률안 제안을 위하여 대통령이 주재하는 국무회의를 거치기보다는 직접 의원발의를 하는 편을 이용했기 때문이라는 해석이 있다(Rossetto, 1992: 149).

2) 의회심의권의 제약

프랑스 의회는 그 기능이 축소된 편이고 행정부가 의회심의과정에 대하여 관여할 수 있는 장치가 많이 마련되어 있다. 의회의 활동영역이 제한되어 있고 의회의 심의과정에도 예외적인 조치를 취할 수 있다면, 의회가 행정부의 활동에 영향을 미치는 방법은 의회과정을 지연시키는 것이다. 더구나 법안이 통과되려면 양원이 일치된 결론을 얻어야 하기 때문에 매우 긴 시일이 소요되는 것이 일반적이다. 그런데 행정부는 이러한 의회의 지연전략에 대처할 수 있는 수단도 갖고 있다.

첫째, 제3, 4공화국 때에는 국회가 거의 일년 내내 열려 비능률과 정치불안을 가져 왔다고 보고 초기 제5공화국 헌법은 회기를 엄격히 제한하였였다. 회기를 제한하는 것은 의회의 활동총량을 제한하는 것이다. 하지만 이에 대한 비판이 높아지자, 1995년 개헌에서는 다시 이를 완화하여, 현재에는 매년 10월 첫째 날에 시작하여 6월말까지를 회기로 하되 총 180일을 넘지 못하도록 하고 있다. 그러나 추가적인 회기는 수상이 양원과 협의하여 소집하도록 되어 있으므로 행정부가 필요하다고 판단하면 이를 연장할 수 있으나, 의회 단독으로는 불가능하다. 즉, 이 점에서는 1995년 개헌 직전의 헌법에서 특별회기제도의 실제적 운영을 행정부가 주도한 것(Maus, 1988: 64~65)과 비교할 때 달라진 것이 없다.

둘째로, 의사일정의 수립에 행정부가 절대적인 영향력을 행사할 수 있다. 이는 행정부가 당시 정치적 상황을 고려하여 의회에 심의를 진행시킬 안건을 의사일정에 삽입하거나 혹은 제외시킴으로써 가능하다. 뿐만 아니라 일단 의회가 심의를 착수한 사안이라고 하더라도 이를 계속 진행시킬지 여부를(공식적으로는 상술한 의장단회의를 통하여) 행정부가 정할 수 있다. 즉, 제4공화국과는 달리 제5공화국에서는 위원회에서 심의한 법률안을 본회의에 넘길 것인가의 여부에 관한 결정권은 위원회가 아닌 정부의 손에 달려 있다(Macridis, 1987: 98).

셋째, 프랑스의 입법과정은 단일안이 채택될 때까지 양원에서 번갈아 토론되어야 하기 때문에 매우 복잡할 뿐만 아니라 이를 위해 많은 시일이 소요된다 따라서 헌법은 정부에게 시간을 단축할 수 있는 방법을 허용하고 있다. 즉, 위급하다는 이유로 양원에서 1회의 심의만으로 종료하도록 하거나, 양원에서 각각 수정안 혹은 정부안만 놓고 단 한번만 투표하도록 하는 것이다(헌법 제44조 3항).

6. 국가수반: 대통령

1) 대통령의 리더십

대통령은 5년 임기로 국민직선으로 선출되고 중요한 국가정책을 집행한다.[13] 제5공화국 헌법에서 대통령은 외교, 국방, 내치에 걸쳐 방대한 권한을 가지는 반면, 의회의 불신임대상이 아닌 초월적 위치에 있다. 따라서 대통령의 모든 공적 활동을 통치행위로 간주하는 전통에 따라, 대통령 비서실 조직의 인원 구성, 예산 책정, 회계감사 등은 의회나 감사기관의 감독대상에서 제외된다.

드골 대통령과 미테랑 대통령은 프랑스의 위상을 제고한 역사적인 인물로 평가받고 있다. 드골 대통령은 프랑스 제5공화국 헌법을 기초로 강력한 리더십을 가지고 전후 국제질서의 수립에 프랑스의 독자적인 입장을 내세우고 관철시키는 성과를 내었다. 국내적으로는 우주항공, 해양, 원자력이라는 3대 역점 정책영역을 선택하여 지속적인 정책추진을 하였다. 그 결과 프랑스는 이 분야에서 현재까지도 국제적으로 상당한 우위를 점하고 있다. 또한 국정개혁 현안문제에 대한 국민투표에 자신의 신임을 연결하고 부결되자 미련 없이 대통령직을 사임하는 전례를 보여 주었다.

미테랑 대통령은 유럽연합의 형성과정을 주도하면서 프랑스의 위상을 제고하는 성과를 가져왔다. 사회당 출신으로서 모든 국민들에게 고르게 혜택이 돌아가는 정책에 역점을 두어 국립도서관, 바스티유 오페라, 루브르 박물관의 피라미드 등 역사적 유물의 대형 건축공사를 추진하였고, 중·하류층 국민들도 이들을 이용할 수 있도록 배려하는 정책을 추진하였다. 즉, 우파대통령으로서 드골이 성장위주의 정책을 추진하였다면, 미테랑은 분배중심의 정책을 추진하여 장기적으로 본다면 양자의 조화를 이루게 된 것이다.

드골주의자 시락 대통령도 사회당 정권의 정책에 반대방향으로 정책을 추진하였다. 그러나 이후 등장한 사르코지 대통령에 대한 평가는 엇갈린다. 사회당 올랑드 현 대통령도 마찬가지이다. 정치적 이념성이 퇴색되고 대중인기영합주의 (populism)라는 비판을 면치 못하고 있다.

---

13) 7년 임기에서 5년(연임 무제한)으로 개헌을 한 후 실시한 2002. 5. 5 대선에서 Chirac 후보는 결선투표에서 82%라는 사상 최고의 지지율로 Le Pen 후보(극우파)를 누르고 대통령에 당선되었다.

프랑스관련 유용한 정보 제공 웹사이트

• 대통령과 수상의 국민지지도 조사발표

 － http://www.tns-sofres.com/popularites/
  sofres는 프랑스 제1의 여론조사전문기관으로서, 소비자 기호 등 각종 여론
  조사를 공개하고 있다. 위 인터넷 사이트의 Cotes de Popularité 1974~
  2011에서 대통령, 수상 등 주요정치인과 주요정당의 지지도 조사결과를 확
  인할 수 있다. '신뢰한다(confiance)'와 '불신한다(pas confiance)'라는 두 가
  지 질문항에 응답한 조사를 그래프로 볼 수 있다.

2) 대통령의 임무

프랑스의 대통령은 특정 정당에 소속되어 있지만, 실제 국정의 수행에서는 당
파를 초월하여 국가 전체의 이익증진에 전력투구한다고 볼 수 있다. 구체적으로
다음 세 가지를 축으로 국가원수의 직을 수행한다.

 － 헌법의 수호(le gardien de la Constitution): 헌법위원회 제소권, 헌법개정제안
  권, 헌법조항에 대한 해석권들이 부여되어 있다.
 － 공권력의 정상적인 작동과 국가의 계속성 보장(le fonctionnement régulier
  des pouvoirs publics ainsi que la continuité de l'Etat)
 － 국제적으로 주권을 수호(il garantit la souveraineté extérieure de l'Etat)

이러한 중차대한 역할을 수행하기 위해 제5공화국 초에는 임기가 7년이었고,
연임이 가능하였다. 그러나 미테랑 집권 이후 하원의원의 임기와 대통령의 임기가
맞지 않아 하원다수당의 대표인 수상과 대통령의 정당이 다른 경우가 자주 발생하
게 되었다. 이에 개헌을 통하여 5년으로 임기를 단축하였다.

프랑스 대통령은 구체적으로 다음과 같은 강력한 권한을 가진다.

 － 수상 및 내각 임명권
 － 법률안 공포권 및 법률안 재심의 요구권
 － 의회해산권: 수상 및 상하원 의장과 협의 후 의회(하원)를 해산할 수 있으며
  (의회해산 후 20~40일 사이에 총선 실시), 총선 후 1년 이내에는 의회해산이 불가
 － 국군통수권

- 외교권
- 사면권
- 긴급조치권: 국가제도, 독립, 영토보존 및 국제공약의 수행이 중대하고도 급
  박하게 위협받거나, 헌법상 공권력 기능수행에 지장이 초래될 때, 대통령은 총
  리, 상·하원의장 그리고 헌법위원회와의 공식 협의를 거친 후 긴급조치를 취
  할 수 있다. 동 조치는 교서로 국민에게 공고되며, 즉각 의회가 소집된다.14)
- 국민투표 회부권: 의회 회기내 정부제의 및 양원 공동제의에 의거, 국가권
  력의 조직, 공동체협정의 승인 및 제도 기능에 영향을 미치는 협정추진과
  관련한 법안을 국민투표에 회부할 수 있다. 1958년~2001년까지 총 10회의
  국민투표가 행해졌다(임도빈, 2002: 96 참조).

이외에도 수상과 공동으로 행사하는 권한을 가지고 있다. 대통령이 이러한 범
주의 권한을 행사하는 정도는 동거정부 여부에 따라 달라진다.15) 주목할 것은 이
러한 권한에도 불구하고 대통령은 의회와 행정부에 책임을 지지 않는 독특한 위치
에 있다는 점이다.

7. 통제제도

대통령은 사법권의 보장자로서 사법행정의 최고기관인 최고사법평의회(Conseil
Superieur de la Magistrature)의 의장직을 맡고, 동 평의회의 9인 위원을 임명하여
그들의 보좌를 받는다. 법무장관은 동 평의회의 부의장직을 수행한다. 즉, 3권분립
의 원칙에 따라 사법부가 독립되어 있으나 대통령이 사법권 독립의 보장자로서 동
위원회의 의장을 겸하고, 최고사법평의회가 대법관 및 고등법원장 임명을 제청하
게 되어 있는 등 사법권에 관하여도 대통령이 상당한 권한을 보유하고 있다. 형사
사건에 관하여는 배심제도를 채택하고 있다.

---

14) 1961. 4. 알제리 주재 프랑스 군부반란시 5개월 동안 동권한이 행사된 바 있다.
15) Pdt(대통령의 권력)는 국민 대중의 인기(Po: Popularité), 의회의 지지(Pm: Parlement), 수상
   과의 관계(Pr: Premier ministre), 그리고 개인의 능력(C: Capacité)의 함수라는 것이다. 이 네
   가지 요소는 대통령 권력의 기초라고도 할 수 있다.

1) 사법기관

(1) 사법법원

프랑스의 민사, 형사, 상사, 노사 재판은 [표 4-2]와 같은 체제로 구성된 전문
법원에 의하여 이루어진다. 프랑스는 대륙법체계를 따르기 때문에 전문가로서의
판사가 있고, 검사는 공동체의 이익을 대변하여 사법활동을 한다. 미국과 같이 일
종의 기업화된 변호사가 무조건 의뢰인을 변호하여, 결과적으로 간혹 '무전유죄'와
같은 상황이 벌어지지 않도록 국가가 최대한 배려한다. 즉, 국익을 보전하고 국가
공동체의 구성원 간 평등을 강조하기 때문에 무료변호사 서비스 등 약자보호에도
심혈을 기울인다.

표에 나와 있는 노사심판원은 정치적 행위자 부분에서 상술한 대로 각 지역에
서 고용인들이 선거로 뽑은 대표들이 분쟁을 조정하는 기관이다. 표에는 나와 있
지 않지만, 사법법원과 행정법원의 관할권분쟁을 조정하는 권한쟁의법원(Tribunal
des Conflits)과 대통령의 국가반역죄, 각료의 국가 안전에 관한 죄 등과 같은 정치

표 4-2 프랑스의 사법체계

종 류	기 능
파기법원(대법원) Cour de Cassation	• 최고재판소 • 항소심에 대한 최종법률심 • 판사 16명의 합의제
항소법원(고등법원) Cour d'Appel	• 지방법원, 특별법원의 상소심 • 중범죄에 관하여 중죄재판소를 별도 설치하여 제1심을 관할 • 판사 5명의 합의제
지방법원 Tribunal de Grande Instance	• 민형사사건의 제1심(중범죄 예외) • 법원지원의 항소심 • 판사 3명의 합의제
법원지원 Tribunal d'Instance	• 경미한 민·형사사건의 제1심 • 판사 1명의 단독심
노사심판원 Conseil de Prud'hommes	• 노사문제에 관한 특별법원 • 사법관이 아닌 노사대표로 구성되는 법원
상사법원 Tribunal de Commerce	• 상사분쟁 해결을 위한 특별법원 • 사법관이 아닌 상인대표로 구성되는 법원

재판을 담당하는 '정치고등법원(Haute Cour de Justice)'이 있다. 후자는 총 24명의 위원으로 구성되는데 사안에 있을 때 하원 내에 구성된다. 또한 국가행정부문이 팽창함에 따라 다른 나라에 비하여 더 빈번히 발생할 수 있는 공권력과 관련된 갈등은 후술하는 행정법원이 담당한다.

(2) 행정법원

행정권이 발달되어 있는 프랑스에서는 사법재판과는 별도로 행정재판기관이 발달되어 있다. 최고심은 국사원(le Conseil d'Etat)이 담당하고, 하급심은 주요 지역에 있는 지역행정재판소(tribunal administrait)가 담당한다. 전술한 대로 국회의 동의가 필요한 법의 규율대상보다는 정부령에 의한 규율대상이 많기 때문에 행정재판소는 프랑스의 행정체제가 제대로 작동하는 데 중심적인 위치에 있다.

표 4-3 행정재판소 체계

종 류	기 능
국사원 (Conseil d'Etat)	• 행정재판의 최종심 • 정부에 법률적 자문역할을 수행 • 정부법안의 입안과정에 선심을 담당
지방행정법원 (Tribunal Administratif)	• 행정재판의 제1심 • 지방자치단체의 법률자문 및 분쟁

지방자치단체의 조례 및 결정에 대한 합법성의 확보는 1차적으로 26개의 지역(region)에 설치되어 있는 지방행정법원이 담당한다. 그러나 이것은 분쟁이 있을 때만 가능한 것이고, 그 이전단계로 각 도에 나가 있는 국가도지사(préfet)가 자치단체 활동의 합법성 확보와 중앙정부 정책과의 조화를 맞추는 역할을 담당한다. 프랑스에서 자치단체에 대한 국회의원의 국정감사, 감사원의 감사, 각 중앙부처의 조사 및 실사 등이 거의 존재하지 않는 이유가 여기에 있다.

2) 헌법위원회(Conseil Constitutionnel)

최고의 분쟁사항인 국가의 주요 선거재판에 관한 사항과 법의 위헌심사를 하는 기관으로서 헌법위원회가 있다. 구성은 대통령, 상원의장 및 하원의장이 각각 3명을 임명하여 총 9명으로 구성되며, 전직 대통령은 종신 당연직 위원으로 추가

된다. 재판관의 임기는 9년으로 3년마다 구성원의 1/3씩 개선하며, 재임은 금지된다.

헌법위원회의 주요기능은 다음과 같다. 우선 선거관리기능을 하는데, 대통령선거 및 국민투표의 공정성을 감독하며 투표결과를 발표한다. 물론 선거관리 실무는 내무부 장관과 그 산하 국가도청(préfecture)에서 담당한다. 둘째, 대통령선거 및 상·하원의원 선거에 대한 소송을 담당하며, 위법성 발생시 선거결과 취소판결을 내린다. 셋째, 조직법(공포 전) 및 국회통과 법률안(시행 전) 등이 헌법에 위배되는지 여부를 심사하는 기능을 수행한다. 위헌심사를 청구할 수 있는 자는 대통령, 수상, 상·하원의장 또는 60인 이상의 상·하원의원 등이다. 그러나 일단 법이 공포되어 시행되면 위헌심사의 대상이 아니다. 기타 하위 법규범이 위헌인지 여부는 국사원이 담당한다.

III 행정과정

행정수반인 수상을 어떻게 임명하느냐에 관해서는 다음 세 가지 모델이 있다 (Mény, 1991a: 2~23).

첫째, 국가수반이 임명하고 의회의 동의가 없으면 물러나는 경우
둘째, 의회가 제안한 인물을 국가수반이 임명하는 경우
셋째, 의회와는 관계없이 국가수반이 임명하는 경우

프랑스에서 이론상으로는 수상이 반드시 하원 내 다수당의 당수일 필요가 없을 뿐만 아니라 심지어 국회의원이 아니어도 되기 때문에 세 번째 경우에 해당된다. 그러나 실제로는 의회의 의사를 무시하고 아무나 수상을 임명하면 정치불안이라는 위험을 감수해야만 한다. 왜냐하면 수상은 대부분의 업무를 국회의 동의를 얻어 수행해야 하는데, 하원의원의 다수가 반대하는 수상은 사사건건 의회의 반대에 부딪치고 나아가서 불신임을 당할 가능성이 높기 때문이다.

의회내 다수당이 고려되어 수상이 임명되므로 의원내각제로 운영이 될 수도 있으나, 대통령이 직선으로 선출되고 강력한 권한을 가지고 있기 때문에 순수 대

통령제 혹은 의원내각제로 운영되기 어렵다.[16] 실제로는 대통령이 주로 정치적 권한을 보유하는 반면, 행정권은 수상이 지휘하는 행정부에 속하며 행정부는 의회에 대하여 책임을 지는 역할분담이 이루어진다.

1. 행정조직구조

1) 수상(Premier Ministre)

대통령에 의해 임명되는 수상은 행정권만 갖는다. 수상은 의회에 법률안을 제출할 수 있는 권한을 가지며, 의회가 내각 불신임을 의결하면 물러나야 한다. 그럼에도 불구하고 의회해산권은 수상에 있지 않고 대통령에게 있다. 수상은 행정 각부를 지휘하면서 집행업무를 담당하기 때문에 국방문제도 어느 정도 책임을 진다. 긴급조치권 행사 등은 예외이지만, 대통령의 권한 행사시 수상이 부서한다.

수상의 행정권은 구체적으로 규제권, 집행권, 조정권이라고 할 수 있다(임도빈, 2002: 105~106).

규제권은 명령·규칙발령권을 의미한다. 전술한 바와 같이 프랑스 공공정책분야에는 정치영역이 비교적 축소되어 있는 반면, 행정영역은 확대되어 있다. 행정입법은 정부령(décret)이라는 형태로 이루어지는데, 프랑스 행정영역의 규제방법에서 차지하는 비중이 압도적으로 높다.

집행권은 법령이 규정하고 있는 범위에서 정책을 집행하는 것이다. 이것은 다른 나라와 비슷하지만, 프랑스에는 행정이 관여하는 영역이 비교적 넓기 때문에 국민생활에 미치는 영향이 크다. 따라서 이를 위한 체계적이고 방대한 행정조직이 발달되어 있다.

조정권은 대외적으로는 각종 이해집단의 이견을 조정하는 것이고, 대내적으로는 각 소관부처나 행정조직 간의 이견을 조정하는 것을 의미한다. 행정기능이 팽창하면 정치가 담당해야 할 기능(예, 이해관계 집단간 조정)을 행정이 일부 담당하기 때문에 수상의 이런 조정권은 매우 중요하다. 각 장관이나 고위직 공무원들은 각기 자신이 처한 위치에서 상이한 목표를 추구하기 때문에 국가 전체의 이익이라는 차원에서 이루어지는 수상의 조정권은 더욱 의미가 있다.

---

16) 이를 이원정부제 또는 제한된 의원내각제, 반대통령제 혹은 오를레앙형 의원내각제라고도 한다.

2) 장관과 내각

프랑스 정부의 장관은 수상의 제청에 따라 대통령이 임명한다. 장관은 대통령 및 수상의 권한행사 시 부서하는 것을 비롯하여, 소관분야에 대한 국가정책을 총괄하고 추진하는 역할을 수행한다. 프랑스 정부는 다른 나라와는 달리 매우 복잡한 장관제도를 가지고 있다. 우리나라의 장관, 차관, 청장 등의 급에 해당하는 이들 자리는 다음과 같이 네 가지가 있는데 수상은 이들을 잘 조합하여 정부를 조직할 수 있다(임도빈, 2002: 151).

- 국가장관(ministre d'Etat)
- 장관(ministre)
- 위임장관(ministre délégue)
- 청장(sécretaire d'Etat)

이것은 장관 간에도 상징적 혹은 실질적 권한면에서 차이를 두는 것으로 이들 간 수직적인 분화가 잘 이루어지고 있음을 의미한다. 수평적으로 볼 때 각 부처의 소관분야에 대해서도 각 정부마다 매우 다양한 형태를 보인다. 대통령으로부터 임명받은 수상은 이렇게 수직적·수평적 장관 유형을 잘 이용하여 자신이 원하는 부처조직을 만드는데, 이것이 정부조직개편인 셈이다. 부처조직 개편은 법에 의한 규정대상이 아니고, 수상이 자유롭게 할 수 있는 정부령 규정대상이다.

결과적으로 부처조직 개편은 수상이 바뀔 때마다 단행되고 일상적인 일이 되기 때문에, 행정개혁의 대상이 되지 않는다. 전체 부처의 숫자도 정권에 따라 26개에서 56개로 변한다. 평균적으로 볼 때 좌파정권이 우파정권보다 부처의 수가 많으며, 특히 사회복지분야의 부처가 분화되는 경향이 있다.

그럼에도 불구하고 법무부 등 국가핵심행정 기능은 독립부처로서 계속 존속하는 경향이 있다. 역대정권을 통해 부처조직 형태를 보면, 안정성을 띠고 계속 존재하는 부처, 소속과 격이 바뀌는 부처, 자주 이합집산하는 부처, 그리고 특수한 조직유형의 부처 등으로 유형화해 볼 수 있다(자세한 것은 임도빈, 2002: 135~142 참조).

3) 부처간 조정방식

프랑스는 각 부처가 고유한 업무를 담당하기 때문에 부처중심의 '정책이기주의'가 존재하나, 부처 간 의견조정은 비교적 잘 되고 있다고 할 수 있다. 그 조정 메커니즘은 다양하지만, 한 예로서 국토개발, 균형발전분야를 보면 다음과 같다. 우선 이 분야 정책을 총괄하는 기관으로 국토개발청(DATAR)이 있다. 이것은 일종의 "행정특공대(commando administratif)" 정도에 해당된다고 할 수 있다. 즉, 전통적인 기능중심의 부서조직형태에서 벗어나 '미션중심(administration de mission)'의 조직이다. 구체적인 임무는 다음과 같다.

- 임무1: 정부의 부처 내 또는 부처간 결정을 유도하여 지역개발정책이 시행되도록 한다.
- 임무2: 종합적인 개발정책의 방향을 제안(proposer)한다.
- 임무3: 모든 자치단체가 전국가적인 차원에서 균형잡힌 국토개발을 하도록 유도(piloter)한다.[17)

DATAR는 관련 장관들의 회의인 국토개발계획부처간위원회(CIADT: comité interministériel d'aménagement et de développement du territoire)의 사무처 역할을 한다. 이 역할을 통하여 부처 간 조정할 사안을 입안하고, 결정된 정책의 집행을 담당한다. 그리고 국토정비 및 개발에 대한 정부의 자문기관인 국토개발계획심의회(conseil national d'aménagement et des développement du territoire: CNADT)의 사무처 역할을 하며, 그 진행을 담당한다. CNADT는 지역개발의 관점에서 정부정책과 우선순위를 규정하는 일을 주로 한다.

이들 위원회의 구성원은 수상의 감독(또는 지역계획부 장관의 책임)하에 관련부처 장관(공식적으로는 장관이 위원이나, 실제 기능수행은 부처에 따라 다른 급의 고위공무원이 담당함)으로 되어 있다. 양자가 해당 부처를 독려하여 종합적인 지역개발정책을 집행하는 데 차질이 없도록 하는 것이다.

---

17) 지방자치실시 이전에는 국가가 주도하였기 때문에 DATAR의 결정을 집행하는 데 커다란 장애물은 없었다. 그런데 지방자치실시 이후에는 자치단체에게 지역개발관련 권한을 부여했다. 특히 레종은 국토개발관련 권한을 부여받았고, 코뮌은 산업지구 등 토지계획권을 가지고 있기 때문에 이들의 협조 여부가 국가 전체의 틀을 잡아가는 데 관건이 되었다. 이 때문에 등장한 것이 계획계약이다. 상술한 계획계약을 수립하는 과정에서 DATAR는 중앙정부 전체를 대표하는 중요한 역할을 수행한다. 즉, 지역정책을 위한 부처간 위원회의 총괄부서로서의 업무와 기능을 수행하고 있다.

2. 공공서비스 제공기관

프랑스에는 행정의 관여분야가 넓기 때문에 이를 담당하는 기관도 다양한 형태로 존재한다. 즉, 부처조직과 같은 전통적인 조직만 보면 프랑스의 행정을 제대로 이해하기 어려우므로 이들 서비스 제공기관까지 살펴보아야 한다.

1) 특수 공법인(établissement public)

국가와 지방자치단체와 같은 일반 공법인과 더불어 특수한 목적을 달성하기 위하여 설치한 법인들이 많이 있다.[18] 프랑스에는 8,000여개의 특수 공법인이 존재하고 있다. 이들을 그 목적에 따라 구분하면 행정적인 것(Etablissments Publics à Caractére Administratif), 상공업적인 것(Etablissments Publics à Caractére Commercial et Industriel), 과학문화적인 성격의 것(Etablissments Publics à Caractére Scientifique et Culturel) 등이 있다(임도빈 2002: 196~198).

과학문화분야의 경우, 국가가 각 학문영역별로 연구소를 체계적으로 관리하고 있다. 민간의 싱크탱크에 많이 의존하는 미국에 비하여, 프랑스는 공공 연구기관이 거의 독점적으로 하고 있다. 예컨대 1939년 설립된 국립과학연구원(CNRS)을 세계 제일의 종합 기초과학 연구기관이다(경제인문사회연구회, 2009: 351). 이 특수 공법인은 각 분야별로 1,100여 개의 전문 연구단이 벌집과 같이 들어 있는 거대 국책연구기관이다. 사회과학분야도 포함되어 있으며, 연구의 질에 대해서는 프랑스인이 가족 다음으로 신뢰하는 기관이다.

특수 공법인제도는 다음과 같은 장점을 갖는데, NPM 개혁의 일환으로 영미에서 도입하는 책임운영기관 등이 추구하는 것과 크게 다르지 않음을 알 수 있다.

첫째, 재정적인 자율성이 보장된다. 담당하는 기능이 사회적일 때에는 사회로부터 기부금(donation)을 받을 수 있고, 또한 자체 수입을 지출할 수 있는 '수입과 지출의 연계(affection des recettes aux dépenses)'권도 부여된다(Debbasche, 1991). 대표적인 예로 병원과 대학을 들 수 있다. 프랑스에 존재하는 거의 모든 대학과 병원

---

18) 이를 '영조물 법인'이라고 부르기도 하는데, 경직적인 행정조직으로부터 벗어나 자율성을 확보하기 위하여 설치된 것이 대부분이다. 상공업적 성격을 띤 것은 한국의 공기업과 유사하다고 볼 수 있으나, 한국보다는 훨씬 자율적으로 운영이 되고 있다. 특수 공법인의 개념과 운용은 이미 수 세기 전부터 프랑스에서 발달해 온 것으로 매우 보편화되어 있다.

은 국공립인데, 이들이 이러한 법적인 지위를 가지고 있다.

둘째, 이사회(conseil d'administration)를 구성하여 일정한 범위에서 자율관리권(autonomie de gestion)을 향유한다.

셋째, 특수 공법인은 일반 공법인(국가, 지방자치단체)과 유사한 지위를 가지지만, 그 목적에 있어서 특수전문성(principe de spécialité)의 원칙이 지켜진다. 즉, 공법인은 처음 설치시 명시적으로 부여된 목적 외에 다른 기능을 수행할 수 없도록 함으로써 해당 공공서비스에 관한 전문화를 도모한다.

2) 공공서비스의 민간위탁(concession)

프랑스에서는 공공서비스를 행정기관이 직접 제공하지 않고 일정한 조건을 갖춘 민간에게 위탁하는 방법이 매우 오래 전부터 발달하였다. 위탁행위는 법적으로 볼 때 행정상 계약인데, 위탁자가 공익보호라는 차원에서 계약내용을 일방적으로 변경할 수 있다는 점에서 불평등 계약이라고 할 수 있다. 그러나 일방적 계약변경이 자유로이 이루어지는 것에 반하여 수탁자의 재정적 순손실을 보전해 주어야 하기 때문에 무조건적 불평등 계약이라고는 할 수 없다.

이에 반하여 수탁자는 많은 의무를 감수해야 한다. 즉, 불가항력적인 이유가 있을 때를 제외하면 항상 위탁받은 서비스를 제공해야 하는 '계속성의 원칙(principe de continuité)'을 지켜야 한다. 또한 수탁자는 동일조건을 가진 모든 사람을 동일하게 취급해 서비스를 제공해야 하는 '평등의 원칙'을 준수해야 한다.

이 원칙은 행정서비스에 관한 프랑스 정부의 일반적 조건과 동일한 것이다. 따라서 프랑스의 공기업은 국민(혹은 수혜자)에 대해서는 행정기관과 다를 바 없이 행동해야 하는 '공적 행위자'의 성격을 띤다고 볼 수 있으며, 만약 이러한 의무를 지키지 않으면 행정의 제재를 받게 되어 있다.

3) 협회(l'association de loi 1901)

프랑스는 이미 1901년 7월 1일에 '협회법'을 제정하여 국민들이 단체결성과 공동체에 필요한 기능 중의 일부를 분담하는 제도를 도입하였다. 결사의 자유를 보장하는 것을 주요 내용으로 하며, 프랑스 사람들에게는 흔히 '1901년 법에 의한 협회(l'association de loi 1901)'라고 알려져 있다. 이것은 중세의 동업조합의 전통을 이은 것으로서 보통 공통관심사항에 대하여 다수가 협력할 사항이 있으면 협회를 결성하여 국가기관에 신고하면 그 지위를 획득한다. 비영리를 목적으로 해야 하며, 대표자(회장)와 회계책임자 1인만 있으면 가능하므로 결성이 매우 용이하다.

협회제도가 도입된 지 100년이 지난 2001년 기준 약 70만 개의 협회가 존재한다고 알려져 있으니, 회장과 회계책임자 2명씩 계산하더라도 적어도 140만 명이 비영리활동을 전개하고 있다고 추산할 수 있다. 실제로 프랑스인 2명 중 1명이 하나 이상의 단체에 회비나 후원금을 내고 있는 것으로 알려져 있다. 이들의 목적은 사냥, 스포츠, 연극 등 각종 문화예술 활동을 하는 것에서부터 교육, 사회봉사 등에 이르기까지 다양하다. 세계적으로 알려져 있는 '그린피스(Green peace)', '국경없는 의사회(Médicins sans frontière)' 등도 이러한 법적 지위를 가진 것이다. 이들의 활동은 일정한 조건하에 공공재원의 지원을 받을 수 있는데, 이 부분에 관해서는 정부의 회계감사대상이 된다.

> **프랑스관련 유용한 정보 제공 웹사이트**
> • 행정 서비스 관련 정보: Admifrance
> − http://www.service-public.fr
> • 법률집: Legifrance
> − http://www.legifrance.gouv.fr
> • 전자사회구현에 관한 정보: government action programme for the information society
> − http://www.internet.gouv.fr

3. 인사행정제도

1) 국가인적자원관리: 완벽한 공교육

프랑스에서는 국가의 3대 구성요소의 하나인 국민을 교육하는 일은 국가가 책임진다는 철학이 기본적이지만, 그렇다고 하여 모든 학생에게 획일화된 교육을 강요하는 것은 아니다. 오랜 역사 속에서 교육을 공공재로 보게 된 것은 프랑스 대혁

명기이다. 여러 사상가들의 논쟁 속에 공교육의 틀이 제자리를 찾은 것이다.[19] 초
중고교의 기본 교육을 국가가 중심이 되어 운영하는 것은 다른 국가에서는 당연히
이루어지는 경우가 많지만, 프랑스는 이에 그치지 않고 대학교육 등 고등교육도
국가가 담당한다.

　　보통의 학생은 만 18세면 고등학교 3년 과정을 마치게 되는데, 이때 종합시험
을 통과하여 고등교육 졸업자격증(Baccalaureat)을 획득해야 한다. 이 시험은 전공
별로 창의력과 전문지식을 주관식으로 테스트하기 때문에 다른 나라의 대학교양
과정을 이수한 것과 동등하다고 볼 수 있다.

　　프랑스에서는 학교 공부를 게을리하여 실력 때문에 대학을 못 가는 건 어쩔
수 없다 해도 돈 때문에 대학 진학을 못 한다는 것은 받아들이기 어렵다. 대학의
문은 경제적 능력에 관계없이 누구에게나 평등하게 열려 있다. 그 대신 대학에서
공부할 수 있는 자격을 엄격히 제한하기 위해 고등학교 졸업시험에 합격한 사람만
이 대학에서 공부할 수 있다.

　　또한 프랑스 대학생들은 입학하자마자 공부에 태만하면 인정사정없이 중도
탈락된다. 프랑스는 입학금, 등록금을 국민의 세금에서 내기 때문에 1년 늦게 졸업
하면, 국민의 세금이 그만큼 더 소요되는 것을 의미하므로, 프랑스의 대학에서는
학생들에게 '잔인하리' 만큼 공부하도록 요구한다. 그러나 모든 것을 학생들 스스
로 알아서 하도록 한다. 예컨대 1년 내내 강의 출석 여부는 순전히 학생들의 자유
로 맡겨두되, 매년 한 학년이 끝날 때마다 학년말 종합 고사를 치러 여기서 떨어진
학생은 예외 없이 퇴학당한다.

　　이외에도 각 분야별로 소수 전문엘리트를 기르는 학교인 그랑제콜(grandes-
ecoles)이 있다. 이들은 소수를 제외하면 모두 국립으로 국가가 인재를 양성하고,
그 졸업생을 해당 분야에서 일하도록 한다. 즉, 국가 차원에서 고급의 인적자원을
개발을 하는 것이다. 행정간부는 시앙스포에 이어, 국립행정학교(ENA)를 졸업한
사람이 가장 엘리트 그룹으로 장관은 물론 대통령을 배출하는 코스이다(조홍식,
2014).

---

19) 프랑스 공교육에 대한 자세한 설명은 정동준(2003), 「18세기의 교육사상: 프랑스 대혁명기의
　　공교육계획」, 서울: 국학자료원을 참조.

> **프랑스 바칼로레아 시험문제 예시:**
>
> **정치와 권리(Politics & Rights)관련 문제**
> 질문 1-권리를 수호한다는 것과 이익을 옹호한다는 것은 같은 뜻인가?
> 질문 2-자유는 주어지는 것인가 아니면 싸워서 획득해야 하는 것인가?
> 질문 3-법에 복종하지 않는 행동도 이성적인 행동일 수 있을까?
> 질문 4-여론이 정권을 이끌 수 있는가?
> 질문 5-의무를 다하지 않고도 권리를 행사할 수 있는가?
> 질문 6-노동은 욕구 충족의 수단에 불과한가?
> 질문 7-정의의 요구와 자유의 요구는 구별될 수 있는가?
> 질문 8-노동은 도덕적 가치를 지니는가?
> 질문 9-자유를 두려워해야 하나?
> 질문 10-유토피아는 한낱 꿈일 뿐인가?
> 질문 11-국가는 개인의 적인가?
> 질문 12-어디에서 정신의 자유를 알아차릴 수 있나?
> 질문 13-권력 남용은 불가피한 것인가?
> 질문 14-다름은 곧 불평등을 의미하는 것인가?
> 질문 15-노동은 종속적일 따름인가?
> 질문 16-평화와 불의가 함께 갈 수 있나?

출처: http://blog.naver.com/maspiff/60006977911

2) 공무원제도

1946년에 제정된 '국가공무원의 일반적 지위에 관한 법률'에 의하여 비로소 공무원의 지위에 대한 법적 규정이 일반화된 형태로 존재하게 되었다. 이 법의 적용대상은 국가공무원 252만 명(49%), 지방공무원 167만 명(32%), 의료직 공무원 100만 명(19%) 등 세 가지 종류의 공무원이 있다.[20]

국가공무원은 일반직 공무원, 교육공무원, 군인공무원 등을 포함한다. 지방공

---

20) 이들은 다음과 같은 세 가지 요건을 충족시켜야 한다. 행정행위라는 법적인 절차에 의해서 임명되고, 행정계서제 속에서 특정한 지위를 차지하는 정식직원이어야 하며, 담당업무가 공공서비스와 직접 관계가 있어야 한다(Depuis et Guedon, 1986).

무원은 지역, 토시, 시·읍·면 등 지방자치단체에 종사하는 공무원을 의미한다. 의료공무원을 공무원의 중요한 범주로 규정하고 있는 것은 전통적으로 대부분의 의료서비스를 국가가 담당하는 프랑스의 특징 때문이다. 여기에는 의사, 간호사, 의료보조인력, 의료행정인력 등이 포함된다. 전체 공무원의 81.4% 정도가 신분보장을 받는 정규직 직업공무원(군인 포함)이고, 비정규직은 15%, 그리고 단순노무직은 5%이다. 최근 교사와 치안부문의 인력은 증가하는 반면, 일반 행정 및 공기업관련 인력은 축소되고 있다.

프랑스의 공무원제도는 계급제를 근간으로 하는 직업공무원제를 택하고 있다. 프랑스 공무원의 계급제는 계급을 3등급으로 하고 이들 간의 이동은 시험 등 일정한 절차에 의해서만 허용되며, 원칙적으로는 금지된다. 각 계급의 학력조건을 보면, 계급A(Categorie A)는 학사, 계급B(Categorie B)는 고졸(즉, Bac), 계급C(Categorie C)는 중졸이다.[21] 그리고 각 계급 내에는 여러 단계의 직급이 있다. 이외에도 국장 등 정부가 자유로이 임명할 수 있는 일종의 정무직 공무원이 있는데, 이들도 형식적으로는 A계급에 속한다고 볼 수 있다. 계급 간에 존재하는 업무의 성질의 차이는 다음과 같다.

- A계급의 공무원은 기획 및 관리업무를 담당한다.[22]
- B계급의 공무원은 창의적인 업무보다는 단순히 법령 적용의 성격을 띠는 일반사무를 담당한다. 즉, 법률 또는 명령 중에 포함되어 있는 일반원칙을 개별적인 경우에 해석하고 적용하는 것이다.
- C계급은 기능직을 의미한다. 예컨대 속기사, 타자원 등 직무상 훈련을 필요로 하는 매우 반복적이고 단순한 직무기술을 요구하는 계급이라고 할 수 있다.

21) 실제로는 각 계급별로 정해진 학력 수준보다 높거나 낮은 수준에 있는 공무원들을 흔히 볼 수 있다. 기준보다 낮은 학력 소지자가 있는 것은 내부 승진자나 특별채용의 경우 예외가 될 수 있기 때문이다(Kesler, 1980: 39).
22) 구체적인 내용은 다음과 같다.
- 행정업무를 정부의 일반정책에 합치시키는 일
- 법률 및 명령의 초안을 준비하는 일
- 법령의 실시에 필요한 훈령 등을 작성하는 일
- 공무의 집행을 규제하고 개선하는 일
- 소관업무에 대한 결정권을 행사하는 일
- 소속직원에 대한 결정권을 행사하는 일
- 소속직원에 대한 계층조직상의 권한 및 징계권을 행사하는 일
- 조직 및 관리에 관한 업무

프랑스의 계급제는 다음과 같은 하위원칙에 입각한다.

첫째, 담당업무에 대한 전문가를 채용하기보다는 무슨 일이든 담당할 수 있는 일반가를 채용한다. 즉, C계급을 예외로 한다면, 공개 경쟁 채용이 일반적인 방법이다.

둘째, 담당업무에 대한 교육은 채용 후에 국가가 실시한다. 이는 신분의 안정을 보장하여 평생 동안 공무원의 능력발전을 도모한다는 것도 포함하는 개념이다. 그러나 담당업무의 특징과 난이도(즉, 계급) 등의 기준에 따라 공무원단이 형성되어 이를 중심으로 인사관리가 이루어진다.

셋째, 계급(grade)의 계속성은 보장되나 직무의 난이도는 자유로이 다른 직위(emploi)에 배치될 수 있다. 즉, 계급은 특별한 사유 없이 변경될 수 없으나, 담당직무를 상급자의 마음대로 부여할 수 있게 함으로써 공직의 수요공급을 맞출 수 있다.

넷째, 공무원의 권리(노동조합권 등) 및 의무에 관해서 규정한 일반 공무원법이 있어 모든 공무원들에게 적용되는 조건이 규정되어 있다.

3) 전문성의 확보: 공무원단

기본적으로 계급제를 택하고 있지만 프랑스 공무원제도는 한국의 그것에 비하여 매우 색다른 측면을 가지고 있다. 공무원단(corps) 제도가 한 예이다. 공무원단은 동일한 인사규칙이 적용되고, 직무 내용과 책임도가 유사한 직무를 수행하는 공무원들의 집단(국가공무원법 29조)이다. 국가공무원인 공무원단만 하더라도 약 950개가 있고, 전체 숫자는 약 1,700개에 이른다. 이들 각 공무원단의 크기는 차이가 많이 나는데, 약 30여개의 큰 공무원단에 속한 공무원 수가 전체 공무원의 3분의 2를 차지한다(Tanneguy Lazul, 1992: 18~19). 최근에는 지나치게 많은 공무원단을 통폐합하여 효율화하는 개혁을 진행중이다.

공무원단의 두 가지 특징은 인사관리의 기본단위가 되고, 각 공무원단별로 독특한 하위문화를 가지는 사회학적인 실체라는 점이다(cf. F. Dupuy et J.C. Thoenig, 1983: 49~52). 이들 공무원단 공무원들이 여러 부처에 흩어져 근무하는 경우가 많은데, 공무원단은 이들의 인사관리를 종합적으로 하는 기본단위이다. 공무원단은 나름대로의 비공식적 원칙에 의해 충원, 배치, 승진관리를 한다. 공무원단은 우리나라의 직렬과 같아서 업무상 특징에 따라 구분되는데, 그 직종의 최고위직이 인사를 담당하는 단위가 되어서 전문성이 확보된다. 이를 통해 계급제를 운용하면서 직위분류제적 특성을 발휘할 수 있도록 하는 것이다.

4) 행정학교(ENA)와 고급공무원단

프랑스 행정의 수뇌부는 행정학교(ENA) 출신에 의한 최고 엘리트 관료에 의해서 작동한다.[23] 졸업 후 진출까지 고려한다면 행정학교 입학시험은 우리나라의 행정고시와 외무고시를 합한 것에 해당한다고 할 수 있다. 응시자격은 외부 경쟁시험(concours externe)과 공무원을 대상으로 하는 내부 경쟁시험(concours interné)으로 각각 상이하다. 외부 경쟁시험의 경우 연령과 학력제한이라는 두 가지만 고려되는 데 비하여, 내부 경쟁시험에서는 공무원 충원의 민주화라는 이유에서 학력제한은 없고 나이제한만 있다(임도빈, 2002: 244~252).

국립행정학교(École nationale d'administration, ENA)

프랑스 정부가 고급공무원 양성을 목적으로 세운 그랑제콜로 처음에는 파리에 있었으나 유럽연합의 차원에서 인재를 기르기 위해 1991년 유럽의회가 있는 스트라스부르의 구 감옥건물을 개조한 교사로 이전하였다. 다른 그랑제콜과는 달리 행정국가화를 골자로 하는 프랑스 5공화국 헌법을 탄생시킨 샤를 드 골에 의해 1945년 파리에 세워졌다.

가장 핵심이 되는 과정은 신입간부과정으로 매년 80명의 프랑스 학생과 30명의 외국인 학생을 통합하여 사례연구 위주의 교육을 한다. 1년은 학교에서 집체교육을 하고, 1년은 국가도청(prefecture)과 다른 여러 공공기관에서 실무수습을 하는 2년과정으로 운영된다. 이 과정을 졸업하면 우리의 과장급 이상으로 고위관료경력을 시작하는 공무원을 거의 독점적으로 공급하는 학교로 자크 시라크, 발레리 지스카르데스탱, 프랑수아 올랑드 등 많은 대통령을 배출하였다. 이외에도 유럽연합

---

23) 이 학교의 설립은 다음과 같은 취지에 의해서 이루어졌다.
　　첫째, 고급공무원의 선발 및 교육훈련의 일원화이다. 종전에는 채용시험이 난립하여 지나친 전문화와 부처 간 폐쇄주의를 가져왔는데 이를 극복하는 결과를 가져왔다(Forges, 1989: 26).
　　둘째, 중립적 국가공무원의 양성이다.
　　셋째, 공무원 충원의 민주화이다. 즉 고급공무원의 사회적, 지리적 배경을 고르게 하기 위한 목적에서 이루어졌다.

고시준비반(150명), 맞춤형 단기교육(9,190명), 외국인과정(570명), 등 다양한 교육훈련과정을 운영하고 있다. 전임교수는 두고 있지 않고 연 1,500명의 강사로 교육이 이뤄지고 있고, 200여 명의 행정직원이 있다. 예산은 4,230만 유로(이중 84%가 국가예산)이고, 이중 1,590만 유로가 학생들(즉, 정규과정학생은 수습공무원신분)에게 지급되는 액수이다.

행정학교 출신 엘리트가 주축이 되어 이루어진 고급공무원단이 국사원, 회계심의원, 재정감사원, 외부공무원단, 국가도지사 공무원단 등이다. 특히 앞의 3개 공무원단은 중립적인 기구로서 프랑스 국가주의 모델을 가능케 하는 중요한 공무원집단이다. 이들은 명석한 두뇌, 투철한 국가관을 가지고 국가에 봉사하는 엘리트들이다.

원칙적으로 고급공무원단에 진입하는 방법은 일정한 자격을 갖춘 사람들을 대상으로 하는 행정학교의 성적순이다. 실제로는 대다수의 고급공무원단 구성원들이 어렸을 때부터 겪는 끊임없는 경쟁에서 낙오하지 않고 엘리트 코스를 거친 사람들이다. 이들은 신분의 위협을 받지 않고 평생을 요직에서 봉사한다. 이 과정을 그림으로 제시하면 [그림 4-2]와 같다.

그림 4-2 최고 엘리트의 대표적 경력경로

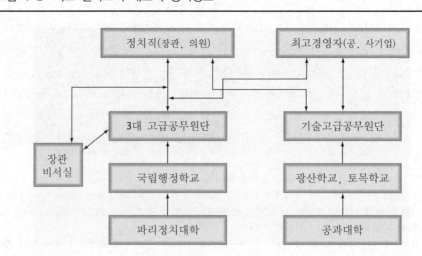

4. 예산 및 재무행정제도

1) 국가중심형 경제

프랑스는 국가주도형 경제를 운영하고 있다. 과거 섭리국가의 전통 및 나폴레옹 통치기간을 통하여 국가의 경제관여체제가 형성되었다. 제2차 세계대전 후에도 전후 복구 때문에 국가의 관여가 컸다. 소위 모네계획(Plan Monet: 1947~1952)에 의한 전후 복구가 성공적이었는데, 이 시기부터 경제계획제도가 도입되었다.[24] 이 고도성장기를 영광의 30년(30 ans glorieuses)이라고 부른다. 경제기획원이 한국의 경제개발 5개년 계획을 담당했던 것과 마찬가지로 정부조직에 '계획청'이 존재한다.

제1차 세계대전 후, 3대 핵심 산업(전기, 가스, 석탄)은 물론이고, 4개의 대형은행, 34개의 보험회사, 해운회사, 프랑스 항공, 파리교통(RATP) 등이 국유화되었고, 전쟁 중 부역을 강요했던 산업인 르노자동차 등이 국유화되었다. 이러한 전통으로 인해 프랑스에서 국민생활을 위한 기본 재화는 주로 국가가 공기업을 통해 공급하는 방식으로 정착되었다.

이후 대대적인 국유화조치는 미테랑이 대통령으로 당선된 1981년 이후부터 1986년 좌우 동거정권이 등장하기 이전까지 이루어졌다. 이 시기 이후에는 약간의 예외를 제외하면 계속 민영화 정책이 추진되었다고 봐도 무방하다. 그럼에도 불구하고 아직도 많은 산업분야에서 공기업이 중요한 비중을 차지하고 있으며, 이들 공기업이 자회사를 많이 소유하고 있다.

국가가 경제부문에 가장 강력하게 관여하는 방법은 기업을 '소유'하고 그 '운영'에 직접 개입하는 방법이다. 프랑스에는 이러한 형태의 공기업도 있지만 공기업의 실제 운영이 공법(公法)이 아닌 사법(私法)의 통제를 받는 등 사기업과 거의 다를 바가 없는 기업도 있을 정도로 다양하다. 구체적으로 회사(société)형태뿐만 아니라, 조합(syndicats), 협회(associations) 등을 통해서도 공공서비스가 제공된다. 이러한 공공서비스를 제공하는 모든 행위자는 단순히 서비스의 내용뿐만 아니라, 서비스의 생산 혹은 배분과 관련된 다른 과정에도 행정의 간섭을 받게 된다.

이러한 다양성에도 불구하고 프랑스에서 공기업이란 자본의 소유관계인 경제

---

24) 제11차 경제계획(1993~1997)으로 계획경제는 종료하였으나 경제부분에서 국가가 차지하는 역할은 여전히 크다.

적 차원의 개념보다는 법적인 차원에서 관리된다. 즉, 법적으로는 '상공업적 성격의 특수 공법인(Etablissments Publics à Caractére Commercial et Industriel)'의 지위를 갖고, 따라서 이들은 회계심의원(Cour des Comptes)의 회계통제 대상이 되는 것이다. 또한 이러한 회사가 절반 이상의 자본을 소유하고 있는 자회사도 공기업의 범주에 포함시킬 수 있다. 이들의 특성은 다음과 같다.

첫째, 독립된 법인격이 부여되어 있어서 자치적인 의사결정권한과 그 경영에 대한 책임을 진다. 그러나 의사결정의 자율권은 국가의 일상적인 통제를 받지 않는다는 의미일 뿐, 회계심의원과 상공부를 비롯한 관련 행정관서의 필요한 간섭도 받지 않는다는 뜻은 아니다.

둘째, 공기업 내부에서는 당사자 대표로 이루어지는 이사회(conseil d'administration)가 주된 의사결정기관이다. 공기업의 이사회 구성은 국가의 불필요한 간섭을 배제하고 자율성을 높이는 방향으로 몇 번의 제도변화를 겪었다. 대표적인 것이 '1983년 7월 26일자의 법'25)에 의하여, 고용된 직원들의 대표가 이사회에 참여하게 된 민주화조치이다.

따라서 현행 제도는 이사회를 공기업의 특성에 따라 '2원적(정부대표, 직원대표)'으로 구성하느냐, '3원적(정부대표, 직원대표, 소관분야 전문가)'으로 구성하느냐를 정해야 한다. 이때 직원대표는 사실상 직원들의 노조분포에 따라 각각 노조의 대표를 선출하는 방식으로 이루어진다.26) 과거에는 노조의 추천으로 구성되었지만 이제는 전체 직원이 투표하는 방식으로 선출직 이사회가 구성된다. 이사의 임기는 일반적으로 5년이며, 정부추천 이사 자리는 국회의원 등 선출직 공직자를 제외한 고위 공무원(즉, 고위공무원단)이 겸임하는 것이 보통이다.

셋째, 국가(정부)대표와 회계책임자가 정부에서 파견되어, 전자는 회사의 재무관리를 비롯한 각종 운영에 관여하고, 후자는 사후회계감사를 위해 회계문제를 처리하는 업무를 담당한다. 국가(정부)대표는 신분상 재무부에 속해 있으며,27) 하나 혹은 복수의 공기업을 담당한다. 국가(정부)대표는 공기업의 운영에 관하여 재무부 장관에게 보고하고 연차보고서(rapport annuel)를 작성하며, 이사회를 비롯한 회사의 모든 위원회에 참여하여 발언할 권한을 갖는다. 이에 더하여 회사전체의 경영

---

25) 프랑스에서는 법의 명칭보다는 이렇게 발효날짜로 명명한다.
26) 기타 자세한 내용은 II. 2장에 서술된 노동조합에 관한 일반적 설명이 거의 그대로 적용된다.
27) 즉, 재정감사공무원단 소속이기 때문에 공기업 장의 눈치를 보지 않아도 된다.

에 관해서는 회계심의원의 사후 정기적인 감사대상이 된다. 회계심의원은 공적 자금이 그 회사자본의 30% 이상 들어있는 회사의 목록을 작성하고 이들의 운영실태를 의회에 보고한다.

직원의 신분은 공무원인 경우와 민간인인 경우 등 다양하다. 민간인 신분을 채택하고 있는 공기업에도 사장을 비롯한 간부경영진(personnel de direction)과 회계책임자는 공법상의 규율대상이 되고 기타 직원은 상법 등 사법의 규율대상이 된다.

2) 예   산

프랑스는 현재 저성장과 실업문제 등으로 재정지출이 늘어 적자를 보이고 있다. 2011년 누적된 재정적자는 국내총생산액의 87%에 해당한다. 국가가 경제부분에 상당부분 관여하고 있고, 사회복지비도 일반회계에서 지출되는 부분이 많기 때문이다.

프랑스의 경제현실을 반영하여 최근 프랑스 예산 및 재정운용의 방향은 다음과 같다.

첫째, 프랑스의 국가주도형 경제운영으로 누적될 수밖에 없는 재정적자를 줄이는 것이다. 매년 구체적인 목표치를 설정하여 추진하고 있는데, 예컨대 연금지출을 줄이기 위해 65세로 정년을 연장하는 내용의 연금법개정을 추진하는 등 과감한 재정억제정책을 추진하고 있다. 그럼에도 불구하고, 모든 지출을 삭감하는 것은 아니다. 지속가능한 성장, 일자리 창출, 그리고 국가의 전략적 우위분야의 개발 및 유지를 위해서는 재정지출이 과감히 확대된다.

둘째, 국가의 예산지출을 잘 관리하는 것이다. 후술하는 프로그램 예산개혁이 대표적인 예이다. 이것은 부처이기주의와 같은 횡적인 칸막이를 초월하여 예산을 관리하는 효과가 있다. 또한 예산단년도주의의 단점을 보완하기 위해 주요 분야의 3년도 연동계획을 발표하고 있다.

프랑스의 예산은 매년 재정법(loi de finances de * * 년)이란 형태로 국회에서 확정된다. 예산은 단년도 예산주의와 단일예산주의 원칙이 잘 적용된다. 예컨대 국회예산심의에서 투표하는 것은 총예산, 부속예산, 특별회계 등 전체를 대상으로 세입에 대한 것과, 재원과 국고부담의 평가에 대해서 중점적으로 한다. 재정법(즉, 예산)은 복잡하고 분량이 많다.28) 1959년에 제정된 아래의 원칙에 따라 예산서의 내

---

28) 예산의 실제는 다음의 홈페이지 참조. http://www.budget.gouv.fr/themes/finances_etat/

표 4-4   재정법의 구조

제1부	제2부

-모든 형태의 세원을 명시적으로 확정한다.
  세금, 부채, 국가자원의 평가
  지방자치단체와 공법인들에게 징세허용
  세출범주의 상한
-수입과 지출의 균형예산을 편성한다
	제1편 당해연도의 특수한 조치들에 대해 명시
	한다.
	-자산의 총액: 일반예산, 부속예산, 특별회계를
	  위한 예산을 확정적으로 부기
	-프로그램 예산에 대한 내용
	
	제2편 항상적 조치, 비예산적 조치 등

출처: Basle, Mauric, 2004 *Le Budget de l'Etat*, Paris: La Decouverte, p.11.

용은 두 가지 부분으로 구성된다.

세입구조를 보면, 예산 중 가장 중요한 부분을 차지하는 것은 부가가치세이다. 부가가치세는 세계에서 프랑스가 제일 먼저 만든 세금으로서 세원의 특성에 따라 5.6%에서 19.8%까지 다양하게 부과된다. '지방세 대행' 항목은 프랑스의 지방자치단체에는 '지방세과'와 같은 세금징수 조직이 없기 때문에, 국가의 국세청(의 지방청)이 자치단체의 4대 세금을 대행하여 징수한 후 이를 자치단체에 이양해 주는 것을 의미한다.

프랑스는 재정적자를 줄이고, 중요한 정책에 국가예산이 투입될 수 있도록 재정체제를 개혁하기 위해 노력하고 있다. 즉, 행정개혁의 중요한 부분이 예산체제개혁(la Réforme budgétaire)으로 2004년 1월 21일 개혁 법안이 발효되었다.

이 개혁은 예산의 복잡성과 예산집행조직(즉, 책임을 질 기관)이 불분명하다는 문제점을 해결하려는 시도이다. 즉, 관리적 책임을 강조하는 성과관리예산이다. 정부예산안은 3개의 핵심정책 수준별로 편성된다. 가장 높은 정책수준이라고 할 수 있는 미션(la mission), 미션을 실현하는 수단인 프로그램(les programmes), 그리고 프로그램을 직접 구현하는 실행행위(les actions)라는 3단계가 그것이다.

구체적으로 2011년의 경우 32개 미션을 기준으로 심의하여 예산안을 확정하였다. 이 미션은 다시 123개의 프로그램으로 구성되고, 이 프로그램은 다시 848개 실행행위단위로 세분된다. 특히 가장 세부단계인 실행행위 예산단위는 각각 책임자가 정해져서 이를 총괄하게 되고, 따라서 기존의 부처 간 벽을 뛰어 넘게 된다.

세출예산을 보면, 국방 및 교육이 비교적 높은 비중을 가지고 있는 지출항목

chiffres/index.htm

이다. 정부의 각종 활동을 미션중심으로 제시한 것으로 실제로는 이 일반회계 외에 부속예산(annex), 특별예산, 그리고 국제기구 및 지방자치 단체 등에 기여금이나 공동부담 등을 나타내는 공동예산이 있다.[29] 각종 프로그램 분담금은 국가도 하나의 행위자로서 다른 주체(민간, 자치단체)와 공동으로 정책을 수행하면서 중앙정부 지분을 부담하는 것을 의미한다. 그러나 무엇보다도 높은 비중을 차지하고 있는 것은 사회복지관련 지출이다.

프랑스의 재정통제는 회계감사원(Cour des Comptes)이 한다. 조직상으로 재정부에 속해 있는 이 기구는 실질적으로는 의회와 행정부로부터 독립되어 있고, 고위 감사원단 직렬로 인사를 별도 관리한다. 감사는 매우 중립적이고, 철저하게 이뤄지는 것으로 정평이 나 있다. 미션 중심의 예산체계는 국민의 혈세가 과연 효과성(effectivess) 있게 쓰였는가를 평가하는 데 도움이 된다. 특히 이 기관의 감사 후 지적사항이 있을 때, 해당 기관은 시정조치를 연차 회계보고서에 담아야 한다는 제도가 생겼다. 회계감사원은 이를 신호등과 같이 녹색, 노랑, 빨강으로 평가하고, 3년을 관찰한 후 종합평가를 한다(김찬수, 2016: 345).

Ⅳ 거버넌스

1. 지방자치와 지방행정

1) 체계적인 지방자치단체

프랑스의 권력기관 구성은 국민주권론에 기초한 단체자치모형이다. 특히 지방자치단체의 각 단계마다 국민(주민)이 직접 선출하는 기관과 중앙이 임명하는 기관이 병존해 있다. 이들은 국가 전체적으로 마치 군대의 조직과 같이 체계적으로 되어 있다.

기관구성측면에서 볼 때 프랑스 지방자치는 다음 세 가지의 특징을 가지고 있다.

첫째, 프랑스는 국토면적이 유럽에서 가장 넓지만 인구는 6천 6백만 명밖에

---

29) 따라서 부처별 지출예산과는 다르다.

되지 않은 나라임에도 불구하고 유럽에서 가장 복잡한 자치제도를 가지고 있는 나라이다. "복잡하다"는 뜻은 유럽에서 유일하게 5단계(코뮌, 데파르트망, 레종, 국가, 유럽)의 계층이 있고, 각 계층에 의회를 갖고 있다는 의미와, 기초자치단체인 코뮌의 수가 35,885개로 제일 많고 이들 간 그리고 데파르트망 간 등 자치단체 간의 불균형이 매우 심하다는 뜻이다.

둘째, 국가기관과 자치기관이 각 수준별로 병존하고 있다. 국가기관은 지역청장(préfet de région), 도지사(préfet), 군수(sous-préfet) 등이고, 지방자치기관은 지역, 도, 시읍면 의회와 집행 기관이다. 따라서 코뮌에서 담당하는 호적사무(결혼, 출생 등) 등 극히 소수의 업무를 제외하면 국가사무의 지방위임이란 존재하지 않는다. 국가기관은 국가사무를, 지방자치단체는 지방사무를 담당하는 것으로 명확히 구분된다.[30]

셋째, 지방의 정치행정을 통제하는 독립된 기관으로 지방행정재판소(Tribunal Adminstratif)와 지역회계심의원(Chambre Régionale des Comptes)이 별도로 존재한다. 이들 중립적 기관들도 각각 계서적으로 조직되어 있다.

넷째, 초국가수준으로 존재하는 유럽연합과 중앙정부를 제외하면, 프랑스에는 총 3계층의 자치단체(collectivités locales)가 존재하는데, 우리나라와는 달리 상급자치단체가 하급자치단체를 감독·통제하는 권한은 없고, 동등한 관계이다. 각급 지방단체별로 고유 담당기능을 지정하여 가급적 중복을 피하고 있으며, 주요한 내용은 [표 4-5]와 같다.

2) 자치단체의 정책과 행정

프랑스 각급 지방자치단체의 기관구성 원리는 지역, 도, 시읍면의 의회는 주민 직선으로 선출하고 선출된 의원들이 의장 겸 단체장(집행부)을 선출하는 기관통합형의 형태를 띠고 있다.[31] 즉, 지방자치단체의 기관구성 원리는 프랑스의 모든 시읍면, 도, 지역에 획일적으로 적용된다. 차이가 있다면 주민의 규모, 의원의

---

30) 실제로는 이를 바탕으로 중앙정부와 각 지방자치단체는 동일한 사업에 대해 일정부분 재정을 분담하는 방식으로 협력이 이루어진다. 이런 복잡한 과정을 일종의 협업체제 혹은 거버넌스라고 볼 수도 있다.

31) 기관통합형이란 중앙정치체제에서 보는 의원내각제의 기관구성원리를 지방자치체 구성의 원리로 채택한 경우이다. 이는 대통령중심제의 원리를 지방에 적용하는 기관대립형과 대조되는 유형이다.

표 4-5 지방자치단체 간 기능배분

지방단체 종류	기 능
Région	• 지역개발정책 • 고등학교 및 직업교육(교육예산이 전체 예산의 45%를 차지)
Départment	• 보건 및 사회정책 • 중학교육 • 경제개발 및 국토개발 사업

Commune
(코뮌공동체, 메트로폴)[32]
	• 도시계획 및 도시교통
	• 초등 교육, 유치원, 국민학교 시설 및 운영담당
	• 기 타
	  – 도로행정
	  – 하수 및 오물처리
	  – 호적사무(중앙정부의 위임사무)

수, 행정조직(시읍면장 비서실, 사무국장의 존재 여부) 등 주로 규모가 다를 뿐이다.

특수지방자치단체인 3개 대도시(파리, 리용, 마르세이유)는 하위 자치단체로서 구청(arrondissement)을 두고 있다. 구의원 중 일부가 시의원을 겸직하고, 이들 시의원이 시장을 선출한다. 파리 20개구, 리용 9개구, 마르세이유 8개구 모든 집행부의 장은 해당 지방의회에서 간접 선출되고, 지방의회 의원, 국회의원, 유럽의회 의원, 장관, 지방자치단체의 장은 상호 겸직이 가능하다.

자치단체는 각각 법률이 부여한 고유기능을 수행한다. 주요 재원은 지방세와 중앙정부로부터 오는 교부세 등이다. 직접세는 주민세, 부동산세, 법인에 부여하는 영업세 등이다. 이 세금은 국가의 국세청이 국세징수시 부가하여 일단징수한 후 자치단체에게 지급하는 방식으로 징수된다.

대부분 자치단체는 높은 실업률 때문에 지역경제 활성화를 가장 중요한 정책과제로 삼고 있다. 따라서 각 자치계층이 고유기능을 갖고 있지만, 모든 정책이 직·간접적으로 지역경제와 관련 있으므로 크게 보면 지역개발정책을 추진한다고 할 수 있다. 특히 상·하 및 인접 자치단체 간 공동으로 특정프로그램을 추진하는 것이 최근의 추세이다. 중앙정부도 협력 파트너 중의 하나이다. 다른 주체 간의 계약을 통해 서로 재정부담을 약속하고 각종 협력을 하는 동반자관계가 새로운 거버넌스 체제로 발달하고 있다.

---

32) 자세한 것은 3. 행정개혁의 실제 참조.

표 4-6 지방자치단체의 예산구조

세 입	세 출
1. 지 방 세 　• 직접세 　　-주민세 　　-부동산세(건물) 　　-부동산세(토지 등 기타부동산) 　　-영업세 　• 등록세, 인지세 등 2. 중앙 정부로부터의 이전 3. 차　　입 4. 기타수입금	1. 운 영 비 　• 인건비 　• 이자지급 2. 사 업 비 　• 설비투자 　• 부채상환 3. 기　　타

2. 국가거버넌스

프랑스는 중앙집권적 체제를 가지고 있지만, 사회의 다양한 세력들이 정책결정에 참여할 수 있는 제도가 마련되어 있다. 각종 위원회도 그 예이다.

1) 위 원 회

노동조합이 국민들이 속해 있는 각 직장에서 직장위원회에 진출하여 고르게 의사결정에 참여하거나 견제하는 기능을 한다는 것은 전술한 바와 같다. 이는 각 지역단위수준별로 유사하게 조직되어 전국적인 대표기관은 중앙정부(즉, 수상 혹은 장관)에 이익을 투입한다는 점에서 거버넌스체제가 확보되어 있다고 볼 수 있다. 이외에도 민간과 관이 혼성으로 참여하는 각종 위원회가 있다. 경제사회심의회는 각종 경제문제에 대하여 관련 대표자들이 의견을 조율하는 기구이다. 중앙정부 차원에 있는 조직은 아래와 같다.

－경제사회심의회(Conseil économique et social)

경제사회심의회는 정부가 제출한 경제, 사회적 이슈에 관한 제안, 계획, 법률안 등에 대해 의견을 표명한다. 이와 유사한 형태가 광역자치단체인 지역(région)에도 조직되어 있어 지역의 경제, 사회에 관한 제반문제에 대하여 의견을 표출한다. 중앙의 위원회는 230명의 노조 및 사용자측 대표로 구성되며 위원의 임기는 5

년이다.

- 독립행정위원회(AAI)

프랑스에는 다양한 유형의 위원회가 있어 전통적인 부처조직과는 다른 방식으로 프랑스 공적 생활(public life)의 원활한 작동에 기여하며 다음과 같이 네 가지 유형이 있다.

첫째, 행정행위의 고객인 국민들의 권리보호를 목적(La défense des droits des administrés)으로 1973년 프랑스식 옴브즈만인 중재관(le Médiateur)을 시초로 하여, 신설된 기구들이다. 그 예는 아래와 같다.

- 정보자유보호위원회(CNIL: la Commission nationale de l'informatique et des libertés)
- 행정정보공개위원회(CADA: la Commission d'accès aux documents administratifs)
- 통신정보보호위원회(CNCIS: la Commission nationale de contrôle des interceptions de sécurité): 법이 허용하는 엄격한 조건하에서 도청 등이 이루어지도록 한다.
- 치안보호위원회(CNDS: la Commission nationale de dèfntologie de la sécurité): 경찰 등 치안에 종사하는 공무원이 인권을 보호하는 등에 관한 문제를 다룬다.
- 아동보호위원회(La défense des droits des enfants): 2000년 신설되어, 사회적 약자인 아동의 권리보호를 위한 총괄적인 기능을 담당한다.

둘째, 경제활동에 대해 중립적인 위치에서 관여하는 경제관련 규제위원회(La régulation de l'économie)이다. 이 유형의 경제관련 기구들은 소관분야에 대해서 행정조직의 도움을 받아 강력한 간섭권을 부여받고 있으며, 이러한 특권 때문에 이들의 활동은 공개되어 투명성을 갖도록 하고 있다. 예컨대 연차 활동보고서를 공개하는 것이다. 그 예는 아래와 같다.

- 주식거래위원회(COB: la Commission des opérations de bourse)
- 경쟁위원회(le Conseil de la concurrence)
- 은행위원회(la Commission bancaire)

- 보험위원회(la Commission des assurances)
- 프랑스은행(즉, 중앙은행) 화폐정책위원회(le Comité de politique monétaire de la Banque de France)
- 계약남용위원회(la Commission des clauses abusives)
- 소비자안전위원회(la Commission de la sécurité des consommateurs)

셋째, 1995년 발족한 공공토론위원회(Le Conseil nationale du Débat Public (CNDP))는 공공의 토론이 활성화됨에 따라 이들 과정의 공정성을 확보토록 하는 데 그 기능이 있다. 즉, 각종 정책에 있어서 일반 국민의 참여를 보장하도록 하며, 국토개발과 지역개발문제를 집중적으로 다룬다. 특히 NIMBY현상이 일어나는 모든 문제, 예컨대 국토개발에 관한 계획을 수립할 때는 동 위원회에서 이해관계자들이 고루 참여했는가를 감시한다. 위원의 임기는 5년으로 보장하고, 각계를 대표하는 25인으로 구성한다(은재호 외, 2012). 이들은 정부의 영향력에서 벗어나 중립적인 입장에서 토론을 주도할 수 있도록 하고 있다.

넷째, 정보통신 분야가 급속히 발전함에 따라 이를 규제하고 올바른 정책방향의 설정을 유도하는 정보통신관련 위원회(L'information et la communication)가 있는데, 그 예는 아래와 같다.

- 시청각 방송위원회(Conseil supérieur de l'audiovisuel)
- 통신규제위원회(Autorité de régulation des télécommunications)
- 영화중재위원(Médiateur du cinéma)
- 여론조사위원회(Commission des sondages)

다섯째, 이상에서 논의한 것들은 대부분의 경우 유럽연합(EU) 차원의 거버넌스 틀 속에서 이뤄진다는 점을 명심해야 한다. 일종의 연방체제와 같이 유럽연합은 개별국가의 의사결정을 제약한다(자세한 것은 오시영 편(2006) 113쪽 이하 참조).

프랑스관련 유용한 정보 제공 웹사이트

- 옴부즈만
  - http://www.mediateur-republique.fr
- 정보자유보호위원회(commission nationale de l'informatique et des libertés)

- http://www.cnil.fr
- 주식거래위원회(Commission des opérations de bourse)
  - http://www.cob.fr
- 시청각방송위원회(Conseil supérieur de l'audiovisuel)
  - http://www.csa.fr
- 통신규제위원회(Autorité de régulation des communications électronigueset des Postes)
  - http://www.arcep.fr/
- 인권보호(Le Defénseur des droits)
  - http://www.defenseurdesdroits.fr/

2) 거버넌스 실제: 지역개발사례

전술한 바와 같이 프랑스에는 공공부문에 관련되는 각종 행위주체가 있다. 중앙정부는 이들 여러 행위자(특히 각 계층의 자치단체, 기타 반민반관 기구)들을 활용하여 정책을 추진한다. 활용하는 방법은 권위적인 방법이 아니라 국가가 이들과 '계약'을 맺는 것이다. 대표적으로 '국가-지역 계획계약(contrat de plan Etat-Région)'은 지역경제개발에 관하여 5년 주기로 국가가 각 광역지자체와 차별화된 내용의 계약을 맺는 것이다. 계약서의 내용 중 농촌지역에 관한 경우 유럽연합(EU)차원에서 지원되는 농촌개발 정책의 일환으로 계획계약이 작성된다.[33] 지역은 이 계약을 독자적으로 수행하기보다는 역시 지역 내 다른 행위자(즉, 자치단체)들을 참여시킨다. 즉, 현장밀착형으로 정책집행을 하기 위해 다시 하부 자치단체와 계약을 맺기도 하고 직접 관여하기도 한다.

이렇게 정해진 범주 내에서 지역개발이 어떻게 이루어지는가를 살펴보면 다음과 같다. 도(département)수준에서 특정 개발문제를 다루기 위해 개발위원회(le conseil de développement)를 조직한다. 개발위원회는 관련 코뮌(기초자치단체)을 묶어 그 대표자들로 구성되는 심의기관이다. 위원의 구성은 다음과 같은 원리에 의하여 각 지역의 사정에 따라 다르게 이루어진다. 크게 보면, 전문성이 인정되는 사회관계자집단(socio-professionnel)과 각종 자발적 협회(association)[34]가 참여한다. 이

---

33) 후술하는 objectif II가 한 예이다.

34) 프랑스에서는 1901년 법(loi 1901)에 의해 결사체로서 각종 협회 및 사회 단체의 구성이 보

에 더하여 각종 선출직이나 공공기관의 대표를 참여시키는 것은 각 지역이 선택할 수 있는 재량사항이다. 추진위원회가 위원의 명단을 제안하면 관련 자치단체의회가 인준함으로써 위원이 확정된다.

- 전문가집단(예시) : 상공회의소, 농업회의소, 직능집단회의소, 기업인회의, 농업인 노조, 고용인(샐러리맨) 노조, 병의원 노조, 상인협의회, 자유직협의회 등
- 협회(예시) : 각종 스포츠관련 협회, 환경보호협회, 사냥협회, 각종 문화협회 등
- 선출직(예시) : 코뮌 의원대표, 코뮌장, 국회의원, 도의원, 지역의원 등
- 공공기관대표(예시) : 기술계 고등학교, 대학, 병원, 고용촉진공사 등

이상에서 설명한 자치단체 수준에 따라 존재하는 여러 행위자(기구) 간의 실제 행위양상을 도식화하면 [그림 4-3]과 같다. 이것은 유럽의 지역개발 프로그램인 Objectif II의 경우에 해당하는 개념도이지만 다른 경우도 이와 유사하다.

3. 행정개혁의 실제

1) 행정개혁의 기본방향

행정의 의무는 한마디로 요약하면 행정서비스의 수혜자인 국민에게 봉사하는 것이다(Didier, 1999: 7). 그 표현이 '국민'이든, '사용자'이든, '고객'이든 상관없이 이것은 프랑스 행정이 추구해 온 변함없는 원칙이다. 이러한 행정의 의무론에 기초하여 행정은 일정한 분야에서 공권력을 부여받고, 이를 실현시키기 위해 공무원은 행정조직과 특별 권력관계에 있는 것이다. 행정이 추구할 가치는 전통적인 것과 최신의 것으로 나눠진다.

- 전통적 가치
  • 루소가 주장한 일반이익(l'intéret général): 이는 특수이익인 개인의 이해에 반하는 것으로서 공동체의 복리를 증진하는 것을 말한다.
  • 자유: 행정이 보호해야 하는 것은 개인의 자유, 사생활의 자유는 물론이고 결사의 자유, 사상의 자유, 표현의 자유 등까지 포함한다.

장되고 법적 보호를 받는다. 프랑스인들 2명 중 1명이 각종 협회에 가입되어 있고, 이들의 상근직원도 총 150만 명이 넘고 있다. 대부분은 취미단체이지만 공익적 활동을 하는 것도 2,000개나 된다. 이것은 시민단체가 전문화와 직업화되고 있음을 의미한다(Hély, 2006).

그림 4-3 유럽 계획 Objectif II의 기획과정에서 기관 간 관계도

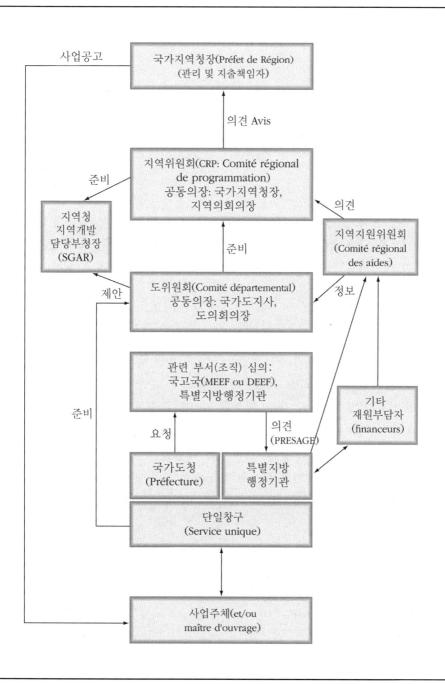

- 평등
- 중립성: 구체적으로는 특정 정당이나 직능집단, 종교에 치우치지 않아야 하며 동시에 이들의 영향력으로부터 개인들의 사상의 자유 등을 보호해야 한다.

- 새로운 가치

프랑스 사회의 변화에 따라 행정이 추구해야 하는 가치도 변하게 된다. 이것은 과거에 추구했던 전통적인 가치에 비하여 새로운 것들인데 대체로 1980년대 정도부터 강조된 것이다. 이를 다음과 같은 세 가지로 요약할 수 있다.

- 투명성(la transparence)
- 효율성
- 최적 관리: 투입(input) 대 산출(output)의 비율을 가장 바람직하게 해야 하는 것으로 모든 공무원에게 엄격한 관리의무를 부여하면서, 만약 이를 위반하여 개인적인 이익을 취한 경우에는 인사조치까지 취하도록 되어 있다.

이렇게 신구(新舊)의 행정가치를 추구하면서 업무를 수행한 결과, 국민들에게 전달되는 산물인 행정서비스는 다음과 같은 특성을 가진다.

- 행정은 기업이 아니다. 즉, 이윤추구를 회피해야 하기 때문에 행정서비스는 모든 국민에게 '무료'로 제공된다.
- 국민들의 일반이익과 자유, 평등을 지키고 중립적으로 업무수행을 해야 하기 때문에 수 년(수십 년) 간 변함없이 '계속성'을 가져야 한다.
- 모든 국민이 행정으로부터 '평등'하게 혜택을 누려야 한다.
- '책임성'의 경우, 예컨대 행정권의 고의적 오류가 없다고 하더라도 개인이 입은 피해에 대해서는 책임이 있다는 정도로 발전한다.[35]

2) 프랑스 행정개혁

프랑스의 행정개혁은 기본적으로 역대대통령의 정치적 목적이 결합되어 이뤄져 왔으나, 내용상으로는 어느 정도 일관성을 유지하고 있다.

---

[35] 이 원리는 만약 개인이 입은 공권력에 의한 피해를 모두 보상받아야 한다고 하면, 집합체에 의한 보편화된 보험체제에 의해야 함을 의미하기도 한다. 결국 개인의 피해보상권과 행정행위의 불가피성 사이의 적절한 경계가 어디인가라는 근본적인 문제에 관련되는 것이다(Long et al., 1996).

프랑스의 행정개혁은 과거 낡은 행정에서 새로운 행정으로 '현대화(moderni-sation)'하는 것을 천명하고 있다(Guyomarch, 1999). 영미식 신공공관리론을 그대로 수용하지 않고, 프랑스 행정현실에 맞게 변형하고 절제해서 개혁을 수행하는 것이 프랑스 행정개혁의 특징이다. 개혁의 3대 추진방향은 다음과 같다.

첫째, 재정개혁이다. 2001년의 법(loi du 1er aout 2001)에 의하여 점진적으로 재정개혁을 실시해 왔다. 이것은 복지병 등 정부부문의 효율화가 요구되는 가운데, 국가예산 전체가 완전히 투명하게 될 뿐만 아니라, 각 담당주체들의 자율권을 제고하는 방향으로 이뤄진다.

둘째, 행정절차의 간소화이다. 이것은 프랑스판 규제개혁이라고 봐도 된다. 즉, 공익을 위해 필요한 좋은 규제를 잘 집행하되, 국민의 입장에서 절차를 쉽게 해야 한다는 것이다. 정부는 불필요한 행정절차를 간소화하기 위해 구체적인 노력을 기울여야 하고, 이 중 법률규제사항은 의회에 법률(lois, codes, ordonnances)의 개정을 제안할 수 있도록 했다. 유사한 법률의 통폐합을 통한 법전화(codification)와 정부부처와 도청에 설치되어 있는 각종 위원회의 폐지 등도 이러한 차원에서 추진되는 행정개혁이다.

셋째, 행정서비스의 현대화이다. 이것은 프랑스판 공공관리개혁이라고 할 수 있다. 즉, 행정서비스의 질을 향상시키고 효율성을 제고하기 위해 행정은 사용자(usagers) 중심으로 변화한다. 특히 IT를 통한 행정서비스로 사용자의 편의를 제고하는 것을 중요한 수단으로 생각하고 있다. 공무원 수를 지속적으로 줄이는 정책도 정권을 초월하여 추진되고 있다.

행정개혁의 추진체계는 정부가 바뀔 때마다 다양하게 변화한다. 전술한 대로 부처조직이 쉽게 바뀌기 때문이다.

3) 제3차 지방분권 개혁: 레종 축소와 메트로폴 국토개혁정책 추진

제3차 지방분권 개혁은 2012년 사회당의 정권교체와 함께 추진되었다. 올랑드 대통령 역시 과거 우파정권과 마찬가지로 복잡한 지방행정체제를 단순하게 재편할 계획을 추진하고 있다.

이러한 프랑스 정부의 제3차 지방분권 개혁은 2014년 6월 정부의 법안제출을 시작으로 본격화되었고, 2014년 1월 법령(Loi MAPAM)에 따라 2015년 1월부터 광역도시(Metropole)는 새로운 위상을 갖게 되었다.

이로써 광역도시 관할의 인구 40만 명 이상의 인접도시는 도시정책, 도시에너지 변환, 재개발, 경제발전 등 분야에서 독자적 권한을 행사할 수 있게 되었다. 이와 함께 2015년 기존 리용시와 데파르트망의 통합으로 Lyon 광역도시가 확정되어, Bordeaux, Brest, Grenoble, Lille, Montpellier, Nante, Rennes, Rouen, Strasbourg, Toulouse, Nice와 함께 새로운 법적 지위를 갖게 되었다.

메트로폴의 정의는 프랑스 지방자치단체법 L5217-1조에 따르면 "다수의 코뮌을 하나의 공간 내에 통합시켜 자신의 영토 내에서 지속가능하고 연대적인 개별을 위해 협력하고, 경쟁력과 결속력을 개선하기 위해 경제적·생태적·교육적·문화적·사회적 프로젝트를 같이 만들고 운영하며 징세를 할 수 있는 코뮌간 협력을 위한 공시설법인(EPCI)"이다. 메트로폴은 지역내·지역간 협력의 정신 속에서 국토균형발전에 관심을 가지고 메트로폴의 경제적 기능, 교통망과 대학, 연구 및 혁신 자원 등의 강화를 목적으로 한다. 메트로폴은 기본적으로 다수의 코뮌들로 구성된 코뮌 협의체로서 경쟁력 강화와 결속을 위해 다양한 발전프로젝트를 함께 수립·추진하는 지역간 연대에 기반한 공간이다.

한편 레종의 수 조정 및 권한 강화와 관련된 법인(일명 Loi NOTre)이 2015년 1월 헌법위원회의 합헌 결정 판결을 받고 2015년 3월 하원에서 의결됨으로써 최종적으로 기존 22개의 레종이 13개로 축소되어 2016년 1월부터 시행되었다.

유럽통합으로 인해 격화되어 가는 지역 간 경쟁에서 프랑스는 레종의 지역 경쟁력 확보를 위해 레종을 개편하였다. 2016년 1월부터, 2015년까지의 22개 레종에서 2016년 13개 레종으로 변화하였다. 이러한 변화로 인해 새로운 레종은 인구 기준으로 1강 5중 7소로 변화하였는데, 수도권인 일드프랑스의 인구는 11.9백만 명으로서, 2번째로 큰 오베르누와 론알프를 합친 레종 인구인 7.6백만 명의 약 2배가 되었다. 인구 5백만 명 이상의 레종이 5개가 출현하고 레종 간 통폐합으로 인구격차가 축소되는 경향이 나타났다. 결과적으로 소규모 레종 통폐합을 통해 행정 및 재정의 효율성 제고가 가능할 것으로 보인다. 이런 개혁이 가지는 의미는 그동안 지역(레종) 단위를 중시하고 데파르트망을 약화시키려는 정책방향이 역전되었다는 것을 말한다. 즉, 도를 더 중요하게 여기고 지역을 약화시키는 정책방향이 아닌가 추측된다.

이러한 정책은 지역발전 정책의 패러다임 변화 및 수도권 성장정책을 추진하면서 시작되었다. 2009년 사르코지 前 프랑스 대통령이 프랑스의 미래동력으로서 수도권을 본격적으로 성장시키려는 전략과 목표로 '그랑파리' 계획을 선언하였고, 이를 계승한 올랑드 대통령은 메트로폴 정책을 본격화하였다.

이러한 프랑스 국토개혁정책의 시사점은 첫째, 정파적이고 단기적 관점보다는 장기적이고 정책중심적 관점에서 국가사업의 연속성과 지속성을 보장할 수 있는 제도적 방안이 필요하다. 둘째, 수도권 정책은 특정지역 발전이 아니라 국가 전체적인 성장정책의 일환으로 추진되어야 한다. 셋째, 관료들에 의한 공급 위주의 지역정책이 아니라 지역민들의 여론을 반영한 수요 위주의 지역정책이 필요하다. 넷째, 인위적인 행정경계를 초월하는 지원정책의 새로운 패러다임도 필요하다. 다섯째, 수도권의 중요성에 대한 국민적 합의가 필요하다. 국가적 관점에서 수도권은 국가경쟁력을 위한 핵심지역이자 국가를 대표하는 특별한 지역이 되기 때문이다.

V 한국과의 비교

프랑스인들은 OECD 국가 중에서 가장 적은 시간 동안 일을 하고, 가장 행복하게 사는 사람들이다. 또한 과거 프랑스는 전 세계사를 주도할 정도로 중요한 역할을 해 왔다. 국적 취득 면에서 출생지주의를 택하고 있고, 그동안 구식민지를 비롯하여 여러 나라에서 이민을 받아들였다. 그럼에도 불구하고 민족국가로서 오늘날에 이른 프랑스의 비결은 강한 국가(strong state)의 전통 때문이라고 할 수 있다. 국가라는 큰 틀 내에서 자유와 다양성이 보장되는 것이다. 즉 민간부문의 자유와 평등은 보장하되 항상 그 중심에는 국가가 자리 잡고 있는 것이다. '상대적 통합모델'이면서 공공부문의 영역이 팽창되어 있는 독특한 유형을 보이고 있다.

프랑스 사례에서 주목해야 할 점은 국가(즉, 행정)의 역할이다. 국가주의 모델이 잘 작동하는 것은 체계적으로 조직되어 있고 중립적인 위치에서 공익을 실현하려는 행정체제 때문에 가능하다. 다른 나라에서 정당정치가 담당하는 국민의견수렴 기능이나 합의기능을 프랑스에서는 행정부의 중립적인 기구가 많이 담당한다. 서로 이념경쟁을 하는 정당들 간의 게임정치는 필요한 범위 내에서 하도록 제도화되어 있으며, 많은 부분은 고급관료를 중심으로 조직된 프랑스 나름대로의 독특한 행위자들이 담당하는 것이다. 공공영역이 팽창되어 있고 기구가 분화되어 있지만, 무조건적 평등이 아니라 내부에는 경쟁에 의한 차별적 평등이 존재한다.

그럼에도 불구하고 프랑스는 많은 국내외적인 도전에 처해 있다. 가장 큰 위협은 국력의 차이에서 비롯되는 것이지만 미국주도의 세계화이다. 이런 맥락에서 국제사회에서의 영향력을 확보하고 자국의 이익을 지키려고 추진하는 것이 유럽연합(EU)의 건설이다. 유럽연합의 건설을 두고 그 동안 경쟁국이었던 독일과 협력을 하는 것이다. 그러나 유럽연합국가의 확대로 인하여, 동유럽 등 유리한 곳으로의 자본 및 노동자가 이동하기 때문에, 이들을 프랑스에 붙잡아 놓는 것도 중요한 과제가 되고 있다. 이러한 관점에서 프랑스는 선택과 집중전략을 택하고 있는데, 구체적으로는 국가 차원에서 전략적으로 중요한 핵심산업을 육성하고 유지하는 것이다. 아울러 불어권 국가들과의 유대를 강화하고, 이들을 비롯하여 비 불어권국가와도 문화외교 등을 강화하는 것이다.

한국과 비교하면, 프랑스는 정치와 행정을 보는 관점이 거의 정반대라고 볼 수 있다. [표 4-7]에서 정리하고 있는 바와 같이 프랑스에서는 정치는 정치로서 족하고, 정치인들은 자신의 이념이나 지역구의 특수이익을 대변하는 존재라고 본다. 따라서 국가공동체의 이익은 행정(administration)이 담보하는 것으로 보고 있다.

한국은 관존민비의 전통에 대한 비판이 너무 거세서인지 행정권이 하락하고 관료들은 비판의 대상이 된다. 최근에 들어올수록 정치가 모든 것을 좌우하고 행정은 정치의 지휘하에 구체적인 것을 담당하는 수단적인 존재로 보는 것 같다. 행정 엘리트의 역할과 사회적 위신은 프랑스보다 상당히 낮은 편이다.

한국에서는 시장메커니즘의 중요성을 과신하며, 아직 여건이 성숙하지 않은 부분에 대해서도 시장중심적인 개혁을 추진한다. 미국에서 좋다는 행정개혁은 모두 도입되는 추세이다. 이에 비하여 프랑스에서는 자신의 맥락에서 행정의 가치를

표 4-7 프랑스와 한국의 비교

	프 랑 스	한 국
정 치	정치는 특수이익 대변기능	정치는 일반이익의 수렴
행 정	국가기능의 핵심, 행정이 정치를 통제하거나 견제	정치인의 도구, 정치에 행정이 종속
행정관료	엘리트 — 존경과 신뢰	지위하락 — 부패, 비능률 비판의 대상
국 가	중립, 계속성, 일반이익의 대변	시장중심 선호
지 방	국가도지사, 자치단체 병존	지방분권, 지방자치 강조 — 중앙 배제의 논리
경제분야	국가가 중심역할, 공기업분야 강조	시장논리 우선
행정개혁	자체모델	미국중심

추구하면서 독자적인 방법으로 개혁을 추진하는 경향이 있다. 따라서 미국식 민영화와 NPM의 바람이 별로 거세게 불지 않았다.

중요한 차이점에도 불구하고 과거 한국의 모델은 미국보다는 프랑스모델과 유사했다. 오늘날에는 많은 부분이 미국모델을 향해 가고 있다. 한국은 벤치마킹의 방법으로 여러 나라의 장점을 모두 배우려고 노력하고 있다. 그러나 장기적으로는 한국의 정치행정체제가 미국과 프랑스 중 어느 쪽을 택해야 할지는 중요한 선택이 될 것이다.

☕ **차 한잔의 여유**

어느 공무원이야기 — 미쉘(Michel)

미쉘은 파리에서 450여km 떨어진 시골에서 태어나 근처 프와티에(Poitiers)와, 낭트(Nantes)에서 대학을 다니고 Paris에서 대학원을 다녔다. 대학시절에 만난 프랑세트(Francette)와 결혼하여 1남 1녀의 자녀를 두었다. 프랑세트는 167cm로 아름다운 미모를 가지고 있고, 머리도 영리하여 의학 공부를 한 사람이다. 그러나 개업을 하지 않고, 직장을 순회하며 노동자의 건강상태를 돌보는 직장보건의사이다. 직장보건의사는 프랑스 전역을 분담하여 존재하는 공무원이고, 모든 다른 의사들과 같이 중요한 의료직 공무원집단에 속한다.

미쉘은 대학을 졸업하고 시험을 통하여 재경부소속의 국고관(Tresorier General)이라는 직종의 공무원이 되었다.[36] 그는 파르트네(Parthenay)시의 사무총장(secretaire general — 서열상으로는 시장 바로 다음으로 시정을 총괄하는 2인자에 해당)을 지냈다. 또한 회계심의원의 지방조직으로서 지역회계심의원을 신설하는 시기에 채용시험에 합격하여 행정재판관(juge administraf)이 되었다. 이 행정재판관 신분은 회계심의원의 직원과 유사한 신분으로 고급공무원단에 속한다. 신분을 유지하면서 다양한 자리를 파견형식으로 담당한다. 미쉘은 재무회계전문가이기 때문에 그와 관련된 업무를 담당해 왔다. 그 동안 Haras, 유럽우주항공공사(Agence Spatial Europeen)에서 각각 3~4년씩 회계통제관으로 근무하고, 현재는 원래의 업

---

36) 국고관은 전국의 각 지역을 분할한 담당구역을 가지고 있으면서, 각종 징수금(예, 교통법규위반금)을 걷고, 관할수역 내 중앙정부의 특별지방행정기관이나 지방자치단체의 공금의 출납을 담당한다. 즉, 이들이 전체를 관할하기 때문에 프랑스 지방자치단체에는 자체의 지방세과나 지출관이 없다.

무로 복귀하여 국가가 재정지원을 하는 사기업에 대해 그 집행실태를 통제하는 역할을 한다. 즉 주로 IT분야의 사기업에 대하여 일정한 기준에 의해 감세 등 재정보조를 해 주는데, 이 공금의 사용에 대하여 회계장부를 통한 검사를 하고 필요시 현장실사를 나가는 역할을 한다.

미쉘은 다른 프랑스인들과 마찬가지로 미국모델에 대해 매우 비판적이다. 미국의 시장모델이 국가의 역할을 완전히 대체하리라고 생각하지 않는다. 가능한 경쟁원리를 도입하는 것에 대해서는 찬성하지만, 국가가 제 역할을 하지 못하는 것에 대해서는 매우 비판적이다. 예컨대 수리남 지진과 해일피해에 대해 빌게이츠와 같은 갑부가 스리랑카와 같은 한 국가보다 더 많은 액수를 기부한다는 것에 대해 못마땅하게 생각한다.

그렇다고 하여 프랑스의 국가행정에 대하여 찬성하는 것은 아니다. 시락 대통령이 장기집권하는 등의 정치분야에 대해서 불신한다. 국립행정학교(ENA) 출신들이 확고부동한 위치를 점하고 있는 데 대해서도 인정하기 어려워 한다. 행정업무처리과정이 지나치게 복잡하고 시간이 많이 걸리는 것에 대해서도 비판한다.

미쉘은 30년 전에 아주 조용한 시골에 주택을 샀다. 넓은 농토에 집 서너 채가 있는 농가를 구입한 것이다. 키가 185m로 큰 편이지만 운동에 재주가 없어서 취미는 집고치는 공사이다. 주말이면 작업복을 입고, 하나하나 공사를 해왔다. 유럽에는 이런 취미를 가진 사람들이 많아서 각종 공구를 팔거나 빌려주는 가게도 있고, 각종 공사기법에 대한 정보를 쉽게 구할 수 있다. 허름한 농가가 커다란 주택공간으로 변한 것은 그의 이런 취미생활 때문이다. 타일공사 등은 물론이고, 수영장, 당구장 등도 스스로 했다.

토요일과 일요일은 공휴일이기 때문에 일을 하지 않는다. 프랑스는 노조의 영향력이 세기 때문에 토요일과 일요일에는 일을 하지 않는다. 음식점과 카페 등 극히 일부 서비스업만 주말에 문을 연다. 심지어 백화점과 각종 상점도 일요일에는 모두 문을 닫는다. 따라서 프랑스 사람들은 금요일 저녁 혹은 토요일 저녁에 친구나 가족을 만나고 휴식을 취한다. 미쉘도 주말이면 자기 집에 친구를 초대하든지, 아니면 다른 집에 초대받든지 한다. 저녁 식사는 보통 8시쯤 시작되는데 전식(aperitif)으로 시작하여 디저트, 차 등 보통 12시쯤 끝난다. 서너 시간 동안 다양한 주제에 대해서 담소를 즐긴다.

미쉘은 토요일과 일요일의 낮에는 잠을 충분히 자고 여유 있는 시간을 지낸다. 집고치는 작업을 하든지, 근처의 명소를 방문하든지, 전시회나 영화를 감상하러 가든지 하는 다양한 활동을 한다.

◈ 참고문헌

경제인문사회연구회(2009), 『주요 5개국의 싱크탱크』, 연구보고서.

곽현준 외(2011), "프랑스연금법 개혁의 정치과정" 『의정연구』, 17(1).

김찬수(2016), "예산 거버넌스확립을 위한 감사원의 역할연구," 『한국정책학회보』, 25(1).

박천오 외(1999), 『비교행정론』, 서울: 박영사.

오시영 편(2008), 『프랑스의 행정과 공공정책』, 서울: 법문사.

은재호 외(2012), "가칭 '국가공론위원회'의 효과적 운영방안연구," 사회통합위원회 연구보
고서.

임도빈(1996), "정치와 행정과의 관계에 관한 비교연구 — 영국, 프랑스, 독일의 제도를 중
심으로," 『한국행정학보』, 30(1).

임도빈(1993), "정치와 중앙정부조직 — 프랑스의 경우를 중심으로," 『한국행정연구』, 2(3).

임도빈(1997), "프랑스 정치에서 상원의 역할에 관한 연구," 의회발전연구회 공모 논문(미
발표).

임도빈(2000), "신공공관리론과 베버 관료제이론의 비교," 『행정논총』, 38(1).

임도빈(2002), 『프랑스의 정치와 행정』, 서울: 법문사.

정동준(2003), 『18세기의 교육사상: 프랑스 대혁명기의 공교육계획』, 서울: 국학자료원.

조홍식(2000a), 『조홍식 교수의 문화에세이』, 서울: 창작과 비평사.

조홍식(2000b), 『똑같은 것은 없다』, 서울: 창작과 비평사.

조홍식(2014), "프랑스 엘리트 고등교육의 사회학: 시앙스포(Sciences Po)를 중심으로," 『유
럽연구』, 32(2).

Bigault, C.(1996), "d'évaluation de la législation et des politiques publiques," *Regards
sur l'actualité*, Paris: la documentation francaise.

Chapus, R.(1994), *Droit administratif général*, Paris: Monchrestien.

Clappe, Philippe et al.(1994), "Le role du Parlement dans le Travail Governmental,"
Seminaire de l'ENA, Promotion "Rene Char"(미간행).

Didier Jean-Pierre(1999), *la déontolgie de l'administration,* Paris: PUF, p.7.

Drefus, F. et d'Archy, F.(1987), *Les Institutions Politiques et Administratives de la
France*, Paris: Economica.

Guyomarch, Alain(1999), 'Public service', 'Public Management and the modernization'
of French Public Administration, Public Adminitration, vol.77, No.1, pp.171~186.

Hély, M.(2006), *Del'intéret général ál'utiblité social*, Papier Présenté au collogue(미간행).

Long, M. Weil, Braibant, DelvolvÈ Genevois(1996), *Les grands arrets de la juris-prudence administrative*, Paris: Dalloz.

Macridis, Roy(1987), *Modern Political Systems*, Englewood Cliff, N.J.: Prentice-Hall.

Maus, D.(1988), *Les grands textes de la pratique institutionelle de la Ve République*, Paris: la Documentation francaise.

Moreau, Bernard(1993), "Autonomie et carrier: le statut des fonctions publiques parlementaires," in *Revue francaise d'Administration Publique*, N.68.

Mény, Y.(1991), *Le Système Politique Françoise*, Paris: Montchrestien.

Peters, G.(1987), "Politicians and Bureaucrats in the Politics of Policymaking," in J.-E. Lane(ed.), *Bureaucracy and Public Choice*, London: Sage.

Quermonne, J.L. et Chagnollaud D.(1991), *Les gouvernement de la France sous la Ve République*, Paris: Dalloz.

Rossetto, Jean(1992), *Les institutions politiques de la France*, Paris: Armand Colin.

Senat(2000), *Recueil de fiches techniques sur les fonctions*, les procedures et l'organisation du senat(미간행).

Timsit, G.(1986), *Theorie de l'Administration*, Paris: Economica.

Timsit. G.(1987), *Etats et Administrations*, Paris: PUF.

제 2 편

상대적 통합모델

Chapter 5

관료국가: 일 본

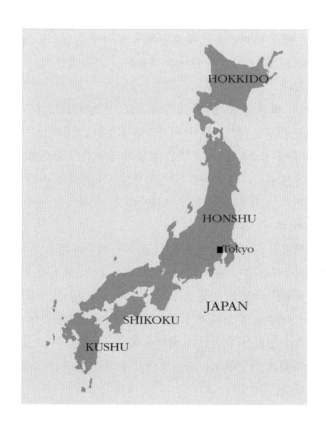

수도: 도쿄(東京)　　　　면적: 364,485㎢
인구: 126,919,659(2015년)　　인구밀도: 348.2명/㎢
통화; 엔(JPY: ￥)
종교: 신도 79.2%, 불교 66.8%, 기독교 1.5%, 기타 7.1%(복수종교를 믿기도 함)
GDP: $4.83조(2015년 구매력기준 추정치)(1인당 $ 38,100)

I 개 관

1. 가깝고도 먼 나라 일본

일본은 지진이 많고 척박한 자연환경을 가진 4개의 주요 섬으로 이뤄진 나라이다. 불리한 자연조건에도 불구하고 인구가 1억 3천만 명 정도인 대국으로서, 지속적으로 노력한 결과 1980년대 세계에서 부동의 경제 강국으로 부상하였다. 일본은 산업 경제, 과학기술 분야뿐만 아니라 대부분의 분야에서 아시아의 최첨단국가 지위를 누리고 있다.

오늘날 일본의 발전은 봉건영주를 중심으로 분열되었던 일본을 1868년 메이지유신을 통해 근대화한 것으로부터 시작하였다. 메이지유신에 이어 1889년에는 입헌군주제적 헌법이 공포되었다. 헌법은 천황이 공권력의 중심에 있고, 정부는 천황의 뜻을 받들어 실현시키는 존재로 규정하였다. 이 헌법은 사실상 당시 유럽 각국에 파견된 일본의 신사유람단 중 프러시아에 간 부류들이 중심이 되어 일본의 정치행정모델로 삼은 것이다.

이후 무관 세력의 득세로 군국주의적 통치가 이루어졌고, 인접국을 식민지화하기 시작하여 결국에는 2차 세계대전을 일으키게 된다. 패전을 한 일본에는 연합군이 진주하여 새로운 헌법을 만들게 된다. 이 헌법은 1947년 공포되었으며 국민주권, 평화주의, 인권존중의 원칙과 전쟁포기를 천명하고 있다. 아시아의 선진국임에도 불구하고, 일본인들은 외국인이 이해하기 어려운 성격구조를 가지고 있다고 알려져 있다. 스테레오 타입(stereo type)이라는 한계는 있지만 일본인의 성격을 다음과 같이 요약해 볼 수 있다.

－일단은 '하이(yes)', 강한 부정을 하지 않는다.

일본은 역사적으로 사무라이(무사계급)가 중심이 된 시기가 많았다. 흔히 일본의 문화는 칼과 벚꽃의 문화라고 한다(베네딕트, 1993). 과거 사무라이가 최고의 계급이었고, 일반인들은 이들의 비위를 거스르지 않고 절대복종하며 살아야 했다. 이러한 전통 때문에 일단은 '하이', 그리고 부정을 하더라도 강한 부정을 사용하지 않는다. 이러한 것이 어쩌면 일본 전체의 국민적 특징이 되었는지도 모른다.

일본인들은 본심을 잘 드러내지 않는다. 그들과 대화를 할 때는 어디까지가 '다테마에'이고 어디서부터가 '혼네'인가를 잘 파악해야 한다.[1] 이는 강하게 부정하지 못하는 점과 예의상의 겸허함을 지키려는 일본인들의 애매한 태도에서 나타난다. 또한 일본어 자체가 알고 보면 매우 애매한 말이다. 대개 일본인들은 겉으로는 매우 친절하다. 그러나 진정으로 친해지기는 쉽지 않다. 유일신을 믿는 기독교의 전파도 어렵고 두 가지 이상의 종교를 가진 일본인이 많다는 점은 이러한 국민성을 나타내 주는 것이라고 할 수 있을 것이다.

– 집단의식

일본인들은 집단으로 일하는 것을 좋아한다. 어릴 때부터 이런 정신에 대해 철저하게 교육을 받는다. 아마도 섬나라 일본이 한반도를 경유하여 중국과 러시아를 제압하고 제2차 세계대전시에는 미국에까지 도전장을 낸 근본적인 원동력이 바로 이러한 집단의식에 있는지도 모른다. 일본인들은 집단 속에서 자신의 역할과 위치를 확고히 하는 것에 능통하다. 학벌, 연령, 사회적 지위를 중심으로 타인과의 관계를 설정한다. 소규모 집단이든 대규모 집단이든 자신의 위치에서 최선을 다함으로써 조직의 목적이 달성된다.

조직을 통하여 단결하는 것은 장점도 있지만 단점도 있다. 예컨대 자기 조직의 이익을 최우선 순위로 하는 것은 부처할거주의를 낳는다. 그럼에도 불구하고 미시적으로 보면, 자기가 속한 조직에서 조그만 일이라고 하더라도 성실히 최선을 다하는 것은 일본인들의 기본적인 특성이다. 바꿔 말하면 혼자서는 별 능력을 발휘하지 못한다는 것을 의미하기도 한다. 서양인들은 이런 특성을 비판하면서 일본을 '양떼 조직'에 비유한다. 양들은 무조건 다른 양들이 가는 곳으로 휩쓸려 가는 것에 착안한 것이다. 하지만 다른 한편으로는 질서의식도 강하게 존재한다. 또한 국제적으로는 여전히 국수주의로 흐를 수 있는 여지가 있다. 현재도 일본은 전범국가로서 진정한 반성보다는 국가의 국제영향력을 제고시키는 데 더 관심이 많은 것이다.

– 법 준수주의와 권위의식

일본에서는 서구의 주권재민에 의한 법치주의 의식과는 다른 방식으로 법치주의가 존재한다. 법을 준수하고자 하는 정신이 강하지만, 그 이유는 과거 근대화

---

1) 예컨대 '다테마에'는 우리말로 가장된(보여주기 위한) 것을 뜻하는 것이고(즉 예의상의 겉치 레적인 말), '혼네'는 본심(진심)을 뜻한다.

를 달성하기 위한 국가통치의 수단으로서 법치주의를 경험했기 때문이다(加地伸行, 1993: 49). 즉, 인간주의적인 법보다는 공동체의 필요에 의한 법이 강조된다.

따라서 법은 개인의 보호보다는 국가공동체의 발전을 위하여 존재하는 것이기 때문에 국민들은 법에 복종해야 한다는 의식이 강하다. 이에 비하여 국가(즉, 관료)는 개인(즉, 민간)을 지도한다는 입장에 서게 된다. 행정지도(administrative guidance)라는 측면에서 민간이 과도하게 국가에 의존하는 것은 바로 이러한 전통에서 비롯된다. 통치자들은 일종의 권위의식을 가지고, 일반인들은 국가의 권위에 도전하기보다는 복종함으로써 권위주의적 행정문화를 형성하여 온 것이다.

'아베의 재무장 일본' 동북아 정세 뒤흔들다

태평양전쟁 패전 70년, 아베 신조 정권은 '군사적 재무장'을 합법화했다. 19일 아베의 집권당이 일본 영해 밖에서 자위대의 군사작전을 가능토록 하는 안보법안을 참의원에서 최종 처리했다. 아베 정권이 궁극적으로 추구하는 전쟁 포기를 약속한 헌법 9조 개정을 위한 첫 발을 내딛은 셈이다.

이날 참의원을 통과한 안보 법안은 총 11개다. 일부 개정 법안이 10개로 자위대법, 무력공격사태법, 중요영향사태법, 유엔평화유지활동(PKO)협력법 등이다. 새로 제정하는 1개 법안은 국제평화지원법이다.

핵심은 자위대의 무력 사용과 활동 반경을 넓힌 것이다. 미군의 후방지원이 조건이긴 하지만, 필요시 미군의 용인하에 독자적인 무력사용, 군사작전도 가능하다.

그러나 이면에는 '전쟁할 수 있는 나라' 보통국가 일본을 만들겠다는 계산이 깔려있다. 이른바 '전후 체제'(2차 세계대전 패전 후 수립된 평화헌법하의 규칙·제도) 탈피다. 아베 총리는 태평양전쟁 패전 70주년인 올해 신년사에서 "새로운 국가 만들기를 향해 강력한 출발을 하는 한 해로 삼겠다"고 '일본의 재무장'을 예고한 바 있다.

안보법안 처리까지 아베 정권의 준비는 치밀했다. '전쟁을 할 수 있는 나라'로 다가가기 위한 단계를 하나씩 밟아나갔다. 집단자위권 행사에 대한 헌법 9조 해석 변경(2014년 7월)→ 미·일 방위협력지침 개정(2015년 4월)→안보법안 11개 제·개정안 각의 결정(5월)→안보법안 중의원 통과(7월)→참의원 통과(9월)라는 시나리오를 밀어붙였다.

출처: 파이낸셜뉴스, 2015. 9. 19. 일부발췌.

2. 거시환경

제2차 세계대전에 패배한 일본의 경제는 해외 시장의 상실과 생산설비의 파괴로 인해서 붕괴되었다. 그러나 대전 후에 종래의 소작농 중심의 농업을 자작농 중심의 농업으로 바꾸면서 농촌시장의 확대를 가져왔다. 또한 파업권 획득으로 정치적·경제적 지위가 높아진 노동자들이 도시 소비시장의 확대를 가능케 하였다. 나아가서 재벌 해체로 인해 독점기업체제가 와해되었다. 이런 가운데 잠재적 소비시장의 확대에 결정적인 작용을 한 것이 한국전쟁이었다. 1950년에 발발한 한국전쟁은 군사보급기지로서의 일본에 특수경기(特需景氣)를 낳게 하여, 중화학공업·경공업에 기사회생(起死回生)의 계기를 마련해 주었다.

제2차 세계대전 직후의 미군 점령기(1945년~72년)에 일본은 외부 세력에 의한 강압적 제도변화를 겪게 되었다. 이른바 '최후의 제국주의'를 청산하고, '국가의 경제에서 국민의 경제로' 변화하기 위한 계기가 주어진 것이다(大內力, 1973; 이종훈, 1993). 이후 자본주의 진영의 일원으로서 국제시장에 복귀하는 속도도 가속화되었다. 1950년대 초에서 1970년대 초까지 일본은 연평균 10% 내외의 고도 경제성장을 이루었다. 이와 같은 경제성장을 통해 일본은 세계 제2의 경제대국으로 발전하게 되었다. 그와 같은 고도성장의 원인은 전반기에는 주로 농업인구의 급속한 도시유입에 의해 구미 제국보다 값싼 노동력을 활용하여 가격경쟁에 임할 수 있었다는 점과 달러화(貨)대 엔화(円貨)의 환율이 안정되어 있었다는 점이었다.

그러나 후반기의 고도성장의 원인은 산업합리화, 기술혁신, 대형투자 등에 의해 일본제품의 국제경쟁력을 높여서 수출을 신장시켰다는 점에 있었다. 모든 산업에 걸쳐 자동화 등 기술혁신이 이루어졌고 1956~1970년까지의 기간에 주요 산업의 시설투자는 7배로 늘었으며, 특히 1965년 이후부터는 국제수준을 상회하는 대형투자가 이루어졌다.

수출신장은 특히 1956년 이후 일본경제의 고도성장에 크게 공헌하였다. 그러나 1970년대 후반 40년 만에 닥친 세계 경기후퇴의 파동은 일본경제에도 장기적이고 심각한 타격을 주었다. 즉, 1974년 석유파동을 겪으면서 일본에서도 전후 처음으로 마이너스 성장률을 기록하는 등 경제적 어려움에 처하게 되었다. 그 결과, 고도성장기에 형성된 예산지출 규모나 공공서비스에 대한 국민의 기대 수준은 지속된 반면, 조세수입은 감소하였다. 결국 재정 적자가 급속하게 증가하였고, 정부

는 이를 국채에 의존하여 메우게 되었다.[2]

특히, 1985년 9월 플라자 합의 이후 발생한 엔고불황을 극복하기 위하여 일본 정부는 저금리 통화팽창정책과 확장적 재정정책을 실시하게 된다. 이 과정에서 발생한 전국적인 자산버블이 1990년대 초반부터 붕괴되면서 일본 경제의 장기적 불황이 시작된다. 이후 불황을 타개하기 위한 일본정부의 각종 경기부양정책에도 불구하고 고베 대지진, 엔고현상, 동남아시아 외환위기, IT 버블붕괴 등이 발생하면서 일본경제는 좀처럼 장기불황의 늪에서 빠져나오지 못하고 있다. 이와 같은 일본경제의 구조적·장기적 경기침체는 '잃어버린 20년'으로 표현되곤 한다. 그러나 2008년 미국발 금융위기, 2011년 동일본 대지진과 유럽금융불안 등의 악재로 경기침체가 지속되면서 잃어버린 20년이 아닌 '잃어버린 30년'에 대한 우려의 목소리가 커지고 있는 실정이다.

일본은 국제사회에서 매우 애매한 위치에 있다. 경제대국임에도 불구하고 제2차 세계대전의 전범이라는 낙인은 물론이고 동남아제국을 식민지화하려던 역사적 경험 때문이다. 전후 경제의 발전으로 유엔 등 국제기구에 비교적 많은 부담금을 제공하고 있음에도 불구하고, 국제기구에서의 발언권은 이에 상응하지 못하고 있다. 또한 아시아 국가들은 일본의 국제협력(ODA) 도움과 일본과의 무역이 중요함을 인식하고 있음에도 불구하고 과거사 때문에 경계의 눈초리를 감추지 않고 있다. 독일과 마찬가지로 일본을 '보통국가화'하는 것이 일본의 국가적 과제라고 할 수 있다.

II 정치과정

일본의 정치행정체제는 영국 등 서구의 민주주의 정치제도를 이식시켜 변용한 것이다. 국가사회에서 발생하는 문제를 다루는 각종 외국제도들이 도입되어 있고, 관련 기구들도 설립되어 있다. 공공부문뿐만 아니라 준공공부문, 그리고 민간부문에도 이러한 기능분화현상을 찾아볼 수 있다. 이러한 기능분화에도 불구하고

---

2) 1970년대 이미 일본의 국채의존율은 무려 21%에 달했다(마부치, 1994: 25; 채원호, 2000: 201).

이들간 어느 정도 조정과 조화도 이뤄지고 있다. 정치부문은 아직 서구식 기준으로 볼 때 근대화되지 못한 면도 많이 가지고 있으나, 안정된 관료들이 이러한 통합 기능을 어느 정도 수행한다고 볼 수 있다.

1. 기본구조

일본의 정치체제는 기본적으로 영국식 웨스트민스터모델이다. 그러나 영국식 의회제도가 도입되었음에도 불구하고 '파벌'이 정당을 지배하는 특색을 지니고 있

그림 5-1 일본 정치행정체계의 기본구조

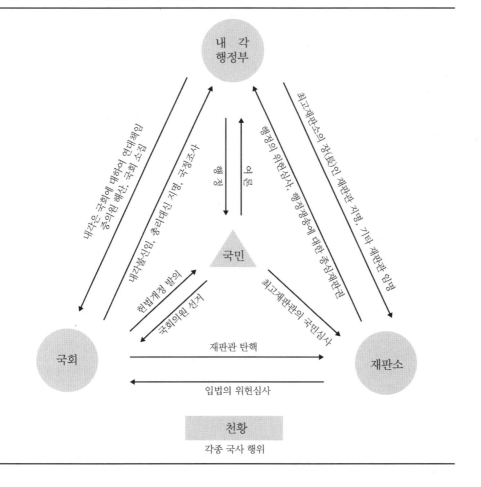

다. 그리고 대부분의 시기에 지배적인 1당이 있다는 것도 일본 정치의 특징이다. 그 이면에는 메이지유신이후 행정이 국가발전을 주도해 오면서 성장한 엘리트로 구성된 행정관료들이 있다.

일본의 공식적 권력분립구조는 [그림 5-1]과 같다. 천황은 일본의 국가수반으로서 일본인의 정신적 지주역할을 수행하나, 국정에 개입하지 못한다(일본 헌법 제1조, 제4조). 이외의 공식적 구조는 3권분립의 원리에 기초하고 있다. 입법부는 참의원과 중의원의 양원제로 되어 있고, 중의원에서 총리대신을 선출한다. 행정부는 총리대신 이하 각 성의 대신에 의해서 이끌어지는 관료제에 의한다. 이런 외형상의 구조는 영국의 내각제를 그대로 따른 것으로 보인다. 그러나 실제 정치행정체제의 운영은 영국과는 상이하다.

2. 공공부문의 규모

일본 공무원의 총정원은 약 400만 명이다. 이 중 국가공무원이 23.5%, 지방공무원은 약 76.5% 정도이다. 이외에도 공사, 공단, 특수은행 등 일종의 준공공기관이라고 할 수 있는 기관에 약 60만 명이 종사한다. 따라서 약 460만 명이 공공부문에 종사하는데, 전체인구의 약 4.5% 정도에 불과하고, 총고용 인력의 약 14~20%에 지나지 않아 다른 나라에 비해 비교적 작은 규모의 관료제를 가지고 있다.

재정규모로 볼 때에도 마찬가지이다. 국민총생산액 중에서 일반회계 세출이 차지하는 비중은 약 19~20% 정도를 차지한다. 1990년대 경제사정의 어려움에도 불구하고 지나친 재정팽창을 억제하여 왔다. 국민소득에 대한 국세부담률도 15~16%를 차지하고, 지방세를 합한 조세부담률은 약 28%에 해당한다.

일본의 사회보장제도는 유럽 선진제국에 비하면 그 실시가 늦었다. 또한 현행 복지제도는 불충분한 점도 많이 내포하고 있다. 그러나 '국민개보험·국민개연금'을 목표로 전 국민에 대한 사회보장이 추진된 것은 1961년부터라는 점에서 상당히 복지국가화는 앞선 나라라고 할 수 있다. 즉, 이때부터 모든 국민이 의료보험과 연금보험의 두 가지 보험에 가입할 것을 규정하였다.

의료보험은 피보험자와 그 가족의 질병, 출산, 사망에 대한 의료 서비스, 요양수당금, 매장비 등을 지급하는 보험이다(조은, 2013). 이는 크게 임금노동자를 대상으로 한 건강보험과 일반국민을 대상으로 한 국민건강보험, 그리고 75세 이상의 고령자들을 대상으로 하는 후기고령자의료제도 세 가지로 나눌 수 있다. 건강보험은 건강보험법에 규정된 업종을 대상으로 5인 이상을 고용하는 사업소와 정부 및 법인의 사업소의 피고용자와 피부양자를 대상으로 한다. 국민건강보험은 피용자보험의 적용을 받지 않는 농림수산업 종사자 및 자영업자, 소규모 사업소 근로자 및 무직자를 대상으로 한다. 건강보험과 국민건강보험은 전 국민의 80%가 적용받는다. 그리고 건강보험과 국민건강보험의 피보험자들은 만 75세가 되면 자동적으로 후기고령자의료제도로 편입된다. 이는 2008년에 시행된 제도로서 최근 인구고령화로 인한 고연령층의 의료복지문제에 대한 사회적 관심이 높아지면서 도입된 제도이다.

연금보험은 노령, 폐질, 사망에 대해 연금 또는 일시금을 지급하여 본인과 가족의 생활안정을 도모하는 보험이다(전창환, 2016). 일본의 공적 연금체제는 정액의 기초연금을 제공하는 국민연금과 소득비례 연금을 제공하는 후생연금 및 공제연금 두 가지로 구성되어 있다. 국민연금제도는 일본에 거주하는 20세 이상 60세 미만의 전 국민에게 정액의 기초연금을 제공한다. 이 국민연금을 기반으로 소득에 비례하여 추가적으로 민간부문 종사자들은 후생연금에 의무적으로 가입하고, 공무원들은 공제연금에 가입하는데, 이 두 가지 연금을 피용자 연금이라고 한다.

일본관련 유용한 정보 제공 웹사이트
- 일본의 정치행정에 대한 기초지식을 얻을 수 있는 영어사이트
  - http://web-japan.org/webjapan/search/Politics_And_Administration_Constitution_of_Japan_00.html
- 정부조직도표
  - http://www.kantei.go.jp/foreign/constitution_and_government_of_japan/charts_e.html
- 주한 일본대사관
  - http://www.kr.emb-japan.go.jp/
- 일본 전자정부 종합창구
  - http://www.e-gov.go.jp

3. 투입제도: 정당과 의회

1) 파벌, 일본정치를 움직이는 힘

일본의 국회의원은 선거구를 젊은 자식에게 물려주는 등 귀속적 성향이 강한 편이다. 따라서 선거에서도 공약선거보다는 정당소속이 중요하다. 일부 지방선거에서는 파벌보다는 참신한 이미지를 바탕으로 선출되기도 하나, 아직 정치발전의 여지가 많이 남아 있다.

자민당 내에서도 파벌의 존재가 국민의 신뢰를 상실시키고 있다는 이유로 비판과 자성이 높을 때도 있었으나, 파벌은 여전히 일본정치를 움직이는 핵심이라고 할 수 있다.[3] 그러나 파벌의 존재는 흔히 비생산, 비능률, 밀실협상, 정경유착 등의 전형으로 국민들로부터 비난의 화살을 받는다는 것이 문제이다. 따라서 자민당 지도자들이 파벌해산을 시도하거나 연출할 때도 있었으나, 실제 자민당 내의 파벌 해산은 없었다.

오히려 파벌은 자민당 내에서 큰 힘이 되기도 한다. 파벌이라는 메커니즘을 통해서 일본정치를 움직이는 데 없어서는 안 되는 사전협의(Consensus) 체제의 구축과 각 방면에 걸친 폭넓고 다양한 의견수렴이라는 긍정적 요소를 반영하고 있다. 또한 파벌에 대한 의존은 자민당의 중요한 정책과 과제에 대한 당내 합의 도출에 소요되는 시간을 단축시키기 때문에 쉽게 해결되기 어려운 문제이다.

2) 정당의 종류

일본정치에서 자민당이 가장 영향력 있는 정당이라는 점은 그 누구도 부인하기 어려울 것이다. 그러나 중선거구제를 통한 자민당의 일당우위제를 특징으로 하는 '55년체제'가 붕괴된 1990년대에는 약 35개의 정당이 탄생할 만큼 일당집권체제가 무너졌고 정당정치가 유동적으로 변하면서 일본정치에서는 연합정치가 일상적인 현상으로 자리 잡고 있다(김용복, 2015). 현재 일본의 주요 정당은 자민당, 공명당, 민주당, 유신당, 공산당 등 5개 정당으로 다당체제를 이루고 있다. 주요 정당

---

3) 파벌의 사전적 의미는 'faction(분파)'에 가깝지만 자민당의 파벌은 'machines(종당)'에 가깝다. 현재 자민당 내에 여러 개의 파벌이 있는데, 이들 파벌은 일본의 통치기구 중에 법률적으로 규정된 역할을 가지고 있는 것은 아니다.

을 구체적으로 살펴보면 다음과 같다.

- 자유민주당(自由民主黨)

일본자유당(日本自由黨)과 일본민주당(日本民主黨)이 1955년 10월 보수합동에 의해 성립된 정당이다. 1947년의 일본사회당 내각을 제외하고는 그 전신인 민주자유당(民主自由黨)이 1948년 10월 제2차 요시다 시게루(吉田茂)내각을 출범시킨 이래 계속 정권을 유지해 왔다. 이후 1993년 8월 제1야당으로 전락해 '55년 체제'가 붕괴되었다. 하지만 사회당과 신당 사키가케 등을 끌어들여 사회당 연립정권을 발족시켜 다시 여당으로 복귀하였고, 1996년 무라야 토미이치(村山富市) 총재 퇴진 후에는 총재 하시모토 류타로(橋本龍太郎)가 총리로 선출되었다. 1998년 오부치 게이조가 당수에 선출되어 총리에 선출되었고, 그는 정권기반을 강화하기 위해 자유당 당수 오자와를 영입해 1998년 연립정부를 출범시켰다. 2001년 4월 고이즈미 준히치로(小泉純一郎)가 자유민주당, 공명당, 보수당 3당의 지지로 제87대 총리로 취임하였다. 그러나 보수파로 오랜 집권을 한 것에 대한 비판이 거세게 일어나 2009년에는 민주당에 참패하였다.

자민당은 일종의 파벌연합체에 불과하다는 비판을 받을 만큼 파벌간의 역학관계에 의해 당이 운영되고 정책이 결정된다(공의식, 2002). 2015년 9월 8일에 열린 일본 자민당 총재선거에서도 자민당 내 7개 파벌 모두가 지지를 선언함과 동시에 후보자를 출마시키지 않으면서 아베 신조 현 수상이 무투표로 재선에 성공하였다(고선규, 2015). 이와 같이 자민당 총재선거에서 유력정치가들이 출마하지 못한 이유는 강력한 영향력을 가진 파벌보스를 중심으로 일사불란한 수직적 계층체계를 이루고 있기 때문이다. 특히 총재 선거 이후 예정된 개각에서 인사권에 영향을 미칠 수 있는 파벌보스의 영향력은 무시하기 어렵다. 파벌의 존재는 흔히 파벌간의 극한 대립, 정경유착, 밀실협상 등에 의한 정치부패와 비생산 및 비능률의 전형으로 국민들로부터 비난의 화살을 받는다. 구체적으로 파벌간의 과도한 경쟁과 대립으로 인한 불법적 정치자금모금과 부패 및 당의 분열, 권위주의적이고 수직적인 조직체계로 인한 의원간의 수평적 의사소통 장애, 연공서열에 따른 각종 보직 배분으로 인한 정치 신인 출현의 어려움 등을 문제점으로 지적할 수 있다(공의식, 2002).

당원이 120만 명에 이르는 일본의 거대정당인 자유민주당은 기본정책으로서 외교·안보면에서는 미일 안보조약을 축으로 하여 자위력(自衛力) 증강을 주장하고,

내정면에서는 경제의 고도성장 정책을 펴 왔다. 그리고 전쟁포기를 규정한 현 헌법의 개정을 기도하고 있다. 주요 지지계층은 농어민, 경영자, 관리직, 판매서비스, 노무직 등으로 중소도시·농촌에 기반을 두고 있다.

- 민주당(民主黨)

1998년 중도좌파를 주창하며 창설된 당으로 경제정책면에서는 제3의 길을 택하고 있다고 볼 수 있다. 당원이 4만 명 정도밖에 안 되는 작은 정당이지만, 2007년 참의원 선거에서 제1당이 되었고, 2009년 중의원 선거에서 승리하여 집권당이 되었다. 이렇게 신생정당이 집권을 하게 된 것은 거대정당인 자민당이 점점 국민들로부터 멀어지는데 대해 민주당이 하나의 대안으로 생각되었기 때문으로 보인다. 그러나 간 나오토 총리는 후쿠시마 쓰나미 및 원전사고로 인해 위기관리능력과 그 지휘력에 의심을 갖는 사람들이 많아져 당의 지지는 낮아졌다. 결국 2012년 중의원선거에서 대패하여 야당으로 전락하였다.

- 공명당(公明黨)

불교 니치렌종(日蓮宗) 창가학회가 중심이 되어 1964년에 창설된 당이다. 중도혁신을 내걸고 있지만 기본적으로 보수당이라고 할 수 있다. 분당을 거치기도 했지만, 한번도 집권을 하지 못한 군소정당이다. 당원은 4만 명 정도이고, 중소기업자, 판매서비스, 노무직 등을 지지기반으로 하는 도시정당이다.

- 사회민주당(社會民主黨)

1996년 일본사회당이 개칭하여 창설된 당이다. 사회당인터내셔널에 가입되어 있고, 사회민주주의를 정당이념으로 추구하는 당이다. 전신 일본사회당이 1994년 연립정권을 구성했을 때보다는 좌파적 노선으로 색깔을 강화하고 있다. 사회복지 강화를 주장하고, 당원은 약 3만 명이다. 여성의 권리에 대해 강한 주장을 하고, 그로 인해 상대적으로 여성당원이 많은 당이다.

- 일본공산당(日本共産黨)

1922년 세계적인 공산주의 운동의 분위기에 맞춰 창설되었으며, 합법적인 정당으로 인정되었다. 미일안보조약의 폐지, 자주방위, 독점자본주의적 경제정책반대, 비무장중립 등을 강령으로 채택하고 있다. 2차대전 이후 일시적으로 세력을 떨쳤으나, 그 후 세력이 약화되어 현재는 당원이 40여만 명에 이른다. 소련체제의 붕괴 등으로 어려움을 겪었으나, 최근 일본의 경제가 어려워짐에 따라 지식인, 노동

표 5-1 주요 정당 개관

구 분	자민당	공명당	민주당	유신당	공산당
영문명칭	Liberal Democratic Party	New Komeito	The Democratic Party of Japan	Japan Innovative Party	Japanese Communist Party
창당 일시	1955. 11. 15	1964. 11. 17 1998. 11. 7 재창당	1996. 9. 28 1998. 4. 27 재창당	1914. 9. 21	1922. 7. 15 (합법화 1945. 12. 1)
정치 성향	보수	중도	중도보수	보수	혁신
정치 이념	민주주의, 민생안전, 국민복지 향상	서민을 기반으로 한 새로운 중도정치 복지, 평화, 환경, 인권의 휴머니즘 정치	시민중심형 사회로 전환 정경유착된 이권정치에서 결별	자치·분권, 자립·민권	공산주의 국가건립
당 대표	아베 신조 (安倍 晋三)	야마구치 나츠오 (山口 那津男)	오카다 카츠야 (岡田 克也)	마츠노 요리히사 (松野 頼久)	시이 카즈오 (志位 和夫)

자, 실업자 등을 중심으로 세력을 늘려가기도 한다.

3) 정당과 정책결정

일본에서 정당은 군림(to reign)하되 통치(not to rule)하지 않는다(Taketsugu Tsurutani, 1998: 184). 이 점은 일본이 서구의 의원내각제를 모방하였음에도 불구하고 영국이나 독일의 정당국가적 특성과는 대조적인 점이다. 일본의 통치는 관료들의 손 안에 있다. 따라서 일본은 행정국가화의 경향이 강한 나라라고 할 수 있다.[4]

그럼에도 불구하고 자민당은 매우 체계적인 조직을 가지고 있다. 자민당의 내부구조를 살펴보면 다음과 같은 하부조직들이 있다(나카무라 아키라·다케시타 유즈루, 1995: 47~54).

---

[4] 학문발달의 계보로 보더라도 일본에서는 정치학이 의회나 정당연구에서 출발한 것이 아니고 행정학에서 파생되었음을 알 수 있다(日本計劃行政學會, 1998: 15).

−총무회: 양원 총회와 함께 자민당의 의결기관으로서, 주로 일상적 업무의
결재를 담당하고 있다.
−정무조사회: 정책을 조사하고 연구하는 기관으로서, '당이 정책으로 채택하
는 의안은 정무조사회의 논의를 거치지 않으면 안 된다'(자유민주당칙43조)고
규정되어 있다.

구체적으로는 정무조사회의 하부조직인 '부회'를 중심으로 보수당의원, 관료,
이익집단이 연합을 형성한다. 이를 소관분야에 따라 '건설족', '운수족' 등으로 불리
며, '족'의원에 의해 이루어지는 것이 일본압력정치의 원형이다. 부회심사에는 성
청의 관방장, 담당국장이 참석하여 취지를 설명하는데, 이는 관료를 정부여당에 연
결시켜 주는 제도이다. 부회는 국회의 상임위원회 및 중앙의 성청과 거의 유사하
게 분화되어 있다. 정무조사회에는 부회 이외에도 조사회, 특별위원회, 간담회, 부
회의 소위원회 등이 있다.

4) 일본의 의회체제

(1) 의회의 구성

일본의 의회제도는 메이지헌법 하의 제국의회에서 시작하였다. 메이지헌법 하
에서는 입법권도 천황의 통치권의 일부였으나, 사실상 제국의회가 입법권을 행사
하고 있었다. 제국의회는 중의원(衆議院)과 귀족원(貴族院)으로 나뉘어져 있었다. 중
의원은 공선제로 구성되고, 귀족원은 황족 등의 신분적 특권을 가진 사람들로 구
성되었다. 중의원은 예산의 선심권을 가지고 있었으나, 실제 권한에 있어서는 양원
이 대등하였다.

평화헌법 제41조는 일본의회의 지위를 "국권의 최고기관이며 유일한 입법기
관"이라고 규정하고 있다. 제42조에서는 중의원과 참의원의 양원제를 채택하고 있
다. 그러나 헌법에 의해 중의원은 법률제정, 예산승인, 조약승인, 총리선출 등의 영
역에서 참의원보다 우월한 지위를 가진다.

중의원 선출은 1994년 이후 '소선거구 비례대표제 병립식'제도를 취하고 있다.
중의원 정원은 475명인데, 이 중 295명은 소선거구에서 직접 선출되며, 180명은
비례대표제로 선출하도록 되어 있다. 임기가 4년이지만 내각제이기 때문에 국회해
산에 의해서도 선거가 있을 수 있다. 그 때문에 실제 평균 임기는 2년 정도이다.

참의원은 총 242명으로 146명은 도도부현(都道府縣)지역선거구(중·대선거구제
도로서 47개 선거구당 2~8명 선출)에서 선출되고, 96명은 전국구로서 비례대표제로
선출된다. 임기는 6년으로 해산될 수 없다. 3년마다 절반씩 개선한다. 2004년 공직
선거법을 개정할 때 10명(선거구 6, 비례대표 4)이 감원되어 242명으로 되었다.

(2) 의회의 공식적 지위

모든 법안은 양원의 동의를 얻어야 가결된다. 그럼에도 불구하고 일본의 정책
결정과정에서 중의원이 참의원보다 좀더 중요한 비중을 차지하고 있다고 할 수 있
다. 그 이유는 다음과 같다.

- 내각구성권: 1955년부터, 중의원의 다수당이 내각을 구성한다.
- 법률안 재의결: 참의원이 법안을 부결하였을 때 중의원에서 출석의원 3분의
  2로 재가결하면 법률로 성립된다.
- 예산: 중의원에 먼저 제출하고, 양원 간 의견이 불일치할 때는 양원 협의회
  에서 의견조정을 하나 참의원이 30일 이내에 의결하지 않으면 중의원 안을
  가결된 국회안으로 간주한다.
- 내각총리지명: 양원이 각각 상이한 지명을 했을 경우, 양원협의회에서 의견
  일치를 보지 못하거나 중의원의 지명이 있은 후 10일 이내에 참의원에서 의
  결하지 않는 경우 중의원의 지명을 국회 안으로 간주한다.

의회는 행정부에 비하여 상대적으로 취약한 위치에 있다고 할 수 있다. 구체
적으로 일본 의회가 가지고 있는 기능은 다른 나라와 유사하다. 일본의회의 주요
기능을 열거하면 다음과 같다.

● 국민주권의 구체화

국회의 다양한 기능 중 가장 중요한 것은 국민주권의 구체화, 혹은 국민의사
의 공식화라고 할 수 있을 것이다. 일본은 전후 군주주권에서 평화헌법에 의해 국
민주권으로 바뀌었다. 따라서 국회를 국권의 최고기관이라고 하는 것은 국회의원
이 국민의 대표이고 국민적 의사를 고정적으로 반영한다는 것을 전제로 하는 것
이다.

● 유일한 입법기관

의회의 기능 중 국회가 유일의 입법기관으로서 법을 제정하는 기능을 빼놓을

수 없을 것이다. 이는 의회정치의 원칙이다.

● 국민의 대표

의회는 국민에 의해 선출된 의원으로 구성되는 대표기관이다. 이는 권력에 정당성을 부여하고 공개토론을 통한 국민의사의 통합을 이루어 내는 기능이다.

● 내각구성

일본의 내각구성원의 과반수 이상은 현역의원으로 구성되며, 내각은 의회에 대해 책임을 진다.

● 행정부에 대한 통제

국민의 통제가 직접적으로 미치는 유일한 국가기관인 의회는 통치 권력을 행사하는 행정부를 국민을 대신하여 통제한다. 의회는 예산의결권을 가지며 국정조사권과 내각 불신임권을 행사할 수 있다.

● 정치지도자의 훈련·육성·충원기능

의회는 의원에게 많은 정치적 경험을 쌓게 해 줌으로써 정치적 지도자를 훈련시키는 기능을 가지고 있다.

● 교육기능

의회의 의사는 공개를 원칙으로 하므로 의회 내에서의 토론이나 결정은 직접 혹은 간접적으로 유권자에게 전달되어 정치적 쟁점에 대한 이해를 제고할 수 있다.

(3) 일본 정치과정에서 의회입법권의 역할

일본의회의 회기는 1년에 약 80일 정도로서 다른 선진국에 비해 짧은 편이다. 입법 활동의 상당부분이 정부부처의 소관분야에 상응하는 상임위원회에서 이루어진다. 따라서 본회의 심의가 상임위원회 심의에 비해 그 권위가 많이 떨어진다. 더구나 일본의 의회는 정책과정에서 중심적인 위치를 점하기에는 너무나 빈약한 자원을 가지고 있다.

각 의원은 3명의 보좌관을 두는데 이들은 정책비서(政策秘書), 제1비서(第1秘書), 제2비서(第2秘書)로 구성된다. 정책비서로 임명되기 위해서는 일정한 요건이 필요하지만 제1비서 및 제2비서는 의원이 인정하면 된다. 하지만 이들은 주로 지역구 및 사무실관리 정도의 업무를 담당하고 있다. 일본의 의회에 속한 직원규모는 미국의 8분의 1밖에 되지 않는다(Sato and Matsuzaki, 1989: 83; Taketsugu Tsurutani, 1998: 184).

의원들은 국가 전체의 이익이라는 차원에서 일하기보다는 각자 선출된 지역 구의 이익의 차원에서 일한다. 입법안의 실질적 준비는 주로 품의(稟議)제도라고 하는 행정부 내부과정에 의하여 이루어진다(Taketsugu Tsurutani, 1998: 184). 즉, 의 회에 법안이 도착할 때 이미 그것은 최종산물(final product)의 성격이 강하고, 의회 의 심의는 실질보다는 형식적인 측면에 머무는 경우가 많다.

따라서 일본에서는 내각 제출에 의한 입법이 압도적으로 많다. 하지만 형식은 내각 제출이라고 하더라도 실질적으로는 의원·정당이 긴밀히 협의하여 입안한 것 으로 여당입법이라 해도 좋을 것이다. 현재 거의 관행화되어 있는 이러한 내각 제 출 중심의 입법형태는 일본 입법과정의 특징이고, 이러한 체계가 일본의 정계·관 계·재계의 철의 삼각동맹을 가져오는 구조적 한계라고 할 수 있다. 더구나 관료출 신 의원도 많이 있다. 여기에 덧붙여 일심제도 또한 일본 의회의 특징이라고 할 수 있을 것이다.

일본관련 유용한 정보 제공 웹사이트

- 중의원 의석분포
  - http://www.shugiin.go.jp/index.nsf/html/index_kousei.htm
- 중의원(衆議院)
  - http://www.shugiin.go.jp/
- 참의원(參議院)
  - http://www.sangiin.go.jp/
- 국회도서관(國會圖書館)
  - http://www.ndl.go.jp/
- 일본중앙은행(日本銀行)
  - http://www.boj.or.jp
- 일본정부 간행물센터
  - http://www.gov-book.or.jp/index.html

4. 일본의 천황

메이지유신(1868)은 젊은 사무라이들로 하여금 무능했던 도쿠가와 막부에게서 정권을 탈취할 수 있게 해 주었다. 정권을 잡은 젊은 사무라이들은 자신들의 유일한 권력 기반인 천황의 존재와 위엄을 알리기 위해 이데올로기 공작을 시작했다. 폐지되었던 황실 행사를 부활시키고 전국의 국민학교에 천황의 사진을 배포하는 한편, 신도를 크게 장려하여 천황을 신격화하는 단계로까지 이끌었다. 이리하여 20세기에는 농민의 자식인 젊은 군인들이 '대일본제국이 성스러운 전쟁'을 개시할 것을 촉구하면서 '천황의 이름'으로 할복하는 사태에까지 이르게 된다. 그리고 2차 대전 패전 25년이 지난 1970년에도 저명한 작가 미시마 유키오 역시 '천황의 이름'으로 일본 정신의 부활을 외치며 배를 가르고 자살했다. 현대사회에서도 '천황의 이름'은 여전히 신성한 상징으로 남아있다(아사오 나오히로 외, 2003).

대전 후 일본 구 헌법에서 '통치권의 총람자(總攬者)'로 되어 있던 왕은 신헌법에서는 '국정에 관한 권능을 가지지 않는 국민통합의 상징(象徵)'이 되었다. 따라서 천황의 역할은 내각의 조언과 승인에 따라 형식적인 국사(國事)행위를 하는 데 불과한 것으로 되어 있다.

역사적으로 천황은 신의 혈족으로 숭상되어 왔다. 하지만 패전 이후 1946년 1월 1일 연합군은 천황을 '보통 사람'이라고 선언하였다. 그럼에도 불구하고 일본의 국왕은 일본국민들 마음 속에 중요한 상징으로 남아 있다. 영국과 마찬가지로 국왕은 일본국가의 전통을 지키는 존재로 자리매김하고 있는 것이다. 가장 눈에 띄는 것은 공문서에 서기 대신 연도의 표시에 천황의 연도를 표시한다는 점이다. 현재는 평성(平成)이다. 그러나 천황의 제한적 역할에도 불구하고 필요시 외교문제나 국가의 중대사에 대해서 천황이 일정한 역할을 한다.

일본천황은 국가와 국민 통합의 상징으로 일본 헌법 제1조에 규정되어 있다. 천황은 헌법에 정해진 일정한 국사(國事)행위 이외에 국정에 관한 권리의 행사가 불가능하다. 국사에 관한 행위라고 할지라도 내각의 조언과 승인이 필요하다는 점에서 천황의 국사행위 역시 일정한 제약이 수반된다. 이와 같은 행위에는 총리대신 및 최고재판소의 재판관 임명, 헌법 개정 및 법률 등의 공포, 국회소집과 중의원 해산, 외교문서의 인증, 외국 대사 및 공사의 접수, 각종 의식 거행 등이 속한다. 정치적으로 천황은 어떠한 정치 문제에도 개입할 수 없는 불관여 또는 엄정 중립 원칙이 적용되며, 천황뿐만 아니라 황족은 선거권 및 피선거권을 보장받지 못한다.

5. 통제제도: 사법부

1) 사 법 부

3권 분립의 원칙에 따라 사법부가 존재하는데, 일본은 최고재판소, 고등재판소, 지방재판소(지원)와 가정재판소로 구성되어 있다. 이와 같이 사법적 체계는 한국과 유사하다. 그러나 한국의 헌법재판소와 같은 기구는 존재하지 않는다.

행정재판과 헌법재판의 최종심은 최고재판소가 담당한다. 최고재판소장은 수상이 지명하여 천황이 임명한다. 그 외 14명의 최고재판소 재판관은 내각의 동의를 얻어 수상이 임명한다. 이러한 점에서 적어도 조직구성의 원칙 면에서는 미국이나 한국에 비하여 사법부 독립 정도는 미흡하다고 할 수 있다. 그러나 재판내용의 독립성도 미흡하다고 하기는 쉽지 않다. 최고재판관들은 원칙적으로 종신직이라는 점도 독립성을 보장해 준다.

그림 5-2 사법부 구성

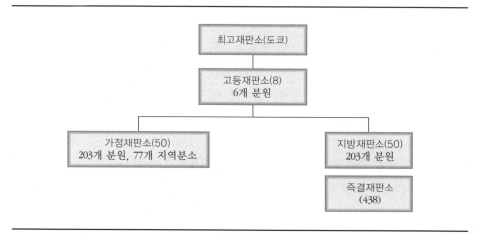

일본관련 유용한 정보 제공 웹사이트

• 최고재판소(最高裁判所)
  – http://www.courts.go.jp/
• 회계검사원
  – http://www.jbaudit.go.jp/engl/engl2/contents/frame00.htm

---

2) 회계검사원

회계검사원은 정부예산뿐만 아니라 정부보조금, 공기업, 국가의 채권, 부채, 재산(부동산) 등의 회계를 최종적으로 감사하는 기관이다. 감사의 건전성을 위하여 의회 및 사법부에 예속되지 않게 헌법적 독립기관으로 구성되었다. 즉, 행정에 대한 사후통제기관이며, 나아가서 정부의 재원이 소요되는 경우 민간기업까지 그 조사대상이 된다. 신회계감사원법에 의하면, 자본금의 1/2 이상을 국가재원으로 출자된 법인은 감사원의 의무감사대상으로 규정하고 있다.

1880년 설립 이후 회계검사원의 위상은 조금씩 변했지만 기본적으로 정부의 재정과 관련된 대부분을 최종 회계하는 기능은 변하지 않았다. 즉, 회계검사원은 회계경리, 세입, 세출을 검사하여, 부정한 사항을 발견해 제도상의 미비점을 개선토록 하는 권한을 가지고 있으며, 조직과 기능은 한국의 감사원과 유사하다(이호철, 1996: 189). 그러나 회계검사원은 우리나라의 감사원과는 달리 직무 감찰 기능은 수행하지 않는다. 또한 지방자치단체에 대한 회계검사 권한도 소유하고 있지 못한 점은 우리나라와 다른 점이다.

정부예산과정을 보면, 내각은 회계검사원의 결산검사를 받아 그 의견서를 첨부하여 중의원에 제출한다. 중의원이 이를 승인함으로써 예산과정은 종결되는데, 이것도 한국의 경우와 유사하다. 그러나 감사의 정치적 독립성과 질에 관해서는 의문의 여지가 많다. 심심치 않게 일어나는 정치인들의 지대한 비리적발에 대해서는 회계검사원이 큰 역할을 하지 못하는 것으로 짐작된다.

일본, 여당 내 거대 파벌 총리 막후서 조종 일삼아

의원내각제인 일본은 한국과 정치 시스템이 달라 총리에게 대통령만큼 권력이 집중되지 않는다. 이 때문에 비선이나 측근들이 개입할 여지가 많지 않다. 다만 일본의 경우 총리 막후에서 여당 거대 파벌이 조종을 하거나 거물 정치인의 비서관이 비리에 연루돼 문제가 된 사례는 간혹 있었다.

1989년부터 1991년까지 총리를 지낸 가이후 도시키 전 총리는 자민당 내 기반이 약해 거대 파벌인 '다케시타파'에 휘둘리다 좌절한 케이스다. 1980~1990년대 자민당 최대 파벌인 다케시타파의 '곤치쿠쇼'(우두머리인 가네마루 신, 다케시타 노보루, 오자와 이치로의 앞글자를 딴 것)가 가이후 총리를 '허수아비'로 앞세우고 배후에서 주요 정책의 방향을 조정했다. 이시하라 노부오 전 관방부(副)장관은 회고록에서 "가이후 총리는 중대한 법안 등을 결정할 때 가네마루, 다케시타 두 사람의 판단만 바라보고 있었다"고 전했다. 첫 여성 관방장관 임명 등 개혁색을 띠었던 가이후 총리는 정치 개혁 관련 법 통과를 두고 총리의 권리 중 하나인 중의원 해산을 선언했으나 자민당 내 파벌 영수들의 반대로 궁지에 몰려 결국 스스로 총리직을 사임했다. 이후 곤치쿠쇼는 분열을 거듭하다 일본 3대 불법 정치자금 스캔들로 손꼽히는 1992년 '사가와큐빈 사건'에 모두 연루되는 등 일본 정치계에 큰 파장을 미쳤다.

유력 정치인의 최측근이 '주군'의 이름값을 이용해 기업으로부터 돈을 받아 문제가 된 경우도 있다. 2009년 당시 민주당 대표였던 오자와 이치로의 비서관인 오쿠보 다카노리는 국내외에서 거액의 비자금 조성 혐의를 받던 니시마쓰건설로부터 불법 정치자금을 받은 혐의로 기소당했다. 오자와 대표는 이 사건 때문에 대표직에서 물러났다.

2002년에는 참의원 의장을 지내기도 했던 이노우에 유타카 의원의 정책 비서인 한다 요시오가 지바현 가마가야시의 레크리에이션 시설 공사 수주를 중재해 주고 그 대가로 돈을 받은 사실이 드러나 이노우에 의원이 사퇴했다. 같은 해 자민당 간사장을 지낸 가토 고이치의 '금고지기' 역할을 하던 비서 사토 사부로가 공공사업 수주 알선 등 각종 이권에 개입, 돈을 받은 사실이 드러나 가토 전 간사장이 야인으로 돌아간 사건도 있었다.

서울신문, 2014. 12. 13.

Ⅲ   행정과정

일본의 행정권은 수상을 정점으로 조직된 관료제에 있다. 권위주의 국가에서는 정치행정의 1인자 중심으로 권력행사가 이루어지는 데 반하여, 일본은 관료조직 전체에 권한이 분점되어 있다고 봐야 한다.

1. 행정조직구조

1) 수   상

일본의 수상은 총리대신(總理大臣)이라고 하는데, 중의원에서 1인을 선출한다. 공식적으로는 하원에서 선출된 수상후보를 천황이 임명해야 비로소 수상이 된다. 이렇게 선출된 총리대신과 국무대신으로 구성되는 내각이 행정권을 행사하는 것이다(헌법 제65조)(조성한·문신용·사공영호·유지윤, 1996).

일본 헌법 제72조는 '내각총리대신이 내각을 대표하며 행정 각 부를 지휘 감독한다'라고 되어 있어 총리대신의 권한이 매우 강력한 것처럼 보인다. 총리대신에 부여된 주요 권한은 다음과 같다.

－법률을 집행하고, 필요시 정령을 제정한다.
－조약체결 등 외교권을 행사한다.
－국회에 법률안과 예산안을 제출한다.
－왕이 행하는 국사행위에 대해 조언과 추인을 한다.
－최고재판소장을 지명하고, 그 이외의 재판관을 임명한다.

그러나 이것은 형식적인 측면을 기술할 뿐이고, 실제로는 수상이 정책을 자기 마음대로 주도할 만한 위치에 있지 못하다. 수상 자신은 상당히 경륜있는 각료에 의하여 보좌받고, 이 각료는 다시 각 중요 부처에서 파견한 관료들에 의하여 도움을 받는다. 즉, 전문관료들의 도움을 받아서 수상권이 행사되기 때문에 수상권은 상대적으로 제약된다고 볼 수 있다. 다시 말하면 미국대통령은 자신의 정책을 보좌할 전문인력을 행정내외부에서 충원하는 반면, 일본의 수상은 기존의 관료들에게 의존한다. 즉 일본의 수상은 독자적인 인적, 정보적 자원을 갖고 있지 못하기 때문에 수상이 누구냐는 실제 정책에서 커다란 차이를 가져올 수 없다(Taketsugu Tsurutani, 1998: 185).

관 방

일본의 정부조직에는 '관방'이란 것이 있다. 이것은 프랑스의 비서실(cabinet)과 유사한 기능을 담당하는 부서이다. 주로 총무, 정무 등의 업무를 담당하는데, 기관장의 분신과 같은 역할을 한다는 점에서 실세라고 할 수 있다. 총리대신 밑에 장관급으로 있는 것은 내각관방이고, 각 부처의 대신 밑에 있는 것은 '관방'이다.

• 내각관방

내각에 설치되어 있는 기관으로 각의사항을 정리하고 각의에서 이루어진 주요사항과 행정 각부의 정책을 조정하는 기능을 담당한다. 장관급으로 다른 나라의 내각사무처장 혹은 비서실장의 자리와 유사하다고 할 수 있다.

• 대신관방

프랑스의 장관 비서실(cabinet ministeriel)에 해당한다. 대신 밑에는 관방(한국의 기획관리실 혹은 총무관계 일을 수행), 주로 총무, 인사, 정무, 기타 사무 등을 처리한다.

일본의 정책결정을 이루는 최고의 기구는 차관회의이고 권력중추의 핵심은 관방부 장관이라고 할 만큼 정책조정권이 중요하다. 나아가서 각 분야별 정책은 해당 국무대신(장관)이 담당한다. 법적으로 수상과 국무대신은 상하 관계라기보다는 대등한 관계에 있다. 한국과는 달리 일본의 수상이 장관을 완전히 장악하지 못하는 이유는 수상이 국무대신을 독단적으로 선임하는 것이 아니라, 주요 관계자들이 참여하는 조각본부의 협의를 거쳐 이루어지기 때문이다.

2) 내 각

총리대신은 20명 이내의 국무대신(大臣)을 임명하는데, 이 중 과반수 이상이 국회의원이어야 한다. 헌법에 국무대신 수의 한도가 명시되어 있기 때문에 무제한 적으로 장관의 수가 늘어날 걱정은 없다.

내각은 행정권을 행사함에 있어서 국회에 대하여 연대책임을 지며, 개개 국무 위원의 독주는 금지되고 있다. 내각은 일반적인 행정권 외에 국회에 대한 의안제 출권·예산편성권·사면(赦免) 결정권·최고재판소장 지명권(천황이 임명) 및 판사임 명권 등의 권한을 가진다. 또 헌법이나 법률실시를 위한 정령(政令)을 제정하는 하 급입법권을 가진다.

내각 밑에는 각 성(省)·청(廳)이 있다. 성과 청은 각각 고유의 업무를 가지고 있다. 환경(정책 대상 집단, 일반국민 등)과의 관계라는 측면에서 정기적으로 통제적 인 것과 부정기적인 통제를 하는 것, 그리고 적극적으로 먼저 개입하느냐 수동적 으로 대응하느냐에 따라 [그림 5-3]과 같은 유형이 있다.

그림 5-3 성청별 의사결정구조

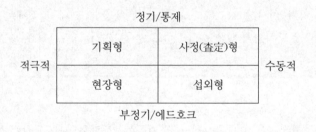

출처: 日本計劃行政學會(1998), p.7.

3) 관 료 제

(1) 관료국가의 형성

일본은 관료국가이기 때문에 관료제에 대해서 좀더 설명할 필요가 있다. 나라 시대(710~794)에 이미 중국식 관료제를 수용하였다가 17세기 초반에 중앙집권적 봉건주의가 형성되어 1600~1868년까지 250년간 지속되었다. 오늘날의 행정조직인

그림 5-4   일본 정부의 구조

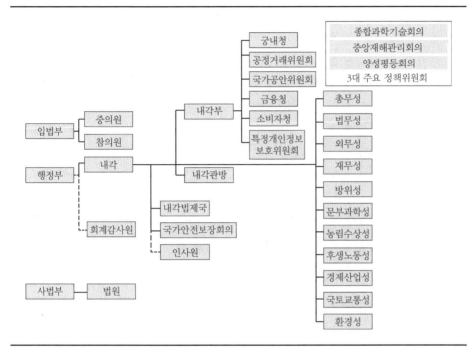

출처: 외교부(2015), 2015 일본개황.

근대적 관료제의 등장은 메이지유신 때였다.

메이지시대로 전환하기 이전 약 300년을 에도시대(江戶時代)라 부르는데, 토구가와(德川)장군이 동경지방을 통치하는 등 분권적으로 여러 봉건영주가 통치하고 있었다. 이 시기에는 천황도 교토(京都)에 머물렀었다. 1860년대 토구가와의 통치지역이었던 동경으로부터 거리가 먼 봉건영주가 반기를 들어 쿠데타를 성공시킨 후 상징뿐인 10대 메이지(明治)천황을 내세웠다. 이어 서구를 순방함으로써 서구문물을 흡수하는 개방적인 나라가 되었다.

1889년에 공포된 헌법은 프러시아 제국을 모델로 하여 천황이 공권력의 핵심이고 정부는 공권력을 실현시키는 것을 목적으로 하였다. 강력한 일본 관료제의 성립은 이렇게 일본국의 현대화(modernization)를 국가가 추진하려는 데에서 비롯되었다(Taketsugu Tsurutani, 1998: 181).

제도의 우수성은 이를 움직이는 사람의 능력과 자질에 달려있다. 일본에서도 귀속적 요인(ascriptive criteria)에 의하여 충원되던 에도시대의 고위관료들 이후, 다양한 분야에 필요한 엘리트관료들을 충원하기 위하여 제국대학(Imperial Universities)이 설립되었다. 그리고 제국대학이나 그 후 설립된 사립대학 출신 젊은이 중 우수한 인재를 공직에 취임하도록 하였다.

따라서 관료들은 탐욕스러운 특수이익들에 대하여 공공의 이익을 보호하는 존재로서 지적 우수성, 도덕적 우수성, 정치적 중립성, 공공선에 대한 희생 등의 표상이 되었다(Taketsugu Tsurutani, 1998: 182). 국민여론조사를 비교하면 81%의 일본 고급관료들이 각료나 의원들에 비하여 자신이 공공이익을 수호하는 존재라고 답한 반면, 영국인은 21%, 독일인은 16%에 불과하다(Kubota, 1980: 26).

일본의 관료들은 국가정책의 수립 및 집행에 있어 전문가라고 할 수 있다. 정책의 타당성 검토, 정책 방향의 수립, 정책집행 수단의 확보, 정책평가 등에서 이들 엘리트 집단이 주도를 해 온 것이다. 다른 나라에서는 연구기관(싱크탱크)이 주된 역할을 하기도 하지만, 일본에서는 연구기관의 발달이 덜 되어 있고, 역할도 부수적이다(경제인문사회연구회, 2011: 306).

(2) 중앙부처 관료조직의 내부

각 부처의 장관 밑에는 의원직인 정무차관과 경력직 공무원 출신의 사무차관이 있다. 이것은 영국의 경우와 매우 유사하다. 차관 밑에는 국장-과장-계장이 계선으로 뚜렷하게 조직되어 있다. 일본 관료제에서는 연공서열적 승진을 하는 것이 보통이다. 또한 일본 관료제는 집단주의적이며, 관료조직 내 인간관계는 온정주의적인 관계이다. 즉, 리더가 부하를 일방적으로 이끄는 것은 아니다. 이런 점에서 서양의 leadership과는 다른 개념이다(Taketsugu Tsurutani, 1998: 191).

이러한 집단주의적 문화는 행정기관 내 사무실 배치에서도 알 수 있다. 미국 등 서구 행정기관은 창구근무자를 제외하면 1인1실의 개인사무실 근무자가 많다. 그러나 일본은 많은 직원들이 칸막이(파티션)도 없이 툭 틔어진 사무실을 같이 쓰는 경우가 흔하다(임도빈 외, 2012: 22). 사생활보호는 취약하겠지만 직원 간 의사소통이 쉽다는 장점이 있다.

그럼에도 불구하고 일본관료들 사이에 '만인의 평등' 관계가 존재하는 것은 아니다. 일종의 차별 혹은 평가가 존재하는데, 예컨대 누가 관료생활의 꽃인 사무차관이 되는가의 문제는 젊은 관료가 이미 관직에 발을 들여놓을 때부터 결정된다. 사무차관의 임명권은 대신에게 있지만, 소위 '차관감'이 일찍부터 묵시적으로 정해지고, 그는 해외연수, 계장, 과장으로 승진하면서 그에 적합한 경력을 쌓게 된다(이호철, 1996: 401~41). 이들은 특히 '회계과', '총무과', '비서과(혹은 인사과)'라는 3대 핵심과장을 거쳐 성청의 관리를 익히게 된다. 이러한 방식으로 장기적이고 암묵적인 합의가 이루어지는 셈이기 때문에, 한국과 같이 매년 MBO, 성과급제, 정책평가 등 단기적인 평가가 관료들의 촉각을 세우게 하는 것과는 다른 형태로 작용된다.

일본 행정조직에서 정치인인 국무대신이 관료권에 깊이 관여하는 것은 잘 통하지 않는다. 한국의 장관권한은 관료에 대한 인사권에 나온다고 봐도 과언이 아니다. 이에 비하여 일본 통산성의 경우 법률상으로는 8급(과장보좌) 이하의 직원에 대해서만 사무차관이 인사권을 갖는 것으로 되어 있다. 따라서 그 이상은 장관이 인사권을 행사할 수 있는 것으로 생각하기 쉽다. 그러나 실제로는 사무차관이 전 직원에 대한 인사권을 갖는다고 볼 수 있다(이호철, 1993: 36). 장관이 인사권을 행사한다는 것은 형식적인 측면의 묘사에 불과한 것이며, 정규적인 인사는 사무차관을 정점으로 자체적으로 하고 있다고 봐도 과언이 아니다.

이렇게 되는 이유는 관료사회에는 철저한 연공서열에 의해 승진이 이루어지기 때문이다. 일본의 공무원은 계급제를 택하고 있기 때문에 이것이 가능하다. 1985년에는 종전 8등급에서 11등급제로 바뀌었다. 연공서열제는 불필요한 경쟁을 피하는 메커니즘이다. 또한 일상적으로 '누가 능력있는 사람이다', '사무차관 감이다'라는 인식이 되어 있어 사무차관은 이에 따라 관례대로 인사를 하는 것이다(이호철, 1996: 40).

아울러 정책의 방향을 제시하는 권한도 제약되어 있다고 봐야 한다. 마치 수상이 자신의 독자적인 정책자원을 가지고 있지 않은 것처럼, 각 부처의 장관이 가지고 있는 자원도 제약되어 있다. 임기가 짧아서 1년 장관증후군(one-year minister syndrome)이 생기고, 더구나 장관 자신의 전문성이 전혀 고려되지 않는 장관인선이 이를 심화시키는 경향이 있다(Taketsugu Tsurutani, 1998: 185). 즉, 장관의 역할이 실질적으로 약화되는 만큼 관료들의 권한은 커지는 것이다.

(3) 그림자 정부 조직

일본의 행정조직은 다른 서구 국가들 못지않게 분화되어 있다. 그리고 전통적인 정부조직 이외에 유사정부조직들이 많이 있다. 이는 실질적으로는 행정업무를 수행하면서, 법률적 지위는 협의의 행정조직에 포함되지 않는 조직이다. 즉, 행정조직의 그림자 조직이라고 할 수 있다. 대표적인 것이 우리나라의 공공기관에 해당하는 독립 행정법인으로 현재 100여 개가 있다(경제인문사회연구회, 2011: 189~190).

표 5-2 행정직급별 표준직무표

직무급	표준적인 직무
1급	정형적인 업무를 행하는 직무
2급	비교적 고도의 지식이나 경험을 필요로 하는 직무
3급	주임의 직무
4급	1. 본성, 관구기관 또는 부·현 단위기관의 계장 또는 주임의 직무 2. 지방 일선기관의 계장 또는 주임의 직무
5급	1. 본성, 관구기관 계장의 직무 2. 부·현 단위 계장의 직무 3. 지방일선기관 과장의 직무
6급	1. 본성 계장의 직무 2. 관구기관의 과장보좌 또는 계장 3. 부·현 단위의 곤란한 업무를 담당하는 계장의 직무 4. 지방일선기관의 곤란한 업무를 담당하는 과장의 직무
7급	1. 본성의 과장보좌 2. 관구기관의 곤란한 업무를 처리하는 과장보좌 3. 부·현 단위 과장의 직무 4. 지방 일선기관장의 업무
8급	1. 본성의 과장보좌 2. 관구기관의 과장 3. 부·현 단위의 장 또는 과장 4. 지방일선 기관장의 업무
9급	1. 본성의 실장 2. 관구기관의 과장 3. 부·현 단위기관장
10급	1. 본성의 과장 또는 곤란한 업무를 담당하는 실장 2. 관구기관 부장의 직무 3. 특히 곤란한 업무를 담당하는 부·현 단위 기관장의 직무
11급	1. 본성의 부장의 직무 2. 관구기관의 장 또는 곤란한 업무를 담당하는 부장의 직무 3. 본성의 특히 중요한 업무를 담당하는 과장의 직무

<비고>: 1. 동일한 직위도 직무수행의 난이도에 따라 직급이 구분되는 것임.
   2. 「管區기관」이란 수천 개의 부·현 지역을 관할구역으로 하는 상당한 규모의 지방 부국을 말한다.
출처: 이호철(1996), 62쪽 표 2-1.

우리의 KOTRA에 해당하는 JETRO, KOICA에 해당하는 JAICA가 그 예이다. 행정관료가 이들과의 관계에서 낙하산 인사 등의 문제가 나오는 것은 우리와 유사하다.

2. 인사행정제도

1) 교육제도

일본의 학제는 제2차 세계대전 후 미국의 학제를 본받았기 때문에 한국의 학제와 일치한다. 소학교 6년, 중학교 3년, 고등학교 3년, 대학 4년을 기본으로 하고, 의무교육은 중학교까지 9년간으로 되어 있다. 또 수사(修士 : 碩士)과정 2년, 박사과정 3년의 대학원제 및 한국의 전문대학에 해당하는 2년 과정의 단기(短期)대학제가 있다.

한국에 없는 학제로는 중학교 졸업자가 입학하는 5년제의 고등전문학교가 있는데, 중급기술자의 양성을 목적으로 하는 학교이다. 고등전문학교에서는 5년간 교육받기 때문에 일반과목과 전문과목을 효율적으로 배우고 대학보다 2년 빨리 졸업할 수 있다. 많은 젊은이들이 적성에 따라 가업을 계승하는 길을 택한다.

대학에서 고등학교·중학교·소학교에 이르기까지 학교 간 격차가 심하여 입시체제가 경쟁적인 점도 한국의 경우와 흡사하다. 대학교의 경우 동경대학 등 국립대학을 법인화하였다. 일본의 학생들은 명문대학에 진학하기 위해 어려서부터 치열한 경쟁을 한다. 그러나 대학의 전공이나 교육내용은 미국보다는 유럽의 대학체제와 유사하다. 대학에서는 전공교수별로 교수들이 서열화되어 있고, 도제제도로 학문후속세대를 양성한다.

2) 인사행정

일본의 공무원은 크게 국가공무원과 지방공무원으로 나뉘고, 이 각각은 다시 일반직과 특별직으로 나뉜다.[5] 특히, 정원의 최고한도를 설정하여 그 범위 내에서

---

5) 국가공무원의 특별직은 대신, 정무차관, 대사, 공사, 재판소 재판관, 국회, 방위청 직원 등을 의미한다. 이에 비하여 일반직은 한국의 일반직과 같은 비현업공무원, 검찰관, 국영기업체 직원 등이 있다.

인력운용을 효율적으로 하기 위해 1969년 5월 16일 "행정기관직원의 정원에 관한 법률"이 공포되었다. 이 법의 규제 때문에 일본 공무원 총수는 다른 나라에 비하여 상대적으로 적은 규모로 유지된다.

슛고우(出向)

성청 간, 중앙-지방 간, 정부-민간 간 보통 2년의 기한으로 인사교류를 하는 것을 의미한다. 이것은 일본행정조직에서 매우 활발하여, 본청의 국과장급의 약 50%가 이러한 경험을 한 것으로 나타난다.

일본의 공무원 시험으로는 1종시험, 2종시험, 3종시험을 들 수 있다. 1종시험은 한국의 행정고시와 기술고시를 합한 것과 같다. 일본은 이러한 공무원시험합격자 중에서 성청단위로 각각 필요한 인력을 선발하여 임용하는 제도를 택하고 있다. 각 성청별로 엄격한 면접 및 심사를 하기 때문에 고시합격자가 곧 임용되는 한국의 경우와 다르다. 즉, 공무원의 임용권이 분권화되어 있다. 특히 고시에서는 합격자를 성적순으로 임용하기 때문에 합격자의 약 50%는 임용되지 않는다.

고시합격자 중에서는 동경대 출신과 게이오대의 비율이 높다. 특히 동경대 법대 출신들은 높은 경쟁률을 뚫고 대학에 합격한 사람들이기 때문에 이미 엘리트들이다. 임용 후에도 선후배로서 끌어주는 관례가 있기 때문에 관료사회에서 동경대의 영향력은 크다. 또한 관료권이 증대되어 있기 때문에 사법고시보다는 행정고시가 더 인기가 있다. 보수 면에서도 공무원의 평균 월급이 민간부문보다 약간 높은 편이다. 주목할 만한 사항은 일본의 고시에서는 행정직보다 기술(이공 및 농학 등)직을 훨씬 높은 비율로 채용한다는 점이다. 이것은 일본 관료로 진출하는 인력들이 일반가(generalist)라기보다는 전문가로 채용되고 있음을 의미한다.

승진은 원칙적으로 연공서열로 이루어진다. 법령의 규정과는 달리 실제 승진시험은 실시되지 않고 승진이 이루어진다(이호철, 1996: 60).[6] 성청의 과장급 이상만 인사과장, 관방장, 사무차관 등의 결재를 거쳐 승진되고, 그 이하의 공무원은 연공서열에 의해 거의 자동적으로 이루어진다. 이러한 승진의 관행은 대신조차 크게

---

6) 국가공무원법 37조는 원칙적으로 시험에 의한 승진을 규정하고 있다. "그 관직보다 하위관직에 있는 재직자 사이의 경쟁시험에 의한다. 시험에 의하는 것이 적당하지 않다고 인정하는 경우에는 해당 재직자의 종전 근무성적에 기초한 전형으로 행할 수 있다."

영향을 미칠 수 없기 때문에, 일본의 관료권이 증대되는 원인 중의 하나라고 할 수 있다. 국가공무원 1종 시험 합격자의 전형적인 승진관행은 다음 [표 5-3]과 같다.

표 5-3 국가 공무원 1종 합격자의 전형적인 승진과정

연차	나이(만)	본 청	산하기관 등
채용	22	A국 A과	
2년차	23	B국 C과	
3년차	25	B국 C과 계장	
5년차	27	다른 성청 근무	
7년차	29	A국 A과 과장	
8년차	30	지방공공단체 근무	
11년차	33	과장보좌	(국을 돌며 1년씩)
15년차	37	산하 특수법인 근무	
17년차	39	A국 A과 기획관	
19년차	41	A국 B과 실장	
20년차	42	과장, 참사관	(국을 돌며 1년씩)
28년차	50	심의관, 국차장, 부장	
29년차	51	국장(A국, D국), 정책총괄관차관보(재무관, 외무심의관 등)	
34년차	56	사무차관	

출처: 일본 인사원.

3. 재무행정제도

일본의 회계연도는 4월 1일에 시작한다. 예산은 중의원과 참의원의 의결에 의하여 결정되지만, 일정기간 내에 참의원에서 의결되지 않으면 중의원에서 의결된 안대로 확정된다. 예산에 관한 의회의결에서 중의원 우선원칙은 영국의 경우와 유사한 반면, 예산의 편성과 지출, 그리고 회계체제는 한국과 유사하다.

일본예산의 일반회계수입은 조세 및 인지수입이 전체예산의 80%에 이를 정도로 중요한 비율을 차지한다. 조세는 소득세, 법인세, 상속세, 증여세 등 직접세와, 소비세, 주세, 담배세, 휘발유세 등 간접세로 구성된다. 국세는 직접세 중심으로 되

표 5-4 일본 정부 재정(단위: 십억 엔)

회계연도	일반회계			국채의존비율
	지출	세수입	국채발행	
1970	7,949.8	6,938.4	430.0	5.4
1975	21,288.8	17,340.0	2,000.0	9.4
1980	42,588.8	26,411.0	14,270.0	33.5
1985	52,499.6	38,550.0	11,680.0	22.2
1990	66,236.8	58,004.0	5,593.2	8.4
1995	70,987.1	53,731.0	12,958.0	17.7
2000	84,987.1	48,659.0	32,610.0	38.4
2001	82,652.4	57,027.0	28,318.0	34.3
2002	81,230.0	46,816.0	30,000.0	36.9
2003	81,789.1	41,786.0	36,445.0	44.6
2004	82,110.9	41,747.0	36,590.0	44.6
2005	82,182.9	44,007.0	34,390.0	41.8
2006	79,686.0	45,878.0	29,973.0	37.6
2007	82,908.8	53,467.0	25,432.0	30.7
2008	82,061.3	53,554.0	25,348.0	30.5
2009	88,548.0	46,103.0	33,294.0	37.6
2010	92,299.2	37,396.0	44,303.0	48.0
2011	92,411.6	40,927.0	44,298.0	47.9
2012	90,333.9	42,346.0	44,244.0	49.0
2013	92,611.5	43,096.0	42,851.0	46.3
2014	95,892.3	50,001.0	41,250.0	46.3
2015	96,342.0	54,525.0	36,863.0	43.0
2016	96,721.8	57,604.0	34,432.0	38.3

출처: 일본 재무성(http://www.mof.go.jp/english/budget/fy2011/e2010224b.pdf

어 있어 소득세와 법인세가 총국세 세입액의 3분의 2가 될 정도로 중요한 비율을
차지한다.

예산의 지출은 한국의 기획재정부에 해당하는 재무성(구, 대장성)에서 주관한
다. 각 성청의 장은 공공사업 등의 경비에 대하여 지출에 대한 계획을 작성하여 재
무성 대신의 승인을 받아야 한다. 뿐만 아니라 각 성청의 장은 분기별 지불계획을
작성하여 제출하고, 재무성 대신은 이를 승인하고 종합하여 국고금, 세입, 금융상
황을 보아 일본은행에 통지하여 지불이 되도록 한다.

일본재정의 과제 중의 하나는 유럽국가들과 마찬가지로 복지비 지출문제이다. 이와 같은 상황하에서 1980년대 초 이후 일본 정부는 재정적자 문제를 해결하기 위하여 신자유주의 이데올로기를 반영한 행정개혁을 적극적으로 추진하게 되었다. 예를 들면, 공기업의 민영화,[7] 특수법인의 통폐합 및 활성화, 사회보장 등의 세출 삭감, 공무원 정원의 감축, 행정조직의 개편, 규제완화 등이 그것이다.

하지만, 노인인구의 증가는 국가의 재정적자 문제를 더욱 악화시키는 요인으로 작용하였다.[8] 일본 국민연금의 재정수지는 2039년부터 적자로 전환되어 2049년에는 연금기금이 완전 고갈될 것으로 전망된다. 연간 재정적자 규모는 당해 연도 정부예산의 25.3% 수준(2050년 기준)이나 되며, 그 이후에도 적자폭은 계속 증가할 것으로 전망된다. 그나마 1984년부터 거론되던 공무원연금 개혁이 30년을 지체하다가 2014년 개정안이 통과되었다. 공무원에게 특별히 지급되던 공무원연금이 일반 국민연금인 '후생연금'에 통합되었다. 이는 연금의 중층구조 중에서 가장 기본인 부분이 일원화되었음을 의미한다.

Ⅳ 거버넌스체제

1. 지방자치와 참여

1) 중앙과 지방의 관계

일본에서 제2차 세계대전이 끝날 때까지 실시된 지방자치는 중앙집권적이고 관료주의적 특성이 매우 강했다. 러일전쟁 후 중앙정부의 관료들은 전후 국가발전 정책의 일환으로 지방분권화 정책을 추진하였다. 이는 중일전쟁과 러일전쟁을 거치면서 생산력의 증대와 그에 부합하는 '국민적 도덕의 양성, 즉 경제와 도덕의 통

---

7) 철도(國鐵), 전기(電電公社), 담배(專賣公社) 등 이른바 '3공사'의 민영화가 그것이다(Jung & Kim, 2001).

8) 일본은 1970년대에 이미 65세 이상의 노인이 전체 인구의 7% 이상을 차지하는 이른바 '고령화사회(高齡化社會)'에 진입하였으며, 1990년대 말에는 약 15%로서 서구 나라들보다 더 높은 비율을 차지하였다(채원호, 2000: 210). 노인인구 비중의 증가에 따른 정부의 사회복지 서비스의 확대와 그로 인한 국가재정의 어려움을 극복하려는 동기에 1980년대 후반 이후는 행정개혁이 추진되었다(Peters, 1996: 1장).

일'이라는 국가적 과제를 추진하기 위한 국가주의의 반영이었다(김장권, 1994: 3). 당시 일본의 국가주의는 기본적으로 전통적 '가족국가관'에 근거하였다(김장권, 1994: 162). 결과적으로, 지방 개혁을 추진한 중앙관료들의 지방자치관은 전근대적인 의사공동체로서의 지방자치제를 실시하는 것이었다. 아시아에서는 비교적 일찍 도입된 근대적 의미의 지방자치제가 일본에서 제도화되는 데 오랜 시일이 걸리고 있는 이유 가운데 하나를 이와 같은 문화적·제도적 유산에서 찾을 수 있을 것이다(Shindo, 1984).

최근 일본에서도 전통적인 중앙집권주의적 정치문화가 크게 변하고 있다.[9] 소위 '지방주의 시대'라는 수사가 지난 몇 년간 일본에서 점차 대중적 인기를 얻고 있는 것이 한 예가 될 것이다(Shindo, 1984). 또한 농촌인구의 감소와 산업화·도시화 현상에 의한 전통 문화의 변화도 주요한 원인이라 할 수 있다.

특히 일본에서 1960년대 말 이후 주목할 만한 변화가 발생하였다. 급속한 경제발전에 따른 도시와 환경문제는 지방 수준에서 시민들의 다양한 정치적 관심과 참여 욕구를 불러일으켰다. 중앙집권적인 행정 및 재정체제에도 불구하고 기초지방자치단체들이 공해문제, 복지문제, 도시계획문제 등에 대응하면서 많은 성공을 거두었다. 이와 같은 기초자치단체들의 변화에 대응하여 광역자치단체들도 중앙정부의 보조기관이라는 과거의 수동적이고 중앙정부 중심적인 역할에서 벗어나 명실공히 광역행정을 적극적으로 수행하려는 노력을 기울이고 있다.

중앙과 지방간의 공식적 협력체제도 정비해 나가고 있다. 2011년부터 도입된 '국가와 지방의 협의의 장'이 그것이다. 이 모임은 지방자치단체의 대표로서 중앙의 정책결정자와 정기적으로 만나서 협의하는 장이다(하동현, 2016).

2) 지방자치제도

메이지 유신 이후 1878년에 제정된 삼신법에 근거하고 있다. 이때부터 3계층, 즉 부현(府縣), 군(郡), 시정촌(市町村)으로 구분하였으며, 이후 군이 폐지되는 등 우여곡절을 겪다가 1947년 종전 후 오늘날의 지방자치제도가 성립되었다. 시정촌 밑에 지역센터나 문화센터가 있는 곳도 있다. 농촌지역에는 구(區)가 있어 구장은 1년간

---

9) 이 부분은 정용덕(2002), 『한일 국가기구 비교연구』, 대영문화사를 주로 참조하였다. 이 저서는 한일 두 나라의 중앙-지방정부 관계의 특성을 다원주의, 개인주의, 엘리트론, 그리고 자본주의의 국가이론을 적용하여 비교 분석한 것이다.

순번으로 돌아가면서 담당하고, 호적사무 등 일부의 행정업무와 상호부조활동을 한다. 이와 더불어 목조건물이 많은 것에 따른 화재에 대비해 마을별로 만든 의용 소방대의 조직화로 주민협동의 틀이 마련되어 있다.

일본 지방자치 단체의 장(長) 및 의회의원의 임기는 4년이다. 특히 주민의 지 방의회 해산청구권, 장(長) 및 의원의 해직(解職)청구권 등은 직접민주제의 형식을 취하고 있다. 시(市)·정(町)·촌(村) 자치단체의 경찰이나 교육위원은 공선제(公選制) 가 많다. 그러나 재정 면에서는 중앙의 통제가 강화되는 등 지방자치의 현실은 당 초의 기대에 어긋나는 점도 많다.

일본 정부의 구조는 중앙은 내각제인데 반해, 지방은 기관대립형을 택하고 있 다. 지방선거, 특히 단체장 선거에는 일본만의 독특한 현상이 벌어진다. 즉 각 당 이 후보자를 내세우는 것이 아니라, 몇 개의 당이 연합하여 공천을 하거나, 하나의 당이 내세운 후보를 다른 당이 추인하는 형태로 강력한 후보가 나타난다는 점이 다. 그리고 이러한 전략적 공천은 지방정치의 획기적 발전을 저해하는 요인이기도 하다.

2. 국가거버넌스와 정부개혁

1) 정책결정모델

일본의 거버넌스가 어떠한가에 관해서는 지배적인 정책결정방식에 대한 다음 과 같은 네 가지 시각을 통해서 파악할 수 있다(나카무라 아키라·다케시타 유즈루, 1995: 23).

- 엘리트 지배론

미국의 권력구조론의 영향을 받은 것으로, 정·관·재계의 소수 엘리트 집단이 일본의 정책결정권한을 독점적으로 소유한 것으로 본다. 보수당과 재계의 배후에 있으면서 이들을 지원하는 관료집단이 그 단적인 예이다. 1982년 나카소네 야스히 로(中曾根康弘) 수상의 내각에는 각료 20명 중 8명(40%)이 관료출신이었다. 관료출 신 후보들은 각종 보조금을 조작하여 표로 연결시키는 기술을 가지고 있다(나카무 라 아키라·다케시타 유즈루, 1995: 28). 승진이 어려운 관료들이 민간기업으로 진출하 는 낙하산식 인사 현상도 나타난다. 엘리트 지배론은 엘리트를 단일의 폐쇄적인 집단으로 본다는 한계점을 가지고 있다.

- 제한된 다원론(limited pluralism)

산업계도 전반적으로 정부의 보호와 원조를 필요로 하는 시기는 지났다고 본다. 경기의 불황이 업계를 호황과 불황으로 분화시켜 왔고, 이러한 현상의 결과는 재계가 하나로서 단결되어 있는 것이 아니라 개별 기업가들이 특정 유력의원이나 파벌을 연결하는 전략을 택하는 것으로 이어졌다. 제한된 다원론은 엘리트 지배론이 각 엘리트 집단내 존재하는 갈등이나 이견을 간과한다는 비판으로 출발한다. 단일 엘리트들 간의 협력보다는 각 집단 간의 대립과 타협 속에서 정책이 결정된다는 시각이다.

- 관료정치론

관료를 정책결정의 핵심으로 본다. 정령(政令), 성령(省令), 통달(通達) 행정이 일본의 정책결정을 설명하는 중요한 변수이다. 이들 규범들은 행정관료가 법률이나 정책의 내용을 구체화하면서 생겨나는 것들이다. 통달행정은 사무차관, 국장, 과장에 의해 이루어지며, 국장통달이 가장 많다. 전술한 바와 같이 국회의 기능이 저하된 반면 관료의 권력이 증대되었다. 특히 관료는 보수당의 계선기능의 일부로 변질되고 있다. 관료정치론에 대한 비판으로는 '관료의 활동량과 자율성은 별개의 문제'라는 무라마쓰 미치오(村松岐夫) 교수의 설이 있다.

- 분산된 다원형(fragmented pluralism)

관료가 경제자원 배분권을 쥐고 있고, 자민당 의원들은 고객집단들의 요구를 관료들에게 중개하여 몫을 찾게 하던 것은 지났다고 한다. 정책결정의 중추가 보수당 의원들에게 있다는 것이다. 즉, 정책결정이 관료보다는 자민당 내에 있는 정무조사회(政務調査會)와 부회(族)를 중심으로 이루어진다고 본다. 구체적으로 법률안의 경우 자민당 내의 관련 정무조사회에서 사전심의를 거치고 총무회의에서 당의 안으로 의회에 제출되기 때문이다. 족회가 만장일치를 의사결정기준으로 하기 때문에 족의원들의 발언권이 강력하게 된다.

2) 철의 삼각관계

상술한 네 가지 시각에도 불구하고 일본에서는 정치(여당), 행정관료, 대기업

(재계)으로 연결된 지배집단이 중요한 정책결정을 하고 있는 것으로 알려져 있다. 미국에서 의회위원회-관료-이익집단의 삼각관계를 철의 삼각관계(iron triangle)로 보고 있는 것과 유사하다. 그러나 미국에서의 권력핵심은 의회에 있는 반면, 일본은 관료들에게 있다는 점에서 차이가 있다. 이를 그림으로 그리면 [그림 5-5]와 같다.

그림 5-5 일본식 철의 삼각관계

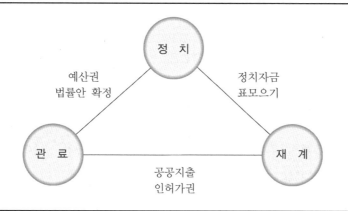

출처: 이호철(1996: 93).

족(族)의원들은 해당 분야에 대하여 전문성을 쌓게 된다. 부회에 속한 의원은 해당 부서에서 정책에 관한 각종 정보를 획득하게 되고, 특히 부회의 회장 등 중요한 역할을 맡은 사람은 관계와 재계에 인맥을 형성할 수 있다. 관료들은 부회의 의장이 되는 인물에게는 체면을 세워주기 위해 지역구에 사업을 벌이도록 한다. 관료는 그 대가로 그 의원이 의회 내 예산획득과정에 그 부처를 적극 지원하도록 한다. 의원들은 관료들이 예산획득을 하는 데 도와주고, 관료들은 인허가권을 무기로 재계에 압력을 넣어 해당 의원의 지역구에 사업을 벌이도록 한다. 그 결과 의원들은(음성적인) 정치자금을 모으기도 하고, 지역발전을 했다는 명분으로 선거에서 표를 얻을 수 있게 되는 것이다. 이러한 3자간 공생관계가 [그림 5-5]에 나타나 있는 것이다.

이와 같은 강력한 관료들의 역할은 일본사회의 각종 자원을 일정한 목적으로 동원하는 동원체제(mobilization regime)적 기능을 수행한다(Taketsugu Tsurutani, 1998: 186). 관료와 국민(특히 재계) 사이에는 밀접한 상호 작용이 있어서 일본이라는 나라 전체가 일정한 방향으로 가는 것이다. 그 구체적인 방법으로 다음과 같은 두 가지를 들 수 있다.

- 행정지도(adminsitrative guidance)

이것은 지침과 제안(suggestion)의 중간적 성격을 띤 것으로 문서보다는 구두로 전달되는 것이다. 주요 내용은 법으로 금지되지 않은 것을 금지하는 것과 같은 행정권의 자의적인 행사에 관한 것이다. 많은 재계 인사들은 이러한 행정지도에 의하여 일하는 것이 자기 자신이 업무에 관하여 스스로 어려운 의사결정을 하는 것보다 낫다고 말한다(Taketsugu Tsurutani, 1998: 187).

- 관료들의 낙하산 인사

이를 '아마쿠다리(天下り)'라고 하는데, '하늘(天)'은 관료를 의미한다는 점에서 볼 때 관료의 위치를 알 수 있다(Tsurutani, 1998). 다른 말로는 관료들이 퇴직 후 특수법인, 단체를 몇 개 거친 후 마지막으로 민간기업의 임원으로 경력생활을 마감하는 것을 일컫는 '와타리도리(渡り鳥, 즉 철새)'도 있다. 일부 퇴직관료들이 여기 저기 자리를 옮겨 다니며 '관'과의 연결을 맺는 것으로 마치 정년이 없는 듯한 것을 비유하는 것이다.

낙하산 인사로 민간에 진출한 사람들은 행정내부를 잘 알고 있기 때문에 문서화된 것은 물론이고 그렇지 않은 각종 법규, 관례 등에 대하여 잘 알고 있어서 그 기업에 도움이 된다. 이것은 행정에서 재계로의 진출이고 그 반대의 움직임이 없

그림 5-6 아마쿠다리(낙하산 인사) 흐름도

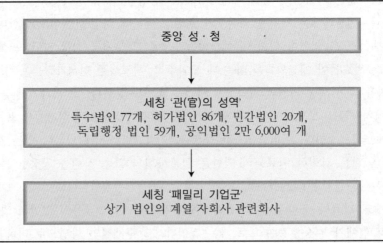

출처: 신동아, 2003년 6월호.

는 일방향적인 특성을 가진다. 물론 각종 위원회라는 것이 있어서 재계 인사들이 참여하기도 하나 이것은 '행정민주화(window dressing, or democratic camouflage)'를 내세우는 형식적인 도구에 불과한 것이다(Taketsugu Tsurutani, 1998: 188).

3) 정부개혁의 문제

일본의 정부개혁의 배경은 적자재정과 국가부채의 증가에 있다고 볼 수 있다. 이것은 서구 선진국과 같은 상황에 처해 있다는 것을 의미한다. 고도 경제 성장을 겪은 일본은 지난 20년간 경기침체를 극복하기 위해 정부가 대규모 SOC 사업을 하는 등 재정지출을 늘려 왔지만, 그다지 효과를 발휘하지 못하고 있다. 일본의 해결방식은 관료식 처방에 있기 때문이다.

일본을 관료국가라고 부르는 이유 중의 하나는 정치지도자의 공급이 제한되어 있다는 점에 있다. 일본의 전통적인 엘리트 순환 코스에 따른다면, 동경대 법대-관료-사무차관-정치인의 과정을 겪게 된다. 예를 든다면 자민당 의원의 약 1/4이 관료출신이다. 물론 그 외의 의원들의 수도 많지만 이들의 정책에 대한 영향력은 소수의 정치적인 계파의 수장을 제외한다면 미미한 편이다. 그러므로 관료제가 유력한 정치지도자 형성에 큰 역할을 하고 있다고 할 수 있다.

한편, 정책의 결정권한에 있어서는 변화가 나타나고 있다. 일본은 빠르면 1980년대, 늦으면 1990년대에 접어들면서 경제가 침체상황에 빠져들게 되었다. 이러한 상황에서 지속적인 경제발전을 근거로 한 정부 관료의 정책결정의 주도권은 그 효력을 잃게 되었다. 경제발전이 계속적인 부의 증대를 가져올 수 없는 상황 아래서 사회의 각 주체는 자신의 이익을 위해서 서로 경쟁을 하게 되고, 그럴 경우 이익의 분배를 위한 정치의 기능이 강화되기 마련이다. 따라서 일본의 경우는 1980년대 이전까지는 정책결정권이 구심적이었다고 할 수 있지만, 그 이후는 원심적으로 변해가고 있다. 특히 1990년대 일본경제의 거품이 꺼지면서 전후 50년간 일본을 이끌어 왔던 행정부의 정책적 주도권(initiative)이 많이 상실되었으며, 정치인들의 입김이 강해지고 있는 형편이다.

하지만 다른 나라에 비해서는 여전히 정부 관료의 정책적인 입김이 강한 편이다.10) 일본은 최근 경제성장의 둔화와 거품경제의 원인이 '관료국가' 때문이라는

---

10) 예를 들어서 일본의 경제정책은 대개는 대장성의 소관인데, 그에 관해서 주로 발언을 하는 것은 대장성의 재무관(사무차관)이며 대장성대신은 그에 비해서 발언력이 오히려 약한 편이

비판을 받아 왔기 때문에 많은 행정개혁을 추진하고 있다(옥산태랑, 1994; 도시유키, 2002). 주요 공기업의 민영화가 그 예이다. 민영화는 단순히 주식을 매각하는 방식의 소유권 이전이 아니라, 그 사업의 성격과 관련 민간부문의 능력을 고려하여 다양한 방식으로 추진되었지만, 결국 관료의 이익이 유지되는 쪽으로 실행되는 경우가 많다(이용선, 2011). 따라서 일본은 관료국가이기 때문에 국가개혁을 이해하기 위해서는 공무원제도의 개혁을 살펴보는 것이 매우 중요하다.

4) 역대정부의 개혁

일본은 전통적으로 관료집단이 매우 강력한 영향력을 행사해 왔는데, 이러한 관료의 역할은 1930년대 후반 이후 형성된 국가통제경제시스템과 1950년대 이후의 고도 성장기를 거치면서 더욱 비대화되었다. 그리고 일본의 정책결정은 이러한 관료집단과 함께 전문성을 겸비한 자민당의 정무조사회 소속의 족의원들이 결합한 관료제 네트워크를 통해 이루어졌다.

관료집단이 중심이 되는 정책과정에 대해서는 긍정적인 면과 함께 여러 문제점들이 함께 지적되고 있다. 그 중에서도 관료들의 지나친 엘리트주의와 무책임성 등으로 인해 발생한 부정적인 이미지와 성청 이기주의 및 종적행정시스템에서 비롯된 할거주의 행정으로 인한 비효율성 등이 지적되면서(염재호, 2005: 124~125), '정치 주도'의 정책과정이 개혁의 핵심으로 부각되었다고 할 수 있다.

1996년에 출범한 하시모토 내각은 중앙정부의 조직을 개편하는 것을 중심으로 하는 행정개혁을 추진하였고, 그 결과 2001년에 일본의 중앙정부조직은 1부 12성청으로 개편되었다. 이때의 성청 개편은 '성청 통폐합'과 '내각기능의 강화'를 강조하면서 이루어졌으며(박성빈, 2008: 340), 이는 '정치 주도'의 정책과정을 지향하고자 하는 시발점이 되었다고 할 수 있다.

고이즈미 내각은 이러한 내각 기능을 더욱 강화시키는 관 주도의 정책결정을 실시하였다. 특히 기존에 각 성청의 경계로 제대로 된 역할을 수행하지 못했던 경제재정자문회의를 활성화시켜, 거시경제정책뿐만 아니라 일본정부의 구조개혁을 지휘할 수 있는 권한을 부여하였다(조재욱, 2009: 262). 경제재정자문회의는 내각부 설치법 제18조에 의해 설치되었으며, 고이즈미 내각 하에서는 상당히 주도적인 역할을 담당하여 내각의 조정기능을 강화해 준 제도로서 인식되고 있다(박성빈, 2008: 357).

다. 최근 이러한 경향은 변하고 있다.

2009년 민주당 정권은 자민당의 1당우위제 하에서는 '정치 주도'가 이루어지기 어렵다는 점을 강조하면서 선거에서 승리하였다. 하지만 민주당이 이야기하는 '정치 주도'도 하시모토 내각과 고이즈미 내각에서 주장하는 바와 크게 다르지 않으며, 결국 정치, 내각, 관저가 주도하는 정책결정을 의미한다. 이러한 내용을 개념적 측면에서 좀 더 구체적으로 살펴보면, 첫째, 관료주도를 벗어나고자 하는 개념이며, 둘째, 족의원 등과 같이 관료제 네트워크와 연결된 행위자의 영향력을 억제하고자 하는 개념이며, 마지막으로 총리를 비롯한 내각의 리더십 및 정책조정기능을 강화하는 것을 의미한다고 할 수 있다(박성빈, 2010: 225).

이러한 '정치 주도' 개념의 실질적인 실현으로 민주당은 정권 출범 이후 사무차관회의와 각 부처의 업무브리핑 제도를 폐지함과 동시에 정책결정을 '정무3역회의'에서 결정하도록 하였다. 결과적으로 '정무3역 회의'는 민주당 정권이 들어서고 나서 공약과 관련된 주요 업무를 담당하였다. 또한 관료집단의 대표격이라 할 수 있는 사무차관을 배제하고, 각 부처의 정부조직에 민주당 국회의원을 다수 배치하여 정책과정에 정치 주도를 접목시키고자 하였다. 또한 총리 직속의 국가전략국과 행정쇄신회의를 설치하여 예산 및 외교와 같은 주요 국정 사항의 기본방침을 결정하는 과정에 최대한 관료를 배제하려고 하고 있다(고선규, 2010: 83).

아울러 관료제의 효율화와 작은 정부의 구현도 끊임없이 추진된 행정개혁의 구호이다. 이러한 노력의 일환으로 신공공관리론적 개혁을 추진하고 있다(자세한 것은 http://www.kantei.go.jp/jp/kakugikettei 참조). 국가공무원의 수도 다른 선진국에서 찾아볼 수 없는 정도로 획기적으로 줄이는 목표를 장기적으로 추진하고 있다.

그러나 이것도 따지고 보면 공기업 민영화, 국립대학 법인화, 지방자치단체 공무원 증원 등의 신분전환에 의한 것이지, 대량해고와 같은 근본적 방법이 동원된 것은 아니다. 따라서 정부의 효율성을 높인다는 본래의 목표를 달성했는지에 대해서는 회의가 있다. 즉 한국의 경우에 비춰봐서는 개혁의 내용이 그리 혁신적이거나 추진력이 강력한 것은 아니라고 생각된다.

재집권한 자민당의 아베 수상은 소위 아베노믹스라고 하는 경기부양책을 추진하고 있다. 미국과의 연대강화 등 국제적인 영향력도 증대하려고 하고 있다. 그러나 그의 경제정책은 기대했던 성과를 내지 못하고 있고, 일본정부의 경쟁력도 그리 높지 못하다(임도빈, 2016).

결론적으로 역대 정권의 개혁의 성과에 대한 평가는 엇갈린다는 점을 집고 넘어가야 할 것이다. 즉, '정치 주도' 지향의 노력에 대해 총리를 비롯한 내각의 영향

'사키오쿠리(先送り · 뒤로 미룬다)'에 빠진 정치권

2014년 말 일본 정부는 공공 개혁 실패 사례를 하나 더 늘렸다. 지난해 11월 11일 후생노동성은 이날로 예정됐던 의료보험 개혁안 공표를 돌연 취소했다. 75세 이상 저소득 고령자의 의료보험료를 최대 90%까지 할인해 주던 특례(特例)를 단계적으로 폐지, 의료비 예산을 최대 800억엔 삭감하는 것이 개혁안의 골자였다. 정치권이 발목을 잡았다. 올해 지방선거를 앞두고 있는 여당인 자민당이 "저소득 고령자에 대한 배려가 부족하다"며 반대했다. 이 장면은 '사키오쿠리(先送り · 뒤로 미룬다)'로 표현되는 일본 정치인과 관료들의 개혁 지연을 보여주는 전형적 사건이다. 공공부문 개혁이 노동, 금융, 교육 등 경제 체질 개선을 위한 구조 개혁의 선도적 역할을 해야 하는데, 일본의 정치권과 관료들은 '여론의 반발이나 표(票)를 까먹을 수 있는 개혁은 미루고 본다'는 관행에 젖어 있다. 일본은 눈덩이처럼 커지는 국가 채무와 불어나는 연금 적자 등도 20년 넘게 방치하면서 문제를 키웠다.

공공기관의 방만 · 부실 경영도 문제다. 대표적 사례가 일본도로공단이다. 1995년 1월 한신 대지진 당시 내진(耐震) 설계에도 불구하고 힘없이 무너져 인명 피해를 키웠던 고베시의 대형 고가도로 부실 시공이 드러났다. 담합과 수의계약, 뒷돈을 주고받는 관행들이 이 고가도로를 쓰러뜨렸다.

일본도로공단은 2001년부터 개혁에 나서 2005년 3개 기업으로 쪼개져 민영화됐지만, 문제가 해결된 것이 아니다. 28조6,000억 엔에 달하는 채무를 일본 정부가 떠안고 세금으로 갚아나가고 있는 중이다. 민영화된 3개 기업 가운데 한 곳인 'NEXCO東日本'의 경우 직원이 1만 명이 넘지만, 구조조정 등이 지연되면서 지난 2012년 영업이익이 48억엔에 불과한 형편이다. 일본 공공 개혁이 제대로 된 성과를 내지 못한 것은 1990년 이후 16명의 총리가 등장했을 정도로 정치적 리더십이 안정되지 못해 개혁을 밀고 나갈 힘이 부족했기 때문이다.

일본 정부와 지방자치단체들은 1990년대 중반부터 '슬림화'라는 명분으로 각종 정부 업무를 떼어내 수많은 산하단체를 양산했다. 특례민법법인, 공법인, 특수법인 등의 이름으로 일본 전역에 9,000개에 육박하는 사실상의 공공기관이 만들어졌다. 이 단체들은 공공기관의 문제점을 고스란히 갖고 있지만, 일본 정부는 이익집단, 지역이기주의 등을 넘어서서 개혁을 추진할 방법을 찾지 못하고 있다.

출처: 조선비즈, 2016. 6. 4. 일부 발췌.

력이 강화되었다고 보는 의견과 여전히 다른 국가에 비해서는 약하다고 보는 의견
등이 다양하게 전개되고 있다. 개혁에 따른 변화의 속도는 매우 점진적이어서 아
직 그 효과를 논하기에는 무리가 있다는 평가가 다수라고 할 수 있다(박성빈, 2010;
염재호, 2005).

V 한국과의 비교

일본은 서구 각종 제도를 아시아에서 최초로 도입하여 선진국에 빨리 진입한
나라이다. 제도분화와 이들 간 조정이란 측면에서 상대적 통합모델이라고 하겠다.
공공부문에 대해서 일본인들이 가지고 있는 획일적 사고방식과 관료들의 지배라
는 측면에서 보면 '완전' 통합형 문화가 있다고도 할 수 있다. 이것은 다양성이 발
달한 프랑스 등 서구와는 대조적인 측면이다.

고도성장기에 누렸던 일본정부의 경쟁력은 약화되었다고 볼 수 있다. 1990년
이후 일본경제는 거품경제의 붕괴로 많은 어려움을 겪어 왔다. 경제성장률의 둔화
와 실질구매력의 약화로 국내소비의 부진 등 많은 문제를 노정해 왔다. 경제의 어
려움과 노령인구 증가 등에 따른 복지비의 증대 등으로 재정압박도 가중되고 있다.

국내 경제가 어려울수록 국내 정치에서 우파의 목소리가 커지게 된다. 총리의
신사참배, 재무장, 외국과 분쟁 중에 있는 영토문제 등은 국내여론을 끌어들이지만,
중국을 비롯한 유라시아 국가에게 우려를 자아내기도 한다. 많은 일본인들은 그
동안 일본이 국제적으로 공헌을 하고 있음에도 불구하고 여전히 전범국가라는 이
미지를 벗지 못하고 있는 데 대하여 보통국가화(普通國家化)를 갈망하고 있다.

정치행정제도라는 측면에서 한국은 일본과 매우 유사한 제도를 가지고 있다.
식민통치를 받는 과정에서 이식된 것도 있지만, 해방 후에도 지리적 근접성뿐만
아니라 제도도입을 위한 선행여건이 유사하기 때문에 일본의 제도가 많이 들어왔
다. 이것은 신제도주의에서 말하는 모방에 의한 제도 동형화(mimic isomorphism)로
설명할 수 있을 것이다. 교육제도, 고시제도, 사법제도 등이 특히 한국과 유사하다.
해결해야 할 고질적인 문제들도 비슷하다. 우리가 타산지석으로 삼아야 할 사례가
많다. 그럼에도 불구하고 많은 차이점도 내포하고 있다.

　　대체적으로 볼 때 일본은 정치민주화라는 측면에서 한국에 비하여 뒤진 면을 많이 가지고 있다고 생각된다. 일본은 자민당 중심으로 의원내각제를 유지하면서 여전히 소수집단에 의한 정치가 이루어지는 측면이 있음에 비하여, 한국은 수평적 정권교체가 이루어지는 등 상대적으로 대중정치가 활성화되어 있기 때문이다.

표 5-5　한일 국가비교

	일　본	한　국
정치체제	의원내각제	대통령중심제
정　당	오랜 자민당중심 정치	정당의 이합집산
관료에 대한 국민인식	긍정적	부정적
수상, 장관	관료에 비해 권한 약함	권한 강함
지방자치	정착되어 있음	제도발전중
거버넌스	공식적 정치중심	NGO 등 활발
행정개혁	점진적, 소극적	급진적, 적극적

　　또한 고도성장기를 이끌었던 일본정부의 경쟁력은 떨어지고 있다. 시민사회에서 차지하는 관료권의 비중 면에서는 한국과 일본 중 어느 나라가 더 강한가를 비교하기 어렵지만 다른 선진국에 비하여 강한 것은 공통된 현상이다. 그런데 일본은 집단으로서 관료조직 자체의 영향력이 큰 반면, 한국은 대통령 및 장관 등 정치인에게 종속된 관료들의 영향력이 큰 것으로 보인다. 일본은 사회 전체가 한국보다는 경직되어 있고, 이런 사회의 경화에는 관료의 지배권이 작동하고 있다. 따라서 과도한 관료권을 일정수준 이하로 낮추는 것이 필요하다고 본다.

　　수상이나 장관의 권한을 비교해 보면 다음과 같다. 일본에서는 수상이나 장관은 의회 및 부처 내 관료집단에 비하여 상대적으로 위축되어 있다고 볼 수 있다. 이에 비하여 한국은 대통령과 장관의 권한이 의회에 대해서는 상대적으로 위축되어 있지만, 관료들에게는 강하다고 볼 수 있다. 한국의 관료들이 정치인들에게 종속되는 이유 중의 하나는 인사권 때문일 것이다. 다른 하나의 이유는 끊임없는 행정개혁으로 관료들을 불안하게 만들어 줄서기를 하게 하기 때문이다. 한국은 전세계의 개혁들이 총 망라되어 있는 개혁의 백화점과 같다.

　　지방자치 면에서는 일본이 해방 후 약간의 시행착오를 거친 후 자체적인 지방자치제도를 발전시켜 왔다. 일본 내에서는 여전히 자치가 충분치 않다는 비판이 있기는 하지만, 한국에 비해서 제도가 정착되어 있다고 생각한다. 거버넌스 면에서는 한국은 시민들의 정치참여가 대폭 강화되고 있다. 실제로는 정책결정과정에 참여하는 것을 주목적으로 하는 NGO가 많은 것도 일본에 비하여 한국이 가지고 있는 두드러진 특징이다.

☕ **차 한잔의 여유**

일본의 근대국가로서의 등장

1) 봉건체제의 동요

일본이 국가형태를 이루기 시작한 것은 기원 전후 1~2세기의 기간이었지만, 중앙집권적 국가를 형성한 것은 6~7세기의 야마토 조정(大和朝廷)에 이르러서였다. 그 후 나라(奈良)시대(710~784), 헤이안(平安)시대(794~1185), 카마쿠라(鎌倉)시대(1185~1333)를 거쳐, 남북조(南北朝)의 대립기(1336~92)라는 내란의 시기를 맞이하였는데, 일본의 봉건제는 이 시대에 그 성숙을 보게 되었다.

이 내란의 시대를 지나는 동안, 나라시대에 생성·발전해 온 귀족의 쇼우엔(莊園)과 지샤(寺社)의 장원지배가 쇠퇴한 대신, 유력한 슈고·지토(守護·地頭)가 지방의 '사무라이', 즉 무사를 장악하여 대영주화함으로써 다이묘(大名)가 되어 이들이 농촌의 지배를 강화하여 갔다. 내란 시기는 무사지배의 통일정권인 무로마치(室町) 막부(幕府)의 성립으로 끝났으나, 이 '막부'는 '다이묘'의 세력균형을 토대로 하여 성립되었기 때문에 그 권력이 불안정하였다. 또한 이 '막부' 아래서는 지방의 토호(土豪)적 무사의 촌락결합이 진행하여 그 밑에서 지방수공업이 발달한 결과 마침내 지방무사의 반란이 전국 각지에서 창궐하는 전국시대가 도래하였다.

이 시대에 포르투갈선의 내항이 있었고, 그를 계기로 총포(댓보우: 鐵砲)와 그리스도교가 전래되는 등 유럽문물이 전해지기 시작했다. 전국시대의 진행과정에서 소위 '전국다이묘(戰國大名)'가 곳곳에서 성장, 이들이 지배지역의 확대를 둘러싸고 대립하던 끝에 16세기 후반에 오다 노부나가(織田信長, 1534~82)와 도요토미 히데요시(豊臣秀吉, 1535~98)의 정권에 의하여 전국이 통일되고 통일봉건체제가 수립되었다. 도요토미 히데요시는 1592년(壬辰)에 소위 대륙진공로를 조선조하의 한국에 요청했다가 거절되자 이를 구실로 한국을 침략하는 전쟁을 벌였으나 끝내 패배하고 1598년에 사망했다.

이에 그의 가신이었던 토쿠가와 이에야스(德川家康, 1542~1616)가 전국(戰局)을 수습하고 국내의 반대세력을 분쇄한 후 그의 무가(武家)에 의한 지배를 확립함으로써 토쿠가와(에도: 江戶) 막부의 시대(1603~1876)를 열었다. 이 시대에 들어와서 통일적 봉건체제가 정비되었는데, 이것이 도요토미 시대에 원형이 성립된 막번(幕藩, 바쿠한)체제이다. 이 체제가 토쿠가와무가(武家) 장군(將軍, 쇼군)가의 소재인 에도(江戶)를 중심으로 성립되었기 때문에 그 정치를 '장군정치', 그 시대를 '에도시대'라고도 한다.

도요토미 정권은 병농분리, 도시와 농촌의 사회적 분업을 촉구하고, 도시의 상업·교통의 발달을 도모하여 '다이묘'의 거주지역에 가신단(家臣團)과 상공업자를 집중시켰으며, 농촌에서는 농민을 연공부담자로 만들어 토지에 속박하였다. 도쿠가와 막부는 이러한 봉건질서를 전국적으로 확장했으며, '다이묘'가 가신단을 이끌고 영지를 지배하는 번(藩)체제를 완성시켰다. 이에 따라 무가가 농민 및 상공업자를 지배하게 되었으며, 사농공상의 새로운 신분제가 창설되어 고정되어 갔다.

토쿠가와 막부는 이러한 봉건체제를 유지하기 위하여 그리스도교를 금지하고 쇄국정책을 단행했다. 그럼에도 불구하고 17세기를 일관하여 농공생산력이 증대하였고, 상품화폐경제가 발달하였으며, 18세기에는 전국의 연안항로가 개발되고, 오사카(大阪)와 에도 및 교토(京都)를 중심으로 전국단일시장이 완성되었다. 그리하여 상품유통에 기반을 둔 상공계급이 경제적 실권을 장악하여 갔다.

그러나 그와 동시에 봉건체제는 동요하기 시작했다. 막번(幕藩)권력이 재정기반을 농민의 공조(貢組)에 의존했기 때문에 그 수탈이 가혹했고, 또 농촌에 상품경제가 침투함으로써 농민층의 분화가 진행되었다. 부유한 지주와 소작빈농의 양극화에 의해 토지 및 노동력의 상품화가 이룩되는 한편, 농촌공업의 전개와 더불어 도매제가내공업(問屋制家內工業)·매뉴펙처(工場制手工業) 등이 발전하여 근대사회적 생산관계가 대두하기 시작했다. 또한 사상적으로도 국학·양학(洋學) 등의 새로운 학문이 발흥하여 봉건지배를 비판하는 무기가 되고 있었다. 이에 막부는 이러한 동요를 억제하고, 봉건체제를 계속 유지시키기 위하여 여러 개혁을 시도했으나 효과를 보지 못했다.

2) 명치(明治, 메이지)개혁과 근대국가로의 전환

이러한 사회경제적 발전은 19세기에 들어오자 더욱 가속화되어 화폐경제의 약진을 가져 왔다. 그리하여 19세기 중엽에 이르러서는 봉건질서가 파탄에 직면하게 되었다. 여기에 또 유럽자본주의세력의 문호개방 요구가 고조되어 봉건체제에 충격을 가하였다. 이러한 요인에 의하여 봉건제를 타파하고 국내체제를 일신함으로써 근대적 통일국가를 형성하려는 개혁이 1867년에 일어났다. 이른바 명치유신(明治維新, 메이지이신)이라는 이 개혁은 지방분권적 봉건질서를 타파하고, 중앙집권적 통일국가를 형성하려는 것으로 당시 막부지배자인 장군 토쿠가와가 정치적 대권을 명목상의 지배자인 천황에게 바치는 '대정봉환(大政奉還, 다이세이호우간)'을 단행함으로써 시작되어 단시일에 정치·경제·사회의 제 분야에 걸친 개혁이 이루어졌다.

명치개혁(1867~68)의 동인으로서는 첫째, 국내적 요인으로서 ① 경제체제의 변동에 의한 기존의 사회질서의 파탄, ② 존왕론(尊王論)을 중심으로 한 반(反)막부 사상의 성장과 이에 수반한 막부토멸세력의 결집을 들 수 있고, 둘째, 국제적 요인으로서 열강(列强)의 압력 앞에 굴복하여 개국(1854)함으로써 받은 봉건체제의 충격을 들 수 있다. 실제로 개국은 막부의 대외적 무력성을 폭로하여 국민들의 막부에 대한 불신감을 조성했고, 또 개국을 통해 유입된 열강의 자본주의적 생산품은 일본의 봉건경제를 근저로부터 흔들었으며 나아가 개국은 일부 선각자들로 하여금 국내체제의 개혁에 대한 확신을 갖게 하는 등 봉건지배체제에 대한 막대한 충격을 가했던 것이다.

1867년 12월 교토에 있는 조정(朝廷)은 드디어 왕정복고를 선언하고, 구 체제를 일신하여 정치를 개혁할 것을 약속했다. 또 중앙정부의 조직 중에 섭정(攝政)·관백(關白)·정이대장군(征夷大將軍) 이하의 직제를 폐지하고 대신 총재(總裁)·의정(議定)·참여(參與)의 직제를 두어 왕정복고에 진력한 자들을 그에 임명하였다. 이 신정부의 실질적인 지도층은 주로 하급무사들로서 그들 중에는 이미 봉건제도를 청산하여 일본을 근대적 통일국가로 만들고자 의식한 자도 많았다. 그리하여 신정부는 1868년 3월 '5개조서문(五個條誓文)'을 발표하여 시정의 근본방침을 밝혔다. 그 내용은 이제까지의 막부전제정치를 폐지하고 '공론'에 의하여 정책을 결정한다는 것(제1·2·3조), 낡은 폐습을 모두 버리고 세계 각국과도 문호를 개방하여 그 장점을 적극 채택한다는 것(제4·5조) 등을 중심으로 한 것이었다. 신정부는 1868년 4월 다시 '정체서(政體書)'를 발표하여 중앙관제로서 미국의 삼권분립주의를 모방하여 행정·사법의 양권을 분립하고, 입법권을 가진 '의정관'(議定官)을 설치하였다. 그 해 8월에는 '천황'의 즉위식을 거행하고, 9월에는 '명치'로 개원(改元)하였으며, 10월에는 '에도'를 도쿄(東京)라 개칭하여 이곳을 수도로 정하였다.

이리하여 정치적 기초를 닦은 명치 개혁정부는 1870년대를 일관하여 중앙집권적 통일국가로 변혁시키는 정치적 대개혁을 단행하는 동시에 경제·사회·문화적으로도 근대적 개혁을 수행했다. 이로써 일본은 급속히 근대국가에로 전환되어 갔다. 그러나 개혁의 주된 담당자가 하층 무사층이었고, 근대적 시민층은 아직 미숙하였기 때문에, 명치개혁 후의 정치가 바로 민주정치로는 되지 않았다. 이러한 명치개혁은, 세계정치사의 관점에서 볼 때, 천황제 절대주의의 수립으로 이해할 수 있다. 하지만 통상 천황이 정치에 참여한 것과 결정한 것은 없었다.

명치개혁이 이처럼 미숙한 변혁으로 그치게 된 요인의 하나는 국제환경의 압력이었다. 즉 일본의 개국은 구미열강의 강압에 의한 것이었고, 그렇기 때문에 그것은 반식민지 시장으로서의 지위를 규정한 불평등조약의 체결로 귀착되었다. 따라서 천황제 절대주의자에게나 의회제 민주주의를 원하는 자유민권주의자에게도 일본의 근대화와 정치적 독립확보가 최대의 정치적 과제로 여겨졌다. 그리하여 전자(前者)의 승리로 이룩된 명치정부의 개혁은 그 과정에 방법상의 대립은 있었지만, 결국 국민주의적인 성격 속에 합일되었던 것이다.

3) 일본제국주의의 형성

명치정부가 육성한 근대공업 중에서 군사공업과 철도 등을 제외한 대부분은 1880년대 이후 주로 구(舊) 특권상업자본 출신의 정상(政商)들에게 거의 무상으로 불하되었다. 이들 정상의 자본은 원래 상업고리대자본이었으며, 동시에 그들은 기생지주로서의 성격도 갖고 있어서 1880년대에는 공장 불하와 함께 구(舊) 막부령 무개척지도 불하받아 지주로 되기도 했다. 이들과 함께 신(新) 기업의 투자자가 된 것은 구 영주의 상층이었으며, 이들이 국립은행설립과 동시에 신기업에 대한 투자가로 활약하였다.

한편 민간자본의 발달은 방적업을 중심으로 한 경공업부문에서 이루어졌으며, 군사공업을 중심으로 한 중공업부문은 관영의 형태를 취했다. 그런데 방적업은 1883년 이후 1890년까지의 사이에 크게 발전하여, 1890년에는 국내생산액이 수입을 능가하게 되었다. 이에 따라 해외시장개척이 문제로 대두되었다. 또한 청일전쟁(淸日戰爭, 1894~95)에서의 일본의 승리는 아시아 시장 확보의 조건을 만들어주어 일본 근대산업의 기반을 확립시켰다. 그리하여 1897년에는 일본국내 선사(線絲)생산의 40%가 동양시장으로 진출하여 영국사를 몰아내고 인도사와 경쟁하게 되었다. 이렇게 하여 일본산업자본은 확립되고, 그 후 급속히 자본의 집중과 독점이 진행되었다. 러일전쟁(露日戰爭 : 1904~05)은 그 전개의 일차적 계기가 되었다. 이러한 과정에서 일본제국주의의 경제적 기초가 형성되었다.

명치정부는 그 성립 초부터 내부의 대립을 밖으로 돌리기 위하여 항상 대외위기를 조성하고 이를 활용하였다. 특히 국내의 자유민권운동을 억제하고 전제적 지배를 지속시키기 위해서는 대외위기의 이용이 필요하였다. 그런데 명치정부의 그러한 대외정책은 상대적으로 근대화가 뒤져 침체와 약체성을 드러내고 있던 조선과 중국을 그 대상으로 하였다. 이것이 이른바 대륙정책이라는 것이었다. 일본의 이러한 소형 제국주의정책이 여실히 드러난 것은 1875년 한국에서 조작된 '운양호사건(雲揚號事件)'이었다. 명치정부는 여론조작과 선동을 통하여 구미의 식민지 하에 신음하는 인방(隣邦)민족에 대한 일본국민의 동정심을 자극하고, 나아가 일본인의 내셔널리즘을 고취함으로써 청일전쟁 및 러일전쟁을 지지하는 방향으로 여론을 편성했던 것이다.

한편 1880년대의 정치투쟁에서 패배한 자유민권운동도 그 패배과정에서 소위 강경외교의 기치 아래 대외위기감을 불러일으킴으로써 국민의 정치의식을 각성시키고 그를 통해 민권투쟁을 강화하려고 했다. 그리하여 결국 자유민권운동도 청일전쟁과 러일전쟁을 정당화시키는 역할을 하게 되었다. 이와 같이 하여 19세기 말엽부터 20세기 초에 걸치는 시기에 소형 제국주의로서의 일본제국주의가 형성되기에 이르렀다.

출처: 辛舜期(1993), 『一般政治史』, 서울: 대왕사, pp.240~244.

◈ 참고문헌

西尾勝(강재호 역)(1997), 『일본과 일본의 행정학』, 부산: 부산대 출판부.

加地伸行(1993), "유교와 일본의 관료," 황성돈 외, 『유교권국가 간의 관료문화비교』, 서울: 한국행정연구원 연구보고서.

경제인문사회연구회(2011), 『주요 5개국의 싱크탱크』, 연구보고서.

고선규(2010), "일본 민주당 정권의 탄생과 정책결정방식의 변화," 『동북아연구』, 18: 67~92.

고선규(2015), "일본자민당 파벌의 정책성향과 대한정책의 우경화 배경," 『일본공간』, 18(단일호): 58~59.

공의식(2002), 『새로운 일본의 이해』, 다락원.

김순은(2001), "지방정부의 기관구성: 영국과 일본의 지방정부를 중심으로," 『지방정부연구』, 5(1): 9~26.

김용복(2015), "일본의 연합 정치와 자민당-공명당 선거연합," 『다문화사회연구』, 8(1): 255~289.

김장권(1994), 『국민국가형성과 지방자치: 일본 국가주의의 사회적 기반』, 서울대출판부.

나카무라 아키라·다케시타 유즈루 편저(김찬동·이시원 역)(1995), 『일본의 정책과정』, 서울: 대영문화사.

마스지마 도시유키(이종수 역)(2002), 『일본의 행정개혁』, 서울: 한올.

박성빈(2008), "일본의 중앙정부조직 개혁과 내각의 종합조정기능의 강화: 대장성 주도의 정책조정에서 내각 주도의 종합조정으로," 『한국정책학회보』, 17(3): 339~379.

박성빈(2010), "민주당 정권 탄생 이후의 정책결정과정의 특징과 변화: 예산편성과정에서 '정치 주도'는 실현되었는가?," 『한국행정학보』, 44(3): 219~237.

베네딕트(1993), 『국화와 칼』, 서울: 정성출판사.

辛舜期(1993), 『一般政治史』, 서울: 대왕사.

아사오 나오히로 외(2003), 『새로 쓴 일본사』(연민수 역), 서울: 창작과 비평사.

염재호(2005), "일본 정치행정 시스템의 제도적 변화: 2001년 일본 성청개혁의 제도론적 분석," 『아세아 연구』, 48(1): 122~144.

오재일(1993), "중앙-지방관계의 모델에 관한 연구: 일본의 예를 중심으로," 『한국행정학보』, 27(2): 381~399.

옥산태랑(김인구 역)(1994), 『관료망국론』, 서울: 비봉출판사.

이숙종(1992), "전후 일본문화론의 변천," 『일본평론』, 제5집.

이용선(2011), "공기업 민영화에 관한 한일비교연구," 서울대행정학 석사논문.

이정만(2002), "전후 일본의 지방재정조정시스템의 제도화 과정에 관한 연구," 『한국 사회와 행정연구』, 13(1): 207~229.

이종훈(1993), 『일본경제론』, 법문사.

이호철(1996), 『일본관료사회의 실체』, 서울: 삼성경제연구소.

임도빈(2015), 『한국정부, 왜 16위인가』, 문우사.

임도빈·이현국(2012), "행정조직 경쟁력제고를 위한 공간개념의 중요성," 『한국조직학회보』, 9(2): 1~33.

전창환(2016), "특집: 공무원연금 개혁 사례와 시사점: 일본의 공적 연금제도와 공무원 연금 제도개혁," 『민주사회와 정책연구』, 29(단일호): 76~111.

정용덕(2002), 『한일 국가기구 비교연구』, 대영문화사.

정용덕·문신국·최태현(2001), "한일 중앙지방간 관계의 이원국가성에 대한 실증적 분석," 『행정논총』, 39(2): 47~68.

조성한·문신용·사공영호·유지윤(1996), 『일본의 정부조직』, 서울: 한국행정연구원.

조은(2013), "일본의 2000년대 의료보험제도 개혁과 일본형 복지," 연세대학교 대학원 지역학협동과정 석사학위 논문.

조재욱(2009), "고이즈미 정권의 개혁정치와 평가," 『한국정치학회보』, 43(4): 255~274.

채원호(2000), "전환기 일본의 지방분권개혁: 1990년대 지방분권 개혁을 중심으로," 『한국행정연구』, 9(3): 193~216.

하동현(2016), "일본지방자치단체의 국정참여," 『한국지방자치학회보』, 28(1).

한경구(1994), "일본인·일본문화론," 최상용 외 공저, 『일본·일본학: 현대 일본연구의 쟁점과 과제』, 서울: 도서출판 오름.

현대일본행정학회(2009), 『일본 행정론』, 서울: 애플트리태일즈.

日本計劃行政學會(1998), 省廳の 組織解剖, 東京中央大學出版部.

大內力(1973), 『日本經濟論 (上)』, 東京: 東京大學出版會.

眞の勝(1994), 『大藏省統制の 政治經濟學』. 東京: 中央公論社.

松下圭一(1971), "革新政治指導の 課題," 『中央公論』, 3月.

中西啓之(1997), 『日本の 地方自治』, 東京: 自治體研究社.

村松崎夫(1988), 『地方自治』, 東京: 東京大學出版會(최외출·이성환 역)(1991), 『중앙과 지방 관계론: 일본의 지방자치론과 실제를 중심으로』, 대영문화사.

Junm Jong S. and Muto, Hiromi(1995), "The Hidden Dimensions of Japanese Administration: Culture and Its Impact," *PAR*, Vol.55, No.2, pp.125~134.

Jung, Y. & Kim, K(2001), "The State Institutions and Policy Capabilities: A Comparative Analysis of the Administrative Reforms in Japan and Korea," *Korean Social Science Journal*, 28(1).

Muramatsu, M. & E. Krauss(1984), "Bureaucrats and Politicians in Policy making: The

Case of Japan," *American Political Science Review*, 78(1).

Muramatsu, M(1997), *Local Power in the Japanese State*, Berkeley: UC Press(Translated by B. Schneider & J. White).

Shindo, M(1984), "Relations between National and Local Government," in edited by K. Tsujied, *Public Administration in Japan*, Tokyo: University of Tokyo Press.

Tsurutani(1998), "The national bureaucracy of Japan," *IIAS*, Vol.64, No.2.

Chapter 6

정당국가: 독 일

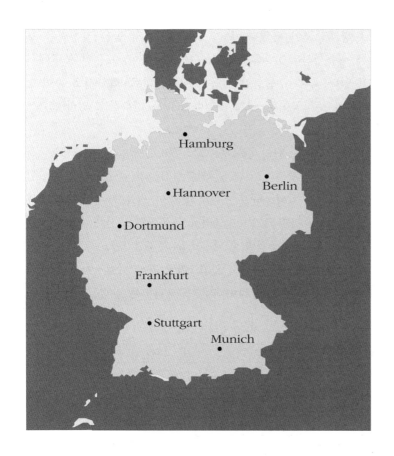

국명: Federal Republic of Germany

수도: 베를린   면적: 348,672㎢

인구: 80,854,408(2015년)   인구밀도: 231.9명/㎢

통화: 유로(EUR: €)

종교: 개신교 34%, 천주교 34%, 이슬람교 3.7%, 기타 및 무교 28.3%

GDP: $3.842조 (2015년 구매력기준 추정치)(1인당 $47,400)

Ⅰ 개 관

1. 국가개황

독일은 제2차 세계대전 후의 이른바 '라인강의 기적'이라고 일컬어졌던 경제 부흥기를 거쳐 오늘날 경제강국이 되었다. 특히 2차 산업에서 높은 경쟁력을 보유하고 있는데, 독일 국내총생산(GDP)에서 약 30%를 차지하며, 고용인구 면에서는 약 25%가 종사하고 있다. 주력 수출품은 자동차·기계·의료·화학제품 등이며, 이를 바탕으로 세계 3위의 무역국이자 세계 4위의 GDP를 기록하고 있다(2015년 기준).

주요수출품은 자동차, 기계류, 화학제품 등이고, 주요 수입품은 화학제품, 전기공학제품, 자동차 등이다. 에너지절약 기술 및 친환경기술의 발달로 석유수입이 차지하는 비율은 점점 감소하고 있다. 독일은 한국과 같이 원료를 수입하여 제품을 수출하는 방식의 산업구조를 가지고 있다. 그러나 고품질의 생산재, 반제품, 완제품을 수출하는 고부가가치의 선진공업형 무역구조를 가지고 있다.[1]

독일은 전국이 특화된 공업지구로 나눠져 있고, 이에 따라 지방자치도 활성화되어 있다. 문제는 주간의 크기와 경제력 차이 때문에 균형있는 발전을 이루기 곤

---

[1] 특히 전자, 자동차, 화학, 에너지 부문이 지배적인 산업이고 10대 기업은 다음과 같다.

기업	산업 부문	시장가치(단위: $백만)
Bayer	Chemicals	115,689.3
Siemens	General industrials	104,499.3
Volkswagen	Automobiles & parts	98,544.4
SAP	Software & computer services	88,610.4
Basf	Chemicals	84,116.0
Daimler	Automobiles & parts	81,781.0
Allianz	Nonlife insurance	73,926.6
BMW	Automobiles & parts	70,069.8
Deutsche Telekom	Mobile telecommunications	68,517.0
Deutsche Bank	Banks	48,099.6

출처: financial times 500, 2014. 9. 30.

란하다는 점이다. 이러한 맥락에서 인접 주간의 통폐합 논의가 1969년에 있었고, 1990년대 통독시에 구 동독지역을 통폐합할 것인가에 관한 논의가 있었다. 그러나 결국은 당시의 주를 그대로 유지하기로 하였다(Hans-Ulrich Derlien, 1995: 66).

최대의 공업지역은 라인-루르 지역이다. 이곳은 조밀한 교통망과 독일 전역을 연결하는 수로망이 구축되어 있으며, 이곳의 뒤스부르크항은 유럽 최대의 내륙항으로 루르지역의 관문이다. 도르트문트-뒤스부르크-니더라인-쾰른 지역을 잇는 루르지방은 한때 철, 석탄산업의 퇴조로 위기였으나, 신규공업이 입지하고 큰 도시마다 대학이 설립됨으로써 위기를 극복하고 있다.

독일 최대의 성장공업지대로 부상하고 있는 슈투트가르트지역은 메르세데스 벤츠(자동차), 보슈(전자, 기계)와 같은 대기업 외에 컴퓨터나 유전공학과 같은 첨단산업의 산실이 되고 있다. 뮌헨지역에도 첨단산업이 많이 입지하고 있는데 지멘스(전자)와 BMW(자동차)뿐 아니라 항공분야도 발달하였다. 킬-함부르크-브레멘의 북부공업지역은 다소 활기가 떨어져 있지만 조선·기계공업이 발달하였으며, 니더작센주의 하노버-브라운슈바이크-볼프스부르크지역에는 폭스바겐(자동차)이 선도적 역할을 하고 있다.

최근에는 중국의 제조업 약진과, 일본의 기술추격, 미국의 IT산업 발전으로 독일 산업 전반에서 위기의식이 확대되고 있다. 이에 IT와 제조업의 융합을 의미하는 '인더스트리 4.0'이란 개념을 만들면서 새로운 제조업 패러다임을 이끌어나가기 위해 노력하고 있다.

구 동독지역의 주에서는 기계, 전자, 섬유, 화학공업이 발달한 동베를린을 꼽을 수 있다. 남부지역인 할레-라이프치히에는 화학, 기계, 전자공업, 켐니츠에는 기계공업, 드레스덴지역에서는 기계, 정밀, 전자가 크게 발달하였다.

2. 독일인의 특성

독일은 소지역 영주나 제후들에 의해 분열된 역사를 겪은 나라이다. 이에 이웃국가들인 프랑스나 영국에 비해 국가 통일이 늦었다. 그리고 세계대전 이후에는 연합군의 점령(1945~1949)과 두 개의 국가로 나눠진 분단시기(two separate states 1949~1990)를 겪었다. 이 시기에 경제재건 및 정치체제의 선진화를 완성하면서 숙원이었던 통일이 1990년에 이뤄진다. 이런 역사적 과정을 겪으면서 독일은 독특한 사회를 형성하였고, 독일인들 특유의 성격을 형성하였다. 독일민족의 국민성은 일반적으로 다음과 같이 말할 수 있다.

- 법치주의: 질서지향적

독일인들은 자동차를 몰고 다닐 때나 거리를 걸어갈 때 질서지키는 것을 당연한 것이라고 생각하고 행동한다. 공공장소에서 교과서적으로 질서를 지키는 민족이다. 즉, 독일인들은 사회생활에서 철저하게 규정을 준수한다. 규정을 만들 때도 합리적으로 만들지만, 만들어진 규정은 철저하게 지킨다. 한국에서는 사소하게 넘어갈 문제도 독일인들은 철두철미하게 고려를 한다. 규정과 규율을 엄격하게 준수하기 때문에 서양의 농담에 독일인들이 군인처럼 행동한다는 식의 글을 볼 수 있다.

- 합리주의

검소하면서도 합리주의적인 사고가 지배적이다. 계몽주의 철학자 칸트, 헤겔, 막스 베버, 하버마스 등 석학들이 잘 보여주듯이 독일인들은 매우 합리적인 논리를 좋아한다. 합리주의는 실용성의 추구와 연결된다. 예컨대, 집이나 가구는 튼튼하고 호화롭고 값비싼 것을 선호하지만 쓰고 버리는 식의 성향은 없다. 즉, 실용성에 대하여 철저히 따져보는 것이다. 근면하지만 노동과 휴식이 시간적으로 명확히 구분되어 양자의 혼동을 볼 수 없다. 공과 사를 엄격히 구분하기 때문에 매우 개인주의적인 성향이 있다. 친구 간에도 간섭하지 못하는 영역이 있다. 개인의 감정보다는 이성을 존중하며, 철저한 논리적 사고가 독일인들의 생활세계를 지배한다. 논쟁을 위해서는 독서량이 매우 중요하기 때문에 독서량이 매우 많은 편이다.

- 완벽주의: 장인정신

정확함은 독일인의 대표적인 특징인데, 이러한 철저함은 여러 곳에서 발견된다. 이것은 독일 장인(匠人 Meister)의 손으로 만들어진 정교하고 튼튼한 독일제품으로 상징된다.[2] 이러한 장인정신은 독일인들이 좋아하는 논쟁에서도 찾아볼 수 있다. 학교에서도 토론수업이 매우 중요하다. 어떤 주제를 가지고 자신만의 논리를 전개하고 또한 타인의 주장을 받아들인다. 이러한 전통을 통해 독일인들은 논리적인 사고를 체화하였다. 독일의 모든 시스템은 체계적이며 완벽하다는 것을 자랑으로 생각한다. 모든 사회제도는 전체적인 틀이 정리되어 있고, 부분과의 관계도 명

---

2) 일을 지연시키는 것이 아니라 수리공 마음에 들 때까지 철저하게 하기 때문이다. 독일의 제품은 일정한 품질을 갖고 있으며 일정한 수준에 도달하지 않으면 판매하지 않는다. 이를 장인정신이라고도 하는데 독일의 전반적인 경제의 경쟁력은 장인정신에 있다.

확하게 정의되어 있다. 정해진 스케줄에 따르는 생활리듬, 고집스러울 정도의 자기주장, 논쟁을 좋아한다는 점 등이 일상생활에서 볼 수 있는 증거들이다.

배기가스 스캔들

독일의 대표 자동차 회사인 폴크스바겐이 미국 환경 기준을 맞추기 위해 자동차의 배기가스 배출 소프트웨어(SW)를 조작한 사건이다. 그 방법은 차량의 테스트 중에는 배기가스 배출 억제 시스템을 가동하여 합격을 받은 후, 일반 주행 중에는 이 시스템이 꺼지도록 SW를 조작한 것이다. 연비(燃費) 향상을 위한 이런 조작사건으로 폴크스바겐은 2015년 미국 환경보호청(EPA)으로부터 48만2,000여대의 디젤 차량에 대해 리콜할 것을 명령받았다. 그리고 독일의 본사가 이를 지시한 것으로 파악되었는데 우리나라를 포함한 여러 나라에서 판매된 차도 마찬가지의 조작을 했던 것으로 알려졌다. 이로서 독일인의 정직성과 우수한 성능의 공업제품으로 쌓은 독일의 장인정신이 추락하는 아픔을 겪었다.

－보수주의

보수적인 것이 개방적인 것과 반대되는 개념은 아니다. 그것은 이미 자신이 가지고 있는 문화, 자연, 건물, 물건들을 아주 소중하게 생각한다는 뜻이다. 정치행정제도도 근본적으로 변화하지 않고 단점이 보완되어 진화한다. 예컨대, 종전후 2002년까지 독일의 기본법은 총 51번 개정되었지만, 국가의 기본원칙 및 제도는 한 번도 바뀌지 않았다(양현모, 2006: 18). 독일인의 자연보호정신은 세계적이다. 그리고 자신의 고장에 대한 자부심도 대단하다. 그것은 독일의 역사와도 관계가 있는데 독일은 통일이 매우 늦었으며, 통일 이후에도 주(Land)별로 독특한 체제를 유지했다. 독일의 행정체계와 독일의 역사를 살펴보면, 독일의 지방색이 매우 강할 수밖에 없는 이유를 알 것이다. 특히 남부와 북부 간에 존재하는 이질감은 언어와 종교에서도 차이가 나며, 서로 간에 외국인이라는 느낌까지도 갖는다. 이것은 배타성으로 간주될 수 있는데, 외부의 접근을 반기지 않는다고 생각할 수도 있을 것이다.

3. 거시환경

전술한 대로 독일은 GDP 기준으로 세계 제4위이며, 무역액 기준으로 세계 3위이다. 독일의 무역의존도는 2015년 기준 85%로 다른 서구선진국에 비해 높은 편에 속한다. 주요 무역대상국은 EU 역내국가이며, 미국, 중국이 그 뒤를 따르고 있다. 통일 후 동독의 기반시설 개발을 위해 수입이 증대하면서 한 때 무역적자를 기록하기도 하였으나, 유로존 창설 이후에는 무역흑자규모가 확대되어 2014년에는 2,153억 유로 흑자를 기록했다.

이러한 경제적 성공의 이면에는 항상 국제무대에서의 역할 증대라는 목표가 존재한다. 이는 제2차 세계대전 전쟁발발국이라는 중대한 제약점을 안고 있기 때문이다. 또한 국제적으로 해외에 식민지를 많이 갖지 않았기 때문에 역사적으로 국제무대에서 영향력이 적은 것도 있다. 국제적 영향력 저하를 만회하기 위해 문화외교, 경제외교를 중시한다. 특히 독일문화원을 통한 독일어 보급, 정당이 만든 재단(한스 자이델 재단, 프리드리히 나우만재단 등)을 중심으로 이뤄지는 학술연구지원 및 외국유학생 유치 등이 두드러진다.

이를 위해 독일은 1975년 창설된 서방 경제선진국 정상모임인 G8의 일원으로 적극적으로 활동하고 있다. 또한 독일은 프랑스와 함께 EU(European Union: 유럽연합)의 통합에 중추세력을 형성하고 있다. 최근에는 그리스 재정위기, 중동·아프리카 난민문제에서 그 영향력을 드러내면서 EU의 중추적인 역할을 하고 있다.

한편, 통독 후에 독일정부가 해결해야 하는 가장 큰 문제는 구 동독지역을 서독 수준으로 끌어 올리는 것이었다. 통독 직후부터 독일정부는 구 동독경제의 전면적인 개편을 위해 ① 시장경제질서 도입, ② 시장기능과 개인창의력 발휘여건 조성, ③ 기업구조 조정을 위한 한시적 국가재정지원의 원칙을 세웠다. 이를 위한 정책으로 국내외 민간기업의 신생연방주 투자지원, 기업도산·대량실업에 대처, 사회기반시설 구축 지원, 시장경제질서 구축에 필요한 구 서독 측 관료 및 사법요원의 파견 등의 조치를 하였다. 이러한 정책노선의 기본방향은 국가가 직접 관여하여 산업구조를 조정한다기보다는 자생력 있는 기업만 지원하여 사유화함으로써 전반적인 시장경제의 여건을 조성한다는 것이었다.

독일관련 유용한 정보 제공 웹사이트

• 독일에 관한 전반적인 사이트
  - http://www.deutschland.de/en/
• 연방정부 사이트
  - http://www.bundesregierung.de
• 독일뉴스(방송) 영어 사이트
  - http://www.dw.com
• 재독 한인사회 커뮤니티
  - http://www.germanylive.net/

II 정치과정

1949년 5월 24일 통독시까지 한시적으로 적용되는 것을 조건으로 독일기본법 (Grundgesetz, GG)이 발효되었다. 그 중심 내용은 민주주의국가, 사회국가, 연방국가, 권력분립, 법치국가를 지향하고 있다.[3] 그런데 통독 전까지 한시적인 기능을 수행키로 했던 기본법은 독일사회의 안정과 발전에 기여한 것으로 평가되어 통독 후에도 그대로 유지키로 결정되었다. 이것이 바로 현재의 독일헌법이다.

1. 정치행정체제의 기본구조

1) 권력구조의 기본틀

모든 국가권력은 국민으로부터 나오며, 이 권력은 국민에 의해 선거와 투표로 행사된다고 규정되어 있다(헌법 제20조 II항). 연방정부를 구성하는 하원의원선거, 주정부를 구성하는 주의원선거, 지자체를 구성하는 시(군)의원선거가 국민이 직접

---

3) 전문 한글번역은 한부영·신현기 저(2002)의 책 부록을 참조.

참여하는 선거다.

독일의 정치행정체제는 여러 행위자(혹은 기구)로 분화되어 있는 가운데, 이들 간의 통합이 이뤄지는 상대적 통합모델이라고 할 수 있다. 각 기구들이 자율성을 많이 가지고 있지만, 결과적으로 조화로운 정책을 산출할 뿐만 아니라 정책의 일관성을 가져오는 것이다. 독일 정치행정체제를 구성하는 주요행위자로는 연방하원(Bundestag), 연방상원(Bundesrat), 연방정부(Bundesregierung), 16개의 주정부(Landesregierung), 연방헌법재판소(Bundesverfassungsgericht: BVerfG), 연방대통령(Bundespräsident), 정당(Politische Partei) 등이 있다. 이들의 관계를 도식화하면 [그림 6-1]과 같다.

그림 6-1 독일의 국가기구체제

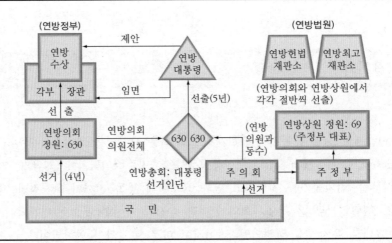

독일 정치행정체제를 이해하는 데 필수적인 것은 독일 특유의 연방체제라는 점이다(Meny et al., 2004). 독일 연방제는 미국 연방주의와는 다른 특성을 가지고 있다. 독일 연방주의의 특색을 요약하면 다음과 같다.

- 행정기능과 관리기능을 중시하는 '집행중심의 연방주의'
- 단일성이 강한 '단일체계적 연방체제'
- 수평적 분권에 의한 '지분(支分)적 연방체제'
- 각 정부수준 간의 수직적 부서협동을 추구하는 '협동적 연방주의(Köperativer Föderalismus)'

이상을 요약하면 '집행(implementation)'은 주정부를 비롯한 지방이 하고, 큰 틀만 연방수준에서 마련한다(Derlien, 1995: 65). 그럼에도 불구하고 실제로는 양자가 혼재되어 있다. 따라서 전체적으로는 '준연방주의(Pseudo-Föderalismus)'의 특성을 띤다고 할 수 있다. 연방과 주의 기능배분은 다음과 같다.

- 연방의 권한: 외교, 군사, 국적사무, 통화, 관세와 통상, 철도와 항공, 우편, 전신전화, 산업상의 권리와 저작권 및 출판권보호, 경찰, 통계 등
- 주입법사항: 교육정책, 경찰치안, 환경, 신문, 방송 등 연방 차원의 모든 국가업무 즉 실질적인 대부분의 업무가 주에서 이뤄진다. 많은 경우에 연방법이 우선하는 분야(competing legislation)이다.
- 공동입법사항(frame-legislation): 연방과 주가 공동으로 간여하는 사항으로 1967~69년 개헌에서 대학관계와 공무원 보수 등에 관하여 허용하였고, 사회복지, 원자력, 위생, 의학품 등이 그 예이다. 현재에는 기초연구, 교육계획, 대학신설과 건축, 지역 경제계획, 농업 및 해안 하부시설(인프라) 등은 연방정부가 50%를 부담하고 간여한다.

이러한 경향에 대하여 한편으로는 복잡한 의사결정과정 때문에 중앙의 통제권이 결여된다는 비판이 있고, 다른 한편에서는 연방을 가장한 '단일국가'와 마찬가지라고 비판한다(Derlien, 1995: 67).

2) 국가기능의 범위

독일은 국가가 경제에 참여하는 부분과 사기업이 공존하는 혼합경제(mixed economic system)를 취하고 있다. 또한 경영자와 노동자를 비롯하여 정당들이 보조하는 복지체제를 가지고 있는 사회주의적 시장경제(social market economy)이다(Allum, 1995: 148; Conrad 1998: 236). 따라서 독일은 미국식 시장자본주의와 스웨덴의 사회민주주의의 중간적인 성격을 띤 사회주의적 시장경제체제(Soziale Marktwirtschaft)라고 정의할 수 있다.

이러한 국가경제적 특성 때문에 독일은 공적 부문이 상당히 확대되어 있는 편이다. 독일헌법 제20조와 제28조는 사회적 법치국가(Sozialer Rechtsstaat)라고 규정하고 있으며, 국가성격을 사회국가(Sozialstaat)라고 명시하고 있어 (재)배분정책과 사회정책에 국가가 개입하도록 되어 있다. 따라서 적어도 다른 나라에 비하여 공

사부분의 경계를 다시 규정하는 데 제약요인이 되는 것은 사실이다(Derlien, 1995: 72). 그러나 이러한 규정이 공산주의국가와 같은 국가주도형 경제를 의미하는 것은 아니다. 이에 대한 기본원칙은 다음과 같다(김성수, 2000: 92).

- 사회복지정책들이 시장순응적이어서 시장경제의 가격형성이나 수요, 생산 관계를 왜곡시켜서는 안 된다.
- 임금, 이윤, 이자 등의 배분이 노동생산성과 숙련형성, 투자, 저축에 대한 인센티브를 저해하거나 고용과 성장기반을 침해해서는 안 된다.

독일정부는 이러한 맥락 속에서 경제영역에 관여하며, 준공공부문에도 정치권력의 영향력이 미치고 있다. 예컨대 사회보장 및 보건복지제도는 물론이고, 노동연구소(Bundesagentur für Arbeit, Nürnberg에 위치), 연방은행(Deutsche Bundesbank) 등의 역할이 매우 크다. 이들은 정치변혁의 수 세기를 거치는 동안에도 존속해 오면서 수많은 경험을 가진 기관들이다(Hancock, 1995: 295). 한편, 정책분야별로 국가의 영향력이 큰 것은 사회복지와 노동분야를 들 수 있다.

- 사회보건복지제도

독일은 매우 수혜적이고 보편적인 사회복지제도를 가지고 있다. 2011년 전체 공공지출 1조 1,100억 유로 중 56%인 6,250억 유로를 연금, 의료, 간병, 실업, 산재 등 사회보장과 관련된 지출에 사용하였다. 각종 보험료는 고용주와 피고용주가 절반씩 부담하여 마련하고 있다.

이러한 복지프로그램은 연방 혹은 주정부 공무원이 아닌, 전국에 흩어져 있는 1,800여개 기금(social security and health funds)에 의해서 수행된다. 이들은 기업, 농업, 전문직 등 경제영역, 직업군, 지역별로 조직화되어 있다. 이 기금의 집행에 관한 독립성은 연방법에 의하여 제한받는다. 예컨대 연금액의 규모에 대해서는 연방의회가 결정권이 있다. 그러나 의사에 대한 갹출비용, 병원의 신축과 관리, 연금액의 투자 등 광범위한 재량권을 가지고 있다.

- 노동 및 고용제도

노동행정기구는 일자리 창출, 고용주와 노동자 간의 연결 등 노동시장에 대한 일차적인 책임을 진다(Hancock, 1995: 298). 실업보험기금에 의하여 각종 프로그램을 집행하기도 한다. 1952년에 신설된 이 기구는 연방노동부의 지도(supervision)를 받으나 통제대상은 아니다. 소장, 집행위원회, 그리고 노조, 고용주, 연방·주정부

공무원으로 구성된 자문회의(supervisory board)로 구성되어 주요 노동정책을 결정한다. 이들의 집행은 수백 개의 주, 지역사무소에서 담당한다.

이상은 광의의 공공부문이다. 연방정부를 좁게 본다면, 부처 수는 집권 정부에 따라 다르나 연립정부 구성이나 집권당 내부사정에 따라 13-22개 사이에서 구성되는 모습을 보였다(정재각, 2012: 144). 2016년 메르켈 정부의 내각은 16개의 부처로 구성되어 있다.

인력면에서 공공부문의 규모를 본다면, 2014년을 기준으로, 공법관계하의 모든 직원 —연방, 주, 자치단체, 지방공기업 등을 포함— 은 약 465만 명이고, 이 중 연방공무원이 50만 명, 주 공무원이 236만 명, 지방자치단체 소속 공무원이 143만명, 사회보험 및 노동청 공무원이 37만 명이다(출처: 독일연방통계청).[4]

2. 투입제도

1) 정당국가(Parteienstaat)

독일의 정치행정체제에는 정당이 핵심적 위치를 차지하고 있다(Meny et al., 2004). 독일의 정당은 다른 나라와 같이 단순히 국민의사를 수렴하여 정치체제에 투입하는 기능에 그치는 것이 아니고, 공공인력 충원, 연구개발 기능 등을 비롯한 여러 가지 면에서 독일사회를 이끌고 있다. 독일도 바이마르 공화국 때 파당정치의 폐해를 겪었다. 그럼에도 불구하고 현재 독일 정당이 바이마르 공화국 때에 비해서 이렇게 달라진 이유는 다음과 같다(Conradt, 1998: 265).

- 정당출발시부터 정당은 점령국(후견국)들의 물질적, 정치적 지지와 혜택을 받았다.
- 정당은 헌법으로부터 국민의사를 반영하여 정책을 형성(shaping the political will of the people)하는 역할을 부여받았다.
- 정당의 활동은 연방의회(parliamentary council)에 의하여 통제되고, 선거때뿐만 아니라 보통 때에도 정당들의 활동은 공공재원으로 보조된다.
- 정당은 지방, 주, 연방정부의 (적어도 고위직) 공무원들을 자신의 지지자들로 충원하였다.

[4] 중앙집권국가인 프랑스는 중앙정부와 지방공무원의 비율이 역전이 된다.

1848년 시민혁명을 전후하여 등장한 의회에는 고위관료들이 많이 진출함으로써 관직(Amt)과 의원직(Mandat)이 겸직되는 전통이 생기게 되었다(Hattenhauer, 1993: 249). 이러한 전통은 전후 연합군이 정치행정의 분리라는 원칙을 채택함에 따라 사라지게 되었으나, 정당후견제 등으로 그 잔재는 존속하고 있다. 바이마르 공화국 때에는 정치인을 고위관료로 임명하여 행정에 대한 정치적 통제를 용이하게 하였는데, 이러한 점이 직업공무원제에 대한 위협으로 받아들여져 공무원들이 반공화국적 정서(antirepublican sentiment)를 가졌었다. 현재도 정당후견제(parteipatronage)가 존재하는데(김성수, 2000: 87ff.), 이는 행정부의 고위관료가 특정정당에 가입할 수 있도록 하는 제도이다.[5]

전후 독일은 군소정당에 의한 다당제였으나, 점차 양대 정당을 중심으로 수렴되어 갔다. 예컨대 1949년 총선에는 17개 정당이 참여하여 14개 정당이 당선자를 내는 데 성공한 데 비하여, 1961년에는 3개에 불과하게 되었다. 이 중에서 기민당과 사민당이 양대정당이다. 최근에는 녹색당과 구 동독의 공산당 후신인 독일 좌파당(Die Linke)도 추가되었다.

기민당과 사민당은 독일정치의 양대정당으로서 역대선거에서 평균적으로 각각 30~40%를 번갈아 득표하고 있다. 따라서 의회에서 과반수 이상의 의석을 확보하지 못하기 때문에 연정을 구축하는 경우가 대부분이다. 이것은 단일정당에 의해 추구하는 강력한 정책추진보다는 연합정권에 의하여 약간 완화된 형태의 정책이 추진된다는 것을 의미한다. 또한 정권의 수평적 교체에 따른 성장과 발전이냐, 아니면 복지와 사회안정이냐, 혹은 자유시장주의냐 아니면 국가개입경제냐 등의 서로 대립되는 이념을 주기적으로 바꾸어 추진하게 된다. 그리고 이러한 점이 전후 독일의 사회안정과 경제발전을 이루는 계기를 제공했다는 평가를 받는다. 독일의 주요 정당별 특색을 살펴보면 다음과 같다.

---

5) 이러한 일종의 엽관제적 공무원제도가 있음에도 불구하고 정당후견제와 같은 것이 관료의 자율성을 크게 해치지 않는다고 보는 것이 독일인들의 중론이다. 그 이유는 다음과 같다.
　-직업공무원제가 정착되어 있다.
　-안정된 직업공무원제를 바탕으로 정당과 행정 간에 인적 교류가 이루어진다.
　-직업공무원들은 신분이 보장되어 있기 때문에 해고의 위협이 없다.
　따라서 법치국가의 이념에 충실한 직업공무원들이 행정부에서의 내부사회화를 통하여 전문적으로 행정업무를 수행한다.

- 기독민주당(Christlich-Demokratische Union)

기민당[6]은 독일에서 여러 번 집권하면서 중요한 역할을 수행하고 있다. 제2차 세계대전 후에 등장하였고, 주로 보수적 성향을 가지고 있으며, 중상계층의 다양한 지지집단을 가지고 있다. 1950년대 아데나워 수상을 중심으로 집권정당이 되었다. 신구교 통합과 다양한 이해관계집단의 규합을 목적으로 하기 때문에 느슨한 조직이고 강력한 정치이데올로기도 없다. 기독교정신을 정치에 실현하려는 것이며, 재정긴축, 자유시장경제, 미국과 NATO와의 연대, 공산주의에 대한 반대 등을 주요 정치이념으로 한다.

- 사회민주당(Sozialdemokratische Partei Deutschlands)

독일 역사상 가장 오래된 정당이다. 마르크시즘의 후계자라는 이유로 비스마르크, 카이저, 그리고 나치에 의하여 불법화된 정당으로 탄압을 받았다. 1933년에는 히틀러의 Enabling Act(Ermächtigongsgesetz)에 대하여 반대를 한 유일한 정당이다. 그 후 사회주의적 이상이 점점 퇴색되어 계급투쟁에 의한 사회혁명보다는 점진적인 변화를 주장하게 되었다(Conradt, 1998: 269). 이 개혁운동은 1959년 정당프로그램 변경으로 절정에 달하는데, 이것은 생산수단의 국유화와 강제적 경제계획에 대한 당의 입장을 완화하는 것으로 특징지워진다. 그리고 공산주의에 대한 반대와 NATO 등 서구와 연대하는 것을 강조한다.

사민당은 노동조합과 생산직 근로자를 주된 지지집단으로 가지고 있으며, 정당이념은 기민당에 비교할 때, 국가의 시장개입에 적극적이고, 복지정책을 우선시한다.

- 좌 파 당

통독 후 정치세력으로 존재하는 구 동독의 공산당 지지자 등 다양한 정파들로 구성된 연합체이다. 이 중 '반자본주의 좌파(AKL: Antikapitalistische Linke)'는 반자본주의적 성향을 대변하고 있는데, 기존 정당의 민영화, 전쟁참여, 사회복지축소 정책에 강한 반대입장을 가지고 있다. '공산주의 플랫폼(KPF: Kommunistische Plattform)'은 마르크스주의적 입장을 유지하고, 사회주의와 공산주의의 조화가능성을 주장하는 정통 좌파이다. 좌파당은 2013년 연방총선에서 8.6%를 득표하여 연방하원 631석 중 64석을 차지함으로써 제3당이 되었다. 독일의 16개 주 가운데 10개 주 의회에 진

---

6) 바이에른 지방(뮌헨이 수도)에만 있는 파트너 당 조직인 기독사회당(Christlich-Soziale Union in Bayern)과 공조관계에 있다.

출하였으며, 브란덴부르크 주 정부에는 사민당과 연정하여 정부를 구성하고 있다. 서독지역에서는 상대적으로 열세이지만, 구 동독지역들에서는 20% 이상의 지지를 받고 있다. 유럽의회에서도 독일에 할당된 전체 96명 중 7명을 차지하고 있다.

－ 녹색당(Bündnis 90/Die Grünen)

녹색당은 1980년대초 환경보호라는 단일목적을 위해 조직된 운동에서 시작되었다. 미국이 서독에 중거리미사일을 설치하려는 움직임에 반대함으로써 1983년 하원에 진출할 수 있는 최소한의 득표를 하였다. 1985년에는 두 개의 주 선거에서 조차 5% 미만을 득표함으로써 위기에 봉착하였는데, 주된 요인은 당의 내분이었다. 주 이슈는 환경운동이 사민당과 연대하여 정치참여를 하느냐, 아니면 어떤 기성 정당과도 협력하지 않는 독자노선으로 가느냐의 문제였다. 대부분의 환경주의자는 전자의 대안을 선호하였지만, 1986년 체르노빌사건은 근본주의자(즉 후자)에게 당의 주도권을 넘겨주게 되는 계기가 되었다. 1987년에는 사민당과 함께 과반수 이상의 의석을 차지하였으나, 점차 지지도는 하락하기 시작하였다. 1980년 후반까지 대부분의 주의회에서 비례대표에 의한 의석을 갖게 되어 국민들 사이에 정당으로 인정받는 수준이 되었다.

한편, 1990년 녹색당은 통독에 대비하지 못한 한계가 있었다. 젊은 녹색운동가들은 통독의 중요성에 대하여 인식하지 못했고, 1987년에는 3.9%를 득표함으로써 의석을 갖지 못하였다. 그러나 구 동독지역에서는 5%벽을 넘어섰고, 이후 1994년 총선에서는 다시 하원에 등장하는 성공을 거두게 된다(Conradt, 1998: 274). 그후 점점 지지기반이 확장되고 있다.

－ 자유민주당(Freie Demokratische Partei)

전후 생존한 유일한 군소정당이다. 경제정책면에서는 기독민주당(CDU)/기독사회당(CSU)과 유사하나 교육, 국민의 자유, 외교 및 국방정책 등에서는 사민당(Social Democrat)과 더 가깝다. 5% 이상의 득표를 하는 경우에 의석을 배당받는 비례대표 투표에 의하여 의석을 배당받기 때문에 군소정당으로 남아 있다. 양대정당에서 균형을 맞추는 역할을 한다. 1949~1957년, 1961~1965년, 1982~1998년 동안에는 CDU/CSU와 연대하여 정부에 참여하였고, 1969~1982년에는 사민당과 제휴하였다. 자민당의 인기는 1974~1992년 사이 외무부 장관과 부수상을 한 Hans-Dietrich Genscher 개인의 영향력에 의해서였다. 그가 떠난 후에는 주 선거에서 연패하는 등 어려움을 겪고 있으며, 이제는 기민당의 한 부속물 정도로 인식되고 있다(Conradt, 1998: 273). 2013년 하원 선거에서는 1석의 의석수도 확보하지 못했다.

2) 의   회

영국의회가 토론의회인 데 비하여, 독일의회는 작업의회(working parliament)이다(Katzentein, 1987: 43). 정치적 이념차이에 의해 평행선을 달리는 토론 자체보다는 실질적 정책효과를 얻어내는 건설적인 방향으로 의회가 운영되는 의원문화를 가지고 있다.

(1) 연방하원(Bundestag)

● 선   거

독일 연방하원 법정의원 수는 598명이다. 이는 299개의 지역선거구의원과 그 동수의 비례대표의원으로 구성된다. 하지만 독일 특유의 초과의석/보정의석 제도가 있어 2013년 총선 결과 631명의 하원이 구성되었다. 독일 하원의원은 자신의 선거구민 혹은 소속정당만을 대표하는 것이 아니고 국민전체를 대표하는 자유위임자(Freies Mandat)로 활동한다(양현모, 2006: 38).

독일은 우리나라와 유사하게 1인 2표제를 시행하고 있으나, 정당득표율에 따라 하원의석수가 결정된다. 먼저 정당득표에 따라 정당별 의석수를 먼저 배분한 뒤, 할당된 의석에서 정당이 확보한 지역구 의석수를 제외한 나머지를 정당에서 작성한 비례대표명부로 채워나가게 된다. 이때, 정당득표율에 따라 배분된 의석수보다 지역구 의석수가 더 많은 경우 지역구 의석을 그대로 인정해주게 되어 '초과의석'이 발생하게 된다. 2013년에는 선거법 개정으로 초과의석에 따라 발생되는 득표 대비 의석수 비율을 보정하기 위해 '보정의석'이 도입되었다. 이러한 방법은 유권자들의 의사를 정확하게 의석에 반영한다는 평가를 받고 있으나, 의석수를 증가시킨다는 문제점이 지적되기도 한다.

비례대표제는 군소정당의 난립을 조장할 위험성이 있다. 이를 방지하기 위하여 독일에서는 제2투표(정당투표)에서 전국합산 5% 이상을 득표하거나 3개 이상의 소선거구에서 당선자를 낸 정당에게만 의석이 배정된다. 이러한 5%의 제한(Fünt-Prozent-Klausel)은 군소정당의 난립을 막는 결과를 가져왔다. 즉, 1949년에는 10개의 정당이 의회에 진출하였으나, 1961~1983년에는 4개, 1983~1990년 기간에는 5개, 그 이후에는 6개의 정당만이 의회에 진출하고 있다. 2013년 총선에서는 4개

정당만이 하원을 구성하고 있다.

● 의회의 주요기능

하원의원의 약 80%가 대학교육을 받았고, 50%가 공공부문에서 일한 경험이 있는 사람들이다. 즉, 공직에 근무한 경험이 있는 자들이 의회에 진출하여 생산적인 의정활동을 한다.[7] 그럼에도 불구하고 독일의 의회는 다른 나라에 비하여 행정부로부터 자율적인 것으로 평가된다. 연방하원의 법안제출도 활발하여 12대(1990~1994), 13대(1994~1998)의 경우 총제출법안 774건, 923건 중에서 하원제출건수는 294(38%), 329(36%)건을 차지한다.

독일의 의석배분 방법

연방의회선거법이 7차 개정된 1987년 이후 하레-니마이어방식(Niemeyersche Sitz-verteilung)에 의하여 배정하므로 656명을 초과하게 된다. 이것은 추가의석(Überhangmandate)에 의해 발생하는데, '추가의석'이란 한 정당이 해당 주의 지역선거구에서 '제1투표'라는 후보자 직접 선출로 차지한 의석이, '제2투표'에 의해서 한 정당전체에 할당된 의석을 초과하는 경우에 발생한다. 유권자의 직접선거에 의한 지역구의원이 반드시 의석을 차지해야 된다는 원칙이 정당의 의석분포보다 우선하기 때문에 이 경우 정당별 분포비율을 지키기 위하여 추가로 의석을 배분한다. 이러한 방법은 주의 이해관계를 대변하는 기관이라는 비판도 있다(전득주 외, 1995: 117).

독일헌법은 의회에게 입법권, 주요 공직선임권, 행정부통제권 등의 기능을 부여하고 있는데, 이는 다른 나라 의회가 가지고 있는 기능과 유사하다(Conradt, 1998: 248). 중요한 것만 나열하면 다음과 같다.

- 공직선임기능(Wahlfunktion): 연방대통령, 연방수상, 연방헌법재판소 판사, 국민옴부즈만(Wehrbeauftragter)을 의원들이 선출하는 것을 의미한다.
- 통제기능(Kontrollfunktion): 행정부의 과도한 권력행사를 견제하는 역할이다. 구체적으로는 소환권 및 질의권, 감사권, 감사위원회 설치(Untersuchungsaus-

---

7) 공무원은 국회의원과 겸직할 수 있으며, 선거기간, 입법기간 동안 휴가가 제공된다. 또한 의회에서 떠나 있을 시 연금을 받고, 승진이 가능하다(장재식, 2012).

schuss), 최종적 실질적 의회의결(Schlichte Parlament)권 등으로 구성된다.

- 입법기능: 의원입법, 정부입법, 상원입법, 공동입법 등을 처리하면서 핵심적 인 역할을 수행(Gesetzgebungsverfahren)하는 것을 의미한다.

- 대표 및 대의기능(Vertreter des ganzen Volkes): 국민의사의 대표기구로서 갖 는 기능을 의미한다.

● 내부운영

독일의회의 내부운영과정에서 위원회(Ausschuss)가 수행하는 역할은 영국, 프 랑스에 비하여 더욱 중요하다(Meny et al., 2004). 연방하원에는 전문분야별로 22개 상임위원회가 있다. 그런데 의원들을 위원회에 배속할 때에는 다른 나라와 같이 정당세력을 반영하는 것은 마찬가지이지만, 위원장자리도 정당분포에 비례하여 배 분하기 때문에 몇 개는 소수당에 주어진다는 점이 다르다. 이들 위원회가 실질적 인 법안의 심의기능을 담당한다.

또한 의회의 주요 구성요소는 정당내 그룹(Fraktion)이다. 정당국가로서 독일의 정치는 이러한 원내그룹에 의해 주도된다. 왜냐하면 위원회 배속(committe assign-ments), 발언시간 배분(debating time), 사무실 및 직원 배치(office and clerical assis-tance)도 이를 기준으로 하기 때문이다. 정당지도자 입장에서는 원내 그룹들을 잘 통제하는 것이 의회 리더십을 좌우하는 것이고, 초선 의원들의 정치성공여부도 어 느 그룹에 속하느냐에 의하여 좌우된다(Conradt, 1998: 249).

(2) 연방상원(Bundesrat)

연방상원은 각 주의 이해관계를 연방 차원의 의사결정과정에 반영한다는 측 면에서 중요한 기능을 담당한다. 상원은 연방국가를 유지하는 한 축이 되며, 상징 적 중요성도 가진다. 따라서 연방상원의 의장은 각 주의 수상(즉, 주지사)이 1년 임 기로 교대되며, 대통령 유고시에는 상원의장이 대행한다(전득주 외, 1995: 118).[8]

● 구 성

연방상원은 69명의 의원으로 구성된다. 각 주가 균등하게 2명씩 대표되는 미 국과는 달리 독일의 연방상원에는 각 주의 인구규모에 비례하여 3명 내지 6명의 의원이 파견된다. '파견된다'는 것은 주민직선이 아니라는 점이다. 각 주의 결정사

---

8) 상원의장이 대통령 유고시 승계 1순위라는 점은 프랑스와 동일하나, 대통령자리의 비중이나 누가 상원의장이 되느냐는 점에서 다르다.

항이지만 보통 주총리와 주요 장관이 상원의원이 된다. 주정부도 내각제적으로 구성되기 때문에 이들 자신도 주 의회선거에서 당선된 의원이다. 따라서 주 의회의원 중 몇 명이 연방 상원의원을 겸하는 셈이 된다. 이들은 상원 내에서 투표시 각자 투표하는 것이 아니라 각 주에 할당된 의석이 모두 동일한 의견(찬성, 반대, 기권)으로 투표하게 된다. 따라서 주의 대표기관이다.

전통적으로 주 차원에서 정책집행의 행정적 측면에 역할을 국한시켜 왔고 정책에 대한 주도권을 갖고 선도적으로 입법하는 경우는 드물었다. 그러나 상원은 주요 사안에 대하여 하원의 법안을 부결시킬 수 있기 때문에 독일 연방주의 제도의 운영에서 지역의 이해를 중앙에 반영시키는 중요한 역할을 수행한다고 볼 수 있다(Conradt, 1998: 250).

● 상원의 주요 기능

연방상원의 핵심적인 기능은 각 주가 연방입법과정에 참여하도록 하는 것이다.9)

[그림 6-2]에서 볼 수 있는 바와 같이 정부의 법률안은 6주 이내에 먼저 연방상원에 송부되어 의결을 거쳐야 하원에 제출된다. 그외 연방상원의 법안제출과정이나 하원제출법안에 대해서도 일정한 영향력을 행사할 수 있기 때문에 명실상부한 제2부의 기능을 한다고 할 수 있다. 즉, 정부(연방의회의 과반수 이상 지지를 기반으로 함)가 제정하려는 법률안은 상원의 동의를 얻어야 하기 때문에 법률제정에 관한 한 상원은 정부(결과적으로는, 연방하원)와 동등한 권한을 갖는다고 볼 수 있다. 하지만 상원이 모든 법률안의 제정과정에 참여하는 것은 아니다. 주의 이해가 반영될 필요가 있는 법률안에 대해서는 법이 정하는 한에서 연방상원의 동의를 거쳐야 한다(장재석, 2012). 상원과 하원의 집권당이 다를 경우 이러한 비중은 증가하고, 같을 경우 이러한 법안의 비중은 낮아질 가능성이 크다.

일반시행령의 경우 각 주의 자율권을 침해할 소지가 있으면 상원의 제재를 받게 된다. 이외에도 유럽연합의 정책에 관한 사항은 정부가 상원에게 정보를 제공하는 등 많은 분야에 대해서 상원과 연방정부는 정보를 공유해야 한다. 심지어 외

---

9) 이외의 기능은 연방하원에서 언급한 것과 유사한데, 주요 기능은 다음과 같다.
  - 양원조정위원회(Vermittlungsausschuss) 등을 통한 입법과정참여 및 의사소통기능
  - 통제기능(Kontrollfuntion)
  - 질의권과 보충권한(Frage- und Zitierrecht)
  - 행정관리적 기능(Administrative Funktion)
  - 충원기능(Rekrutierungsfunktion)

그림 6-2 연방입법과정

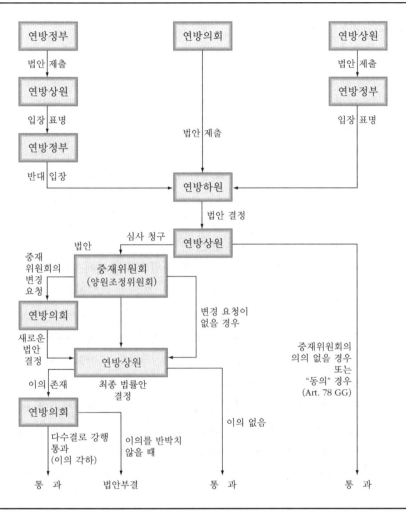

<주> 일반적으로 3독회, 위원회 통과, 법률결정 등 포함.

교정책에 관해서도 연방정부가 상원의 동의를 얻어야 할 때도 있다.

상원은 정책결정에 막대한 역할을 수행하기도 한다. 예컨대, 1969~1982년 사민당은 하원에서는 야당이었지만, 상원에서 다수당이었다. 이 시기에는 상원이 정부의 정책에 반대하고 저지하는 역할을 수행하였다. 왜냐하면 상원에서는 3분의 2인 46명 이상의 표만 있으면 입법을 저지할 수 있는데, 이 숫자는 하원의원 정원의 3분의 2에 비하여 매우 적은 수이기 때문이다. 이러한 모순은 기본법이 상원을 기본적으로 정당분포라는 것을 고려하지 않고 고안했기 때문이다(Conradt, 1998: 251).

(3) 연방정부의 입법과정

상하원을 포함한 독일에서 전체적인 입법과정을 약술하면 [그림 6-2]와 같다. 법률안은 연방장관이 제안하고 의회에 제출하는 것이 정상적이고 일반적인 절차이다. 그러나 주정부에 의하여 상원을 통하여 제안되는 방법(적어도 9개 주 이상의 지지가 필요), 5%(즉 35명 정도) 이상의 의원이 연대하여 의원제출하는 방법도 있다(Conradt, 1998: 259).

내각에서는 각료들 간의 갈등을 조정하기 위하여 수상실이 중요한 역할을 하며, 이때 필요에 따라서 주정부에도 상원을 통하여 의견을 요구하기도 한다. 그러나 정책의 주도권이 수상에게 있기 때문에 법안을 의회에 제출하기 전 장관은 미리 수상실과 협의하여 내각회의에 상정한다.

정부에 의하여 법안이 확정되면 1차 독회를 위하여 상원에 이송되고 상원에서는 위원회에 배정하여 검토·토론하고 수정, 동의, 혹은 반대의견을 제시한다. 하원은 상원의 의견을 압도할 수 있으므로 상원의 심의에 관계없이 심의한다(Conradt, 1998: 260). 하원에서는 1차 독회를 한 후 해당 상임위에서 검토하는데, 여당의원이 다수이므로 반대되지는 않고 수정된다. 2, 3, 4차 독회도 계속되고 의결되면 다시 상원에 2차 독회를 위하여 이관된다.

상원이 의결하면 대통령이 사인하여 발효되고, 상원이 부결시키면 법안은 사장된다. 이 경우 수정안이 제시되면 다시 양원 합동위원회를 구성하여 심의한다. 즉, 1차 독회는 법률안의 목적과 필요성에 대한 일반적인 토론으로서 법률안을 위원회에 회부할 것인가를 결정한다. 2차 독회는 위원회의 검토를 거친 안을 가지고 각 조항별로 심의하여 채택 여부를 결정하며 하원의 수정안을 가결할 수도 있다. 제3독회는 일반적인 토론을 거쳐 법률안에 대한 최종적인 표결을 거치는 것이다.

별도의 규정이 없는 한 대통령이 서명한 법률안은 관보에 게재된 후 14일이 경과하면 발효된다. 비록 상원의 심의대상이 아니더라도 상원은 하원의 법률안에 대하여 이의를 제기할 수 있다. 이 경우 상원의 이의를 하원이 기각하거나 상원이 이의를 철회하면 법률안으로 가결되며, 그렇지 않고 하원이 이를 수락하면 그 법률안은 폐기된다.

3) 연방대통령(Bundespräsident)

연방대통령은 독일국가를 대표하는 국가수반이다. 헌법 제56조~제61조에 연방대통령의 역할이 명시되어 있다. 바이마르 공화국 때 대통령 von Hindenburg이 정치파탄에 이르게 한 것을 교훈삼아, 현재 연방대통령의 권한은 상당히 제한되어 있다. 예컨대 수상을 혼자서 마음대로 임명할 수 없고, 긴급조치 등도 혼자서 발령할 수 없다.

연방대통령은 연방하원의원과 연방하원의원수 전체와 같은 수로 구성된 선거인단에 의한 간접선거로 선출된다. 선거인단은 16개 주 의회에서 선출된다. 연방대통령은 선거인단 재적과반수 이상의 득표를 얻은 자가 당선된다. 간선제를 택한 것은 역사적으로 직선제인 경우 독재자가 등장한 것을 경험했기 때문에 그러한 대통령의 등장을 방지하자는 취지에서이다. 5년을 임기로 하고 있으며, 1회에 한하여 연임이 가능하다. 대통령의 권한은 형식적, 의례적이라고 할 수 있다. 주요 기능은 다음과 같다.

- 국제법상 독일연방공화국의 대표
- 연방관청 책임자의 임면, 장관의 형식적 임명권자
- 연방법률에 대한 정본작성(Ausfertigung)과 공포(Verkündung): 형식적인 권한임
- 연방의회 해산: 연방수상의 제안에 의함
- 사면권

2013년 11대 대통령으로 가우크(Joachim Gauck) 대통령이 동독 출신으로는 최초로 대통령에 당선되었다. 대통령실은 5개과를 가진 총무국, 6개과를 가진 내무국, 3개과를 가진 외무국, 그리고 국방안보담당관 등 간소한 조직을 가지고 있다.

3. 통제제도

국가(공동체)를 개인보다 우월한 존재로 인식하는 독일의 전통은 법치주의적 행정문화를 통하여 실현된다. 이러한 점은 독일 관료의 압도적인 비율이 법학전공자인 사실에서도 입증된다. 국민들의 질서의식과 준법의식도 이와 밀접히 연결되

어 있다. 법치주의 국가에서 법률적 분쟁이 있을 때 해결하는 장치로서 법원조직
이 발달해 있다.

1) 사법제도 개관

기초, 지역, 주정부 수준에서 민사 및 형사재판소가 있는데 덧붙여 노동, 행정,
세무, 사회복지 재판소가 각각 전문분야로 존재한다. 민사와 형사법원은 지원-지방
법원-주법원-연방법원 등 4계층의 법원조직이 존재한다. 상술한 바와 같이 사회복
지와 노동분야에 공권력이 개입하는 정도가 강하므로 이에 대한 분쟁을 해결하기
위한 법원조직이 별도로 있는 것이다.

국민 1인당 법률가(lawyer)의 비율로 따지면 독일이 미국에 비하여 9배나 높다
(Conradt, 1998: 261). 물론 미국과 유럽에서 법률인의 분류와 역할은 동일하지 않으
므로 이런 단순비교를 확대 해석해서는 안 된다. 미국은 민간부문의 분쟁을 해결
하기 위한 Law Firm이 많은 반면, 독일에는 공권력과 관련된 법률가가 많다.

독일법은 로마법과 프랑스식 법조문체제(codified legal system)로 되어 있으며,
1871년 이후 독일의 특성에 맞게 개선되었다. 독일에서는 법이란 충실히 집행하는
것이며, 모든 사건에 대한 정답은 법체계에 존재하는 것으로 보고, 판사는 법 속에
서 이것을 찾아내는 역할을 한다. 이를 법실증주의(Rechts-positivismus)라고 부른다.
이러한 사고방식은 판사뿐만 아니라 모든 법조인에게서 찾아볼 수 있다. 영미식
사고에서 피고와 원고가 대립하는 것에 익숙해져 있는 사람은 독일에서 때로는 검
사와 변호사가 대립하기보다는 같이 주장하는 것을 보고 놀랄 것이다. 적어도 사
법부는 중립적인 입장에서 정의를 지키는 역할을 하는 것이다.

연방헌법재판소 판사를 제외하면 모든 법조인이 주 장관 혹은 연방장관 밑에
소속되어 있는 공무원이다(Conradt, 1998: 261). 법조인(magistrate)은 여기서 논하는
순수한 법원조직 이외에도 다양한 기구에 진출하여 업무에 종사한다. 이는 미국식
독립에 대비되는 것으로서 다른 나라에서도 찾아볼 수 있는 유럽적 특성 중의 하
나이다.10)

---

10) 이런 특성은 과거 동독의 경우에 극명하게 나타난다. 즉, 법치는 이데올로기에 종속되며, 모
   든 판사는 공산당 혹은 擬似 당의 당원이다. 판사는 노동자계급과 당의 이해관계를 최우선으
   로 생각해야 하며, 국가를 해치는 것을 가장 나쁜 것으로 본다(Schroeder, 1998: 424~426).

2) 정치권력에 대한 통제

공권력 행사를 통제하는 최고법원은 연방헌법재판소(Bundesverfassungsgericht)이다. 행정부의 행정행위, 의회의 정책결정, 하급법원의 판단에 대해 간여함으로써 독일 정치행정체제의 정상적인 작동을 보장하는 기능을 담당한다. 특히 연방헌법재판소는 독일사회의 근본원칙이라고 할 수 있는 연방주의, 민주주의, 법치주의를 적극적으로 해석하는 역할을 해 왔다고 평가받고 있다.

독일관련 유용한 정보 제공 웹사이트

- 연방헌법재판소
  - http://www.bundesverfassungsgericht.de/en/index.html
- 연방하원
  - http://www.bundestag.de/
- 연방상원
  - http://www.bundesrat.de/EN/Home/homepage_node.html?_nnn=true
- 주한독일대사관
  - http://www.seoul.diplo.de
- 주한독일문화원
  - http://www.goethe.de/ins/kr/ko/index.htm?wt_sc=seoul_

연방헌법재판소는 정부에 독립적이며, 재판관은 양원에 의하여 선출된다. 연방하원과 연방상원에서 각각 8명씩 재판관을 선출하는데, 연방하원에서는 주로 정치인이나 법원의 법조인들을 선출하는 경향이 있다고 한다면, 연방상원에서는 주정부의 고위관료들 중에서 임명하는 경향이 있다. 그리고 임명되는 사람들은 거의 모두 법조인(magistrate)의 지위를 가지고 있는 사람들이다.

연방헌법재판소의 기능은 위헌법률심판, 정당해산심판, 권한쟁의심판, 헌법소원심판 등이다. 후자의 경우 1951년에서 2001년까지 50년 간 약 13만 1천건이 헌법소원으로 접수되었고, 이 중 3,268건(약 2.5%)이 받아들여져 국민의 권리가 구제되었다(양현모, 2006: 48).

연방헌법재판소의 예산과 행정은 독립되어 있으며, 의회 법사위원회와 직접

교섭한다. 점차 그 독립성을 확립하여 의미있는 판결을 많이 내리고 있으나, 한편으로는 너무나 정치화(politisation)된다는 비판도 받고 있다(Conradt, 1998: 263).

연방헌법재판소 산하에 연방법원으로는 민사와 형사를 담당하는 '일반법원'과 행정문제를 담당하는 '행정법원', 그리고 노동문제를 담당하는 '노동법원'으로 3원화되어 있다. 독일은 공적 부문이 팽창되어 있기 때문에 공법상 분쟁이 많고, 따라서 이를 담당하기 위한 행정법원이 전문화되어 있다. 즉, 일반행정, 재정, 사회(복지)관계를 담당하는 법원이 각각 존재한다. 이러한 사실들은 영미의 불문법체계에서는 시민이 (행정서비스를 포함하여) 모든 것을 자유롭게 선택하여 소비하는 소비자(Bürger als Kunde)로 전제되지만, 독일의 행정법원에서는 시민의 권리에 관하여 판결함으로써 권리를 보호하는 체제를 가지고 있다(König: Beck, 1997: 118; 김성수, 1998: 94에서 재인용).

법원에 의한 행정통제는 일단 분쟁이 발생한 후 개입한다는 점에서 수동적이고 사후적이라는 단점이 있다. 사전통제이면서 일상적인 통제는 재정통제라고 볼 수 있다. 독일연방 감사원은 모든 공공기관의 재정통제를 한다. 합법성은 물론이고 효율성과 경제성까지 감사의 기준으로 포함시킬 수 있게 함으로써 공공기관의 활동에 대하여 광범위한 통제를 할 수 있게 되었다(장선희, 2004). 현재에 근접한 감사로서 일종의 사전감사도 하며, 감사 후 지적사항 이행여부를 확인하기 위한 감사도 수행한다(김찬수, 2016: 346~347).

Ⅲ 행정과정

상징적 국가원수인 대통령은 여기서 논외로 한다. 수상과 의회의 관계면에서 독일은 전형적인 내각책임제 국가이다. 내각은 의회의 지지를 기반으로 존재한다. 바이마르 공화국 때 심한 정치불안을 겪은 이후 정치안정을 보장하는 제도적 장치도 마련되어 있다. 독일은 법치주의를 기반으로 하는 나라이기 때문에 법률에 의한 정책형성이 중요하다.

정책형성의 경우 의회에 법률안이 제출되기 이전에 내각에서 논의되는데, 이때에 수상이 간여하게 된다. 따라서 수상을 중심으로 한 행정부가 매우 중요한 행위자이다. 정책의 집행은 주로 주정부에 의해서 이뤄진다.

1. 정부주도의 정책형성

1) 독일식 수상민주주의

독일의 경우는 의원내각제를 채택하고 있으므로, 정책결정에 있어서 정치인의 역할이 상당히 강할 것이라 기대할 수 있다. 장관으로 임명되는 사람들이 전문성이 높을 뿐 아니라, 다양한 정치경력(연방의회, 정당, 이익집단, 지방정부 등)을 쌓았기 때문에(각료급은 보통 8년의 의회경험을 쌓음) 정치적으로 상당히 강한 영향력을 갖게 된다. 또한 정책과정에서 사회조합주의적이라고 할 수 있을 정도로 이익단체의 영향력과 관여도가 큰 편이다. 따라서 정치인들의 역할을 감안한다면 독일 공무원들이 정책형성에서 가지는 영향력은 상대적으로 적을 수 있다.

보통 정책의제는 입법의 형태로 나타나는데, 많은 부분이 정부제안이다. 구체적으로는 정부 부처 내의 '계'나, 혹은 바로 상위의 '과'에서 주도권을 가진다. 이렇게 제안된 정책은 의회의 입법과정에서 많은 수정을 겪게 되며 — 독일의 경우 법안의 극단적인 거부는 적지만 — 또 많은 경우 수정안이 붙게 된다. 또한 정부입안이나 의회에서의 의결단계에서 이익집단들이 막강한 영향력을 행사하게 되므로 결국 정책의 형성은 정부관료제, 이익집단, 정당이 상호 타협적으로 하게 된다고 할 수 있다. 이렇게 결정된 정책은 주로 주정부의 수준에서 집행된다.

그러나 의원내각제를 채택하고 있는 독일에서 정책형성과 집행은 수상이 압도적인 지위에서 주도한다고 할 수 있다. 이를 잘 요약하는 표현이 연방정부의 3대 원칙이다(전득주 외, 1995: 126; 기본법 65조).

> – 수상원칙(Kanzlerprinzip): 수상이 정치적 기본방향을 결정한다. 수상은 일반 정책(general policy)에만 책임을 진다. 주요 권한으로는 국가발전 방향의 총체적 정립 권한, 인사결정 권한, 국가권력의 조직권, 국가사무의 일반적 관장권 등이 있다. 즉, 다른 내각책임제처럼 내각의 집단적 의사결정보다는 수상개인에게 권한을 부여한다. 이러한 수상의 막강한 권력을 지칭하여 수상민주주의(Kanzlerdemokratie)라고 한다. 이는 후술하는 내각원칙과 일면 모순되는 측면도 가지고 있다.

- 부성원칙(Ressortprinzip): 연방수상이 정한 기본원칙에 따라 각 부 장관들은 자신의 소관업무에서는 자율성과 장관책임성을 가지고 업무를 추진한다. 수상과의 수직적 분업을 하는 것이다.
- 내각원칙(Kabinettprinzip): 수상, 각 부 장관 간의 대등한 권한은 연방내각이 일종의 조정의 장이 되어 작동함으로써 조화로운 정책을 산출하게 된다. 즉, 장관 간 이견이 있거나 중요한 정책에 대해서는 내각이 조정을 하여 외부에는 집단적으로 책임(Kollegialprinzip)을 지는 원칙을 의미한다.

이러한 원칙들은 명시적으로 규정되어 있지 않지만, 영국, 프랑스 등 선진 민주주의 국가에 공통되는 원칙이다. 다만 독일의 경우 수상의 권한이 강력하고, 이면에는 이러한 원칙이 좀더 명확하게 지켜진다는 점이 두드러질 뿐이다.

2) 수상의 실제권한: 관습권, 건설적 불신임권

독일 수상은 막강한 권한을 가지고 있다. 수상은 연방하원에서 재적 과반수(즉 절대과반수)의 득표를 얻어 당선된다. 형식상으로는 연방대통령에 의하여 수상후보가 지명되며 과반수를 얻지 못하면 2주 이내에 재선거를 실시한다.

독일 수상은 내각제 속의 수상이기 때문에 미국 대통령보다 권한은 작지만, 영국 수상에 비하여 쉽게 자리에서 물러나게 할 수 없으므로 양자의 중간에 있다고 할 수 있다.

수상이 누리는 실제권한은 헌법, 정당, 아데나워(Adenauer) 초대수상의 관례 등에 의해 비롯된다. 수상의 권한은 주요 정책방향(Richtlinienkompetenz)을 결정하는 데에서 기인한다고 할 수 있다(Conradt, 1998: 251~252). 아데나워는 자신이 정책을 주도했다고 평가되는데(적어도 중요한 몇 가지 결정은), 자신이 일단 결정하고 난 다음 내각과 의회는 이를 추인하는 정도로 활용하였다(Conradt, 1998: 253). 그에 의하면 정치는 '원로(old man)'에게 맡기고, 국민들은 개인생활을 하도록 해야 한다고 하였다.[11] 후임 수상들이 이 덕을 보았으며, 이를 수상민주주의(Kanzlerdemokratie)라 한다. 콜(Kohl) 수상은 가톨릭 정신을 지지하면서 또한 독일인의 자부심을 강조하였고, 특히 독일 통일을 이뤄냈다. 1994년 4선을 함으로써 아데나워 이후 역사상 4선을 한 두 번째 수상이 되었다. 즉, 독일통일이란 업적을 이룬 최장수 수상이

---

11) 그러나 이것은 국민의 능력을 과소평가하였다는 평가를 받고 있다.

되었다.

이러한 독일수상의 막강한 실제 권한행사는 비교적 안정된 임기를 보장받을 수 있다는 데에서 나온다고 할 수 있다. 수상은 내각구성원을 자의대로 임면할 수 있는 데 비하여, 의회는 특정 장관을 불신임할 수 없다. 따라서 정부정책에 불만이 있으면 의회는 내각 전체를 불신임해야 한다. 그러나 내각이 의회의 다수당의 지지로 구성되기 때문에 의회는 특정 장관이 마음에 들지 않더라도 내각 전체를 불신임하는 모험은 잘 시도하지 않는다. 나아가서 의회가 내각을 불신임하려면 건설적 불신임(Konstruktives Misstravensvotum)을 해야 한다. 실제로 불신임투표는 1972년 4월 야당인 CDU/CSU이 브란트 내각을 물러나게 하려다 실패한 것, 1982년 10월 슈미트 수상을 콜 수상으로 대체한 것, 두 번밖에 시행되지 않았다. 군소정당보다는 거대 양대정당이 있기 때문에 4년 동안 수상은 의회 내 정당의 뒷받침하에 강력한 권한을 행사할 수 있다. 즉, 해임위협을 받지 않고 소신있게 정책을 추구할 수 있는 것이 독일 수상권의 근원이라고 할 수 있을 것이다.

거꾸로 의회의 지지가 불확실한 경우, 수상은 임기중에 의회에 대해 재신임을 요청할 수 있다. 재신임을 얻지 못하면 수상의 요청에 의해 대통령은 의회를 해산할 수 있다. 의회를 해산하면 다시 총선을 실시해야 한다. 의회 해산에 의한 총선은 1972년, 1982년, 2005년 등 3회 있었다. 브란트(1972년), 콜(1982년)은 각각 총선에 승리하여 입지를 강화하였지만, 슈뢰더(2005년)는 총선에 패배하여 수상에서 물러났다(양현모, 2006: 42).

바이마르 공화국의 정치불안, 나치의 등장

1871~1918년 기간에는 주요 권한은 왕에게 주어져 있으므로, 의회는 주요정책을 주도할 수 없었다. 의회는 논쟁의 장이었고, 행정부가 정책을 주도하였다.

그러나 바이마르 공화국일 때는 내각이 의회에 직접 책임지게 되었으므로 의회의 권한은 강화되었다. 국민직선에 의해 선출되는 의회에 대통령이 의회의 동의 없이 '긴급입법(emergency situation)'을 할 수 있었다. 의회는, 특히 공화국 후기에, 각 당이 분열되어 있었고 다수가 정부에 반대하는 경우가 많아서 효율적으로 의정을 수행할 수 없었다. 항상 정국이 불안하였고 13년 바이마르 공화국 동안 20번의 정부교체가 있었다. 예컨대 1932년에는 의회는 5개 법안을 통과시키는 데 불과하였으나 von Hindenburg 대통령은 66번의 비상입법권을 행사했다. 결국 총선에서는 Nazi,

Nationalist, Communist들이 대거 당선되었고 이들 의원들이 Ermächtigungsgesetz Vom 24. März 1933를 통과시킴으로써 스스로 의회기능을 정지하는 결과를 가져왔다.

1933년 von Hindenburg 대통령은 (보수파들은 이를 잘 통제할 수 있으리하고 믿고) 히틀러에게 정부를 구성하도록 하였다. 두 달 뒤 나치는 히틀러에게 전권을 수여하는 Enabling Act를 의회에서 통과시켰다. 적어도 제2차 세계대전 발발기까지에는 대다수 독일국민이 히틀러를 지지했다. 이전시대에 풍미했던 유태계 귀족이나 공산주의에 대한 반발이 주요하게 작용하였으며[12] 전쟁을 통한 고용창출과 표면적 호황도 경험하였다.

3) 연방수상실

행정부가 추진하는 주요정책에 대해서 의회의 동의를 얻어야 하는 것은 다른 서구선진국과 다를 바가 없다. 의원내각제이기 때문에 의회내 다수당을 점하고 있는 당의 당수인 수상이 주도한다고 할 수 있다. 이와 더불어 행정입법권도 있다. '행정규제(administrative regulation)'와 '입법명령(legal ordinance)'이 그것이다. 이 법규범은 의회의 동의없이 정부가 단독으로 할 수 있는 것이다. 그러나 주정부의 기능에 관련된 것이면 상원의 동의를 얻어야 한다. 또한 법규범은 법원에 제소될 수 있으며, 대통령이 서명을 거부할 수 있다는 점에서 완전히 정부의 재량권 안에 있다고 볼 수는 없다.

독일은 수상의 권한이 큰 만큼 독일수상실의 규모도 유럽에서 제일 큰 편이다. 이는 수상의 주요 정책결정권은 물론이고 정책집행권 행사에 지원을 해 주는 조직이기 때문이다. 수상실 근무인력은 정무직과 경력직으로 구성되어 있다. 정무직은 소수이지만, 수상실 근무 이후 경력직 공무원으로 전환되거나, 월급의 75%를 받는 '대기발령'을 받아 일자리를 찾기까지 기다리기도 한다(Peters et al., 2000: 85).

수상실은 6개 국(Albeilung)으로 구성되는데, 제1국인 정무국이 핵심국 역할을 맡는다. 수상실의 실제 역할은 수상과 수상실장의 성격에 따라 다양하다. 통독을 이끈 콜 수상의 경우, 평소에는 거국적 정치적 조정역할을 자임할 뿐 직접 챙기는

---

12) 당시의 유태인에 대한 감정은 다음의 표현에서 충분히 짐작할 수 있다.
  "Jews were not humans, nor even subhumans, but rather disease-causing bacilli."

그림 6-3 수상실 조직도표

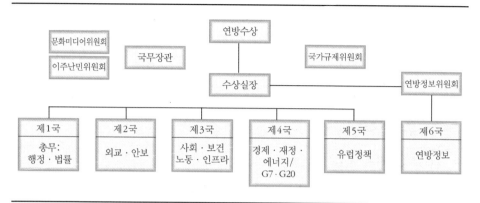

출처: 독일 연방수상실 홈페이지 자료(Organisationsplan des Bundeskanzleramtes). 2016. 6. 10. 검색.

것이 없어 무능한 수상이라는 평을 받을 정도였다. 그러나 통독문제에 관해서는 기밀을 유지하는 등 전략적 행동을 하고, 후반기에는 수상실 작동에 직접 간여를 해서 그토록 어려운 과제를 성사시켰다.

수상실과 각 부처(장관)과의 관계도 수상에 따라, 그리고 보는 시각에 따라 다르다. 수상실이 주요 정책을 주도한다고 보는 입장도 있고, 각 부처가 주도한다고 보는 시각도 있다. 이는 획일적으로 단언할 수 없는 문제로서, 시기별로 변화가 있다고 봐야 할 것이다. 일반적으로, 각 부처가 주도하는 정책을 수상실에서 검증하고 도와주는 역할을 하는데, 다음과 같은 요건을 체크하는 문서를 첨부해야 한다 (Peters et al., 2000: 90~91).

- 정책개요
- 정책간여수준은 어디인가(내각, EU, 연방의회 등)
- 정책추진일정표
- 연방문제인가, 각 주(Land)의 문제인가
- 독일차원의 것인가, EU차원의 것인가
- 정책이 가져올 독일사회에 대한 영향
- 환경에 대한 영향
- 지역계획에 관련되는 사항
- 재정문제

수상실 직원들은 위의 사항을 중심으로 검토하고, 갈등극복방안 등 정책의 실현가능성을 논의한다. 그리고 다른 정책분야와 관련되는 경우 횡적인 협조문제 등을 검토한다. 이 과정에서 해당부처의 관료들과 협상하고 조율을 하는데, 이를 '초벌구이(pre-cooking)'라고 부른다.

2. 부처조직

1) 부처조직의 특성

수상은 연방정부의 부처 수나 기능을 마음대로 변경할 수 있다. 이렇게 정부조직이 수상의 재량권 하에 있다는 점은 영국과 프랑스의 경우도 마찬가지이다. 부처(장관)의 수는 연립내각인 경우 정치적인 배려를 해야 하기 때문에 증가되는 경향이 있다. 이 경우 신설되는 것은 여성, 아동, 가족, 복지 등의 기능을 담당하는 부처들이다.

각 부처의 규모는 대부분의 다른 국가들과 비교할 때 작은 편에 속한다. 그 이유는 부처의 사무를 대부분 주 정부에 이양했기 때문이다. 연방정부는 외교, 국방, 관세, 철도 및 수로 등을 제외하고는 모든 분야의 집행업무를 주 정부로 이양한 상태이며, 연방정부의 일선기관은 제한적으로 존재한다. 연방정부의 부처는 큰 정책결정만 하고 집행업무를 하지 않는 것을 원칙으로 하기 때문이다.

연방정부조직은 행정 계선조직이 지니는 명령과 통제의 성격을 가진 관료적

그림 6-4 연방정부의 부처조직

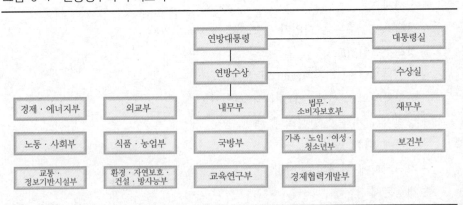

권력집중기관이기보다는 일종의 정책결정을 위한 참모조직으로 기능한다. 정책의 연구기능은 연방수준의 기관(agency)이나 용역에 의하여 관료제 외부에서 수행되는 경우가 많다. 나아가서 다양한 위원회(committee)를 활용한다. 이것은 이해관계자가 참여했다는 상징적인 수단으로 활용되는 경우도 있고, 부처내부에서 얻을 수 없는 지식을 얻는 데 활용되기도 한다. 정책의 실제적인 집행은 주정부 차원에서 이루어지므로, 주정부는 가장 많은 수의 공무원을 갖게 된다.

독일 연방정부에는 부처간 갈등이 적은 편이다. 부서간 혹은 부처간 조정도 정부조직내 매뉴얼에 따라 자율적 횡적 조정의 원칙(principle of horizontal self-co-ordination)에 의하여 이뤄진다(Derlien, 1995: 83). 동급 계층 간의 수평적 갈등이 있는 경우에도 상급계층에 의한 조정제도는 비교적 만족스럽게 이루어진다. 물론 수상의 주요 기능이 정책주도이므로 수상실 직원들도 업무처리과정의 초기부터 간여하기도 한다.

프랑스와는 달리 독일에서는 고위공무원들이 장관으로 임명되는 특성은 보이지 않는다. 장관들은 전문적인 정치인들이면서도 그 자신의 활동영역(즉, 부처의 소관분야)에서 전문가로 인정받는 사람들이다. 따라서 부처 간의 장관이동은 매우 드문 사례에 속한다. 독일의 장관들은 그들 시간의 3분의 1만 그의 부처에서 보내고, 그 외에는 자기 부처의 정책에 대한 동의를 얻어내기 위하여 이해관계자와 접촉하거나 정당의 정치적 지지를 얻는 데 할애한다.

2) 부처 내부조직

연방정부의 부처는 15부이며, 각 부성 내의 조직은 공통된 구조를 가지고 있다.[13] 장관-차관으로 이뤄지는 지휘부 밑에 국(局, Abteilung)-과(課, Unterabteilung)-계(係, Referat)로 이어지는 전형적인 계서제 조직이다. 각 부에는 장관 밑에 1~3명의 정무차관과 0~3명의 사무차관이 있다. 정무차관은 주로 대 의회업무 등 대외업무를 담당한다. 사무차관은 장관의 지시를 받아 부처의 업무를 총괄하고 사무차관 이하를 지휘한다. 정권교체시에는 사무차관과 국장이 일시에 퇴직하고 신임 장관과 같은 정치신조를 가진 자가 등용된다. 즉, 차관과 국장은 정무직 공무원으로 영국의 행정가 계급에 비교할 수 있으며, 이들은 장관이 면직·전보시킬 수 있다.

---

13) 독일연방정부 구성에 대해서는(2016. 6월 현재) 독일연방정부 홈페이지 http://www.bundesregierung.de/Webs/EN/FederalGovernment/_node.html을 참조.

이 경우 공무원출신 차관과 국장은 법에 의해 신분보장을 받기 때문에 다른 적당한 보직이 주어져야 한다.

독일 부처의 조직은 조직법(procedural code of ministries)에 규정되어 있다. 최말단 단위는 계이다. 그 위에 과가 있는데 과가 되기 위해서는 최소한 6개의 계가 필요하다(Derlien, 1995: 79). 독일 행정조직에서 정책결정에 가장 중요한 역할을 하는 것은 3~7명으로 구성되는 약 1,700개의 계(係, Referat)이다. 특정 정책영역에 대한 책임은 계에 부과되어, 부처정책의 개발·주도·감독의 기능을 중심적으로 수행한다. 따라서 조직은 계위주로 분권화되어 있다고 할 수 있다. 하위 공무원은 인접 하위부서(referat)와 의사소통을 하지만, 계장(section head)은 의회나 내각 등 외부 접촉을 많이 한다. 흔히 계장들은 이러한 모임에 배석한다.

그러나 프랑스의 비서실(cabinet ministriel)과는 달리 장관비서실과 같은 참모 조직은 발달되어 있지 않다. 각 부처의 내부관리기능, 충원(staffing), 예산(budget-ing), 청사관리(house-keeping) 등은 '중앙국(central division)'이 담당하고, 이 경우 각 기능부서와 매트릭스 구조를 띠며 일하게 된다.[14] 그런데 1960년대 이후 기획기능이 중요해짐에 따라 참모기관으로서 정책기획 및 분석(divisions for principal policy matters and policy analysis)이라는 기구가 각 부처에 신설된다. 이것의 기능은 연구 및 자료수집이고 장관의 지지를 받는 경우 정책의 우선순위를 정하는 일에도 간여한다. 후자의 경우 계선기관과 갈등이 생기기도 한다(Derlien, 1995: 80).

새로운 정책이나 개혁프로그램은 보통 계와 같은 하부부서에서 상향식으로 시작되어 결정되지만 일부는 정당이나 선거유세시 내세운 프로그램으로부터 나온다. 이러한 정치적 동기와 관료적 동기의 절충형 행정에서는 각 관료조직의 상위 두 계층의 역할이 중요해진다. 이들은 정치논리와 행정의 논리를 잘 조화시켜 정책이 집행되기 쉽도록 하거나, 제약조건을 검토하고, 여과하는 기능 등을 수행한다(Derlien, 1995: 81). 따라서 정보의 상향이동과 의사결정의 하향이동이라는 전통적인 계서제와는 달리, 독일 관료제의 내부 의사소통은 동태적이고 반복(iterative)적이다. 수직적인 업무관계에서는 예외의 원칙이 많이 작용한다.

---

14) 독일의 중앙인사기구는 연방내무부이다. 연방내무부는 연방외무부, 법무부 등과 같이 정부 부서 가운데 하나이다. 연방내무부에는 공무원 담당국이 있어서 이곳에 연방소속 공무원의 근무상황, 근무지 이동, 보수관계 등 인사업무를 수행하고 있다. 연방내무부는 연방공무원의 인사에 대한 업무를 비롯하여 연방행정조직에 관한 사무, 연방행정제도의 개혁 및 민영화사업의 추진업무를 맡고 있다. 산하기관으로 연방공무원교육원, 연방문서국, 연방행정대학, 연방통계청, 헌법보호청 등이 있다.

3) 행정기관의 종류

연방정부의 행정기관은 연방직접행정기관과 연방간접행정기관이 있다. 상대적 통합모델의 선행조건인 다양한 기관분화가 이뤄져 있어 매우 복잡한 양상을 보인다.

연방직접행정기관(Unmittelbare Bundesverwaltung)은 다음과 같이 4단계로 구분되어 있다(양현모, 2006: 98).

- 연방최고행정기관: 헌법기관 또는 연방정부를 직접 보좌하는 기관으로 연방대통령실, 연방수상실, 연방공보실, 연방문화미디어위원회, 연방감사원, 그리고 연방 각 부처 등이 있다.
- 연방상급행정기관: 연방최고행정기관의 산하기관으로 해당 사무에 대하여 독일 전 지역을 관할한다. 각 부처에서 특별히 부과한 행정업무를 담당한다(예, 연방카르텔청)(장재석, 2012).
- 연방중급행정기관: 연방최고행정기관의 산하기관으로 해당 사무에 대하여 독일 일부 지방(중급 규모)을 관할하는 행정기관이다. 연방최고행정기관과 연방상급행정기관의 감독과 지시를 받는다(예, 주세무청).
- 연방하급행정기관: 연방최고행정기관의 산하기관으로 해당 사무에 대하여 특정 도시 또는 소규모 특정 지역만을 관할지역으로 하는 행정기관이다. 외무, 재정, 수로 및 해운, 병무, 국경 수비에 관한 사무에 한하여 연방하급행정기관이 설치되어 있다. 연방상급 또는 중급행정기관의 감독과 지시를 받는다.

한편 연방간접행정기관은 연방부처를 정점으로 수직적으로 조직·운영되는 것이 아니라, 기관 독자적인 책임하에 연방의 사무를 담당하는 기관이라는 점에서 연방직접행정기관과 차이가 있다. 즉, 연방간접행정기관이란 연방부처로부터 독립하여 기관장 또는 이사회의 책임하에 사무를 담당하는 행정기관을 의미한다. 연방간접행정기관은 공법에 의하여 조직·운영되고 그곳에 공공인력이 근무한다는 점에서는 연방직접행정기관과 차이가 없다.

3. 인사행정제도

1) 공무원의 분류

독일의 관료는 군주에 대하여 절대적인 충성을 하던 프로이센 관료제에 기원을 둔다. 그 후 자연인으로서의 '군주'가 '국가'라는 제도로 추상화되었고, 관료는 국가에 봉사하는 존재로 간주된다. 행정(관료제)은 국가의 목적을 실현시키는 주요 도구로 인식되어 왔고, 이것은 현 행정철학에도 중심적인 사고가 되었다(Spicer, 1998). 시민세력의 확장과 자유민주주의 사상의 발전에 따라 국민(People, Volk)의 비중이 증가하고, 공공의 안녕과 복지를 국가가 보장해야 한다는 관념이 발달하였다.

'국가'개념의 발달은 관료조직내 법치주의와 복지제도의 발전에 기여하였다. 이 경우 법치주의는 권력의 남용으로부터 관료를 보호하려는 필요성에 부응하여 발달한 것이다(김성수, 2000: 72). 다양하게 분화된 기구에서 근무하는 독일의 관료는 크게 세 범주로 나눈다.[15]

직업공무원(Beamte)과 계약직 공무원인 사무직(Angestellte) 및 단순노무직(Arbeiter) 등 직위분류제를 택하고 있는 미국과 비교하면 비교적 단순한 편이다. 직업공무원은 헌법에 보장된 종신공무원의 신분을 취득하고 공무원법에 의해 관리되며, 계약직 공무원이 향유하지 못하는 공무원연금 등의 혜택이 주어진다. 우리나라의 경력직 공무원과 비슷하다. 이들은 고위직을 점유하면서 국가에 대한 특별한 충성을 할 것으로 기대받고 있을 뿐만 아니라 사회로부터는 존경을 받고 있다. 한편 계약직 공무원의 경우에는 단체행동권을 가지며, 매년 노조와 정부와의 계약에 의해 근로조건이 정해지는데 이들 역시 점차로 직업공무원의 근로조건과 유사해지고 있는 실정이다.

직업공무원의 수직적 계층범주를 보면 대략 네 계층으로 구분된다(prime minister, 2002). 고급직, 상급직, 중급직, 단순직이 그것인데, 각각의 계층에는 일반행정, 재무, 교육, 보건 및 기타 기술분야 등 기능적 범주의 공무원들이 섞여 있다.

---

15) 만약 공공부문 전체를 그 공공성의 정도에 따라서 구분을 한다면 ① 일반정부조직(연방, 주정부, 지방정부에 근무하는 핵심관료), ② 공기업(법인격 없이 정부의 한 부처나 마찬가지인 정부기업, 상당한 자율권을 가진 법인격을 가진 공기업, 그리고 정부의 출자기업), ③ 제3영역(핵심관료에서 독립하여 사회보장 서비스를 제공하는 사회보장과, 정부의 재정보조를 받아서 사회서비스를 생산하는 민간의 비영리단체-독일연방은행 등이 여기에 속한다)으로 구분할 수 있다.

이 각 계층의 공무원의 임용기준은 교육수준과 밀접한 관련이 있다.

- 고급직: 대학 졸업과 특별훈련의 시보과정을 요구하며, 차관, 차관보, 이사
  관, 부이사관, 서기관, 고급사무관, 중급사무관, 초급사무관이 있다.
- 상급직: 고등학교 졸업과 특별훈련 또는 전문대학 졸업을 요구하며 수석서
  기, 이등서기, 일등서기보, 이등서기보의 직급이 있다.
- 중급직: 중학교 졸업을 요구하는데, 수석사무원, 일급사무원, 이급사무원, 사
  무보조원의 직급이 포함된다.
- 단순직: 특별한 자격을 요구하지 않는데 주임사무조수, 1등사무조수, 2등사
  무조수, 3등사무조수의 직급이 포함된다.

독일의 인사행정제도의 특징은 상술한 공무원의 종류와 공무원의 계층이 밀
접한 관계를 가지고 있다는 것이다. 즉 고위공무원이 고급직을 독점하고, 계약직
공무원/노무직은 중급직과 단순직의 대부분을 차지하며, 상급직은 공무원과 계약
공무원이 반분한다.

2) 공공부문 근로자

독일에는 공무원과 구분되는 신분을 가지고 공공부문에서 일하는 근로자가
있다.

공공부문 근로자의 근로 조건은 법률이 아닌 일반 노동계약에 의한다. 따라서
공공부문 근로자가 갖는 권리와 의무는 민간부문의 근로자와 크게 다를 바 없다.

표 6-1 공무원과 공공부문 근로자의 차이점

	공무원	공공부문 근로자
근무 기간	신분보장	신분보장 안함
보수	국가와 국민에 대한 봉사의 대가	근로에 대한 직접적 대가
파업권 인정 여부	인정하지 않음	인정
의무	국가와 국민에 대한 성실·봉사의 의무	성실 근로의 의무
노동 조건	법률로 규정	노동계약을 통하여 규정
임용	특정 직급에 임용	직급 없음, 특정 직위에 임용

출처: Bogumil·Jann(2009: 113).

표 6-2 독일 공직자의 신분에 따른 분류(2014. 6. 30. 기준, 천 명)

신분 소속	합계	공무원(법관 포함)	군인	공공부문 근로자
연방	496.4(100)	179.7(36.2)	169.6(34.2)	147.3(29.7)
주	2,356.6(100)	1,279.8(54.3)	-	1,076.8(45.7)
지방자치단체	1,428.0(100)	186.1(13.0)	-	1,241.8(87.0)
간접행정기관	371.4(100)	33.0((8.9)	-	338.4(91.1)
합계(%)	4,652.5(100)	1,678.6(36.1)	169.6(3.6)	2,804.3(60.3)

출처: 독일 연방통계청.

그러나 공공부문 근로자 역시 공공부문에 근무한다는 사실 때문에 이들에 대해서는 특별 의무 규정이 있다. 국가 역시 이들에 대한 정당한 보수 지급 이외에 연금 지급 등 후생복지에 대한 의무를 지고 있다.

근무기간으로 보면 공무원은 평생고용을 원칙으로 하나, 공공부문 근로자의 경우에는 그렇지 않다. 따라서 공무원과는 달리 공공부문 근로자의 경우 근무 성적이 나쁘거나 경영상의 이유로 인해 해고당할 수도 있다. 실제로 공무원과 공공부문 근로자로 구분할 경우 그 비율은 39.7 대 60.3%로 공공부문 근로자의 수가 공무원 수보다 월등히 많다.

3) 인적자원의 관리와 공무원 교육

고급직 공무원의 임용에는 대학학위가 필수적인데, 전통적으로 법학전공자가 선호되고 있다. 따라서 독일에는 법률적 훈련을 받은 고위관료들이 많은데, 예컨대 고위공무원의 약 60%가 법률교육을 받은 것으로 나타났다. 점차적으로 기술분야의 전공자들이 공직으로 유입되고 있긴 하지만, 연방고위직은 여전히 주로 법학교육을 받은 자들로 충원되고 있는 실정이다. 1960년대 이후에는 경제가 중시됨에 따라 상위 두 직급의 경우 약 15%가 경제학도 출신이다(Hans-Ulrich Derlien, 1995: 69).

독일에는 프랑스의 국립행정학교(ENA)나 영국의 옥스퍼드대학에 견줄 만한 행정엘리트를 양성하기 위한 교육기관이 없다. 슈파이에 대학 등 3개 대학에서만 행정학이 교육되고 있는 실정이다. 법학전공자들은 전국의 대학에서 공부한 사람들인데, 각 대학에서의 법학교육은 연방 차원의 훈련표준에 의해 규제를 받고 있다(Agreement between the States of the Federal Republic of Germany for the Standard-ization of the School System of 14 October 1971.). 따라서 대학교육내용의 통일성을 가지고 있으며, 일반시험을 통해 공무원 후보를 선발한다. 이들은 2~3년간에 걸친 교육훈련을 받고 2차 시험에 합격해야만 정식 공무원에 임용된다.

이러한 학력에 의한 임용의 결과 나타나는 특징은 공무원 사회의 보수성 내지는 사회적인 편향성이다. 독일교육은 일반적이고 기초적인 교육은 모든 국민에게 제공하고, 고등학술교육은 일부에게 제공한다는 '능력에 의한 차별'을 전제로 하고 있다. 모든 아동은 6세에 4년제의 초등학교(Grundshule)에 입학하는데, 많은 주(州)에서 다음과 같이 10살 이후 서로 다른 2~3개의 코스가 주어진다. 즉, 교육은 주의 기능이기 때문에 주마다 다르지만 교육과정은 대개 다음과 같은 순서에 따르게 된다(Conradt, 1998: 239).

- 약 25% 어린이가 6년의 기초중학(general secondary school)으로 간다. 이후 (약 16~17세)에 실습생으로 직업세계에 들어가고 동시에 3년 정도의 파트타임 직업학교(이 학교를 Berufsschule라고 한다)에 다닌다.
- 약 40%의 아동들은 6~8년의 중등학교(Realschule)에서 학문과 실업교육이 반반인 교육을 받는데 그 후 중급수준의 사무원이나 공무원이 된다. 중학교는 이론교육과 직업교육을 겸하는 곳으로 중간직(medium-level careers in business and administration)에는 이 정도 교육수준을 요구한다.
- 나머지 어린이는 9년 정도까지 계속되는 다음의 학술과정을 밟는다. 학술고 (Gymansium) 혹은 종합학교(comprehensive school)인 종합 중등학교(Gesamt-schule)를 다니고, 이들 학교의 졸업은 Abitur(미국의 초급대학교 수준임)를 취득해야 한다. 이것을 취득하면 대학에 간다.

이러한 교육제도의 특징은 기본적이며 일반적인 교육을 널리 시킨 후 소수에게만 전문적인 교육을 시킨다는 것이다. 특히 부모와 초등학교 교사에 의해 아이의 초등학교 다음 교육코스가 결정됨으로써 장래의 직업이 좌우되는 것이다.

문제는 이러한 교육제도가 극히 계급 편향적이라는 데 있다. 예를 들어서 정부관료의 자녀들이 김나지움에 갈 가능성이 육체노동자의 자녀들보다 약 20배 정도 높게 나왔으며, 육체노동자의 자녀들은 대개 실업학교에 진학을 하는 경향이 있다. 따라서 기존에 불평등한 사회적 구조가 그대로 유지되는 성향이 강한데, 이러한 경향은 학력을 근거로 해서 임용되는 공무원 사회에서 그대로 나타나게 된다. 다만 이러한 계급적인 편향에도 불구하고 독일국민의 관료에 대한 만족도는 상당히 높은 편이며, 최근에는 부모의 지위에 따른 학교의 선택 경향이 점차 약해 지고 있다. 이러한 초기 결정으로 인한 단점을 극복하기 위해서, 특히 사민당이나 자민당 계통이 집권한 주에서는 종합 중등학교(Geamtschule)라는 세 과정을 통합 한 학교를 설치하기도 한다.

4) 독일 공무원의 정치화

공무원의 임용 후 승진기준은 선임순(Seniority), 전문능력, 그리고 동료들과의 좋은 직무관계 등의 전통적인 기준과 정당가입, 정치기술, 정치적 자원의 동원능력 과 관련된 정치적 지원역량 등의 정치적 기준이 적용된다. 이러한 과정에서 나타 나고 있는 것이 관료의 정치화이다.

우선, 정권이 교체될 경우 차관과 국장의 상당수가 교체되고 있다. 공직이 정 당의 도구화된 것이다(Derlien, 1995: 76). 그러나 이러한 이동은 주로 주 정부의 공 무원 등이 옮겨오는 것이고, 외부인사는 기껏해야 10% 정도이다. 미국 고위공무원 이 전문성을 경시하고 당에 대한 충성도를 중시하는 반면, 영국 고위공무원이 그 반대라고 한다면, 독일은 양국의 중간 정도에 있다고 할 수 있다.

다음으로는 엘리트관료 집단 내에서 정당원의 비율이 점점 늘어나고 있다는 점이다. 한국에서는 공무원의 정당활동이 금지되어 있으나, 정당국가인 독일에는 이것이 허용되고 있다. 정당가입률은 하급직보다는 고위직관료일수록 더욱 강하게 나타나고 있다. 고위직 공무원의 정치화 현상은 심화되는 과정에 있으며, 이는 공 직사회의 사기와 행정의 공평성에 대한 국민의 신뢰감을 저해하기도 한다. 이에 대하여 정당이 인사문제에 간여하는 것을 비판하는 목소리가 증가하였다.

그러나 이러한 관료의 정치화 경향이 곧 정치와 행정기능의 융합을 뜻하는 것 은 아니다. 즉, 엽관주의와 정치논리에 의한 행정의 유린은 아니다. 독일 공무원들 은 정치적 신념에 따라 업무를 수행할 수 있는 자리에 있을 때만 신념에 따라 일 하고, 그 외에는 철저한 법치주의 원칙에 의해 공무수행을 하기 때문이다.

정부정책과 반대방향으로 업무수행을 하는 것에 대해서는 독일 공무원의 80% 가 반대한다. 만약 개인이 정부정책에 동의하지 않는다면 우선 상관에게 이야기해 보고 그 후 그대로 집행한다고 답한 사람이 82%이다. 15%가 그 자리를 떠나겠다 고 답하고, 12%가 자리를 옮겨 달라고 요구한다고 답하였다. 관료의 정책형성에서의 주도권을 생각할 때, 독일 공무원의 정치화는 관료제가 단순한 정책집행의 도구가 아니라는 점을 시사한다. 결국 관료가 정치경제적인 갈등과 제약조건하에서 성공적인 정책결정과 집행을 위해 정치세계와의 연계를 중요하게 인식한 것이라고 할 수 있다.

4. 재정 및 재무행정제도

1) 통독과 재정부담

통독 후 독일정부는 화폐정책 및 재정정책, 그리고 산업정책을 통해 구동독지역의 경제를 회복시키는 데 주력하고 있다. 독일정부는 구 동독지역의 경제회복을 위해 많은 재원을 투자하고 있다.[16] 1990~1993년 사이 신생 연방주에 투자한 액수는 공공·민간부분을 합쳐 3,110억 마르크로 한 해 평균 1,000억 마르크 이상을 상회하였다. 그러나 신생연방주의 소득 증가, 구매력 증가는 뚜렷하여 연평균 10%의 경제성장을 보이는 반면에, 실업률이 서독지역보다 2배 정도 높아짐으로써 사회적 불안요소는 여전히 남아 있다. 통독 이후 정책에 대해서는 공과를 따져볼 수 있는데, 예컨대 구 동독인에게 인기를 얻기 위해 구 동독과 서독의 마르크화를 1 : 1로 교환가치를 설정한 것을 비판하고 있다.[17]

1999년 후반부터 외수 확대와 유로화 하락을 배경으로 수출이 증가하면서 독일의 경기가 어느 정도 회복되었다. 2000년에는 수출호조에다가 설비투자, 개인소비도 확대되었고, 실질 국내총생산(GDP) 성장률도 3.0%를 달성하였다. 이후 유럽경제위기로 잠시 침체했으나, 2010년대 들어서는 사상 최대의 무역흑자를 기록하는 등 높은 국가경쟁력을 유지하고 있다.

실업률에서도 통일 이전 서독은 6.4%였으나, 통일 이후 동독지역의 실업률이 높아 전체적으로 10%를 넘는 실업률을 기록하였다. 하지만 이러한 격차는 지속적

---

16) 1990년 6월 발족한 신탁관리청(베를린 소재)은 독일정부의 기본정책에 부응하여 국유재산의 사유화, 경쟁력 확보 정상화에 목표를 두었다. 신탁관리청 산하의 관리대상으로는 8,500개 이상의 국유기업, 국영 도소매업·서비스업, 사회주의통일당(SED) 및 구 동독 정부기관의 부동산, 구 인민소유협동농장(LPG) 등이다. 사유화대상 기업에 소속된 노동자수는 410만 명으로 구 동독 전노동자수의 45%에 달한다. 원래 공매절차를 고려하였으나 기업의 부실 정도가 지나쳐 수의계약에 의한 매각방법을 채택할 수밖에 없었다.

17) 통독 과정에 관해서는 임도빈 편(2011), 「통일한국정부론」, 나남출판사 참조.

으로 줄어들고 있으며, 2015년 10월에는 수출호황 속에서 6.0%까지 실업률이 낮아지기도 하였다.

2) 예산 및 재정정책

독일 연방정부의 1년 예산은 3,413억 유로에 이른다(독일연방재정부; Gesamtplan des Bundeshaushaltsplans 2015). 회계연도는 1월 1일에 시작하고, 예산편성의 주기는 한국의 그것과 대동소이하다.

연방정부 예산과 주정부의 예산은 서로 독립적이라는 기본법 109조의 규정에 따라 각각 재정주체로서 예산과 재정정책을 구사한다. 그럼에도 불구하고, 정책형성(연방정부)과 정책집행(주정부)의 수직적 기능배분에 따라 상호 의존적이며, 공동입법사항도 점점 확대되고 있다. 또한 독일연방 전지역 내 생활수준의 형평을 맞춘다는 기본법의 원칙에 따라 연방정부가 주 정부에 보조금을 지급하거나, 공동재원을 확보하는 등의 방법을 통하여 양자가 긴밀히 협조하는 측면도 가지고 있다.

표 6-3 독일의 조세체계

종류	연방세 (Bundessteuer)	주세 (Ländersteuer)	공동세 (Gemeinschaftsteuer)	자치단체세 (Gemeindesteuer)
세명	에너지세, 핵연료세, 연대할증세, 항공세, 자동차세, 보험세, 담배세, 커피세, 샴페인세	상속/증여세, 경마/복권세, 부동산취득세, 카지노세, 소방세, 맥주세	법인세, 소득세, 거래판매세, 자본수익세, 영업세	도박자판기세, 토지세, 애견세, 유흥세, 음료세

* 교회세: 교회세는 주정부가 입법징수해서 교회에 배분함
* 관세: 유럽연합으로 이관
출처: 정재각(2012: 368~373).

독일의 재정규모는 GDP의 40%를 약간 상회한다. 통독 후 동독 개발이나, 경제위기 등으로 인해 지속적인 재정적자를 유지하였으나, 2014년과 2015년에는 경제호조로 각기 0.3%, 0.6%의 재정흑자를 기록하였다. 세입원으로는 조세, 수수료, 각종 사업수익, 정부간 보조금 등이 있는데, 이 중 조세수입이 가장 큰 비중을 차지하는 것은 다른 나라와 유사하다. 조세의 종류로 연방세, 주세, 공동세, 자치단체세 등이 있다. 또한 소득세, 법인세, 부가가치세 등이 있으며, 교회세도 있다. 세출은

재분배적 성격을 띤 부분이 가장 많은데, 그 이유는 전술한 대로 복지국가적 성격이 강하기 때문이다.

여기서 주의를 환기할 것은 독일은 정당국가라는 점이다. 정당이 독일의 정치행정체제에서 중요한 역할을 하고 있고, 정당의 활동을 위해 필요한 재원의 많은 부분이 공공재원에서 온다. 따라서 공공활동의 내용을 정확히 파악하려면, 정부예산뿐만 아니라 정당의 활동도 포함해서 봐야 한다.

독일의 독특한 세금: 교회세

독일의 동북부는 개신교(루터파), 그리고 서남부는 가톨릭이 우세하다. 역사적으로 정치와 교회 간에는 밀접한 상호 의존관계가 있었다. 양대 종교는 여전히 독일 사회와 정치에 큰 영향력을 가지고 있다. 기민당(CDU)은 통치기간 동안 기독교학교 보조금, 이혼 및 낙태금지 등 민감한 이슈에 대하여 지지했으나, 사민당(SPD)의 집권으로 지켜지지 않았다.

종교전쟁 이후 정교분리를 명시한 프랑스와는 달리 독일은 아직도 종교가 정치와 어느 정도 연관을 갖고 있다. 교회의 대표는 정부의 각종 위원회의 위원으로 참여하여 정책조언을 한다. 특이한 것은 교회의 재정이 교인들의 자발적인 헌금에만 의존하는 것은 아니라 일부 교회세(church tax)에 의존한다. 즉, 루터교와 가톨릭의 재정을 위해 관련자의 소득 중 8%를 원천 공제방식(withholding)으로 국가가 징세하여 준다(Conradt, 1998). 국가가 교회세를 대신 아직도 징세해 주는 데 드는 비용은 무료이다.

통계상으로는 독일 국민의 각각 30% 정도가 개신교와 가톨릭교도로 되어 있다. 이들이 반드시 주일미사나 예배에 참석하는 것은 아니다. 개신교인의 15%, 구교인의 25%만이 정기적으로 교회에 출석하는 것으로 나타났다.

물론 이 세금은 강제적인 것은 아니다. 교인이 종교를 떠난다고 행정기관에 선언하면 이 세를 감면받을 수 있다. 그럼에도 불구하고 1970~1995년 사이 이 세금을 납부하는 인구는 8%에서 20% 정도로 오히려 증가하였다. 쾰른 교구는 세계에서 가장 부자인 가톨릭 교구이다.

독일인들이 이 세금을 계속해서 납부하는 이유 중의 하나는 사망시 겪어야 하는 불편함 때문이다. 이 세금을 납부한 사람만이 사망시 교회에서 장례식을 치러주고, 교회의 묘지에 안장될 수 있기 때문이다.

Ⅳ 거버넌스

독일은 연방제를 택하고 있기 때문에 연방행정(Bundesverwaltung)과 주행정 (Landervewaltung)이 구분된다. 주행정 이하가 지방자치로서 주민참여의 주요기제 로 작동하지만, 연방수준도 일종의 거버넌스가 존재한다. 독일은 대부분의 인구가 2만 명 이상의 도시에 살고 있다는 점에서 도시화가 많이 진행된 나라이다. 즉, 8 천만 명 인구의 절반 이상이 국토의 10% 이내에 살고 있다.[18] 그러나 런던, 파리 와 같이 극도로 인구가 집중된 대도시는 없는 편이다. 인구가 비교적 전국에 분산 되어 있기 때문에 지방자치가 활성화되어 있다.

1. 지방자치와 참여

독일 자치계층의 실질적인 단계는 연방(Bund)-주(Länder)-주정부관구(Regierungs- bezirk) 혹은 광역게마인데연합-군(Kreis) 및 자치시-게마인데(Gemeinde) 등 6단계이 다. 2007년 16개 주, 116개 자치시, 323개 군, 12,311개 게마인데가 있다. 이 중 동 독지역에는 26개 시, 86개 군과 3,902개 게마인데로 조직되어 있어 서독지역에 비 하여 상대적으로 소규모라고 할 수 있다(정재각, 2012: 218).

기본법 30조는 "국가적 권능의 행사와 국가적 과제의 수행은 이 기본법이 별 도의 규정을 정하지 않는 한 주의 권한에 속한다"고 규정하고 있다. 따라서 중앙- 지방관계라는 측면에서 볼 때 독일 연방정부에 대해서 주정부는 매우 큰 권한을 가지고 있다고 볼 수 있다. 독일의 16개 주정부는 다음과 같다.

─구 서독지역: Nordrhein-Westfalen, Bayern, Baden-Wittemberg, Nieder- sachsen, Hessen, Rheinland-Pfalz, Schleswig-Holstein, Saarland, Berlin, Hamburg, Bremen(이 세 곳은 도시형 주임)

---

18) 1백만 명 이상의 대도시 지역은 9개: Düsseldorf, Dortmund 사이의 Rhine-Ruhr지역, Rhine- Main(Frankfurt)지역, Berlin, Stuttgart, Hamburg, München, Rhine-Neckar지역, 독동지역에 위치한 Leipzig와 Dresden지역.

-구 동독지역(신연방주): Sachsen, Sachsen-Anhalt, Brandenburg, Thüringen, Mecklemburg-Vorpommern

주 정부 관구는 과거 서독지역에 26개가 있고, 구 동독지역의 것이 추가되어 현재 32개가 있다. 관구장(Regieringspresident)은 주정부의 대표(공무원)로서 지방자 치단체의 일정구역을 관할한다. 즉, 프랑스의 국가도지사(préfet)와 유사한 기능을 하는 것이다. 이것은 기초자치단체들이 관구구역의 지리적 독특성을 활용하여 구 체적인 정책집행을 할 수 있도록 한다(Derlien, 1995: 67).

실질적인 지방자치행정(Kommunalverwaltung)은 게마인데와 같은 최일선 자치 계층에서 이루어진다(장지호, 1987). 지방정부의 기관형성은 주마다 다양한 형태를 보인다. 주마다 제도가 다른 것은 대체로 세계대전 이후 분할하여 통치한 여러 연 합국 모국의 자치제도에 많은 영향을 받았다고 볼 수 있다.

-이사회제도(Magistratsverfassung): 과거 프로이센의 유산이 있는 전통적인 조 직형태로 지방의회와 지방행정의 2중적 구조에 입각한 합의제적 집단지도 체제가 특징이다. 핵심기관은 이사회, 지방의회, 시장이다.
-시장제도(Bürgermeistervefassung): 시장과 지방의회의 양대기관으로서 시장 이 실질적인 지방의 대표로서 권한을 행사한다.
-남독일 의회제(Süddeutche Ratsvefassung): 지방의원을 주민직선에 의해 선출 하고, 단체장이 지방의회의 의장을 겸하며 강력한 권한을 행사한다.
-북독일 의회제(Norddeutche Ratsverfassung 일명 관리인제 Direktorialver-fassung): 지방의회와 단체장 이외에 의회가 지명하는 전문행정인으로서 게 마인데 관리인이 지방자치단체의 행정업무를 총괄한다.
-도시국가형태(Berlin, Hamburg, Bremen) 등: 인구밀도가 높은 도시이면서 동 시에 '주'인 곳이다. 계층수가 다른 유형보다 적다.

독일에서 연방주의를 택하고 있음에도 불구하고 지역 간 지나친 분열이나 차 이를 보이지는 않고 있다. 즉, 문자그대로 자치행정의 원칙에도 불구하고 일정한 공통점이나 표준에 크게 벗어나지 않고 있으며, 지역간 갈등도 심한 편이 아니다. 이렇게 지역이기주의나 지나친 소지역주의를 보이지 않는 이유는 다음과 같다(전 득주 외, 1995: 129).

-연방 전체에 적용되는 통일적인 법체계

- 보수 임용조건 등 통일적인 공무원 임용제도
- 전국적인 정당체계(Hans-Ulrich Derlien, 1995: 69)
- 통일적인 경제질서체계
- 행정 내부조직의 통일성

독일 지방자치단체는 인건비 이외에 사회복지부문에 많은 역할을 하고 있다. 교육, 문화, 체육, 보건 등 고유업무에도 일정비율 이상의 예산을 지출하고 있다.

2. 거버넌스

1) 독일 사회조합주의

독일은 경제 분야에서 사회조합주의가 발달되어 있어, 독일식 거버넌스 특성이 나타나고 있다. 연방수준에서 거버넌스는 사측 조직과 노조들과의 협상과정에서 이뤄진다. 사회조합주의는 관의 일방적인 지시나 집행보다는 관련집단 간의 협상이나 합의의 도출을 강조한다(김성수, 2000: 83). 물론 연방중앙은행의 독립성, 노사관계의 안정성, 정당정치 등을 중심으로 시민사회에서는 민간기관의 활동이 두드러진다. 이를 Katzenstein(1987)는 '분권화된 국가, 집권적인 사회'로 칭하였다.

독일의 전형적인 이익집단은 계서적으로 조직되어 있고, 수뇌부는 구성원을 대표하는 권위를 가지고 있으며, 구성원이 정부나 정당의 엘리트에게 접근할 수 있도록 보장하는 역할을 한다. 즉, 독일의 정통행정은 각 부처에서 소관 이해관계집단과 관련있는 문제를 다룰 때는 법안을 기안하기 이전에 이익집단대표의 의견을 듣는 것을 필수적으로 하고 있다(Conradt, 1998: 276). 독일에서는 이들을 정책과정에서 필요하며 정통성이 있는 존재로 여긴다. 이와 같이 조합주의란 정부가 인정하는 몇 개의 계서적 이익집단을 당해 분야의 독점적 이익대표기관으로 보고 활동하게 하는 것으로, 이들은 정부의 인정, 보조금과 더불어 직원의 교육, 훈련, 해고 등을 통하여 사실상 준정부조직과 같다고 볼 수 있다.

각 이익집단은 모든 정당과 연계되어 있지만, 그 정도는 각각 차이가 있다. 예컨대 노조는 사민당과, 경영주 측은 기민당과 더 긴밀한 관계를 가지고 있다. 정부-정당-이익집단 간의 이러한 긴밀한 관계는 1960년 말 'Concerted Action'이라는 정기적 협상회의(a regular conference)에 의하여 제도화되었다. 이 회의는 노·사·연방정부 대표가 정기적으로 만나 적절한 임금인상수준, 수용가능한 물가인상 수준, 그리고 경제안정을 해치지 않는 정부지출 및 조세수준 등 경제여건에 관한 합의를 하는 것이다.

이는 1970년대 말 노동계에서 자신들에게 지나친 희생을 요구한다는 불만 때문에 중단되기는 하였지만, 이후 독일정책결정의 지배적인 유형이 되었다. 이를 몇몇 학자는 신조합주의 국가(neocorporatist state)라고 명명하였다(Lehmbruch, 1979: 147~88).

2) 주요 이익집단

주요 집단으로는 사측(business), 노동측(labor), 농업(agriculture), 교회(the churches), 전문직종조직(professional organizations) 등이 있다. 이들은 각각 기초·주·연방수준에서 잘 조직되어 있어서, 그 대표들은 정당 및 주 행정관료와 밀접한 관계를 맺고 있다. 이러한 전통적인 집단 이외에도 신사회운동으로서 환경, 평화 및 비무장운동, 여성권리운동 등이 활발하게 활동하고 있다.

사측의 3대 조직으로는 다음과 같은 것이 있다(Conradt, 1998: 178).

- League of German Industry: 대기업
- National Association of German Employers: 중소기업
- German Industrial and Trade Chamber: 소규모 독립기업

노동계는 노조로 조직되어 있다. 바이마르공화국 때 정치이데올로기로서 노동조합 기능을 넘어서는 역할(사회변동주도 등)을 하기 위해 분열되었던 데 비하여, 전후 노조는 체제개편을 하여 체계화하였다. 독일 내에서 가장 큰 노조연맹은 독일노동조합총연맹이며, 이외에 독일공무원노조총연맹, 기독교노동조합총연맹이 있으며 이들 연맹에 가입하지 않은 독립노동조합도 존재하고 있다(Dribbusch and Birke, 2012).

- 독일노동조합총연맹: 독일 내 노동조합 가입자 중 3/4이 가입해 있는 연맹이다. 산하 8개 노동조합의 공동이해를 대변하고, 산하 노조간 갈등 발생시 중재를 담당하고 있다. 하지만 산하 노조의 정책에는 개입하지 않고 있어, 산하노조에 대한 영향력은 크지 않다.

- 독일공무원노조총연맹: 노동자 중 16% 정도가 참여하는 두 번째로 큰 연맹이다. 하지만 대부분이 단체교섭권과 파업권이 없는 공무원으로 구성되어 있다.
- 기독교노동조합총연맹: 가장 규모가 작은 노동연맹으로 기독교를 표방하는 노선 노조이다. 파업을 이끌어낼 역량이나 교섭력이 두 연맹에 비해 부족한 편이다.

2010년 말을 기준으로 독일 노동자 중 810만 명이 노조에 가입해 있다. 노동자의 노조가입률은 19%로 10년 전보다 5%p가량 낮아졌다. 경제위기와 신흥공업국의 성장으로 기업 구조조정, 생산기지 이전이 이뤄지면서 노조조직률이 높았던 산업분야의 일자리가 감소한 것이 주요 원인으로 꼽히고 있다(Dribbusch and Birke, 2012).

독일의 노조는 위와 같은 산별노조와 더불어 각 직장단위의 직장노조가 있는 2중구조로 되어 있다. 5인 이상 직원이 있는 기업에는 종업원위원회(Betriebstrat)가 있어서 노동시간 등 근로조건에 대한 공동결정권(co-determination)을 행사한다. 산별노조는 임금수준 등 좀더 거시적인 수준에서 협상을 전개한다(박성조, 2003). 따라서 노조는 임금과 노동조건문제에 집중하면서 건설적 노조활동(business unionism)을 추구하는 노동계의 대변자 역할을 한다. 결과적으로 독일의 장기 경제안정과 성장은 노동자에게 이익을 갖다 주었으며, 이 결과를 노조가 누리기도 하였다.

유럽의 다른 나라와 마찬가지로 독일의 노동운동은 시대적으로 다음과 같은 변화를 거쳐왔다.

- 1960~70년대: 양적인 측면에서 노동의 보호; 노동시간, 휴가일수 등 양적인 측면에서 노동권을 보장하려는 시기임
- 1980년대: 노동의 질적인 측면을 보호; 미국과 일본의 경험에서 교훈을 받으면서 단순히 노동의 양이 아니라 노동의 질을 확보하려는 시기
- 1990년대: 실업률이 높아짐에 따라 고용의 확보 및 증대를 위해 노력한 시대
- 2000년대에 들어와서도 실업문제는 심각한 수준에 이르고, 일자리 창출에 한계가 있게 됨에 따라, 노동유연성을 확보하는 문제에 대해 고민을 하는 시기

노조는 정당과도 연계를 맺고 있는데, 독일경제의 안정성은 이들 노조들이 원활하게 정치인에게 접근하여 각종 문제를 해결하기 때문에 가능한 것이다. 독일노

동조합총연맹은 사민당과, 독일공무원노동조합총연맹은 기독교민주연합, 기독교노동조합연맹은 기독교사회연합과 관계를 갖고 있다. 하지만 2003년 사민당 슈뢰더 총리 집권기에 독일노총이 반대하는 실업보험 혜택 축소, 저임금 일자리 육성정책을 추진하면서 관계 변화가 생겨 좌파당이 창당하는 계기가 마련되었으며, 많은 사민당 당원들이 좌파당으로 이적하였다.

　신좌파 사람들은 독일노조의 실용주의적 성향에 대하여 비판을 한다. 꾸준한 풍요 속에도 불구하고 경제적 부의 재분배나 경제정책의 공동결정 등에서 미흡하다는 이유에서이다. 이들의 눈에는 노조가 자본주의체제를 유지하는 데 공헌하는 보수적인 운동에 불과하다는 것이다(Conradt, 1998: 280).[19]

　독일은 정규직이 아닌 작은 직무(small job)를 많이 만들어 비교적 실업률이 낮은 나라라는 비판도 받고 있다. 그 가운데 노조들의 활동으로 노동의 질을 확보하려는 움직임도 활발하다. 운전자노동시간 제한법이 그 예이다. 맨 처음 독일에서 시작하여, 독일어권 스위스지역 등으로 점차 확산된 후 2015년부터 전 유럽연합지역에 적용되고 있다.

　유럽연합은 Regulation (EC) No 561/2006에 의하여 도로를 운행하는 차량을 운전하는 기사들의 노동시간과 휴식시간의 규제근거를 마련한 바 있다. 규제를 할 수 없는 개인의 자동차사용은 제외되고, 법인소속기사, 관광버스, 트럭기사 등 고도의 육체노동근로자들이 하루 11시간 이상 휴식토록 하는 법이다.

　－운전시간은 하루 9시간을 넘지 않는다.
　－주간 운전시간 합은 56시간을 넘지 않는다.
　－하루 휴식시간은 최소 11시간이어야 한다.
　－주말 휴식시간은 연속 45시간 이상이어야 한다.
　－연속 4시간 반 이하 운전 후 최소 45분 이상 휴식을 취해야 한다.

　유럽연합국가들은 이 규정에 근거하되 국가마다 약간의 융통성을 부여한다. 예컨대, 교통체증으로 저속으로 달린 시간은 예외로 하는 것이다. 특히 독일에서는 트럭운전사가 주말(토, 일)에는 일하지 못하도록 되어 있다. 이 때문에 다른 나라의

---

19) 통독이 되면서 공산당이 지배하는 구 동독의 노조활동은 사실상 중지된 셈이다. 과거 노동자의 노조가입은 강제적이었으며 노조는 당이 움직였으므로, 파업, 협상, 간부의 선출 등은 없었다. 통일되면서 동독의 360만 노동자는 DGB(독일노총)에 가입되었으나 노동자의 절반이 실업자가 되면서 노조를 떠나게 되었다.

트럭이 주말에는 독일땅에 들어가지 못한다. 이 정책은 IT기술을 이용하여 강제적으로 실시된다. 자동차 운전석 옆에 근로시간을 나타내는 계기판이 있고, 개인운전자 신원정보가 포함된 칩이 있는 카드를 끼우는 곳이 있다. 경찰이 이 카드를 읽어 해당 운전자의 근로시간을 체크하고 위반하는 경우 중한 벌금을 부과한다. 새로 생산되는 자동차에는 점차 이를 강제하는 소프트웨어가 장착되어, 근무시간을 위반하면 차에 시동이 켜지지 않도록까지 하고 있다. 이 조치 이후, 도로교통사고가 현저히 줄었고, 직업운전사들의 행복도가 증가하였다는 보고가 있다.

3. 독일의 개혁: 아젠다 2020

현실의 잘못된 것을 고치는 능력이라는 측면에서 독일 정부의 경쟁력은 매우 높다. 하르츠(Hartz) 개혁과 아젠다 2020이 이를 보여주는 대표적인 예이다. 2003년 개혁 추진 당시 독일은 과중한 사회복지제도로 인해 '병자(病者)국가'라고 불릴 정도였다. 하지만 당시 독일의 좌파 정당인 사회민주당의 슈뢰더 총리는 숨겨진 통독비용 등 국가재정상태가 매우 심각한 것을 발견하고, 결국 '사회당'이념과 배치되는 복지축소 개혁을 단행한다.

폴크스바겐 이사 출신인 페터 하르츠를 위원장으로 기용해 과감한 노동시장 개혁안을 마련했다. 각 분야 전문가로 구성된 위원회는 노동 능력이 있음에도 일자리를 찾지 않고 복지 혜택만을 누리려는 실직자를 줄이는 것을 골자로 하는 개혁안을 만들었다. 슈뢰더 총리는 이를 아젠다 2020으로 명명하고, 의회의 합의를 거친 것부터 실행하고 그렇지 않은 것은 향후 과제로 남겨두는 형태로 개혁을 시작하였다. 몇 가지 예를 들면 다음과 같다.

첫째, 최대 3년 동안 일괄 지급되던 실업급여 지급액을, 최대 1.5년으로 줄이고 근로 능력 유무에 따라 차등화한다. 둘째, 시간제·한시적 일자리를 대거 도입하는 등 노동시장을 유연화한다. 셋째, 사후에 의사진단서제출로 결근할 수 있던 것을, 일단 출근하여 결근케 함으로써 실제 연간 노동일수가 200일이 안 되던 것을 개선시켰다. 넷째, 전국민 무상대학교육(무이자 학생용자금까지 받음)으로 평생 대학생인 경우를 방지하기 위해 최대 대학재학기간을 7년으로 제한하였다. 이러한 복지축소로 슈뢰더 총리의 인기는 추락하였고, 결국 총선에서 패배하였다. 하지만 이후로 총리가 된 메르켈 총리는 소속정당이 다른 전임자가 만든 아젠다 2020을 지속적으로 추진하였고, 결과적으로 서독경제를 일으키는 공헌을 하고 있다.

한편 관료제에 대한 행정개혁도 지속적으로 추진되었다. 구서독의 관료제는 영·미의 영향을 별로 받지 않고, 독일 나름대로의 전통적인 직업공무원제도로 발전시켜 왔다. 더욱이 전후 서독지역을 점령한 미·영·불이 기존의 관료제를 개혁하려고 하였지만 곧 들이닥친 냉전으로 인해서 철저한 개혁이 이루어지지 않았으며, 그에 따라서 기존에 나치에 협력을 하였던 많은 공무원들이 자리를 보존하였는데,[20] 이는 일본의 경우와 상당히 유사하다. 결국 인적요소가 그대로 유지됨으로써 전통적인 행정문화와 관행이 유지되었다.

독일의 행정개혁은 그 체제상의 특징 — 재분배와 사회규제를 추구하는 사회국가의 원칙, 규칙지향적인 행정문화, 연방제와 지방자치제도 — 때문에 급격한 행정개혁은 이루어지지 못했다. 이는 1980년대를 휩쓸었던 보수주의 실험이 독일에서 큰 반향을 불러일으키지 못한 것에서도 알 수 있다. 또 다른 특징은 총체적 개혁이라기보다는 분절적이고 점증적인 상향식의 행정개혁이 추진된다는 점이다.

하지만 독일의 경우에도 통일의 후유증으로 막대한 재정적자와 경제침체를 겪으면서 행정개혁의 방안을 모색하지 않을 수 없게 되었다. 특히 통독으로 인해 행정체계 전반에 걸친 정비와 개혁이 요구되었다. 즉, 동독지역에서 공무원의 재교육과 재배치, 지방자치 행정체계의 재편, 군사분야의 통합, 사법체제의 재편, 신탁청의 설립을 통한 동독 국가재산의 사유재산화 등의 큰 문제로 인해 행정개혁이 필수적으로 요구된 것이다. 구체적인 개혁의 내용은 동독지역에 종전의 주를 복원시키고 자치단체를 설립하며, 거기에 서독 자매주의 행정조직을 복제하고, 신탁관리청을 통한 정리(12,354개의 대상기업 중 6,546개를 민영화하고, 1,588개를 구 소유권자에 반환, 3,178개의 청산), 그리고 정치적으로 문제가 있는 공무원의 감축, 공무원의 인수 후 재교육 및 서독 공무원의 파견 등을 하는 방향으로 진행되었다.

이 중 인사제도의 개편은 크게 2가지를 들 수 있는데, 우선은 탄력적인 근무제의 도입이다. 1984년부터 시간제근무제와 무급휴가에 관한 규정을 확대하여 대부분의 직종에 적용될 수 있도록 하였다. 직업공무원의 경우에도 시간제근무 종사자가 증가함에 따라서 내무부는 시간제 근무제도가 공무수행에 악영향을 끼치지

---

20) 전후 연합군은 정부관료제의 탈나치화정책을 시도하였는데, 고위직은 제거된 반면 중하위직 공무원들은 주 및 지방으로 이전되었고, 53,000명이 해고되었으나 영구적으로 해고된 사람은 1,000명에 불과하였다. 더욱이 정부수립 후 해고된 사람이 재고용되어서 각 부처 간부의 40~80%가 나치정당 출신이었다.

않도록 근무조건에 관한 선택사항(시간과 수당 등)을 법으로 규정하도록 하고 계속 적으로 이에 대한 개선안을 마련하고 있는데, 그 일례로 1997년 7월에 'Act to Amend the Public Service Law'가 실행되었다.

두 번째 방안은 능력위주의 공무원 인사제도의 강화인데, 주요내용은 모든 공무원들에 대해 업무실적에 따라 특별보너스, 또는 수당의 신설이나 차등지급이 가능하도록 법적 근거를 마련한 것이다. 또한 기존에는 큰 하자가 없으면 2년에 한 번씩 자동승급이 되었으나, 호봉표를 전면 재조정(호봉등급의 세분화)하여 실적에 따라 일정범위 내에서 차등승급이 가능하게 하였다. 승진기회뿐만 아니라 보직이나 근무지 이동도 업무능력을 명확히 명시하도록 하여 이에 따라 제한을 두기로 하였다.

V 한국과의 비교

독일정부는 높은 경쟁력으로 통일을 이뤄냈고, 유럽연합을 이끄는 등 국제사회에서 목소리를 높이고 있다. 2차 대전의 전범국가라는 약점에도 불구하고 기존의 세대와 다른 '독일 자신'의 목소리를 낼 준비가 되었으며, 다만 그것을 기존의 국제사회에 위협감을 조성치 않고 어떻게 반영시킬 것인가 하는 것이 문제일 것이다. 아직도 독일에 대해서 의구심을 가지고 있는 나라가 많기 때문이다.

독일은 한국과 많은 공통점을 가지고 있다. 독일의 정치행정체제는 기구분화가 잘 되어 있는 반면, 이들간 조화와 통합의 메커니즘도 잘 작동하고 있다. 상대적 통합모형의 대표적인 예 중의 하나이다. 수출의존형 경제구조를 가지고 있고, 이제 통독이 되었지만 분단된 나라를 경험했다는 점도 유사하다. 행정학적인 측면에서 보면 오래 전부터 국가관료제가 발달했고, 공공부문의 비중이 크다는 점도 동일하다. 법치주의 행정을 주장하고 있다는 점도 공통점이다.

각각의 제도들을 분야별로 심층적으로 들여다보면, 독일은 질적인 측면에서 한국에 비하여 대부분의 면에서 앞서 있다. 독일에는 공공부문뿐만 아니라 사회곳곳에 법치주의가 확립되어 있는 반면, 한국에는 형식뿐인 법치주의가 작동하는 곳이 많이 있다. 개인 vs. 국가의 존재라는 점에서 볼 때, 독일의 법치국가(Rechts-staat) 개념은 프랑스 국가주의모델 못지않게 중요하고 강력하다. 즉, '국가'라는 틀

내에서 비로소 개인이 존재한다는 사고가 지배적이다. 경제적인 면에서도 독일은 정부가 주도하여 첨단기술과 우월한 자본을 유지하고 있다. 특히 2차산업 위주로 국제경쟁력이 있는 기업이 많이 있다. 이에 비해 한국은 산업경제부문의 국제경쟁력이라는 측면에서 여전히 취약한 위치에 있다.

　　정치는 양대 정당을 중심으로 안정되어 있다. 이는 바이마르 공화국의 정치불안정을 겪은 이후 정치와 행정이 적절한 역할분담을 하고 있기 때문에 가능한 것이다. 수상민주주의의 경험으로 인하여 국가지도자가 장기간 집권하면서 일관된 국정을 추진한다. 이에 비하여 한국은 정당정치가 활성화되어 있지 못하고, 대통령 1인의 제도화되지 못한 권력에 정치가 좌우되는 경향이 있다. 독일의 의회는 작업의회의 특성이 강한 반면, 한국의 의회는 갈등의 확대를 일삼는 경우가 많이 있다. 이러한 차이점의 이면에는 정치제도라는 측면에서 대통령 중심제와 내각제라는 각각 다른 체제를 가지고 있음을 명심해야 한다.

표 6-4 독일과 한국의 비교

	독 일	한 국
정 당	발달, 중요한 역할 수행	일천, 파당적
정치안정	안정	불안정, 예측곤란
대통령권한	약함, 상징적	강함, 실질적
수상(국무총리)	강함, 수상민주주의	약함, 대통령에 종속
부처간 조정	원활	부처이기주의
거버넌스	조합주의	혼란
복지체제	국가제도	국가민간혼성제도
지방자치	연방제도 발달	중앙집권적
공 무 원	정당가입 허용, 안정적	불완전한 정치적 중립

　　행정관료제가 매우 안정되어 있는 점도 두드러진 특징이다. 막스 베버가 그의 관료제이론을 이념화한 모델도 독일의 사례였음을 상기할 필요가 있다. 독일의 정부경쟁력은 안정된 관료제가 담당하고 있다. 부처 간 관계도 갈등관계라기보다는 조정메커니즘이 잘 작동하여 안정되어 있다고 할 수 있다. 독일의 공무원들은 정당가입이 허용되어 정당활동을 함에도 불구하고 극단적인 정치화나 엽관주의의 병폐는 나타나지 않고 있다. 반면에 한국의 경우에는 공무원의 정치적 중립을 법

에 명시하고 있음에도 불구하고, 실제로는 정치의 입김이 너무 강하게 작용하는 사실상의 엽관제적 폐해가 발생하고 있다.

독일 정부의 경쟁력은 역대 명수상들의 리더십이 중요한 변수였다. 아울러 독특한 연방제도를 통하여 권력분산과 지방분권이 이루어져 있다는 점도 중요하다. 즉, 인구와 경제활동이 수도권에 집중된 것이 아닌 지방분산이 잘 이루어져 있다. 독일은 지역마다 개발이 잘되어 있고 경제활동이 활발한 편이어서 정치수도인 베를린, 경제중심도시인 프랑크푸르트 등 큰 도시가 많이 있다. 교육, 의료, 복지체제도 완벽에 가까울 정도로 갖춰져 있다. 노동조합이 체계적으로 조직되어 있으며, 조합주의적 특성에 따라 사회의 각종 의견들이 정치행정체제에 잘 투입되어 조화롭게 반영되는 경향이 있다. 한국의 경우에는 이러한 점에서 일종의 혼란 혹은 위기에 있다고 봐도 과언이 아니다.

독일에서 한국이 얻을 수 있는 교훈은 무엇보다도 통독 경험일 것이다. 통일 후 독일 경제는 큰 혼란을 겪었다. 통일 당시 동독주민의 노동생산성은 서독의 1/5에 지나지 않았다. 또한 기술의 낙후, 장비의 노후, 환경오염 및 사회기반시설의 낙후로 동·서독지역이 균형있게 발전하기 위해서는 막대한 투자가 불가피하였다. 이러한 독일의 경험을 심층적으로 연구함으로써 우리의 통일을 대비하여 행정이 무엇을 해야 하는가를 미리 준비해야 할 것이다.

☕ **차 한잔의 여유**

독일관료제의 역사적 발달

독일에서 행정부는 가장 오래된 정치제도였으며 프로이센관료제 이후 공직자들은 통치의 가장 효과적인 수단이었다. 공무원(Beamte) 지위와 신분보장은 선망의 대상이었고, 그들의 계급은 곧 사회계층의 척도가 되었다. 독일의 공무원들은 부패하지 않고 공정하며, 유능하다는 이미지를 유지하고 있으며, 정치인들보다도 주민들과 더 접촉이 많고 가까운 관계에 있다.

이러한 독일의 관료제는 모든 정부의 행위는 합법적이어야 한다는 법치국가의 이념하에서 형성, 발전되었으므로 공직구조와 운영은 고도의 항구성과 일관성을 견지하여 왔다. 따라서 여러 변화에도 불구하고 프로이센관료제의 원형이 유지되어 왔다.

프로이센과 '제2제국' 시절의 관료제

흔히 독일은 근대국가 관료제의 모국으로 일컬어지고 있다. 30년전쟁 이후 난립된 영방국가(領邦國家) 중에서 두각을 나타낸 곳이 호헨촐레른가로서 17세기 중반부터 18세기 말에 걸쳐 프로이센으로 발전하였으며 그 주역인 프리드리히 빌헬름은 봉건적 행정제도를 개편하여 전제군주정치의 능률적인 수단으로서 관료제를 육성하였다. 프러시아의 빌헬름1세(1713~1740)가 관료 양성을 목적으로 프랑크푸르트 대학과 할레(Halle)대학의 학위과정에 관방학을 설강하게 된 것이 행정학의 효시이다. 관방학은 그 당시의 절대군주제를 유지하는 데 필요한 모든 문제를 다루고 있으며 그 구성과목들은 농업, 임업, 재정과세학, 통계학, 행정 등이었다. 그는 왕령직할지 관리를 위한 최고행정기관으로서 궁내국(Geheime-Hofkamer)을 설치하였고, 상비군제도의 유지를 위한 군수 및 지원기관을 설치하였다. 그가 육성한 군대와 관료제는 전제통치체제를 형성하는 데 지주가 되었다.

프로이센 관료제도의 기본적 특징은 세 가지를 들 수 있다. 첫째, 국가 즉 군주에 대한 절대적인 충성을 기반으로 하였다. 관료는 군주에의 무조건적인 충성과 복종의 의무를 졌으며, 대신 일반시민과 다른 특권적 신분과 명예를 누렸다. 둘째, 관료들에게는 엄정한 규율이 요청되었다. 예컨대 공사의 구분, 겸업의 금지, 권한남용 금지, 비밀의 엄수 등 법령으로 규정되었던 것이다. 셋째, 법령에 의한 엄격한 임용제도가 확립된 점이다. 1794년에 실시된 프로이센보통법은 능력과 자격에 의한 임용, 임용조건 제시 및 시험실시, 문서에 의한 임용관리 등을 명문으로 규정하고 있다. 결국 프로이센관료제는 충성과 법률을 바탕으로 한 직업공무원제도를 확립하는 초석이 되었다고 하겠다.

19세기에 와서 독일의 관료제는 법제면에서의 기반이 확립되고 지위도 강화되었다. 1850년의 프로이센헌법은 공직취임의 기회균등을 규정하고 있으며, 특별법 또는 閣令의 형태로 파면절차, 은급연금제도, 기타 권리와 의무 등에 대하여 구체적인 규정을 하고 있다. 1871년에 수립된 독일제국과 비스마르크헌법은 프로이센의 지배를 법제화한 것으로 관료제 역시 프로이센의 제도를 거의 그대로 받아들였다. 1873년에 제정된 제국관료법은 프로이센의 관련규정을 집대성한 것으로 제국관리들에게만 적용되었고, 각 연방국가의 관리들은 독자적인 법률에 의해서 규제를 받도록 하였다.

비스마르크제국의 관료제는 정치적인 지위면에서 군주에 대한 개인적인 충성의 의무가 약화되고 관리들의 권리에 관한 제도적인 장치가 강화되었다. 제국관료법에는 종신직의 원칙이 표명되어 있으며, 관리의 권리로서 봉급, 휴직수당, 은급의 청구권이 인정되고 징계 및 처벌에 관한 절차가 제시되어 있다.

바이마르 공화국과 나치의 '제3제국'

1919년 제정된 바이마르헌법은 그 민주성에도 불구하고 관료제의 전통적인 근본원칙은 그대로 답습하였다. 다만 정체의 변화에 따라서 '관리는 전국민의 사용인이며 일당파의 사용인이 아니다'라는 규정과 함께 헌법에 대한 선서와 대통령에 의한 임용을 명문화하고 있으며, 관리의 정치적 자유와 자신들의 권익증진을 위한 결사의 자유를 보장하고 있다. 당시 제정된 특이한 법으로는 국대신법과 인건비절약령이 있는데, 전자는 국회에 대하여 책임을 지는 정무관직을 열거하고 대통령이 언제든지 그 직을 해임할 수 있다고 규정한 것이며, 후자는 인사관리를 효율화함으로써 정원을 감축하고 인건비를 절약하려는 방침을 강행한 것으로 관리의 신분안정과 권리신장에 따른 무위도식을 방지하려는 의도이다.

한편 바이마르 공화국이 정당국가를 지향하면서 관료의 정치적인 중립이 위협받게 되었는데, 정치세력이 일부 관료층에 침투하였으며, 이는 공무원제도 내지는 행정에 위기를 가져왔다. 더욱이 군소정당의 난립은 이러한 위기를 총체적으로 심화시켰다. 히틀러정권의 등장은 바이마르 공화국의 의회민주주의와 정당정치에 환멸을 느낀 관료들의 묵인도 작용했는데 더욱이 '형식적인 법치주의 관념'에 따라서 '합법적'인 히틀러의 정권찬탈의 지지와 그에 따른 복종을 의무로 여겼으며 따라서 나치스 정권에 자발적으로 협력하였다.[21]

전후의 관료제

연합군의 점령기 각 주에 따라서 민정이 부활되면서 직업관료제도도 역시 점차 부활되었으나 각 주의 공무원법은 서로 다르고 점령국들의 제도를 반영한 경우가 많았다. 1949년 독일연방공화국의 수립 후 '기본법'이 제정되었는데 여기서 기본적인 공무원제도를 기술하고 있다. 그에 따라 모든 독일인들은 그의 적성, 능력, 직업적 경험에 따라 균등하게 공직에 취임할 권리가 부여되었으며, 임용시험제도를 규정하였고, 모든 공무원의 공개적인 정치활동을 금지하였으며, 공무원제도의

---

21) 이 나치 치하의 관료제가 가진 특징은 세 가지로 요약된다.
첫째, 공직자의 지도자에 대한 개인적인 복종이 강제되었으며, 그에 따라 상관의 감독권과 밀고제도가 강화되었다. 둘째, 관리들의 신분보장규정을 모호하게 하여 국가에 대한 봉사가 부족하면 총통은 퇴직이나, 휴직에 처할 수 있게 하였다. 셋째, 당료와 관료가 유착되고 관리들의 나치스화가 강제되어 1928년에는 전체 관리의 29%가 당원이었으며 중요한 관직은 모두 당원들이 차지하였다.

비당파적인 운용을 보장하기 위하여 인사기관의 설치를 의무화하였다. 이에 따라서 연방인사위원회가 설치되었다. 이러한 기본법의 원칙에 입각하여 1953년에는 연방공무원법이 공포되었다.

◆ 참고문헌

길준규(2003), 독일 디지털 행정절차법의 개정과정, 정보통신정책연구원 연구보고서.
김성수(2000), "독일의 정치행정관계와 행정국가,"『정부학 연구』, 6(2).
김찬수(2016), "예산 거버넌스 확립을 위한 감사원의 역할연구,"『한국정책학회보』, 25(1).
박성조(2003), "New Trends of Industrial Relations in Germany and Europe:From Co-determination to co-management," 서울대행정대학원 거버넌스 포럼 발표 논문(미간행).
박응격 외(2001),『독일연방정부론』, 백산자료원.
박천오 외(1999),『비교행정론』, 서울: 법문사.
양현모(2006),『독일정부론』, 서울: 대영문화사.
오준근(1998), "행정지도에 관한 절차법적 고찰,"『공법연구』, 제26집 제1호, 한국공법학회.
장지호(1987),『서독지방자치론』, 서울: 대왕사.
장선희(2004), 독일의 감사원관련 법제연구 — 독일감사원의 기능과 감사기준을 중심으로, 한국법제연구소 보고서.
전득주 외(1995),『독일연방공화국』, 서울: 대왕사.
정재각(2012), 행정환경과 정부특성 비교연구V: 독일의 행정과 공공정책, 서울: 한국행정연구원.
한부영·신현기(2002),『독일행정론』, 서울: 백산자료원.

Allum, Percy(1995), *State and Society in Western Europe*, London: Polity Press.
Conradt, D. P.(1998) "Part Three: Germany," in Hancock, *Politics in Western Europe*, London: McMillan.
Derlien, Hans-Ulrich(1995), "Public administration in Germany: political social relations," in Pierre, *Bureaucracy in the Modern State*.
Dribbusch, Heiner and Peter Birke(2012), "독일의 노동조합: 조직, 제반 여건, 도전과제," FES Information Series 2014-03, 프리드리히 애버트 재단, http://library.fes.de/pdf-files/bueros/seoul/10757.pdf
Hancock(1998), *Politics in Western Europe*, London: McMillan.
Jörg Bogumil·Werner Jann(2009), *Verwaltung und Verwaltungswissenschaft in Deutschland: Einführung in die Verwaltungswissenschaft*, Wiesbaden: VS Verlag.
Katzentein(1987), *Policy and Politics in West-Germany: The Growth of a Semisovereign State*, Phliadelphia.

Lehmbruch, Gerhard(1979), "Liberal Corporatism and Party Government," in Philippe Schumitter and Gerhard Lehmbruch(ed.), *Trends toward Corporatist Intermediation*, Beverly Hills, Calif.: Sage, pp.147~188.

Meny, Y. et Surel(2004), *Politique Comparee*, Paris: Montchrestien.

Peters et al.(2000), *Administering the Summit: administration of the Core Executive in Developed Countries*, McMillan Press.

Prime minister(2002), *Civil Service in Germany*, Berlin: German Government.

Schroeder, Klaus(1998), *Der SED-Straat*, München: Ernst Vögel.

Spicer, Michael W.(1998), "Public Administration Under 'Enlightened Despotism' in Prusia: an examization of Frederick The Great's Administrative Practice," *Administrative Theory & Praxis*, Vol.20, No.1, pp.23~31.

Chapter 7.

의회주의국가: 영 국

국명: United Kingdom of Great Britain and Northern Ireland

수도: 런던   면적: 241,930㎢

인구: 64,088,222(2015년)   인구밀도: 264.9명/㎢

정치체제: 입헌군주제   통화: 파운드(GBP, £)

GDP: $2.66조 (2015년 구매력기준 추정치)(1인당 $41,200)

I 개 관

1. 국가개황

국가의 정식명칭은 the United Kingdom of Great Britain and Northern Irland인데, 여기서 Great Britain은 England, Wales, Scotland를 의미한다. 유럽국가 중 섬나라로서 앵글로색슨족에 속하기 때문에 미국과 여러 가지 면에서 유사하다. 그러나 각종 제도들의 특성은 미국보다 오히려 유럽국가들과 더 많은 공통점을 가지고 있다.

영국이 미국과 다른 점은 여러 가지가 있으나, 가장 두드러지는 점은 사회복지제도이다. 사회복지제도의 전범(典範) 중의 대표적인 'Beverage Report'가 영국에서 나왔듯이, 영국은 '요람에서 무덤까지'라고 할 수 있는 복지제도를 가지고 있다. 그 중 가장 대표적인 것이 국민의료보험(National Health Service)제도이다. 국민의료보험제도는 소득과 관계없이 모든 국민에게 무료로 의료서비스를 제공하는 것을 목표로 한다. 이에 따라 2015~16년 공공부문 예산 6,812억 파운드 중 1,065억 파운드(15.6%)를 국민의료보험에 배정하였다(Department of Health, 2016; HM Treasury, 2016). NHS의 운영 재원은 대부분 일반조세수입에서 충당되고 있다. 이처럼 적립금이 아닌 일반재정으로부터의 복지재원충당은 프랑스, 독일 등 유럽국가의 공통적인 특색이다.

사회복지연금제도는 국민보험(퇴직연금), 산업재해보상, 아동양육수당, 산모수당, 가족소득 보전수당, 주택수당, 원호연금, 실업수당 등으로 구성되어 있다. 이 중 퇴직보험은 국민보험기금에 일정기간 동안 기여금을 낸 사람만 혜택받을 수 있으나, 나머지는 기여금 납부와 관계없이 모두 혜택을 받는다. 이러한 점에서 주로 민간보험에 의존하는 미국과는 대조적이다.

교육의 경우도 공교육이 중심을 이룬다. Buchingham대학을 예외로 모든 대학이 고등교육지원위원회(Higher Education Funding Council for England)로부터 지원을 받으며, 성인계속교육프로그램이 있는 경우에는 계속교육지원위원회(Further Education Founding Council) 등을 통하여 정부의 재정지원을 받는다. 그럼에도 불구하고 대학들은 학사운영 전반에 걸쳐 정부의 간섭을 받지 않고, 자체적인 위원회에 의하여 자치권을 보장받는다(이남국, 2001: 12).

영국은 정치사적으로는 의회민주주의를 탄생시킨 나라이고, 경제사적으로는 근대화를 가져온 산업혁명을 주도하는 등 세계역사를 주도한 나라이다. 특히 정치체제는 오랜 세월을 통하여 많은 갈등과 시행착오를 경험했다. 메리 여왕시대를 대표로 하는 구교와 신교의 갈등, 초기에는 국왕, 이후 귀족과 평민 간의 주도권 싸움(이것이 의회와 국왕과의 주도권싸움으로 나타났다)을 통하여 오늘날 가장 대표적인 민주주의인 웨스트민스터모델이 형성되었다.

2. 영 국 인

영국인들은 섬나라 사람의 기질을 갖고 있으며, 과거 세계를 지배한 경험을 통하여 자부심이 강한 민족이다. 유럽연합(EU)의 일원이면서 아직 화폐는 유로화를 채택하지 않고 있고, 2004년 미국의 이라크 침공 때 다른 유럽국가와는 달리 적극적으로 앞장섰다. 프랑스와 독일이 주도하는 유럽연합에 대해서 회의론을 가진 사람들이 많은 것도 이러한 맥락에서 이해해야 한다. 2016년 Britain과 Exit를 결합한 Brixit(EU탈퇴)에 대해 국민투표를 부친 것도 마찬가지 이슈이다.

한 때 '해가 지지 않는 나라'라고 할 정도로 전세계에 식민지를 경영하였는데, 캐나다, 호주 등 과거 영국의 식민지 나라들은 정치행정제도는 물론이고 각종 사회제도 및 국민정신까지 영국을 모델로 하고 있다. 현재 이들 대부분은 독립하였으며, 이를 통칭하여 영연방이라고 한다.[1]

영국인들은 '신사의 나라'라고 하여 자부심도 강하다. 인구의 90%가 잉글랜드와 웨일즈 지방에 거주하고 있다. 인종은 앵글로색슨족이 주류이나 아일랜드 사람들이 오래 전부터 살고 있었고, 19세기 이후에는 유태인을 비롯하여 여러 민족들이 유입되었다. 1970년 이후에는 인도, 파키스탄 등 과거 식민지였던 아시아계의 이민이 많이 유입되어, 현재에는 인종차별의 문제를 제기하는 사람도 있다. 즉, 외국인들로는 신영연방(New Commonwealth: 2차대전 후 독립한 영국 식민지)과 파키스탄 출신이 6백만 명으로 전체인구의 약 10%를 차지하고 있다. 이들은 공장지대가 집중해 있는 도시에 많이 거주하고 있다. 인종차별론자들이 이들을 의식하고 있

---

1) 제도적 유사성 때문에 이들 여러 나라의 정치행정제도를 제대로 이해하기 위해서는 영국의 정치행정을 정확히 이해하는 것이 필요하다.

으며, 이민자와 그 후세대들은 점차 영국인과의 갈등이 심화될 것이라고 예측하고 있다.

영국인들은 종교생활에도 주도적이다. 과거 왕실과 로마 가톨릭의 대립 결과로 생긴 성공회교도가 약 50%, 감리교·장로교 등 개신교가 30%, 가톨릭이 11%, 기타가 9% 정도를 차지한다. 성공회는 그 내부의 신앙생활방식에 따라 가톨릭과 유사한 High Church와 개신교와 유사한 Low Church가 있다. 즉, 종교의식의 방법에서는 영국인 나름대로 발전시킨 신구교가 혼합된 형태를 보인다. 이러한 영국인의 기질을 요약하면 다음과 같다.

- 전통 중시

영국인들은 과거의 것을 그대로 보존하는 경향이 강하다. 런던에 있는 전통적인 검은 택시(Black Cab), 의회개회식 장면, 영국신사의 정장 등 변하지 않는 전통들을 여러 곳에서 발견할 수 있다. 이에 Oskar Wilde는 '영국에서는 전통이 존중되기 때문에 날씨 외에는 아무것도 변화되는 것을 원하지 않는다'라고 말하였다. 이러한 기질은 정치행정문화에서 관습법주의와 일맥상통하여 역사적으로 겪어온 여러 사건과 그에 따른 문제해결방식이 곧 오늘날의 기준이 되고 있다.

- 실용주의

존중(deference), 신뢰(trust), 실용주의(pragmatism)가 영국의 전통적 정치문화의 3대 특성이라고 할 수 있다. 이러한 정치문화 속에서도 특히 실제 생활에서 유용성을 중시하는 실용주의가 지배적이다. 이 점에서 앵글로색슨족의 특징을 찾아볼 수 있다.

英연방이란: 영국 지배를 받았던 54개국 연합체

구성국은 구(舊) 영국제국의 식민지에서 독립한 나라이고, 각각 대등한 주권국가이지만 다른 독립국가에서는 볼 수 없는 특별한 관계가 있다. 일반적으로는 커먼웰스(Commomwealth)를 영국연방이라 부르지만, 오스트레일리아·뉴질랜드·캐나다와 같이 영국 본국과 국왕을 같이 하는 군주제국가도 있고, 인도·가나와 같이 공화제국가도 있어 엄밀한 의미에서는 연방이라고 볼 수 없다.

구체적으로는 과거 영국의 지배를 받았던 전세계 54개국 17억 인구로 구성되어 있는데 간혹 일부 국가의 가입과 탈퇴가 있다. 영국식 의회제도를 택하고 있으며, 교육 등 여러 제도가 서로 유사하다. 선거감시 등 공통적으로 민주정치를 추구하고 경제·문화·교육·체육 등의 분야에서 상호 협력활동을 전개한다. 또한 '영연방 개발협의회'를 통해 연방내 빈민국 지원기금을 마련하기도 하고, 영국에 거주하는 영연방국가 사람들에게는 투표권도 부여된다. 또 자체적으로 체육대회를 개최하는데 이 커먼웰스 체육대회는 이들 국가의 국민들에게는 올림픽 이상으로 관심거리가 되며, 경기종목도 크리켓, 럭비 등 올림픽과는 매우 다른 영국적인 것들이다.

영연방국가 간의 무역량은 전세계 무역량의 20%를 차지하고 있다. 과거에는 영연방국가 간에 관세상 유리한 제도를 실시하기도 하였으나, 최근 WTO체제하 그리고 영국의 EU가입으로 이러한 차별이 의미가 없어졌다. 그러나 학위증, 각종 자격증의 상호 인정이나 영국문화의 공유로 인하여 다른 나라들에 비하여 상호 교류가 용이하다.

II 정치과정

역사적 제도주의라는 입장에서 볼 때 관습에 의한 제도화가 가장 많은 비중을 차지하고 있는 나라가 영국이다. 특히 국가의 정치구조를 규정하는 기본법인 헌법이 단일명문으로 존재하지 않는 불문헌법주의를 택하고 있다. 1215년 마그나카르타(Magna Carta)를 비롯한 각종 문서에 나와 있는 정신이 영국정치행정의 근본 틀인 헌법과 같은 기능을 한다.

영국은 모든 주권은 의회에 주어지는 의회주권주의(Parliamentary souvereinty)를 택한다. 따라서 의회는 권력의 핵심적인 위치에 있으며, 국가의 모든 주요 의사결정은 의회를 통해서 이루어진다. 정당을 통한 국민의사의 정치체제로의 투입도 의회로 수렴되어 있다.

영국의 의회는 단일체가 아니고, 집권여당과 이와 대립되는 야당으로 나눠져 있다. 정당은 국민들의 의사를 집약하는 기능을 충실히 담당하며, 상반된 견해를 가진 여당과 야당이 항상 대립하는 원칙(즉, the principle of government and opposition)하에 움직인다. 따라서 국민의사의 가장 중추적인 투입장치는 정당이라 할 수 있다. 영국은 이러한 틀 속에서 행위자 간에 견제와 균형을 이루고 있으며, 이는 상대적 통합모델의 한 유형에 속한다.

1. 정치행정체제의 기본구조

영국은 민주주의 요람이라고 여겨지는데, 그것의 요체는 의회중심의 간접민주주의이다. 영국은 의회 내 격렬한 토의를 통해 결론을 이끄는 합의(consent)에 의한 민주주의체제를 가지고 있다.

정치와 행정과의 관계는 베버모델이지만, 기관 간 권력분립이 명확하지 않은 권력융합의 형태를 띤다. 의원내각제는 행정권(집행권)과 입법권을 직접 결합한 것이다(Hancock, 1998: 26). 따라서 입법부와 행정부의 구분이 명확하지 않다. 내각 구성원은 의원 중에서 선출되고 의원직을 겸임한다. 즉, 미국식 3권 분립에 비하여 영국은 제도의 계통상으로 3권의 기능이 명확히 구분되어 있다고 보기 어려운 측면이 있다. 정부가 의회다수당을 기반으로 성립하기 때문에 정부와 의회(하원 전체)가 대립관계에 있다고 보기 곤란하다. 내각(하원 다수당)과 야당과의 분리라고 봐야 한다.

영국의 정치는 기본적으로 직접민주주의라기보다는 간접민주주의에 기초한다. 즉, 국민의(of the people), 국민을 위한(for the people) 정부는 있으나 국민에 의한(by the people) 정부는 아니라고 할 수 있다(Hancock, 1998: 17). 국민들은 일반적으로 선거 때 의사표시를 하는 것으로 만족해야 하고, 그 후에는 정부에 대한 지지와 신뢰를 보낸다.

영국관련 유용한 정보 제공 웹사이트

• 영국의 정치행정제도에 관한 기초적인 설명 제공
  – http://www.gov.uk

이러한 특성과 관련하여 영국의 정치행정제도 곳곳에는 귀족주의적인 특성이 남아있다는 점도 주목해야 한다. 영국인들은 그들의 보수적인 특성 때문에 과거의 제도를 급격히 변화시키지 않았다. 즉, 전통을 중시하기 때문에 시대변화에 따라 내용은 조금씩 바뀌어도, 법적인 제도틀이나 의식은 거의 변하지 않는다.

전통을 중시하는 대표적인 예로 전통적 국왕체제의 유지나 형식상으로는 사법부도 상원에 속했다는 점 등을 들 수 있다. 사법부는 1398년 동안 존속해 왔던 'Lord Chancellor'라 하여 상원의장이면서 동시에 대법원장직을 수행하는 사람에 의하여 대표되었으며, 상원의원 9명이 대법관협의체를 구성하여 대법원기능을 맡아왔다. 즉, 사법권에 대해서도 대법원이 상원의원으로 구성되고, 상원의 지도자가 내각의 일원이 되므로 인적 구성면에서 삼권이 분리되어 있다고 보기는 어려웠다. 그러나 2003년 lord Chancellor직을 폐지하고, 그 대신 정부에 헌법부(Dept. of Constitutional Affairs)와 대법원을 신설하게 되었으며, 상원의장직은 내각의 각료가 겸직할 수 없도록 하는 개혁을 추진하였다.

그림 7-1 영국의 정치행정기구

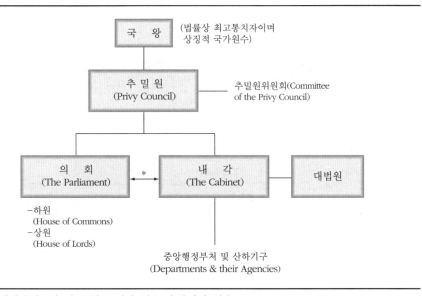

*) 의원내각제로서 기능 및 조직상 상호 융합되어 있음.
출처: 이남국(2001), p.16.

2. 공공부문의 규모

프랑스와 독일에서는 '국가(State)'라는 개념이 흔히 받아들여지지만, 통상적으로 영국정부를 나타내는 데에는 적합한 개념이 아니다(Dynes & Walker, 1995: 7). 그럼에도 불구하고 영국에서 공공부문이 차지하는 비중은 상당히 큰 편이다.

2015년 12월 약 535만 명의 공공부문 고용인력 중 일반행정 인력은 약 20%에 불과하다. 교육(28.3%) 및 보건분야(34.7%)를 주로 공공부문에서 다루기 때문에 일반행정에 대한 비율이 상대적으로 낮아진 것도 있으나, 이는 전통적인 정부부처조직이 아닌 준공공조직이 많아졌기 때문으로 볼 수 있다. 정부부처들은 영국 나름대로 창의적인 비부처조직들(non-departmental public bodies)을 신설하여 왔다. 준정부조직(Quangos)은 최근에 창설된 이런 다양한 조직들을 총괄하는 개념이다. 보조금을 받는 학교들, 자치적인 평생교육학교(futher education), 주택서비스 등이 대표적인 예이다.

총경제활동인구대비 공공분야 고용인력의 비율은 1891년 3.6%에서 1990년대에는 28%로 증가하였다. 중앙공무원만하더라도 1868년 16,000명에서 1976년 748,000명으로 증가하였다. 이 수치는 대처정부의 감축정책으로 1988년 590,400명

표 7-1 공공부문 인력(2015)

공공부문 sector별 분류			인력규모 (단위: 천명)	구성비율(%)
	일반정부	중앙정부	2,945	55.1
		지방정부	2,229	47.7
	정부 전체 인력		5,174	96.8
	공 기 업		173	3.2
	공공부문 전체 인력		5,347	100.0
직종별 분류	일반행정인력		1,021	19.1
	교육인력		1,513	28.3
	경찰인력		249	4.7
	군 인		158	2.9
	의료보건인력(NHS와 기타)		1,853	34.7
	기 타		553	10.3

출처: Office of National statistics, Public Sector employment, December 2015.

그림 7-2 1890년 이후 GDP 대비 공공지출 비중

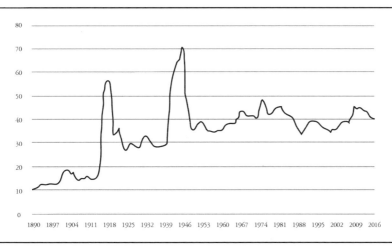

출처: http://www.ukpublicspending.co.uk/

으로 줄었다(Greenwood, J. D. Wilson, 1989: 16~19). 공식적인 공공부문을 축소하는
개혁이 특히 대처정부 이후로 지속적으로 이뤄지고 있다. GNP 대비 정부지출의
비율은 40~50% 정도를 나타내고 있는데, 1890년대 10%에서 2차례 세계대전 중에
는 급격한 증가를 보였으나 다시 10%대로 낮아지진 않았다. 전후 복구사업과 각
종 사회보장 지출의 증가로 공공지출이 확장되었기 때문이다. 이후 GNP 대비 공
공지출 비중은 정권에 따라 부침이 발생했다. 1980년대 말 대처정부를 거치면서
30%대 중반까지 감소했으나 1990년대 말 노동당 정권 이후 증가했으며, 2010년
보수당의 재집권 후에는 낮아지는 추세이다.

그럼에도 불구하고 영국의 행정은 영국사회에서 여전히 중요한 역할을 담당
하고 있으며, 현대행정의 복잡성은 영국행정에 다음과 같은 변화를 가져왔다.

- 행정의 고유 핵심기능은 유지하되, 제도, 인사, 기술은 변화하는 환경에 맞
  춰 다양한 방법으로 적응하여 왔다.
- 고전적인 관료제유형 외에도 새로운 정부형태와 행정과정이 발전되어 왔다.

3. 투입제도

영국의 정당은 체계적으로 조직되어 있고, 정당이념을 실제로 정책으로 실현시키는 집권당이 되기 위한 경쟁이 제도화되어 있다. 영국에서 정당은 국민의 지지를 전제로 집권당이 될 수 있으며, 국민의 지지기반을 잃으면 개각을 하든지 총선을 다시 실시해야 한다. 의회의 의석과 정부의 구성은 Lijphart의 표현대로 다수지배주의(majoritarian)형이며, 이는 하원에 내각을 지지하는 세력이 적어도 과반수 이상이어야 하고, 소수에 의한 정부를 인정하지 않는 제도이다.

1) 정당체제

영국 정치구조는 기본적으로 사회경제적 계급이라는 변수에 기초하고 있다(Hancock, 1998: 18~19). 국민들에게는 계급이 지지정당을 결정하는 가장 큰 변수가 되고, 이를 바탕으로 정당중심의 정치가 이뤄진다. 여기에서 말하는 계급에는 강한 이데올로기가 내포되어 있는데, 이는 부의 불평등한 배분에 근거하고 있기 때문이다.

영국은 1906년 노동당 결성이후 보수당과 노동당의 양당체제로 자리잡게 되었다. 육체 노동자를 비롯한 기존 제도에 불만을 가진 하위층들을 지지기반으로 하여, 좀더 공정한 분배를 사회의 가장 중요한 문제로 보고 있는 것이 노동당이다. 이에 비하여 기존체제의 유지 및 사회발전에 초점을 두는 것이 보수당이다. 이러한 양대 정당이 정부를 구성하는 핵심적이고 필수적인 요소이다. 즉, 정당은 나름대로 뚜렷한 이념을 가지고 있고, 정권을 잡으면 이들 이념을 구체화하는 정책을 추진한다. 일반 국민들의 사고 방식에서조차도 이런 정당의 이념이 뿌리깊이 박혀 있다.

투표시 유권자들의 정당선호는 사회계급(social class), 종교(region of the country), 인구학적 특성(demography), 주요 이슈(issue) 순으로 영향을 미치며, 이들 요인들이 서로 상호 작용하여 나타난다(Hancock, 1998: 68~69). 특히 노동자들의 투표성향은 사회계급뿐만 아니라, 노조 등 조직 가입 여부, 주거형태, 통신수단 등에 의하여 좌우된다.

그러나 [표 7-2]에서 볼 수 있는 바와 같이 실제로는 약 40%의 유권자가 노동당, 보수당 등 양대 정당에 자신의 계급관계를 가지고 투표하지는 않았다. 이에 대하여 Dunleavy는 직업에 따라 노동자 계급에 속하느냐가 중요한 것이 아니라, 주

표 7-2   계급별 정당 투표율(1979년 1997년 비교, 단위 %)

직종 \ 투표년	지지정당	보수당 (Conservative)	노동당 (Labour)	자유민주당 (Liveral Democrats)
전문직 및 관리직	1979	64	21	16
	1997	45	33	22
사 무 직	1979	54	30	16
	1997	28	51	21
숙련직 (Skilled manual)	1979	41	44	15
	1997	27	58	15
준숙련 및 비숙련 (Semiskilled and unskilled manual)	1979	34	53	13
	1997	22	64	14
실업자(Unemployed)	1979	40	49	11
	1997	27	56	17

택(housing), 교육(education), 의료복지(healthcare) 등 공사재화의 소비형태에 따라 투표행태가 변한다는 '소비분열(consumption cleavage)' 개념을 도입하였다(Dunleavy, 1997: 409~44).

한편, 영국정당은 다음과 같은 특징을 가진다(Kavanagh, 1991).

－실용적이다. 좌파(노동당), 우파(보수당)라는 이데올로기적 차이와 더불어 실
　질적인 정책면에서 양당은 명료한 정책을 제시하고, 유권자들은 이를 중심
　으로 자신이 투표할 정당을 선택하게 된다.
－정당내부의 규율이 엄격하다. 물론 정당에 따라 조직과 정강이 상이하게 규
　율되고 있다. 전국적으로 통일적인 조직과 정강이 필요한 노동당은 보다 강
　력한 중앙조직을 갖는데, 이와 반대로 보수당은 다소 느슨한 체제를 갖고
　있다. 이 점은 후보선출과정에서도 나타난다.

하원에서 투표는 정당의 방침대로 투표하는 것이 일반적이며, 정당방침에 이탈하는 경우 원내교섭단체에서 제외되는 등 정당의 소속의원들에 대한 행동통제가 강하다. 이러한 점 외에도 공천과정에서 중앙당의 의견이 반영되나, 특히 각 정당의 진성당원의 의견이 중시된다.

2) 주요 정당

영국에는 자유민주당(Liberal Democratic Party)과 같은 소수정당이 존재하고 있으나, 보수당과 노동당이라는 뚜렷한 양당체제를 가지고 있는 것이 특징이다 (Hancock, 1998: 60). 한 정당이 집권하면 다른 당은 야당이 되어 여당의 정책을 비판하는 방식으로 정책이 추진된다. 따라서 국민들이 선거에서 복잡한 선택을 하는 것이 아니라, 이 양자 간의 선택이라는 단순한 선택을 하는 것이 곧 총선이 되는 셈이다.

(1) 보수당(Conservative Party)

정식명칭은 National Union of Conservative and Unionist Associations in England and Wales이다. 이념적으로는 자본주의를 선호하고 강한 국가의식과 민족주의적 성향이 있다. 헌법을 역사의 축적물로 존중하고 점진적 개혁을 선호한다.

보수당 조직의 중심기관은 전국 선거구의 대표, 현역의원은 물론이고 잠재적 후보 및 정당지도자로 구성되는 중앙위원회(Central Council)이다. 실제로는 중앙위원회에서 선출되는 150여명의 집행위원회(Executive Committee)에서 권력을 행사하고, 이는 다시 50여명으로 구성되는 실행위원회(General Purpose Subcommittee of Executive Committee)를 운영한다. 지역별로는 12개로 조직되어 있는데, 중앙과 유

그림 7-3 보수당의 운영구조

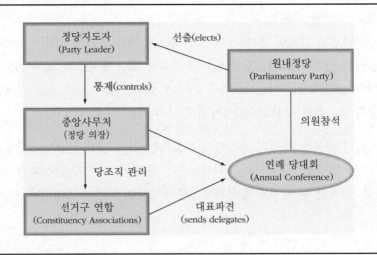

사하게 조직되어 있다. 지역구는 기금을 갹출하는 것을 비롯하여 중앙당에서 제시하는 선거후보를 받아들일지 여부를 검토하는 등 중요한 기능을 수행한다.

보수당 조직의 다른 한 축은 사무조직이라 할 수 있는 중앙사무처(Central Office)이다. 당료들은 당수가 임명한다. 매년 개최되는 연례 당대회(annual conference)가 있으나, 당수에 대한 진정한 통제는 원내 의원들에 의해서 이루어진다. 당수는 전체 당원에 의해서라기보다는 보수당 의원 전체의 투표를 통하여 선출된다(Hancock, 1998: 61). 1차 투표에서 당선되려면 절대과반수 이상의 득표와 차점자보다 15% 이상의 지지를 획득해야 한다. 2차 투표는 1차 투표에서 당선자가 없으면 치러지는데, 여기서는 단순 다수득표를 획득하면 당선된다.

(2) 노동당(Labour Party)

노동당의 발달시기는 산업혁명시기이다. 원래 노조들과 사회주의운동의 연대로 인하여 탄생된 정당이며, 주로 노동자 및 중하류 계급의 이해를 대변한다. 오늘날까지도 6백만 명의 당원 중 5백만 여명이 노조원이고, 재정충당도 대부분 노조를 통해 이루어진다. 즉, 노동당은 곧 노조를 말하는 것과 마찬가지라고 봐도 과언이 아니다.

보수당과 마찬가지로 집행위원회(NEC: National Executive Committee)에서 당을 총괄한다. 이 위원회의 28명 위원 중 12명은 노조 대표들이고, 7명만이 지역구 대표들이다. 나머지는 하원의원인 당 지도자 및 대표와 5명의 여성, 그리고 1명의 회계가 있다.

NEC와 연례 당대회(annual conference)는 보수당에 비하여 통제와 예측이 어려운 편인데, 특히 당수의 리더십이 약하고, 해당 시기 노동당이 야당일 경우 더욱 그러하다. 정당 연례 당대회(party's annual conference)는 4,000여명의 참여자가 있는 최고기구인데, 지구당 대표가 노조대표보다 많다. 그러나 투표권은 대의원수가 아닌 당비납부당원(dues-paying party members)수에 비례하여 부여되기 때문에 노조가 전체 투표수의 6분의 5를 차지하는 지배력을 보인다(Hancock, 1998: 65). 실제로는 영국 주요 6대 노조가 과반수 이상을 지배한다. 최근 노동당은 노조중심이 아니라 개인중심의 당으로 운영을 바꾸려고 노력하고 있다.

노동당의 사무기구는 노동당 비서(Labour party secretary)나 NEC에 의하여 좀 더 긴밀히 통제되고 있다. 노조가입자는 765만 명(2009년 기준)인데, 이 수치는 전체 노동자(work force)의 27%를 차지한다(Bryson and Forth, 2010). 이들은 전국노조

그림 7-4 노동당의 운영구조

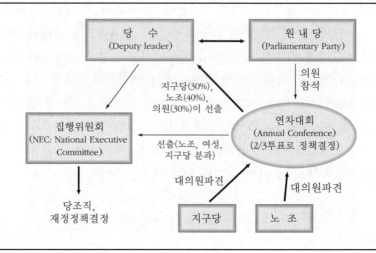

의회(Trades Union Congress)라는 전국적인 연합으로 조직되어 있고, 노동당과 직접 적인 관련을 맺고 있다. 이 조직이 매년 대규모 파업을 주도하고 있어 세계적으로 활동성이 높은 노조로 알려져 있다(Hancock, 1998: 86). 이렇듯 활발한 노조의 움직임에도 불구하고, 영국은 다른 유럽 국가들에 비하여 이익집단들의 매개에 의한 조합주의적 성격은 약한 편이다(Hancock, 1998: 80).

1997년 Tony Blair 총리가 이끄는 노동당이 압승하여 정권을 잡는다. 사상적 기조는 사회학자 Anthony Giddens의 '제3의 길'이다. 공짜보다는 일하는 복지를 주는 것을 골자로 하는 것으로 우리나라 김대중정부 등 외국에도 많은 영향을 미쳤다.

3) 의 회

(1) 의회중심주의

영국의 의회중심주의를 '웨스트민스터모델'이라고 칭한다. 기본개념은 행정이 정치에 종속되는 베버모델이라고 할 수 있다. Westerminster system은 상징적이지만, 주요문제의 승인권을 국왕과 의회의 다수당을 기반으로 구성되는 내각, 그리고 중립적인 입장에서 법을 집행하는 직업공무원제로 구성된다. 즉, 이들 간 견제와 역할분담이 이뤄지고 있는 모델이다(Galligan et al., 2015).

의회의 성격은 의원들의 존재를 어떻게 규정하며 이들이 옹호하는 이익이 무엇인가에 따라서 다음과 같이 유형화할 수 있다(Hancock, 1998: 40~41).

표 7-3 의회의 유형

미 국 형	유 럽 형
지역구 대표들의 집합	국민 전체(nation)의 대표 (비례선거제, 지역구와 직접연계 부족)

의회는 각 지역의 특수이익이 만나는 이질적인 대표들의 단순집합 형태인 미국형이냐, 아니면 국민 전체의 이익을 대표하는 동질적인 집단인 유럽형이냐 하는 두 가지 이념형적 모델이 있다. 영국은 양자 중 유럽형에 위치하는데, 의원은 소속 정당에 더욱 책임을 느끼고 출신 지역구보다는 국가 차원의 정책목표와 국익 실현에 더 충실한 경향이 있다. 의원들이 지역구에 거주할 의무가 없으므로, 많은 경우 자신들의 지역구에 거주하지 않아서 지역구 이익 대변의 문제로부터 상대적으로 자유롭고, 의원들은 보통 당의 정책방향에 따라서 투표하지만, 윤리적인 문제 및 소수 인종 등과 같은 일부 문제에 대해서는 당 정책과 별개로 의회에서 자유투표를 하는 것도 허용된다.

대의민주주의를 택하는 영국은 의회가 주권(sovereign)을 행사한다고 볼 수 있는데, 이는 모든 중요한 문제가 하원의회에서 결정되기 때문이다. 즉, 성문헌법이 없는 상황에서는 의회가 결정할 수 없는, 즉 권한상에 주어지는 제약은 없다.[2] 의회에서 통과된 법률의 위헌성을 심사하는 헌법재판소도 존재하지 않는다. 이 점에서 프랑스, 독일 등 유럽대륙국가와 구별된다. 이와 더불어 집행부와의 관계에서 의회가 중심이라는 점에서 영국은 미국과 더 유사하다.

(2) 하원(House of Commons)

템즈강가에 자리하고 있고 빅벤이 설치된 시계탑이 있는 웨스트민스터 의사당은 영국정치권력의 중심이다. 영국은 모든 정치적 결정이 하원에서 이루어진다고 봐도 과언이 아니다. 소선거구제이며 하원의 총수는 650명이다. 영국의 하원이 다른 나라보다 좀더 중요한 역할을 수행하는 것은 그 구성원리에서 알 수 있다.

가장 두드러지는 특징은 강한 주민 대표성이다. 선거구당 인구를 살펴보면

---

2) 영국의 의회는 '남자를 여자를 만드는 것 외에는 모든 것을 할 수 있다'는 정도의 표현이 있다.

(2015년 기준), 미국이 740,000명인 데 비해 영국은 99,000명으로 작은 편이다. 의원들은 경제적 보상보다는 정책결정에 참여하는 정치적 역할 자체에 만족하는 문화를 가지고 있다(Hancock, 1998: 37). 의원의 보수도 2012년 현재 약 98,410달러(65,738파운드)로 미국 174,000$, 독일 114,808$보다 적은 편이다(류현경, 2013).

또 다른 특징은 돈 안드는 선거를 한다는 점이다. 2010년의 경우 총선에서 후보가 지출할 수 있는 비용은 7,150파운드＋유권자 1인당 5.7펜스(도시지역 약 5센트 추가), 혹은 4.1펜스(농촌지역)로 제한하고 있다. 언론기관에 돈을 지불하고 후보자 홍보광고를 내기도 힘들며, 또한 유세기간도 6주 이하로 제한하고 있다. 이 점에서 미국에 비해 비교적 적은 정치비용이 소요되는 나라이다. 즉, 선거운동기간에 막대한 자금을 매스컴 홍보에 투입하는 미국의 고비용 정치구조에 비교할 때, 영국의 의회가 보다 효율적인 정치구조라고 할 수 있다.

총선은 전술한 바와 같이 양당정치에 있어 국정전반에 대한 국민들의 심판으로 나타난다. [표 7-4]에서 볼 수 있는 바와 같이 양당이 주기적으로 정권을 주고받는 결과를 낳는다. 2005년 5월 5일 실시된 영국총선 결과, 노동당이 646석 중 356석을 확보하여 재집권에 성공했다. 이른바 뉴노동당(New Labour)이란 기치로 1997년 선거에서 보수당에 압도적인 승리를 얻은 후, 2001년, 2005년 선거까지 연이은 승리로 3기 집권이란 기록을 남긴 것이다. 보수당은 197석을 얻는 데 그쳐 정권 재탈환에 실패하였으며, 자유민주당은 62석이나 획득하였다. 2010년 보수당이 제1당이 된 후 자유민주당과 연립정부를 수립했으며, 2015년에는 과반을 획득해 단독으로 내각을 구성했다.

영국의 의회는 토론의회이다. 연중 무휴이며, 매일 여·야 간의 열띤 토론이 벌어진다. 사각형 모양의 의사당 회의장에서 여당과 야당의원들이 서로 마주보도록 좌석이 배치되어 질의 응답형 토론을 벌인다.

영국의회의 내부의사결정과정을 보면, 미국과 마찬가지로 의회 내에서는 위원회가 중요한 역할을 한다. 그러나 차이점은 영국의 경우 우선 위원회의 구성원 중 오직 핵심멤버만 고정적이고 나머지는 다뤄지는 이슈에 따라 달라진다는 것이다. 다음으로 위원회 심의가 본회의 전이 아니고, 먼저 본회의에서 법안에 대한 정치적인 토론이 있은 후 위원회에서 검토된다는 점이다. 따라서 위원회는 정치적 논쟁이 끝난 사안에 대하여 법안을 심화·발전시키는 역할을 한다(Hancock, 1998: 42).

위원회의 종류는 전원위원회, 상임위원회(standing commitee), 특별위원회가 있다. 상임위원회는 정해진 소관 분야가 없어 A, B, C 등으로 지칭되어 운영되므로,

표 7-4 의회선거 결과

	1997		2001		2005		2010		2015	
	의석 수	득표 율	의석 수	득표 율	의석 수	득표 율	의석 수	득표 율	의석 수	득표 율
노동당(Labour)	418	43.2	412	40.8	356	35	306	36.1	232	35.69
보수당 (Conservatives)	165	30.7	166	31.8	197	32	258	29.0	331	50.92
스코틀랜드 국민당 (Scottish National Party)	6	2	5	1.8	6	1.5	6	1.7	56	8.63
자유민주당 (Liberal Democrats)	46	16.8	52	18.3	62	22	57	23.0	8	1.23
Ulster Unionist	10	0.8	6	0.8	1	0.5	0	0.3	2	0.31
Social Democrtion & Labour party	3	0.6	3	0.6	3	0.5	3	0.4	3	0.46
Plaid Cymru	4	0.5	4	0.7	3	0.6	3	0.6	3	0.46
Sinn Fein	2	0.4	4	0.7	5	0.6	5	0.6	4	0.62
Democratic Unionists	2	0.3	5	0.7	9	0.9	8	0.6	8	1.23
Greens	0	0.2	0	0.6	0	1.0	23.0	1.0	2	0.15
Others	3	4.5	2	3.2	4	5.4	1	1.1	1	0.15
Total	659	100.0	639	100.0	646	100.0	650	100.0	650	100.0

출처: Public Information Office, House of Commons, Research Paper 01/54.
2005년, 2010년, 2015년 선거결과는 저자가 추가.

결국 전원위원회가 핵심적인 역할을 하는 것을 알 수 있다. 최근 경향은 정부부처에 대응하기 위하여 몇 개의 특별위원회를 만드는 추세이다.

특별위원회 중 중요한 것이 행정법령위원회(Statutory Instruments Committee)이다. 이는 행정부에 위임한 입법사항을 검토하기 위한 것이다. 의회가 모든 법률안을 검토할 수 없기 때문에 행정부에 위임해 놓고, 대신 결과를 이 특별위원회에서 검토할 수 있도록 장치를 해 놓은 것이다(Hancock, 1998: 42~43). 이 특별위원회에서 검토한 결과에 문제가 생기면 하원 전체회의에서 논의될 수 있다.

특별위원회 중 또 하나 중요한 것이 공공회계위원회(Public Accounts Committee)이다. 공공재정이 복잡해짐에 따라 발달한 위원회로서, 전통적으로 야당 당수가 위원장이다. 이는 재정지출을 사후통제(post audit of the final expenditures)하는 역할을 수행한다.

독립의회윤리기관(Independent Parliamentary Standard Authority: IPSA)

　과거 영국 의원들이 250파운드 이하의 지출에는 영수증 첨부가 필요없다는 규정을 악용하여 개인적 용도(예, 기저귀 구입)로 남용한 것이 발견되어 물의가 되었다. 이 사건을 계기로 2009년 12월 의회, 정부, 정당으로부터 완전히 독립적인 기관을 신설하였다. 이 기관은 의원 지출 기준에 대한 규칙을 만들고, 이 규칙에 따라 의원 수당 지불을 책임진다. IPSA의 웹사이트(http://parliamentarystandards.org.uk)는 세부규정을 제시해 놓고 있으며, 의원들이 지출가능한 것과 아닌 것에 대한 명확한 정보를 제공한다. 이 웹사이트를 통해 모든 의원들에게 지급된 수당 내역은 물론이고, 모든 의원의 비용 신청 하나 하나를 공개하고 있다.

　영국이 의회중심국가이기는 하지만, 실제로 법률안과 행정법령이 차지하는 비율을 보면 후자가 높다. 구체적인 것을 행정법령으로 해결하는 행정국가화의 경향은 영국도 예외일 수 없는 것이다. 단지 법률이 커다란 정책 방향을 결정한다는 점에서 중요성이 더 큰 문제를 다룬다고 볼 수 있다.

(3) 상원(House of Lord)

　하원(House of Commons)은 문자 그대로 평민들의 대표이며, 상원(House of Lords)은 귀족의 모임이다. 그러나 민주화 진행과 함께 상원은 역사적으로 그 특성이 예전과 달리 변화해 왔으며, 점차 그 권력이 제한받고 있다.

　상원의원은 국민직선에 의해서 선출되지 않기 때문에 대체로 전문성이 강하고, 보수적인 사람들이라고 볼 수 있다. 상원은 원래 세습귀족, 성직자 등 783명(2015년) 정도가 있으나, 세습제에 대한 비판에 따라 세습귀족의 상원의원자격 획득을 폐지키로 의결하였다.[3] 그러나 상원은 매우 정치화된 하원에 비하여 건설적인 기능을 한다. 즉, 법안의 심의에 있어 하원보다는 정책내용을 전문가 입장에서 검토할 수 있고, 당시 정치적 기류에 영향을 덜 받을 수 있다는 장점을 가지고 있다.

---

3) 종신귀족은 국가에 크게 기여한 사람을 총리가 제청하고 여왕이 임명하여, 상원의원이 될 수 있음.

1909년 누진세(progressive income tax, 이것은 나폴레옹 전쟁 이후 처음 있는 일임)를 Liberal David Lloyd George경이 도입하려 하였으나, 전통적으로 상원은 보수주의자가 지배적(보통 4분의 1은 유동적 성향)이었기 때문에 거부되었다. 그러나 의회가 해산되어 총선을 실시하는 과정에서 다시 자유주의자(liberals)들이 득세하여, 결국 1911년 상원은 누진세법을 통과시켰다. 이후 상원의 권한은 약화되었다.

모든 법안은 상·하원에서 각각 통과되어야 하기 때문에 형식적으로는 양원의 권한이 동등하다고 할 수 있다. 그러나 하원이 상원보다 더 중요한 몇 가지 특징이 있다. 즉, 조세 및 재정지출과 관련된 법안은 하원을 통과한 후 1개월이 지나면 상원의 동의와 관계없이 입법된다. 따라서 상원은 예산관계법(money bills)을 1달 이상 지체시킬 수 없고, 집행을 못하도록 부결시킬 수도 없다. 이 외의 법안은 상하원 모두에서 의결되는 과정을 거쳐야 한다. 그리고 한 회기(One calendar year)를 경과하고, 하원에서 2회 연속하여 의결한 법안은 상원을 거치지 않고 발효된다(Hancock, 1998: 39).

4) 국 왕

국왕은 영국의 국가수반이며, 국가통합의 상징적 역할을 수행한다. 입헌군주제를 택하고 있는 영국에서 과거의 국왕은 법적으로 매우 중요한 권한을 가지고 있었다. 즉, 행정부의 수장, 입법부의 불가분의 구성부분, 사법부의 총수, 군 총사령관, 그리고 성공회의 수장 등의 지위가 그것이다.

그러나 1215년 마그나카르타(Magna Carta) 이래 국왕의 권한은 의회로 이양되어 왔다. 그럼에도 불구하고 적어도 1688년 명예혁명 이전까지는 왕이 직접 통치하는 왕정체제였다. 현재 국왕은 '군림하나 통치하지 않는 존재(not rule but only reign)'이다. 실제의 권한은 왕의 정부(Her Majesty's Government)가 행하고 있다. 즉, 수상 혹은 내각이 여왕의 이름으로 국정을 이끌어 나가지만 사실상 왕의 권한은 제한되어 있다.

17세기까지 영국 왕실은 집행부 역할을 하였으나, 현재는 많은 권한을 의회와 수상에게 넘겨주고 형식적인 권한만을 가진다(한동만, 1996). 중요한 헌법상 권한은 수상의 임명과 주요 법안에 대한 추인권이며, 또한 군대의 수장으로서의 역할을 비롯하여 성공회와도 밀접한 관계를 맺고 있다는 것이다. 최근까지 성공회의 최고대표였고 사법부의 수장이었지만 세계적인 추세에 따라 2003년 교회수장직과 사법부수장직을 넘겨주었다.

그럼에도 불구하고 영국의 국왕은 있으나마나 한 존재가 아니고, 국민통합에 중요한 역할을 한다. 전통적으로 국왕은 영국이라는 국가를 지키는 역할을 하기 때문에 특히 국제문제에 관해서 '국왕의 특권(Royal prerogative)'은 유지되고 있다.

전술한 바와 같이 하원이 영국 정책결정체제에 중심부에 있고, 의회과정에서는 수상이 주도적인 역할을 수행한다. 따라서 국왕은 상징적인 역할과 동시에 최악의 경우를 대비한 안전장치로서의 역할을 수행하며, 국왕의 실제적인 정부활동은 다음과 같다.

- 의회의 개회 및 폐회, 해산
- 의회의 심의 결정이 끝난 법률안에 대한 승인
- 정부관직, 작위의 수여
- 수상의 임명
- 하원의 다수당을 점한 당수에 정부를 구성하도록 요청

그러나 국왕의 권한을 단순히 상징적인 것으로만 볼 수는 없다. 예컨대 의회 해산권의 경우 내각이 사퇴하지 않거나 주요 정책에서 실패하였을 경우에 국왕이 개입할 수 있으며, 조약체결권, 전쟁권 등은 단순한 요식 과정이 아니고 실권이 여전히 국왕에게 속해 있다고 볼 수 있다. 즉, 선전포고 및 휴전의 선언, 외국정부의 승인, 조약 및 영토의 합병할양에 관한 경우 의회의 승인이 필요 없이 국왕이 단독으로 할 수 있다. 즉, 아무리 권력이 큰 수상이라도 왕의 승인 없이 이런 행위를 할 수 없다. 물론 국왕은 이 권한을 남용하지 않고 관례적으로 의회에 보고하고 있다. 의전적 기능으로는 광범위한 의전행사를 주관하고, 훈장이나 작위 등을 수여하며, 영국군의 통수권, 외교적 대표기능, 즉 외교관의 임명과 접수, 조약의 체결기능은 아직 국왕의 권한사항이다.

영국관련 유용한 정보 제공 웹사이트

영국 국왕은 영국의 전통을 상징한다. 여왕이 가는 곳마다 세계(특히 영연방국가의 매스컴)의 언론이 주목하고, 이것이 중요한 경제적 효과를 가져오기도 한다. 영국왕실전문사이트에는 왕실의 역사, 소장문화재 등의 다양한 정보가 있다.
- http://www.royal.uk/

4. 통제제도

영국의 행정부에 대한 통제방법의 요체는 전술한 바와 같이 양당제에 의해 야당이 수행하는 의회 내에서의 정책견제이다. 매일 의사당에서 이뤄지는 야당의 정책비판 토론내용은 매스컴에서 중요한 비중으로 다뤄지고 있고, 국민들은 이를 관심있게 보고 있는 것이다. 민심이 극히 악화되면 수상은 의회를 해산토록 하여 재심판을 받게 된다. 재정에 관해서는 국립회계원(National Audit Office)에 의해 통제를 받는다. 이하에서는 사법기관에 의한 권력통제에 대해서 서술하기로 한다.

법원의 체계는 Magistrates' Court(치안재판소), Crown Court(형사지방법원), County Court(민사지방법원), High Court(지방법원), Court of Appeal(고등법원), Supreme Court(대법원)로 되어 있다.

지역별로는 잉글랜드(England), 웨일즈(Wales), 스코틀랜드(Scotland), 북아일랜드(Northern Ireland)가 제각기 조금씩 다른 법체계와 법정을 유지해 오고 있으나, 법체계는 상호 유사성이 많다. 잉글랜드와 웨일즈의 법은 크게 형법과 민법으로 양법체계가 존재한다.[4] 형법은 대개 정부가 일반시민에게 적용하는 성격이 강하며, 민법은 시민들 간의 관계를 조율하기 위해서 적용된다.

행정법(Administrative Law)은 국민과 정부 간 관계와 관련된 특수한 형태의 민법으로 존재하고 있다. 행정법과 관련한 재판은 사례에 따라 법원의 성격이 달라지지만, 민법관련 사례들은 일반적 사법절차를 통해 심리가 이루어진다. 이 점에서 행정법체계가 갖춰져 있고 별도의 행정법원이 발달되어 있는 프랑스, 독일 등 대륙국가와 구별된다.

대부분 경미한 사건은 지방 치안재판소(경범죄 중심의 재판)에서 이루어지며, 판결은 법적인 훈련을 받은 배심원 혹은 지방법원 판사에 의해 내려진다. 또한 지방 치안재판소는 가정법원의 역할을 하며, 청소년관련 법안의 심리를 맡고 있다. 하지만 사건이 심각한 사례인 경우 국왕재판소(형사지방법원: Crown Court)에서 이루어지며, 배심원과 재판관에 의해 판결이 난다. 경우에 따라서 양자 모두에 해당하는 경우가 있는데, 이때는 택일(either-way case)하여 위 두 개의 법원 중 한 곳에

---

4) 수사권과 기소권은 각각 경찰과 검찰에 분리되어 있어 경찰은 검찰의 지휘를 받지 않고 수사를 하며, 검찰(Crown prosecution service)은 경찰의 수사결과에 기초, 기소 여부를 판단하고 기소절차를 담당한다. 스코틀랜드(Scotland)는 잉글랜드 및 웨일즈와 별도의 소추기관 및 법원을 가지고 있으나, 경찰과 검찰이 수사권과 기소권을 각각 분리하여 보유하고 있는 것은 잉글랜드 지역과 마찬가지이다.

서만 심리한다. 단지 형사지방법원에서만 위의 심각한 범죄를 판결할 수 있는 권한을 가지고 있는데, 치안판사가 정식의 소추를 정당화하는 충분한 증거가 있다고 판단하는 경우에는 치안재판소로부터 이전되어 형사법원에서 심리한다. 잉글랜드와 웨일즈에는 78개의 형사지방법원이 있다.

지방법원(high court)은 각 지역에 산재하여 주요 법원에 있을 뿐만 아니라, 런던의 대법원 안에도 위치하고 있다. 이 지방법원의 업무는 주제별로 3개의 분야(division)로 구분할 수 있다.

첫째, 상법부(Chancery Division)로 형평, 신탁(trust), 세금, 파산을 다루고 있다. 둘째, (여)왕좌부(Queen's Bench Division)는 계약, 불법행위(tort) 그리고 상거래(commercial matters)에 관한 것을 다룬다. 셋째, 가족부(Family Division)는 이혼, 아동, 유언 등과 관련된 것을 담당한다. 지방법원의 각 부(division)들은 가족부, 그리고 상법부에 위치하고 있으며, 치안재판소와 민사지방법원으로부터의 항소(appeal)에 대해서 심리한다. (여)왕좌부 내의 행정법원(Administrative court)에서는 다양한 사법적인 검토(a variety of judicial review matters)가 이루어진다.

고등법원은 왕립재판소(the Royal Courts of Justice)에 위치하고 있다. 형법부(Criminal Division)는 형사지방법원의 항소(appeal)에 대해서 심리하고, 시민부(Civil Division)는 지방법원 그리고 어떤 경우에는 민사지방법원으로부터의 항소를 심리한다.

잉글랜드와 웨일즈에서, 1년에 몇몇 사건들이 유럽 연합법(european community law) 관할의 유럽재판소(european court of justice)에 위탁되는 경우가 있지만, 일반적으로 대법원이 항소의 마지막이다. 대법원으로의 모든 상고는 사안에 관한 것이 아니라 법의 해석과 적용에 관한 것이다. 대법관(law lord)은 스코틀랜드나 북아일랜드의 항소에 대해서도 심리한다. 게다가 아직도 영국과 관련된 법적 시스템을 가지고 있는 영연방국(Commonwealth countries)으로부터의 항소를 심리하는 추밀원의 사법위원(Judicial Committee of the Privy Council)의 역할도 하고 있다.

2005년 헌법개혁법에 의해 12명의 법률귀족 상원의원(Law Lords)이 담당하던 최종심기능이 대법원으로 독립되었다. 최종심을 받기 위해서는 상고허가제를 거쳐야지만 가능하며, 1년에 60~80건만 허가되어 통과하기가 어렵다.

Ⅲ 행정과정

영국행정부의 형식상의 최고기관은 추밀원(Privy council)이다. 추밀원은 국왕이 집행기능을 가졌던 시기에 국왕의 자문기관 역할을 하였는데, 18세기까지 행정권력을 가지고 있었다. 그 후 점차 권한이 약화되어 현재에는 국왕의 권한행사에 자문하는 역할을 한다. 추밀원 위원은 수상의 추천에 따라 국왕이 영연방국가 인사 중 명망이 있는 자를 임명하며, 각료는 자동적으로 위원이 된다. 현재 그 규모는 약 400명이다.

영국의 정부는 단방국가로서 중앙정부에 의해 전국이 통치된다. 마치 국왕이 신하들을 통하여 전국을 통치하던 것과 같은 원리이다. 국왕의 신하들이 하던 역할이 현재는 수상을 중심으로 하여 그 보조기관인 각료들의 역할로 발전한 것이다. 18세기 초부터 수상의 권력에 관한 제도화가 이뤄졌다. 하원을 중심으로 한 의회중심 정책결정구조는 행정부와의 연결핀인 수상에 의하여 비로소 기능하게 된다.

1. 최고정책결정자: 수상

영국정부는 서구 다른 나라와 비교할 때 국립회계원(National Audit Office)의 통제를 제외하고는 외부통제가 없는 강력한 행정권을 가진 나라이다(Dynes & Walker, 1995: 28). 즉, 베버모델에 의하여 행정부가 의회의 강력한 통제하에 있는 반면, 의회 이외의 외부통제가 거의 존재하지 않는다고 볼 수 있다. 따라서 의회의 다수당이 집권당이므로 하원 내 지지기반이 흔들리지 않는 한 수상이 강력한 리더십을 발휘할 수 있다는 장점이 있다.

1) 수상의 권력원

수상의 보좌는 내각이 하고 이들은 집합적 책임(collective responsibility)이란 원칙에 입각하고 있다. 즉, 정책결정을 집단으로 할 뿐 아니라 그 내용에 대해서도 내각 전체가 지지해야 한다. 이를 지지하지 않는 각료는 사임해야 한다.

표 7-5 수상의 대표적인 주간일정

월요일	• 아침: 정당 미팅(Party political meeting at Number 10) • 오후 5시: 정보참모 미팅(Meeting of government information officers)
화요일	• 아침: 내각 위원회(Cabinet committees and possibly cabinet itself) • 점심: 내각 위원회(Cabinet committees) • 13:00~15:00: 수상 질의 응답시간을 위한 브리핑 (Briefing of prime minister for prime minister's questions) • 15:15~15:30: 하원에서 질의 응답 • 18:00: 여왕 보고(Prime ministerial audience with the Queen)
수요일	• 아침: 사무차관 회의(Permanent secretaries's meeting) • 아침: 원내총무 모임(Government whip's meeting) • 오후: Meeting of government chief whip and business managers at 12 Downing Street; 야당 원내총무와 연락

목요일	• 이른 아침: 내각 위원회(Cabinet committees)
	• 10:30~12:30: 내각(Cabinet)
	• 오후: Cabinet committees
	• 13:00~15:00: 수상 질의 응답시간을 위한 브리핑
	• 15:15~15:30: 하원에서 질의응답
	  (Prime minister's questions in the House of Commons)
	• 15:30: 다음주 국정관리 공고
	• 오후: Meeting of back-bench parliamentary groups
	  'Forward look' meeting in Cabinet Office

※ 대략적인 것임.

영국은 만장일치나 합의제가 아닌 다수주의(majoritarian)에 입각한다. 다수주의의 특징은 의회다수당을 기반으로 정부가 일단 구성되면 의회와의 갈등 없이 일방적으로 정책을 추진할 수 있게 한다는 점이다. 즉 의회에 항상 과반수이상인 여당이 존재하기 때문에 내각이 이를 기반으로 정치를 원활하게 할 수 있다는 장점이 있다. 이 점에서는 준대통령제를 택하고 있는 프랑스의 경우보다 정치적 안정을 위한 더욱 강력한 보호장치가 존재한다고 볼 수 있다(Hancock, 1998: 27). 따라서 수상은 권력의 핵심이 되며, 구체적으로는 다음과 같은 권력이 있다.

－의회 내 다수당의 지도자 및 하원의 정치지도자
－국왕과 내각 간의 공식적인 연결 역할
－인사, 예산, 내각 활동과 정책방향에 지대한 역할[5]

---

5) 수상은 국가재정위원장과 행정처 장관을 겸함.

－의회가 세부사항까지 결정하지 못하므로 갖는 집행권[6]

이와 같이 수상의 권한은 상당히 막강하다. 중립적인 국가기관인 국사원, 회계심사원, 재정감사원 등이 발달되어 있는 프랑스와 비교한다면, 영국에는 수상이 지휘하는 행정관료제에 대한 통제장치도 발달되어 있지 않은 편이다. 무소불위의 수상권력에 대한 견제는 의회(특히 야당의원)의 역할이다. 즉 정치와 행정 간에 가교역할을 하는 수상에게 있어 중요한 비중을 차지하는 것은 정치이다. 특히 [표 7-6] 주간일정표에서 볼 수 있는 바와 같이 매주 두 번 의회에 나가서 야당의원들의 야유를 받으면서도 정책에 대해 활발한 토론을 전개한다. 그리고 이러한 모습은 매일 매스컴에 보도된다.

따라서 영국수상은 지나치다고 할 수 있을 정도로 중요한 역할을 수행하고 있다. 매스컴에서도 정당보다는 수상 개인이 매우 부각된다. 이에 대해 학자들은 영국의 수상제도가 대통령제화(presidentialization)하는 경향이 있음을 지적하기도 한다. 국민주권주의가 발달하면서 대통령제화(Presidentialization)는 세계적인 추세 중의 하나라고 할 수도 있으며, 그 구체적인 내용은 다음을 의미한다.

－선거시 정당에 대한 투표라기보다는 자연인인 누가 수상이 되느냐에 관심
－수상의 보조 인력이 점점 증가하고, 그 기능이 미국, 독일 등과 유사해지고 있음

수상제도의 대통령제화(Presidentialization)에도 불구하고 영국 정치체제의 특징은 양당체제를 바탕으로 용이한 정권교체에 있다고 할 수 있다. 정치적 무게중심이 바뀌면 언제든지 여야가 정권을 주고 받을 수 있도록 준비되어 있다. 구체적으로 야당의 지도자가 단순히 여당의 경쟁자에 그치는 것이 아니고, 항상 국정운영의 동반자 및 잠재적 수권자로서 준비한다는 점에서 다른 국가와 차이가 있다.

야당지도자(leader of the Opposition)

영국정치에서 야당 당수는 다른 나라에서 볼 수 없는 정도의 비중을 가지고 있다. 공식적 권력 자리는 점유하고 있지 않지만, 정치적 역할은 수상의 그것과 크게

---

6) 궁극적으로 의회의 간여가 가능하게 한다는 조건하에서 행정부가 자율성을 가진 정책방안이 행정입법(statutory instruments)권이다.

다르지 않다. 그림자 내각(shadow cabinet)의 수상으로서 집권 시를 대비하여 정부 정책에 반대하며, 모든 정부 프로그램에 대하여 대안을 마련하고 제시하는 것이다.

이러한 역할 때문에 다른 의원보다 높은 보수를 받으며, 주요 정책에 대하여 브리핑을 받는다. 그러나 의회 내에서 과반수를 넘지 못하기 때문에 실질적으로 정부정책에 제동을 걸 만큼 영향력을 발휘하진 못한다. 따라서 야당지도자의 역할은 의회(그리고 이를 국민에게 보도하는 매스컴)에서 토론을 하고 정책의 내용에 약간의 수정을 가하는 정도로 봐야 한다.

예비내각도 있을 뿐만 아니라 모든 당은 모든 정책문제에 대하여 서로 다른 대안을 제시한다. 의사당에서도 여당의 수상의 맞은 편에 앉아 토론에서 수상에게 맞대응하는 역할을 한다. 정당입장에서 보면 집권 여부에 따라 정부의 안(집권시) 혹은 밖(비집권시)에서 정책에 대한 구체적인 입장표현을 하는 것이다(Hancock, 1998: 40).

2) 수상의 보좌조직

영국에는 다른 나라의 국무회의나 내각회의와 같은 공식적인 최고 정책결정기구가 없기 때문에, 행정부 내에서는 수상의 재량권 범위가 상당히 크다고 할 수 있다. 수상은 다양한 보좌조직을 가지고 있는데, 수상실(Whitehall)의 가장 중요한 보좌조직은 다음 세 개이다(Dynes & Walker, 1995: 20).

- 수상관저에서 보좌하는 최측근 그룹(group of offices around the Prime Minister's Residence 10 Downing Street)
- 국가의 예산을 관리하는 재무부(Chancellor of the Exchequer)
- 내각사무처(Cabinet Office)[7]

상술한 바와 같이 최고 정책결정권과 재정권을 수상 개인이 장악하고 있다는 점은 다른 나라에서 찾아보기 힘들다. 영국 수상의 이런 지위를 '선출된 독재자

---

7) 과거의 조직이 지금까지 연속되기 때문에 일종의 고유기능도 보유한다. Chessington computer service는 현재 agency화하였고, Office of Public Services and Science, 중앙공무원교육원(Civil Service College)을 비롯한 공무원 교육훈련기관도 여기에 속한다. 내각사무처의 조직도표는 다음 웹사이트 참조.
http://www.cabinetoffice.gov.uk/publications/about_the_cabinet_office/org-chart.pdf

(elective dictatorship)'라고 한 Hailsham의 표현은 지금도 자주 인용되고 있다(Peters et al., 2000: 25).

수상실 최측근 그룹은 비서실장(P.M's Principal Secretary) 밑에 5명의 수석비서로 이뤄진 팀이다. 이들은 대의회관계 등 주로 정무적 차원에서 수상을 보좌한다. 이외에 대처수상 때를 비롯하여 자주 등장하는 정책부(Policy Unit)는 내각의 직업관료들이 정책결정권을 독점하는 데에 대한 견제의 역할을 한다(Peters et al., 2000: 31).

그러나 영국 수상의 최측근 보좌조직은 규모면에서 다른 나라에 비해 적은 편이다. 독일의 경우 수상의 보좌조직에 450명이, 미국 대통령실은 400명인 반면, 영국 메이저 전 수상실은 구성원이 107명에 불과했었다(Muller-Rommel, 1993: 134~135; Burch and Holliday, 1996: 28 재인용). 업무분위기는 매우 가족적이고, 형식에 구애받지 않는다는 점에서 비관료적이라고 하겠다. 그리고 이 중에서 타이피스트, 수위 등을 제외하면 핵심참모는 34명에 불과했다. 그런데 이것은 수상의 측근에서 최고급 수준의 정책기획 및 조정기능을 하는 협의의 보좌조직을 말한다.

실제로 광의의 수상 보좌조직인 내각사무처(cabinet office)는 비서실(cabinet secretariat)과 공공서비스실(Office of Public Service)로 구성되어 있는데, 전자는 cabinet과 committee를 통하여 정책과정을 조정하는 역할을 한다. 현재 수상실의 인력은 약 2,500여명에 이르기 때문에 가장 큰 권력을 행사한다는 재무성보다 인력규모가 크다(Burch and Holliday, 1996: 33).

3) 내 각

영국에서 'government'의 개념은 내각(cabinet) 구성원은 물론이고 모든 각료를 포괄하는 개념이다. 내각의 구성원과 각료는 다양한 종류가 있다. 내각은 수상의 최측근으로 수상과 토론하여 정책결정을 하고 공동으로 책임을 지는 각료들의 집합이다. 내각은 일주일에 5~6번 모임을 갖고 정책 전반에 대해 토론을 한다(Hancock, 1998: 34~35).

내각회의(cabinet meeting)는 보통 20명 내외로 구성되며, 이들의 구성원을 각내장관(members of cabinet)이라고 한다. 영국행정부의 최고의사결정기구는 공식적으로는 내각이라고 할 수 있지만, 내각회의는 한국이나 프랑스의 국무회의와 같이 공식화된 기구는 아니다. 따라서 내각회의에서 반드시 토의해야 될 사안이 지정되어 있지는 않다. 그러나 실제로는 내각의 중요한 결정은 내각회의의 의결을 거친다. 특히 예산이나 외교정책 등의 이슈들이 논의되며, 보통 여당의원을 겸직하는 장관들이기 때문에 합의에 이르는 데 큰 어려움은 없다.

내각회의 구성원은 'secretary of state'라고 하여 각내장관이고, 온전한 부처를 책임지고 있기 때문에 부처담당장관(departmental ministers)이라고 할 수 있다. 영문명칭은 이와 유사하지만, 'ministers of state'는 해외개발부와 같은 소규모 부처의 장관이고, 내각회의의 구성원이 아니다. 그러나 내무부(home office)같은 대규모 부에 있는 이런 자리는 차관의 성격을 띠기도 한다. 이외에도 젊은 정치인으로서 거물급 장관을 보좌하는 'junior ministers'나, 하급장관으로서 대의회업무 등 정무업무를 담당하는 정무장관(parliamentary private secretaries)이 있다.

> **영국관련 유용한 정보 제공 웹사이트**
> - 영국의 경제 사회에 대한 통계
>   - https://www.ons.gov.uk
> - 공공부문 및 정부에 대한 보고서 및 통계
>   - https://www.gov.uk/government/statistics/announcement
> - 지역별 지도와 함께 관련된 통계
>   - https://neighborhood.statistics.gov.uk
> - 영국 내각의 운영 소개
>   - https://www.gov.uk/government/how-government-works
> - 내각 부처별 사이트 연결 페이지
>   - https://www.gov.uk/government/organisations

4) 위 원 회

수상은 내각 이외에도 신속한 의사결정을 위하여 4~5명의 각료로 구성되는 소내각(inner Cabinet)과 각종 위원회(committee)를 활용하고 있다. 소내각은 수상, 재무, 내무 등 등 주요 장관과 당내에서 식견 있는 각료들로 구성된다. 위원회는 각 전문분야별로 예비적 심의를 담당하는 위원회로서 소관부처 관련 장관과 기타 각료로 구성된다.

위원회는 내각 내의 역할이나 소관부처의 경중에 따라 몇 가지로 분류할 수 있을 것이다. 그 중에서 수상의 정책결정을 보좌하는 역할을 하고 행정부 내 관련 장관으로 구성되는 각종 상임위원회(standing committee)가 중요하다. 이것은 다른 나라의 내각(국무)회의 혹은 '관련 장관회의' 정도에 해당한다. 이들 위원회는 보통 수상의 정책자문기능을 하며, 결정에 법적인 구속력은 없다고 봐야 한다.

전략개발 혹은 기획은 정부경쟁력을 높이는 데 필수적인 기능이다. 내각사무처(Cabinet office) 내에 있는 전략팀(Strategy Unit)은 영국의 중장기적 정책기획을 담당하는 조직이다. 이는 정부부처인 사업, 혁신, 기능부(department of Business, Innovation and Skills) 내에 있는 성과 혁신팀(Performance and Innovation Unit) 등 각 부처의 기획팀이 만드는 정책지식을 종합하고 통합하여 국가적 차원의 전략을 만드는 기능을 담당한다.

2. 정부조직구조

1) 부처조직과 장관

영국정부내 부처(department)의 종류와 수는 비교적 안정성을 띠고 있다. 즉, 장관들은 바뀌어도 부처는 그대로 있어서 예컨대 1969년의 부처조직이 현재에도 거의 남아 있다(Dynes & Walker, 1995: 15). 재무부, 내무부, 교육부, 외무부, 통상산업부 등이 고전적인 부처조직이다. 그러나 정보통신분야 등은 새로운 조직형태를 띤다.

영국정부 내 어느 한 부처에서 정책결정이 이루어진다고 해서, 모든 부처가 이러한 방향으로 협조한다고 볼 수는 없다. 물론 위원회(committee)에 의해서 의사결정이 이루어지기는 하지만, 느슨하게 조정되는(weakly co-ordinated) 정도라고 할 수 있다(Dynes & Walker, 1995: 12).

그러나 재무성에 의한 지출통제는 과거부터 존재했고, 또한 재무성은 각 부처 정원에 관한 권한도 가지고 있으므로 막강한 권력을 가지고 조정을 할 수 있다. 국가재정위원장(즉, 재무장관)은 수상이 겸임하므로 수상의 통제권은 막강하다. Cameron 수상은 재무(First Lord of Treasury)와 인사(Civil Service) 장관 업무를 겸하고 있다.

각 부처에는 장관이 임명된다. 수상은 그 인물의 능력에 관계없이 장관을 임명할 수 있다. 즉, 관리능력보다는 정치적 요인이 앞선다고 볼 수 있다(Dynes &

Walker, 1995: 19). 그럼에도 불구하고 의회 내에서 양당과 사전에 주제를 결정하지 않고 벌이는 토론이 빈번하므로 전문성이 전혀 없는 의원은 장관으로 임명될 수 없다.

장관의 역할은 다음과 같다(Hancock, 1998: 34~35).[8]

- 부처관리: 일상관리 혹은 큰 정책관리. 각 부처에는 전문성을 가진 관료들이 많아 경험이 부족한 장관은 어려움에 처한다.
- 내각 및 의회 내에서 토론: 이를 위한 토론준비에 많은 시간을 할애한다.
- 의회참석: 거의 매일 의회에 나가며, 자기부처에 관한 질의시간은 매주 5일 개원 중 4일 동안 매일 1시간씩(four Question Hours) 있다. 수상은 이 중 하루나 이틀만 나간다. 각료들은 이의 답변준비와 예비연습에 많은 시간을 보낸다. 의원들의 질문은 문서로 48시간 이전에 제출된다.
- 주말을 이용하여 출신 선거구관리: 이는 의원의 임기가 없기 때문에 항상 이를 대비하여 선거를 준비하고 있어야 한다.
- 공식행사에 참석

2) 장관보좌 고위공무원

영국정부에서는 프랑스나 미국에 비하여 장관을 보조하는 인력이 부족하다. 보조인력으로는 정식 공무원들이 있을 뿐이다. 따라서 장관은 직업공무원인 사무차관(Permanent secretary)에게 많이 의존한다.

장관의 비서실은 Private Office라고 하는데, 여기에는 계약을 통해서 민간인을 고용하여 특정 집행업무를 수행토록 할 수 있으나, 일반적으로 소수의 핵심 고급공무원이 있을 뿐이다. 비서실의 비서(자문역)는 정책방향을 구체화시키고, 입법화 및 집행을 추진하는 역할을 담당한다.

부처에서는 서로 장관의 관심을 끌기 위해 비서실(Private Office)과 사무차관(Permanent Secretary)이 경쟁하기도 한다(Dynes & Walker, 1995: 19). 하지만 기본적

---

8) 여러 가지 역할이 섞여 있지만, 이론적으로 영국장관의 역할은 다음 세 가지를 들 수 있다 (Greenwood and Wilson, 1989: 85).
  - 정책주도형(policy initiators)
  - 집행형(executive ministers)
  - 대표형(ambassador ministers)

으로 웨스트민스터모델은 직업공무원들이 정치의 영향을 받지 않고, 행정적 합리성을 기준으로 업무를 수행하는 것을 상정하고 있다.

각 부처의 최고행정관리자는 고위공무원(The Senior Open Structure)이라고 볼수 있다. 이들은 고위공무원으로서 직급이 Grade3 이상, 즉 Under-Secretary 이상이다(Dynes & Walker, 1995: 16). 따라서 장관 밑에서 부처를 이끄는 핵심간부는 다음 세 가지 계층이다.

- 사무차관(Permanent secretary): 총괄 부처조직관리자
- 차관보(Deputy secretary): 장관에게 구체적인 정책보조와 조언을 하는 자
- 국장(undersecretary): 실제 일을 추진하는 자

고위공무원에 대한 충원, 훈련, 승진은 수상의 내각사무처(Cabinet Office)의 Senior Appointments Selection Committee에서 총괄적으로 담당한다. 이 위원회는 사무차관(Permanent Secretary) 직급까지 승진후보군을 관리한다. 사무차관직은 해당 부처에서 승진하는 경우와 정책의 변화를 위하여 부처 외부에서 충원하는 경우 등 두 가지가 있다. 사실 이 직급까지 승진하기 위해서는 어느 한 부처에 있기보다는 다른 부처(특히 Whitehall의 핵심부처인 Treasury와 Cabinet Office라는 두 조직)를 거쳐야 한다.

3) 관료제 특성

영국 정부관료제가 갖고 있는 특성은 다른 유럽국가와 유사하다. 관료들은 국왕의 신하(Servant of the Crown)로 칭하지만, 실질적으로는 집권당 각료에게 충성을 한다. 즉 관료는 그 자신들이 의회나 외부에 개인적으로 책임을 지는 것이 아니고 오직 조직내부에서 정치인(장관)에게 책임을 지는 것이다. 그리고 여기에는 내부적으로는 외부인인 장관이 직업관료를 어떻게 복종시키느냐의 문제가 있다. 이를 정치-관료 간의 게임으로 보고 개념화한 것이 Hood 교수의 Public Service Bargaining이다.

영국의 관료제는 기본적으로 다음과 같은 베버식 관료제모델에 입각하고 있다.

- 익명성의 원칙
- 정치적 중립성의 원칙

－각료가 결정한 정책을 충실히 집행하는 원칙

－사회발전, 변화주도 등이 관료들의 역할이 아니라는 원칙

이는 관료의 역할을 전통적인 집행업무로 자리매김시키는 모델이다. 즉, 장관
책임제(doctrine of ministerial responsibility)라는 원칙하에 '장관이 소관업무에 대하
여 의회와 국민에 대하여 책임을 지는 원리'와 '관료의 익명성(anonymity)과 중립성
(neutrality)이 지켜지는 원리'로 구성된다. 실제로는 정치인으로서 장관과 직업공무
원으로서의 관료들 간에 대해서 여러 가지 관계모델이 있을 수 있다(최영출, 2000).

－적대적 모델(The Adversarial model): 정치인과 관료 사이의 근본적인 대립을
　강조하는 모델이다.

－화이트홀모델(The Whitehall community model): 영국의 행정부 공무원들을
　중심으로 패러다임을 공유하는 공동체가 성립하여 실제로 이들이 정책을
　주도한다고 보는 입장이다.

－관료적 확장모델(The bureaucratic expansionism model): 관료들이 자신의 전
　통적 역할에 충실하지만, 거기에 그치지 않고 역할이 확대된 것을 의미한다.

그러나 영국관료제의 대표적인 유형이 어느 것인가는 단언하기 어렵다. 구체
적인 경우에 관료와 장관의 특성에 따라서 상이할 수 있기 때문이다. 그러나 대체
적으로 볼 때, 실무지식이 적은 장관은 공무원들에게 포획되어 있다고 봐도 과언
이 아니다. 정보나 인적자원면에서 공무원이 월등하기 때문이다. 그러나 노동당이
집권하는 기간에는 당과 공무원들이 보조를 맞추게 하는 공무원의 정치화가 강화
되었다(최영출, 2000: 53~54).

4) 부처 내부조직

영국의 부처 내부조직을 들여다 보면, 한국과는 달리 매우 다양한 조직양태를
보인다. 대체로 [표 7-6]과 같이 국, 과, 계, 담당으로 되어 있다. 그러나 'unit',
'service' 등 다양한 명칭과 조직방법으로 되어 있어 그 명확한 위치를 정확히 이해
하기 어려운 경우가 더 많다.

나아가서 전통적인 부처(department) 이외에도 다양한 형태의 조직(non-de-
partmental public bodies)이 존재한다. 이들은 집행기관(대부분은 책임운영기관), 자문

표 7-6 주요 부서조직

부 서 명	내 용
국(Group)	-부처 내의 최상위 조직으로 사무차관에게 직접 보고하는 국장에 의하여 관장됨 -통상 몇 개의 과(Division)로 구성되나 단일조직인 경우도 있음
과(Division)	-국(Group)의 하부조직으로서 국장(Director)에게 직접 보고하는 부국장 (Deputy Director)에 의하여 관장됨 -통상 몇 개의 Branch로 구성되나 단일조직인 경우도 있음
계(Branch)	-과(Division)의 하부조직으로서 계장(Head of Branch)은 Grade 6 또는 7이며 국장 또는 부국장에게 직접 보고함 -부처업무수행의 최소단위조직으로서 몇 개의 담당(Section)으로 구분되거나 단일조직으로 되어 있음
담당(Section)	-Branch 내의 담당업무별 구분으로서 그 주무(Section Chief)는 보통 SEO (Senior Executive Officer) 혹은 EO(Executive Officer)이며, 계장(Head of Branch), 부국장(Deputy Director), 국장(Derector)에게 직접 보고함

기관, 중립적 심판기관 등 세 가지가 있으며, 실제로 몇 천개에 이른다.

집행기관으로는 법률구조단(the Legal Aid Board), 경찰고충위원회(the Police Complaints Authority), 농촌위원회(the Countryside Commission), 인간생식 및 태아위원회(Human Fertilisation and Embryology Authority) 등이 있다. 이 유형에 속하는 조직은 일상적인 집행업무를 하면서 관할 부처에 대해서는 어느 정도 자율성을 향유한다.

자문위원회는 장관의 재량에 의해 구성되고 장관의 정책결정에 도움이 되는 조언을 하는 것이 목적이다. 주로 관련 집단의 대표나 전문가가 구성원이 된다. 중요한 사회문제의 경우에는 왕립위원회(Royal Commission)가 구성된다.

심판기관은 사법적 성격의 판단을 내리는 역할을 한다. 예컨대 재정규제위원회(Financial Service Authority)[9]는 국민들의 주택장기부금(mortgage)에 관한 것, 보험에 관한 사항, 중소기업의 재정에 관한 사항 등 재정에 관하여 투명하고 효율적인 시장이 작동하도록 규율을 정하고 심판하는 기능을 담당한다.

---

9) http://www.fsa.gov.uk/

3. 인사행정체제

1) 영국식 공무원의 개념

영국에서 공무원(Civil Service)에 대한 정의는 '정치적, 사법적 직위에 해당되지 아니하고, 軍 이외의 분야에 고용되어 그 봉급이 전적으로 의회에서 의결된 예산에 의해 직접 지급되는 국왕의 신하'이다.[10] 국왕의 권한은 내각을 구성하는 장관(Her Majesty's Minister)에 의하여 대표되고 있으므로 공무원이란 장관을 長으로 하는 중앙정부의 각 부처에 소속되어 해당 장관에게 최우선적인 책무를 지며 장관을 통하여 국민과 의회에 책임을 지는 위치에 있는 자이다. 그러나 대체적으로 장·차관 및 의원, 군인, 판사 및 행정심판위원회 위원장, 의회사무처 소속 직원, 지방자치단체 소속직원(자치단체직원, 교사, 경찰, 소방직 등), 공기업 소속직원, 공공단체 소속직원은 전형적인 공무원의 범주에서 제외된다.

영국 공무원제도는 엽관주의에서 실적주의로 발전해 왔다. 과거 19세기 중엽 Palmerstone과 측근들이 그의 조카를 외무부 서기직에 취직시켜 주려는 것을 막기 위하여 Northcote-Trevelyan 개혁이 이뤄졌다(Dynes & Walker, 1995: 17). 이 개혁을 통해 인사위원회(Civil Service Commissioner; 이하 CSC)가 신설되었으며, 이에 의해서 고위 공무원의 충원이 이뤄졌다.

그런데 이후 1991년 개혁에 의하여 공무원 충원이 매우 분권화되어, 인사위원회(Civil Service Commissioner)에 의해 공무원을 충원하기보다는 각 부처와 기관에서 자체적으로 보다 많은 공무원을 충원하도록 하였다. 그 후 CSC는 해산되고 20명의 직원으로 구성된, 수상실에 소속된 공무원채용평가원(semi-autonomous Recruitment and Assessment Services Agency)으로 전환되었다. 그리고 그 구성은 차관보(deputy secretary)수준인 수석인사위원(1st Commisioner)을 정점으로 파트타임 모니터 직원, 1명의 상임위원(full time), 4명의 비상임위원(part time commissioner)으로 이루어졌다. 따라서 현재는 3,000군데의 다른 경로(point)를 통하여 공무원이 충원되고 있다.

1991년 개혁은 과거 추밀원령(Civil Service Order in Council)에 근거한 세밀한 인사행정규칙을 대체하는 다음과 같은 장관규칙(ministrial rules)을 확정하였다.

---

10) 1931년 'Royal Commission on the Civil Service'의 보고서에서 처음 사용.

- 모든 관심있는 국민에게 공직의 충원기회를 충분히 알 수 있도록 해야 한다.
- 모든 후보자는 실적주의의 기준에 의해 동일하게 평가되어야 한다.
- 모든 선발기준은 신뢰성, 타당도가 있어야 하며 충원예정직과 충분한 관계성이 있어야 한다.
- 성별기준; 여성비율을 개방형 직위에서 9%에서 15%로 올린다.

협의의 공무원(Civil Service)은 약 44만 명으로, 이들은 ① 국내직·외무직, ② 현업(Industrial)·비현업(Non-industrial), ③ 상근·시간제근무, ④ 정규직·임시직으로 분류된다. 이들 각각은 다른 인사행정규칙이 적용되고, 직렬은 총 25개(Professionals)로 되어 있다.

특이한 것은 속진임용제(Fast stream development programme)라는 것이다.[11] 이 것은 퇴직 전까지 고위공무원(senior civil servant)에 오를 가능성이 있는 우수한 인재를 선발하여 승진을 빠르게 시키는 것으로 우리의 5급 공채와 유사하다. 이들은 시보기간이 끝나면 계장급(Higher Executive Officer)에 임용된다. 합격자의 평균 나이는 25세이고, 합격자 중 26.2%가 Oxbridge(옥스포드-캠브리지)출신이다.

속진임용제는 2014년 900여명 정도의 인력을 채용하였으며, 직렬은 분석직(경제, 조직운영, 통계, 사회조사), 일반행정(중앙부처, 외교, 의회, 과학기술직), 재정, 유럽, 인적자원, 디지털기술, 통신 등이 있다.

2) 계급체계

공무원 분류체계는 계급제를 근간으로 하고 있다. 각 계급은 독자적인 경력구조를 갖고 있고 계급 간의 구분은 상당히 엄격하다. 현재 공무원 직급은 사무차관(Grade 1)부터 행정사무요원(Grade 14)까지의 14등급으로 구분되는 단일직급구조로 이루어져 있다. 단일 계급체계하에서도 수직적 계급구조는 여전히 행정·집행·서기 계급으로 구분이 가능하며, 수평적으로는 변호사, 회계사, 통계전문가, 엔지니어, 과학자, 의사 등 전문영역별(Professionals)로 구분된다. 일단 특정 계급에 임용

---

11) 속진임용제에 관한 자료는 가디언 기사자료와 영국정부 홈페이지 자료를 참조.
　　영국 정부 자료: https://www.gov.uk/government/organisations/civil-service-fast-stream
　　가디언 기사 자료: Tamsin Rutter, 2015.09.01, <How to join the civil service fast stream>
　　http://www.theguardian.com/public-leaders-network/2014/sep/01/civil-service-fast-stream-how-to-join-graduate-careers

표 7-7 자율화 이후 중하위직 공무원의 부처별 직급체계

부 처	EO	HEO	SEO	G7	G6
Cabinet Office	B1	B2		Band A	
HM Revenue and Customs	Officer	Higher Officer	Senior Office	G7	G6
Defence Analytical Services Agency	Band D	Band C2	Band C1	Band B2	Band B1
Department for Communities and Local Government	EO	HEO	SEO	G7	G6
Department for Constitutional Affairs	Span 4 Span 5	Span 6	Span 7	Span 8	Span 9
Department for Culture, Media and Sport	C	B		A	A Upper
Department for Environment, Food and Rural Affairs	EO	HEO	SEO	G7	G6
Department for Education and Skills	EO/RO	HEO	SEO/SRO	G7	G6
Department for Transport	Band 3	Band 4	Band 5	Band 6	Band 7
Department for Health	IP2	IP3 (S1)	IP3 (S2)	IP4 (Standard)	IP4 (Upper)
Department of Trade and Industry	5 6	7 8	9	10	11
Department for Work and Pensions	Band C	Band D	Band E	Band F	Band G
Foreign & Commonwealth Office	B3	C4	C5	D6	D7
Forestry Commission	Band 5	Band 4	Band 3	Band 2	Band 1
Home Office	EO	HEO	SEO	G7	G6
HM Treasury	Range C	Range D		Range E	
Health and Safety Executive	Band 5	Band 4	Band 3	Band 2	Band 1
Ministry of Defence	Band D	Band C2	Band C1	Band B2	Band B1
National Assembly for Wales	Band C	Band D	Band E	Band F	Band G
Northern Ireland Office	C	B2	B1	A	
Northern Ireland Civil Service	Executive Officer	Staff Officer	Deputy Principal	Principal	
OFSTED	B3	B2	B1	A	ADM
Office for National Statistics	B1 B2	C1 C2	C3 C4	D2 & D3	D4
Scottish Executive	B1	B2	B3	C1	C2-C3

출처: 김종면 외(2007).

되면 다른 계급으로의 이동은 어려우나 부처 간 이동이나 지역 간 이동은 상당히 용이하다.

행정각부는 장관이 통솔하지만, 정책결정 및 장관에 대한 자문의 책임은 고위직이라 불리는 집단인 직업관료들이 지닌다. 공무원의 종류는 개방구조(Open structure)와 실무급(Administrative level)으로 대분할 수 있다. 전자는 전체 공무원의 4~5%를 차지하고 grade 1~5 정도에 해당하는 고위직이다. 실무공무원은 서기일과 같이 실무적인 업무에 종사하는 사람들로 영국공무원의 대다수를 차지한다(최영출, 2000).

1996년에는 사무차관을 제외한 grade 1~5까지를 고위공무원(Senior Civil Service)으로 통합하여 개방형구조를 유지하는 것이 골자인 개혁을 진행하였다. 이와 더불어 각 부처는 소속공무원의 직급이나 임금체계에 관한 자유로운 결정권한을 갖게 되면서 부처에 따라 다양한 직급체계가 나타나게 되었다. 이러한 개혁의 취지는 다음과 같다.

－공개경쟁을 통해 우수한 인재가 정부의 관리계층에 유입되도록 함(Civil Service Commission이 공개모집을 할 것인가 여부를 정함).
－계급에 바탕을 둔 관리방식을 직무중심의 관리방식으로 전환하여 계층구조를 간소화함.

표 7-8 영국 공무원 직급별 인원

	공무원 수		
	남성	여성	전체
Senior Management(고위직) -과장급 이상 (SCS 공무원)	3,027	1,909	4,936
Other Management(중하위직)			
grades 6 and 7	22,307	17,223	39,530
Senior and Higher Executive Officers	53,846	47,699	101,545
Executive officers	49,427	62,563	111,990
Administrative (단순사무직)			
Administrative Officers and Assistants	70,325	98,183	168,508
미분류	5,028	7,786	12,814
전체국가공무원	203,960	235,363	439,323

출처: Office for National Statistics(2015).

−개인의 성과에 바탕을 둔 유연한 보수체계와 계약고용제의 도입을 통해 공무원의 책임성을 제고시킴.

3) 교육훈련

대부분 간부공무원은 Civil Service Section Board를 통하여 정치적, 사회적, 지적 자질을 검증받아 충원된다. 모든 공무원은 의무적으로 매년 5일 이상의 교육훈련을 받아야 한다. 이들 공무원의 교육훈련은 다양한 기관에서 이뤄지지만 대표적으로 공무원교육원(Civil Service College)에서 교육받는다. 우리와 같은 중앙공무원교육원은 없지만 Civil Service College는 매우 중요하다.

공무원교육원(Civil Service College; 이하 CSC)은 2010년 폐지된 National School of Goverment의 후신으로 2012년 개교하였다. 행정관리처(Office of Public Service)소속 집행기관으로서 중·고급공무원의 교육 및 훈련을 담당하고 있다. 영국 행정개혁의 대표적인 사례인 책임집행기관(agency)이고, 다양한 교육방법을 사용한다(Dynes & Walker, 1995: 114~115).

CSC에서는 여러 가지 주제에 관한 종합교육이나 일반소양교육을 실시하는 것이 아니라 특정 주제에 관한 전문적이고 집중적인 교육을 실시한다. 유능한 강사로 이뤄지는 각종 프로그램은 관심있는 사람은 누구나 유료로 수강신청을 할 수 있도록 개방하고 있다. CSC본부 및 2개 분소에 개설되어 있는 교육과정의 종류는 연간 500개 정도이나, 현지 출장교육이나 교육대상자의 특별한 요구에 따른 주문형 프로그램을 포함하면 연간 약 1,500개에 이른다. 이들 과정은 대부분 일주일 이내의 단기과정으로 구성되어 있다. CSC의 대표적인 교육 프로그램의 예는 다음과 같다.[12]

−여성관리자를 위한 행동교육(Action Learning for Women Managers)
−우선순위와 시간을 균형시키는 훈련(Balancing Priorities and Time)
−탁월한 사업모형에 대한 벤치마킹(Benchmarking Performance Against the Business Excellence Model)
−공공섹터에서의 사업관리(Business Management in the Public Sector)
−변화하는 환경에서 경력의 중요성에 대한 이해(Career Confidence-Making

---

12) 영국CSC의 교육과정 목차는 http://www.civilservicecollege.org.uk

Sense of Your Career in a Changing Environment)
- 협력 경로도(The Collaborative Route Map): 정부정책목표를 수행하기 위해
  다른 조직과 일할 필요성을 주지함으로써, 성공적인 협력관계를 형성하고 유
  지하기 위한 원칙을 이해하며 다른 조직과 협력한 실제적인 예를 검토한다.
- 정보기술 서비스관리에 있어서의 자격증 제도의 도입(Foundation Certificate
  in Information Technology Service Management)

4. 예산 및 재무행정제도

산업혁명을 주도한 영국은 산업구조면에서 큰 변화를 가져왔다. 1차산업은
1% 정도로 축소된 반면, 3차산업(특히 금융분야가 세계 1위)이 75%를 차지한다. 이
러한 산업 간의 개편은 정부가 주도했고, 정부의 예산회계에도 큰 변화를 가져왔다.

영국은 공공부분을 축소하려는 신공공관리론(NPM)적 개혁이 진행되었음에도
불구하고 미국과 비교할 때 많은 부분이 정부의 직·간접 개입 속에서 운영된다.
특히 '제3의 길(the third way)'이라는 개념은 좌파인 노동당이 그들의 정책이념에
우파인 보수당의 민영화나 경쟁의 도입과 같은 정책개념을 접목시킨 것이다. 이와
함께 영국의 복지병을 치유하고자 대담한 개혁을 시도한 바 있으나, 미국이나 기
타 국가들에 비하여 아직 공공부문의 영역은 상당히 큰 편이다.

영국의 예산회계제도는 다른 나라와 다르지 않다. 그러나 집권당이 내각을 구
성하기 때문에 의회의 예산통제는 미약하다. 의회내 예산특별위원회가 존재하지
않고, 의회의 예산에 대한 토론은 3일간 이뤄지는 형식적인 것에 불과하다(김찬수,
2016: 341). 세입의 주요 부분은 조세수입인데, 전체 세입의 90%를 초과한다. 세출
은 사회보장비와 보건의료비 항목이 주를 이루고, 이외에도 교육, 교통, 국방 등이
있다.

대처정부 이후 정부개혁은 재정개혁에 중점을 두고 있다. 영국은 미국 및 프
랑스, 독일 등 준거 기준이 되는 나라에 비하여 복지부문의 축소는 물론이고, 생산
성을 개선하기 위해 최선을 다하고 있다. 특히 행정개혁의 큰 축은 공공부문의 축
소 등 신공공관리(New Public Management)이다.

신공공관리의 특징은 '시장주의'와 '신관리주의'를 강조하는 데 있다. 즉, 비용
대비 효과성의 증대, 공공지출의 억제, 고객지향적 서비스, 공직민간부문 관리기법

의 도입, 권한의 위임 등을 강조하고 있다. 이러한 정부개혁 추진 결과 1979~1997
년 기간에 중앙공무원의 37% 감축(472,000), 중앙공무원 약 80% 인력에 해당하는
138개 책임운영기관 신설, 기관단위의 보수, 직급, 재무관리시스템 구축, 시장성검
증(market testing)으로 720백만 파운드 절감, 고위공무원단(Senior Civil Service)의
신설을 가져왔다.

영국 공공부문의 재정관리는 금전적 가치(Value for Money)라는 측면에서 효율
성과 효과성을 추구하는 원칙으로 요약할 수 있다. 의회에 소속되어 있는 감사원
(National Audit Office)은 행정기관들의 지출을 평가하여 의회에 보고한다. 이를 통
해 개별 기관수준에서는 고객중심의 행정과 행정서비스 품질의 제고를 가져왔다.
그러나 분절성에 따른 부처 간 조정의 어려움과 전통적 공직정서의 약화로 전체
정부수준의 정책효과성 제고에는 한계가 있다(김근세, 2005; Matheson and Kwon,
2003). 또한 재정적자와 공공부문의 취약성도 심각한 문제로 대두되고 있다. 예컨
대, 원자력 발전, 철도 문제 등에서 프랑스 등 이웃나라의 도움이 필요한 실정이다.

표 7-9 영국의 세입세출(단위: 10억 파운드)

세 입		세 출	
항목	액수(%)	내역	액수(%)
소득세	182(25.5)	사회보장	240(31.1)
소비세(VAT)	138(19.3)	건강	145(18.8)
사회보장비	126(17.6)	교육	102(13.2)
내국소비세	48(6.7)	국방	46(6.0)
법인세	43(6.0)	채무상환이자	39(5.1)
지방세	30(4.2)	공공 질서 및 안전	34(4.4)
영업세	28(3.9)	주거·환경	34(4.4)
기타(세금)	69(9.7)	대인복지서비스	30(3.9)
기타(비세금)	51(7.1)	교통	29(3.8)
		산업, 농업, 고용	24(3.1)
		기타	49(6.3)
총계	715(100)	총계	772(100)

출처: 영국 재무부(HM Treasury), 2016: 5~6 수정.

IV 거버넌스

1. 지방자치

영국은 겉으로 보기에는 동질적인 특성이 강한 국가인 것 같지만, 실제로는 지역 간 경제·문화적 차이가 크다. 즉 영국은 정치적으로 단일국가체체(Unitary system)를 유지하지만 이질성이 높은 지역들로 구성된 국가이다. 예컨대 스코틀랜드 지역은 프랑스와 로마법 체계에 뿌리를 두고 있고, 장로교가 주를 이룬다는 점에서 잉글랜드와 대조된다.

영국은 모든 측면에서 잉글랜드 지역이 우월하다. 영국 국민의 총임금의 90% 이상이 잉글랜드 지역에서 발생하며, 북아일랜드는 1% 정도에 불과하다. 또한 북아일랜드는 아일랜드와 합하고자 하는 구교파들과 영국본토와 합하고자는 신교파들 간의 갈등이 심각하다. 이러한 차이를 극복하기 위해 각 지역에서는 어느 정도 자치권을 가지고 정치행정체제를 유지한다.

주목해야 할 점은 이러한 지역별 이질성에도 불구하고 영국은 단방국가라는 점이다. 따라서 미국과 같이 주권을 가진 연방으로부터 상향식으로 정부조직이 이뤄진 것이 아니다. 지방정부는 중앙정부로부터 자치권을 부여받았다는 점에서 '단체자치'의 특징을 갖는다. 영국의 자치계층은 광역자치단체(카운티)와 기초자치단체(시티, 디스트릭트)의 2계층으로 되어 있다(임성일·최영출, 2001).

잉글랜드 지역은 '1972년 지방행정법'에 따라 1974년 4월부터 대런던을 제외, 6개의 메트로폴리탄 카운티와 39개의 넌메트로폴리탄 카운티로 나누었다. 잉글랜드 지역과 달리 웨일스는 22개, 스코틀랜드는 32개 단층 통합지자체로 되어 있다. 북아일랜드는 1973년 3월부터 26개의 디스트릭트로 구분하였다. 물론 수도인 런던은 특수한 지위에 있다. 런던주는 종래의 런던시 외에 미들섹스·하트퍼드셔·에식스·켄트·서리 등 각 주의 일부를 포함한다.

일반자치구역 외에 특수구로서 경찰제도가 있다. 경찰은 광역자치단체를 몇 개씩 합한 수준에 있으며, 독립적인 경찰위원회가 관리한다. 런던수도의 경찰관구는 런던교(橋)를 중심으로 반경 약 24km, 구(舊) 런던주의 약 5배에 달하는 면적을 차지한다.

이외에도 자치의 최소단위로서 교구(parish)가 있다. 이것은 자치계층은 아니지만 일종의 근린단위로서 주민들의 일상적인 문제가 해결되는 마을 단위이다.

영국의 자치단체는 지방의회와 집행부가 서로 대립하지 않는 기관통합형이다. 단, 런던시는 2000년 최초로 주민직선에 의하여 단체장을 선출하였다. 다른 자치단체의 경우 자치단체장을 지방의원 중 원로순으로 하는 방식으로 되는 곳이 많아 강시장형의 특성은 보이지 않는다. 의회내 각 소관분야별 위원회와 집행부서가 유기적으로 협조하여 자치행정을 수행하는 위원회형이다(장노순, 1994: 52~74). 영국 지방자치단체의 권한은 주민의 일상생활에 관한 것을 포괄한다.

1970년대 말 IMF 위기를 겪었던 영국은 대처정부 하에서 중앙집권적 개혁을 단행하였고, 이 과정에서 지방 민주주의를 훼손하였다는 비판을 받기도 하였다 (Leach and Game, 1991). 또한 1985년 6월 유럽의회(Council of Europe)에서 지방자치 헌장이 채택되었으나, 대처정부는 비준에 동의하지 않은 채 머물렀다. 노동당 블레어 정부가 들어선 후에야 지방자치 헌장을 비준하고 스코틀랜드, 북아일랜드, 웨일즈에 중앙정부의 일부 기능을 이양하는 등 자치권을 강화하였다. 또한 2014년 스코틀랜드 독립투표 이후에는 스코틀랜드에 더 많은 자치권을 보장하고 있다. 하지만 잉글랜드의 경우 중앙정부에서 직접 관리하고 있다.

지방자치가 보장되면서 지방재정에 대해서도 많은 자율성이 주어지는 추세이다. 과거 대처정부하에서는 지방세를 폐지하고 인두세를 적용하면서 지방의 자체수입이 크게 줄어들었다. 이를 보전하기 위해 교부금이 제공되었으며, 점차 무조건부 보조금의 비율이 증대하여 지방의 자율성을 보장하는 추세로 변화하고 있다. 또한 신규차입의 자율성, 지역 내 재정사업 자율성을 확대하고 있다.

스코틀랜드, 독립의 꿈

스코틀랜드는 잉글랜드·웨일즈·북아일랜드와 함께 영국(United Kingdom)을 구성하고 있다. 하지만 잉글랜드는 앵글로색슨족이면서 성공회를 믿고, 스코틀랜드는 켈트족이면서 장로교를 믿는 등 이질적인 배경을 갖고 있다. 또한 전체구의 약 85%인 잉글랜드가 런던을 중심으로 주류사회를 차지하면서, 스코틀랜드는 '정치·경제적으로 차별받고 있다'는 피해의식이 만연해 있다. 1999년 영국정부는 웨일즈·북아일랜드와 달리 스코틀랜드에 자치권을 대폭 이양하며 이의 관리를 시도했다.

하지만 2011년 스코틀랜드 자치의회 선거에서 '스코틀랜드 독립'을 공약으로 내건 스코틀랜드 국민당(SNP: Scottish National Party)이 승리하면서 독립운동은 급물살을 타게 되었다. SNP는 독립 시 북해의 천연자원을 통해 다양한 복지정책이 가능함을 주장했다. 2014년 스코틀랜드 분리 독립에 관한 주민투표가 실시되었고, 투표 결과 독립반대 의견이 우세해 독립은 무산되었다. 대신 영국정부는 조세권/예산권의 일부를 이양하여 독립 찬성파를 다독이려 하였다.

2015년 총선에서는 스코틀랜드 지역구 의석 58석 중 56석을 SNP에서 가져가 스코틀랜드의 지역감정이 크다는 것을 재확인할 수 있었으며, 영국의 EU탈퇴(브렉시트: Brexit)와 관련해 독자적인 목소리를 내는 등 지속적으로 그 존재감을 드러내고 있다.

2. 영국식 거버넌스

영국식 거버넌스는 민간부문과 같이 공공문제를 해결하는 방식이다. 영국에는 사기업을 비롯하여, 여러 가지 이익집단이 있다. 크게 자신의 이익을 보호하기 위한 집단인 이익집단과 사회의 이익을 대변하기 위한 공익집단 등으로 나눌 수 있다.

첫 번째 유형의 집단으로는 노동조합(trade union)이 대표적이다. 노동조합 중에서도 단결성이 전통적으로 가장 강한 전국철도노동자연맹(The National Union of Railwaymen)을 비롯하여, 출판업보호협회(The bookmakers' Protection Association), 교회자유협회(The Free Church Federal Council) 등이 그 예이다. 특히 육체 노동자들 중심으로 조직된 노동조합은 노동당(labor party)과 밀접하게 연결되어 있기 때문에 이들의 의사가 정당을 통하여 정치체제에 투입된다.

두 번째 유형의 집단은 영국 혹은 세계 공동체의 이익보호를 표방하는 일종의 공익집단들이다. 동물학대예방협회(The Royal Society for the Prevention of Cruelty to Animals), 핵무기철폐협회(The Campaign for Nuclear Disarmament) 등이 그 예이다. 이외에도 각종 예술진흥을 위한 단체, 박물관지원단체 등 광의의 공공서비스에 해당하는 것을 제공하기 위한 자발적인 단체들도 많이 있다.

 이러한 단체들을 비롯하여 정당은 일반국민들의 의견을 수렴하여 정치체제에 투입하는 기능은 물론이고 집행기능까지 점점 떠맡고 있다. 일반국민, 사기업, 이익집단, 정당 등 다양한 경로로 투입된 국민의사는 내각의 해당 각종 위원회의 토론을 거쳐 정부의 내부정책안으로 결정된다. 이 중에서 의회의 의결을 요하는 사항에 대해서는 의회를 거치고, 그렇지 않은 경우는 수상의 결정에 의하여 정부정책으로 형성된다([그림 7-5] 참조).

그림 7-5   거시 정책결정과정

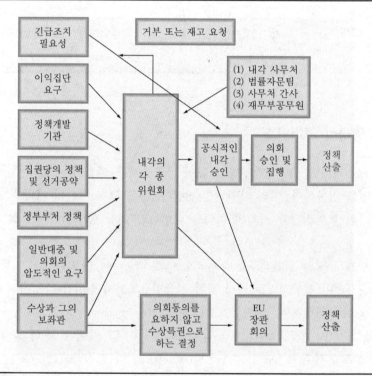

<주> 1. 위의 노선들은 정책의 출발단계에서부터 산출되어 집행에 이르는 과정을 보여줌.
   2. 긴급조치 필요성이 있는 안건은 내각위원회를 거치지 않고 곧 바로 공식적인 내각 승인의 단계로 감.
   3. EU의 관할 아래 있는 결정 등은 내각이나 수상으로부터 오는 권고안들임.
출처: 최영출(2005: 25), 그림 1.

영국관련 유용한 정보 제공 웹사이트

• 영국에는 곳곳에 박물관이 있는데, 입장료가 없는 것이 특징이다. 특히 런던에 있는 대영박물관은 전세계의 문화재가 모여 있는 곳으로 그 규모와 전시품의 다양성에 놀라움을 금할 수 없다.
  - https://www.britishmuseum.org

3. 행정개혁

영국의 정부개혁은 세계적인 모델로 알려져 있다.[13] 1990년 이후 세계를 강타한 신공공관리(NPM)라고 부르는 여러 가지 개혁들이 시도되었고, 이론화된 나라가 영국이다. 신공공관리개혁은 대체로 성과중심 체제로의 지향, 지출가치(value for money)의 증대, 경쟁과 고객서비스의 강조 등이 그것이다.

작은 정부를 표어로 하는 개혁은 영국정부가 대표적이다.

신제도주의: 개혁의 경로의존성

영국에서는 자동차가 좌측 통행이고 핸들이 오른쪽에 있다. 기차의 경우도 마찬가지이다. 이렇게 된 유래에 대해서는 몇 가지 설이 있다. 마차기원설과 런던교통행설이 있으나 어느 것도 100% 확증되진 않았다.

자동차가 나오기 전 대중교통 수단은 마차였다. 쌍두마차건 사두마차건, 마차를 모는 마부의 자리는 오른쪽에 있었다. 오른손잡이가 채찍을 잡고 말을 다루는 데는 오른쪽 자리가 편했기 때문이다. 자연히 통행방법은 좌측 통행이 됐다. 마주보며 교행할 때 접촉사고를 예방하기 위해서는 왼쪽 통행을 하는 것이 유리한 까닭이다.

산업혁명과 함께 영국은 마차를 대체하는 교통수단으로 자동차를 발명했다. 말은 엔진으로 바뀌고, 마부석은 운전석이 됐다. 그러나 이후 세계적으로 산업화가 진행되면서 영국식 자동차는 불합리한 점을 노출했다. 마차와 달리 자동차는 기어 조작을 해야 하는데, 왼손으로 기어를 넣는 게 오른손잡이 기준으로 보면 불편할 수밖에 없었다. 그 결과 미국을 중심으로 왼쪽 핸들 자동차가 보급되기 시작했다.

---

13) 블레어 정부까지의 정부개혁은 김선화(2010)를 참조.

영국의 좌측통행 기원에 대해서는 다른 설도 있다. 템스강에 런던교가 있다. 17세기 초, 이 다리는 집과 상점들이 다닥다닥 들어서 복잡하기 짝이 없었다. 사람과 마차는 무질서하게 밀치고 다녔다. 1625년 어느 여름 날, 말 한 마리가 마차를 끌다 쓰러져 죽었다. 그러자 런던 시와 지방을 잇는 유일한 교통로가 한동안 완전히 마비되는 초유의 사태가 벌어졌다. 이를 계기로 당시 런던시장이 "시내로 들어가는 마차는 강 상류 쪽(즉 왼쪽), 나가는 마차는 하류 쪽으로 진행하라"는 런던교 통행원칙을 선포했다. 이것이 영국 최초의 교통법규였으며, 곧 영국 전역과 바다 건너까지 퍼져나갔다는 것이다.

위 두 가지 설 중에서 마차기원설이 더 설득력이 있다. 어떻든 유럽에서 차를 가지고 여행을 할 경우 자동차의 통행방식 때문에 어려움을 많이 겪는다. 도버해협을 건너 유럽대륙과 영국을 오가면 운전석의 방향이 바뀌기 때문에 영국과 유럽대륙에서는 방향의 착각으로 인하여 대형사고가 나기도 한다. 횡단보도를 건너는 보행자의 경우도 위험하기는 마찬가지이다. 이러한 위험성을 감소하기 위하여 어느 한쪽으로 통행방향을 통일한다는 것도 생각할 수 있다.[14] 그러나 이를 위해서는 너무 많은 비용이 소요될 것이다. 통행방향은 비록 우연에 의해 형성된 것인지는 모르지만 개혁을 하기에는 '과거'에 종속되는 경로의존성을 강하게 가지고 있다.

그러나 1990년 이후 조직의 숫자는 오히려 증가했다. 이는 책임운영기관의 수가 급격히 늘어났기 때문인데, 실제로 매년 평균 12개 이상의 책임운영기관이 신설되었다. 즉, 정부조직전체로 본다면 조직의 축소는 이뤄졌다고 보기 어렵다. 다만 Next Step 개혁 이후 중앙행정기관의 신설이나 폐지가 이전에 비해 탄력적으로 이루어지는 효과가 있다(김근세, 2005: 132). 이는 성과측정 및 보상시스템을 강조하는 책임운영기관 제도를 도입한 Next Steps 사업의 결과이며, 시장성 검증(Market Testing)사업을 통해 보다 경제적이고 나은 서비스를 제공하는 시도의 결과이다. 이와 함께 공조직인지 사조직인지 정체가 불분명한 조직들이 많이 생겼다. 정부조직으로 일사불란하게 움직이던 시절에 비하여, 정부의 독점적 영향력은 줄었다.

이러한 개혁은 정책결정기능을 약화시키고 관리기능을 강조하는 방향으로 이뤄진다. 정부부처는 과거보다 축소된 조직을 가지고 기획 및 계획기능을 수행하면

14) 지금은 영연방국가나 영국의 영향을 많이 받은 일본, 호주, 뉴질랜드 등 여러 나라를 제외하고는 왼쪽 핸들이 보편화됐다. 따라서 아직 자동차가 좌측으로 다니는 나라는 영국문화의 영향을 많이 받은 나라라고 볼 수 있다.

서 동시에 책임운영기관의 운영에 대한 감독(관리)기능을 할 뿐이다. 책임운영기관의 장은 자신이 지휘하는 조직의 성과에 따라 책임을 질 뿐이다. 결과적으로 이는 정부정책에 대해 장관이 의회에 총체적인 책임을 지는 내각책임제 모델을 약화시킨다. 즉, 책임의 단위가 장관에서 책임운영기관의 장으로 전가되는 것이다.

예컨대, 1995년 10월 책임행정기관의 하나인 교도소의 경우 탈주자수는 줄었지만 탈주자를 잘못 다루었다는 보고서로 인해 장관이 교도소장을 해고하였다. 해고된 당사자는 자신이 정부의 교도정책의 실패에 대한 희생양이었다고 소를 제기하였다(Hancock, 1998: 47). 이처럼 장관이 자신이 책임을 지기는커녕 부하의 책임을 묻는 것으로 정책을 종결하면 무책임한 행정이 되는 것이다.

또 한가지 언급해야 하는 것은 모든 개혁에는 비용이 수반된다는 점이다. 대처정부는 행정개혁을 위한 조사비용만 5억 6천 5백만 파운드 정도를 소모하였으나, 이를 바탕으로 한 구조조정의 효과는 겨우 1,000만 파운드의 절약효과를 가져왔다고 보고 있다(조성한, 2001: 19).

최근 캐머런 정부는 대폭적인 공무원 감축을 시도하였다. 과도한 재정적자를 해결하기 위해 우선적으로 공공부문부터 손질하고 있는 것이다. 대처의 보수당 집권 이후 줄어들던 공무원 수는 노동당 집권 이후 다시금 증가하고 있었다. 또한 경제위기 속에서 재정확대정책을 수행하면서 부채규모 역시 크게 증가하였다. 2010년 재집권한 보수당은 재정적자, 국가부채 문제를 해결하기 위해 공무원 인원의 9만 명을 감축하였다.

2015년 총선으로 재집권에 성공하면서 개혁은 더욱 탄력을 받았으며, 추가 감축규모를 5년간 10만 명으로 정했다. 이는 영국 일반직 공무원 약 50만 명의 20% 규모이다. 영국정부는 이러한 공공개혁을 통해 2019년 70억 파운드 흑자를 예상하고 있다. 또한 이러한 공무원 감축에 따른 인원부족은 IT 자동화를 통해 충분히 대체가능하다고 분석하고 있다. 이를 위해 내각 사무처에 정부디지털국(GDS: Government Digital Service)을 개설해 디지털 서비스 개혁을 추진해오고 있으며, 강력한 리더십 하에서 최첨단 디지털 정부국가로 변모하고 있다.

V 한국과의 비교

영국은 다른 유럽국가와 마찬가지로 상대적 통합모델을 가지고 있는 나라이다. 그리고 웨스트민스터모델이 말해 주듯이 3권의 통합 정도가 다른 나라보다도 더 높은 편이다. 과거 왕정시대 통치체제의 틀을 그대로 유지하고 있는 부분이 많기 때문에 기구의 분화 정도도 약하게 융합된 형태이다. 상대적으로 권력이 융합된 모델이라고 할 수 있다.

정치행정제도 내에는 아직 전통을 중시하고, 평민보다는 귀족중심적인 측면도 많이 가지고 있다. 최근 대법원 및 성공회와의 관계개혁 등 역사적 유물에 가까운 제도들에 대한 개혁이 이뤄지고 있다. 또한 행정에서도 각종 개혁들이 시도되고 있다. 그러나 적어도 국민성이라는 측면에서 본다면 영국인들은 보수적인 데 비하여 한국인들은 지나치게 새로운 것을 추구하는 편이라고 할 수 있다.

1994년 메이저 정부 이후 투명성을 높이기는 하였지만 아직 다른 유럽 국가에 비하여 폐쇄성이 강한 나라이다(Hancock, 1998: 47). 유럽연합(EU)과 더불어 과거 강력하고 독자적인 영향력을 행사했던 영국이 연합 속으로 들어가는 데에 대한 불안감도 많이 있고, 국제사회에서 영향력이 감소되는 것에도 많은 두려움을 갖고 있다.

영국사회는 많은 문제점을 가지고 있다. 대처 수상의 개혁에 이어, 캐머런 수상이 신자유주의적 개혁을 계속하고 있다. 그 결과, 이제 미국 다음으로 해고가 자유로운 나라가 되었다. 낮은 세금과 더불어 낮은 복지혜택을 향한 개혁도 이뤄지

표 7-10 영국-한국의 비교

	영 국	한 국
전 통	중시	무시
정치체제	의원내각제	대통령제
정 당	안정된 양당제	이합집산형 정당구조
공공영역	복지체제 과잉발달	복지제도 완성중
행정조직	다양	단순
행정개혁	점진적	급진적

고 있다. 영국의 국제적 영향력은 감소하고 있으며, 정부의 경쟁력도 약화되고 있다. 유럽대륙국가의 특성은 약화되면서 미국식 특성은 더해간다. 특히 과학기술분야의 정부경쟁력이 저하되고 있다(임도빈, 2015).

아울러 실업률과 인구의 고령화는 다른 유럽국가와 마찬가지인 문제이다. 영국에도 계속하여 외부 인력이 유입되는데, 이슬람교도가 전체 인구의 4.4% 정도를 차지하고 있다. 이것은 기독교와의 이질감으로 인하여 사회적 갈등요인이 되고 있음이 틀림없다.

영국과 한국의 가장 큰 차이점은 정치행정제도의 전통을 중시하는 측면과 정치가 안정되어 있느냐의 문제에 있다. 영국은 왕정시대 후 서서히 발전해 온 의회민주주의 체제를 유지하면서 정치제도가 비교적 안정적으로 작동하고 있다. 이러한 맥락에서 정치가 정한 목표를 어떻게 좀더 효율적으로 달성하느냐라는 문제인 행정개혁 논의가 의미있게 이루어지는 것이다.

반면에 한국은 짧은 민주주의 역사와 변화무쌍한 정당체제로 인해 정치가 안정적이라고 볼 수는 없다. 이러한 맥락에서 행정개혁은 자칫 정치의 희생양이란 차원에서 이뤄지는 측면도 가지고 있다. 다른 말로 바꾸면, 영국은 전통을 잘 바꾸지 못하기 때문에, 그리고 한국은 너무 자주, 그리고 급격하게 바꿈으로써 비능률이 생기는 부분이 많다.

공공부문의 규모는 영국도 여전히 큰 편이다. 비대한 정부부문을 축소하기 위해 책임운영기관화와 같은 NPM 개혁을 시도했으나, 이는 순수한 감축이 아닌 독특한 형태의 조직신설로 볼 수 있다. 즉 순수한 민영화 부문을 제외하면, 광의의 공공부문으로 남아있는 것이 많다.

한국은 공공부문의 절대적 규모는 작은 편이나, 영향력이 강하다는 측면에서 비대하다는 지적을 받고 있다. 또한 IMF 이후 NPM 개혁을 시도해오고 있지만, 영국만큼 다양한 편도 아닐뿐더러 껍데기만 달라졌고 내용상 큰 변화가 없는 것도 많다. 행정조직뿐만 아니라 인사제도에서도 영국은 비교적 점진적 개혁을 시도하고 있다고 볼 수 있는 반면, 한국은 매우 다양한 개혁들이 시도되고 있다.

지방자치면에서는 영국이 한국에 비하여 생활자치로서는 더 잘 자리매김을 하고 있다. 기관통합형이면서 위원회형이지만 지방의 공직이 권력의 자리라기보다는 봉사의 자리로 인식되고 있다. 이에 비하여 한국의 지방자치에는 정치적인 요소가 많이 작용하고, 일부 지방엘리트들의 권력남용과 같은 부작용도 나타나고 있다(임도빈, 2004).

☕ **차 한잔의 여유**

런던 올림픽과 도심개발

올림픽 관련 개발붐으로 기존에 살던 예술가들이 내몰리지 않도록 하고, 자본을 가진 외부인들에게만 개발 이득이 돌아가는 것을 방지하기 위해 'HWFI CIG' (Cultural Interest Group)라는 모임을 만들었다. HWFI CIG는 2011년부터 매월 모임을 갖고 있다. 예술가와 공간 운영자들뿐 아니라 런던자산개발회사(LLDC, London Legacy Development Corporation), 런던시, 관할 구인 해크니구와 타워햄릿구의 관계자 30~40명이 꾸준히 참여하고 있다. HWFI의 다양한 커뮤니티가 무엇을 원하는지, 올림픽 이후 삶의 공간이 어떻게 변화하게 될지 상의하며 실질적인 지역 재생 계획을 논의하는 민관 협력의 거버넌스다.

런던올림픽 유치위원회는 막대한 공공자금이 쓰인 런던올림픽이 3주의 개최 기간에만 반짝 효과를 내는 데 그치지 않고 그 효과가 꾸준히 지속되길 바랐다. 유치위원회는 올림픽이 끝난 뒤에도 올림픽 정신을 살려 이어가자는 취지의 유산사업들을 포함시켰는데, 그중 하나가 올림픽이 개최된 런던 동부 낙후 지역의 대대적인 재생사업이다. 이를 위해 런던시 산하기관인 런던자산개발회사는 올림픽 경기장을 중심으로 주변 지역의 재생을 위해 HWFI를 포함해 광범한 지역의 부지를 사들였다. 재생사업 계획에는 약 3,500세대의 주택과 학교, 주민센터, 보건소, 미디어센터, 대학 캠퍼스, 정보기술(IT) 스타트업(신생 벤처기업)과 창조산업 클러스터 건립 등이 포함되어 있었다. 최소 1만 명이 넘는 신규 입주민과 직장인들이 이 지역을 이용하도록 할 계획이지만, 기존 1천여 명의 예술가가 이곳에 계속 남을 수 있을지는 불확실한 상황이었다.

화이트빌딩 인근에 '야드 시어터'가 있다. 이곳의 대표 루시 올리버 해리슨은 2011년 이사를 왔다. 루시와 친구들은 주변 올림픽파크 공사장의 폐기물과 폐자동차의 좌석을 재활용해 아무도 사용하지 않던 창고를 110개 객석을 갖춘 소극장으로 바꾸어냈다. 1년 매출은 약 60만파운드(약 10억 원)로 이 중 25%는 영국 예술위원회와 다양한 자선재단에서 받는 지원금이고, 75%는 자체 사업으로 벌어들인다. 야드 시어터는 예술가들의 새롭고 실험적인 공연을 주로 올리며 모판 역할을 한다.

야드 시어터를 나와 리(Lea) 강가로 5분여를 걸어올라가니 스투어 스페이스 (Stour Space)가 보였다. 이곳은 또 다른 예술가들의 작업장이자 전시장이며 지역

주민들의 문화 공간이다. 1층엔 전시 공간과 카페, 상점이 있다. 2층과 3층엔 12개의 예술가 스튜디오가 있고, 이곳에선 48명의 예술가가 시세보다 저렴한 임대료로 입주한다. 이곳에서 작업하는 예술가들이 만든 작품은 1층 전시 공간에서 전시되고, 전시 기간이 끝난 뒤에는 1층 상점에서 판매된다. 또 입주한 예술가들이 자신만의 비즈니스를 시작할 수 있도록 멘토링을 제공한다.

이 공간들을 운영하기 위해 HWFI의 다양한 지역 자원을 활용한다. 창업자들은 2009년 야드 시어터처럼 버려진 창고 두 개를 저렴한 가격에 임대했고, 주변에 있던 고물상에서 주워온 것과 올림픽 건물 폐자재를 이용해 지금의 복합문화공간으로 개조한 것이다. 2012년 스투어 스페이스는 '로컬리즘 액트'(Localism Act)를 근거로 해크니구 최초의 지역자산으로 등재되었다. 영국은 2011년 '로컬리즘 액트'라는 법률을 시행했는데 소유자가 토지나 건물 등의 자산을 매각할 때 지역공동체의 이익에 부합하는 자산일 경우 지역공동체가 우선 구매할 수 있도록 6개월 동안 유예기간을 갖도록 했다. 이처럼 런던자산개발회사가 산업유산 건물을 헐지 않고 개발 계획을 수립한 것, 화이트빌딩의 개·보수에 지원금을 제공한 것, 야드 시어터의 각종 지원 기관 확보, 스투어 스페이스의 지역자산 등록 모두 HWFI CIG의 논의 결과다. 지역의 예술가, 구청 관계자, 런던자산개발회사 관계자들이 함께 머리를 맞대고 고민하며 실마리를 풀어나갔다. 지역 예술가들은 입을 모아 HWFI CIG가 엮어낸 예술가들 네트워크와 연대의 힘을 강조한다.

출처: 한겨레 21, 2016. 5. 21. 일부발췌수정.

◈ 참고문헌

김근세(2005), "영국 국가행정구조의 재형성," 『한국행정연구』, Vol.14, No.1.

김선화(2010). "영국 헌법개혁의 추이와 내용: 의원내각제의 현대적 전개," 『세계헌법연구』, 16(4): 221~250.

김종면·원종학·김우철(2007), 『공무원 단체교섭 및 단체협약 관련 해외사례 연구: 예산편 성제도와의 관련성을 중심으로』, 한국조세연구원.

김찬수(2016), "예산거버넌스 확립을 위한 감사원의 역할연구," 『한국정책학회보』, 25(1): 329~354.

류현경(2013), "국회의원 보수 국제비교," 웹자료. http://www.politics.kr

영국 보건부(2016), 『NHS mandate 2016 to 2017』, Department of Health. https://www.gov.uk/government/uploads/system/uploads/attachment_data/file/ 494485/NHSE_mandate_16-17_22_Jan.pdf

영국 재무부(2016), 『Budget 2016』. HM Treasury. https://www.gov.uk/government/uploads/system/uploads/attachment_data/file/ 508193/HMT_Budget_2016_Web_Accessible.pdf

유민봉·임도빈(2002), 『인사행정론』, 서울: 박영사.

이남국(2001), "영국의중앙정부조직," 한국행정연구원 보고서.

임도빈(1996). "정치와 행정의 관계에 관한 비교연구: 영국, 프랑스, 독일의 제도를 중심으 로," 『한국행정학보』, 30(1): 129~142.

임도빈(2003), "신공공관리론의 비판적 이해: 시민헌장을 중심으로," 『한국행정논집』, 제15 권 1호.

임도빈(2004), 『한국지방조직론』, 서울: 박영사.

임도빈(2015), 『한국정부, 왜 16위인가』, 서울: 문우사.

임성일·최영출(2001), 『영국의 지방정부와 공공개혁』, 서울: 법경사.

장노순(1994), 『영국지방자치의 이해』, 춘천: 강원대학교 출판부.

조성한(2001), "경영혁신의 허와 실," 『한국정책학보』, 제9권 1호.

주장환·윤성욱(2014), 『주요 선진국 지방자치제도 및 지방의회 운영제도 사례 수집: 영국』, 서울: 전국시도의회의장협의회.

최영출(2000), "영국 공무원의 정치화," 『정부학연구』, Vol.6, No.2.

한동만(1996), 『영국 그 나라를 알고 싶다』, 서울: 서문당.

Bryson, Alex and John Forth(2010), "Trade union membership and Influence 1999-2009", NISEP Discussion No.362.

Burch, Martin and I. Holliday(1996), *The British Cabinet System*, London: Printice Hall. *Civil Service Year Book.*

Dunleavy(1997), "The Urban Basis of Political Alignment: Social Class, Domestic Property Ownership and State Intervention in Consumption Processes," *British Journal of Political Science* 9, pp.409~444.

Dynes, Michael & Walker, David(1995), *Guide to the New British State*, London: Times Book.

Gilligan, Brian and Breton Scott(ed.)(2015), Constitutional Conventions in Westerminster Systems, Cambridge Uni. Press.

Greenwood, John and D. Wilson(1989), *Public Administration in Britain*, London: Unwin Hyman

Hancock, M. Donald(1998), *Politics in Western Europe*, London: McMillan

Jarvis, R.(2002), *The UK Experience of Public Administration Reform*, London: Commonwealth Secretariat.

Jordan, Grant(1996), *The British Administrative System*, London: Routledge

Leach, S. and C. Game(1991), English Metropolitan Government Since Abolition: An Evaluation of the Abolition of the English Metropoitan County Councils, *Public Administration*, 69: 142~170.

Mathesion, A, and Hae-Sang Kwon(2003), Pubilc Management in Flux, in T. Bovaird and E. Loffer(eds.), *Public Management and Governance*, London: Routledge.

Peters, B. Guy, R. A. W. Rhodes & V. Wright(ed.)(2000), Administering The Summit: Administration of the Core Executive in Developed Countries, London: Macmillan Press.

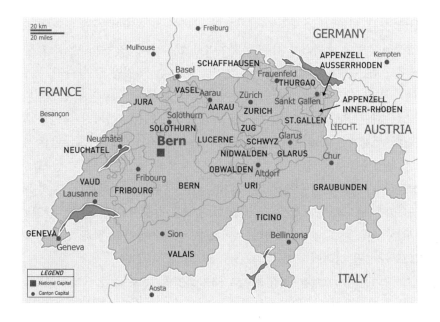

면적: 41,277㎢   인구: 8,121,830명(2015)

인구밀도: 약 188명/㎢   수도: 베른(사실상, 법률상은 없음)

주요 언어: 독일어, 프랑스어, 이탈리아어   종교: 그리스도(로마가톨릭, 개혁교회)

통화: 1달러($)=1.01 스위스 CHF   국내총생산(GDP): 3,694억 달러(1인당 약 80,675달러, 2015)

Ⅰ 개 관

1. 최빈국에서 부자나라로

스위스는 국가경쟁력지수에서 매년 상위를 차지하는 경제적 부국이다.[1] 세계은행에 따르면 2014년 기준 1인당 GDP는 약 8만 달러로 세계에서 가장 부유한 국가 중 하나다. 국민들은 강한 애국심과 성실함을 갖추고 있으며, 시계와 같은 정밀기계 산업, 다국적 제약업, 금융·보험업 등으로 세계에서 소득수준이 높은 몇 손가락 안에 드는 나라다. 경제 분야에서뿐만 아니라 '매력적인 관광지'로서, 그리고 '환경청정국'으로서 스위스가 갖는 국가이미지에서 알 수 있듯이, 관광, 환경 등의 분야에서도 높은 세계적 경쟁력을 갖고 있다. 이처럼 '작지만 강한 나라' 스위스는 '세계에서 가장 살고 싶은 나라', '국민이 부유하고 행복한 나라'로 손꼽힌다.[2]

스위스는 과거 유럽에서 가장 가난한 나라 중 하나였다. 하지만 국민과 정부가 힘을 합해 세계에서 가장 잘 사는 나라 중 하나인 지금의 스위스를 만든 것이다. 척박한 환경에서 시작하여 글로벌(global) 경쟁력과 국민 행복을 가능케 하는 국가로 성장한 스위스의 원동력이 무엇인지는 흥미로운 연구주제이다. 흔히 생각할 수 있는 넓은 영토와 풍부한 자원, 단일한 민족구성에 따른 국민들의 단결력은 스위스에서는 기대할 수 없다. 오히려 주어진 자원은 척박하고 적은 인구와 다양한 민족으로 구성된 나라이다.

스위스 국가운영시스템은 기본적으로 국가운영의 중심 축이 국가적(national) 차원의 중앙에 집중되어 있는 것이 아니라, 지역(local) 수준의 분권적인 자치에 기반하여 운영되는 것을 특징으로 한다. 국가적 권력이 상대적으로 약하고 지역적 수준의 자율성이 극대화됨으로써, 오히려 글로벌(global) 경쟁력이 제고되는 '분권국가' 스위스의 일견 역설적인 성공 사례는 국가경쟁력 강화를 위해서 반드시 국가의 전체 자원을 총력적으로 중앙에 집중시키는 것만이 능사가 아님을 보여주고 있다.

---

[1] 전세계 국가경쟁력을 평가하는 양대 기관인 세계경제포럼(WEF), 국제경영개발원(IMD)이 각각 2015년에 발표한 결과에 따르면 스위스는 140국 중 1위(WEF 기준), 61개국 중 4위(IMD 기준)를 기록하였다.

[2] 유엔이 158개국을 대상으로 국민의 건강·가족관계·직업안정성·정치적 자유 등을 조사해 지난해 4월 공개한 '2015 세계 행복보고서'에서 스위스는 가장 행복한 국가 1위에 올랐다.

용병으로 돈 번 극빈국가 스위스

스위스는 척박한 환경으로 150년 전까지만 해도 가장 가난한 극빈국가였다. 역사적으로 유럽에서는 많은 전쟁이 있었는데, 스위스 젊은이들은 산악에서 잘 단련된 체력으로 여러 나라에 용병으로 돈을 벌어 집에 송금하였다. 스위스용병들은 용맹하기로 유명하였다.[3] 특히 프랑스와 오스트리아와의 전쟁에서 부르봉 왕조의 용병으로 참여하여 끝까지 지킨 것을 계기로 스위스용병이 유명해진다. 이를 기념한 조각이 루쩨른에 있는 빈사의 사자이다. 사자는 스위스용병을 상징하며, 사자가 창에 찔려 죽으면서도 부르봉왕조의 상징인 문양의 방패를 앞발로 껴안고 있는 모습을 형상화하였다.

오늘날에도 로마의 바티칸시국을 호위하는 병사들이 스위스 용병 100명이다. 신성로마제국 황제 카를5세가 로마를 침략했을 때, 당시 교황령을 지키는 용병들은 전부 도망쳤지만 스위스용병들은 계약기간이 남아있다고 거절하여 187명 중 147명이 전사하면서도 교황 클라멘스 7세를 지켰다. 그 후 교황청은 계속 비록 개신교가 강한 나라이지만 스위스 용병들을 고용하고, 미켈란젤로가 디자인했다는 찬란한 제복을 입은 바티칸 호위병은 스위스 젊은이에게 인기있는 군복무지가 된다.

2. 거시환경

스위스는 영토 규모가 한반도의 1/5인 약 4만 1천㎢에 불과하고 독일·프랑스·이탈리아 등 유럽 강대국들에 둘러싸여 있으며, 작은 영토마저 중앙에 알프스 산으로 나눠져 서로 교통이 원활하지 않은 나라이다. 게다가 풍부한 지하자원도 보유하지 못한 어려운 여건을 갖고 있다. 하지만 풍부한 수력자원으로 전력을 이탈리아에 수출하고 있으며, 암반에 원자력발전소도 가지고 있어 역시 이탈리아로 수출한다.[4]

스위스는 812만여 명 규모의 인구를 가진 국가이며, 그 중 약 23%가 외국 국적 비시민권자로서, 다양한 언어, 종교, 민족 등에 의한 다문화사회로 구성되어 있다([그

---

3) 이와 유사한 사례로는 영국이 1815을 네팔을 침략했을 때 경험한 구르카 족의 용맹성으로 아직도 이들을 선발하여 영국의 특수부대로 유지함을 들 수 있다.

4) 이탈리아는 원유도 생산되지 않고, 수력자원도 적어 전력을 대부분 수입한다. 최근 신생에너지가 일부 생산되는 정도이다.

그림 8-1 스위스 인구사회학적 구성

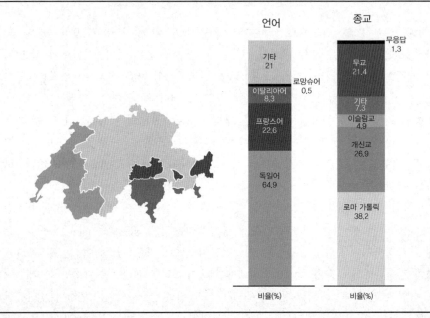

언어

기타
21
로망슈어
0.5
이탈리아어
8.3
프랑스어
22.6
독일어
64.9

비율(%)

종교

무응답
1.3
무교
21.4
기타
7.3
이슬람교
4.9
개신교
26.9
로마 가톨릭
38.2

비율(%)

자료: Federal Chancellary(2015).

림 8-1] 참조). 그러나 작은 규모의 국가 특성을 반영하여 엄격한 이민정책을 펼침
으로써 자국민을 보호하는 방식을 통해 높은 경제수준을 유지하고 있다. 중앙정부
가 지방자치로 인하여 허술한 것 같지만 특성에 맞는 경쟁력 있는 정책을 강력히
펴고 있는 것이다. 오늘날에도 스위스는 외국인이 국적을 취득하기에 가장 어려운
나라 중의 하나이다.

현재 스위스에는 게르만인·프랑스인·이탈리아인·스위스 원주민 등 4개의 대
표적인 인종으로 구성되어 있으며, 이들 각각이 사용하는 언어도 다르다. 독일인이
가장 많아 독일어를 쓰는 사람들이 비중이 64.3%로 가장 높지만, 독일어·프랑스어·
이탈리아어·로망슈어(스위스 방언)가 모두 공용어이다.[5] 종교는 가톨릭교가 약
39%로 가장 많지만 개신교 비중도 28%로 상당하다.

─────────────

[5] 스위스의 공식 명칭도 Schweizerische Eidgenossenschaft(독어), Confederation Suisse(불어),
Confederazione Svizzera(이태리어), Confederaziun Svizra(로망슈어) 등 네 가지다. 따라서
스위스가 한 가지 공식 명칭을 사용할 때는 라틴어인 '헬베티아 공화국(Confoederatio
Helvetica)'을 쓰는 것이 원칙이다. 스위스 국가 도메인을 'ch'라고 쓰는 것은 이 원칙에 기인
한 것이다.

이와 같이 스위스는 자원에 기대기 힘든 척박한 지역에서 상이한 언어와 민족, 종교 등으로 구성된 사회적 균열(cleavage)과 파편화(fragmentation) 속에서도 국민통합을 이룸으로써 세계 일류 수준의 국가경쟁력을 갖출 수 있었다. 그리고 이는 분권적이지만, 경쟁력이 높은 정부(연방 및 칸톤)가 있었기 때문에 가능하였다. 스위스의 경쟁력은 영세중립국이라는 점과 독특한 분권형 정치행정체제를 갖고 있다는 점에서 찾아볼 수 있다. 즉, 밖으로는 영세중립국을 유지함으로써 외침을 받지 않아 국가의 기틀과 번영을 유지했고, 안으로는 철저한 권력분립에 기초한 분권적 국정운영을 함으로써 정치·사회적 안정을 꾀했다는 것이 스위스 번영의 배경으로 지적되고 있다(Linder, 1994).

II 정치과정

1. 기본구조

스위스의 성공적인 사회적 통합과 국가적 번영의 핵심요인은 권력분점(power sharing)을 통한 아래로부터의 민족형성(bottom-up nation building)이다(Linder, 1994; Linder and Iff, 2011; Ladner, 2013; 안성호, 2001; 이기우, 2014). 스위스 국가권력의 무게 중심은 아래에 있으며, 이러한 권력분점 모델은 [그림 8-2]와 같은 세 가지 제도적 기둥이 근간을 이루고 있다. 즉, 연방주의(Federalism), 직접민주주의(Direct Democracy), 협의민주주의(Consensus Democracy)라는 3대 축은 스위스연방을 구성·

그림 8-2 스위스 권력 분점의 3대 축

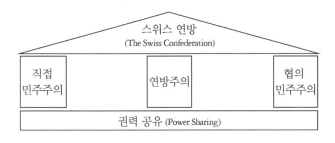

운영하는 권력공유 원리의 제도적 기제로서 작동한다. 이와 같이 스위스 정치·행정체계는 철저한 권력분립을 중심에 두고 있다. 다시 말해, 입법·행정·사법의 수평적 권력분립은 물론이고, 연방정부와 주정부(칸톤) 간 수직적 권력분립 역시 제도화되어 있으며, 그 근저에는 모든 권력은 국민으로부터 나온다는 직접민주주의와 국가 주요 의사결정이 국민적 합의에 의해 이루어져야 한다는 협의민주주의 원리가 구현되어 있다.

2. 연방주의

산지로 구성된 스위스 지역은 자연부락단위로 이뤄져 국가형성이 늦었다. 1291년 8월 우리(Uri), 스위츠(Schwyz), 운터발덴(Unterwalden)의 세 지역이 외세의 침략에 맞서 권리와 재산을 보호하기 위해 결성한 이래 몇 세기를 거치면서, 스위스 연방은 점차 확대되었다. 13세기까지 23개의 칸톤으로 구성되어 있었고, 초기에는 약한 연방 체제를 이루다가 16~19세기에 걸쳐 소수파인 가톨릭 보수주의 칸톤들과 다수파인 급진적 프로테스탄트 칸톤들 간의 심각한 갈등이 여러 번의 내전으로까지 비화했다. 1830년에는 프랑스 7월 혁명의 영향을 받은 자유주의운동으로 1847년 보수적인 가톨릭 세력과의 내전이 발발했는데, 결국 자유주의자의 승리로 끝났다. 이에 두 세력은 자발적 합의로 통합을 이루기 위해 1848년 국가권력을 수직적·수평적 차원에서 분점시키는 스위스의 연방헌법을 제정하고 정치적 공동의사에 기초하여 연방국가를 수립하였다. 그 결과 칸톤의 주권 권한에 해당되었던 군사, 관세, 우편, 화폐 등의 영역이 연방 차원으로 귀속되었으며, 남성에게 일반 투표권과 선거권이 주어졌다.

스위스연방(Confoederatio Helvetica)은 네 개의 언어·문화권으로 구분되는 26개의 칸톤(Canton)과 2,300여 개의 꼬뮨(Commune: 독일어로는 게마인데(Gemeinde))으로 구성된 연방제 국가이다. 즉, 26개의 칸톤(주)이 중심이 되어 이뤄진 연방국가이다. 스위스는 중세 이래 복합적인 균열에 따른 심각한 갈등을 경험했다(Linder, 1994). 스위스 연방주의는 구성원들의 다양성을 유기적으로 통합하는 제도적 장치로 기능하고 있다.

1848년 제정된 스위스의 연방헌법은 중앙정부의 권력을 제한하고 언어적·종교적 균열로 인한 문화적 정체성의 차이를 보호하기 위해 칸톤 정부에게 상당한

그림 8-3 스위스연방의 국가기관

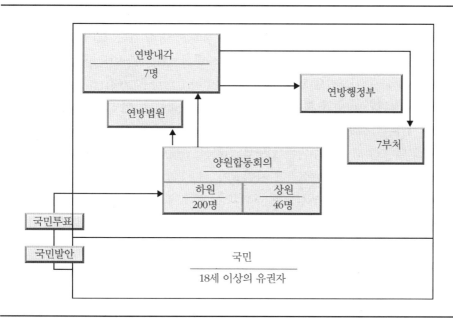

자료: 이기우(2013: 15).

자치권을 부여하였다. 특별히 스위스 연방헌법은 수평적 권력분점을 위하여 국민 대표와 칸톤대표로 구성되는 양원제의 연방의회(Federal Assembly)를 채택하고, 상 원과 하원이 동등한 의사결정 권한과 지위를 갖도록 하였다.

연방상원인 주협의회(Council of States)는 다수대표제에 의해 각 칸톤이 선출한 칸톤대표 총 46인으로 구성된다. 작은 칸톤들의 이익을 최대한 보장하기 위해 상 원 의석을 칸톤의 인구규모와 관계없이 20개의 칸톤(full canton)은 2명씩, 6개의 반(半)칸톤(half canton)은 1명씩 선출된다.6)

국민 전체의 대표인 200명의 의원으로 구성되는 연방하원인 국민협의회(Na-tional Council)는 칸톤의 인구에 비례하여 1~34명의 의원이 선출되는데, 각 칸톤에 서 정당명부별로 획득한 득표율에 따라 의원수가 배정되는 비례대표제에 의해 선

---

6) 아펜젤 이너로덴과 아펜젤 아우서로덴은 원래 하나의 칸톤이었다가 1597년 구교와 신교의 갈등으로 두 개로 분리되어 독립된 칸톤이 되었다. 또한 바젤 슈타트(Basel Stadt)와 바젤 란 트샤프트(Basel Landschaft), 옵발덴과 니드발덴도 하나의 칸톤이었다가 둘로 분리되었다. 이 러한 칸톤은 1명의 상원의원만 보낼 수 있으며, 연방헌법의 개정에도 1표가 아니라 반쪽 (0.5)의 투표권만 행사할 수 있다.

출된다.[7] 연방헌법은 연방하원의 선출시 인구비례에 따라 각 칸톤에 의원 수를 할당하지만, 칸톤에 최소한 한 명의 연방하원의원을 보장하고 있기 때문에 1,500명의 주민을 가진 아펜젤 이너로덴(Appenzell Innerrhoden) 칸톤에 1명의 하원의원이 선출될 수 있도록 보장하고 있다. 아펜젤 아우서로덴(Appenzell Ausserrhoden), 옵발덴(Obwalden), 니드발덴(Nidwalden), 우리(Uri), 글라루스(Glarus) 칸톤도 아펜젤 이너로덴 칸톤과 비슷한 경우로 1명의 하원이 선출된다. 반면, 인구가 가장 많은 취리히 칸톤은 34명의 의원이 할당되어 있다.

　　요컨대 스위스 연방주의는 연방과 칸톤들 간에 권력을 공유하게 만들었으며, 이에 따라 칸톤들에게 준주권적 자치권이 허용되었고, 민족적·문화적 특수성이 인정됨으로써, 칸톤들은 권한범위 내의 모든 문제에 대해 상이한 언어·인종·종교 집단들의 선호에 부응하고 다문화적 공존을 이루어 나갈 수 있었다.

스위스연방 형성의 역사

　　스위스의 뿌리는 1291년으로 거슬러 올라간다. 독일제국으로부터 파견된 독일제국 귀족이나 성직자들은 당시 스위스 지역의 산악공동체(칸톤, Canton)들을 지배하며 징세권과 재판권을 행사했다. 이에 반발한 우리(Uri), 쉬비츠(Schwitz), 운터발덴(Unterwalden) 등 3개의 산악공동체 대표가 모여 상호 보호·독일제국에게 자치 통보 등의 내용을 담은 동맹헌장을 작성했는데, 이것이 최초의 동맹이었다. 이후 동맹 공동체가 점차 늘어 1513년에는 13개에 이르렀다. 13개의 칸톤들은 구교와 신교간 분쟁으로 분열하게 되었으나, 1618년부터 유럽사회 전체가 구·신교 간 전쟁에 휘말린 '30년 전쟁'에서는 중립노선을 걸음으로써 번영의 기틀을 마련했다. 이로 인해 종전 이후 칸톤들은 신성로마제국으로부터 독립을 인정받았다.

　　하지만 1789년 프랑스 혁명군의 침략으로 스위스 칸톤들은 식민 지배를 경험한다. 프랑스 혁명군은 베른을 중심으로 한 중앙집권적 단일국가인 '헬베티아 공화국'을 선포하고 칸톤의 자율성을 박탈하였는데, 산발적인 칸톤의 반발이 이어지면서 칸톤의 자치권이 일부 인정되기도 했다. 1815년 나폴레옹 몰락 이후 22개 칸톤들이 독립하면서 칸톤들은 자치권을 보유하였고 일부 동맹을 통해 국방·안보의

---

7) 예컨대 인구 규모에 따라 10명의 의원을 보낼 수 있는 루체른(Luzern) 칸톤에서, 50%를 득표한 정당의 경우, 선거용 정당명부에서 대략 상위 5명까지 연방하원에 보낼 수 있는 반면에 연방하원에 보낼 수 있는 의원이 1명만 할당된 칸톤에서는 비례대표제가 의미가 없기 때문에 다수대표제로 가장 많은 표를 얻은 후보자가 선출된다.

권력을 위임한 동맹협약을 체결했다. 1830년대에는 유럽에 자유주의 문화가 팽배해지면서 중앙권력 강화를 주장하는 자유주의 칸톤과 칸톤권력 강화를 주장하는 보수주의 칸톤 간 대결 구도가 형성됐다. 결국 1845년 양자 간 분리동맹 전쟁이 발발했고, 1847년 자유주의 세력의 승리로 전쟁은 막을 내렸다. 하지만 자유주의 세력은 중앙집권적 단일국가를 구성하는 대신 칸톤의 독립성을 존중하면서도 통합적 업무수행을 하는 중앙정부가 병존하는 연방제도를 창안했다. 그 결과 1848년 연방제와 양원제를 뼈대로 한 통일헌법이 제정되었으며, 이후 200여회 이상의 개헌을 거쳐 연방과 칸톤 간 권한 조정을 해나가고 있다.

3. 직접민주주의

스위스 연방헌법은 연방의회 등과 같은 대의민주주의 기구와 함께 직접민주주의[8](direct democracy) 제도를 규정하고 있다. 1874년 연방헌법 개정을 통해 법률에 대한 국민투표(referendum)가 도입되었고, 1891년에는 국민발안(popular initiative)이 시행되었다. 현행 스위스연방헌법 138~142조는 국민발안, 의무적 국민투표(mandatory referendum) 및 임의적 국민투표(optional referendum) 제도를 규정하고 있으며, 국민투표와 관련한 연방의회의 역할과 권한은 163~165조와 173조, 국민발안을 통한 연방헌법의 개정은 192~194조에 근거하고 있다.[9] 이에 따라 스위스 국민은 4년에 한 번 연방하원과 연방상원 선거에서 투표권을 행사하는 것과 함

---

[8] 직접민주주의 전통은 Schwyz, Uri, Unterwalden 등 세 개 Canton의 1291년 연합(원래 Uri 칸톤의 남성연합, Schwyz 칸톤의 조합, Unterwalden 칸톤의 공동체를 지칭)이 계기를 이루었으며, 또 1294년에 처음으로 열린 자유를 지닌 남성들의 연례회의(the Landsgemeinde)는 산악지대 스위스 칸톤의 법령을 "투표"로써 통과시켰는데, 이는 스위스 주민투표의 기원을 이루었다.

[9] 헌법 제138조, 제139조에 의해 10만 명의 국민들은 1년에 4번 헌법의 전부개정안이나 일부개정안을 위한 국민발안을 제기할 수 있다. 이 국민발안에 대해 상원과 하원으로 구성된 연방의회는 전부 또는 일부를 무효화할 수 있다. 헌법개정안과 더불어 거부안에 대해서도 국민투표가 실시된다. 헌법 제140조에 따라 필수적 국민투표가 실시된다. 여기에는 헌법의 개정, 국제적 안보체제나 국가연합에 가입하는 경우, 긴급법안으로 발표된 헌법적 근거 없는 1년 이상 효력이 지속되는 연방법률이 대상이 된다. 이 경우 국민과 칸톤의회가 모두 과반수 찬성을 해야 한다. 헌법 제141조에 따라 임의적 국민투표가 실시된다. 5만 명 이상의 유권자나 8개의 칸톤이 요구하는 경우 실시되는데, 연방법률, 1년 이상 지속되는 긴급법률, 헌법 또는 법률에서 위임한 연방명령, 국제조약이 이에 해당한다.

께 1년에 4번 국민투표권을 행사할 수 있다. 연방행정부의 기관인 연방사무국은 연방 차원의 사안을 모아 국민투표에 회부하며, 동시에 칸톤행정부의 기관인 칸톤사무국은 칸톤의 사안을 모아 국민투표에 회부한다.

의무적 국민투표는 연방정부와 연방의회(연방상원 및 연방하원)가 연방헌법의 전면적 수정이나 특정한 국제기구의 가입 등에 관련된 사안에 대하여 의무적으로 국민투표에 회부하는 방식이다. 여기에는 이중다수가 요구되는데 투표자의 다수와 칸톤의 다수가 찬성해야 연방정부와 연방의회가 의도하는 전면적 헌법 개정이나 특정한 국제기구에 가입할 수 있다.

한편, 임의적 국민투표는 아래로부터, 즉 시민들에 의해 조직화되어 연방 대의정치에 대하여 투표자의 다수만으로 결정되는 통제 방식이다. 즉, 임의적 국민투표는 연방의회가 통과시킨 새 법안 내지 연방정부가 집행하려는 정책 나아가 체결하려는 특정한 국제법 조약에 관하여, 국민들이 100일 안에(특정 법안과 국제조약에 대하여 연방의회의 공지가 나온 시점으로부터) 5만 명의 서명을 받아 연방사무국에 제출하여 연방사무국이 국민투표 회부에 찬성하면 국민투표에 부치는 방식이다. 이와 같은 의무적, 임의적 국민투표가 마무리되면 연방의회와 연방정부는 투표결과를 헌법수정, 정책과 법안, 국제조약 등에 반영해야 한다.

이와 같이 연방정부 및 연방의회가 시행하려는 헌법수정 및 법안통과에 대하여 국민이 제동을 거는 수단이 국민투표라면, 국민발안은 국민이 주체가 되어 연방 수준에서는 연방헌법을, 칸톤 수준에서는 칸톤헌법을 개정하거나 보완하기 위한 안을 상정하여 국민투표에 회부시키는 방법이다. 연방헌법의 개정을 위한 국민발안의 경우, 발안의 주체가 사안을 연방사무국에 제출한 이후 18개월 간 10만 명의 서명을 모아야 하며, 연방사무국의 허가로 발안사안에 대한 투표가 실시된다. 또한 연방정부와 연방의회에서는 국민발안에 대하여 역제안(counter-proposal)을 제시할 수 있으며, 역제안은 국민발안의 내용과 같이 국민투표에 부칠 수 있다.10) 이와 같은 국민투표 및 국민발안 제도는 스위스 입법 및 정책 과정에서 권력공유를 촉진하는 유력한 장치이다11)(안성호, 2002).

[표 8-1]에 의하면, 1848년부터 현재까지 필수적 국민투표를 요하는 법안 218

---

10) 1987년 이후 국민 발안사안과 행정당국의 역제안에 대한 이중찬성(double yes)이 투표의 결과로 나올 경우, 국민발안의 원안과 역제안을 둘 다 인정하여 추진할 수 있다.

11) 예컨대 1874년 국민투표제가 도입된 이후 소수의 구교 보수진영은 다수 진보진영의 주요 정책들을 국민투표로 무차별적으로 좌절시킴으로써, 다수의 진보진영은 소수의 구교 보수진영과 타협할 수밖에 없었다(안성호, 2002).

표 8-1 직접민주주의 실시 현황(1848~2016. 2)

총　　계			국민투표						국민발안		
			필수적			임의적					
가	부	계	가	부	계	가	부	계	가	부	계
291	324	615	163	55	218	100	78	178	28	191	219

　　자료: Statistik Schweiz.

건 가운데 55건이 국민투표로 부결되었고, 임의적 국민투표를 요하는 법안 178건 가운데 78건이 국민투표로 폐기되었다. 이에 비하여, 국민발안은 찬성 28건 대 반대 191건으로 반대가 찬성의 사례보다 훨씬 많음을 알 수 있다.

한편, 스위스의 직접민주주의는 칸톤 및 꼬뮨 차원에서도 다양한 제도를 통해 실현되고 있다. 칸톤 차원에서 이루어지는 직접민주주의로는 헌법발안과 헌법국민투표, 법률발안, 법률국민투표, 재정국민투표, 행정국민투표, 국가계약국민투표, 협약국민투표, 연방의 사전심의절차에서 칸톤의 입장표명에 대한 국민투표 등이 있다. 또한 현재 칸톤 글라루스와 아펜젤 이너로덴에서 시행되고 있는 칸톤총회(란츠게마인데)에서는 투표권을 가진 유권자들 전체가 헌법상 부여된 업무를 수행하기 위하여 특정한 날에 특정한 야외의 장소에 모여 공동체의 주요 사안을 함께 결정하고 있다.[12]

전체 꼬뮨 중 1/5은 선거를 통하여 선출된 의원으로 구성된 대의민주주의적 주민의회를 구성하고 있으나, 4/5는 일정 연령 이상의 시민이 직접 참여하는 꼬뮨총회(communal assembly)에서 직접민주주의 형식으로 의사결정을 한다. 꼬뮨총회란 모든 유권자들이 일 년에 수 차례 한 자리에 모여서 꼬뮨의 안건을 심의하고 결정하는 회의이다. 이 결정의 대상에는 주민명부 작성, 시민권 부여, 학교제도, 에너지확보, 도로건설, 지역개발, 세금 등이 속한다(장준호, 2008: 240).

---

12) 과거에는 칸톤 주민들이 매년 한번씩 총회를 열어 칸톤법을 만들고 집행부(내각제 형태) 각료를 선출하기 위해 란츠게마인데(Landsgemeinde)를 실시했으나, 현재는 거의 사라져 아펜젤 이너로덴과 글라루스에서만 명맥을 이어가고 있다.

4. 협의민주주의

스위스 정치는 종교적·언어적·인종적·계급적 균열을 대표하는 이질적인 정치세력 간에 수직적·수평적 권력공유를 통해 공동이익을 지향한다(Linder, 1994). Lijphart(1984)13)에 의하면, 대의민주주의와 다수결제로 특징지을 수 있는 영국에 비하여 스위스는 다른 특성을 가지고 있다. 스위스는 의사결정의 구조와 과정 측면에서 준직접민주주의적(semi-direct)이고, 합의(consensus, consociational)민주주의적 특성이 가장 두드러진 나라이다([표 8-2] 참조).

비례대표제와 다당제를 특징으로 하는 협의민주주의는 무엇보다 정당들 사이의 권력공유를 특징으로 한다. 협의민주주의에서는 선거에 승리한 한 정당이 권력을 독점하지 않으며, 여러 정당들이 권력을 공유하고 협상을 통해 합의를 도출한다.

스위스에는 4개의 주요 정당 및 여러 군소 정당이 존재한다. 4개의 주요 정당은 스위스 사회민주당(SP), 기독민주당(CVP), 자유민주당(FDP), 스위스국민당(SVP)이다. 기타 군소정당으로는 스위스 녹색당(GPS), 보수민주당(BDP), 스위스 녹색민주당(GLP), 스위스 자유당(LPS), 스위스 개신교 국민당(EVP), 기독교 사회당(CSP), 연방민주연합(EDU), 티시노 리그(Lega), 노동당(PdA) 등이 있다. 자유와 평등의 기준에 따라 주요 정당을 좌(left)와 우(right)로 분류하면, SVP는 우파, FDP는 중도우파, CVP는 중도좌파, SP는 좌파로 볼 수 있다.

1848년 스위스연방헌법의 제정 이후 프로테스탄트 자유주의 세력은 자유민주당을 창당했고, 가톨릭 보수세력은 가톨릭보수당(지금의 기독교민주당)을 조직했다.

---

13) Lijphart(1984)는 21개 민주주의 국가들의 정체를 다수결민주주의와 협의민주주의로 대별하고 두 민주주의모형의 특성을 기술하였다. 먼저, 다수대표제와 양당제를 특징으로 하는 다수결민주주의는 무엇보다 다수결원칙을 중시한다. 따라서 정당들 간의 선거경쟁에서 승리한 정당이 의회의 다수를 점한다. 다수결민주주의에서 선거경쟁은 정당들로 하여금 유권자들의 요구에 민감하게 반응하게 만든다. 그리고 양대 정당이 비슷한 규모인 경우에 여·야 간 빈번한 정권교체가 이루어진다. 내각은 의회에서 다수파에 의한 총사퇴나 새로운 선거를 요구하는 불신임을 받지 않는 한 자신의 정책을 강력하게 추진한다. 다수결민주주의에서 권력은 의회의 다수와 내각에 집중되며, 헌법적·사법적 제약, 소수의 거부권 또는 '이중다수'(二重多數)의 연방주의규칙은 거의 존재하지 않는다. 이와 같은 다수결민주주의는 비교적 동질적이고 균열이 적은 사회에 적합한 모형이다. 만일 정당정책의 차이에 관계없이 유권자들의 선택이 거의 고정적이기 때문에 다수와 소수 사이에 정권교체 가능성이 매우 낮은 균열된 사회에서 다수결민주주의 원칙을 적용하면, 권력에 접근하기 어렵거나 불가능한 소수는 극심한 소외감과 박탈감을 느끼게 되고 체제에 대해 강한 불만을 품게 된다. 따라서 균열된 사회에서 승자독식의 다수결민주주의는 '다수의 독재'와 이에 대항하는 소수의 극렬한 투쟁을 조장함으로써 극심한 정치적 불안을 야기할 수 있다.

표 8-2 다수제 민주주의(영국)와 협의민주주의(스위스) 비교

	영 국	스 위 스
민주주의 형태	대의 민주주의, 다수제 민주주의	준직접(semi-direct) 민주주의, 합의(consensus) 민주주의
정당 간 관계	강한 정당 간 경쟁, 승자 독식	약한 정당 간 경쟁, 비례 대표제
선거제도의 중요성	높은 편; 주기적인 정권 교체	낮은 편; 권력을 공유하는 구조
입법 구조 및 특성	정부가 의회 다수결의 찬성을 얻어 정책 프로그램을 입법; 전반적 개혁 가능	문화적 소수자나 이해관계에 따른 연합, 이슈에 따라 바뀌는 연합; 점 증적 개혁
정치적 특성	국민을 위한 정치; 선거에 의한 재선 및 정권 교체를 통하여 정치적 정당화	국민에 의한 정치; 참여를 통한 기 관의 정당화(국민, 의회, 정부 순으 로 중요성이 큰 결정을 맡음)
참여의 특성	정책 프로그램 차원(간접적): 유권자 들은 입법기간 동안의 정부, 정책 전 반에 대하여 투표	단일 문제 차원(직접적): 유권자들은 구체적인 단일 문제에 대해 투표 -정부의 전략적 정책이나 구체적인 프로그램에 대한 것이 아님

자료: Linder and Iff(2011).

국민협의회 의원 선출을 위한 단순다수대표제에 힘입어 자민당은 하원에서 안정
적인 다수를 차지했다. 이에 1848년 자민당은 의회 다수를 동원하여 자당 출신으
로 7명의 모든 연방각료를 선출했다. 이러한 권력독점에 맞서 소수파인 가톨릭보
수당은 국민투표 제도를 활용하여 연방 수준에서 자민당 정부의 정책에 저항하였
다. 1891년 자민당은 연방협의회의 각료직 독식을 포기하고 가톨릭보수당에게 7명
의 각료 중 1명을 양보했다. 스위스의 다수파는 소수파들을 동반자로 만들기 위해
1918년 하원의원선거에 비례대표제[14] 도입을 단계적으로 추진했다.

---

14) 스위스에서 비례주의(proportionalism)를 통한 권력공유는 선거제도와 공직선임 및 공공자금
의 배정 등에서 구현됨으로써 이념과 주장을 달리하는 수많은 정당들을 정치체제 내에 동참
시켜 체제의 안정성 제고에 크게 기여했다(안성호, 2002). 즉, 어느 정당도 절대 다수를 확보
할 수 없는 상황에서 정당들은 타협과 협력을 통한 공존의 길을 찾지 않을 수 없게 됨으로써
스위스 정당체제의 다원주의는 정당들로 하여금 기꺼이 타협과 협력을 모색하게 만들었다.
스위스 연방각료 7명 중 2명은 프랑스어권 출신, 1명은 이탈리아어권 출신에서·선출되는 것
이 불문율이다. 단, 예외적으로 1명의 이탈리아어권 연방각료가 나오지 않은 경우에는 이탈
리아어권 몫의 연방각료 1명이 반드시 프랑스어권에서 뽑힌다. 또한 연방헌법 규정은 동일한
칸톤에서 한 명 이상의 연방각료가 선출되는 것을 금지하고 있다. 나아가 스위스의 모든 정
부기관 및 연방의 각종 전문위원회나 연방의회 위원회의 구성 등에서 언어권 대표성은 비례
주의가 요구하는 것 이상으로 준수되어 왔다.

산업혁명 전후 스위스에서 도시와 농촌 균열은 정치적 영향력을 둘러싼 갈등을 초래했다. 제1차 세계대전 시기에 농촌과 보수적 가치를 강조했던 농민당(지금의 스위스국민당)이 결성되었다. 농민당과 가톨릭보수당은 공히 농촌 보수주의적 문화를 드러냈지만 전자는 프로테스탄트 칸톤들, 후자는 가톨릭 칸톤들을 각각 대표했다. 1929년에는 농민당 출신이 연방협의회의 각료로 참여했다.

또한 스위스는 산업화 과정에서 사회경제적 불평등으로 인해 불거진 계급·계층갈등에 직면했다. 제1차 세계대전 직후 부르주아 정당들이 노동에 대해 공통적으로 적대감을 보인 가운데 노동계급의 전투적인 총파업은 협의제 정치(consociational politics)를 지향하는 추가적인 조치에 영향을 주었다. 즉, 노동을 대표하는 사민당이 1943년에 연방정부의 내각구성에 참여하는 데 성공함으로써 노사 갈등 해소에 기여했다. 이와 같은 스위스의 협의민주주의는 권력공유를 위하여 다양한 방식으로 법적으로 제도화되어 있을 뿐만 아니라 합의 지향의 문화를 바탕으로 한 정치적 관행으로 볼 수 있다(안성호, 2001).

2015년 10월 18일 시행된 하원선거에서는 '반(反) 이민 정책'을 내세운 스위스국민당이 큰 승리를 거두면서 화제를 모았다. 국민당은 2011년 선거 대비 하원의석 11석을 추가로 확보, 총 65석을 차지하면서 지난 100년 간 단일 정당이 확보한 의석 수로는 최대 규모의 의석을 갖게 됐다. 이 외에도 친기업 성향의 우파 자민당이 하원 의석을 3석 늘리며 총 33석을 얻었다. 좌파 성향의 사민당은 의석수 3개, 중도 우파인 기민당 역시 의석수 1개를 각각 잃었다. 결국 우파 성향이 짙은 정당이 200석의 하원 의석 수 중 총 98석을 차지하면서 스위스는 뚜렷한 우경화 성향을 보이고 있다. 한편, 상원의 경우에는 과반수 득표가 원칙으로서, 2015년 10월 18일 시행된 1차 상원선거에서 과반수를 얻지 못한 19개 의석에 대해 11월 15일 재선거가 치러졌다. 그 결과 자민당과 사민당이 각각 2석과 1석을 늘린 13석, 12석

표 8-3 주요정당별 상하원 의석 현황(2015. 10. 18. 기준)

정 당	성 향	상 원	하 원	내각인원
국민당(SVP)	우파	5(−)	65(+11)	2(+1)
자민당(FDP)	친기업 우파	13(+2)	33(+3)	2(−)
사민당(SP)	좌파	12(+1)	43(−3)	2(−)
기민당(CVP)	중도우파	13(−)	27(−1)	1(−)

자료: Statistik Schweiz.

을 가져갔고, 국민당과 기민당은 2012년도와 같이 각각 5석과 13석을 획득하였다.

5. 통제제도

1) 연방의회의 국정통제

연방의회는 연방 차원의 입법 및 정책과정 속에서 연방정부에 대한 국정 통제 기능을 수행한다([그림 8-4] 참조).[15] 스위스의 입법부와 행정부의 상호 독립적[16] 관계 속에서, 연방의회 상하원은 연방내각 및 행정부에 대한 감독 및 정보 요청 권한

그림 8-4 스위스 연방차원의 입법 및 정책과정

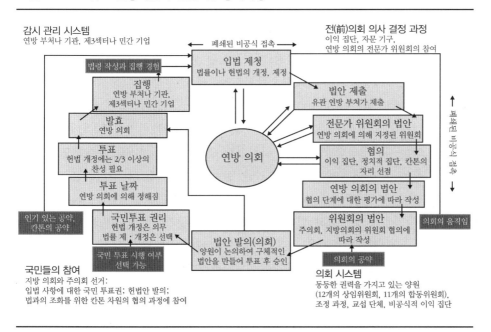

자료: Linder and Iff(2011).

---

15) 연방의회는 연방정부와 연방행정, 연방법원과 그 밖에 연방사무를 수행하는 기관에 대한 감독을 한다(연방헌법 제169조). 또한 연방의회는 연방정부의 지출을 결정하고, 예산을 확정하고, 연방회계를 승인한다(연방헌법 제167조).

16) 불신임투표(vote of no-confidence) 제도가 없어 연방내각은 연방의회 의결에 의해 사임하지 않으므로 정책추진에 있어 독립성을 보유한다. 동시에 연방의회도 정부에 의해 해산되지 않고 정부 법안을 거부하는 등 독립성을 가진다.

을 보유한다.[17] 연방의회의원은 요청(要請)의 제출, 질의, 단순질문을 행사할 권리를 갖는다(윤성호, 2001: 260). 요청은 연방내각에 대해서 특정 법안의 제출 내지 조치의 집행 여부에 대해 검토를 위탁하는 것을 말한다. 질의는 연방내각에 대해서 정치 및 행정의 중요 사건과 문제에 관해 정보제공을 요구하는 것으로 의회에서 답변이 이루어진다. 그리고 단순질문은 연방내각에 대해서 연방사무의 일반사항에 대한 질의로서 회답이 서면으로 이루어진다.

연방의회의원은 일반회기를 위해 1년에 3주씩 네 번 수도인 베른에 모여야 하고 수시로 위원회와 실무모임에 참석해야 한다. 하지만 스위스의 연방의회의원은 직업정치인이 아니라 시간제로 의정활동을 하는 자원봉사자이다. 따라서 보다 전문적인 국정감사(Parliamentary oversight)를 통해 민주적 책임성, 투명성 및 공공신뢰를 제고하기 위하여 의회 위원회 차원의 다양한 기구들이 존재한다.

의회 위원회는 국회의 분야별 업무를 효율적으로 심의하기 위해서 의회의원으로 구성되는 의회기관으로서, 본회의에서 다룰 의안을 사전 심의함으로써 본회의의 부담을 경감하고, 소수의 인원으로 구성된 위원회에서 심도 있는 논의를 통해 의회의 문제해결능력을 제고함으로써, 의회의 전문성을 향상시키고 행정부에 대한 의회의 위상을 제고하는 데 기여한다.

스위스는 헌법조항에 평가 근거를 갖고 있는 세계 최초의 국가이다[18](Stolyarenko, 2014: 6). 의회법 제27조는 위원회가 연방내각이 평가를 수행하도록 요구할 수 있으며, 연방내각이 평가한 결과를 검사할 수 있고, 나아가 위원회가 직접 평가할 수도 있는 권한을 부여한다. 또한 동 법 제40조에서는 평가가 의회의 모든 위원회의 과업임을 천명하고 있다. 위원회는 통상 분기마다 3~4일씩 회의를 개최하는데, 각 교섭단체의 추천을 받아 의회사무국에서 4년 임기로 선임하고, 상임위원회의 의석배분은 교섭단체의 규모에 따라 배정한다. 하원의 위원회는 25인으로 구성되며, 상원의 위원회는 13인으로 구성된다. 상원과 하원에는 각각 11개의 상

---

17) 의회법(Parliament Act) 제26조(감독권) 제1항 "연방의회는 연방내각, 연방행정, 연방법원, 연방검찰의 감독기관 및 연방의 업무를 위탁받은 자를 감독한다," 제3항 "연방의회는 합법성, 체계정당성, 합목적성, 실효성 및 경제성 기준에 따라 감독권을 행사한다."

18) 스위스 연방헌법 제170조(실효성의 심사)에서 "연방의회는 연방이 취한 조치가 실효성(효율성)에 의해 심사되고 있는가에 관하여 주의를 기울여야 한다"고 규정하고 있다. 이에 약 90개의 법령들에서 평가를 의무화하는 조항들이 발견되며, 법률에 따라 설치된 연방의회 기관들은 연방의 조치에 관한 다음의 사항을 심사한다. 즉, 연방정부가 실효성 심사를 수행하도록 요구할 수 있으며, 연방정부의 위탁으로 수행된 실효성 심사를 검토할 수 있고, 실효성 심사 자체를 위탁할 수도 있다.

임위원회가 있으며, 이는 각각 9개의 입법위원회(legislative committees)와 2개의 감독위원회(supervisory committees)가 있다.[19] 또한 양원합동위원회에도 사면위원회, 권한분쟁위원회, 법원위원회 등 그 업무에 따른 위원회를 두고 있다. 예외적으로 특별한 사유가 있는 경우에 특별위원회(비상임 위원회)를 둘 수 있으며, 특별위원회는 어느 위원회에도 속하지 아니하는 개별적인 업무를 처리하기 위해 임시적으로 설치된다.

특별히 하원과 상원은 각각 하나의 업무검사위원회(Control Committees)를 설치하고 동시에 양원 공동업무검사위원회를 설치하여, 연방행정부 및 연방법원, 연방사무를 위임받은 기관에 대한 감사를 수행한다. 재정통제에 대해서도 양원은 각각 하나의 재정위원회(Finance Committees)와 공동의 재정위원회를 구성한다. 업무검사위원회와 재정위원회는 정보권을 가지고 있으며, 제3자의 의견서나 보고서를 받을 수 있다. 그 밖의 특별한 경우에는 의회의 조사위원회(Parliamentary investigation committees)를 설치해서 철저한 조사를 할 수 있다. 여기서 업무검사위원회와 재정위원회가 통상적인 표본검사를 하는 것이라면 조사위원회는 준사법적인 조사를 수행한다. 공동업무검사위원회 산하 의회행정통제국(Parliamentary Control of the Administration: PCA)은 모든 연방기구와 공공기관이 취한 활동(activities) 및 조치(measures)에 대하여 합법성(legality) 측면의 감사기능뿐만 아니라 적절성(appropriateness) 및 효율성(efficiency) 측면의 평가 기능까지 수행하도록 위임받고 있다.[20]

---

19) 상임위원회 중 입법위원회로는 외교위원회(Foreign Affairs Committees FAC), 학문·교육·문화 위원회(Committees for Science, Education and Culture CSEC), 사회안전·보건위원회(Committees for Social Security and Health CSSH), 환경·공간계획·에너지 위원회(Committees for the Environment, Spatial Planning and Energy CESPE), 국방위원회(Defence Committees DefC), 교통·통신위원회(Committees for Transportation and Telecommunications CTT), 경제·조세위원회(Committees for Economic Affairs and Taxation CEAT), 정치기구위원회(Political Institutions Committees PIC), 법사위원회(Committees for Legal Affairs CLA)가 있다. 감독위원회에는 재정위원회, 업무검사위원회가 있다.

20) 의회법에 의하면 의회행정통제국은 업무검사위원회의 위탁으로 다음과 같은 과제를 수행한다. 첫째, 의회 감독 범위 내에서 평가를 수행하고 업무검사위원회에게 설명이 필요한 주제를 제시한다. 둘째, 연방행정에 의해 수행된 평가와 이 평가를 결정과정에서 사용하는가를 검사한다. 셋째, 의회위원회의 신청에 따라 연방조치의 실효성을 심사한다.

2) 연방감사원

연방정부에 대한 회계감사기관으로는 연방감사원(Swiss Federal Audit Office: SFAO)이 있다. 연방감사원은 스위스연방의 최고 재무감독기관으로서, 형식상 행정부(재무성) 산하에 있으나 독립된 행정기관이다. 연방감사원은 헌법이 규정한 연방의회의 재무 관련 권한, 연방정부 및 연방법원에 대한 감시 기능, 또한 연방내각의 연방정부에 대한 감독 기능을 하며, 그 결과는 연방정부와 연방의회 및 합동재정위원회에 보고하도록 되어 있다.

연방감사원은 감사대상기관에 문서와 정보를 요구할 수 있는 권한을 가지며, 국가기관 등에 대한 감사(재무감사, 성과감사), 국가 예산과 예산집행의 일치 여부 확인(결산) 등을 수행한다. 감사대상은 중앙 및 지방정부,21) 의회 사무처, 정부로부터 재정지원이나 보조금을 받는 자(recipients) 또는 정부로부터 위임받는 공공업무를 수행하는 조직·기관·법인, 연방정부가 50% 이상 지분을 소유한 기업(연방감사원법 제8조)이다.

3) 사 법 부

스위스의 법원 조직은 연방 대법원과 하급심인 주 법원(즉 칸톤 법원)으로 구분되며, 대부분의 사법사항은 주 법원에서 결정된다. 연방법원은 각 주 지방법원의 최종심 역할을 하며, 연방 대법원은 연방 하급 법원의 판결이 연방헌법 및 연방법률에 부합되는지 여부를 결정하나, 연방법원이 제반 사법기관에 대한 감독 기능을 수행하는 것은 아니다.

연방 수준의 법원으로는 최고법원에 해당하는 연방 대법원 이외에도 증가하는 추세에 있다. 즉, 2000년 법원 개혁 관련 국민투표가 통과됨에 따라 설치된 연방 형사법원 및 연방 행정법원이 있으며, 2012년에 추가로 연방 특허법원이 개설되었다.

연방 대법원은 사법부 최상위 조직으로 로잔(Lausanne)과 루체른(Luzern)에 소재하며, 연방의회에서 선출하는 임기 6년 연방 대법관 38명 및 보조법관 31명으로

---

21) 지방정부에 대해서는 연방감사원의 권한 범위 내에서 칸톤에서 사용된 연방자금(보조금, 대부금, 선수금 등)에 대한 모니터링 및 감사를 수행한다(연방감사원법 제16조 1항). 또한 법적 근거 등이 없는 경우에도 지방정부의 동의시 연방자금의 사용에 대해 감사가 가능하다(연방감사원법 제16조 2항).

구성된다. 관할사항으로는 헌법상 보장된 국민의 기본권을 침해하는 주 정부 결정 및 법령에 대한 헌법소원, 민·형사 재판에 대한 항소사건, 연방정부와 주정부 간 분쟁 및 주정부 상호간 분쟁 관련 쟁송 등이다. 연방 형사법원은 연방법에 따른 모든 형사사건의 제1심 법원으로서 사건을 처리한다. 연방 행정법원은 최고행정재판소로서 5개 분과위로 구성되며, 분과위별 관할사항은 아래와 같다.

- 제1분과위: 환경, 교통, 에너지, 세금 분야
- 제2분과위: 교육, 경쟁, 경제 분야
- 제3분과위: 이민, 사회 안전, 건강 분야
- 제4·5분과위: 난민, 추방, 망명법 분야

Ⅲ 행정과정

1. 행 정 부

1) 연방내각

스위스연방은 내각책임제형태를 취하고 있다. 집행부인 연방내각(Federal Council)은 행정부를 통할하는 기관이자 내각으로서 구심점이 없는 권력분점의 형태를 띤다. 7명의 각료들은 다당정부(Multi-party government)를 구성하는데, 의회의 정당별 의석수에 비례하여 배분된다. 구체적으로 연방내각은 소속정당, 언어, 출신 지역, 성별 등의 대표성을 고려하여, 4년 임기로 연방의회 양원의 합동회의에서 선출된다. 연방내각의 구성원인 장관은 서열이 없고 모두 동등한 권리와 의무를 가진다.

국가수반 혹은 행정수반인 스위스의 대통령은 우리나라와 비교한다면 거의 유명무실한 존재라고 해도 과언이 아니다. 7명의 각료가 1년 임기로 번갈아 가면서 대통령과 부통령직을 수행한다. 이들은 외국 대통령 접견 등 대외적으로 국가를 대표하는 상징적인 직책이라는 의전 상 차이 외에는 다른 각료와 동일한 권한을 보유한다.

7인의 연방내각 각료들은 각각 7개 부처의 장관이 되어 외교부, 내무부, 법무

경찰부, 국방민방위체육부, 재무부, 경제교육연구부, 환경교통에너지통신부의 소관
업무를 맡아 처리한다. 각자 고유 담당분야가 있지만 모든 결정은 합의 처리가 원
칙이다. 즉, 내각의 의사결정은 협의체(collegiality) 원칙에 따라 모두가 합의할 경
우에 가능하며 합의된 최종결정에는 함께 책임을 진다.

특별히 협의민주주의 원리는 스위스 연방정부의 권력배분 과정 속에서 7명의
연방각료 의석을 연방의회의 다수파와 소수파들이 함께 나누어 가지도록 함으로
써, 언어적·종교적·인종적·계급적 균열을 대표하는 정치세력들 간 갈등을 지양
하고 사회적 안정과 화합을 이루는 데 있어 중요한 요인으로 작용해왔다([그림 8-5]
참조).

스위스연방 내각은 1959년부터 2003년까지 약 50여 년 간 자민당, 사민당, 기
민당, 국민당 2 : 2 : 2 : 1의 구성 비율을 유지해 왔는데, 이를 '마법의 공식(Magic
Formula)'이라고 불렀다. 2003년 10월 총선에서 보수우파인 국민당이 국민들 가운
데 조성된 위기감 및 보수화, 민족주의에 편승하여 26.9%의 지지율로 연방내각에
참여한 4대 주요정당 중 최대 득표당이 되면서, 2003년 12월 연방장관 선출에서
국민당은 연방장관직을 1석에서 2석으로 배정받고 대신 기독민주당이 2석에서 1
석으로 감소하였다.

그림 8-5 연방내각의 정당별 배분 추이(1848~2009)

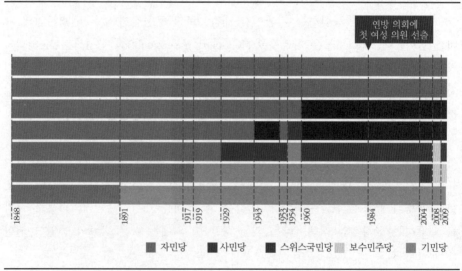

자료: Federal Chancellary(2015).

표 8-4 2016년 스위스연방 내각 현황

이 름	소속정당	업 무	대통령
Johann N. Schneider Ammann	자민당(FDP)	경제	2016년
Didier Burkhalter	자민당(FDP)	외교	2014년
Ueli Maurer	국민당(SVP)	금융	2013년
Guy Parmelin	국민당(SVP)	국방	-
Simonetta Sommaruga	사민당(SP)	법무경찰	2015년
Alain Berset	사민당(SP)	내무	-
Doris Leuthard	기민당(CVP)	환경교통에너지통신	2010년

자료: The Federal Council.

이처럼 '마법의 공식'이 깨진 이후 정당별 내각 인원은 조금씩 변화를 겪어왔다. 하지만 주요 정당 소속의 대표들이 국민의 지지 비율에 따라 내각에 진출해 있기 때문에 모든 의사결정에는 주요 정당의 의견이 수렴된다. 내각의 행정이 정당에 의해 실질적 견제를 받는 셈이다. 이는 한 정당을 대표하는 후보자가 대통령이 되고 대통령이 모든 내각 구성원을 임명해 의사결정을 하는 우리나라의 행정체계와는 크게 다르다.

2) 연방정부

스위스 연방정부는 이중적 역할을 부여받고 있다. 하나는 강대국의 위협 속에서 국가의 존립을 보호하고 국민 전체의 이익을 위해 힘써야 하는 역할과 함께 칸톤의 고유성과 다양성을 수호하는 역할이다. 전자의 역할을 위해서는 권한을 확대해야 하고, 후자의 역할을 위해서는 연방권한을 축소해야 하는 딜레마 상황이다.

연방정부는 보충성의 원칙을 수호해야 한다. 보충성의 원칙이란 국가의 사무 배분을 할 때의 원칙을 의미하는 것으로, 하위 공동체가 해결할 수 있는 것을 상위 공동체가 처리해서는 안 된다는 것이다. 연방헌법에 따라 연방정부는 "국가의 사무를 배분하고 수행함에 있어 보충성의 원칙을 고려해야 한다"(제5조). 또한 "연방은 칸톤에 의한 사무 수행이 불가능하거나 연방에 의한 통일 규율이 필요한 사무만을 수행한다"(제43조)고 규정한다. 따라서 연방정부의 주요 업무는 연방사무를 총괄하지만 역할은 제한적이다. 구체적으로 연방정부의 사무는 안보·외교·국방·

세관·환경·대규모 국영사업 등 통일적으로 처리해야 할 사무, 칸톤정부 간 조정이 필요한 업무 등에 국한된다.

2. 인사행정

스위스는 1974년 이래 연방정부 공무원의 정원을 3만 3천명으로 제한(철도, 우편 제외)해 놓고 있다. 이에 행정 업무가 늘어날 경우 기관 증설보다는 기존 공무원들이 새로운 업무를 겸임하는 방식으로 해결하고 있다. 특별히 스위스는 연방인사법(BPG: Bundespersonalgesetz, Loi sur le Personnel de la Confederation)에 의하여 2001년 1월 1일을 시점으로 공무원이란 신분이 존재하지 않는다(유민봉·임도빈, 2016: 19). 그 대신 재계약조건부(Das Prinzip der Amtsdauer) 공공부문 종사자로 바뀌었다. 재계약조건부 공공부문 종사자란 재계약이 되거나 선거에 의해 다시 선출되지 않는다면, 계약기간이 만료되면 임기가 자동적으로 소멸되는 것을 의미한다. 이는 다른 나라에서 찾아볼 수 있는 신분으로서 형식상으로 공무원은 존재하지 않는다는 것을 의미한다.

그러나 실질적으로는 공무원이 존재한다고 봐야 한다. 즉, 연방인사법은 최저임금과 고위공무원이 받을 수 있는 최고임금을 정해야 한다는 원칙을 비롯하여 노동권에 제약이 가해질 수 있다는 점, 부정에 대해 폭로해야 하는 의무, 그리고 비밀준수나 증언에 있어 국가의 이익이라는 입장이 우선시되는 등 다른 나라의 공무원에게 요구되는 것과 유사한 조건들을 명시하고 있다.

연방인사법은 연방정부, 연방의회, 스위스 우편, 공기업 직원에 공통적으로 적용되는 일반적인 원칙을 제시하고 있다. 예컨대, 인사정책 방향을 규정한 제4조에서는 국가가 민간노동시장에 비교하여 경쟁력을 유지할 수 있도록 인력을 관리해야 하고 구체적으로는 경력발전, 적임자의 충원, 장애인 등 평등, 다기능(polyvalence) 추구 등을 천명하고 있다. 스위스에서 행정공무원을 교육시키고 행정학관련 박사과정까지 운영하는 기관으로는 로잔에 있는 스위스행정대학원(The Swiss Graduate School of Public Administration 불어로 Institut des hautes études en administration publique, IDHEAP)이 있다.

스위스 행정기관에는 4개의 공용어가 있지만, 모든 공무원들이 이 4개국어를 유창하게 한다는 것을 의미하지는 않는다. 따라서 행정기관의 창구직원들은 자신이 구사할 수 있는 언어를 나타내는 국가의 뱃지를 달고 있으며, 필요에 따라 그를 선택해서 의사소통을 하면 된다.

　이와 같이 스위스가 작은 규모의 연방정부를 유지함에도 높은 정부 경쟁력을 확보할 수 있는 비결은 시민복무제(Milizverwaltung) 전통에서 찾을 수 있다. 즉, 소수의 직업군인과 함께 의무복무인 민병제를 유지하고 있는 스위스에서는 전임 공무원이 필수적인 행정업무와 더불어 일반시민들(lay persons)이 직접 시간제 직원 혹은 공직자원봉사를 통해 공직을 수행하는 일종의 자율적 행정(a form of self-administration; Linder, 1998: 52)이 근간이 되고 있다.

　이에 따라 스위스의 주민들은 연방-칸톤-꼬뮨에서 자원형식으로 공직을 수행하고 있다. 작은 규모의 지방정부에서는 시민복무제도를 도입해 집행부 간부들이 본업에 종사하면서 행정업무를 부업으로 하는 경우도 있다. 따라서 전일제 공무원을 근간으로 하는 다른 나라에 비하여 과중한 인건비나 조직관리비의 문제가 심하지 않은 편이다.

　스위스는 공동체 업무에 대한 자기 책임의 원칙을 기초로 자발적 참여 문화와 합의에 의한 의사결정 문화를 오랜 기간 유지해왔고, 이를 바탕으로 독특한 국가 정체성을 만들어가고 있다. 이러한 시민복무제 전통은 기본적으로 스위스인의 헌정애국심(constitutional patriotism), 다시 말해 나라의 무게 중심이 지방과 주민인 스위스 정체(polity)에 대한 애정과 헌신이 있기에 가능한 것이라 볼 수 있다(안성호, 2005).

3. 스위스 경제와 재무행정

　스위스는 1인당 국민소득이 8만불이 넘어서 세계 2위이다. 그러나 물가도 그만큼 엄청나게 비싸서 빅맥지수도 세계 1위이다. 산업구조로는 서비스업이 약 73%, 제조업이 약 27%, 농업은 약 1%에 머문다. 서비스업 중에서도 국제기구관련 활동, 금융업(GDP의 약 14%)이 차지하는 비중이 높다. 금융업의 경우, 정상적인 은행업무도 있지만, 스위스 은행의 비밀구좌는 전세계의 조세도피처로서 1950년대~1970년대까지 독점적인 황금기를 누린다. 그 이후에도 약간 둔화되기는 했지만, 여전히 중요한 수입원이 되고 있고, 2008년 세계금융위기시 스위스 경제가 충격이 심했던 것은 금융업 비중 때문인 것으로 보인다. 2013년 현재 스위스은행에 있는 외국자산은 약 1조 8천억 유로나 된다(가브리엘 주크만, 2016: 51).

관광업도 중요한데, 친환경적 관광정책을 위해 호텔에 머무는 1박에 숙박세 2 프랑을 받는 곳이 많다. 우리나라는 관광객 유치를 위해 할인을 하는 등의 저가 정책을 쓰는 경우가 많은데 반해, 스위스는 정반대이다. 예컨대, 자가용이 스위스 고속도로를 통과하는데 1번을 사용해도 통행세 1년치를 받는다. 대중교통수단인 철도의 경우도, 1회 승차권은 비싸면서 정기권은 상대적으로 저렴하다. 이러한 치밀한 요금정책으로 수입을 창출한다.

연방정부는 철저한 회계제도와 효율성 증진을 위한 끊임없는 개혁과정을 겪고 있다. 예컨대 연방정부 정원제한의 대상이 아닌 스위스 우편(swiss post)도 경영효율화를 추진하고 있다. 1970년대 4,500명인 정원이 1980년대 3,600명으로, 2014년에는 1,640명으로 인력감축을 하였다. CEO의 연봉인상도 억제하는 등 경영효율화를 하고, 흑자를 내는 부분을 활용하여 공공서비스로서 적자부분을 운영하는 행정의 묘미를 살리고 있다.

정부의 주요 수입원은 조세이다. 연방정부와 칸톤 및 꼬뮨은 조세에 있어서 각각 독자적인 권한을 가지며 소득세 등과 같은 세목에 대해 각자 세금을 징수하고 있다. 다만, 연방법률이 배타적 조세 대상으로 규정하거나 면세를 선언한 때에는 칸톤과 꼬뮨이 같은 세금을 부과할 수는 없다. 따라서 칸톤과 꼬뮨은 연방이 배타적으로 정한 조세 대상을 제외하고는 칸톤헌법과 칸톤법률에 의해 재량으로 조세를 부과할 수 있다. 이에 스위스는 연방의 조세 총수입보다 칸톤과 꼬뮨의 총수입을 합한 금액이 더 크다는 특징이 있다. 예컨대 2012년 기준 국가 전체의 조세수입 중 53%가 칸톤과 꼬뮨의 수입인 데 비해 연방정부의 세수는 전체 세수의 47%였다.

표 8-5 스위스의 조세수입 구조(2012년 기준)

	조세총수입(10억 프랑)	비율(%)
연 방	58,809	47
칸 톤	41,673	33
꼬 뮨	25,500	20
계	125,982	100

자료: Das Schweizerische Steuersystem, 2015.

　　스위스 조세제도의 가장 큰 특징은 세목과 세율을 정함에 있어서 국가가 일방적으로 헌법이나 법률로 결정할 수 없고, 시민들에게 어떤 세금을 부과할 것인지를 직접 국민투표로 결정하는 절차를 가진다는 점이다. 연방직접세의 최고세율은 개인소득의 11.5%로 헌법에 규정되어 있어서 연방세금을 변경하고자 하는 경우에는 국민과 칸톤의 국민투표에 의한 헌법개정을 필요로 한다. 이는 유럽의 다른 나라보다 낮은 편으로, 유럽의 부호들이 조세회피를 하는 데 활용되기도 한다. 아울러 UN 등 각종 국제기구의 직원들이 고액의 연봉을 받고, 스위스에서 소비생활을 하기 때문에 스위스 경제에 일익을 담당한다.

　　구체적인 세율과 단위세액, 징수세율 결정은 법률개정이 필요한 사안이다. 스위스의 칸톤과 꼬뮨은 거의 완전한 과세자주권을 가지며, 칸톤이나 꼬뮨의 세금은 칸톤마다 다르다(이기우, 2013). 칸톤은 칸톤세와 꼬뮨세에 대한 독점적 권한을 가지고 있기 때문에, 연방정부는 칸톤세와 지방세에 대해서 관여할 수 없다. 칸톤이나 꼬뮨의 징수세율 변경은 칸톤의회나 꼬뮨의회 또는 주민총회의 다수결로 결정한다.

　　특히 미국의 연방정부가 주정부 간 경쟁을 통해 자원을 배분하는 것과는 달리, 스위스 연방제는 각 칸톤들이 지역 주민에게 충분한 생활의 조건을 만들어주는 것을 목표로 하고 있다. 따라서 연방정부는 큰 칸톤과 작은 칸톤, 부유한 칸톤과 가난한 칸톤 사이의 조정 역할을 한다. 이를 위해 연방정부는 방대한 재정조정제도를 바탕으로 연방 예산의 상당한 부분을 해당 업무에 쓰고 있다. 이처럼 연방정부는 자신의 권한을 제한하고 칸톤을 지원하는 데 힘씀으로써 지역 공동체의 고유성을 살려나가는 데 기여하였고, 이는 사회·정치적 안정성을 높이는 데 도움을 주고 있다.

표 8-6　스위스의 세목

	직접세	간접세
연방	소득세, 이윤세, 정산세, 연방카지노세, 병역대체세	부가가치세, 인지세, 담배세, 맥주세, 주세, 유류세, 자동차세, 관세
칸톤	소득세, 재산세, 가족세, 이윤세, 자본세, 증여세, 상속세, 복권이윤세, 양도소득세, 토지세, 양도세, 칸톤카지노세	오토바이세, 애완견세, 유흥세, 칸톤인지세, 복권세, 물세, 기타
꼬뮨	소득세, 재산세, 가족세, 이윤세, 자본세, 상속세, 증여세, 복권당첨세, 양도소득세, 토지세, 양도세, 영업세	애완견세, 유흥세, 기타

자료: Schweiz Steuerkonferenz, 2014.

Ⅳ 거버넌스

1. 지방자치

1) 중앙과 지방의 관계

스위스는 20개의 칸톤과 6개의 반(半)칸톤으로 이루어진 연방공화국이다.[22] 역사적으로 스위스연방은 연방에 동참하는 칸톤들이 점차 늘어나면서 국가형성을 이룬 나라이다. 다시 말해, 칸톤이 갖고 있는 관할영토에 대한 자치에 있어 전권한 을 일정부분 이양함으로써 하나의 국가가 수립된 것이다. 1848년 연방헌법의 제정 자들은 칸톤이 개별 국가로서 주권의 일부를 중앙정부에 일임하는 대신에, 고도의 자치권을 향유하면서 명확하게 연방에 위임되지 않은 모든 권한은 칸톤이 보유하 도록 하였다.[23]

기본적으로 연방사무에 대한 입법은 연방정부, 연방법률의 집행은 칸톤 정부 가 수행한다. 연방·칸톤·꼬뮨 간의 권한배분을 살펴보면 다음과 같다(안성호, 2001: 87~90). 연방은 외교·군사안보 등의 권한 및 우편·통화·도량형·관세 등 연

---

22) 연방헌법 제1조는 "스위스 국민과 취리히, 베른, 루체른, 우리, 슈비츠, 옵발덴, 니드발덴, 글 라루스, 주크, 프라이부르크, 졸로투른, 바젤 슈타트, 바젤 란트, 샤프하우젠, 아펜젤 아우서 로덴, 아펜젤 이너로덴, 장크트갈렌, 그라우뷘덴, 아르가우, 투르가우, 티치노, 보, 발리스, 뇌 샤텔, 제네바, 쥐라 칸톤이 스위스연방을 구성한다"고 규정하고 있다. 옵발덴과 니드발덴, 바 젤 슈타트와 바젤 란트, 아펜젤 아우서로덴, 아펜젤 이너로덴의 6개는 반칸톤이며, 이는 칸톤 이 정치적·지리적·종교적 이유로 둘로 분리된 것이다(안성호, 2001: 235). 바젤은 정치적 사 건으로 바젤 슈타트와 바젤 란트로 분열되었고, 운터발덴은 지리적 이유로 옵발덴과 니드발 덴으로 분리되었으며, 아펜젤은 종교적 이유로 구교의 아펜젤 이너로덴과 신교의 아펜젤 아 우서로덴으로 나뉘었다.

23) 다음과 같은 스위스 연방헌법 규정에 따라 칸톤은 연방의 사무로 규정되지 않은 모든 사무에 대해 권한을 가진다: 제3조 "칸톤은 연방헌법에 의해서 주권이 제한되지 않는 한 주권을 가 지고 있다. 칸톤은 연방정부에 위임되지 아니한 모든 권한을 행사한다," 제5a조 "국가의 업무 를 배분하고 수행함에 있어서 보충성의 원칙을 존중하여야 한다," 제43a조① "연방은 칸톤에 의한 사무 수행이 불가능하거나 연방에 의한 통일적인 규율이 필요한 사무만을 수행한다," 제47조① "연방은 칸톤의 독립성을 보호한다," 제47조② "칸톤에게는 충분한 사무가 남겨져 야 한다." 또한 연방의 사무는 헌법에 규정된 것에 한정되며(연방헌법 제42조 제1항), 다른 사무는 모두 칸톤의 사무가 된다. 연방사무를 새로 규정하기 위해서는 국민다수와 칸톤다수 의 찬성을 얻어 헌법개정을 해야 한다.

방유지와 통합 및 스위스 전역에 효력을 지닌 법의 집행 관련 사안을 다루고 있다. 이 외에 명확하게 연방의 사안이 아닌 경우에는 일반적으로 칸톤의 사안으로 간주 된다. 연방정부는 칸톤의 주권을 존중하며, 원칙적으로 칸톤의 행정조직에 대해서 간섭하지 않는다.

다만, 연방정부는 연방 전역에서 연방법이 적정·균일하게 적용되게 하기 위 해 칸톤에 지역개발·환경보호·수질보전·식품거래를 관리하는 기관, 호적·토지등 기부·상업등기부를 관리하는 사무소, 군사조직을 관리하는 기관 등을 설치할 수 있다. 칸톤별로 독자적인 헌법과 법률에 따라 자치 행정을 하기 때문에 각 칸톤별 행정은 큰 차이를 보인다.

연방헌법 제50조 제1항 "꼬뮨자치가 칸톤법이 정하는 바에 따라 보장된다"는 규정에 따라 꼬뮨의 권한은 칸톤법에 의해 달리 정해진다. 그러나 연방과 칸톤 간의 권한배분 원칙인 보충성 원칙은 칸톤과 꼬뮨 간에도 충실히 적용된다. 기초 지방정 부로서 꼬뮨은 지방도로, 공공교통체계, 가스, 전기, 상수도, 도시기본계획, 공공복 지, 교사 선출, 학교 건축, 예산, 과세 등에 대한 매우 광범위한 자치권을 행사한다.

표 8-7 스위스의 중앙지방관계: 권한 및 사무의 배분

연 방 (연방헌법에 근거)	칸 톤 (칸톤헌법에 근거)	꼬 뮨 (칸톤헌법과 칸톤법률에 근거)
-연방조직 -외교 -군대와 국방 -국도(고속도로) -핵에너지 -우편과 전화 -금융정책 -사회안전(연금, 장애인) -민법, 형법 -민사소송법, 형사소송법 -관세 -교육(공과대학) -에너지 정책 -공간계획의 원칙 -환경보호 -시민권 -연방세	-칸톤의 조직(헌법, 국가, 문장(紋章)) -경계를 넘는 협력사업 -경찰 -국가와 종교관계 -문화 -공공보건 -칸톤국도 -산림, 물관리, 자연자원 -교육(고등학교와 대학) -환경보호 -자연보호, 문화재 보호 -시민권 -칸톤세	-교육(유치원과 초등학교) -폐기물 관리 -게마인데 도로 -지역인프라 -게마인데 경찰 -공간계획 -시민권 -게마인데세

자료: Linder and Iff(2011).

2) 칸톤과 꼬뮨의 자치

스위스는 1291년 이후 헬베티아 공화국 시절(1798~1803)을 제외하고 칸톤과 꼬뮨의 독자성을 존중해왔다. 연방헌법에 규정되지 않은 모든 권한을 칸톤이 갖는 것도 이 같은 전통에 기초한 것이다. 이에 연방정부가 권한을 확대하기 위해서는 국민투표와 칸톤투표를 반드시 거쳐야 한다. 실질적으로 스위스 국민의 생활에 직접적으로 영향을 미치는 행정기관은 칸톤정부다. 칸톤은 연방헌법에 제한되지 않는 범위에서 독자적인 입법, 행정, 사법권을 가진 완전한 자치정부다. 칸톤헌법과 법률이 따로 존재하고, 4~5년의 임기를 가지는 독자적 칸톤내각과 칸톤의회도 갖고 있다. 내각은 칸톤에 따라 5~7명으로 구성되고 의회는 칸톤별로 50~180석의 의석을 바탕으로 운영된다.24) 스위스 최대 칸톤인 취리히가 180석의 칸톤의회를 운영하고 있으며, 수도인 베른이 160석의 칸톤 의회를 운영 중이다.

스위스의 중앙지방관계의 가장 두드러지는 특징은 칸톤의 자율성이다. 칸톤정부는 연방헌법에 의해 제한된 주권을 갖지만, 일부 사안에 대해 국제법상 주체가 되기도 하는 등 정치적 자율성이 매우 강한 지역공동체다. 정치체제, 행정조직 및 재정적 자율권을 바탕으로 독자적인 운영을 해나간다. 칸톤 정부는 사법·교육·세무·보건 등 연방헌법에 규정되어 있지 않은 모든 사안과 관련해 주권을 행사한다. 칸톤은 고유 영토와 칸톤국민을 보유(연방헌법 제1조)함과 동시에 제한된 주권(연방헌법 제3조, 제56조)을 행사한다. 이에 따라 칸톤의 영토 내 조직형성의 자율성을 가지며, 연방법률의 집행 시에도 헌법과 법률에 따라 자율성을 보유한다.

또한 모든 칸톤 간 권리 및 의무에 있어 원칙적으로 평등하며, 칸톤의 수입원 및 수입 사용을 스스로 결정하고, 다른 칸톤이나 외국과 외교관계 관련 협약을 체결할 수 있다. 개별 칸톤은 고유의 헌법, 의회, 정부, 법원을 가지며, 상당한 자치권한이 부여되어 있다. 칸톤은 주민명부의 작성과 시민방어조직의 유지와 더불어 시민권부여, 학교제도, 사회제도와 관련된 사안은 물론 에너지 확보, 도로건설, 지역개발, 세금 등의 사안과 관련해서도 독자적인 결정을 내릴 수 있는 권한이 있다.25) 또한 경찰과 교육에 관련된 사안은 칸톤의 고유권한이기 때문에 연방 수준

---

24) 칸톤의회의 규모는 의원수를 기준으로 하면 가장 작은 의회는 58명으로 구성되어 있으며, 최대 규모의 의회는 180명으로 구성되어 있다. 각 칸톤의 의회는 대부분 비례대표제로 선출된다. 5~7명으로 구성되는 칸톤정부의 각료는 별도의 선거를 통해 대부분 다수대표제에 의하여 선출되며, 칸톤정부의 주지사는 각료들이 1년씩 윤번제로 맡고 있다.

25) 칸톤은 연방헌법 제134조 규정에 의해 부가가치세, 특별소비세, 인지세, 청산세의 과세대상

표 8-8 2016년 주요 정당별 칸톤의회 구성 현황

칸 톤	주요정당				계(기타정당 포함)
	자민당	기민당	사민당	국민당	
취리히(ZH)	31	9	36	54	180
베른(BE)	17		33	49	160
루체른(LU)	25	38	16	29	120
우리(UR)	18	22	8	14	63
슈비츠(SZ)	23	29	10	35	100
옵발덴(OW)	10	19	6	13	55
니드발덴(NW)	15	17	3	17	60
글라루스(GL)	12	6	7	17	60
주크(ZG)	18	22	7	19	80
프라이부르크(FR)	17	31	29	21	110
졸로투른(SO)	26	22	19	19	100
바젤 슈타트(BS)	12	8	33	15	100
바젤 란트(BL)	17	8	21	28	90
샤프하우젠(SH)	11	3	14	20	60
아펜젤 아우서로덴(AR)	23	4	7	12	65
아펜젤 이너로덴(AI)	-	-	-	-	50
장크트갈렌(SG)	26	26	20	40	120
그라우뷘덴(GR)	33	31	15	9	120
아르가우(AG)	22	19	22	45	140
투르가우(TG)	18	21	19	41	130
티치노(TI)	24	17	13	3	90
보(VD)	38	4	41	27	150
발리스(VS)	28	61	14	21	130
뇌샤텔(NE)	35	1	33	20	115
제네바(GE)	24	11	15	11	100
쥐라(JU)	9	17	12	8	60
계	532	446	453	587	2,608

자료: Statistik Schweiz.

의 국가경찰과 교육부가 존재하지 않는다(안성호, 2005). 칸톤은 연방 입법 및 정책
의 의사결정에 주도적으로 참여한다. 연방헌법 제45조는 칸톤의 국정참여권을 명
시하고 있으며, 제148조는 칸톤을 대표하는 연방상원이 연방하원과 동등한 권한을

과 연방입법에 의한 면세대상 이외의 모든 세원에 대해 과세권을 행사할 수 있다.

갖도록 규정한다. 또한 연방헌법의 개정을 위해서는 '일인일표'의 민주적 다수결원칙에 따른 국민 다수 찬성과 아울러 '모든 칸톤들에게 동등한 투표권'을 부여하는 연방적 다수결원칙에 의거하여 칸톤들 다수가 동시에 찬성해야 한다. 모든 칸톤은 연방 법안 직접 제출권(cantonal initiative)을 가지며, 8개 칸톤 요구시 연방의회가 통과시킨 법안에 대한 국민투표(cantonal referendum)를 요구할 수 있다.

칸톤은 하위 지방자치단체로 꼬뮨을 두고 있다. 꼬뮨은 우리나라의 읍면동 단위의 행정구역에 해당하나 주민 수는 훨씬 적다. 칸톤의 규모와 인구에 따라 수백에서 수십 개의 꼬뮨이 운영되고 있는데, 가장 많은 꼬뮨을 두고 있는 지역은 베른 칸톤으로 399개이다. 꼬뮨은 연방, 칸톤 법률이 보장하는 안에서 자치권을 행사한다. 예컨대 취리히 칸톤헌법은 "꼬뮨은 연방이나 칸톤의 권한에 속하지 않는 공공의 사무를 수행한다"고 규정하고 있다. 꼬뮨은 칸톤으로부터 보장된 자치권을 통해 독자적 자치규정을 제정하고 집행하는 등 입법권과 행정권을 갖는다.

전체 꼬뮨의 1/5이 독자 의회를 갖고 있고, 4/5는 주민 총회를 열어 사무를 결정하고 집행기관을 선출하는데, 이 집행기관 역시 정당비율에 따라 구성된다. 꼬뮨에서는 주로 지방도로·상하수도·가스공급·폐기물 관리 등 지역 사무 관리와 유치원·학교·도서관·병원·소방서 등의 설립 운영 등을 맡아 처리하며, 이에 필요한 세금과 세율을 스스로 결정하는 자주 과세권을 갖고 있다. 이와 같은 스위스 지방자치의 핵심은 가장 기초단위인 꼬뮨에서 기본적 공동체 사무를 처리하고, 안 되는 경우에만 상위 공동체로 위임하는 상향식 권력구조를 갖고 있다는 점이다. 이러한 원리를 바탕으로 행정 권력이 상위기관으로 집중되는 현상이 억제되고 있다. 이에 따라 스위스에서는 전통적으로 상위정부가 하위정부를 대할 때 마치 외국정부를 대하듯이 정중하게 대하는 관행이 있다(안성호, 2001).

3) 칸톤에 대한 연방의 통제

원칙적으로 연방은 칸톤의 자치에 개입을 하지 않는다. 칸톤이 자신의 권한범위에 속하는 영역에서 스스로 질서를 형성하는 것은 연방헌법 제3조의 취지에서 볼 때 칸톤의 자유에 속하며, 칸톤 활동의 방법상 적합성 여부도 연방통제의 대상이 아니다. 특히 연방은 칸톤에 대한 감독으로 인해 칸톤의 주권이 침해되지 않도록 조심해야 하며, 실제로 칸톤에 대한 연방의 감독권은 조직 내에서 상급기관이 하급기관에 대하여 행사하는 감독권이나 칸톤이 꼬뮨에 대하여 행사하는 감독권보다도 훨씬 약하다(안성호, 2001).

다만, 연방은 칸톤이 연방헌법의 기본원칙과 헌법을 준수하도록 법적 감독기능을 가진다(이기우, 2014). 연방은 자신에게 부여된 권한범위 내에서는 칸톤에 대해 통제력을 행사한다. 연방이 행사하는 이런 통제력의 법적 기반은 "연방법이 그에 반하는 칸톤법에 우선하고, 연방은 칸톤의 연방법 준수여부를 감독한다는 연방헌법 제49조이다. 연방은 칸톤이 연방법률을 준수하도록 감독하며(연방헌법 제49조 제2항), 연방감독은 칸톤의 입법과 행정에 모두 적용되고, 감독수단으로는 구체적인 시정요구, 일반적 지시, 보고, 조사, 승인의무부과, 철회와 취소, 연방법원에 제소 등이 있다.

연방의회는 연방의 최고권력 기관으로서 연방과 칸톤의 관계를 유지하도록 노력하여야 하며, 칸톤의 영토와 헌법을 보장하고, 연방내각이나 칸톤이 이의를 제기한 경우에 칸톤 상호 간의 조약 및 칸톤이 외국과 체결한 조약의 승인 여부를 결정한다(연방헌법 제172조).

칸톤에 대한 연방내각의 통제는 칸톤에 의한 연방법령의 집행과 같은 위임사무에 대한 감독과 칸톤자치(칸톤의 입법과 행정)에 대한 감독을 포함한다. 연방내각은 원칙적으로 연방의 칸톤 관련 업무를 처리하며, 연방과 칸톤의 관계를 우호적으로 유지하고, 칸톤과 협조하여야 한다(연방헌법 제186조 제1항). 그리고 연방내각은 칸톤들 간의 조약 또는 칸톤과 외국 간의 조약에 대하여 이의를 제기할 수 있으며, 연방헌법, 연방법, 조약과 칸톤헌법 및 칸톤조약 준수를 보장하고 필요한 조치를 취해야 한다. 그리고 연방내각은 연방법의 집행을 위하여 필요한 경우에 칸톤의 법규 제정을 승인한다. 칸톤의 고유사무에 대해서는 법적감독에 한정되지만 위임사무에 대해서는 재량통제(합목적성 통제)도 허용된다. 이는 칸톤이 연방으로부터 위임받은 사무를 올바르게 수행하도록 하고 연방의 권한을 침해하지 않도록 하는데 기여한다.

이와 같은 칸톤에 대한 연방통제의 주요 특징은 다음과 같다(안성호, 2001: 92~93). 첫째, 연방은 연방법에 반하지 않는 한 칸톤헌법을 보장한다(연방헌법 제51조). 연방의회는 칸톤헌법의 개정을 승인하는 과정에서 칸톤의 법제가 연방법의 기준에 부합하도록 규율한다. 둘째, 칸톤정부는 연방헌법에 규정된 모든 권리, 즉 기본적 인권, 시민권, 법에 의한 평등보호, 그리고 적법절차 등을 보장해야 한다(연방헌법 제51조). 스위스 국민은 이런 권리를 보장받기 위해 법적수단을 통해 주장하고 연방법원에 제소할 수 있다. 셋째, 칸톤정부는 연방법을 존중하고 충실히 집행해야 한다(연방헌법 제46조 제1항). 이에 대해 연방정부는 칸톤정부가 연방법을 원활히 집행할 수 있도록 "칸톤에 가능한 한 최대한의 행동의 자유를 인정하고 칸톤의 특수성을 고려해야" 하며, "칸톤에게 충분한 재정적 원천을 남겨두고 공평한 재정 균형을 보장"해야 한다(연방헌법 제46조 제2항과 제3항). 넷째, 연방은 칸톤자치와 꼬뮨자치를 존중해야 한다. 연방헌법은 연방이 "칸톤의 자치를 존중"할 것(제47조)과 "꼬뮨에 미칠 영향을 고려하여" 행동할 것(제50조 제2항)을 규정하고 있다.

2. 국가거버넌스와 직접민주주의

스위스에서는 직접민주주의 제도를 통해 국민이 주권자로서 국가운영에 직접 참여한다. 스위스의 국민 직접 참여는 주로 국민투표로 현실화된다. '세계 국민투표의 1/4이 스위스에서 이뤄지고 있다'고 할 정도로 투표가 활성화되어 있는 곳이 스위스다.

연방차원의 국민투표는 최근 10여 년 간 빈도가 높아지는 추세다. 우파정당인 국민당과 좌파정당인 사민당의 대립 가운데 국민들이 국민투표를 통해 의사를 적극적으로 표출한 데 기인한다. IS의 파리 테러로 치안이 불안해지자 2016년 2월 29일에는 우파정당인 국민당이 범죄 외국인을 추방하는 법을 국민투표에 부쳤으나 부결되기도 하였다. 다만, 국민투표에 참여하는 비율은 높은 편이 아니다. 1990년부터 2015년까지 25년간의 평균 투표율은 50%를 넘지 못한다. 잦은 투표가 가져다주는 피로감이 원인으로 꼽힌다. 이에 스위스 정부는 인터넷 투표 도입 등 다양한 방법으로 투표율 제고를 위해 노력하고 있다.

표 8-9 연평균 투표 참여율 추이(1990~2015)

연도	1990~1995	1996~2000	2001~2005	2006~2010	2011~2015
%	42.73	40.48	46.12	43.24	45.86

자료: Statistik Schweiz.

국민투표는 가·부 결과와 무관하게 스위스 정치·행정의 문화를 바꿔놓았다. 정부와 의회가 결정을 한 사안이라도 국민의 반대를 피해야만 집행을 할 수 있기 때문에 정부와 국회는 부결을 피하기 위해 반대하는 세력을 적극적으로 법안 작성과정에 참여시키고 있다. 따라서 의회전 사전청취제(pre-parliamentary consultation process)와 같이 법안의 결정 전 다양한 이해관계자들이 사전에 만나 의견을 주고 받는 과정을 거치게 되며, 이를 통해 갈등이 조정되는 경우가 많다. 또한 정부나 의회는 국민의 정서를 고려하지 않는 극단적인 개혁안은 아예 고려하지 않는 경향이 있다. 스위스 사회가 혁신적 모습보다 점진적이고 안정적 모습을 갖는 것은 이러한 정치·사회적 배경에서 기인한다. 아울러 정치·행정 관료들의 이익을 반영하는 공공지출이나 관료 팽창은 최소화하는 경향이 있다. 국민들의 이해관계와 직결되는 사안이고 국민투표의 안건으로 올라와 부결된다는 것을 잘 알기 때문에 큰 행정부를 구성하는 일이나 재정규모를 확대하는 일은 보수적이고 신중하게 결정된다.

국민발안 역시 비슷한 효과를 내고 있다. 국민발안이 가결되는 경우는 전체 발안의 7% 정도로 국민투표에 비해 영향력이 크지는 않지만, 발안의 취지가 반영된 의회의 대안을 촉구하는 경우가 많다. 실제 국민발안이 1/3의 입법변화를 초래했다는 연구 결과도 있다. 국민발안은 엘리트 집단이 주목하지 않은 이슈에 대해 여론을 환기시키는 역할도 한다. 1985년 2월 스위스의 군대 폐지를 주장하는 한 단체가 군대 폐지에 대해 국민발안을 했다. 1986년 가을까지 1년 반 동안 11만여 명의 유권자 서명을 받아 안건이 국민투표에 부쳐질 수 있는 요건을 충족했다. 스위스에서는 4년 간 군대 폐지에 대한 활발한 국민 토론이 이루어졌고, 1989년 11월 국민투표가 실시됐다. 관련 안건은 찬성률이 35.6%에 그쳐 부결됐으나 군대폐지에 대한 국민 여론을 환기시키는 역할을 했으며 그 이후에도 여러 차례 관련 안건에 대한 발안이 이뤄지는 결과로 이어졌다. 또한 국민발안은 정치·사회에 불만이 있는 국민들에게 자신의 목소리를 낼 수 있도록 기회를 열어줌으로써 사회 통합에 기여하는 역할도 일부 하고 있는 것으로 평가된다.

오스트롬의 거버넌스 사례

인디아나 대학 엘리너 오스트롬 교수는 노벨상 수상연설에서 '시장과 정부를 넘어서(Beyond Markets and States)'라는 제목으로 다극적 거버넌스체제(polycentric governance)를 대안으로 제시하였다. 그의 연구는 스위스 Turbel 꼬뮨사례 등을 비롯한 몇 가지 사례를 중심으로 이론화한 것이다. 스위스 남부 Valais 칸톤에 속한

험한 산지 속의 이 꼬뮨은 과거 교통이 발달하지 않았을 때에는 고립된 마을이다. 인구 477명에 불과한 마을로서 실업률이 거의 0에 가깝고, 80% 정도가 CVC 정당에 투표하는 동질적이고 가족적인 분위기를 가진 곳이다. 오스트롬 교수는 마을 주민들이 자율적으로 겨울에 가축에게 먹일 건초를 공동으로 생산하는 등, 자율적 공동체 규율을 만드는 것에 주목하고, 이론을 수립하였다.

국민의 직접적인 정치 참여로 인한 경제적인 효과로는 재정확대에 대한 보수적인 접근이 연방과 칸톤의 채무를 줄이고 생산성을 제고했으며, 국민이 세금 형성 과정에 개입하기 때문에 탈세 요소를 억제할 수 있고, 높은 정치 참여도가 국민들의 만족감을 제고시키는 한편 국민과 기업에 예측가능성을 부여할 수 있다(이기우, 2014).

그러나 직접 민주주의에 대한 긍정적 평가만 있는 것은 아니다. 안정적인 국정운영은 혁신을 억제한다. 복지국가 진전이나 국제적 정치협력 등 대외적으로 명분이 큰 사안에 국민들은 달갑게 생각하지 않기 때문에 반대하는 경향이 크다. 스위스는 2001년 EU 가입에 대한 국민투표를 실시했으나 국민의 약 75%가 반대했고, 그 결과 현재 EU 비가입국이다.

또 스위스에서는 여성의 투표권 보장이 1971년에서야 이뤄졌다. 1958년 이후 여성의 투표권 보장에 대한 논의가 있었으나, 투표권이 있었던 남성 유권자들이 지속적으로 반대 의견을 행사했기 때문이었다. 아울러 국민의 잦은 국정 참여가 '정치의 비공식화'라는 문제점도 낳고 있다.

의회나 정부에서 국민투표에서 부결될 것을 우려해 안건 결정 전에 이해관계자에 대한 설득에 들어가는 경우가 많은데, 이 같은 과정을 통해서 공공의 이익 보다는 개별 단체의 이익을 반영시킨 결과를 도출하는 경우가 적지 않다. 국민투표의 참여율이 낮은 것도 문제다. 잦은 국민투표에 대한 높은 피로도가 낳은 문제로, 투표 결과가 대표성을 가질 수 있는지에 대한 문제도 불거지고 있다. 따라서 단기적 시각에서 볼 때, 비효율적인 행정체제라는 비판이 가능하다.

의회전 사전청취제

1947년 개정된 연방헌법이 이해당사자들에게 경제법안에 대한 협의권을 부여한 이후 이른바 의회전 사전청취제(議會前事前廳取制)는 스위스 입법과정에서 정당·이익집단·칸톤이 더 확실한 화합을 이루는 절차로 기능하고 있다. 사전청취제는 두 가지 요소를 포함한다. 먼저, 연방내각은 새로운 입법이 필요한 경우에 새 법안의 필요성과 대안들을 평가할 연구팀이나 전문가위원회를 구성한다. 연구팀이나 전문가위원회의 구성원들은 관련 분야 전문가들을 포함한 관련 이해집단들의 대표성과 지식을 겸비한 사람들이다. 연방내각은 제안된 입법에 의해 영향을 받게 될 여러 집단들의 관점을 대표하는 인물들로 연구팀이나 전문가위원회를 구성하려고 각별히 신경을 쓴다. 더불어, 사전청취제도는 별도의 자문절차를 둔다. 관련 부처는 전문가위원회가 작성한 보고서에 기초하여 법안의 첫 시안을 만들어 칸톤·정당·이익집단에게 배포한다. 이들의 반응을 평가한 후에 그 법안을 계속 추진할 것인지 여부를 결정한다. 만일 계속 추진하기로 결정되면, 법안을 연방 하원과 연방 상원에 각각 송달한다. 사전청취절차의 두 요소들은 선택적 시민투표의 경우에는 시민투표의 요구가능성을 줄이고, 의무적 시민투표의 경우에는 시민투표에서 실패할 가능성을 낮춘다. 전문가위원회는 시민투표를 요구할 가능성이 있는 이익집단들에게 관련 입법에 대해 의견을 표명할 기회를 준다. 전문가위원회의 활동은 이해당사자들이 법안에 대한 상이한 의견을 이해하는 정보의 공유과정인 동시에 상이한 의견을 조율하는 협상과정이다. 가령, 전문가위원회에서 정부의 사회보장법 개혁안을 다룰 경우에 사용자단체와 노동조합은 제각기 어떤 조건에서 이 법안을 지지하거나 반대할 것인지를 밝히고 의견을 조율하는 협상을 벌인다. 이때 행정부 측은 흔히 지나친 보조금 요구에 대한 연방의회의 입장을 옹호하면서 사용자단체와 노동조합의 이해관계를 거중 조정하는 역할을 수행하려고 노력한다. 이어 행정부는 전문가위원회의 활동과 자문절차의 결과를 평가하여 관련 이해당사자들로부터 충분한 지지를 얻을 만한 개혁내용만을 선별하여 법안에 포함시킨다. 행정부는 새로 만들어지는 법안으로 인해 이전보다 더 불이익을 받게 될 이해당사자들이 없는지 각별히 신경을 쓴다. 이런 일련의 사전청취절차를 통해 마련된 초안은 심각한 의견충돌이나 별다른 수정 없이 법으로 성사될 가능성이 높다. 물론, 연방의회는 행정부 측에서 넘겨받은 초안에 다른 의견을 추가하거나 초안을 수정할 수 있다. 그러나 이미 사전청취과정에 참여한 일부 연방의회의원들은 타협의 어려움과 취약성 및 이미 강구된 해결책의 견고함을 잘 알고 있다. 그리고 이들은 연방의회의 심의과정에서 이 법안에 대해 어느 세력이 지지하고 반대하는지 동료의원들에게 알려준다. 연방의회 역시 가능한 한 시민투표에 회부되지 않도록 많은 이해당사자들의 지지를 받게 될 타협안을 만들려고 힘쓴다. 요컨대 스위스의 입법과정은 일종의 권력공유과정으로서, 의회전(議會前) 단계에서는 주로 경제적 이익집단들이, 의회심의과정에서는 주로 정당들이 중요한 역할을 수행한다.

자료: 안성호(2002).

V 한국과의 비교

스위스는 영세중립국으로서 국제정치질서에서 유리한 위치를 점하고 있다는 점에서 우리와는 다르다. 최빈국에서 출발한 점은 우리와 유사하나, 스위스는 장기적 안목에서 국가매력도를 높여 대대손손 잘 살 수 있는 나라를 만들려고 고민하면서 오늘날의 부국을 만든 나라이다. 철저한 친환경적 정책이 그것인데, 예컨대 가축들도 1년에 100일 이상은 자연상태인 야외초지에서 기를 것을 의무화하고 있다. 규제완화가 아니라 좋은 규제만능으로 사회질서를 잡아놓고 있는 것이다.

스위스연방의 탄생 이후 현재까지 이어져 내려오는 국가운영원리는 권력분점 혹은 권력공유(power sharing)의 제도화이다. 이러한 원리에 기초한 스위스의 국가운영시스템은 크게 세 가지의 기둥, 즉 연방주의, 협의민주주의, 직접민주주의로 구성된다. 다수제민주주의(majoritarian democracy)를 채택한 국가에서 승자독식(勝者獨食: winner-take-all)의 폐해가 나타나거나, 미국이나 우리나라와 같이 대통령 중심제 국가에서 집권여당과 야당 간 견제와 균형을 통하여 입법 및 정책의 결정이 이루어지는 것과는 대조적으로, 스위스에서는 다양한 정치세력 간 화합과 타협을 통해 국가적 의사결정이 이루어진다. 즉, 스위스에서 정치적 갈등의 해결은 권력에 대한 경쟁보다 권력의 분점에 더 의존한다.

중앙지방관계에 있어서도 우리나라와 같은 중앙집권적 단방제 국가에서는 중앙정부와 지방정부가 상하위의 수직적 관계 속에서 중앙이 결정하면 지방이 따르는

Top-down 형태의 국가운영이 이루어짐에 비하여, 강한 분권적 연방제와 지방자치를 규정하는 스위스 연방헌법은 연방정부와 칸톤정부간 수평적 관계를 넘어 칸톤이 주도적으로 자치정을 운영해가는 Bottom-up 형태의 국가운영시스템을 구현하고 있다. 이처럼 정부경쟁력은 반드시 강한 중앙집권체제에서만 가능한 것은 아니다.

이와 같은 스위스 모델이 한국에 주는 시사점은 다음과 같다. 첫째, 연방주의 모델이 주는 함의로는 지방정부에 자치권한을 명확히 부여하고 자율적으로 책임지도록 하는 분권형 지방자치 모델이 필요하다는 점이다. 우리의 경우 지방자치제도를 도입해 광역·기초단체장과 지방의회를 주민선거를 통해 선출하고 있지만, 지자체의 권한은 중앙정부의 법률과 예산에 의해 크게 제한되어 중앙정부가 정하는 범위 내에서만 불완전한 자치권을 갖고 있다. 반면에 각 지방에서는 제왕적 단체장으로 운영되어 여전히 일반주민의 참여는 미흡하다.

둘째, 직접민주주의 모델이 주는 시사점은 시민의 직접적인 의사결정에 의한 국정통제가 활성화될 필요가 있다는 것이다. 다시 말해, 국가적 수준의 공공정책 결정의 각 단계에 국민의 직접적 참여가 필요함은 물론 지방 차원의 국정통제에 있어서도 지역주민의 의사가 직접적으로 반영될 수 있는 제도적 기제가 요청된다. 스위스의 정치엘리트들은 국민투표에 회부될 위험성을 염두에 두고 일방의 이익에만 치우친 극단적인 대안을 밀어붙이는 것을 자제하며, 주요 이해관계자들의 정치적 타협을 이루려고 노력한다. 따라서 직접민주주의적 절차의 도입 및 활성화를 통하여 국민의 정치효능감을 제고시킬 수 있다.

셋째, 협의민주주의 모델이 주는 교훈은 승자독식의 정치게임을 지양하고 협상과 타협을 통해 소수집단의 의견을 존중해준다는 점이다. 즉, 권력독점이 아니라 권력분점(decentralized division of powers)을 통한 상호통제 및 협력적 문제해결이 필수적이다. 나아가 스위스의 의회 전 사전청취제 등과 같이 입법의 사전 단계에서 다양한 이해관계자들의 의견반영을 제도화한다면 정치적 실현가능성 제고에도 긍정적인 역할을 할 수 있을 것이다. 궁극적으로는 합의형성(consensus-seeking) 문화가 전제되어야 함은 물론이다.

넷째, 전임직이 아닌 자원봉사로 공직수행이 이뤄진다는 점이다. 연방의원은 물론이고, 많은 공직이 전임직(full time job)이 아닌, 시간제 자원봉사 개념으로 이뤄짐으로써 진정한 공직봉사가 이루어지고 있다. 우리나라의 경우, 말만 '봉사'이지 실제로는 혈세로 지출되는 월급 때문에 자리를 탐하는 사람들이 많다는 점을 생각할 필요가 있다.

☕ 차 한잔의 여유

스위스, 월 300만 원 기본소득 도입 투표 한달 앞으로*

전 국민에게 기본소득을 주자는 스위스 국민투표안이 한달 안으로 그 가결 여부가 결정된다. 다음달 5일 실시되는 국민투표에서 기본소득 제안이 통과될 경우 모든 스위스 성인 시민과 합법 거주자는 월 2,600달러(약 300만 원), 모든 아이들은 650달러(약 75만 원)의 기본소득을 보장받는다.

스위스 기본소득 국민투표는 10만 명 이상의 서명을 받으면 그 제안을 국민투표에 붙일 수 있다는 스위스의 직접민주주의 제도에 따른 것이다. 최근 여론조사 결과에 따르면 기본소득안에 대한 찬성률은 40% 정도로 부결될 가능성이 크지만 기본소득에 대한 관심을 높이고 지지층을 넓혔다는 점에서는 이미 성공을 거뒀다는 평가를 받고 있다.

기본소득은 노동 여부나 소득 수준, 재산의 많고 적음과 관계 없이 모두에게 동일한 액수의 최저 소득을 보장한다. 현재 기본소득은 네덜란드와 핀란드, 캐나다, 뉴질랜드 등에서 소규모 도시나 지역 단위에서 기본소득을 도입하기 위한 논의가 진행되고 있다. 핀란드의 경우 내년부터 기본소득 실험을 시작하는데 현재의 사회보험을 대체하는 수준인 월 550~800유로 정도의 기본소득 또는 마이너스 소득세 형태로 이를 도입하는 안이 검토되고 있다.

스위스의 경우 제안된 기본소득의 액수가 대다수 국가·지역에 비해 상당히 크다. 스위스 기본소득안에 따르면 정부는 모든 성인 시민에게 세후 월 2,600달러의 기본소득을 보장해야 한다. 일을 하지 않아 아무런 소득이 없을 경우 이 액수를 전부 다 받게 된다. 이보다 더 적은 돈을 벌고 있을 경우 2,600달러에서 현재 소득을 제한 차액만큼을 받는다. 월 소득이 1,600달러라면 1,000달러만 받는 식이다. 월 6,500달러 이상을 벌 경우 기본소득을 받지 않지만 대신 2,600달러 만큼의 소득에 대해서는 세금이 면제된다. 복지 수당 등으로 2,600달러에 해당하는 혜택을 받고 있을 경우 이는 기본소득으로 통합된다. 복지 수당이 이를 넘을 경우 그 이상에 대해서는 별도의 세금이 붙는다. 이론적으로 두 명의 아이와 무노동 상태인 성인 두 명으로 구성된 가정은 정부로부터 매달 6,500달러(2,600×2+650×2)를

---

* 스위스의 기본소득 안건은 2016년 6월 5일 실시된 국민투표에서 77%의 반대로 인해 부결되었다. 증세와 포퓰리즘 등에 대한 우려가 결과로 나타난 것으로 보인다. 이러한 찬반논란에도 불구하고 스위스를 비롯하여 핀란드 등 유럽국가에서 이에 대한 논의는 지속될 것으로 보인다.

받게 된다. 연간 소득으로는 7만 8,000달러로 이는 미국 가구당 평균 연소득의 거의 두배에 가깝다.

스위스의 임금은 이미 세계 최고 수준이지만 기본소득 지지자들은 이 제도가 노동시간을 단축하면서도 품위있는 삶을 유지할 수 있는 기회를 줄 것이라고 기대하고 있다. 제네바 대학에 다니는 21살의 대학생 클로에 위베르는 USA투데이에 6일(현지시간) "(기본소득은) 굉장한 생각이다"며 "주말에만 일을 하는 나로서는 정말 도움이 될 것 같다"고 말했다. 국민투표를 앞두고 지지 운동을 벌이고 있는 시민단체 '기본소득 스위스'의 공동 설립자이자 대변인인 체 와그너는 "기본소득은 노동에 대한 동기 부여를 강화하고, 더 인간적이고 안정적이고 생산적인 경제로 이끌 것이다"고 밝혔다.

기본소득 반대론자들은 노동 의욕에 미칠 부정적 영향과 재정적 부담을 지적한다. 스위스 국회의원 레이몽드 클로투는 현지 방송과의 인터뷰에서 "(기본소득은) 사람들이 일하고 훈련을 받도록 동기를 부여하는 시스템에 위기를 초래할 것이다"며 "이 시스템을 개선해야지 일할 의욕을 파괴하는 기본소득을 도입해선 안된다"고 말했다. 반대론자들이 추산한 기본소득 도입에 따른 재정부담액은 연간 2,000억 달러(약 231조 1,000억 원)다.

실제 지난 3월 11일 스위스 사회보장부가 발표한 통계에 따르면 기본소득 도입에 따른 재정부담은 250억 프랑(약 30조 2,455억 원)으로 이전 추정치인 1,540억 프랑(약 186조 3,122억 원)에 비해 크게 줄었다. 물론 이 금액 역시 조달하기 쉬운 것은 아니다. 정부 측은 기본소득 재원을 마련하려면 상당한 수준의 세금 인상과 복지 지출 삭감이 불가피하다며 국민들이 이 제안을 거부해줄 것을 요청했다.

출처: 경향비즈, 2016. 5. 8. 일부발췌.

◈ 참고문헌

가브리엘 주크만(오트르망 역)(2016), 『국가의 잃어버린 부: 조세도피처라는 재앙』, 앨피.

명재진(2014), "분권형 헌법을 위한 모델 연구," 『동아법학』, (65): 1~38.

선학태(2006), "남북한 통합국가 모형," 『민주주의와 인권』, 6(2): 75~106.

안성호(2001), 『스위스연방 민주주의 연구』, 대영문화사.

안성호(2002), "상생정치의 제도적 조건," 『한국사회와 행정연구』, 13(3): 1~25.

안성호(2005), 『분권과 참여-스위스의 교훈』, 다운샘.

유민봉・임도빈(2016), 『인사행정론: 정부경쟁력의 관점에서』, 박영사.

이기우(2013), 『스위스의 지방세 제도』, 한국지방세연구원.

이기우(2014), 『분권적 국가개조론』, 한국학술정보.

장준호(2008), "스위스 연방의 직접민주주의," 『국제정치논총』, 48(4): 237~262.

스위스 범죄 외국인 추방법 국민투표 실시 부결, 이데일리, 2016. 2. 29.

http://news.naver.com/main/read.nhn?mode=LSD&mid=sec&sid1=104&oid=018&aid=0003
    489120

Federal Chancellery(2015), THE SWISS CONFEDERATION: A BRIEF GUIDE.

Ladner(2013), Party system and parties, Swiss politics and political institutions, www.an-
    dreasladner.ch

Linder, Wolf(1994), Swiss Democracy: Possible Solutions to Conflict in Multicultural
    Societies. London: Macmillian Press.

Linder and Iff(2011), Swiss Political System.

Oliver DLABAC(2013), Organization and Role of Municipal Parliaments in Switzerland.
    자치행정연구, 5(2), 105~114.

Stolyarenko, K.(2014), National evaluation policy in Switzerland, Parliamentary Forum
    for Development Evaluation. Retrieved from: http://www.pfde.net/images/pdf/
    cs7s.pdf.

http://www.efk.admin.ch

http://www.parlament.ch

http://www.admin.ch

Federal Audit Office Act: http://www.efk.admin.ch/images/stories/efk_dokumente/
    gesetz/FKG%20English%202011.pdf

Parliamentary Control of the Administration (PCA): http://www.parlament.ch/E/

ORGANE-MITGLIEDER/KOMMISSIONEN/PARLAMENTARISCHE-VERWALTUNGSK
   ONTROLLE/Pages/default.aspx

Swiss Federal Audit Office (SFAO): http://www.efk.admin.ch/

Schweiz Steuerkonferenz, 2014

Das Schweizerische Steuersystem, 2015

WEF,

http://reports.weforum.org/global-competitiveness-report-2014-2015/rankings/

IMD, http://www.imd.org/uupload/imd.website/wcc/scoreboard.pdf

World Bank, http://data.worldbank.org/indicator/NY.GDP.PCAP.CD

World Happiness Report 2015 Ranks Happiest Countries,

http://worldhappiness.report/news/2015/04/23/world-happiness-report-2015-ranks-happiest-
   countries/

Statistik Schweiz,

http://www.bfs.admin.ch/bfs/portal/de/index/themen/01/05/blank/key/sprachen.html

Statistik Schweiz,

http://www.bfs.admin.ch/bfs/portal/de/index/themen/01/05/blank/key/religionen.html

제 3 편

완전통합모델

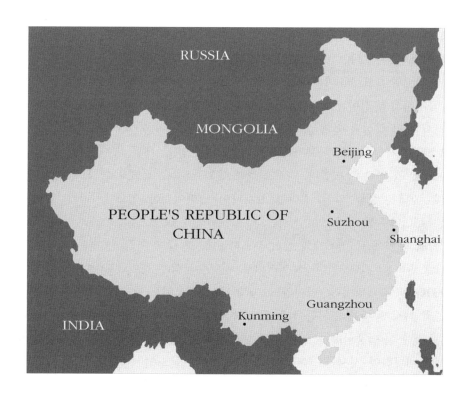

면적: 960만㎢

인종: 한족(91.9%)과 55개 소수민족(8.1%)

1인당 GNP: $ 11,850(2013)

인구: 1,355,692,596명(2014)

1인당 GDP: $ 6,807(2013)

수도: 베이징

I   개   관

1. 국가개황

중국은 아시아 대륙의 동부, 태평양 서안에 위치하고 있다. 면적은 960만㎢로 러시아와 캐나다에 이어 세계에서 세 번째로 큰 나라이다. 영토는 북으로 막하(漠河) 이북의 흑룡강(黑龍江) 강심(江心)에서 시작하여 남으로 남사군도(南沙群島) 남단의 증모암사(曾母暗沙)까지 남북간 거리는 약 5,500km이다. 또 동쪽으로 헤이룽강과 오소리강(烏蘇里江)이 합류하는 곳에서부터 서쪽으로 파미르고원까지 동·서간 거리는 약 5,200km이다.

국경선의 총길이는 22,800km로 동쪽은 한반도, 북쪽으로는 몽골, 동북쪽으로는 러시아 및 북한과 국경을 맞대고 있으며, 서북쪽은 카자흐스탄, 키르키스탄, 타지크스탄과 서남쪽으로 아프카니스탄, 파키스탄, 인도, 네팔, 부탄 등의 국가와 이웃하고 있고, 남쪽은 미얀마, 라오스, 베트남과 국경을 접하고 있다. 중국의 동부, 동남부 지역은 한국, 일본, 필리핀, 브루나이, 말레이시아, 인도네시아와 바다를 사이에 두고 마주해 있다.

중국 해역에는 7,600개의 섬이 분포하는데, 그 중에 가장 큰 섬은 타이완도(臺灣島)로 면적은 36,000평방킬로미터이고, 두 번째 섬은 하이난도(海南島)로 면적은 34,000평방키로미터이다. 타이완도 동북 해상의 조어도(釣魚島), 츠웨이도(赤尾島)는 중국 가장 동쪽에 위치한 섬이다. 남중국해에 분포되어 있는 섬과 암초 그리고 해변을 통틀어 남중국해 군도라 부르는데, 중국의 가장 남쪽에 있는 동사군도(東沙群島)를 비롯하여 서사군도(西沙群島), 그리고 남사군도(南沙群島)가 있다. 가장 큰 강은 양쯔강(長江)이며 길이는 6,300km이고, 세계에서 제3대 강으로 손꼽힌다. 중국에서 두 번째로 가장 큰 강은 중국 고대문명의 발상지 중 한 곳인 황하(黃河)로 총길이는 5,464km이다.

인구규모를 살펴보면, 세계인구의 1/5을 차지하고 있으며, 세계에서 가장 많은 인구를 가진 나라이다. 또한 인구밀도가 비교적 높아서 138명/㎢일 뿐만 아니라, 인구가 고르게 분포되어 있지 않다. 동부 연해지역은 400명/㎢를 넘고, 중부지역은 200명/㎢인데 반해, 서부지역은 10명/㎢도 안 될 정도로 인구가 적다. 그리고 중국은 심각한 인구문제를 해결하기 위하여 1970년대부터 산아제한정책을 실시함으로써 인구성장을 억제하였으나, 현재 중국의 인구성장은 오히려 저출산으로 인구고령화 문제가 심각한 편이다.

민족구성을 살펴보면, 중국은 56개의 민족으로 구성되어 있으며, 민족별로는, 한족(91.9%)과 55개 소수민족(8.1%)으로 구성되어 있다. 중국인들은 세계 역사 속에서 강대국의 위치를 점해 왔기 때문에 나름대로의 독특한 국민성을 가지고 있다.

일반적으로 중국인들은 대륙적 기질을 가지고 있어 스케일이 크고 호탕하다. 민족적 자부심이 강하여 미국과도 견줄 수 있다고 보고 있다. 또한 기본적으로 상업적 이익을 계산하는 데 능하여 이해타산에 의해 행동하는 경향이 농후하다. 오랜 공산주의 사회를 경험하고 있음에도 불구하고 자본주의적 요소를 쉽게 도입하고 있는 것은 중국인들의 이러한 특성에 부합하기 때문이다.

2. 간추린 역사

1) 고대 역사

세계 역사상 중국은 문명이 매우 일찍 발달한 국가 중 하나이다. 중국의 대표적 과학기술은 제지, 인쇄술, 자석, 화약으로 고대 중국의 4대 과학기술 발명에 속하며, 세계 4대 문명 발상지의 하나이다. 중국 역사는 단계로 상고시대와 노예사회(170만년 전~기원 전 476년)부터 시작하여, 역대 연표는 [표 9-1]과 같다.

2) 근대(1840~1919년)

19세기 초 영국이 청왕조가 쇠퇴한 틈을 타고 중국에 대량의 아편을 수출하였고, 급기야 청 정부가 나서서 아편을 금지해야 할 상황까지 이르렀다. 영국은 무역을 지속하기 위해 1840년에 청을 침략하였고, 영국에 패한 청은 난징조약을 체결하였다. 그 후에 영국, 미국, 프랑스, 러시아, 일본 등 서양 열강들이 청을 압박하여 차례로 각종 불평등조약을 체결함에 따라 점차 반식민-반봉건 사회로 전락하게 되었다.

1911년 쑨원(孫文)이 신해혁명을 일으켜 200여년간 지속되었던 청제국시대가 끝을 맺고 중화민국이 탄생하였다. 이로써 중국은 2,000년간 유지되었던 봉건체제를 마감하게 되었다. 따라서 신해혁명은 중국 근대사상 가장 큰 사건이라 볼 수 있다.

표 9-1 중국 역대 연표

왕 조		연 대	왕 조	연 대
하(夏)		BC 2070~BC 1600년	남북조(南北朝)	420~589년
상(商)		BC 1600~BC 1046년	수(隋)	581~618년
서주(西周)		BC 1046~BC 771년	당(唐)	618~907년
동주(東周)	춘추(春秋)	BC 770~BC 476년	오대(五代)	907~960년
	전국(戰國)	BC 475~BC 221년	북송(北宋)	960~1127년
진(秦)		BC 221~BC 207년	남송(南宋)	1127~1279년
전한(前漢)		BC 206~서기 24년	원(元)	1271~1368년
후한(後漢)		25~220년	명(明)	1368~1644년
삼국(三國: 魏, 蜀, 吳)		220~265년	청(淸)	1644~1911년
서진(西晉)		265~316년	중화민국(中華民國)	1911~1949년 9월
동진(東晉)		317~420년	中華人民共和國	1949. 10. 1~현재

3) 신민주주의 혁명(1919~1949년)

1919년에 일어난 5.4운동은 근대 중국에서 발생한 중대한 사건들의 사상적 모태라고 할 수가 있다. 5.4운동은 제1차 세계대전 이후 중국이 서양 제국과 맺은 불평등조약에 항거하면서 일어난 운동이다. 이 운동을 계기로 새로운 사상들이 중국에 들어왔다. 그 중 중국에 가장 많은 영향을 끼친 것은 바로 마르크스-레닌주의이다.

1921년 마오쩌둥(毛澤東) 등 각 지역 대표 12명은 상해에서 제1차 전국대표대회를 개최하고 중국공산당 설립을 선포하였다. 그 후 중국공산당이 이끈 신민주주의혁명은 ① 북벌전쟁(1924~1927)과 ② 토지혁명(1927~1937), ③ 항일전쟁(1937~1945), ④ 해방전쟁(1945~1949) 등 4단계로 나눌 수 있다. 항일전쟁 때는 국민당과 연합(국공협력)하여 일본에 대항함으로써 일본군을 축출하고 항일전쟁의 승리를 거둘 수 있었다. 하지만 1945년 국민당이 내전을 일으켰고, 공산당은 3년간의 해방전쟁을 거쳐 1949년 국민당 정부를 몰아내는 데 성공하였다.

4) 공산당체제

1949년 10월 1일 마오쩌둥은 중화인민공화국의 탄생을 선포하였다. 그 후 중국정부는 국가건설에 박차를 가하였지만, 1966년 5월부터 1976년 10월까지 10년의 문화대혁명으로 중국과 중국국민들은 건국 이래 가장 심각한 좌절과 손실을 경험했다. 1976년 10월 장칭(江青) 등 4인방이 체포되면서 문화대혁명이 막을 내렸고 중국은 새로운 시대로 접어들었다.

중국 공산당 총서기였던 덩샤오핑(鄧小平)이 다시 권력을 잡으면서 1979년부터 "개혁 개방 정책"을 실시하였다. 그는 중국 경제와 정치의 체계개혁을 통하여 중국식 사회주의 현대화 건설 노선을 확립하였다. 그 후 1989년 장쩌민(江澤民)이 중국공산당 중앙총서기와 국가주석에 임명되었고, 2002년 권력을 계승한 후진타오(胡錦濤)는 중국의 경제를 크게 발전시켰으며, 국민의 생활수준도 많이 향상되었다. 2012년 권좌에 오른 시진핑은 국가개혁을 기치로 내세우고 있는데, 특히 부정부패 척결에 힘을 쏟고 있다.

3. 문화적 특성: 이념적 정향

중국 사회의 특수한 역사적·문화적 환경은 중국의 정치행정체제에 직접적인 영향을 미쳤다. 중국공산당의 사회주의 이념은 특수한 상황적·문화적 환경 속에서 형성되었고 또 변화되어 왔는데, 시기적으로는 정권수립 전, 정권수립에서 1970년대, 1970년대 말에서 현재까지 등 세 단계로 구분할 수 있다.

1) 마오쩌둥의 사회주의 이념

마오쩌둥(1949~1954)의 사회주의 이념은 전쟁과 준전쟁, 적강아약(敵强我弱), 열악한 생존환경, 마르크스·레닌주의, 유교문화, 군사문화 등 상황적, 문화적 환경 속에서 이루어지고 변화하였다.

-상황적·문화적 배경

● 전쟁과 준전쟁

마오쩌둥은 정권 탈취 전까지 줄곧 전쟁을 경험했고, 정권 수립 후에도 계속하여 준전쟁 상황에서 국가건설을 추진해 왔다. 이런 상황은 마오쩌둥의 정치이념에 군사문화의 색채를 짙게 하였다. 군사문화는 위로부터 아래로의 등급제도, 엄격한 규율, 집단주의, 영웅주의(비공리주의), 흑백논리 등으로 특정지워진다.

● 열세 대 강세

중국공산당은 날창과 엽총으로 신식 미국 무기로 무장한 국민당 군과 맞서야 했고, 또한 절대 전력 면에서 훨씬 우세한 일본군과 맞서야 했다. 정권수립 후에도 마오쩌둥은 열세의 사회주의 진영 속에서 우세한 자본주의 진영과 맞서야 했다.

● 열악한 생존환경

기존 체제에 반기를 든 중국공산당은 지하활동, 2만 5천리 대장정과 같은 극도로 열악한 환경 속에서 자신들의 존재를 보존하고 힘을 키워야 했었다. 또한 정권 수립 후에도 소련과 미국, 두 초강대국을 상대로 체제를 유지해야 했다.

● 유교문화

유교문화는 소극적인 가치지향을 바탕으로 장유유서의 서열주의, 명분주의, 가족주의, 중의경리(重義輕利) 등 모든 사물을 둘로 나누는 소박한 변증법 등으로 특정지워진다.

-마오쩌둥의 정치이념

이상과 같은 상황적·문화적 환경은 마오쩌둥 특유의 정치이념을 창출하였는데, 그 특징을 살펴보면 다음과 같다.

● 정신적 힘에 대한 집착

열악한 환경 속에서 혁명세력의 성원들은 비상한 정신적 힘을 발휘하였다. 이에 마오쩌둥은 정권수립 후에도 정신적 힘을 과신하였으며, 인간의 능력을 거의 만능으로 과신하였다.

● 집단주의에 대한 집착

열악한 환경과 적강아약(敵强我弱)의 전쟁 상황 속에서 개인적 가치는 집단 속에서만 가능하였고, 개인주의적 가치추구는 허용될 수 없었다. 마오쩌둥은 정권 수립 후에도 개인적 가치추구를 철저히 무시하고 집단적 가치만을 강조하였다.

● 인간에 대한 불신

열악한 환경, 즉 적강아약의 환경 속에서 혁명세력 내에서는 불신행위들이 자주 일어났다. 혁명 승리 후 마오쩌둥은 자신의 이념에 동조하지 않거나 다른 이념을 가진 자들을 가차없이 숙청했고, 이데올로기의 동질화를 국가 건설의 핵심 기반으로 추진했다.

● 흑백논리의 극단화

마오쩌둥은 정치적으로 모든 사물을 둘로 나누고, 두 사물은 공존할 수 없는 절대적 대립관계로 보았다. 이것은 '모순론'에 가장 잘 나타나 있다.[1]

2) 덩샤오핑의 정치이념

마오쩌둥과 덩샤오핑의 정치이념은 많은 차이를 보이고 있는데, 그 특성들을 살펴보면 아래와 같다.

● 현실주의

마오쩌둥의 이상주의는 덩샤오핑에 의해서 현실주의로 탈바꿈하였다. 심각한 냉전상황, 그것도 혼자 힘으로 소·미 두 강대국을 상대할 수밖에 없는 상황에서 마오쩌둥은 한 국가 내에서의 이상 실현에 집념하였다. 이와 반대로 냉전 구조가 해체되고 중·소·미 삼각구도가 형성되며 국가안전이 보장된 상황에서 덩샤오핑은 현실주의에 입각하여 근대화 실현을 최고의 정책목표로 설정하였다. 덩샤오핑의 '흑묘백묘론'이 이를 잘 입증해 준다.

● 조합주의

시장경제체제에서 경제활동의 행위주체는 그 특성상 개인이 기본단위일 수밖에 없다. 덩샤오핑은 이를 인정하고 근대화 목표를 실현하기 위해 개인단위의 이익추구를 정책적으로 허용하였으며, 이를 바탕으로 국가·집단·개인 간의 긴밀한

1) 두 가지의 사회: 사회주의 사회와 자본주의 사회
   두 가지의 사상: 무산계급 사상과 자본주의 사상
   두 개의 계급: 무산계급과 자산계급
   두 가지의 제도: 사회주의 제도와 자본주의 제도 등.

협력관계를 구축하였다.

3) 장쩌민의 정치이념

덩샤오핑의 자리를 이어받은 장쩌민의 정치이념은 '3개 대표사상'으로 집약된다. '3개 대표사상'은 덩샤오핑 정치이념의 연장선에서 설명된다. 중국공산당의 최고 강령을 공산주의 실현으로 설정하고, '小康'사회 건설을 최저 강령으로 설정하였다. 그런데 공산주의는 먼 장래의 일이므로 미래의 후손들이 설계하고 실천해야 하며, 우선 소강(小康) 사회 건설에 전념해야 한다고 지적하였다. 즉 민영기업인의 공산당 입당 허용, 비노동 수입의 합법화(착취 허용), 경제의 민영화 등 실용주의적 가치를 강조하였다. 요컨대 생산력 발전을 위해서는 수단을 가리지 않는다는 것이다.

4) 후진타오의 정치이념

2007년 공산당 총서기 자리에 오른 후진타오는 전임자와 크게 다르지 않은 정치이념을 가지고 있다. 특히 사회주의 발전과 풍요사회 건설을 위한 과학의 역할을 강조하고 있다. 그는 덩샤오핑 이후 추진해 온 개혁·개방 정책을 계속 추진하되, 빈부격차의 해소, 농촌 도시의 차이 해소, 복지확대 등도 강조를 하고 있다. 즉, 성장과 분배라는 두 마리의 토끼를 좇으려고 한다.

4. 거시환경

중국의 거시환경에 대해 본서는 1980년대 이후 중국의 개혁 개방이 처한 환경을 '복수 2원 구조'로 규정하고, 환경과 이에 대한 대응이라는 틀 속에서 개혁개방의 가치지향을 고찰한다.

1) '선진 – 낙후' 2원 구조의 국제환경

모든 후발국들이 그러하듯이 중국 근대화의 국제환경 역시 '선진-낙후'의 2원 구조이다. 이러한 2원 구조하에 후발국의 근대화는 다음과 같은 네 가지 기본 특징을 가지게 되며, 그 기본 특징은 특유의 정치적 요구를 가진다.

-후 발 성

후발국의 근대화는 선진국의 근대화가 상당한 수준에 도달하였을 때 시작되었다. 후발국의 근대화는 새로운 창조과정이 아니고 선진국으로부터 선진적인 부분을 배워오는 과정이며, 따라서 근대화 과정이 단축될 수 있다. 또한 후발국들의 근대화 과정은 자연발생적이 아니므로 분명한 시점(始點)이 있게 되고, 특정 세력에 의해 가동된다.

- 외부의존성

근대화에 필요한 자금·기술 내지는 시장까지도 외부에 의존하게 된다. 첫째, 국제시장에서 상품의 경쟁력은 저임금을 바탕으로 한 저가격 및 경제요인 외의 어떤 요인에 의지하게 된다. 둘째, 자금과 기술유치는 상당 기간 정부가 주도하게 되고, 유치된 자금과 기술의 배분도 시장이 아니라 정부의 주도하에 진행된다. 셋째, 자금과 기술유치는 절대적인 정치 안정을 필요로 한다.

-급 격 성

후발국의 근대화는 짧은 시간 내에 일어나는 급격한 변화이다. 첫째, 급격한 혁명적 변화이다. 농업경제에서 공업경제로, 자연경제 내지는 계획경제에서 시장경제로의 변화, 즉 생산방식 전체의 변화이다. 둘째, 갈등과 통합의 진통과정이다. '새 것이 오고 낡은 것이 가는' 단순한 과정이 아니라 새 것과 낡은 것이 혼재되고 마찰하면서도 또 융합되는 심각한 진통과정이다.

-전 면 성

후발국의 근대화는 선진국의 시범효과하에서 추진된다. 선진국 시범효과의 전면성으로 인하여 후발국은 각 영역의 근대화가 동시에 진행될 수밖에 없다. 이 전면성과 정부능력 사이에는 심한 갈등이 발생하며, 정부능력은 결정적인 요인으로 작용하게 된다.

전술한 후발국 근대화의 특성은 특수한 정치적 요구를 내포하는데, 그것은 강력하고 효율적인 정부, 발전지향적인 엘리트 집단의 정권장악, 국력의 종합적 이용 및 그 효과의 최대화 등으로 요약된다.

2) '강한 국가 – 약한 사회'의 2원 구조 국내환경

국가와 사회관계를 각종 자원점유 수준과 조직화 수준, 두 변수로 규정지을 때 중국의 국가와 사회관계는 "강한 국가-약한 사회"라고 할 수 있다. 중국은 국가가 사회 내 대부분의 자원을 점유하고, 높은 수준의 조직화를 바탕으로 세계 어느 나라에 비해서도 높은 자율성을 확보하였다. 따라서 1970년대 말 새로이 시작된 중국의 근대화는 정부주도형모델로 위로부터 아래로의 동원 및 조직하는 방식으로 추진되어 왔다. 이런 발전모델은 '선진-낙후' 2원 구조로 인한 후발국 근대화의 기본 특성 및 그 정치적 요구에 잘 부응하여 높은 효과를 거두었다.

1997년 이후 아시아의 많은 나라들이 외환위기로 어려움을 겪었지만, 중국경제는 1997~99년에 7~8%의 경제성장률을 유지하면서 경제적 위상이 격상되었다. 이후에도 8~9%의 높은 경제성장률을 구가하고 있다. 중국은 이미 WTO에 가입했고 2008년에는 북경올림픽을 성공적으로 치름으로써 대외적 신인도를 높였다. 종전 자원동원에 의한 외연적 성장에서 기술과 창의성에 기반한 내연적 성장으로 경제패턴이 변화하면서 명실공히 21세기 세계경제 리더로 부상하고 있다.

3) 신창타이(뉴노얼)

2014년 5월 시진핑 국가 주석이 언급한 개념으로서, '새로운 상태'라는 뜻이다. 이는 중국경제가 개혁개방 이후 30년간 초고도 성장기를 끝내고 새로운 상태로 이행하고 있음을 뜻한다. 구체적으로는 산업, 수요, 생산 등 경제구조를 전면적으로 개편하여, 성장률을 낮추되 지속가능하게 하자는 정책이다.

Ⅱ 정치과정

사회주의 국가의 정치조직은 외형상 국가별로 상이하지만, 그들 간 공통점은 인민대표제라는 점이다. 우선, 인민대표제 원칙은 국가의 모든 권력은 국민에게 있다고 보며, 국민을 국가의 주인이라고 본다. 따라서 국민이 직·간접 선거를 통해 대표(의원)를 선출하며, 이들이 각급 국가 권력기관을 구성하여 국가와 사회를 관리하는 모든 권력을 행사한다. 둘째, 민주집중제 원칙이다. 일단 하급기관이 상급기관을 선출하여 구성하면, 상급기관은 하급기관에 대하여 각종 권한을 집중적으로 행사한다. 셋째, 노동자계급의 정당이 여당이다. 정권교체가 없이 지속적으로 단일정당(공산당)은 국가 정권에 대해 정치적·사상적으로 지도하는 역할을 수행한다. 이러한 원리에 의하면 결국 완전통합형 정치행정모델이 되는 것이다.

1. 정치행정체제의 기본구조

1) 단방국가의 필요성

현대 국가는 기본적으로 두 가지 국가기구 유형이 있다. 단방제(즉, 단일국가)와 연방제이다. 중국은 단방제 국가유형을 유지하고 있다. 그 이유는 첫째, 역사상 중국은 진나라, 한나라 때부터 기나긴 역사 발전과정에서 비교적 짧은 시기를 제외하면 줄곧 통일된 중앙집권제를 경험하였다. 특히 중국은 .원나라 이후부터 700여 년간 크게 분열을 경험하지 않았다. 이러한 역사적 전통은 중국이 통일된 주권국가를 건립할 수 있는 정치적 기초와 문화를 제공하였다.

둘째, 중국을 구성하는 민족의 분포 구성비 때문이다. 중국은 56개 민족으로 구성된 다민족국가인데, 각 민족의 구성 및 편향적 분포 때문에 연방제를 채용하기에는 부적합하며 단방제 국가유형을 택하는 것이 적합하다. 규모 면에서 절대다수인 한족과 여러 개의 소수민족들이 서로 함께 한 지역에 거주하면서 사는 전통도 점차 형성되었다.[2] 그러나, 최근에는 일부 소수민족이 사라질 위험에 처해 있기도 하다.

---

2) 신강, 티벳, 청해, 영하, 광서, 내몽골, 운남 등 성 자치구에 비교적 집중하여 소수민족들이 거주하는 지역을 제외하면, 기타 소수민족들은 대부분 한족과 함께 전국의 여러 성에 거주하고 있다. 뿐만 아니라 하나의 민족이 하나의 성에 집중하여 거주하는 민족도 극히 드물다. 신강은 소수민족이 비교적 집중된 지역으로, 위그르족을 제외한 10여 개 민족이 함께 거주하고 있다. 회족과 만족은 전국 각 성에 분포되어 있다. 그 밖의 원인은 중국 각 민족의 인구 수 차이가 많이 난다는 점이다. 전체 인구에서 한족 인구가 절대다수를 차지하고 기타 소수민족의 인구수는 단지 전국 총인구수의 십분의 일밖에 차지하지 않으며, 어떤 소수민족은 몇 만 명밖에 안 되고 심지어 몇 천 명밖에 안 되는 경우도 있다. 이러한 인구학적 특성은 단방제를 실시하는 것이 적합함을 의미한다.

> **중국관련 유용한 정보 제공 웹사이트**
>
> • 중앙인민정부 홈페이지
>   - http://www.gov.cn/english.gov.cn
> • 인민일보: 중국정치에 관한 공식적 정보를 얻을 수 있음(영어로 지원)
>   - http://www.en.people.cn(영어)
>   - http://www.kr.people.com.cn(한국어)

중국이 채택하고 있는 단방제 국가유형의 특징은 다음과 같다.

첫째, 중국 행정구역의 기본형식은 일반행정구 내에 지방국가기관이 중앙의 통일된 지도를 받으며 그 지역의 정치, 경제와 문화 등을 관리한다. 중앙의 방침과 정책, 국가헌법, 법률과 행정법규가 지방의 행정에 적용된다. 지방입법권은 중앙국가권력기관 및 행정기관의 헌법, 법률, 행정법규와 모순이 되지 않는 수준에서 허용된다. 지방 각급 국가권력기관은 법에 근거하여 그 지역의 중대사항의 결정권, 공직임명과 해임권, 감독권을 행사한다.

둘째, 중국은 다민족 국가이기 때문에 민족자치구역은 중요한 중국 행정구역이다. 중국의 민족자치구는 일반 행정구의 권한을 갖고 있으면서 일반행정구가 가지고 있지 않은 자치권을 가지고 있다. 예를 들면 자치조례와 단일사항만 가지고 실행하는 조례를 제정할 권력이 있다. 헌법과 법률을 위반하지 않는다는 원칙 아래 민족자치 지방정부는 그들의 특수한 상황에 적합하지 않은 상급 국가기관의 결의, 결정, 명령, 지시에 대해서 상급 국가기관에 보고하여 비준을 받을 경우 그들의 특수한 상황에 적합하게 집행하거나 집행을 정지할 수 있다.

셋째, '일국이제'는 중국 국가구조의 특수형식이다. '일국이제'는 국가 근본은 헌법과 법률에 기초하되, 지역에 따라 타 지역과 다른 정치, 경제, 사회제도를 실시하도록 허용하는 것이다. 따라서 '일국이제'는 단방제 국가구조를 근간으로 하지만, 특정 부분에 있어서 연방제 국가형식의 특징을 갖는다는 것을 의미한다. '일국이제'의 분권 정도는 단방제 국가보다 훨씬 높을 뿐만 아니라 심지어 연방제 국가를 초월하기도 한다.[3]

---

[3] 예를 들면 홍콩특별행정구는 고도의 자치권을 갖고 있다. 외교와 국방사무는 중앙인민정부의 관리를 받지만, 이외의 측면에서는 모두 현지인으로 구성된 특별행정구정부가 관리하며 입법권, 행정 관리권, 독립한 사법권과 최종심판권을 갖고 있다. 또한 재정도 독립되어 있으며 경제, 문화, 교육 등 각종 정책이 자체적으로 제정된다. 또한 '중국 홍콩'이라는 명의로 단독

2) 인민대표제 – 완전통합형

이와 같이 중국은 단방제 국가로서 중국이 가지고 있는 특수성을 흡수하기 위해 완전통합형 정치체제를 채택하고 있다. 이 정치체제의 핵심적 위치는 인민대표대회제도가 차지하고 있다. 인민대표대회제도를 중심으로 한 중국국가기구의 특징은 다음과 같다.

첫째, 중화인민공화국의 모든 권력은 국민에게 있다. 국민을 대표해 국가의 권력을 행사하는 기관은 전국인민대표대회와 지방각급인민대표대회이다. 전국인민대표대회와 지방각급인민대표대회는 모두 국민의 선거에 의해 구성되기 때문에, 인민대표대회를 포함한 모든 국가기관은 항상 국민 대중의 의사를 존중해야 한다. 그리고 국민 대중들의 의견과 건의사항들을 귀담아 들어야 하며 국민을 위해 봉사하고 국민에 대해 책임지며 국민의 감독을 받아야 한다.

둘째, 인민대표대회는 선거방식으로 행정권, 재판권, 감독권, 군사권 등의 권력을 각각 각급 정부, 법원, 검찰원, 중앙군사위원회 등 국가기관이 행사하도록 위탁한다. 이런 국가기관은 모두 전국인민대표대회 및 지방각급인민대표대회에 대해 책임을 지도록 하고 있다. 기타 국가기관과 인민대표대회의 관계는 평등관계가 아니라 종속관계이다. 이는 자본주의 국가의 '삼권분립'과 다르다.

셋째, 민주집중제는 중국 국가기관의 활동원칙이다. 국가기관의 활동 또는 이미 내린 중요한 결정은 모두 민주를 충분히 발휘하여야 하며 민주적인 기초 위에 의견을 수렴하여 정확한 결정을 한다.

인민대표대회제도는 선거를 통해 유권자들의 인민대표를 선출함으로써 정통성을 확보한다. 인민대표대회를 기초로 건립한 모든 국가기구는 인민대표대회제도를 중심으로 국민에게 책임지는 것이기 때문에 상대적 통합모델에 찾아볼 수 있는 체제내부의 기능분화 수준이 저급하다고 할 수 있다. 중국에서 인민대표대회제도를 통해 얻는 이점은 다음과 같다.

- 인민대표대회제도는 중국의 국정 운영상황에 적합하다. 중국은 여러 민족 국민들이 중국공산당의 지도 아래 장기적인 정권 건설 및 실천을 가능케 한다. 또한 마르크스주의 정권건설이론과 중국 실제상황이 결합된 산물로 볼 수 있다.

으로 각국, 각 지역 및 관련 국제조직과 경제, 문화관계를 유지하고 발전시킬 수 있다.

- 인민대표대회제도는 국민이 국가관리에 참여하고 주인이 되어 권력을 행사
  하기 편하다.
- 인민대표대회제도는 국가권력을 집중하는 데 유리하다. 각급 인민대표대회
  는 국가권력을 행사하는 과정에서 주도적인 지위를 차지하는데, 이는 국가
  권력과 국민의 권력행사에 통일성과 유기성을 강화한다.
- 인민대표대회제도는 중앙에 의한 통일적인 지도에 유리하며 지방의 적극성
  과 능동성 발휘에도 유리하다.

3) 중국정부의 기능범위: 공공부문의 규모

사회주의국가인 중국에는 시장부문이 활성화되어 있지 않기 때문에 공사의
구분이 거의 없다. 중국은 민간부분이 점점 발달하는 추세에 있으나, 자본주의체제
와는 비교할 수 없을 정도로 제약받고 있다. 이것은 곧 정부가 하는 일이 다양하고
범위가 매우 넓다는 것을 의미한다.

중국의 민간부문은 급속한 성장을 하였지만, 자본주의체제에서의 민간부문이
라고 생각해서는 안 된다. 특히 개인은 원칙적으로 토지의 소유권을 가질 수 없다.
다만 사용권을 가지고 있는 것이다. 그러나 중국의 GDP에서 민간이 차지하는 비
중이 50%를 넘은 지가 오래 되었고, 샤오미, 화웨이 등 세계적 대기업도 속속 등
장하고 있다(중앙일보 중국팀, 2016).

외국기업이 진출하는 것도 직접적 자본투자가 주를 이룬다. 이때 공장토지는
30년, 50년 등 장기임차의 형태로 이루어진다. 한국의 경우 외국인 직접투자보다
는 차관의 도입 등 간접적인 방법으로 이루어진 것과는 대조적이다. 또한 개인소
유권이 인정되지 않기 때문에 세금체제가 간접세로 되어 있어 직접세는 존재하지
않는다(김광웅·박동서·김신복, 1996: 372). 중국은 1999년 3월 사유재산제도를 공유
제와 병행하는 헌법개정안을 통과시켰다. 예컨대, 부분적으로 아파트 사유제가 실
시되고 있다.

공사부문의 구분이 애매하므로 공무원과 민간인의 구분도 용이하지 않다. 통
상적으로 공공관료의 범위는 공산당 기관원, 국가공무원, 국가기관원, 대중단체 인
원, 사업단위 인원, 국영기업관리 인원 등이다. 이런 인력들이 점유하여 구성되는
중국정부의 기본 기능은 아래의 몇 가지로 요약할 수 있다. 그리고 기능의 광범위
함을 통해 공사구분이 애매한 이유를 알 수 있다.

- 체제유지의 기능

신중국 건립 이후 무산계급 이익을 대표하는 인민정부로서 중국정부는 대외적으로는 외세의 침략으로부터 국가영토를 보호하는 기능을 담당하고 있으며, 대내적으로는 반동세력을 탄압하고, 사회질서를 혼란케 하고 개인의 이익을 침해하는 범죄행위 및 범죄자들을 막고 있다. 정부는 법률의 제정 및 집행을 통하여 국가의 통치의지를 나타내며 사회 기본질서를 유지한다.

- 경제관리기능

사회주의국가로서 중국정부는 건국 이래 경제관리와 경제발전을 매우 중시하여 왔다. 건국 초기에는 경제관리기능에 보다 초점을 두었다. 따라서 정부가 직접 나서서 기업과 경제조직을 관리하는 정부기관을 건립하여 위로부터 아래로 관리하는 계획경제 관리패턴을 형성하였다. 이러한 관리패턴은 사회주의 경제체계 건립과 사회 전체의 경제적 부를 축적하는 데 중요한 역할을 했으나, 정부가 모든 민간기업, 경제조직들의 관계를 정하는 것에는 한계가 있었다. 특히 정부가 모든 것을 독점관리하는 패턴은 자유시장규율에 위배되었고, 민간기업과 다양한 사회경제주체들의 경제활동의 적극성을 억압했다. 결과적으로 사회생산력의 발전을 억제하였다. 이에 따라 개혁개방 이래 중국 정부의 경제관리기능은 아주 큰 변화를 보인다. 미시적이고 구체적인 관리에서 거시적이고 간접적인 관리로 바꾼 것이다. 구체적으로 직접적인 행정수단을 사용하는 관리에서 법률과 경제규율에 근거하는 간접적인 관리로 변화하였다.

- 국가와 사회 사무관리와 봉사기능

중국정부는 주로 과학, 문화, 교육, 위생, 체육, 민족 사무관리, 사회에 대한 복리 증진, 사회보장 사무관리와 봉사기능에서 정부의 주도적인 역할을 강조하고 있다. 중국은 사회주의 시장경제의 건립 및 발전과정에서 정부는 사회적 수요의 관리와 조정자의 역할을 하여 사회의 번영과 발전을 촉진해야 한다고 보기 때문이다. 물론 정부가 사회적 수요 모든 부분에 대해 직접 독점하여 운용한다는 것은 아니지만, 광범위하게 사회 중개조직과 기타 사회조직에 의거해 관리를 진행해야 한다고 본다.

- 감독·통제의 기능

사회적 수요의 복잡화 및 정부관리 복잡성 증가에 따라 정부는 국가 및 사회발전에 관련된 감독·통제의 메커니즘을 건립해야 한다는 것이 중국 정부의 입장이다. 중국 정부의 감독·통제 기능은 주로 국민경제 발전에 대한 거시적인 조정, 국가 자산가치 보증, 가치 증가에 대한 감독·통제, 국가안전과 사회안전에 대한 감독·통제, 정부직원의 권력 사용에 대한 감독·통제 등에서 나타난다(魏娜·吳愛明, 2002).

4) 통치기구의 체계

사회주의 중국에서 국가기구란 '지배계급이 국가권력을 실현하기 위해 만든 일련의 국가기관의 총칭'을 의미한다. 인민대표제에 의한 완전통합형이지만, 중국의 헌법과 법률의 규정에 의해 국가권력기관, 국가행정기관, 국가심사기관과 국가검찰기관 등으로 구성된다. 구체적으로는 전국인대, 중화인민공화국주석, 국무원, 중앙군사위원회, 지방 각급인대, 지방 각급인민정부, 민족자치지방자치기관, 각급 인민법원과 각급 인민검찰원으로 구성된다(夏海, 2001: 3).

전체적인 체계에서 보면 우선 중앙급으로 당중앙위원회, 국무원, 당(국가)군사위원회가 있고 각층급에 6개 부문의 기구들이 병존한다. 6대 계통은 공산당계통(즉, 정치기관)의 당위원회, 기율검사위원회, 정부계통(즉, 행정기관)의 인민대표대회, 인민정부, 정치협상회의, 군대계통의 군구 등이다.

중국정부의 정책결정과 집행은 각 계층별로 상하 연결관계가 있는 계서제적으로 이루어진다. 즉, 정부조직구조의 종적 기구는 국가관리의 수요에 따라 나누어 설치된다. 중국정부의 종적 계층의 기구와 행정구획은 밀접한 연관이 있다. 행정구역의 구분에 따라 중국의 종적 행정체계의 구조는 4계층4)과 5계층의 두 가지로 나눈다.

법률상으로는 4개의 계층으로 나뉜다. 즉, 국무원, 성, 시현과 향이다. 그러나 현재 대부분 지방은 시가 지도하는 현(縣)체제를 시행하고 있기 때문에 이러한 지역은 5급 관리체제5)이다. 즉, 성과 현 사이에 시라는 계층을 추가하였는데, 이를

---

4) 중국은 단방제 국가이다. 중국의 지방정부는 국무원 하급에 설치된 지방 각급행정구역내 지방 각급행정기관으로 4계층으로 설치된다. 즉 성정부, 시정부, 현정부, 향진정부 등이다. 성질상 중국의 지방 각급인민정부는 지방의 국가행정기관이며 그들은 주로 행정사무의 조직과 관리를 책임진다. 동시에 지방 각급인민정부는 지방 각급국가권력기관의 집행기관이며, 지방 국가권력기관이 통과시킨 결정을 인민정부는 반드시 집행해야 한다(鄭楚宣·劉紹春. 2002: 294).

표 9-2 중국 국가기구의 구조

3대 계통		공산당계통		정부계통			군대계통
6대 계통		당위	기위	정부	인민대회	정협회의	군구
5개 계층	중앙	당중앙	중기위	국무원	전인대	전정협	중앙군구
	성	성위	성기위	성정부	성인대	성정협	성군구
	지	시위	시기위	시정부	시인대	시정협	군분구
	현	현위	현기위	현정부	현인대	현정협	무장부
	향	향위	기검조	향정부	향인대		무장부

출처: 閻淮(1991: 19); 김윤권(2004).

보통 지방급 시라고 한다. 자치주가 설치되어 있는 성과 자치구도 역시 5급 관리체제이다. 즉 성과 현 사이에 자치주라는 계층이 추가된다. 종적인 면에서 국무원과 지방 각급인민정부는 한 개의 완전한 국가행정기관 체계를 이룬다. 이 시스템 중에서 국무원은 최고의 지도적 위치에 자리하여 최고국가행정기관으로 전국 지방 각급국가행정기관의 사업을 통일 지도한다. 전국 지방 각급국가행정기관은 국무원에 복종한다. 이 점에서 완전통합모델의 한 단면을 알 수 있다.

　정부의 횡적 조직구조는 각급정부가 사업의 수요에 따라 법률규정에 따른 심의과정을 거쳐서 설치되는 사업부문으로 각기 한 부문의 행정사무를 책임지고 조직, 관리한다. 횡적으로는 [그림 9-1]에서 보듯 국무원과 지방 각급 인민정부는 각각 최고권력기관인 각급 인대와 상임위의 집행기관이다. 즉, 국무원과 지방 각급 인민정부는 국가 최고권력기관과 지방각급 국가권력기관으로부터 이루어졌으며, 이들 행정기관권력은 권력기관으로부터 파생된다(김윤권, 2004).

---

5) 우선, 중앙정부인 국무원, 둘째, 省級(34)으로 직할시(4), 성(23), 자치구(5), 특별행정구(2), 셋째, 地級(332)으로는 지급시(275), 지구(22), 자치주(30), 盟(내몽고: 5), 넷째, 縣級(2860)으로 市轄區(830), 현급시(381), 현(1478), 자치현(116), 旗(내몽고: 49), 자치기(3), 특구(귀주성: 2), 林區(호남성: 1), 마지막으로 鄕級(44822)에는 區公所(66), 진(20600), 蘇木(282), 민족향(1160), 민족소목(2), 街道(5516)가 있다(中華人民共和國 行政區劃簡冊, 2003: 1). 성시와 농촌의 최하층은 가도와 촌인데 그들은 정권의 자연연장으로서 일부 행정직능을 가지고 있지만 이는 정식 조직이 아니고 주민통제 및 권력행사상의 말초신경 역할을 한다.

그림 9-1 중국정부의 결정 및 집행의 구조

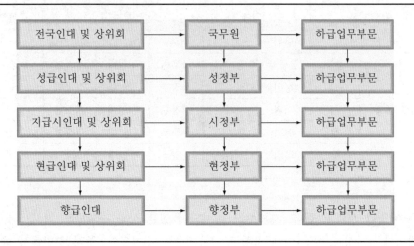

출처: 張立榮(2003: 90).

2. 투입제도

중국에는 선진 민주국가에서 볼 수 있는 이익집단의 진정한 의미의 정치참여는 존재하지 않는다. 기본적으로 모든 공동체적 활동이 국가(당)중심으로 이루어진다. 공산당조직의 권력은 광범위하고 절대적인 것으로 각 계층에 체계적으로 존재한다.

1) 정당제도

(1) 다당합작제

중국공산당은 일당제가 아니면서 양당제나 다당제도 아니다. 다만 모든 당이 동일한 영향력을 갖고 있는 것이 아니고 공산당 일당의 지도하에 있는 다당합작제(多黨合作制)이다. 따라서 영국과 같이 여당과 야당이 상호 대립하면서 교대로 집권하는 상황이 없다. 일당 집권하에 다당이 참여하여 국가를 협력하여 관리한다.[6]

---

6) 요컨대 중국 다당합작제의 특징은 첫째, 다당합작관계 속에는 중국공산당이 정치 지도위치에 있다. 둘째, 다당합작의 지도방침은 "장기적으로 공존하고 상호 감독하며," "서로 마음을 터놓고 대하며 영욕을 함께 한다." 셋째, 중국공산당과 각 민주당파가 협력하는 중요한 루트는

중국에서 중국공산당의 지위는 근대 이후 중국사회의 발전 속에서 점차 확립되어 자연스럽게 형성된 것이다. 서구식 상향식 이익투입(bottom up)방식이 아니라, 하향식 정책결정이 이뤄졌다. 중국공산당은 전국 인민을 지도하여 몇 십년의 분투를 거친 끝에 중국을 정치·경제·군사상에서 비교적 강성한 국가로 건설하였으며, 근본적으로 구 중국의 빈곤낙후, 사분오열되어 남에게 모욕받던 상황을 변화시켰다. 중국공산당은 중국 혁명과 건설과정 중에 여러 가지 복합적인 원인으로 인하여 과오를 범한 적도 있었지만 결국에는 자신의 힘으로 그것을 모두 바로잡았다.

중국공산당은 비록 지배적 지위에 있지만 일당독재는 아니다. 중국에는 약간의 민주당파도 있는데, 공산당은 그들을 받아들여 의정에 참여시키고 협력하여 함께 일하며, 그들에게 공산당 중심의 정책운영이 더욱 잘 발휘될 수 있도록 도움을 청한다. 중국에는 현재 다음과 같이 8개의 민주당파가 있다.

- 중국국민당혁명위원회(약칭은 민혁)이다. 주로 원래의 국민당 민주파와 기타 애국인사들로 구성되었다.
- 중국민주동맹(약칭은 민맹)이다. 주요 구성원은 문화교육 및 과학기술직에 종사하는 고급 또는 중급 지식인들이다.
- 중국민주건국회(약칭은 민건인데, 상공업계와 기타 경제 사업에 종사하는 사람들 및 관련 전문가와 학자들로 구성되었다.
- 중국민주촉진회(약칭은 민진인데, 주로 교육, 문화, 출판, 과학과 기타 직에 종사하는 지식인들로 이루어졌다.
- 중국농공민주당(약칭은 농공당)인데, 주로 의약위생업계와 과학기술, 문화 교육계의 고급 또는 중급 지식인들로 이루어졌다.
- 구삼학사는 과학기술계의 고급 또는 중급 지식인들로 구성되었다.
- 중국치공당은 주로 귀화한 화교, 해외 동포의 중국 거주 가족과 고급 지식인들로 이루어졌다.
- 대만민주자치동맹의 약칭은 대맹인데 주로 대만 출신의 인사들로 구성되었다.

(2) 중국인민정치협상회의(中國人民政治協商會議: 政協)

중국인민정치협상회의(약칭 정협)는 1949년 9월 공산당의 제의에 따라 중국건

바로 중국인민정치협상회의이다.

립 전에 성립된 것으로 정협 제1차 전체회의에서 당시 임시헌법 역할을 한 '정협 공동강령(政協共同綱領)'을 제정하여 중앙인민정부를 탄생시켰으며, 전인대가 구성 되기 전까지 국회 역할을 수행한 역사적 기구이다. 또한 중화인민공화국 중앙인민 정부 주석과 부주석을 선출했는데 마오쩌둥(毛澤東)이 주석에, 주덕(朱德), 유소기 (劉少奇), 송경령(宋慶齡), 장란(張瀾), 고강(高崗) 등이 부주석에 당선됐다.

초기정협에는 공산당, 각 민주당파, 각 인민단체, 인민해방군, 소수민족, 국외 화교, 종교인사 등을 비롯한 여러 계파들의 대표 662명이 참가했다. 그런데, 1954 년 9월 제1차 전국인민대표대회(전인대)가 중화인민공화국헌법을 통과시킴으로써 정협은 전인대의 직권을 대행할 필요가 없어졌다. 따라서 1954년 12월 정협 제2기 전국위원회 제2차 회의에서 본래의 임무인 인민통일전선 조직형태의 기능과 임무 를 담당하게 되었다.

정협은 중국인민들의 오랜 혁명과정 속에서 공산당 중심의 국가운영체제를 성립하는 데 크게 이바지하고 있다. 정협은 민주당파, 무당파 민주인사, 인민단체, 소수민족인사 그리고 각계의 애국인사들 등이 참가하여 애국통일전선을 결성하여 형성된 조직이다. 정협의 주요 기능은 정치협상과 민주감독이며, 본 회의에 참가하 는 각 당파, 단체, 각각의 민족, 각계 인사들을 조직하여 정치에 참여시키고 또 정 치를 함께 논하는 것이다.[7] 즉, 다당합작제를 이끄는 중요한 기구이다.

정치협상의 주요 내용은 국가와 지방의 정책방침, 정치·경제·문화 등 중요한 사회적 문제, 그리고 정협 내부의 각 분야 간 관계 등에 관련한 문제에 대하여 협 상을 진행한다. 따라서 서구 민주국가의 상원에 비유하기도 한다.

우선 정기적으로 전체위원회와 상무위원회·주석회의를 개최하여 중앙 중국공 산당과 그 관련부문의 책임자 및 국무원의 보고를 듣고 토론을 진행하여 건의와 의견을 제출한다. 매번 회의마다 뉴스발표회를 갖으며 일부 토론회는 공개한다. 인 민정협은 안건을 제기하는 업무상설기구를 설치하여 수시로 안건을 제기한다.

둘째 각종 민주협상회를 조직하고 참가한다. 이들 회의는 중국공산당 중앙의 주요 정책방침과 인민의 생계에 관계되는 중대한 문제, 애국통일전선과 관련되는 중대한 문제, 중요인사의 배치 등에 대하여 협상과 토론을 진행한다. 토론 내에서 제시된 의견 및 건의 그리고 토론 결과는 중국공산당 중앙서기처에 의해 정식문건

---

7) 1995년 1월에 개최된 제8기 전국위원회 상무위원회의 제9차 회의에서 '정치협상, 민주감독, 참정의정에 관한 정협전국위원회의 규정'을 통과시켜 정치협상, 민주감독, 참정의정의 목적, 내용, 조직 등 중대한 사항에 대하여 명확히 규정하였다.

의 형식으로 당내의 관련 기관과 각급 조직에 전달된다. 이를 바탕으로 각 지역에 있는 각급 정협은 정치협상의 형식으로 지역경제·문화·사회발전에 대한 계획과 정책을 제시한다.

정협이 민주감독을 실행하는 기본방식은 제안이다. 민주감독이란 헌법·법률· 법규의 실시, 중대한 정책의 집행, 국가기관의 주요 업무에 대해 비평을 통한 감독을 하는 것이다. 정협의 제안은 정협위원이 국가의 정책방침, 지방의 중대한 사무, 인민생활 및 통일전선과 관련한 중대한 문제에 대하여 제기하고 제안위원회의 심사를 거쳐 안건으로 확정된 서면의견과 건의를 통해 이루어진다. 정협이 참정과 의정을 통해 민주감독을 하며, 이는 당정부문을 도와 각 분야의 대표인사들을 연계시켜 의견을 청취하고 업무을 개선하며, 정책결정의 과학화와 민주화를 실현하는 중요한 방식 중 하나인 것이다.[8] 정협위원은 제안을 통하여 좋은 의견과 건의를 제출하여 인민민주정권을 공고히 하고 국민경제를 회복시키며, 사회주의 현대화와 각종 사업의 발전을 촉진시키고 개혁 개방을 추진하며, 안정과 단결을 유지하는 데 적극적인 역할을 하고 있다.

중국인민정치협상회의는 국가기구와 밀접한 관계가 있다. 전국인민대표대회가 회의를 소집할 때 일반적으로 전국정협위원을 모두 참석시킨다. 필요시에는 전국인민대표대회 상무위원회와 정협 전국위원회 상무위원회가 연석회의를 거행하여 관련된 문제를 함께 논의할 수도 있다. 중국공산당과 국가 지도기관은 줄곧 정치협상을 중시해 왔으며, 특히 중대한 조치를 취할 때마다 여러 형태로 관련 당 외부의 인사들과 충분한 협상을 벌여왔으며 협상을 통해 공감대를 형성해 왔다.

정협은 전국위원회와 상무위원회 두 위원회로 나눌 수 있다. 전국위원회는 공산당, 8개 '민주제당파(어용정당)', 인민단체, 소수민족, 홍콩·마카오 교포 등의 대표인사 2천여명으로 구성된다. 통상 연 1회 전체회의를 개최하여 전국위원회 주석, 부주석, 비서장 및 상무위원을 선출하며, 국정방침에 관한 토의 참여, 제안 및 비판 직권을 행사한다. 이와 함께 정협 규약을 개정, 결의 채택하고 상무위원회에 사업 보고할 것을 심의한다. 상무위원회는 주석, 부주석, 비서장과 상무위원 등 총 300여명으로 구성된다. 상무위원회는 정협 전국위원회의 상설기구이자 집행기구

---

8) 참정과 의정은 정치협상과 민주감독의 확대와 연장이며 정협은 이를 통하여 주로 중국 인민들이 주로 관심을 갖고 있는 사항, 당정부문이 중요시하는 사항들을 정협의 주요 과제로 선정하여고 적극적으로 조사연구하여 당과 정부의 관련기관에 의견을 제출한다. 예를 들면 장강 삼협댐 건설공사, 변방 빈곤지역의 생산건설, 재정금융과 물가체제 개혁, 귀국유학생문제, 생태환경보호문제 등이 그러하다.

이며 일상업무의 처리를 대행하기도 한다.9)

'정협' 전국위 전체회의는 1959년 이래 전인대와 같은 시기에 개최되고 규약
상 매년 1회 소집되며 전국위원은 전인대에 반드시 참석해야 한다. 현재 정협 전
국위원의 임기는 전인대 임기와 같은 5년이다. 정협 주석은 제1기(1949~1959)는 마
오쩌둥(毛澤東), 제2기(1954~1959), 제3기(1959~1965), 제4기(1965~文革)는 명예주석
마오쩌둥, 주석 저우언라이(周恩來), 제5기(1978~1983)는 덩샤오핑(鄧小平), 제6기
(1983~1988)는 덩잉차오(鄧穎超), 제7기(1988~1992)는 리셴녠(李先念)에 이어 제8기
및 9기(1993~2003)는 리우이환(李瑞環), 제10기 및 11기는 자칭린(賈慶林)이, 제12기
는 위정성이 맡고 있다.

공산당의 지도원리

중국에서 중국공산당은 유일한 집권당으로 국가생활에 대해 정치지도, 조직지도
와 사상지도를 실시한다. 공식적 통치기구가 구성원리면에서 완전통합형이라고 한
다면, 중국사회전체를 완전통합형으로 운영되도록 하는 것이 이 원리이다. 이러한
지도는 중국 헌법이 확인한 기본원칙이고 중국인들의 현실생활을 이끄는 원칙이
다. 즉 공산당은 국가경제, 정치, 과학, 문화, 교육 및 사회생활 등 각 분야의 총괄
적인 발전방향과 구체적인 발전전략을 제정한다. 이는 우리가 중국 정부체제, 관리
원칙 및 관리방식을 이해하고 연구하는 중요한 출발점이다.

우선, 당의 각급 조직과 당원의 감독을 통해 국가 각급 권력기관, 행정기관과 사
법기관에 권한을 행사하며 당의 의도 및 주장을 실현한다. 이를 위해 훌륭한 인재
를 추천하여 각급 정부부문의 중요한 지도직무를 담당하게 하고 직접 간부를 관리
함으로써 당의 노선, 방침과 정책을 실현시키는 도구로 사용한다. 또한 각종 전문
적인 조직기구를 설립함으로써 당의 조직지도 역할을 효과적 강화시킨다. 이와 함
께 당이 직접 홍보 시스템을 지도하고 통제함으로써 당의 방침 및 정책을 사회에
선전하고 사람들의 마음 속 깊게 침투하게 한다.

당의 지도원리를 구체적으로 살펴보면, 정치지도, 조직지도와 사상지도의 세 가

---

9) 구체적인 권한은 ① 정협 전국위원회의 소집 및 주관, ② 중국인민정치협상회의 장정에 규정
한 임무의 실현, ③ 전국위원회 전체회의의 결의를 집행, ④ 전국위원회 전체회의 폐회기간
중 전국인민대표대회 및 그 상무위원회 혹은 국무원에 제출할 중요건의안에 대한 심사 통과,
⑤ 비서장의 제안에 따라 정협 전국위원회 부비서장의 임명, ⑥ 정협 전국위원회 임무, 기구
의 설치 및 변경, 아울러 그 지도부 임명 등의 업무를 처리한다.

지 측면에서 나타난다. 정치지도는 당이 제정한 기본원칙, 명확히 지적한 기본 방향 및 중대한 정책결정에서 구체화된다. 사상지도는 당이 마르크스주의, 마오쩌둥사상, 덩샤오핑이론으로 광범위한 당원과 국민 대중을 교육하고 무장시켜 이들로 하여금 능동적으로 당과 국가의 사업에 공헌하도록 한다. 당은 또한 홍보, 교육 등 활동을 통하여 당의 주장이 광범위한 당원과 국민 대중들로 하여금 능동적으로 협조할 수 있게 한다. 조직지도는 당이 정권기관에 중요한 간부를 추천함으로써 이들 당원간부들로 하여금 당의 지도를 실현한다.

2) 공산당의 조직원리

중국공산당은 모든 정치권력의 근원이며, 피라미드 구조의 중앙집권적 위계질서를 통해 다른 정치조직을 통제하는 절대적 권한을 가지고 있다. 따라서 국가의 중요한 정치·경제·사회·문화기구를 장악하고 중국 사회전반을 지배한다. 공산당의 주요 정책에 대한 의사결정과정을 보면 총서기와 상무위원회가 정책을 제안하고 중앙위원회나 전국대표대회에서 비준을 받으면 공식적인 정책으로 채택된다. 일단 이 과정을 거쳐 채택된 정책에 대해서는 민주집중제의 원칙에 따라 모든 당원은 일단 지지를 하는 것이 관례이다. 실제로는 서로 파생(派生)되는 관계에 있는 다음과 같은 여러 기구를 통해 정책결정이 이뤄진다.

(1) 전국대표대회(全國代表大會)

전국대표대회는 당의 최고지도기관이며, 선거로 선출한 당원대표들로 구성된다. 각급 대표대회의 대표를 선거로 선출함으로써 민주성을 실현하고 있다. 선거는 무기명투표 방식을 채택한다. 후보자의 명단은 당 조직과 선거인이 충분히 토론하여 정하며 선거방식은 다음과 같다.

후보자 수가 당선자 수보다 많은 차액선거 방법으로 선거를 진행할 수 있다.[10] 매번 전국대표대회 대표의 숫자와 구체적인 선거방법은 전번기 중앙위원회에서 결정된다. 예를 들면 제20차 전국대표대회 대표는 바로 제19기 중앙위원회의 결정에 근거하여 각 성, 자치구, 직할시, 중앙 직속기관, 중앙 국가기관, 전국대련, 인민

---

10) 차액선거 방법이란 예비선거를 진행하여 후보자 명단을 만들고 그런 후에 정식선거를 진행해도 된다는 것이다. 자세한 것은 후술 BOX 참조.

해방군, 무경부대 등 36개 선거단위에서 각각 개최된 당대표대회 혹은 대표회의가 선출한다.

전국대표대회의 권한은 당의 중요 문제를 토의 및 결정하는 의결기능에 있다. 구체적으로는 살펴보면, 중앙위원회와 중앙기율검사위원회의 보고를 청취 및 심사한 후, 당헌 개정 및 중앙위원회와 중앙기율검사위원회를 선출한다.

전국대표대회 운영의 특징을 살펴보면, 현행 당 장정은 전국대표대회는 매5년에 한차례 개최되며, 중앙위원회가 소집한다고 규정하고 있다. 중앙위원회가 필요하다고 여기거나 혹은 3분의 1 이상의 성급 조직이 요구할 경우 전국대표대회를 앞당겨 개최할 수 있으며, 비상사태가 아니라면 연기해서는 안 된다.

전국대표대회 대표는 상임제와 비상임제 두 종류가 있다. 상임제는 선출된 그 때부터 다음 기 대표대회가 개최될 때까지 직무를 맡는 것을 가리킨다. 이 제도를 실행하면 일반적으로 대표대회는 매년 한 차례의 전체회의를 개회한다고 규정하고 있다. 비상임제를 실시하는 상황하에서는 두 차례 있는 대표대회 간에 간격은 길며, 그 기간에 중대한 문제가 발생할 경우가 있으므로 현행 당 장정은 또 당 중앙과 지방의 각급 위원회가 필요하다고 여길 경우 대표회의를 소집할 수 있다고 규정하였다.

(2) 중앙위원회(中央委員會)

당 중앙위원회는 전국대표대회에서 선출되며 전국대표대회와 더불어 당의 최고지도기관이다. 전국대표대회 폐회기간 중 동 대회의 결의를 집행하고 당의 모든 업무를 지도하며, 대외적으로 중국공산당을 대표한다. 중앙위원회 전체회의는 중앙정치국에 의해 소집되며 적어도 매년 1회 이상 개최한다.

중앙위원회는 총서기, 정치국이나 정치국 상무위원회 위원 및 중앙위원회 서기를 선출하는 일을 하며, 당중앙군사위 구성원도 선출한다. 아울러 정치국이나 정치국 상무위원에서 내정된 정책이나 중앙기구의 인사 변동사항을 형식적으로 발의·승인 또는 비준하는 업무를 한다. 이런 중앙위원회는 중앙·지방의 당과 국가의 핵심 간부들로 구성되어 있기 때문에 중국 지도층을 대변한다고 할 수 있다. 최근 점차 평균 연령이 낮아지고 있으며, 연해 개방지역 지도자들과 전문관료들의 중앙진출이 현저히 늘고 있는 추세이다.

중앙위원회는 전국대표대회의 폐회기간에 당을 운영하는 상설 최고지도기관이다. 당 장정에 의하면 중앙위원회의 임기는 5년이고, 전국대표대회에서 선거를 통해 탄생된다. 전국대표대회가 앞당겨 혹은 연기되어 개최될 경우 임기는 그에 따라 변한다.

중앙과 후보중앙위원은 반드시 입당한 지 5년 이상이 되어야 하며, 중앙위원과 중앙후보위원의 숫자는 전국대표대회에서 결정한다. 중앙위원에 공석이 생기면 후보위원 중에서 득표순서에 따라 공석을 채운다.

중앙위원회 기능은 전국대표대회의 결의를 집행하고, 당의 모든 업무를 운영하는 것이다. 국내 정치, 외교, 경제, 국방 등 각 분야의 중대한 문제에 대한 의견을 제시하며, 국가 최고정권기관의 책임자를 추천한다. 각 분야의 업무에 대하여 정치적 지도를 실행하며, 대외적으로 중국공산당을 대표한다.

중앙위원회 전체회의는 중앙정치국이 소집하여 매년 적어도 한 차례 개회한다. 또한 당 장정에는 당의 중앙위원회는 대표를 여러 기관에 파견할 수 있다고 규정하였다. 즉 중국공산당 중앙 직속기관 업무위원회는 중앙 직속기관의 당 업무를 지도한다.

(3) 중앙정치국 및 정치국 상무위원회

정치국과 정치국 상무위원회는 중앙위원회 폐회기간중 중앙위원회의 권한을 행사하며, 국가와 당에 관계되는 모든 정책을 최종 결정한다. 뿐만 아니라 당(黨)·국가(國家)·군(軍)을 움직이는 고위간부의 인사권을 장악하는 권력의 핵심기구이다. 정치국 위원은 22명의 정위원과 2명의 후보위원으로 구성되는데 22명의 정위원에는 정치국 상무위원 7명이 포함된다. 1945년 당의 제7기 중앙위원회에는 단지 중앙정치국만 두었으나, 1956년 제8기 중앙위원회부터 중앙정치국에 상무위원회를 설치하였다.

(4) 중앙서기처(中央書記處)

중앙서기처는 중앙정치국과 그 상무위원의 실무기구이며, 그 구성원은 중앙정치국 상무위원회에서 지명하고 중앙위원회 전체회의에서 결정한다. 이는 당의 13대에서 개정한 규정이다. 당의 7기 중앙위원회는 중앙정치국 상무위원회를 두지 않았기 때문에 당시 중앙서기처는 지금의 정치국 상무위원회에 해당한다.

중국공산당 9대, 10대, 11대에서 개정된 장정은 중앙서기처의 설치를 취소시켰는데, 1980년 2월에 중앙서기처를 부활시켜 중앙정치국과 그 상무위원회의 지도하에 중앙의 일상업무를 처리하도록 하고 있다. 역대 중앙서기처의 성원은 일반적으로 5~7명이다.

(5) 총서기(總書記)

중앙위원회 총서기는 당 중앙의 책임자이며, 중앙전체회의가 중앙정치국 상무위원회 중에서 선출된다.[11] 총서기는 중앙정치국 회의와 중앙정치국 상무위원회 회의를 관장하며 중앙서기처의 업무를 주관한다.

건국 이래 당의 중앙위원회는 '주석-총서기제'와 '주석제' 두 가지를 병행하며 채택하였다. 1954년 7대에서 개정된 장정은 1956년 이전에 당 중앙은 총서기를 두지 않고 중앙위원회 주석 1명을 두어 중앙정치국주석과 중앙서기처 주석으로 삼는다고 규정하였는데 이것이 바로 주석제이다. 1956년 8대에서 개정된 장정은 1956년 이후 중앙위원회는 주석 1명과 부주석 약간 명을 둔다고 규정하였다. 동시에 중앙서기처에 총서기 1명을 두어 서기처의 업무를 책임지게 하였다. 이것은 주석-총서기제이다. 9대, 10대, 11대에서 개정된 장정은 단지 주석 1명만 두고 서기처를 취소함과 동시에 총서기의 직무도 취소한다고 규정하였다. 1980년에 당의 11기 5중 전회에서 중앙서기처를 다시 설립함과 동시에 중앙서기처 총서기를 선출하기로 결정하였다. 즉 총서기와 중앙위원회 주석이 병존하게 되면서 주석제-총서기제가 부활되었다.

(6) 중앙군사위원회(中央軍事委員會)

중앙군사위원회는 당의 최고군사기관이다. 그 구성원은 중앙위원회가 결정하며 주석, 부주석 그리고 위원 몇 명을 둔다. 건국 이전에 당의 중앙군사위원회(혹은 유사기구)가 장기간 존재하였지만, 건국 초기에는 중앙군사위원회를 두지 않았다. 1954년에 중국공산당 중앙당은 중앙군사위원회를 부활시켰으며, 이후로 당의 중앙군사위원회는 현재까지 존재하면서 중국인민해방군과 기타 무기관련 기능을 담당하고 있다.

1982년 헌법은 국가 중앙군사위원회를 설립하는데 이는 전국인민대표대회의 선거로 구성된다고 규정하였다. 이때부터 당내와 국가체제 내에 두 개의 중앙군사

---

11) 역대 중국 공산당 총서기를 보면(당 주석직과 동일하게 봄) 진독수(陳獨秀), 구추백(瞿秋白), 향충발(向忠發), 진소우(陳紹禹: 일명 王明), 진방헌(秦邦憲: 일명 博古), 장문(張聞天: 일명 洛甫), 등소평(鄧小平), 호요방(胡耀邦), 조자양(趙紫陽), 강택민(江澤民), 호금도(胡錦濤), 시진핑(習近平) 등의 순으로 이어오고 있다.

위원회가 병존하게 되었다. 당 중앙군사위원회와 국가 중앙군사위원회는 실제로는 하나의 기구이며, 단지 당과 국가기구 내에서 동시에 두 개의 지위를 가질 따름이다. 이렇게 함으로써 군대에 대한 당의 영향력을 견지하는 데 유리하며, 또한 국가 정권의 체제 내에서 인민무장역량의 지위를 명확하게 하였다.

(7) 중앙직속기구

당의 중앙조직이 정상적으로 운행되고 효율적으로 직권과 임무를 집행하려면 약간의 직속기구가 필요하다. 1993년 하반기 중앙직속기구의 정예화와 효율화를 목표로 조정작업을 진행한 결과 현재 중앙직속 부, 위(委) 기구와 중앙의 의사기구 몇 개가 남아 있다. 중앙직속 부, 위 기구에는 중앙판사기구와 중앙파출기관이 있다. 중앙판사기구에는 중앙판공청, 중앙조직부, 중앙선전부, 중앙통전부, 중앙대외연락부, 중앙정법위원회, 중앙당교, 중앙정책연구실, 중앙문헌연구실, 중앙편역국, 중앙대만업무판공실, 중앙대외선전업무판공실, 중국공산당 중앙국가기관 업무위원회 등이 있다.

중앙의 의사기구는 다음과 같다. 중앙재정 영도소조, 중앙 대만업무 소조, 중앙기구 편제위원회, 중앙외사업무 영도소조, 중앙농촌업부 영도소조, 중앙당건설업무 영도소조, 중앙선전사상업무 영도소조, 중앙당사 영도소조, 중앙사회치안 종합관리위원회, 중앙비밀유지위원회, 중앙비밀번호업무 영도소조 중앙보건위원회 등이다.

3) 이익투입방법: 선거

중국정치체제의 투입과정에서 가장 중요한 기능은 선거이다. 선거를 통하여 선출된 대표는 민주적이라는 기본가정에 기초하기 때문이다. 중국의 선거는 공민(公民)이 특정 방식으로 국가의 공직 인원을 선택하는 행위를 가리킨다. 그러나 모든 선거가 주민직선이 아니고, 하급기관이 상급기관을 선출하여 순차적으로 구성하는 원리에 기초하고 있다.

중화인민공화국의 선거제도 중 가장 중요한 것은 각급의 인민대표선거이다. 각급 인민대표선거, 선택제도에는 보통 지방선거와 군대의 인민대표, 특별 행정구의 전국 인민대표대회대표, 대만성(台灣省)의 전국인민대표대회 대표의 선거, 선택제도가 포함된다. 보통 지방선거는 지방의 인민대표의 선거, 민족자치구 지방의 인민대표의 선거에 적용된다.

- 선거권과 피선거권

중화인민공화국의 만 18세의 연령에 이른 공민은 민족, 인종, 성별, 직업, 출신 가정, 종교 신앙, 학력, 재산의 상황 및 거주기간을 불문하고 모두 선거권 및 피선거권을 가진다. 또한 유기징역, 구금형, 교정처분을 받으면서도 정치적 권리가 박탈되어 있지 않은 사람, 조사, 고소, 심판을 받아 검찰관청 혹은 재판소가 아직 당사자의 선거권을 정지하고 있지 않는 사람, 보석되어 재판을 기다리거나 혹은 관찰 처분을 받고 있는 사람, 노동 교정을 받고 있는 사람, 구류 처분을 받고 있는 사람은 모두 선거권과 피선거권을 향유한다.

중국 선거제도의 민주성

어떠한 사람도 시간과 방법에 관계없이 유권자의 선거행위를 조사할 수 없다.

• 비밀투표
선거는 모두 비밀투표의 방식을 취한다. 유권자는 문맹이거나 신체장애로 인해 투표용지에 기입할 수 없는 경우 다른 사람에게 위탁해 기입할 수 있다.

• 차액선거
각급 인민대표대회 대표의 선거는 모두 차액선거방식을 취한다. '차액선거제(差額選擧制)'란 후보자의 숫자를 정원보다 1/5에서 1/2 정도 더 많게 정하여 경선을 하는 것이다.

- 선거관리기구

직접선거는 그 급의 선거위원회가 주재하고, 간접선거는 그 급의 본급 인민대표대회 상무위원회가 주재한다. 군대 인민대표대회의 대표선거는 각급 선거위원회가 주재하며, 특별 행정구 전국 인민대표대회 대표의 선거는 전국 인민대표대회 상무위원회가 주재한다. 전국 인민대표대회 상무위원회는 특별 행정구 선거회의를 주재하고 선거회의에서 선거회의 주석단을 추천 선출하며, 주석단이 선거회의를 주재한다. 대만성(臺灣省) 전국 인민대표대회 대표의 선거는 전국 인민대표대회 상무위원회가 주재하여 결정하고, 각 성, 자치구, 직할시 인민대표대회 상무위원회와 군대가 협의해 진행을 돕는다.

-직접선거에 있어서의 선거위원회의 직권

선거위원회는 그 급의 인민대표대회 대표의 선거를 주재한다. 그 구체적인 내용을 살펴보면, 선거일 규정, 유권자 등록, 유권자 자격 심사, 유권자 명부의 공포, 유권자 명부에 대한 이의제기의 수리 및 결정, 선거구를 구분해 각 선거구가 선출해야 할 대표의 정수 배분, 대표 입후보의 명단을 공포하고 다수의 유권자의 의견에 근거해 정식적 대표 입후보 명단 확정 및 공포, 요원에게 위탁해 투표소와 선거를 관리시키며, 선거결과가 유효한지를 확정해 당선된 대표의 리스트를 공포한다.

-대표 정수의 배분

대표의 수를 적정하게 배분하는 것은 민주성을 확보하기 위한 필요조건이다. 첫째로 전국인민대회, 성, 자치구, 현, 자치현 출신자 인민대회 대표의 정수는 그 급의 인민대표대회 상무위원회가 대표하는 인원수와 도시(鎭) 각각 대표의 대표하는 인원수 4배가 되는 원칙에 의해 배분한다. 다음으로 일정한 방식으로 민족자치지방인민대회 대표의 정수를 배분한다.[12] 따라서 일종의 대표관료제적 특성을 가진다.

선거구 규모의 대소는 각각의 선거구가 1~3명의 대표를 선출한다는 원칙에 의해 결정된다. 도시에 있어서의 각 대표가 대표하는 인구수는 비슷한 수준이어야 한다. 농촌에 있어서의 각 대표의 대표하는 인구수도 거의 같아야 한다.

---

12) -소수민족 밀집지역 중에서 같은 민족의 총인구가 역내총인구(域內總人口)의 30%를 차지하는 경우 각 대표가 대표하는 인구수는 그 지역의 인민대표대회의 각 대표가 대표하는 인구수에 상응해야 한다.
　-소수민족 밀집지역 중에서 같은 민족의 총인구가 역내총인구의 15%~30%를 차지하는 경우 각 대표가 대표하는 인구수는 그 지역의 인민대표대회의 각 대표가 대표하는 인원수보다 적어도 좋지만 해당 소수민족의 대표의 정수는 대표 총정수의 30%를 넘어서는 안 된다.
　-소수민족 밀집지역 중에서 같은 민족의 총인구가 역내총인구의 15%를 차지하는 경우 각 대표가 대표하는 인구수는 그 지역의 인민대표대회의 각 대표가 대표하는 인구수의 1/2보다 적어도 좋다. 구역 자치를 실행하는 민족의 인구가 특히 적은 자치현은 성, 자치구 인민대표대회 상무위원회의 결정을 경과해 1/2보다 적게 되어도 괜찮다. 인구가 특히 적은 다른 민족은 적어도 한 사람의 대표가 선출된다.
　-분산해 살고 있는 소수민족에도 그 지역의 인민대표대회의 대표가 있어야 하므로 각 대표가 대표하는 인구수는 현지 인민대표대회의 각 대표가 대표하는 인구수보다 적어도 괜찮다.

3. 통제제도

중국에서 국가는 인민의 계급이익을 대표하며, 필요시 강제권을 행사한다는 원칙을 내포하고 있다. 착취자의 억압기능 수행, 사회주의적 사회관계의 완성, 국가안보의 보장과 평화확보, 국제협력의 발전 등(Chirkin, 1987: 188~190)은 사회주의 중국이 추구하는 필수적 기능이다. 정부는 이러한 강제적 권력을 장악하여 사회의 질서를 유지할 수 있다. 강제력을 통해서라도 중국의 국가질서를 해치는 사람을 제재하는 것은 완전통합모델이 가지고 있는 공통적인 특성 중의 하나이다.

1) 공산당의 통제: 중앙기율검사위원회(中央紀律檢査委員會)

중앙기율검사위원회는 전국대표대회에 의해 선출되며, 중앙위원회의 지시에 따라 업무를 진행한다. 1949년 11월에 중국공산당 중앙이 "중앙과 각급 당의 기율검사위원회에 관한 결정"을 반포한 후 당의 각급 기율검사위원회가 설립되었다. 당 장정은 중앙기율검사위원회가 당의 전국대표대회의 선거로 성립된다고 규정을 일부 개정하였다. 이로써 중앙기율위원회는 더욱 권위를 갖게 되었다.

현행 당 장정은 중앙기율위원회의 임기를 중앙위원회와 마찬가지로 5년이라고 규정하고 있다. 중앙기율검사위원회의 상무위원회와 서기, 부서기는 중앙기율검사위원회 전체회의를 통해 선출되며, 또한 중앙위원회에 비준을 구한다.

중앙기율검사위원회의 주요 기능 및 임무는 다음과 같다. 당 장정과 당 내의 기타 법규를 보호하고, 당 위원회가 당풍을 세우도록 협조하고, 당의 노선, 방침, 정책 그리고 결의의 집행상황을 감독한다. 중앙기율검사위원회는 당원에 대하여 기율준수 교육을 진행하고, 당 기율의 유지와 보호에 관한 결정을 하며, 당 조직과 당원이 당 장정과 기타 당내의 법규를 위반하는 중요한 사건을 감독하고 처리하며 사건에 관련된 당원의 처리문제를 결정한다. 또한 당원의 고소와 고발을 접수하여 처리한다.

중앙기율검사위원회는 여러 사건과 관련한 문제를 처리하고 그 결과를 중앙위원회에 보고해야 한다. 중앙기율검사위원회에서 중앙위원이 당 기율을 위반하는 행위를 발견하면 우선 심사를 하며, 만약 더욱 조사할 필요가 있다고 인정되면 중앙위원회에 보고하여 비준을 구해야 한다. 중앙기율검사위원회는 성기율검사위원회의 업무를 조사할 권리가 있으며, 또한 성기율검사위원회가 사건에 대하여 내린 결정을 비준하거나 바꿀 수 있는 권한을 갖는다. 만약 바꾸려고 하는 성기율검사위원회의 결정이 이미 성급 당위원회의 비준을 얻었을 경우 반드시 중앙위원회의 비준을 거쳐야 바꿀 수 있다.

당기율검사위원회는 업무 필요성에 따라 국가기관에 당의 기율검사조 혹은 기율검사원을 파견하여 머물게 할 수 있다. 시진핑 주석 취임 후 당기율위원회는 부패와의 전쟁을 주도하고 있다. 중국공산당의 기율위원회는 모든 공직자의 감시, 감독은 물론 처벌권까지 가지고 있다. 즉 서구의 감사원기능에 더하여, 야당기능, 사법검찰의 기능까지 통합한 기구이다.

2) 행정기관에 대한 통제

중국의 정치행정체제는 정치·행정 일원론이 설명력이 높을 정도로 양자가 혼합되어 있다. 행정조직을 기준으로 볼 때, 굳이 말한다면 공산당 기율검사위원회는 외부통제기구라고 볼 수 있고, 상급기관 및 국가심계기관(國家審計機關)은 내부통제기구라고 할 수 있다. 기율검사위원회는 공산당을 통제하지만, 공산당이 행정을 장악하고 있다고 볼 수 있기 때문에 행정에 대한 간접적인 통제효과가 있어 외부통제기관이라고 할 수 있는 것이다.

-상급에 의한 감독

중국의 각 조직은 체계적인 계서제로 되어 있으며, 이러한 계서제적 관계로 볼 때 상급행정기관 혹은 행정지도자는 하급행정기관 및 그 행정인원에 대해 감독을 실행하는 권한이 있다.

- 행정감독이라는 것은 국가행정기관의 행위와 각급 국가행정기관 및 그 행정인원의 직무행위가 헌법, 법률, 행정명령에 합치하는지 그렇지 않은지에 대해 실시하는 전면적인 검사와 감독이다.
- 상급행정기관의 하급 기관에 대한 감독은 일반적으로 하급의 부적절한 결정, 명령의 취소, 하급 기관의 직원에 대한 인사, 장려, 징벌, 하급 직원의 활동에 대한 검사, 독촉 등에 의해 행해진다.
- 하급이 잘못한 행정결정을 행정 재심의에 의해 취소한다.

- 회계검사의 감독

국가심계기관(國家審計機關)은 행정기관의 재정, 재무, 경제활동에 대해 전면적 감독과 평가를 실시한다. 이 방식을 통해 국가 예산의 배분과 사용을 감독하고 국가의 재정 경제활동의 위법행위를 방지, 시정한다. 심계기관은 같은 급의 정부 행정수장의 직접적인 지도를 받아 법률의 규정에 의해 독립되어 회계검사 감독권을 행사하며 다른 행정기관, 사회 단체 및 개인의 간섭을 받지 않는다.

- 감찰 감독

행정 감찰기관은 검사조사와 처리 등의 방법 등을 통해 국가행정기관과 그 행정공무원에 대해 감독을 실시한다. 감찰기관은 감찰대상에 대하여 조사 및 검사를 실시하고 그 결과에 따라 감찰의견과 감찰결정을 제출하는 권한이 있다. 행정감독이라는 것은 국가행정기관의 행위와 각급 국가행정기관 및 그 행정직원의 직무행위가 헌법, 법률, 행정명령에 합치하는지 그렇지 않은지에 대해 실시하는 전면적인 검사와 감독이다.

4. 국가원수

중화인민공화국의 국가원수는 중화인민공화국 주석(president)이다. 중화인민공화국 주석은 중화인민공화국을 대표한다. 중화인민공화국 주석은 전국인민대표대회에서 선출되며, 국가주석은 전국인민대표대회 의장단에 의해 후보자명이 제출되어 대회에서의 선거에 의해 선출된다. 국가주석의 임기는 5년이고, 연임은 2회를 넘어서는 안 된다. 국가주석의 권한은 크게 대내(對內)적 권한과 대외(對外)적 권한으로 구분될 수 있으며, 그 내용은 다음과 같다.

1) 대내적 직권

- 법률을 공포

전국인민대표대회와 그 상무위원회가 법률을 채택(의결)하면, 국가주석이 공포하여야 정식으로 법률로 발효된다. 하지만, 3권분립의 국가와는 달리 국가주석에게 법률의 부결권은 없다. 전국인민대표대회와 그 상무위원회가 채택한 모든 법률을 공포해야 한다. 법률은 국가주석이 공포하지 않은 경우 효력이 발생하지 않는다.

- 명령을 발포

국가주석은 전국인민대표대회의 결정과 전국인민대표대회 상무위원회의 결정에 근거해 국무원 총리, 부총리, 국무위원, 각부 부장, 각 위원회 주임, 회계 검사장, 비서장을 임면하고 국가의 훈장과 명예 칭호를 수여한다. 또한 특사령을 발포하고 계엄령을 발포해 전쟁상태를 선언하여 동원령(動員令)을 발포한다.

2) 대외적 직권

주석은 중화인민공화국을 대표해서 외국의 사절을 받아들인다. 또한 전국인민대표대회 상무위원회의 결정에 근거해 외국 주재의 전권대표를 파견, 소환한다. 주석은 전국인민대표대회 상무위원회의 결정에 근거해서 외국과 체결한 조약과 중요 협정을 비준 혹은 폐기한다. 국무원 혹은 국무원의 관계 부문이 외국과 체결한 조약 혹은 협정은 전국인민대표대회와 그 상무위원회가 비준 혹은 폐기하는 결정을 실시하고 나서 국가주석에 의해 공포된다.

중국관련 유용한 정보 제공 웹사이트
- 중국의 법
  - http://www.lawyer21.co.kr
  - http://www.sinology.org/etc/chinatoday_view.asp?idx=3105
- 정부포탈사이트, 전자정부 등
  - http://www.china.org.cn

Ⅲ 행정과정

중국정치행정체제는 모든 기능이 공산당을 중심으로 통합된 모델에 속한다. 따라서 서양의 정부와는 달리 정치기관과 행정(집행)이 확연히 구분되지는 않는다. 당정관계(즉, 공산당과 정부 간 관계)는 중국 정치생활에서 중요한 개념 중 하나이며, 중국 정부의 실제적인 운영체제를 이해하는 하나의 중요한 고리이다. 서양의 여러 나라와 다른 것은 중국의 당과 정부관계는 중국공산당이 국가권력기관으로서, 행정기관을 지도하는(즉, 지배하는) 관계를 말한다.

1. 엘리트 지배체제: 중국공산당

엘리트로 구성된 공산당은 최고의사결정기구인 전국인민대표회의 업무를 지도한다. 당의 절대적 지위는 당의 국가기관에 대한 '지도'를 통해 실현된다. 만약 이러한 지도권을 포기하면 집권지위를 논할 수 없다. 각급 정권기관, 즉 인대, 정부, 법원, 검찰원과 군대를 포함한 기관은 반드시 당의 지도를 받아야 하며, 당의 지도를 약화시키는 모든 행위는 잘못된 것이라고 강조하고 있다. 중국공산당의 '지도'란 정책결정권, 인사권, 통제권을 독점하는 것을 의미한다.

- 당의 주장이 국가의 의지이므로 국가의 권력기관은 이에 따라 변화해야 한다고 건의한다.
- 국가기관의 주요 간부를 추천한다. 인사권을 통하여 당의 주장이 행정기관에 국가의 의지로 전환시키기 위해서이며 당의 정치노선을 관철시키고 집행한다.
- 각각의 국가권력기관은 당의 의지와 주장을 실현한다.

이러한 중국의 당정관계는 특수한 역사배경과 복잡한 발전과정에 근거하고 있다. 중국공산당이 전국 국민을 지도하여 정권을 얻는 과정에서 중국공산당 및 그 조직은 사실상 당, 정, 군, 사법 등 각종 기능을 실행하고 있었다. 이때 '당의 일원화 지도'를 실시하는 것은 주로 정권을 빼앗으려는 외부세력에 대응하기 위해서였다. 건국 이후 1954년 헌법은 국가의 정치체제의 기틀을 세웠는데, 헌법은 집권당으로서의 중국공산당이 어떠한 방식과 루트로 국가정권과 사회생활을 지도해야 하는지 명확히 규정하지 않았다. 따라서 국가생활 중에 당이 정부를 대신하는 현상이 심해지기 시작했고, 지도체제제상 당위원회의 감독하에서 행정지도자 책임제를 실시했다.

이러한 맥락에서 당 11기 3차 전체회의는 당정관계를 다시 정립하게 하는 계기가 되었다. 구체적으로 살펴보면, 당이 국가 사무와 각종 경제, 문화, 사회업무에 대해 지도를 할 때 반드시 당과 기타 조직 간의 관계를 명확히 하고, 각각의 국가권력기관, 행정기관, 사법기관 및 각종 경제, 문화기관들이 자신들의 권한을 효과적으로 행사하여 이들 조직들이 자발적으로 업무를 책임지고 진행할 것을 명확하게 제시했다. 1982년의 헌법도 1975년의 헌법 중 당정을 분리하지 않은 내용에 대해 각 정당이 반드시 헌법을 근본적인 활동원칙으로 삼아 헌법을 보호하며, 어떤 조직과 개인도 헌법과 법률을 초월하는 특권이 있어서는 안 됨을 명확하게 규정하였다.

중국사회의 견인차인 공산당은 정치투입기능을 하는 서구의 정당체계라는 시각에서 보면 안 된다. 우선 능력과 관계없이 정치적 이념을 같이하는 사람이 정권을 잡기 위해 모인 느슨한 집단이 서구의 정당이라면, 중국공산당은 사상과 능력을 갖춘 사람들이 중국사회전체를 지도(즉, 지배)하는 현실적 권력이다. 14억 인구 중 약 8천8백만 명의 엘리트로 이뤄져 사회곳곳에서 지도하는 견고한 조직체계이다.

중국공산당원이 되는 것은 지배엘리트가 되는 것으로 까다로운 입당절차를 거친다. 18세 이상이면서, 정식당원 2명 이상의 추천이 있어야 입단원서를 제출할 수 있다. 당지도부의 심사를 통과하면, 상위 당조직의 인준을 얻어야 하고, 1년간의 예비당원을 거친 후, 다시 상급 당조직의 심사를 거쳐야 비로소 당원이 된다. 당원은 공산당 사상이 투철할 뿐만 아니라, 남의 모범이 되는 윤리적 행실, 그리고 남을 지도할 수 있는 리더십이 있어야 한다. 당원의 역할은 항상 현장을 중시하도록 하여 현실문제의 파악은 물론이고 해결책을 마련해야 한다. 근대국가의 관료가 현실과 먼 탁상공론을 하기 쉬운 것과 대조적인 측면이다.

셋째로 당원은 끊임없이 학습하고, 혁신을 한다. 중앙당교의 고위과정 5대 기본과목은 당대 세계경제, 당대 세계과학기술, 당대 세계법제, 당대 세계군사, 당대 세계사조(사상) 등이다. 항상 위기의식을 가지고, 사회발전의 기수가 되는 것이 요구된다.

넷째로 당내에서는 민주적 경쟁을 한다. 인재발탁도 끊임없는 경쟁에서 살아남는 사람이 되는 것이다. 일반당원에서 국장급 간부로 승진하는 데 약 25년이 걸린다. 시진핑과 같은 국가주석도 30년 이상 치열한 경쟁에서 살아남은 사람이다.

마지막으로 융통성과 영속성이다. 세계적으로 자본주의가 공산주의를 이겼다고 하더라도, 중국은 공산주의를 버리지 않고, '중국식 사회주의'체제를 나름대로 발전시켜 왔다. 당총서기(주석)도 밑에서부터 끊임없는 경쟁(권력투쟁) 속에서 살아남은 엘리트 중에서 매 5년마다 공산당대회를 통해 사실상 확정한다. 게다가 확정된 후보는 바로 그 역할을 수행하는 것이 아니라, 5년간 지도자로서 수련을 거쳐야 한다. 그리고 다시 5년 후 5년 전에 확정되었던 후보가 실제 중국을 이끌고 연임까지 하여 총 10년을 이끄는 것이다. 서구민주주의가 매 4~5년마다 정부수반을 바꾸는 것과는 대조적이다. 2017년 확정되는 현 시진핑 주석의 후임으로는 후춘화(광둥성 서기), 쑨정차이(충칭시 서기), 천민얼(구이저우성 서기)이 거론된다.

중국사회가 이제는 자유시장주의가 된 것 같아도, 당원의 교육에서 마르크스 사상, 마오쩌둥의 사상을 철저히 학습한다. 아무리 마오쩌둥이 비판을 받아도, '공(功)이 70%, 과(過)가 30%'로 정리하면서 사회주의적 틀을 버리지 않고 있다.

2. 행정조직구조

중화인민공화국의 중앙행정조직은 전국인민대표대회의 체제 아래에서의 중앙행정기관, 중앙행정기관의 지방 각급 행정기관을 의미한다. 중화인민공화국의 최고 행정기관은 국무원(國務院)이다. 국무원은 전국단위의 행정지도권을 갖는 집권적인 조직이다. 즉, 국무원은 전국의 지방 각급 국가행정기관의 활동을 통일적으로 지도하여 중앙과 성, 자치구, 직할시의 국가행정기관의 권한에 관한 구체적 사항을 관장한다.

1) 국무원 총리(Prime minister)

국무원은 총리 책임제를 채택하고 있지만, 서구의 의원내각제와는 다르다. 국무원 총리는 중화인민공화국 주석이 지명하고 전국인민대표대회에서 결정하며 국

가주석이 임면한다. 국무원 총리는 전국인민대표회의를 대상으로 일종의 책임을
진다. 국무원 총리에 대한 내용을 살펴보면 다음과 같다.

- 총리는 국무원의 활동을 전면적으로 지도하고 국무원을 대표하여 전국인민
  대표대회 및 그 상무위원회에 책임을 진다.
- 국무원 활동의 중대문제에 대해서 총리는 마지막 결정권을 가진다.
- 총리는 전국인민대표대회 및 그 상무위원회에 대하여 부총리, 국무위원, 각
  부의 부장, 위원회의 주임, 심계장, 비서장의 임면을 제출하는 권한을 가진다.
- 국무원이 공포한 결정, 명령, 행정법규, 전국인민대표대회 및 그 상무 위원
  회에 제출하는 제안 그리고 행정인원의 임면은 총리의 서명이 있어야 법률
  적 효력을 가진다. 부총리, 국무위원은 총리와 협력해 일을 하고 비서장, 각
  부의 부장, 각 위원회의 주임, 심계(審計, 회계검사)장과 함께 총리에게 책임
  을 진다.

2) 국무원 각부, 위원회의 부장, 주임 책임제

국무원 부총리, 국무위원, 각 부 부장, 각 위원회 주임, 심계장, 비서장의 인선
은 국무원 총리가 지명하고 전국인민대표대회에서 결정하여 국가 주석이 임면한
다. 전국인민대표대회의 폐회기간에는 국무원 총리의 지명에 근거하여 전국 인민
대표대회 상무위원회가 부장, 위원회 주임, 심계장, 비서장의 인선을 결정해서 국
가주석이 임면한다.

- 각 부, 각 위원회는 부장, 위원회 주임 책임제를 실행한다.
- 각 부의 부장, 위원회 주임은 각자의 부문의 활동을 지도하고 부내, 위원회
  내의 회의를 주재하며 국무원에 보고 및 국무원으로부터의 명령, 지시에 서
  명한다.

3) 국무원의 운영

국무원은 총리, 부총리 몇 사람, 국무위원 몇 사람, 각 부 부장, 각 위원회 주
임, 심계장과 비서장에 의해 구성된다. 매기 국무원의 임기는 5년이다. 총리, 부총
리, 국무위원의 연임 임기는 2기를 넘어서는 안 된다. 국무위원은 총리 혹은 국무

원 상무회의의 위탁을 받아 관련 분야의 일 혹은 중요한 특정의 임무에 책임을 진다. 국무원은 전체회의, 상무회의, 총리집무회의를 통해 업무를 수행한다.

● 국무원 전체회의
- 국무원 전체회의는 국무원 전체 구성원이 참여하며 총리가 주재한다.
- 국무원 전체회의는 중대한 문제 및 다수의 부문이라든지 의견 조율이 필요한 중대사항에 대해서 토의한다.
- 전체회의는 일반적으로 2개월 혹은 분기마다 1회 열린다.

● 국무원 상무회의
- 국무원 상무회의는 총리, 부총리, 국무위원, 비서장으로 구성된다.
- 국무원 상무회의는 총리에 의해 소집되고 주재된다.
- 국무원 상무회의는 국무원 업무 중 중요사항, 전국인민대표회의 상무위원회에 제출하는 의안, 국무원이 공포하는 행정법규, 각 부문, 각 지방이 국무원에 보고하는 중대사항에 대해서 토의한다.
- 국무원 상무회의는 일반적으로 매월 1회 열린다.

● 총리집무회의
- 총리집무회의는 총리가 주재하여(혹은 부총리에게 주재를 위임한다) 국무원 업무의 중요문제에 대해서 검토, 처리한다.
- 총리집무회의는 부정기적으로 열린다.

4) 국무원의 권한

국무원의 주요 권한을 열거하면 다음과 같다.

- 헌법과 법률에 의해 행정조치를 규정하고 행정법규를 제정하며, 결정과 명령을 공포한다.
- 전국인민대표대회 혹은 전국인민대표대회 상무위원회에 토의 안건을 제출한다.
- 각부·위원회의 임무와 직책을 규정하고 각부·위원회의 일을 통일적으로 지도하며 각부·위원회 이외의 전국적 행정업무를 지도한다.
- 전국의 지방 각급 국가행정기관의 일을 통일적으로 지도하고 중앙과 성, 자

치구, 직할시의 국가행정기관의 직권의 분장 관장을 규정한다.

−국민경제·사회발전계획, 국가예산을 편성 집행한다.

−경제활동과 도시·농촌건설을 지도 관리한다.

−교육, 과학 문화, 의료·위생·보건, 스포츠, 출산을 지도·관리한다.

−민정(民政), 공안(公安), 사법행정과 감찰을 지도·관리한다.

−대외(對外) 사무, 외국과의 조약·협정의 체결에 관해 관리한다.

−국방건설에 관해 지도 관리한다.

−민족사무에 관한 지도와 관리를 실시하여 소수민족의 평등의 권리와 민족 자치지방의 자치권을 보장한다.

−화교(華僑)의 정당한 권리와 이익을 보호하고 귀국 화교와 그 친족의 합법적 권리와 이익을 보호한다.

−각부, 위원회가 공포하는 부적절한 명령, 규정을 변경, 폐지시킨다.

−지방 각급 행정기관이 공포하는 부적절한 명령, 규정을 변경 및 폐지시킨다.

−성·자치구·직할시의 구역 분획을 비준하고 자치주, 현, 자치현, 시의 구역 분획을 비준한다.

−성·자치구·직할시의 범위 내의 일부 지역에서의 계엄령을 포고한다.

−행정기관의 조직구성을 심사·결정하며 법률에 의해 행정인원에 대한 임면, 육성 훈련, 고과, 징벌을 실시한다.

−전국인민대표대회와 전국인민대표대회 상무위원회로부터 수여된 그 외의 직권을 행사한다.

5) 국무원의 실무조직

실무적으로 국무원의 활동을 지원하는 행정기구들이 있다. 법률용어로는 국무원 판공(사무)청, 국무원 구성부문, 국무원 직속기구, 국무원 사무기구, 국무원 구성부문이 관리하는 국가행정기구와 국무원 의사협조기구[13]로 구분된다(김윤권, 2004).

---

13) 국무원행정기구의 범위에 대해서 견해가 다르다. 첫째는 '국무원 행정기구 설치 및 편제관리 조례'를 근거로 국무원판공청, 구성부문, 직속기구, 판사기구, 국무원 구성부문이 관리하는 국가국, 의사협조기구로 분류한다. 둘째 견해는 위 여섯에다 파출기구, 즉, 홍콩과 마카오 특별행정구연락판공실을 포함한다. 셋째 견해는 '국무원조직법'에 근거하여 판공청, 구성부문 (각부, 위), 직속기구, 판사기구에 한정한다(任進, 2003: 50~51).

● 국무원판공(사무)청

총리와 국무원 지도자를 도와 각부, 각위원회, 각성, 자치구, 직할시정부의 활동을 종합하거나 조절하고, 국무원의 일상업무를 처리하는 기구이다(張立榮. 2003: 29). 판공청의 기구로는 비서1국(문서수발, 국쇄관리, 국무원회의 준비, 당직 등), 비서2국(경제부문 국정조정), 비서3국(비경제부문 국정조정), 中辦國辦信訪局(당중앙 및 국무원의 대민업무), 人事司(판공청내 인사, 교육훈련, 출국소속), 行政司(총리실 총무업무 및 총리편의 제공), 기관당위(판공청 내부사업단위 및 국무원 외사판공실 당무처리)가 설치되어 있다. 판공청은 비서장 1, 부비서장 5, 국무원기관당조부서기 1, 사국급간부 20명 등 정원이 219명이다.

● 국무원 구성부문

국무원 구성부문[14]은 헌법에 규정된 18개 항의 기본직권과 국무원이 지도하고 관리하는 국가사무의 수요에 따라 설치된 직능기구이다. 국무원 구성부문은 각부, 각 위원회, 중국인민은행과 심계서(감사원)를 포함한다. 국무원기구는 구체적으로 다음과 같이 구성된다. 국무원 구성부문과 업무처리기구는 세 등급으로 나눈다. 즉, 부와 위원회사무실-司(局)-처(실)이다. 직속기구도 보통 3등급으로 나눈다. 즉, 국-사(국)-처(실)인데, 사(국)급의 기구는 보통 국무원 구성부문 내의 사(국)급의 기구보다 반급이 낮아 부사국급 기구이다. 처(실)급 기구는 부와 위원회의 처(실)급 기구와 동급이다. 국무원 구성부문에서 관리하는 국가국은 사업의 수요에 따라 사, 처 두 급 내에서 기구를 설립하거나 처급의 기구만을 설립할 수 있다. 국가국 내에 설립하는 사, 처기구의 행정등급은 직속기구 내의 사, 처 기구와 같다(張立榮, 2003: 32).

部·委員會는 국무원의 통일된 지도 아래 어떤 한 부문의 국가행정사무를 책임지고 지도와 관리를 한다. 통일된 지도部는 최고위 상설 기능부문이다(吳剛, 1999: 74). 부는 비교적 전문적 업무부문을 관리하고, 통상 해당 조직계통을 통하여 업무를 완성하며 업무내용이 상대적으로 단순하다(鄭楚宣·劉紹春, 2002: 291). 가령 외교부, 국방부, 공안부, 민정부 등이다. 반면 위원회는 국무원의 또 다른 업무부문으로 그 관할업무는 종합성을 띠고 있으며, 통상 비교적 많은 부문과 관련되고 업

---

14) 국무원 구성부문(組成部門)은 법에 근거하여 국무원의 기본적 행정관리기능을 이행하는 행정기관이다. 국무원 각부, 위, 심계서 그리고 중국인민은행을 포함한다(任進, 2003: 19). 이들은 국무원총리의 지도 아래 국무원의 일부 부문의 기본 행정관리직능을 수행한다. 기구의 명칭은 모두 '중화인민공화국'이라는 글자를 덧붙여(중국인민은행은 '중국') 대외적으로는 국가를 대표하여 어떤 한 가지 부문의 직권을 행사한다.

무내용이 상대적으로 복잡하다(鄭楚宣·劉紹春, 2002: 291). 가령 국가계획위원회, 국방과학기술공업위원회 등이 있다. 部의 관할업무가 전문적인 데 비해 위원회의 관할업무는 비교적 종합적이고 광범위하다. 수장책임제를 실시하는 것 외에 다수 위원회는 집단책임제를 실시한다(吳剛, 1999: 74).

부위와 동일급 기구로서 심계서[15]는 중국의 사회주의 현대화건설의 수요에 따라 1983년 9월에 성립되어 각급 정부, 금융기관과 기업, 사업조직의 재정, 재무수입과 지출에 대해 감사와 감독을 진행한다. 또한 중국인민은행도 부위와 동급인 국가은행으로서 국가금융을 관리하는 행정기관이다. 부위행서의 설치, 폐지, 합병은 총리가 제안하고 전국인대가 결정하며 전국인대 폐회시는 전국인대 상위회가 결정한다(張立榮, 2003: 29; 楊鳳春, 2002: 194).

● 국무원 직속기관

국무원 직속기관은 국무원의 사업수요와 간소화 원칙에 따라 설립되어 특정 전문업무를 독립적으로 관리하는 기구이다. 국무원 직속사무기관의 행정급은 보통 국무원 구성부문보다 반급이 낮아[16] 부부장급 기관으로 그 책임자는 국무원 구성원이 아니다. 국무원 직속기관의 명칭은 보통 '국가' 또는 '중국' 혹은 '국무원'이라는 글자를 덧붙인다. 가령 국가환경보호총국, 중국민용항공총국, 국무원참사실 등이 그 예이다. 국무원 직속기관은 사업이 보통 단일하고 전문성이 비교적 강하며, 부위가 관리하기에 불편한 사항을 책임진다. 서로 다른 전공에 의해 성립된 관리기관은 국무원의 직접 지도를 받아 사업의 질과 행정효율을 높이는 데 유리하다(張立榮, 2003: 29~30; 楊鳳春, 2002: 194).

● 국무원 국가국

일반적으로 국무원 구성부문에서 관리하는 기관으로 특정 업무를 주관하며 행정관리기능을 행사하는 국가행정기구이다. 가령, 국가해양국은 국토자원부에서

---

15) 국무원은 82헌법규정에 따라 심계기관을 설립한다. 1954년, 75년, 78년 헌법들은 심계기관이 없었다. 법률규정에 따르면 심계기관의 직책은 국무원 각부문과 지방 각급정부의 재정수지, 국가의 재정금융기구 및 기업사업조직의 재무수지, 심계감독을 진행한다(82헌법 제91조). 심계장은 국무원 구성원이며 심계장 부장과 위원회 주임지위는 동일하며 급별 상등하다(陳紅太, 2001: 105).

16) 국무원 직속기구는 지위가 部委署行보다 낮아 설치, 합병, 폐지는 국무원 상무회의에서 협의하여 결정한다. 직속기구의 책임자는 국무원 상무회의에서 결정하며 총리가 임명한다. 경우에 따라 국무원 전체회의에 참석이 가능하며 발언권은 있으나 표결권은 없다. 직속기구 중 總局, 總署는 部級단위로 책임자는 부장급, 기타는 副部級單位로 책임자는 부부장급이다.

관리하며 국가석탄공업국, 국가기계공업국은 국가경제무역위원회에서 관리한다. 국무원 구성부문에서 관리하는 국가행정기구는 1993년 기구개혁 때 부나 위원회가 관리하던 국가국이 폐지되면서 신설된 것이다. 그 이름에는 보통 '국가' 두 글자가 덧붙여지며, 행정급은 부부장급이다. 국가국은 부나 위원회 내부에 설치되어 있는 직능사국과 달리 상대적인 독립성을 가진다. 그러나 국무원의 직속기구와 비교하면 그 권한이 상대적으로 작다. 국가국과 그를 관리하는 부나 위원회간 관계를 보면 주요업무사업은 부나 위원회의 통일적인 지도 아래 진행하지만, 그 외는 일정한 범위 내에서 단독으로 공문을 만들고 대외협력의 교류를 진행할 수 있다(張立榮, 2003: 30; 楊鳳春, 2002: 195; 鄭楚宣·劉紹春, 2002: 293).

● 국무원 의사협조기구와 임시기구

국무원 의사협조기구는 국무원행정기구의 업무영역에서 벗어난 중요한 사업에 대해 관련조직과 협조하는 업무를 담당한다. 국무원 의사협조기구의 의정사항은 국무원의 동의를 거쳐 관련행정기구에서 책임지고 처리한다. 특수하고 긴급한 상황에서는 국무원의 동의를 거쳐 국무원 의사협조기구가 임시적인 행정긴급조치를 취할 수 있다.

국무원 의사협조기구는 대체적으로 아래 몇 가지 유형[17]으로 구분할 수 있다. 첫째, 국무원이 어떤 특수한 사업을 지도하기 위하여 설립하는 사업기구, 둘째, 전문가나 부문책임자를 요청하여 구성하는 자문기구, 셋째, 협조 혹은 조정기구, 넷째, 일정기간 내에 어떤 특정사업을 처리하기 위하여 설립하는 업무기구이다. 따라서 국무원 임시기구는 임시적 사무나 비상사건을 처리하기 위해 설립되는 업무기구라고 볼 수 있다(張立榮, 2003: 30~1; 楊鳳春, 2002: 195).

---

17) 자문기구는 관련 전문가를 초빙하거나 또는 전문책임자들로 구성된 자문성격의 기구로서 일반적으로 국무원○○위원회라고 부른다. 가령 核安全專家委員會이다. 협조(조정)기구는 협조나 조정성격의 기구로 일반적으로 ○○委員會, ○○領導小組라고 한다. 가령 전국녹화위원회, 국가기구편제위원회, 국무원빈곤지구경제개발영도소조, 國務院兩岸領導小組 등이다. 업무기구는 국무원에서 전문적인 업무를 위해 설치한 사무기구로 일반적으로 국무원○○판공실이라고 부른다. 가령, 國務院上海經濟區規劃辦公室이다.

3. 인적자원 및 인사행정제도

1) 중국공공부문의 인력관리

중국의 개혁개방 이전에는 직업공무원이 존재하지 않았다. 간부(즉, 공산당원), 노동분자(공업), 농업분자로 인적 자원을 3분하였다. 크게 보면 공산당원과 이들과 인맥이 있는 사람이 보조 사무를 하는 식의 공공부문(public employee)이 있었다고 볼 수 있다.

중국에서 국가간부란 매우 폭넓은 개념이다. 수직적으로 국가주석부터 일선단위의 사무원까지를, 수평적으로는 당원, 단체, 대중조직, 기술자, 연구원, 교사, 문화, 위생, 교육부문의 직원까지 포함한다. 통상적으로 공공관료의 범위는 당기관원, 국가공무원, 국가기관원, 대중단체 인원, 사업단위 인원, 국영기업관리 인원 등이 있다(陸國泰, 1998: 31~34).

공무원은 각급 국가행정기관 안의 노동자, 잡역계 이외의 법에 의해 국가 행정권력을 행사하며 국가의 공무를 집행하는 직원을 가리킨다. 그 외에도 국가행정의 직능을 행사하며 행정관리의 업무에 종사하는 노동자, 잡역계 이외의 직원도 포함한다. 현재 정규공무원은 700만 명 정도이고, 국가에서 월급을 받는 준공무원은 약 3천만 명에 이른다.

중국관료제는 조직이든 인사이든 사항견지(4項堅持), 즉, 해방사상(解放思想), 실사구시(實事求是), 간부사화(幹部四化), 당관간부(黨管幹部)라는 원칙에 입각한다. 현재 이와 같은 기본적 원칙과 더불어 다양한 모델을 다양한 기관에서 시도하고 있다. 즉 직업성, 전문성, 인재제일주의를 확보하기 위해 경쟁, 조직혁신, 동기부여, 실적주의, 민주감독 등의 원칙들이 적용되고 있다. 이러한 관료제 개혁의 최종목적은 공무원제도의 확립이다. 여기서는 공무원제도를 제외한 기타 관료제의 주요 내용을 먼저 살펴본다(심익섭·이재호, 2000).

관료선발조직으로는 중앙당의 조직부, 국무원의 인사부가 있으며, 지방정부에도 각각 상응하는 인사기구가 있다. 1982년 중앙 12차 대회에서 통과된 '중국공산당장정'에 따르면, 중국의 관료선발의 원칙과 방침은 간부사화(幹部四化)를 그 표준으로 삼고 있다.18)

---

18) 관료선발의 기본형식은 첫째, 인사, 조직부문에서 직접 조사 평가하여 선발하는 방식, 둘째, 인민대중의 직접투표에 의한 선거형식으로 뽑아 상급기관이 임명하는 형식, 셋째, 대중과 조

관료임용은 인사관리부문의 수요에 의해 일정한 법규와 과정에 따라 시험과 평가를 거쳐, 가장 적절한 인물을 선발하는 것을 의미한다. 임명의 대상은 전문대 이상의 졸업생, 자수성가형 인원, 노동자, 농민 등이다. 임용의 주요 형식은 고시임용과 초빙제가 있다. 공직의 안정성과 특권 때문에 젊은이들이 공무원 시험에 대거 응시하고 있다. 약 2만여 명을 뽑는 공무원 시험에 150만여 명이 몰려들어 75대 1 정도의 경쟁률을 보이는 것이 보통이다.

관료의 임면은 업무의 수요와 관료의 소양에 근거하여, 유관정책, 법규와 당의 당정 등에 따라 관료를 임명하거나 혹은 파면하는 제도이다. 국가권력기관의 고위관료의 인선은 당이 추천하고, 각급 인민대표대회 혹은 그 상무위원회에서 선출하여 임명기관이 법정순서에 따라 처리한다. 사업단위의 경우 국무원의 특별규정이 있지 아니하면 우선 정부주관부서가 위임, 초빙, 파직, 해직한다. 단, 이 경우 노동자대표의 의견을 구해야 한다. 기업노동자 대표대회가 임용 및 파면하는 특별한 경우에는 정부주관부서의 비준을 얻어야 한다.

2) 국가공무원제도의 주요 내용

중국 국가기구의 개혁 중 가장 큰 의의를 갖는 것은 국가공무원제도의 도입이다. 이는 과거 공산당이 주먹구구식 인사행정을 하였던 것에 종지부를 찍는 혁신적인 것이다. 중국의 학자들도 이 점에 있어 대체로 동의하고 있다(石文村 外, 1990: 3~7). 중국 공무원제도 확립은 법규의 제정, 법에 따른 과학적 직위분류관리, 공무원의 생산성 향상, 행정의 과학화, 법제화를 통한 부정부패 방지를 목표로 한다(周大仁, 1995: 2~12). 즉 국가공무원제도는 첫째, 사회주의 시장경제체제의 건립과 지속적인 경제발전 요구, 둘째, 정치체제의 개혁, 셋째, 사회발전, 민주화, 효율행정을 이루려는 데 의의를 갖는다.

관료제 개혁의 최종적 목표는 '公務員法' 제정을 통한 공무원제도의 확립이다.19) 이를 위해 1993년 제정된 공무원 임시조례(國家公務員潛行條例)는 전체 18장

직의 공동 조사평가에 의한 선발방법이 있다.
19) 중국의 공무원제도는 1984년 8월 중앙서기처가 개최한 회의에서 초안을 잡고, 1987년 당13대 대표대회의 업무보고와 지방정부 및 유관부문의 의견을 거쳐 구체화되었다. 1989년 심계서, 해관총서 국가통계국, 국가환경보호국, 국가세무국, 국가건재국의 국무원 6개부서에서 시범적으로 공무원제도를 실시하였으며, 1990년에는 하얼빈과 심천시에서 시범적으로 운영되었다. 최종적으로 중국의 '國家公務員潛行條例'는 1993년 4월 24일에 국무원 제2차 회의에서

88조로 이루어져 있다. 이것은 총칙, 공무원권리와 의무, 공무원의 직위분류, 공무원의 발생, 공무원의 변경, 공무원의 소멸과 공무원의 관리와 감독 등으로 구성되어 있다. 이것은 거의 수정없이 2005년 국가공무원법이 되었다.

● 공직분류

공무원의 직무는 지도직무(指導職務)와 비지도직무(非指導職務)로 나눌 수 있다. 지도직무는 각급의 국가의 행정기관에 두어 기획·조직, 정책결정, 지휘의 직능을 가지는 직무이다. 부과장으로부터 총리까지 열 가지 직무가 포함되어 있다. 비(非)지도직무는 각급의 행정기관에 두어 기획·조직, 정책결정, 지휘 직능을 가지고 있지 않은 직무이다. 사무원, 과원(課員), 부주임 과원, 주임 과원, 조사 연구원보좌, 조사연구원, 순시원보좌, 순시원이 포함되어 있다.

공무원 등급은 27개의 급으로 나누어지는데, 직무와 등급 그리고 보수는 [표 9-3]과 같다.

표 9-3 중국 공무원 직급 및 보수

직급	영도(領導) 직무	비(非)영도 직무	주요 직책	기본급 (3년차 기준)
1급	국가급 정직(正職)	-	국가주석, 총리, 전인대상무위원장, 정협주석, 군사위주석, 정치국상무위원	3,340위안 (약 59만 원)
2~4	국가급 부직(副職)	-	국가부주석, 부총리, 국무위원, 중앙서기처서기, 정치국원, 군사위부주석, 최고인민법원장, 최고검찰원 검찰장, 상당(대장)	2,562~3,060
4~8	성·부(省部)급 정직	-	성 서기, 성장, 직할시장, 특별행정구 행정장관, 부장(장관), 발개위 주임, 대국영기업 총경리, 중장, 상장	1,778~2,562
6~10	성·부급 부직	-	각 부서 부부장(차관), 국무원 산하 기관 국장, 부성장, 부(직할)시장, 직할사 산하 개발구 서기, 중장, 소장	1,508~2,122
8~13	청·국(廳局)급 정직	순시원	일반 시 서기, 시장, 성 산하 기관 청장, 중앙 부처 사장(司長), 소장, 대교 (大校·소장과 대령 사이)	1,172~1,778
10~15	청·국급 부직	부순시원	일반 시 부서기, 부시장, 성 상임위 부부장, 중앙부처 부사장(副司長), 부성	986~1,508

통과되어, 그 해 8월 19일 정식 반포를 거쳐, 1993년 10월 1일부터 시행하기 시작하였다.

			급(副省級) 도시의 구청장, 성 산하 현장(縣長), 대교	
12~18	현·처(縣處)급 정직	연구원	현급 시 서기, 현장, 일반 시 국장, 상교(上校·대령)	764~1,276
14~20	현·처급 부직	부연구원	현급 시 부서기, 성과 직할시 산하 청(廳)의 부처장, 상교, 중교(中校·중령)	641~1,076
16~22	향·과(鄕科)급 정직	주임 과원	향·진(鎭) 서기, 향장, 진장, 현 산하 각 국장, 중교, 소교(小校·소령)	535~908
17~24	향·과급 부직	부주임 과원	향·진 부서기, 부향장, 부진장, 상위(上尉·대위)	446~833
18~26	고·소(股所)급 정직	과원	향·진 산하 부문의 계장 급 직원, 상위, 중위	374~764
19~27	고·소급 부직	계(係)원	향·진 산하 부문의 일반 직원, 중위, 소위	374~700

출처: 중앙일보, 2016. 4. 27. 차이나 인사이트.

● 공직임용

공직임용(등용)은 관련법률 규정에 근거해 시험에 의한다. 국가 행정기관의 주임 과원 이하 비지도 직무의 공무원을 선발하는 제도이다. 임용의 순서는 다음과 같다.

- 정부의 인사부문은 시험을 실시하기 전에 반드시 법령의 범위 내에서 공무원 등용의 충원규칙을 공개해야 한다.
- 응모자의 자격심사를 행하고 심사에 합격한 사람에 대해서 공개경쟁시험을 실시한다.
- 재심사와 종합 평가를 실시한다.
- 등용하게 된 인원의 리스트를 제출해 구(區)를 설치하고 있는 시(市) 급 이상의 인민정부 인사부문에 신고해 심사·인가받는다.
- 등용 통지를 송부한다.
- 테스트한다.
- 상기 임용과정을 거쳐 합격한 사람은 정식으로 직무에 임명된다.

이러한 절차를 통하여 인재가 등용된다. 구체적으로 임용이란 임용기관이 법정 절차에 따라 공무원의 직무를 담당시키는 것을 가리킨다.

● 공직자의 동기부여

임용된 공무원은 고과, 장려, 규율이라는 수단을 통하여 적절히 동기부여된다.

- 고과는 국가의 행정기관 또는 행정장관이 관리 권한에 비추어 소속하는 공무원에 대해 전면적인 고과, 분석, 평가를 실시하는 것을 가리킨다. 고과는 평시고과와 연도고과로 나눌 수 있다.
- 장려는 국가의 행정기관이 업무에서 뛰어나게 우수하고 현저한 성적을 올리며 공헌 또는 그 외의 한층 뛰어난 업적이 있는 공무원을 포상해 격려하는 것을 가리킨다. 장려는 포상·공 3등·공 2등·공 1등 등을 기록에 그치는 것과 영예 칭호의 수여로 나눌 수 있다. 수상한 공무원에게는 각각 일정한 상금, 상품, 급료 등급의 인상 등의 부가적 장려를 준다.
- 규율을 위반한 공무원에게는 행정처분을 준다. 행정처분은 형량선고, 과실의 기록, 큰 과실의 기록, 격하, 해직, 제명의 6개로 나눌 수 있다. 해직된 공무원은 동시에 직무 등급과 직무급료가 격하된다.

● 공직자의 보직관리

공직자는 승진·격하, 교류와 기피를 통하여 관리된다. 과거에는 한곳에 평생 머무는 공무원이 대부분이었기 때문에 이런 관리는 매우 획기적인 개혁이다.

- 승진은 연공(年功)에 의한 승진, 시험에 의한 승진, 공적에 의한 승진으로 나눌 수 있다. 업무성적이 뛰어나 공헌이 있는 공무원은 연한 등의 조건에 제한되지 않고 등급을 넘어 승진할 수가 있지만 규정에 비추어 관계 부문에 신고해 인가받아야 한다.
- 격하는 연도 고과에 있어 적임은 아니라고 생각되거나 현재의 직무에 부적합하다는 판단이 설 경우 같은 등급의 다른 직무로 이동하는 것을 의미한다. 다른 직무에도 적합하지 않을 경우 격하된다. 또한 재직하고 있는 기구에 변화가 있거나 지도자 자리의 숫자가 줄어 일부 공무원이 재차 비교적 낮은 직무에 종사하지 않으면 안 되는 경우, 공무원 본인이 격하되는 것을 요구할 충분한 이유가 있는 경우, 비교적 낮은 직무에 종사하는 것이 인정되는 경우, 잘못을 범해 원래의 직무에 임하는 것이 적절하지 않은 경우 격하된다.
- 교류는 국가 행정기관 내부 공무원 간 또는 정부기관과 그 외의 정부기관 간, 대중 단체, 기업·사업체 조직 사이를 교대하여 근무하는 것을 가리킨다.

교류는 이동, 전출, 교체 및 직무를 남기는 형태로 단련을 받는 등의 형태가 취해지고 있다.

- 기피는 공무원이 직권을 이용해 사적 이익을 추구하거나 게으름을 피우거나 사사로운 정에 사로잡히는 것을 막기 위해 그 직무 및 공무집행에 제한을 두는 것이다.

● 공무원의 보상

공무원은 급료, 보험과 복지를 통하여 노동에 대한 적절한 보상을 받는다.

- 공무원에게는 직무 등급별 급료제가 실행된다. 공무원의 급료는 직무 급료, 등급 급료, 기초 급료, 근속연수 급료라고 하는 4개의 부분으로 구성된다.
- 보험은 국가가 일시적 또는 영구히 노동능력을 잃은 공무원에게 물질적 원조를 주는 노동 보험제도이다.
- 공무원은 공비 의료, 공비에 의한 병휴가, 출산휴가, 귀성휴가, 복지 보조금, 구제금을 향유할 수 있다.

중국 공무원의 보수는 낮은 편이다. 1급인 시진핑 주석의 연봉이 13만 6천 위안(약 2,400만 원)에 불과하다. 기본급 외 10여 가지의 수당이 있는데, 그 액수가 너무 작아 부패의 원인이라고 보고 있다.

● 공직의 해지

공직의 해지는 사직, 해고, 정년퇴직 등에 의한다. 면직 명령은 주관기관이 행하고 일정한 기간 내에 공표한다.

- 사직은 공무원이 법률·법규의 규정에 비추어 국가의 행정기관과의 임용, 등용관계 중지를 신청하는 것을 가리킨다. 사직은 공무원 본인이 일방적으로 결정하는 것이 아니고 엄격하게 법정의 순서에 의거해 행하지 않으면 안 된다.
- 해고는 국가의 행정기관이 계속 공무원으로서 근무하기에 적합하지 않은 사람에 대해 법에 의하여 그 권리와 의무를 취소하고 공무원의 대열에서 퇴출시키는 행위를 가리킨다.
- 정년퇴직은 법에 규정된 일정한 근속연수 및 관련조건을 충족하는 경우 직장을 떠나는 것을 말한다. 정년퇴직한 공무원은 정기적으로 퇴직 양로 보험금을 받을 수가 있다.

3) 공무원의 관리기구

공무원의 관리기구는 국가가 공무원의 사무 관리 필요에 따라 법에 의한 공무원의 등용, 고과(考課), 승진, 임금, 사퇴, 정년퇴직 등의 사항을 관리하는 조직이다. 공무원의 관리기구체계는 국무원 인사부, 각부·위원회, 직속기구, 사무기구 등의 내부에 설치된 인사국, 현급 및 현급 이상의 지방정부와 그 소속 각 부문 안에 설치되어 있는 인사부문으로 되어 있다.

– 종합관리기구

종합관리기구는 중앙에서 지방까지의 각급 정부 안에 설치된 공무원 관리기구에 대한 다양한 관리기능을 갖는다. 관리직권은 특정 부문에 한정되지 않으며, 관리대상은 공무원 개인이 아니라 업무(즉, 직무)이다. 관리권한은 거시적이고 간접적인 공무원 관리기구의 성격을 지닌다. 종합관리기구의 주된 기능은 다음과 같다.

- 공무원의 관리규범을 제정한다.
- 같은 급의 정부부문의 인사기구와 하급 인사부문에 대해서 업무지도를 실시한다.
- 일부 관리사무에 대해서 부문, 지역에 걸치는 움직임과 협조를 실시한다.
- 관리 권한의 분획(紛劃)에 근거해 심사·확인, 심사·인가권을 행사한다.
- 공무원 관리의 업무에 대해서 감독을 실시한다.

– 부문관리기구

공무원 관리의 부문관리기구는 각부 내부의 인사기구이다. 부문관리기구는 각부 행정수장의 지도를 받는 동시에 같은 급의 정부 인사부문의 업무지도와 감독을 받아 공무원 관리 업무를 집행한다. 주된 직권은 등용권, 심사권, 장려·징벌권, 승진·격하권, 임면권, 사퇴권, 그 외의 인사결정권이다.

4. 예산 및 재무행정제도

국무원은 중국공산당과 전국인대 및 그 상위회의 결정을 집행하며, 헌법과 법률의 행위를 집행하면서 다양한 기능을 수행한다. 그 중에서 구체적 활동으로는 지도, 서비스, 수취, 분배, 협조, 상징, 관리 등이 있다. 여기서는 국무원의 예산규모, 특히 예산지출을 중심으로 살펴보겠다. 국무원의 예산지출은 분배라는 시각에서 살펴볼 수 있다. 분배는 정부의 국민수입의 재분배와 각종 자원 및 기회의 분배를 의미한다. 인민 수입의 재분배에 대해서 국무원은 전국인대의 결정에 따른다. 즉 국가예산초안이 비준된 다음에 구체적으로 국가재정의 각종 지출을 집행한다 (김윤권, 2004).

중국의 경제가 두 자릿수 성장을 함에 따라, 국가의 재정도 증가하였다. 그러나 그에 못지않게 많은 문제점을 노정하고 있다. 이에 따라 이를 개혁하기 위한 여러 가지 조치들이 이뤄지고 있다.

재정지출은 대부분 '인건비'로 지출되며, 중앙과 지방의 재정은 거의 '생계재정'이 되었고, 국가재정에 심각한 부담을 주었다. 이는 정부가 사회주의 건설과 공중의 이익을 유지하는데 심각한 영향을 줄 뿐 아니라 문서주의와 관료주의, 횡령부패와 부정풍토를 자생시켰다. 이를 근본적으로 해결하고자 나온 것이 다음의 8항이다.

첫째, 현실과 동떨어진 행정을 배격한다. 현장지도와 철저한 연구, 그리고 피행정인과의 소통을 통해 적실성있는 행정을 펴자는 것이다.

둘째, 수없이 개최되는 회의를 줄이고, 형식주의를 타파한다. 권력층들이 회의를 위한 회의를 하는 것을 막자는 것이다.

셋째, 행정서류의 간소화이다. 행정이 과도한 문서를 생산하고, 지나치게 의존하여 비능률을 초래하는 것을 막자는 취지이다.

넷째, 불필요한 국내외 출장을 금지한다. 실제 용무도 없는 공무출장을 만들어 국고를 낭비하는 것을 막자는 것이다.

다섯째, 경호목적의 교통통제를 금지한다. 권력층들이 교통체증을 피하기 위해 경찰이 도로교통신호를 자주 통제함으로써 서민들이 불편함이 가중되는 현상을 바로 잡기 위한 것이다.

여섯째, 무차별적인 정치지도자 홍보용 뉴스를 금지한다. 언론의 자유가 열악한 중국에서 권력자들이 뉴스에 자주 등장함으로써 일종의 자기과시용으로 악용되는 것을 막자는 취지이다.

일곱째, 개인의 저서출판과 기고 등을 금지한다. 자신을 돋보이기 위해, 출판을 하고, 언론에 칼럼을 기고함으로써 혼란을 초래하고 낭비되는 것을 막기 위한 것이다.

여덟째, 청렴과 근검절약을 실천하는 것이다. 이 원칙은 이미 오래전부터 존재하던 것이지만, 공직자들의 부패가 기승을 부려 호화로운 생활을 많이 하기 때문에 강조된다.

표 9-4

목 표	개 혁 안	주요 내용
예산관리제도의 현대화	투명한 예산 제도 수립	- 각급 인민대표대회 및 일반대중의 예산감시기능 활성화 - 중앙과 지방의 재정자금 집행내역을 공개
	정부예산 시스템 개선	- 4대 예산(공공예산, 정부기금 예산, 국유자본 경영예산 및 사회보장 예산 등)의 수지범위와 기능 평가 - 전반적인 재정예산 집행 능력 제고 - 재정투입의 유효성, 지속성 증대방안 연구
	연간 예산심사 방식 개선	- 전국인민대표대회에서 지출예산에 중점을 두고 예산심사 - 과학적인 예산수입 규모 예측, 관련 법에 의거 세수 징수 - 과년도 예산균형 체제 구축, 중기 재정계획 관리 실행
	예산집행관리 강화	- 조속한 예산 하달 및 집행 - 재정의 전문직 관리 강화, 결산과정 규범화 - 국고의 현금관리 추진, 예산 성과관리 제도 완성 - 재정자금 분배 및 사용 일체 사항 감독, 엄격한 위법행위 조사
지방채무 관리	지방정부의 채무관리 규범화	- 지방정부의 채무 불이행 조기정보 체제 구축 지속적 추진 - 지방채권에 관한 〈지방채 자율발행 및 상환제도〉 전국적 확대 - 정부 종합재무 보고제도 추진, 지방정부의 신용등급 제도 구축
공공 서비스 균등화	이전지급제도의 정리와 규범화	- 일반 이전지급 비중 증대, 특정 이전지급 항목 삭감 ·특수목적 이전지급 항목 220 → 150개 삭감
전국으로 동일한 시장 환경 조성	세수우대에 관한 정책규범 정리	- 지역성 세수우대 정책 정리 ·국무원 비준 취득한 규정: 시한 有 → 도래 시 폐지 　　　　　　　　　　　　　 시한 無 → 시한 제정 ·국무원 비준 미취득한 규정: 취소 - 중앙정부: 통일적 규정 제정 　지방정부자체 시행 중인 정책 정리

출처: 북경사무소(2014), 중국 재정 세제개혁의 주요 내용 및 방향, KIEP 북경사무소.

2012년 12월 시진핑 주석이 공산당 중앙정치국에서 발표한 공직자 윤리규정으로 권력층에 의한 부패를 척결하자는 8개 금지사항(8項)은 재무회계부문에서 큰 효과를 발휘하고 있다. 수입품인 고가 위스키 소비가 줄고, 공직자들의 해외여행, 회식 등이 현저히 줄어서, 중국경제에 타격을 입힐 정도이다. 그리고 이는 8항의 규정을 단호하고 획일적인 잣대로 규제하기 때문이다. 예컨대 공산당간부의 해외 출장은 특별한 경우를 제외하면 연 1회로 제한하였고, 사무실 넓이를 직급별로 제한하였다. 결과적으로 예산의 불용액으로 반납액수가 많아져 1조원 이상의 예산절감이 있는 것으로 추측된다.

공산당은 타성에 빠진 열악한 인적 자원 속에서도 과감한 개혁을 하고 있다. 예산제도의 합리화, 방만한 개발정책의 정비, 국가적 전략산업의 육성 등으로 그동안 고도성장에서 부산물로 산출된 부조리를 척결하고자 노력하고 있다. 지방정부에 대해서도 성과주의 평가와 경쟁을 통해 예산의 효율성을 높이고 있다.

소유제에 따른 중국 기업분류

중국의 기업은 소유주체에 따라 國有企業, 集體企業, 個體企業, 기타의 4가지로 분류

① 國有企業: 全人民所有制로서 기업 생산업종과 성격에 따라 중앙정부, 省級 정부, 市·縣級 정부가 각각 소유권과 경영권, 인사권을 행사
② 集體企業: 集團所有制로서 鄕·鎭·政府가 소유권을 대행, 과거 인민공사 生産隊가 前身(생산수단, 제품, 수익을 전체 종업원이 소유)
③ 個體企業: 개인 소유제 기업
　－個體工商戶: 종업원 7인 이하의 가족종사자로 구성된 자영업체
　－私營企業: 8인 이상 종업원을 고용하는 개인소유 기업
④ 기타: 三資企業으로 지칭되는 中外合資企業(Equity Joint Venture), 中外合作經營企業(Contracting Joint Venture), 外國人獨自企業(Wholly Foreign Owned Enterprise)

IV 거버넌스

중국은 국가 행정관리의 편의를 도모하기 위해 행정구역을 구획하여 지방자치기구를 설치하고 있다. 지방 인민정부는 각각 성장, 자치구 주석, 시장, 주장, 현

장, 구장, 향장, 진장이며, 이들이 해당 인민대표회의에 책임을 지는 책임제를 채택하고 있다. 그럼에도 불구하고 상급기관이 하급기관을 지도하는 방식과, 공산당이 집행기구를 지배하는 방식으로 통제가 이루어지고 있다. 즉, 중국 전체의 통일성을 위해서 일종의 중앙집권적 체제를 유지한다고 볼 수 있다. 그럼에도 불구하고 국토가 광활하고 민족이 다양하기 때문에 중앙집권적 틀 안에서 지방의 특색이 살려지는 일종의 '지방자치'가 실현되고 있다.

1. 지방자치

1) 행정구역의 구획

중앙정부는 특별 행정구를 설립할 수가 있는데, 현재 중국의 행정구획 구분을 살펴보면 다음과 같다.[20] 전국은 성(省)·자치구(自治區), 직할시(直轄市)로 나눌 수 있으며, 다시 성·자치주는 자치구(自治州), 현(縣), 자치현(自治縣), 시(市)로 나눌 수 있다. 현·자치현은 향(鄕), 민족향(民族鄕), 진(鎭)으로 나눌 수 있으며, 직할시와 규모가 큰 시는 구(區), 현(縣)으로 나눌 수 있다. 그리고 자치주는 현, 자치현, 시로 나눌 수 있다.

다음은 중국의 행정구역 현황이다. 성급(省級)의 행정구역(34개: 22개 성, 4개 직할시, 5개 자치구, 2개 특별행정구, 대만),[21] 경제특구, 기타 주(州)급의 내용은 다음과 같다.

① 성(省) 22개
　　－화북구: 하북성, 산서성
　　－서북구: 섬서성, 감숙성, 청해성
　　－동북구: 요녕성, 길림성, 흑룡강성
　　－화동구: 강소성, 절강성, 안휘성, 강서성, 복건성, 산동성
　　－중남구: 하남성, 호북성, 호남성, 광동성, 해남성

---

20) 행정구획은 국가가 주요 권한범위의 영 내에 대해 계층적으로 편리하게 관리하기 위해 나누는 구역이다. 행정구획의 확정은 지리적, 경제적, 민족적, 정치적 등 여러 요소에 의해 결정되며 일정한 역사계승성과 상대적 안정성을 가진다. 행정구획이 국가정치에서의 중요성과 또한 국가의 정치안정, 경제발전과 사회안정에 대한 거대한 영향으로 미루어 행정구획의 확정과 변경은 반드시 헌법과 법률규정에 따라 진행한다(張立榮, 2003: 6).

21) 중국은 대만을 23번째 성으로 간주.

중국관련 유용한 정보 제공 웹사이트

- 지방정부 주소록(各地導航)
  - http://www.people.com.cn/zixun/rmdh/infoharbor.htm
- 북경(首都之窗) — http://www.beijing.gov.cn
- 상해(中國上海) — http://www.shanghai.gov.cn
- 천진(天津政務) — http://www.tj.gov.cn
- 천진신구(天津市濱海新區) — http://www.bh.gov.cn
- 천진경제기술개발구(天津經濟技術開發區) — http://www.teda.gov.cn
- 중경시(重慶市政府公共信息網) — http://www.cq.gov.cn
- 산서성(中國山西) — http://www.shanxi.gov.cn/
- 안휘성(安徽省政府网) — http://www.anhui.gov.cn
- 광동성(广東省人民政府公衆网) — http://www.gd.gov.cn
- 광서성(广西人民政府公共信息网) — http://www.gxzf.gov.cn
- 귀주성(貴州政府上网) — http://www.gz.cninfo.net
- 해남성(海南省人民政府) — http://www.hainan.gov.cn
- 호남성(湖南新聞网) — http://www.hnnews.gov.cn
- 녕하자치구(宁夏政府上网工程) — http://www.nx.cninfo.net
- 청해성(靑海省人民政府) — http://www.qh.gov.cn
- 산동성(山東省政府上网工程) — http://www.sdgov.cninfo.net
- 간소성(甘肅省人民政府) — http://www.gansu.gov.cn
- 절강성(浙江省人民政府) — http://www.zhejiang.gov.cn
- 신강자치구(新疆政府公衆网) — http://www.xj.gov.cn
- 복건성(建省公用信息网絡平台) — http://www.info-fj.gov.cn
- 요녕성(遼宁省人民政府) — http://www.ln.gov.cn
- 사천성(四川) — http://www.sichuan.gov.cn
- 흑룡강성(黑龍江省人民政府) — http://www.hlj.gov.cn
- 내몽골성(內蒙古政府上网工程) — http://www.gov.nm.cninfo.net
- 운남성외사판공실(云南省外事辦公室) — www.e-yunnan.com.cn

－서남구: 사천성, 운남성, 귀주성

② 자치구(5개): 내몽고, 신강위구르, 서장, 광서장족, 영하회족 자치구

③ 직할시(4개) : 북경, 천진, 상해, 중경

④ 특별행정구(2개): 홍콩, 마카오

⑤ 경제특구(5개): 선쩐(深圳), 주하이(珠海), 산터우(汕頭), 샤먼(厦門), 하이난(海南)

⑥ 서부대개발지역(12개): 사천성(四川省), 귀주성(貴州省), 운남성(雲南省), 섬서
성(陝西省), 감숙성(甘肅省), 청해성(青海省), 영하자치구(寧夏自治區), 신강자
치구(新疆自治區), 내몽고자치구(內蒙古自治區), 광서자치구(廣西自治區), 서장
자치구(西藏自治區), 중경시(重慶市)

⑦ 동북 3성 노공업개발지역: 요녕성(遼寧省), 길림성(吉林省), 흑룡강성(黑龍
江省)

⑧ 기타

－州 9 級(총 331개): 22地區, 30자치구, 5맹(내몽고) 275시

－縣 級(총 2,860개): 830시할구, 381시, 1,478현, 116자치현, 49旗, 3自治旗,
2특구, 1林區

－鄕, 鎭(총 44,822개): 鄕과 鎭은 각각 농촌과 도시의 말단단위로 분류

수직적으로 보면 중국의 행정계층은 다음 세 가지 경우가 있다.

2급제(級制): 직할시-구.

3급제(級制): 성, 자치구, 직할시-현, 자치현, 시-향, 민족향, 진.

4급제(級制): 성, 자치구, 직할시－구가 설치한 시, 자치주－현, 자치현, 시－향,
민족향, 진.

　　중국 지방정부조직은 중국 현행헌법이 승인한 4개 계층이지만, 중국 각지의
상황이 상이한 것을 고려할 때 각지의 행정계층을 일치시키도록 강요할 수 없다
(謝慶奎, 1998).[22]

22) 이외에도 법률규정에 따라 성, 자치구 인민정부는 필요에 따라 국무원의 허가를 받아 약간의
　　파출기관을 설립할 수 있다. 이러한 파출기관은 일반적으로 지역행정공관이라 부른다. 현, 자
　　치현의 인민정부는 필요시 성, 자치구, 직할시 인민정부의 허가를 받고 약간의 지역 공소라
　　고 하여 그 파출기관으로 한다. 시할구, 구가 없는 시의 인민정부는 상급인민정부의 허가를
　　받아 약간의 가도 사무처를 설립하여 그 파출기관으로 한다. 파출기관과 동급 행정기관의 주
　　요한 구별점은 파출기관은 1급 지방정부가 아니며 국가권력기관, 즉 인민대표대회를 설치하
　　지 않는다. 그들은 특정 구역 내에서 그를 위임하여 파견한 행정기관이 부여한 권리에 따라

2) 지방정부의 형태

(1) 성·자치구 정부

성·자치구 정부는 중국의 최상위 지방국가행정기관이며, 전국에 28개가 있다. 성·자치구 정부는 국무원의 통일된 지휘와 지도에 따라야 한다. 국무원은 중앙과 성·자치구 국가행정기관의 직권 배치에 대한 결정권과 성·자치구 정부의 부적절한 결정과 명령에 대한 변경 및 철폐권이 있다. 성·자치구 정부는 성·자치구 인민대표대회와 그 상무 위원회가 제정한 지방법규와 결의를 실행하고 성·자치구 인민대표대회와 그 상무위원회에 책임을 지며 활동을 보고한다. 성·자치구 인민대표대회와 그 상무위원회는 성·자치구 정부의 활동에 대한 감독권이 있으며 성·자치구 정부의 부적절한 결정과 명령에 대한 변경 및 철폐권이 있다. 성·자치구 영역 안의 시, 현, 향, 진 등 각급 정부의 일에 대한 통일적 지도권이 있으며, 영역 안의 경제, 사회, 문화의 건설 등의 행정 사무를 통일적으로 관리한다.

성·자치구 정부는 필요한 경우 국무원의 인가를 얻어 몇 개의 출장기관을 설치할 수가 있다. 설치된 출장기관은 '행정 관공서(행서)'로 불리고 있다. 행정관공서는 성·자치구정부의 출장기관으로 정부의 역할을 수행하지만 관할구역이나 행정구역은 아니다. 그 기본적 직책은 성·자치구를 대표하여 소재하는 현, 시의 일에 대해 지도·협조를 실시하는 것이다. 행정 관공서는 전원(專員) 1명, 부전원(副專員), 고문(顧問) 몇 사람을 두어 성·자치구정부가 임면한다. 행정 관공서는 전원 책임제를 실행한다. 행서는 행서전원 집무회의를 마련해 전원, 부전원, 고문, 전원 보좌, 정부 비서장이 참가하여 행서업무의 중대사항을 토의해 전원이 마지막 결정을 행한다. 행서 구성원은 임기가 없고 인원의 변경은 일의 필요와 인사관련 규정에 의거해 결정한다. 행서에는 일의 기구가 설치되어 일반적으로는 국(局)으로 명칭되어 약 40~50명으로 구성되어 있다.

(2) 시 정 부

● 직할시정부

직할시정부는 중국의 지방국가행정기관이다. 전국에는 베이징(北京), 텐진(天津), 샹하이(上海), 충칭(重慶) 등 4개의 직할시가 있다. 직할시정부는 국무원의 통

행정사무를 관리한다.

일적 지휘와 지도에 따르지 않으면 안 된다. 국무원은 중앙과 직할시의 국가행정 기관의 직권 배치에 대한 결정권이 있고 직할시정부의 부적절한 결정과 명령에 대한 변경·철폐권이 있다. 직할시정부는 직할시 인민대표대회와 그 상무위원회가 제정한 지방법규와 결의를 실행하고 직할시정부 인민대표대회와 그 상무위원회에 책임을 지며 활동을 보고한다. 직할시 인민대표대회와 그 상무위원회는 직할시정부의 일에 대한 감독권이 있어 직할시정부의 부적절한 결정과 명령에 대한 변경·철폐권이 있다. 직할시정부는 구역 안의 구, 시, 현, 향, 진 등 각급 정부의 일에 대한 통일적 지도권이 있어 구역 내 경제, 사회, 문화의 건설 등의 행정사무를 통일적으로 관리한다.

단웨이(單位)

가족을 제외하고 중국사회의 근저를 이루는 기초조직단위이다. 농촌에서 우리나라의 마을과 같이 자연부락과 행정조직이 단웨이(즉, 행정단위)이고, 각종 기업도 단웨이(즉, 사업단위)이다. 이 기초조직은 강한 공동체조직으로서 구성원의 모든 생활을 통제하고 관리한다. 즉, 정치, 경제, 사회, 문화 등 인간생활의 모든 것을 간여하는 일종의 자급자족적 단위라고 할 수 있다. 예컨대 대학은 대표적인 단웨이이고, 교직원의 자급자족적 생활에 아무런 불편이 없도록 식당, 매점, 여행사, 호텔 등이 갖춰져 있다. 단웨이의 지도와 통제를 위해 공산당원이 존재하는 것은 물론이다. 예컨대 대학에는 본부건물에 공산당 사무실이 있어 대학과 공산당과의 연결핀 역할을 한다. 공산당이 모든 인민의 생활을 '지도'하기 때문에, 만약 대학총장이 공산당원이 아닌 경우에는 총장의 권력은 약하다고 할 수 있다. 하위단위조직에서 기능분화가 되지 않은 '완전통합형' 사회운영원리라고 할 수 있다. 개혁개방 이후 단웨이가 축소되어 가고 있지만 아직 800만개의 행정단위와 126만개의 사업단위가 있다.

● 부성(副省)급 시정부

부성급 시정부는 꽤 큰 규모의 독립된 시로, 행정조직상으로는 성정부보다 낮지만 성정부의 통제를 받지 않는 시정부이다. 현재까지 씨이양(瀋陽), 따리엔(大連), 창춘(長春), 하얼빈, 아오시마, 칭따오(靑島), 난징(南京), 니잉뿌어(寧波), 항저우(杭州), 샤믄(廈門), 우한(武漢), 광저우(廣州), 신촨(深川), 시안(西安), 청두우(成都) 등 15

의 시가 있다.

● 지구급 시정부

지구급시(級市)는 직할시, 부성(副省)급 시 이외의 크고 작은 도시이다. 일반적으로 지구급시는 비농업인구가 25만 이상이고 그 중에서 시정부 소재지의 비농업 인구가 20만 이상이다. 공업 총생산액은 20억 위엔 이상이며 제3차 산업이 발달해야 하는데, 그 생산액이 그 지역 GDP에 차지하는 비율이 35% 이상, 지방예산 내 재정수입이 2억 위엔 이상에 이르는 몇 개의 시를 일컫는다. 이러한 지구급 시는 현에서 핵심적 도시이다.

지구급 시정부는 자치구의 인민대표대회와 그 상무위원회에 책임을 지고 활동을 보고한다. 성정부에 책임을 지고 활동을 보고함과 동시에 국무원의 통일적 지도를 받아 도시 전체의 경제 문화의 건설과 행정의 일을 지도해 행정구역 전체의 여러 행정사무를 지도하며 소속하는 현, 현급 시정부의 일을 지도한다. 성·자치구 정부 소재지의 시 및 국무원에 인가된 규모가 큰 시정부는 법과 국무원의 법규에 의해 행정규칙을 제정할 수가 있다.

● 현급 시정부

현급 시정부는 국가의 시 설치기준에 합치하는 작은 지역 내에 설치된 시정부이다. 현급 시는 일반적으로는 현에 속하는 진으로부터 발전해 설치 혹은 현을 폐지해 시를 설치한 것으로 농업지구의 행정관리 색채가 짙다.

● 구(區) 정부

구정부는 구가 있는 시에 설치되었던 시 영역 안의 지구별 직능적 지방정부이다. 구정부는 직할시, 부성급 시, 지구급 시에 설치된다. 구정부는 직할시, 부성급 시, 지구급 시정부의 지도를 받는다. 구정부는 그 관할 지역별에 의해 시내구(市內區) 정부와 교외구 정부(郊外區 政府)로 나눌 수 있다. 시내구 정부는 도시 내에 설치되어 있어 도시 시가구의 말단 정부의 특성이 강하고, 시가구(市街區) 구정부(區政府)는 가구사무소(街區事務所)를 설치할 수가 있다. 도시 주변 지구의 도시, 농촌이 결합되고 있는 지역에는 일반적으로는 교외구 정부가 설치된다. 교외구 정부는 향, 민족향, 진정부를 관할하는 가구사무소를 설치할 수도 있다.

(3) 농촌지구 정부

● 현 행정부

현 행정부는 농촌지구에 설치된 지방정부이다. 현 행정부는 향, 민족향, 진정부를 관할할 지구사무소를 설치할 수도 있다. 현 행정부는 필요한 경우 성·자치구·직할시 정부의 인가를 얻어 현 행정부의 일선행정기구인 구를 설치할 수가 있다.

● 향, 민족향, 진정부

향, 민족향, 진정부는 농촌지구에 있어서 말단 지방정부이다. 향, 민족향, 진정부는 현, 자치현, 현급 시, 구정부의 지도를 받는다.

3) 지방정부의 기구와 직권

지방 각급 정부 성장, 시장, 현장, 구장, 향장, 진장은 책임제를 실행한다.

-성·직할시 정부의 구성

성·직할시 정부는 성장, 부성장, 시장, 부시장, 비서장, 청장(廳長), 국장(局長), 위원회 주임 등에 의해 구성된다. 성장, 부성장, 시장, 부시장은 성·직할시 인민대표대회에 의해 선출된다. 선출된 성·직할시 책임자는 성·직할시 인민대표대회에 비서장, 청장(廳長), 국장(局長), 위원회 주임의 임명 신청서를 2개월 이내에 제출하고 국무원에 보고한다.

성·직할시 인민대표대회의 폐회기간 중에는 성장, 시장이 사정이 있어 직무를 담당할 수 없는 경우, 성·직할시 인민대표대회 상무위원회에 의해 부성장, 부시장 중에서 차기 인민대표회의 소집시까지 책임질 대리인이 결정된다. 차기 성·직할시 인민대표대회에서는 보궐선거를 실시한다.

성·직할시 인민대표대회의 폐회기간 동안은 부성장 및 부시장의 개별 임면은 성·직할시 인민대표대회 상무위원회에서 결정한다. 성·직할시 정부의 임기는 매기 5년이다.

-지구급 시정부의 구성

지구급 시정부는 시장, 부시장, 비서장, 국장, 위원회 주임 등으로 구성된다. 시장, 부시장은 시 인민대표대회에서 선출된다. 시 인민대표대회의 폐회기간에 부시장의 인선은 시 인민대표대회 상무위원회에서 결정한다. 비서장, 국장, 위원회 주임 등 그 외의 시정부 구성위원은 시장, 부시장이 선출된 후의 2개월 이내에 시장의 지명에 의해 시 인민대표대회 상무위원회에서 결정하여 성·자치구 정부에 보고한다. 지구급 시정부의 임기는 매기 5년이다.

- 현, 현급 시, 구정부의 구성

현, 현급 시, 구정부는 각각 현장, 부현장, 시장, 부시장, 구장, 부구장과 과장, 부과장 등으로 구성된다. 현장, 부현장, 시장, 부시장, 구장, 부구장은 현, 현급 시, 구 인민대표대회에서 선출된다. 현, 현급 시, 구 인민대표대회의 폐회기간에는 현, 현급 시, 구 인민대표대회 상무위원회가 부현장, 부구장의 인선을 결정한다. 현, 현급 시, 구정부의 국장, 과장의 임면은 현장, 시장, 구장의 지명에 의해, 현, 현급 시, 구 인민대표대회 상무위원회에서 결정하여 상급 정부에 보고한다. 현, 현급 시, 구정부의 임기는 매기 5년이다.

- 향, 민족향, 진정부의 구성

향, 민족향 정부는 향장 1명, 부향장 몇 명, 진정부는 진장 1명, 부진장 몇 명을 둔다. 민족향의 향장을 소수민족의 공민(公民)이 담당한다. 향장, 부향장, 진장, 부진장은 향, 민족향, 진의 인민대표대회에서 선출된다. 향, 민족향, 진정부의 임기는 매기 5년이다.

4) 지방정부 간 권한배분

- 지방정부의 직권

현 이상의 지방 각급 정부는 법률로 규정된 권한에 의해 그 행정구역 내의 경제, 교육, 과학, 문화, 의료·위생, 스포츠 사업, 도시·농촌 건설사업 및 재정, 민정, 공안, 민족사무, 사법행정, 감찰, 계획 출산 등의 행정업무를 관장한다. 결정과 명령을 공포하고 공무원의 임명, 육성 훈련, 일의 점검, 장려 징벌을 실시한다.

성·직할시 정부는 민족향, 진의 설치와 구역을 조정한다. 향, 민족향, 진정부는 각급 인민대표대회의 결의 및 상급 국가행정기관의 결정과 명령을 이행하며 그 행정구역 내의 행정사무를 관리한다.

-지방정부의 행정적 지위

지방 각급 정부는 그 지방의 인민대표대회에 책임을 지고 활동을 보고한다. 현 이상의 지방 각급 정부는 그 지방의 인민대표대회의 폐회기간에 그 지방의 인민대표대회 상무위원회에 책임을 지고 활동을 보고한다. 지방 각급 정부는 상급 국가행정기관에 책임을 지고 활동을 보고한다. 전국의 지방 각급 정부는 국무원의 업무를 하는 국가행정기관에서 모두 국무원을 따른다. 즉, 엄밀한 의미에서 이들은 서구국가의 지방정부가 아니라, 중앙정부의 행정기관이다.

-지방정부 간 관계

현 이상의 지방 각급 정부는 그 직속 부문 및 그 아래 급 정부의 일을 지도하여 그들의 결정이 부적절한 경우 이를 변경·폐지시키는 권한이 있다. 현 이상의 지방 각급 정부에는 회계검사기관이 설치된다. 지방의 각급 기관은 법률에 의거해 독자적으로 회계검사 감독권을 행사하며, 그 지방의 정부와 상급 회계검사기관에 책임을 진다.

5) 당의 지방조직

공산당도 체계적으로 전국을 관할한다. 당의 지방조직으로는 성, 자치구, 직할시, 구가 설치된 시, 구가 설치되지 않은 시, 현의 대표대회, 위원회 및 상무위원회, 기율검사위원회가 있다.

당의 지방 각급 대표대회는 지방의 각급 지도기관에 선출되어 있는 당원대표들로 구성된다. 그 권한은 다음과 같다. 동급 위원회, 동급 기율검사위원회의 보고를 듣고 심사하며, 관할지역 내의 중대한 문제를 토론하고 결정한다. ① 동급 당의 위원회, 동급 당의 기율검사위원회를 선출한다. ② 당의 지방대표대회는 5년에 한 번씩 개최되며 동급 당의 위원회에서 소집한다. ③ 당의 지방 각급 위원회는 동급 당 대표대회의 폐회기간 동안 당의 지방 지도기관과 같이 동급 당의 대표대회에서 선출된다. 임기는 5년이다.

-지방 각급 당 위원회 상무위원회

당의 지방 각급위원회의 상무위원회와 서기, 부서기는 동급 위원회 전체회의에서 선출하며 상급 당 위원회에 보고하여 비준을 받은 후 임명된다. 당의 지방 각급위원회 상무위원회는 위원회 전체회의 폐회기간에 위원회의 권한을 행사한다. 그리고 다음 대표대회회의 개최기간에도 권한을 행사하며 새로운 상무위원회가 선발될 때까지 권한을 행사한다.

-지방 당위원회의 파출기관

당의 지방 각급위원회는 대표기관을 파출할 수 있다. 당의 지구위원회와 이에 상당하는 조직은 당의 성, 자치구위원회가 몇 개 현 또는 자치현, 시 범위 내에 대표기관을 파출하며, 성, 자치구 위원회로부터 부여 받은 권한에 근거하여 해당 지역 당의 사업을 지도한다.

-당의 지방 각급 기율검사위원회

당의 지방 각급 기율검사위원회는 동급 당의 대표대회에서 선출되는데 동급 당의 위원회 및 상급 기율검사위원회의 이중 지도를 받는다. 당의 지방 각급 기율위원회의 매기 임기는 동급 당 위원회의 그것과 같고 당의 지방 각급 기율검사위원회의 주요 임무와 중앙 기율검사위원회의 주요 임무 역시 같다. 지방 각급기율검사위원회는 특별히 중요하거나 복잡한 문제와 처리 결과를 동급 당 위원회에 보고하는 외에 상급 기율검사위원회에도 보고해야 한다.

-당 말단조직

당의 말단조직은 중국공산당이 설립한 가장 하부조직이다. 기업, 기관, 학교, 과학연구소, 가도, 향, 진, 촌, 인민해방군부대와 같은 기타 말단기관으로 정식 당원이 3명 이상이 있으면 모두 당의 말단조직을 성립해야 한다. 당의 말단조직은 사업수요와 당원 수에 근거하여 상급 당 조직의 비준을 받아 말단위원회, 총지부위원회, 지부위원회를 설립한다. 일반 상황에서 당원이 100명 이상 초과하면 당의 말단위원회를 설립할 수 있다. 당원 수가 50명 이상이면 당 총지부 위원회를 성립할 수 있고 당원 수가 3명 이하인 경우 인근기관의 당원과 연합지부를 형성한다.

2. 거버넌스

중국은 오랜 왕조를 거치면서 강력하고 체계적인 관료제를 유지하여 왔다(양야난, 2002). 지금의 행정관료제는 공산당의 지도체제 아래 유지하고 있으나, 중국

당기구의 관료화 및 당 간부의 특권집단화로 권력과 인민 간의 거리가 존재한다. 하지만 최근에는 제한된 범위에서 정치참여를 중시하는 방향으로 변화하고 있다. 즉, 동원에서 참여 거버넌스로의 체제변화를 시도하고 있다(Tianjian Shi, 1999: 145~169).

중국에서 정치참여는 극히 제한적으로 이루어져 왔다. 그것은 오직 과거 전제정치와 같은 관료제를 통한 것이었다. 중국은 공산당이 국가를 지도하는 것을 조직적으로 보장하고 당 간부관리를 통한 건전한 관료를 임명하여 정치참여를 이루어낼 수 있다고 보았다. 그러나 이는 정부가 당의 입장만을 대변할 뿐이므로 일반 국민들은 자신들의 입장을 대변할 통로를 가지지 못했다.[23]

이러한 관료제 아래 전체 인구의 1/20도 되지 않는 특정 이데올로기를 가진 극소수가 공공사무를 독점하게 되고 정치소양을 지나치게 중시함으로써 간부들은 국민을 위해 봉사하기보다는 특정 이데올로기의 특정 정치노선에 따를 것을 강요당하게 되었다. 나아가서 유능한 인재를 임용하기보다 친한 사람을 임용하는 풍토를 조성하여 공무운영의 객관성과 합리성을 보장하기 어렵게 되고, 심지어는 특정 통치자 개인의 독재를 조장하게 되었다.

기본적으로 마오쩌둥 시기의 관료제는 사회주의 계획경제에 맞춰 설계된 것이고 어느 정도는 봉건사회의 가부장제적 임용전통을 계승한 것이다. 따라서 당시 중국에서 일반인들은 여전히 100여 년 전 그들의 지위에서 벗어나지 못하였고 정부는 그 이전 중국제국의 황실정부와 다름없었다.

경제발전은 정부의 기능을 변화시키며 사회구조를 변화시키고, 또한 개인의 심리적 인식을 변화시킨다. 중국에서는 덩샤오핑 이후 경제개혁을 강력히 수행하였고, 이에 따라 많은 경제발전 성과를 가져왔다. 이에 따라 사회과학자들 사이에서는 중국의 정치발전이 중국의 민주화를 가져올 것이냐, 아니면 여전히 경제발전을 통하여 정치적 변화를 억제하여 권위주의 국가를 유지할 것이냐에 대한 많은 논쟁이 있어 왔다.

급속한 경제발전은 '신사회계층'이라는 8천여만 명의 부유계층을 만들어냈다. 세계적인 부호는 물론이고, 이들은 서구의 기준으로 봐도 큰 부를 잡은 사람들이

---

23) 중국은 관료의 임용기준으로 덕재겸비를 강조하였는데, 여기서 덕이란 마르크스-레닌주의, 마오쩌둥 사상에 대한 소양과 도덕적 품성을 중시하는 것을 말하고, 재란 업무수행 능력을 의미하지만 덕재겸비라는 허울 속에서 능력보다는 출신성분을 강조하기 쉬웠다. 따라서 중국 국민들은 정치참여의 통로가 봉쇄된 채, 무능한 관료들에 대한 비판의식을 발달시켜 나가고 있었다.

다. 변호사, 회계사 등 전문직에 종사하고 고학력자이며, 주로 민간부문에 종사한
다. 그러나 사상적으로는 시장자유주의사고에 기울어진 사람들이고, 중국공산당의
지배보다는 민주주의 정치를 지지하는 사람들이 많이 있다. 이 중에 일부만 공산
당원인데, 이들의 정치민주화에 대한 열망이 어떻게 새로운 거버넌스체제로 전환
될 것인가가 문제이다.

한편, 농촌을 떠나 도시에 취업한 농민공(農民工)의 문제도 있다. 중국에는 소
위 호구제도가 있어서 거주이전의 자유가 없었다. 그러나 80년대 이후 빈곤한 농
촌을 떠나는 젊은이들의 이촌향도의 현상으로 도시에 '불법'체류자가 많아져, 파악
조차 할 수 없는 상황이었다. 1995년부터 이들에게 임시체류증을 발급하는 제도가
생겼지만, 이들은 도시인들이 누리는 기본적인 사회복지의료 혜택도 받지 못하는
등 많은 차별을 받고 있다. 이들은 주로 3D 업종에 종사하는데, 약 2억 8천만 명
으로 도시노동자의 50% 정도를 차지하고 있다. 경제성장의 둔화로 이들의 대량해
고가 예상되는데, 향후 커다란 사회문제화될 가능성이 높다. 이미 이들은 NGO들
과 연대하고 있고, 연 3천여 건에 달하는 노동자 시위 등 집단행동에도 적극 참여
하고 있다. 새로운 거버넌스 체제가 이들을 어떤 방식으로 수용해낼지가 과제라고
하겠다.

발전의 위협요인 ─ 농민공

농민공은 농민(農民)과 노동자(工人)를 합성한 신조어다. 농민으로 분류되지만
도시에서 노동을 한다. 1980년대 후반부터 주목받기 시작해 현재는 약 2억770만
명으로 도시 노동자의 50% 이상을 차지한다. 1세대 농민공은 빈곤한 농촌에서 탈
출해 도시에서 노동으로 돈을 번 뒤 귀향하는 게 꿈이었다. 그러나 2000년대 들어
이들의 자제인 '신세대 농민공'이 등장하며 변화가 생겼다.

신세대 농민공 또는 '농민공 2세'로 불리는 이들은 80년대 출생인 바링허우(80
後)와 90년대 태어난 주링허우(90後)로 구성된다. 신세대 농민공 수는 현재 전체
농민공의 47%로 절반에 가깝다. 노동시장과 소비시장 모두에서 새로운 주역으로
부상했다는 이야기를 듣는다. 이들은 농민공 1세대에 비해 교육 수준이 높고 자아
의식과 권리의식 또한 강하다. 또 도시 문화에 익숙해 돈을 벌면 귀향하겠다는 게
아니라 도시에서 호구(戶口)를 얻어 시민으로 정착하기를 갈망한다.

그러나 이들이 처한 여건은 차갑기만 하다. 학업의 경우를 예로 보자. 전체 농민

공 자녀의 70%가 도시에서 부모와 함께 생활한다. 한데 과거 농민공 자녀의 호구
는 부모처럼 역시 농업호구이기 때문에 도시에 있는 학교 진학이 불가능했다.
2004년 9월이 돼서야 도시의 공립학교 입학이 가능해졌다. 베이징(北京)의 경우엔
학비도 통일했다.

　그렇지만 이 같은 제도적 통합에도 불구하고 문화적 차별이 사라진 건 아니다.
상하이(上海)의 경우 농민공 자제는 현지 학생과 같은 공립학교에 다닐지라도 이들
과는 완전히 분리돼 수업을 받는다. 반이 다르거나 심지어 출입하는 교문 또한 다
르고 교복 또한 다르다. 수업 시간표도 다르기에 쉬는 시간에 같이 놀 기회가 없다.

출처: 중앙일보, 2016. 6. 8. 차이나 인사이트 발췌.

3. 중국 행정개혁의 시사점

　중국의 지도자들은 지금까지 많은 행정개혁을 추진하였다. 아직 많은 문제점이
있지만, 가시적 성과도 많이 냈으며, 이러한 중국 행정개혁은 우리에게 많은 시사점
을 준다.

　첫째, 덩샤오핑 이후 역대 국가주석이 추진한 개혁들은 중국사회에서 필요한
처방을 내린 시의적절한 방향이었다고 평가할 수 있다. 14억이란 대국을 큰 방향
에서 이끌어간다는 것은 매우 어려운 일이다. 주석들은 당조직을 장악하여 매우
강력한 개혁을 추진하여 왔다. 선진국에서는 개혁의 현장집행이 잘 안되어 부진한
경우가 많은데, 중국은 나름대로 겹겹이 쌓인 문제들을 하나하나씩 풀어가면서 강
대국을 만들어 가고 있다. 중국정부(당 포함)가 그만큼 경쟁력이 있다는 점을 말해
주는 것이다. 중국공산당 체제는, 가령 1인독재로 썩어 가는 북한과는 근본적으로
다른 집단체제이며, 내부의 개혁이 제도화되어 있는 혁신으로의 복원력(resilience)
이 있다는 것이다.

　둘째, 한국의 행정개혁이 급진적으로 추진되는 데 비해 중국의 행정개혁은 많
은 실험을 거치면서 점진적으로 추진된다. 시행착오를 최소한으로 줄이는 노력의
일환으로 중국의 행정개혁은 이를 점(点) → 선(線) → 면(面)이라 하는데, 우선 어
느 한 부분 또는 한 지역을 대상으로 시험적으로 도입하여 실시한다. 이것이 성공
한 경우 몇몇 다른 지역들로 확대하여 도입한 후 전면적으로 실시한다는 전략을

택하였다. 왜냐하면 중국은 거대한 행정조직을 가지고 있기 때문에 이를 한국과 같이 시험도 없이 전면적으로 실시한다면 엄청난 비용과 부작용이 따르는 것은 불 보듯 뻔한 사실이기 때문에 중국 행정개혁 추진은 그만큼 신중하지 않을 수 없다 (김윤권, 2004).

셋째, 중국의 행정개혁은 현장을 중시하는 개혁이라는 점이다. 하향식(top-down)정책결정과 공산당의 지도를 강조하는 민주집중제를 고수하는 중국이지만, 지방의 특성을 인정하고 특색 있는 개혁을 강조하고 있다. 물론 중국중앙행정부인 국무원의 개혁전략이나 내용, 절차 등이 중국지방행정개혁의 시발점이며, 준거안이 되고 있지만 각 지방 현지성과 특수성을 반영하는 지방행정개혁의 특수성을 존중하는 중국 행정개혁은 한국의 하향식 행정개혁과 비교하여 일말의 시사점을 제시하여 주고 있다.

넷째, 중국은 행정개혁을 추진함에 있어 외국의 경험을 참조하긴 하지만 종국적으로 핵심내용은 중국의 현실에 맞는, 즉 실사구시 정신이 강하게 자리 잡은 행정개혁이라 할 수 있다. 한국은 선진국의 행정개혁 사례를 거의 복사하다시피 하여 적용하는 경향이 강한데, 중국의 경우는 비록 서구에서 성공한 행정개혁사례라 하더라도 반드시 중국적 현실에 맞게 부분적, 점차적, 시행착오적, 그리고 중국의 현실적 상황에 부합하도록 추진한다는 점이 중요한 행정개혁의 특색이라 할 수 있다(김윤권, 2004).

V 한국과의 비교

중국정치행정 모델인 완전통합(intégration absolue)모델은 정치, 경제, 사회를 담당하는 기관(혹은 제도)이 기능상, 그리고 인적 구성상 서로 혼재하는 유형이다. 구체적으로는 정당(즉, 공산당), 관료제(행정), 군이 서로 밀접하게 얽혀 있어 이들 간 구분이 힘들다. 과거 공산주의에서는 당이 전체성과 초법성을 가지고 통치하였으며, 국가 관료에게는 오직 상급자에 대한 충성심만이 강조되었다(안해균, 1993). 그리고 큰 틀에서는 이것이 아직 변하지 않았다.

중국의 정치행정체제는 서구식으로 보면 정통성(legitimacy)이 결여되어 있다

(Nye, 2011: 182). 그러나 공산당의 조직과 구성은 개인독재를 할 수 없고 집단지도 체제의 성격이 강하게 되어 있다. 이러한 집단지도체제가 강력한 추진력을 가지고, 오늘날의 중국사회를 이끌어 오고 있다. 결국 중국은 높은 경쟁력을 가진 정부가 있는 것이다.

그러나 정책결정과 정책집행 간의 구분은 애매하다. 당이 정책결정을 하고 행 정이 이를 집행해야 하지만 실제로는 이것이 명확하지 않다. 조직도표상으로는 당 과 행정이 중앙에서 지방까지 병렬적으로 조직되어 있어서 외형상으로는 기능분 화를 하고 있는 것처럼 보이나, 실제는 기능상으로 당이 행정에 우위에 있는 상하 관계로 되어 있다(김광웅·박동서·김신복, 1996). 행정은 당의 결정 아래 단순히 집행 만 하는 것으로 보아야 한다.

서구국가에서 당연하게 여겨지는 예산회계제도도 투명성이 결여되어 있다. 즉, 입법기관의 예산심의도 이루어지지 않기 때문에 예산배분과 집행도 집권자의 의도대로 이루어질 가능성이 농후하다. 세출예산의 항목별 액수만 가지고는 무엇 을 하는지 파악하기조차 힘들다(김광웅·박동서·김신복, 1996: 373).

한국과 비교할 때 중국의 정치행정체제는 매우 다른 특성을 보인다. 양국 간 비교가 불가능하다고 해도 과언이 아니다. 그럼에도 불구하고 몇 가지 중요한 점 을 열거하면 다음과 같다.

첫째, 공공영역의 확대이다. 순수 공산주의에는 사유재가 존재하지 않으므로 사회 전체가 모두 공공부문이라고 할 수 있다. 최근 중국에는 부분적으로 시장경 제가 도입되고 있다. 그럼에도 불구하고 정부가 우주개발, 고속전철 개발 등 첨단 산업기술을 주도적으로 개발하고 있다. 국제적으로 동남아 및 아프리카 지역을 대 상으로 군사기지나 자원을 확보하는 등 활발한 활동을 전개하고 있다. 모두 엘리 트들의 일방적 결정이지 국민들의 의견수렴을 한 것은 아니다. 거버넌스 논의가 한계를 갖는 것도 이러한 이유에서이다. 이런 근본적인 차이점은 한국의 정치행정 제도와 비교할 때 항상 염두에 두어야 한다.

둘째, 체제안정이 매우 중요한 기능이다. 중국에서는 공산당이 정책결정을 거 의 독점하므로, 이들이 가장 신경 쓰는 것은 중국이란 커다란 나라의 체제안정이 다. 예컨대, 구글(google)의 접속을 차단하여, 중국 네티즌들의 국제적 정보접근을 제한하는 강력한 정부가 있다. 한국도 역대 정권이 체제안정을 우선순위로 하는 것은 동일하나, 시장경제 및 국제정치의 압력 등 다른 메커니즘에 의해 체제유지 기능이 분담되어 있다는 점이 다르다. 언론의 독립성도 제한되어 있고, 보통 당 기관지(인민일보 등)가 이러한 역할을 담당한다.

셋째, 공산당의 지배에도 불구하고 불안정적인 인치(人治)가 아니라 '체제 (system)'에 의해서 움직인다는 점이다. 중국에서는 계서적으로 대표를 선출하는 방식으로 되어 있어 정점에는 중앙정치국상무위원회 혹은 중앙정치국 10명 정도가 핵심통치를 한다(김광웅·박동서·김신복, 1996: 355). 그러나 개인숭배, 권력집중 현상을 방지하기 위해 국정운영을 당 총서기, 국가주석, 국무원 총리에게 안배한 집단지도체제로 운영한다.

중국의 인구문제

중국은 부자가 되기도 전에 늙어가고 있다. 1975년 중국에는 노인 1명당 6명의 어린이가 있었는데, 2035년에는 어린이 1명당 2명의 노인이 있게 될 것이다. 앞으로 최소한 10년은 더 유지될 한 자녀 정책 때문에 1970년에 약 5.8명이었던 중국의 출산율은 현재 1.4명까지 떨어졌다.

남녀 성비는 2009년에 119대 100이었다 세계 평균은 107대 100이다. 중국은 세계 경작지의 7%를 차지하고 있는데 세계인구의 22%를 먹여살려야 하므로 2030년까지 1억 톤의 식량부족을 겪게 될 수도 있다. 오늘날 중국의 경작지 중 40%, 자연녹지 중 90%의 상태가 나빠졌다.

인도는 25세 미만 인구가 5억 명이 넘고 2050년에는 중국보다 인구가 많아지며, 영양이 부족한 아이들은 사하라 사막 이남 아프리카보다도 많을 것이다. 2050년까지 곡식 수확은 동아시아와 중앙아시아에서는 최고 30%까지 줄어들 수 있다.

출처: 박영숙, 제롬 글렌, 테드 고든(2010), 유엔미래보고서 3, 서울: 교보문고, p.198 발췌.

넷째, 공산당과 관련된 통치기구는 많이 분화되어 있지만, 자유민주주의에서 볼 수 있는 '3권분립'이나 '견제와 균형'과 같은 원리에 의한 기능분화는 약한 편이다. 정치와 경제, 그리고 사회와 문화 등이 모두 융합되어 있는 측면을 가지고 있다.

요컨대 서구의 시각으로 본다면 중국은 당과 행정의 분리, (경제)행정과 민간부문의 분리 등 기능분화와 이들 간 견제원리의 도입이 곧 개혁의 방향이라고 할 수 있다. 그러나 덩샤오핑 이후 추진되어 온 개혁개방정책이 중국의 정치행정체제를 서구식 상대적 통합모델로 변화시킬 수 있는지, 혹은 종국적으로는 완전통합모델을 유지할 것인지에 관한 의문을 남겨두고 있다. 일부 사람들은 이미 중국의 경제는 자본주의화되어 있고, 껍데기만 사회주의체제라고 한다. 그러나 아직 정치체제의 근간은 공산당중심의 사회주의이기 때문에 장차 서구형 상대적 통합모델이 아닌 중국 나름대로의 모델을 형성해 갈 수도 있다. 중국이 서구모델을 불가피하게 닮아감에 따른 민주화로의 폭발과 같은 체제붕괴를 가져올 것인가, 아니면 중국식의 독특한 모델을 개발하여 전세계의 리더격인 강대국으로 부상할지는 두고 볼 일이다.

　　중국의 또다른 위협요인은 인구문제이다. 13억 명의 인구를 균형있게 잘 살게 하는 것이 가장 직면한 문제이다. 그러나 산업화가 진행되면서 빈부격차는 점점 심해지고 있다. 나아가 '한 자녀 정책'이 폐지되었지만 심각한 인구고령화 문제가 난제이다. 현재 중국의 경제가 값싸고 풍부한 노동력을 바탕으로 급성장하고 있다면, 인구문제가 곧 중국경제의 발목을 잡을 것이다.

☕ 차 한잔의 여유

중국사회 내면 들여다보기

　　중국의 행정조직구조는 집권과 평균(혹은 분산)이 동시에 존재한다. 따라서 이런 구조 하에서는 하급기관(하부단위)은 상급기관(상부단위)에 의존적이면서 자립적인 경향을 갖는다. 구체적으로 설명하면, 가족(종족)구성원은 가산(족산)의 공동자원을 향유할 자기 몫이 있고 가족 외에는 사회가 부재하기 때문에 구성원은 가족에 의존했다. 행정조직구성원도 조직이 기본생활과 복지를 보장해주고 개인의 합법적 지위를 보장해 주는 등 삶의 모든 측면을 보장하고 있고, 또한 사회가 부재하기 때문에 구성원의 조직으로의 의존은 불가피하다. 그래서 자기 몫에 의해 이루어진 족산으로 인하여 종족조직의 지역화가 이루어졌던 것처럼 중국의 행정조직도 '부문왕국'을 형성하였다(李路路·李漢林·王奮宇, 1994: 7).[24]

　　이런 구조는 자원획득과 자기이익의 측면에서 하부기관과 상급기관의 관계에서도 적용된다. 이에 반해 '방분(房分)'과 같이 자원을 향유할 권리와 몫이 있기 때문에 하급기관은 상급기관으로의 의존과 함께 자립도 할 수 있다. 우선 재정적인 측

---

24) 부문왕국이란 중앙의 한 전문부문을 정점으로 모든 사회적 단위가 구비되어 마치 왕국처럼 기능한다는 것을 일컫는 말이다. 예를 들어, 농업부 내에 유치원, 초중고등학교, 대학, 연구소, 병원, 식당 등 각종 기업 및 사업단위가 모두 구비되어 있고 지방에도 이와 상응하는 조직체계를 이루어 놓은 것을 말한다.

면에서, 하급기관은 '예산외자금'과 '사방전(私房錢)'에 해당하는 '소금고(小金庫)'를 갖고 있다. '예산외자금'이란, 행정조직이 법률 혹은 규정에 의거해 스스로 번 이익은 국가예산관리의 재정성 자금에 넣지 않고 그 조직이 사용하는 것을 말한다. '예산외자금'은 합법적인 것에 비해, '소금고'는 비자금의 일종으로 조직에서 공개된 재정이나 회계장부와는 별도로 출납관리를 하는 자금을 말한다.[25]

이런 '예산외자금'과 '소금고'의 특징은 막대한 자금이라는 것과 상급기관뿐만 아니고 하급기관에까지도 광범위하게 존재한다는 것이다.

또한 "집안 허물은 밖으로 드러내서는 안 된다(家醜不可外揚)"라 했듯이, 하급기관은 상급기관에 대하여 정보를 독점한다. 이런 상황하에서 상부기관은 하급기관의 정보통제의 어려움에 봉착한다. 왜냐하면 상급의 통제범위가 너무 넓기도 하지만 행정의 효율성뿐만 아니라 사상·생활적인 측면에도 평가해야 하기 때문에 통제기준이 많고 애매하며, 언론매체 등의 공공정보 또한 부족하기 때문이다. 상부기관이 하급기관을 평가할 수 있는 정보를 얻기가 어렵기 때문에 조직의 기회주의 행위와 '자주성'의 조건을 제공한다. 이런 상황하에서는, 예를 들면 '주기성 대검사'·'시찰'·'각종보고'·'회의'·'상호평가' 등은 형식주의에 흐르기 쉽다(李猛·周飛舟·李康, 2000: 97).

인사행정 측면에서 보면, 기관장의 재량이 너무 크므로 정실인사가 이루어진다. 중국에서 신규채용 공무원시험에는 필기시험, 면접시험, 1년간의 시보의 절차로 이루어진다. 그런데 여기서 필기시험보다는 면접시험이 당락의 결정적 요소가 되고 있다. 그 이유는 그 시험을 주관하는 현장(혹은 시장) 혹은 간부가 주관적인 평가를 할 수 있기 때문이다. 즉, 친척이나 콴시가 있는 사람이 합격하고 임용되는 것이다. 특히 요직인 현국위판(懸局委辦)·공상·세무·재정·공안 등의 부문은 친인척관계, 혹은 콴시가 있는 사람이 많다. 그래서 중앙(혹은 상부)에서는 이런 폐단을 막기 위하여 회피제의 규정을 두고 있다.[26] 그러나 이 규정은 실제적으로 엄

---

25) 예산외자금의 예를 들면, 기관, 사업단위가 관리대상으로부터 징수·벌금·할당 등을 통해 벌어들인 수익을 예산외자금으로 사용한다. 소금고의 내역은 예산외자금을 전용(어떤 경우에는 예산내 자금을 전용하는 것조차도 있다), 단위가 스스로 벌어들인 수익(創收)·징수·벌금·할당 등을 통해 벌어들인 자금, 단위재산을 임대하여 벌어들인 임대료, 이런 수익들을 재투자, 예를 들면, 은행에 보관하여 이자를 증식한 것, 탈세 등이 있다. 이 지출은 접대비·복지비·보너스·주택건설·여행비 등으로 광범위하게 사용된다. '즉, 단위가 세운 기업(單位辦公司)'은 많다. 예를 들면 학교단위의 호텔, 기업 등이 있고(學校辦公司), 행정기구가 세운 기업(官辦公司), 심지어 검찰, 인민해방군도 각종 상업활동을 한다. 그래서 1984년부터 정부에서 당정기관 등을 비롯한 각 단위에 상업적 활동을 금지하였지만 위탁, 계약 등 복잡한 형식을 취해 여전히 상업적 활동을 한다.

26) 회피제란 공무원이 부부관계, 직계존비속관계, 3대 이내 방계관계, 근인친관계에 있는 경우

격히 실행되고 있지 않고, 또한 이 규정을 피하기 위하여 행정조직 간(동급 행정조직, 혹은 상급단위·하급단위)의 호혜관계에 입각하여 교환한다. 예를 들면 현장의 배우자나 혹은 자녀를 향정부에 근무케 하는 것이다. 이것을 '토정책(土政策)'이라 한다.[27] 그 밖에 의식적인 측면에서도 '방'과 같이 행정조직 간에 독자적인 계보의식을 갖고 각자의 원칙이 견지된다. 위의 특징으로 인하여 중국의 행정구조가 자주적이고 분산적인 구조를 갖게끔 한다. 인민일보(1980. 11. 5)의 예를 들면, "공장을 하나 세우려면 단지 현당위(縣委)와 현정부만 관계를 맺어서는 안 되고 수많은 기관과 '콴시'를 맺어 놓아야 한다. 심지어는 주위의 생산대까지도 '콴시'를 맺어 놓아야 한다. 만약 그들이 열 번 요구했을 때 한번이라도 거절했다가는 커다란 난관에 봉착하고 말 것이다. 예를 들어 변전소에서 어떤 요구가 들어왔다고 하자, 만약 당신이 그 요구를 거절한다면 당신은 정전을 당하고 말 것이다." 이는 어떤 정책이 상부에서 상명하달식으로 내려오는 것이 아니라 여러 단위의 거래·이익평형·타협의 결과라는 것을 나타낸다. 이처럼 한국의 행정조직이 중앙 또는 상부를 중심으로 한 서열체제와는 달리, 중국의 행정조직은 '방'과 같이 자기중심성에 기반한 분산적이고 자주적인 특징을 갖는 것을 의미한다.

출처: 정하영(2005), "한중 '공'(공공성)문화비교," 『행정논총』, 제43권 1호.

동일기관 내에서 서로 직접 예속관계에 있는 기관장 아래나 직접 상하급 지도관계의 직무를 담임하지 못하고, 그 중 일방이 지도직무를 담임하는 기관에서 감찰, 심계, 인사, 재무 등 업무를 담임하지 못하는 것을 말한다.

27) 다시 말하면, 중국에는 "위에 정책이 있으면 아래에는 대책이 있다"라는 말이 있듯이, 상급 혹은 지도자의 정책(결정)이 왜곡되지 않고 그대로 집행되는 것이 아니고 하급 혹은 부하가 융통성 내지는 자주성을 발휘한다.

◈ 참고문헌

김광웅·박동서·김신복(1996), 『비교행정』, 서울: 박영사.

김윤권(2004), "중국 국무원(國務院)의 변화와 그 요인에 관한 연구-역사적 신제도주의 시각의 적용을 중심으로-," 서울대학교 행정대학원 박사학위논문.

김종미(2001), "중국행정의 특징에 관한 소고," 『한국사회와 행정연구』, 제10권 1호.

배근후(1997), "중국의 재정정책에 관한 고찰-시대별 재정정책변화의 특성을 중심으로-," 『한국재정학회 재정논집』, 제12집 1호.

심익섭·이재호(2000), "중국관료제에 관한 연구-공무원제도를 중심으로-," 『한국민주시민교육학학보』.

안해균(1993), "사회주의국가의 지배관료체제," 『행정논총』, 제31권 1호.

양야난(한인회 역)(2002), 『관료의 나라, 중국』, 서울: 지영사.

중앙일보 중국팀(2016), 『중국의 반격』, 서울: 틔움.

한대원(1991), "중국법학·법제의 현황과 과제," 『법과 사회』, Vol.4, 법과사회이론학회.

鄧子基(1984), 『社會主義財政理論若干課題』, 中國財政經濟出版社.

國家行政學院編著(2000), 『中華人民共和國政府機構五十年』, 北京: 黨建讀物出版社.

胡仙芝(2001), "善政에서 善治로의 전환," 『中國行政管理』, 2001年 第9期.

陸國泰 編著(1998), 『人事管理學』, 中國人民大學出版社.

任進(2003), 『政府組織與非政府組織: 法律實證和比較分析的視覺』, 山東人民出版社.

石文村 外(1990), 『中國公務員制度槪要』, 北京: 中國人民大學出版.

吳剛(1999), 『行政組織管理』, 北京: 淸華大學出版社.

夏海(2001), 『中國政府架構』, 北京. 淸華大學出版社.

楊鳳春(2002), 『中國政府槪要』, 北京大學出版社.

張立榮(2003), 『論有中國特色的國家行政制度』, 中國社會科學出版社.

李路路·李漢林·王奮宇(1994), "中國單位現象與體制改革," 『中國社會科學季刊』, 春季卷, p.7.

李猛·周飛舟·李康(2000), "單位:制度化組織的內部機制," 『中國社會科學季刊』, 秋季卷, p.97.

鄭楚宣·劉紹春(2002), 『當代中西政治制度比較』, 廣東人民出版社.

周大仁 主編(1995), 『國家公務員制度通論』, 北京: 經濟科學出版社.

Chirkin, V. et al.(1987), *Fundamentals of the Socialist Theory of the State and Law*, Progress Publishers Moscow.

Nye, J. S.(2011), *The Future of Power*, New York: PublicAffair.

Tianjian Shi(1999), "Mass Political Behavior in Beijing" in Merle Goldman and Roderick MacFarquhar(eds.), *The Paradox of China's Post-Mao Reforms*, Cambridge, Massachusetts: Harvard University press, pp.145~169.

Chapter 10

종교국가: 사우디아라비아

면적: 215만㎢(한반도의 10배)

인구: 27,345,000명(2014년)

공식국명: 사우디아라비아왕국(Kingdom of Soudi Arabia)   수도: 리야드

통화: Saudi Riyal(US$1=SR3.75), 고정환율   1인당 GNP: $53,640(2013년)

원유매장량: 2,641억 배럴(세계매장량의 약 21%)   실업률: 25%(2004년)

I 개   관

1. 국가개황

1) 중동지역의 문제

중동지역이란 원래 유럽을 중심으로 볼 때 한국, 일본 등을 의미하는 극동(極東)·근동(近東)에 대하여 그 중간 지역을 지칭하는 말이지만, 오늘날에는 발칸 제국을 제외한 근동과 거의 같은 범위를 가리킨다. 그러나 흔히 이슬람권·아랍권과 같은 뜻으로 사용된다.

이 지역은 사막과 같은 척박한 자연과 기후로 유목민들이 주류를 이루는 주거형태를 보인 곳이고, 따라서 국가와 같은 정치공동체 형성이 늦었다. 그러나 해상교통의 발달로 3개 대륙의 교량으로서, 고대로부터 유럽을 비롯한 여러 세력들의 주도권 쟁탈의 싸움터가 되었다. 세계 3대 유일신 종교 —유대교, 기독교, 이슬람교— 가 시작된 성지이기도 하지만, 이슬람이 지배적인 인구가 됨으로써, 종교가 세계의 화약고가 되는 단초가 된 셈이다.

1차 대전이 일어난 1914~1918년은 오트만제국이 해체되고 레바논, 시리아, 이라크 등이 등장한 시기이다. 유대인 자본가세력을 염두에 두고 열강(특히, 영국)들이 1916년 Sykes-Picot밀약, 1917년 Balfour 선언 등으로 이 지역을 자신들의 입맛대로 분할하였다. 나아가서, 현재의 이스라엘을 유대인 정착지로 정한 후, 1948년 UN이 이스라엘 건국을 승인하였다. 그 이후 몇 차례 중동전이 일어나고, 최근에는 IS의 등장까지 피의 복수가 이어지고 있다.

이들 지역은 석유자원이 무기가 되기는 했지만, 열강의 원조에 많이 의존한다는 데 문제가 있다. 원조를 통해 열강의 영향은 강하게 받지만, 거꾸로 이들이 국제정치에 미치는 영향은 미미하다는 문제가 있다. 따라서 이들 지역에서는 이 문제를 해결하기 위해 지역연합체를 구축한다.

아랍연맹(The Arab League)은 22개 회원국을 두고, 총면적 13,953,041㎢에 거주하는 약 3억4천만 명의 인구를 가진 존재이다. 또한 이슬람회의기구(Organization of the Islamic Conference: OIC)는 4대륙에 걸쳐 57개국의 회원국을 갖고 있는

데, 이는 UN 다음으로 세계에서 두 번째로 큰 기구이다.

이슬람인구는 OIC 가맹국 이외의 회원국까지 합치면 전세계적으로 약 60개 국가로 15억 인구를 두고 있다. 이들은 단일체가 아니고 내부에는 복잡한 종파가 있다. 그러나 강력한 교리로 이슬람 내 종파 내부의 단결력이 커지고 있으며, 출생률이 높아서 전세계에서 비중이 점점 커진다고 봐야 할 것이다. 사우디아라비아는 이들 중에는 상대적으로 서구친화적인 입장에 서고 있다.

2) 사우디아라비아의 역사

사우디아라비아는 1927년에 영국에서 독립하여 건국된 신생국가이다. 원래는 국토가 홍해 연안의 헤자즈 지방(중심은 메카)과 중앙 고지로부터 페르시아만에 걸쳐 전개되는 네지드 지방으로 갈라져 있었다. 이를 압둘 아지즈왕이 통일하고, 1932년 9월에 '사우디아라비아'라는 국명으로 바뀌었다.

다른 중동국가들과 마찬가지로 사우디아라비아는 가난한 유목민에 의한 나라였다. 1950년대 중동의 나라들이 반제국주의, 반식민주의, 민족주의를 앞세워 정치적 격동기를 맞이함에 따라 사우디아라비아도 그 영향을 받았다. 그로 인해 사우디아라비아는 보수와 혁신 속에서 방황하였다.

압둘 아지즈 사후에는 사우드와 파이잘로 대표되는 보수파와 혁신파의 대립이 심화되고, 외교·경제적 측면에서 시대의 요구에 부흥하지 못한 사우드왕이 1964년 왕족회의 결정으로 물러나게 되었다. 뒤를 이은 파이잘왕이 왕정의 유지와 석유산업 개발을 위해 친미정책을 추진하면서, 온건·진보적 보수주의로 국정방향이 설정되고, 이집트와의 관계개선을 위해 노력하였다. 그러나 1967년 북예멘의 내란과 남예멘의 독립운동을 두고 이집트와 갈등을 빚으며 관계가 악화되었다.

1967년 제3차 중동전쟁에서 이집트가 패배하고 수에즈 운하 폐쇄로 인한 손해액의 상당부분을 사우디아라비아가 쿠웨이트와 함께 원조해 주면서 관계가 호전되었다. 1973년 제4차 중동전쟁에서 이집트, 시리아와 함께 참전하고, 석유전략을 주도한 결과 파이잘왕은 보수주의의 리더로 아랍세계에서 막대한 영향력을 갖게 된다.

이후 1975년 파이잘왕이 조카에게 암살되면서 할리드 황태자가 새 국왕으로 선출되었으나, 1982년 할리드왕이 죽자 제1부총리였던 파드가 왕위를 계승하였다.

국왕이 지배하고 있는 사우디아라비아는 현재 페르시아만 협력회의의 중심지이고, 중동지역 평화유지의 구심점이다.

사우디아라비아의 민족구성은 단순하다. 아랍인이 90%를 차지하여 압도적 다수이고, 기타 아시아-아프리카인은 10%에 불과하다(CIA: www.cia.gov/library/publications/the-world-factbook/geos/sa.html). 사우디아라비아는 이슬람 경전에 바탕을 둔 이슬람법을 국법으로 하고 엄격한 종교생활을 강조하고 있다. 종교가 곧 국가사회를 이끄는 근간이 되는 것이다.

이슬람은 양대파, 즉 수니파와 시아파로 나뉜다. 사우디아라비아 정부는 수니사상을 근간으로 하고 수니파 중에서도 근본주의적인 Wahabism을 국정의 근간으로 채택하고 있다. 이 분파는 국민들에게 금욕적이고, 세속적이지 않은 철저한 이슬람 생활을 요구한다.

사우디아라비아인구의 10%에 불과한 시아파는 석유가 풍부한 동부지역에 밀집해 있다. 따라서 시아파는 사우디 정부로부터 차별을 받고 있고, 병역의무도 없다. 또한 정치·외교 분야에서도 제한을 받고 있으며, 언론·출판의 자유도 없다. 그러나 시아파 밀집지역은 상대적으로 개방적이고 자유를 누리는 편이다.

2. 거시환경

사우디아라비아는 서남아시아 아라비아 반도에 위치하고 있으며, 대부분의 지역은 평균기온이 섭씨 32~34도로 인간의 거주가 불가능한 사막성 기후를 가지고 있다. 따라서 낙타를 타고 오아시스 찾아다니는 유목민생활이 전통적인 삶의 양식이었다. 석유개발에 의해 경제수준이 향상된 지금도 유목민(베두인)족이 전인구 중 중요한 비중을 차지하고 있다.

사우디아라비아에는 석유, 천연가스, 철광석, 금, 구리 등 천연자원이 풍부하다. 사우디아라비아에는 전세계 석유 매장량의 약 21%에 해당하는 2,641억 배럴이 매장되어 있다. 사우디아라비아의 유전개발은 영국회사의 실패 이후 미국회사인 아람코(ARAMCO: Arabian American Oil Company)가 주도하게 되었다. 20세기의 후반에 석유와 같이 매우 중요하며 나라의 주수입원인 천연자원이 외국기업의 손에 있다는 점이 정치적으로나, 경제적으로나 받아들일 수 없는 일이라는 비판이 일기 시작하였다. 따라서 1973년 사우디아라비아 정부는 아람코지분의 (결정적인) 25%를 소유하였고, 1974년에는 이 비율이 60%로 올라갔다. 1989년 세계에서 가장 큰

표 10-1 사우디의 주요 경제 지표

지 표	2010	2011	2012	2013
명목 GDP(억$)	5,268	6,695	7,340	7,453
실질 경제성장률(%)	7.4	8.6	5.8	3.8
1인당 GDP($)	17,113	23,599	25,139	24,247
소비자 물가 상승률(%)	3.8	3.7	2.9	3.5
수출(FOB 기준)(억$)	2,511	3,647	3,884	3,759
수입(CIF 기준)(억$)	1,069	1,316	1,556	1,682
무역수지(억$)	1,442	2,331	2,328	2,077
경상수지(억$)	667	1,585	1,648	1,345
민간소비 증가율(%)	3.8	4.1	5.8	3.9
외국인 투자 금액(당해분)(억$)	292.3	163	121.8	-
외환 보유고(억$)	4,548	5,888	6,627	7,303
외채(억$)	917	1,137	1,363	1,494
실업률(%)	5.5	5.8	5.4	5.5
환율(연말기준) ($)	3.750	3.750	3.750	3.750

자료: EIU, IMF, 사우디 경제기획부, UNCTAD.
출처: KOTRA 홈페이지 사우디아라비아 리야드 무역관.

석유회사라고 자부하던 아람코가 처음으로 사우디인 사장 알리 나이미에게 회사를 넘겨 주었다. 알리 나이미는 40년 전부터 그 회사에서 심부름꾼으로 일했으며, 꾸준히 노력하여 공학과 경영학 학위를 획득한 입지전적 인물이다. 이러한 과정을 통해서, 사우디아라비아의 광대한 사막에서 매우 오래 방치되었던 석유가 외국인들의 관심과 자본에 의하여 개발되었지만, 마침내 사우디아라비아 자국인들이 관리하고 경영하는 자원이 되었다.

한편, 사우디아라비아의 경제는 지나치게 석유수출에 의존하는 문제점을 안고 있다. 그러나 대외적으로는 OPEC을 주도하는 국가로서 국제경제에 중요한 역할을 하는 나라이다. 예컨대 1973년 1차 석유위기는 사우디가 주동이 되어 일어났다(금상문, 2006: 129).

석유수출은 정권을 잡고 있는 왕족을 중심으로 이뤄지기 때문에 사우디아라비아의 경제를 왜곡시키고 있다. 1970~80년대 고유가 시절에는 풍족한 사회혜택을 받았지만, 급격한 인구증가와 경제상황의 악화로 실업률이 31%까지 급증하면서 청년층에서는 이슬람 과격사상 및 반정부 정서가 확대되고 있다. 이런 사회불

표 10-2   사우디의 경제개발계획

	계획기간	지출규모 (억불)	경제성장률 (연%)	개발목표	개발주체
1차	70~75	920	13.0(실적)	산업화 기반 구축 -기초 하부구조 건설 -공공설비 -인력개발 -행정기구조직 정비	정부주도
2차	75~80	1,938	9.2(실적)	현대적 하부구조 확충 -비석유산업 다변화 -기술전문인력 개발	정부주도
3차	80~85	2,358 (국방비 제외)	-1.6	-생산부문의 확충, 다변화 -외국인력유입 제한 및 자체인력 자원 개발 -민간부문 개발 참여 촉진 -각 부문 saudization 추진	민간부문 참여유도
4차	85~90	2,778	1.4	-대체자원의 개발 : 생산부문의 다양한 발전 -외국인력 감축 -민간부문의 비약적 발전	민간주도
5차	90~95	2,907	1.4	-경제의 안정기조 유지 -석유의존도 경감, 경제구조 다변화추구 -인력자원 개발, 근로계층 형성 -민간부문 경제참여 촉진 -지역간 균형개발	민간주도
6차	95~2000	2,000	3.8	-경제성장전략의 지속적 추구 -경제효율의 제고 및 보조금 지원감축 -민간부문의 역할 활성화	민간주도
7차	2001~2005		3.16(목표)	-국민소득원의 다양화 및 생산기반확대 -기반시설 확충 및 효율성 제고 -금융·공공부문 구조조정 -민간부문 역할 확대	민간주도
8차	2008~2010	2,786	4.6(목표)	-중동 지역 전쟁 발발 이후 눈에 띄게 퇴보한 서민들의 삶의 질 향상 -심각한 수준의 실업문제 해결	
9차	2010~2015	3,850		-인력 개발 및 고용 확대 -금융부문 안정성 및 역량 강화 -사회간접자본(SOC)확충 -수출 촉진 및 품목 다변화 -민간·외국인 투자 촉진 -지역 균형 발전 -공공부문 역량 강화	정부와 민간

출처: 에너지경제연구원(2007), Country Profile 사우디아라비아
　　　KOTRA 사우디 아라비아 리야드 무역관.

안은 국가의 부가 왕족을 중심으로 95% 정도나 편중되어 나타나는 빈부격차가 큰 데서 오는 것이기도 하다.

사우디아라비아의 지도자들은 사우디의 국가경제를 성장시키기 위한 계획을 수립하여 추진해 왔다. 지금까지 사우디아라비아는 1970년부터 현재까지 9차에 걸친 경제개발 5개년 계획을 추진하여 왔다. 왕이 전권이 갖고 사회를 이끌기 때문에 사회주의적 산물인 국가주도의 '경제계획'이 가능한 것이다. 이들은 공식적으로는 민간경제의 활성화를 목표로 하고 있지만, 2만여 명에 이르는 왕족들의 기득권 유지와 그리 쉽게 조화되는 것 같지는 않다. 현재 사우디의 경제현안들을 살펴보면 다음과 같다.

첫째, 안정적인 유가정책을 추구하고 있다. 사우디 경제가 석유수급 상황과 국제 유가에 민감하게 반응한다.

둘째, 안정적인 경제성장을 추진하고 있다. 재정지출을 확대하기보다 외환보유고를 증대시키고 부채를 청산하는 안정적인 재정정책을 추진하고 있다.

셋째, 대외거래에서 외국자본 투자 제한요소를 완화하고 있다. 그러나 외국인 투자에 대하여 평등한 소득세 부과와 국산화비율 준수의무, 에이전트 고용의무, 산업인력의 자국화 추진들의 문제는 지금도 해결되지 못하고 있는 실정이다.

넷째, 사우디는 경제구조를 다원화시키고 있다. 석유자원 고갈에 대비하여 비석유 분야를 육성하여 산업 다각화에 힘쓰고 있다.

다섯째, 민간경제 활성화를 위해 노력하고 있다. 이는 사우디 정부의 눈에 띠는 개혁정책 중의 하나이다. 9차에 걸친 경제개발 계획기간 동안 민간부문을 중점 육성하는 목표 아래 최고경제위원회 주도로 통신, 전력, 항공 등의 국영기업의 민영화를 추진하고 있다.

여섯째, 자국 노동자와 산업 보호정책이다. 사우디의 만성적 실업문제는 높은 인구증가율과 청년층의 증가로 노동시장에 진입하는 근로자가 계속 늘어나면서 악화되고 있다. 따라서 일부 직종에 외국인 채용을 금지하고, 외국인 근로자의 체류허가증 갱신 부담금과 정부 보조금으로 조성된 인적자원개발기금을 각종 직업훈련에 사용하고 있다. 또한 각종 국내공사에는 수행능력있는 자국기업만을 입찰시키고 있다(장건, 2003).

사우디아라비아는 이슬람교를 바탕으로 국민생활의 모든 면이 통제되는 국가이다. 샤리아(Shari'a, 이슬람율법)가 곧 국가생활을 규제하는 기본법으로서 기능하고 있는데, 이것은 전적으로 종교정치를 하고 있음을 의미한다. 이슬람율법은 권력의 분립관계가 불분명하였으나, 1993년에 비로소 정부의 권한과 책임을 명확히 표명하고 있다.

그럼에도 불구하고 실제로는 왕이 이슬람 종교의 이름으로 공·사 구분없이 무엇이든 '자의적'으로 명령하기 때문에 절대왕정(Monarchy)이다. 소수의 왕가와 종교지도자들은 다수의 국민들을 통제하는 사우디 사회의 권력층이다. 왕족들은 각각 정치, 행정, 경제, 문화 등 모든 면에서 요직을 차지하고 있어 사우디 사회를 통합하고 있다. 이러한 측면에서 완전통합모델(absolute integration model)의 예라고 할 수 있다.

II 정치과정

1. 정치행정체제의 기본구조

사우디아라비아는 이슬람율법에 의거한 절대왕정국가이다. 즉, 정교일치의 국가이면서 세습군주제를 택하고 있다. 이슬람은 서구식의 단순한 신앙체계가 아니라, 정치·경제·사회·문화 등 국민생활 전반을 포괄하는 국가사회의 '전체'이다(손주영·김상태, 1999: 133).

이슬람은 초기부터 국가와 종교를 구분하지 않았다. 무함마드가 세운 이슬람 공동체(즉, 움마, Ummah)는 '국가'라고 불러야 더 적합할 것이다. 무함마드는 처음 메카에서 복음을 전달하는 신의 예언자로 출발하였지만, 메디나로 이주한 후에서는 공동체를 세우고 국가원수가 되었다. 그는 종교의식에서는 예배를 인도하는 종교지도자였고, 전쟁시 군대를 이끄는 군사지도자였으며, 공동체 내의 분쟁을 해결하는 중재자이면서 재판장이었고, 각종 조약을 체결하고 규칙 및 행정명령을 내리는 행정수장이었다.

이러한 전통은 그를 이은 칼리파(Khalifah, 후계자)들도 국민에 대한 정신적, 그리고 세속적 지도권이 자신들에게 있다고 믿게 하였다(손주영·김상태, 1999: 135). 이러한 역사적 유산 때문에 지금까지도 국왕은 국가의 수장이면서 종교의 최고지도자를 겸하는 정교일치국가를 유지하고 있다. 1992년에 왕이 사우디의 정부형태는 절대군주국가(absolute monarchy)임을 공식적으로 다시 한번 확인한 바 있고,

1993년 헌법이 공포되었다.

사우디왕은 국민에 의해 선출된 의회 등 견제기구가 없는 절대적 권위를 가지고 있다. 또한 선거가 존재하지 않기 때문에 국민의 주기적 평가도 전혀 받고 있지 않는 현실이다. 주요한 부처나 군대 요직의 경우 왕자와 왕가의 귀족들이 왕에 의해 임명되며, 지방의 관리나 사법기구의 재판관 역시 왕에 의해 임명된다. 이와 같이 사우디아라비아는 왕을 중심으로 한 고도로 중앙집권화된 통합된 제도를 가진 국가이다.

정치과정에 있어서도 정당이나, 노동자 조합(연맹), 이익집단, 전문가집단의 결성을 금지하고 있다. 주요 정치는 알 사우드(Al Saud) 왕가의 알 파이잘(Al Faisal)파 4,000 왕자들에 의해 비공식적인 정치과정이 집중되어 있다. 주요한 정치적 사항에 대해서는 왕이 senior prince나 알 사우드(Al Saud)가의 왕족들과 협의를 히게 되며, senior Ulama의 조언을 듣는다.

사우디관련 유용한 정보 제공 웹사이트

• 사우디아라비아의 정치·행정에 관한 미국 국회도서관 국가연구 홈페이지
  - http://memory.loc.gov/frd/cs/satoc.htm/
• 중동경제연구소
  - www.hopia.net/
• 미국 CIA의 World Factbook
  - http://www.cia.gov/library/publications/the-world-factbook/goes/sa.htm/
• 사우디아라비아에 관한 전반적인 정보
  - http://saudinf.com
• 사우디아라비아 헌법 전문
  - http://www.servat.unibe.ch/ici/saooooo

울라마(Ulama)는 이슬람 종교학자로서 사우디아라비아의 경우 Al ash Shaykh 가의 Ulama들에게 주로 조언을 구하며, 주요 부족장들에게도 조언을 듣게 된다. 정치과정에 왕족과 Ulama 이외에도 최근 전문관료 엘리트나 석유자원과 관련된 부족들, 혹은 왕자들과 친분이 있는 서구고등교육을 받은 엘리트들의 의견도 반영된다. 실제 사우디아라비아의 정치를 들여다보면 매우 복잡한 현상이 보인다(김종찬, 2004).

The Ulama

울라마(Ulama)는 이슬람교의 종교적 지도자이면서 사우디의 이슬람율법을 해석하고 제공하는 역할을 담당하는 사우디아라비아의 독특한 지도층이라고 할 수 있다. Ulama는 이러한 전통적인 위상으로 인하여 사우디아라비아의 정치에서 막강한 영향력을 가지고 있으며 특히 종교학자, qadis(판사), 변호사, 교사, 이맘(imam, 기도를 주례하는 성직자) 등 각종 사회적 영향력을 갖는 계층이다. 이러한 Ulama는 7,000명에서 10,000명 정도로 추정되고 있으나, 직접적으로 사우디아라비아의 중앙정치에 영향을 주고 있는 원로 Ulama는 30~40명 정도에 불과한 것으로 알려져 있다. Ulama들은 '원로 울라마위원회(Council of Senior Ulama)'를 조직하여 1971년부터 정기적으로 왕에게 조언을 하고 있다. 이것은 근대국가의 의회나 국무회의 정도에 비유될 수 있는 사우디아라비아의 유일한 조언기관이다. 현 국왕도 일주일에 한 번 정도 '원로 울라마위원회'의 조언을 듣고 있다.

이와 같은 사우디아라비아의 정치체제의 근간이 되는 것은 다른 국가들의 헌법과 같이 이슬람의 성전인 '코란(Quran)'이다. 코란은 사우디아라비아의 헌법이며, 샤리아(sharia, 이슬람의 종교적인 법전 혹은 생활규칙)의 기본바탕이 된다. 샤리아의 경우 일반적인 생활규칙에 대한 규정으로 국가적인 문제에 대한 모든 해답을 일일이 제공할 수 없기 때문에 쿠란은 샤리아와 함께 국가의 최고법이라고 할 수 있다.

사우디아라비아에는 오직 이슬람 종교밖에 허용되지 않는다. 코란과 무함마드의 언행록인 하디스(Hadith)의 교리가 생활의 기본이 된다. 하루에 여러 번 있는 기도에 참여하는 것은 물론이고, 자선행위인 <자카트>를 의무화하고 있다. 투기를 금하고, 이자를 금지하여 고리대금업이 금지되고, 성실하게 노동하는 것을 강제한다. 코란을 신의 명령으로 믿고 있기 때문에, 개헌이 가능한 서구의 헌법과는 다르다.

그런데 종교적인 법률에 의거한 국가운영에도 어느 정도 한계가 있을 수밖에 없기 때문에 사우디아라비아의 경우 여러 가지 '규칙(regulation)'이 존재한다. 규칙은 국가운영에 적실성을 높이기 위한 장치로서 근대국가의 세부집행 규정들과 유사한 기능을 가지고 있다.[1] 그리고 주로 왕족에 의해 형성된 규칙들은 관료적인

---

1) 이러한 규칙에 따라서 Saud 국왕은 1992년 사우디아라비아의 절대군주제의 첫번째 국왕이 되었고, 이 첫 조항은 가장 핵심적인 단어인 'nizam'이라고 표현된다.

절차와 정부부처, 시민의 체포와 개인 사생활에 대한 침해의 규정도 포함하고 있다. 이러한 점에서 규칙은 성문헌법이 없는 사우디아라비아에서는 헌법과 같은 역할도 함께 하고 있다고 봐야 된다. 여기에 시민의 권리로서의 종교, 표현, 결사 집회, 정치적 참여에 대한 자유는 명백하게 금지되어 있다. 아울러 이러한 규칙의 개정은 오직 왕만이 할 수 있고, 국회의 심의 같이 외부통제가 전혀 제도화되어 있지 않다.

2. 정치행위자

비교행정모델로서 완전통합형이고 절대왕정체제를 갖고 있는 사우디에서는 서구민주국가에서 찾아볼 수 있는 국회, 정당이나 노조와 같은 투입기구는 없다. 즉 일반국민들의 정치 투입은 거의 단절되어 있다고 볼 수 있다. 국왕이 일방적으로 지도하는 '철인정치'에 가까우며, 국왕의 측근인사, 자문위원회 및 Ulama가 제한적이나마 국왕에게 정치적 투입을 할 수 있는 위치에 있다고 할 수 있다. 이러한 내부동원체제를 통하여 국제적으로 이슬람의 목적을 실현시키려고 노력한다. 따라서 중심적인 인물을 이해하는 것이 사우디아라비아의 정치체제를 이해하는 것이기도 하다. 즉, 제도보다는 사람이다.

1) 국   왕

절대군주국가로서 사우디아라비아의 왕은 매우 강력하면서도 폭넓은 권력을 가지고 있다. 왕은 국가와 정부의 수장이며, 국정과 관련된 모든 분야에 걸쳐 실질적이면서도 막강한 권력을 독점하고 있다. 왕은 내각의 구성과 장관, 지방 주지사와 주요한 공직의 인사권을 가지고 있으며, 기타의 공직의 인사행정과 관련된 모든 권한을 가지고 있다. 그리고 사우디아라비아 군대의 수장이며, 소위부터 장군까지의 모든 임명권을 가지고 있다. 이와 함께 사우디아라비아의 각국 대사들의 임명권과 외교특사에 대한 임명권을 비롯한 외교에 관한 모든 권한을 갖게 되며, 사법적인 측면에서도 모든 재판의 최종적인 판결권(the final court of appeal)과 사면권(the power of pardon)까지 동시에 갖고 있다.

이러한 왕의 권능과 정당성은 두 가지 원천에 의해 가능하다. 그것은 강력한 이슬람 종교와 Al Saud 왕가의 역사적 정통성이다. 즉 Muhammad ibn Saud(1710~ 65) 이후부터 지속된 왕가의 전통과 함께 이슬람 종교의 정점으로서 국왕의 권능과 전통성이 현재까지 지속되고 있다. 기본법 제5조(Basic Law)는 사우디아라비아의 왕을 압둘 아지즈(Abdul Aziz)의 아들 혹은 손자들 중에 바이야(Baiáh)라는 절차를 통해 계승된다고 못박고 있다. 즉, 혈통에 의한 왕의 계승을 명시하고 있다.

이와 같은 정교일치의 권위는 이슬람교의 교리가 사회의 전반적 규범이자 윤리로 자리잡고 있는 사우디아라비아에서 가장 강력한 권력체이며, 국민들 역시 왕을 코란을 수호하고 현세에 있어서의 영적 지도자로 높임으로써 일종의 사회적, 종교적, 정치적 구심체로서 기능하고 있다고 봐야 할 것이다.

왕과 함께 권력의 핵심으로 제2인자의 자리는 바로 왕세자에게 있다. 왕세자는 국왕의 권력승계 서열 1위로서 인정된 사우디아라비아의 제2인자라고 할 수 있다. 특히 파드 국왕이 1995년 뇌졸중으로 쓰러진 이후 압둘라 왕세자는 실질적으로 사우디의 국정을 이끌어오던 인물이었고, 파드 국왕 사망과 함께 국왕즉위를 하였다. 그는 과거 제1부총리(1st Deputy Prime Minister)와 정규군을 능가하는 8만의 국가경호대(National Guard)의 사령관을 겸임한 바 있다.

이외에도 왕자들은 사우디아라비아의 확고부동한 지배계층으로 기능하고 있다. 일부다처제를 실시하고 있기 때문에 이복형제간 서열다툼은 매우 복잡하게 이뤄진다. 과거 왕세자 자리를 놓고 치열한 쟁탈전이 벌어지자 파드 전 국왕(사망)은 60여명에 달하는 Aziz 직계 왕자들에 대해 연배순으로 왕권승계 서열을 규정하고, 가장 연장자인 자신의 이복동생 Abdul을 왕세자로 임명함에 따라 2005년 왕위를 계승하게 된 것이다.

2) 왕실계보

사우디아라비아의 정치제도가 권력분립의 원칙에 의한 기관분화가 되지 않은 완전통합형이라고 한다면, 이 제도가 작동하는 이면에는 특정 집단의 인맥에 의한 통치가 있다. 왕이 1인 전제정치를 하는 것은 그를 뒷받침해 주는 측근들이 있기 때문에 가능하다. 아랍에서는 일부다처제를 허용하기 때문에 왕이 정략결혼을 하고, 자녀를 많이 둠으로써 생기는 대규모의 왕족에 의한 통치가 가능하다. 따라서 이들의 인적사항을 이해하는 것이 정치행정체제에 대한 연구의 기본이 된다.

사우디 왕실의 계보는 1926년 최초 1대 압둘 아지즈 이븐 사우드 국왕(1926~

1953, 사망), 2대 알 사우드 국왕(1953~1964, 폐위), 3대 파이잘(1964~1975, 피살), 4대 칼리드 국왕(1975~1982, 사망), 5대 파드 국왕(1982~2005, 사망) 6대 압둘라 국왕(2005~현재)에 이르고 있다.

파드 국왕의 경우 초대 이븐 사우드 국왕의 아들로서 거대한 왕실을 빈틈없이 관리하는 것으로 알려져 있고, 제도적인 장치나 형식적인 절차없이도 그의 통치방식은 매우 철저한 것으로 평가되고 있다. 20,000여 명의 왕실가족의 수장이자 국가의 원수이며, 총리이고 나아가 최고 종교지도자이다. 국왕은 18세기부터 내려오는 왕가의 전통적인 정통성으로 인하여 그 정당성과 권위에 흔들림이 없다. 즉, 막스 베버의 분류에 의하면 국왕은 전통적 권위(traditional authotity)에 권력의 근거를 갖고 있다.

왕자들의 경우에도 그 영향력에는 차이가 있다. 일부다처제의 영향으로 부계의 왕권계승에 모계의 영향력은 매우 크다. 즉 동복이냐 이복이냐에 따라 그 파벌의 형성이나 그들 간의 영향력 경쟁은 현재에도 계속되고 있다. 국왕은 이러한 상황에 대한 적절한 균형점을 찾아야 하는 어려움을 항상 안고 있다고 할 수 있다. 특히 초대 국왕인 이븐 사우드의 아들들이 현재의 실권을 잡고 있는 가운데에서도 모계에 따른 분열 조짐은 상존하고 있으며, 왕가의 결혼에 따라 파생되는 왕실의 복잡한 관계도 매우 미묘한 갈등을 조장하고 있다. 과거 파드 국왕은 왕자들의 왕위 쟁탈전에 있어서 연배순으로 그 서열을 재구성함으로써 분란의 소지를 제거하였다.

이러한 파벌의 서열을 살펴보면, 우선 가장 영향력 있는 사우드 왕조의 파벌은 파드 국왕의 파벌인 알 파이잘(Al Faisal) 국왕의 파벌이다. 현재의 국왕을 비롯하여 각종 요직을 차지하고 있으며, 서구의 고등교육을 받음은 물론, 최근에는 미국을 비롯한 각국의 대사를 배출함으로써 그 영향력을 더욱 키워가고 있다. 이러한 Al Faisal파는 파드 전 국왕의 어머니인 Al Sudairi의 아들들과 그 외 이복아들들로 양분되는데, 파드 전 국왕이 왕권을 승계하면서 Al Sudairi의 아들인 파드 전 국왕의 동복형제들에게로 권력이 이동하였다고 볼 수 있다.

사우드 왕조의 두 번째 파벌은 Al Thunayyan파로 Al Sudairi와 동맹관계에 있으며, 파이잘 국왕이 가장 사랑한 아내인 Al Thunayyan의 아들들로 이루어졌다고 볼 수 있다. 그리고 가장 위대한 Ulama인 Al ash Shaykh와 혼인관계를 맺음으로써 사우디아라비아 지배층에 영향력을 확보하고 있다. 사우드 왕조의 세 번째 파벌은 Al Jiluwi파로 Abd al Aziz 초대 국왕의 할아버지인 Faisal ibn Turki로부터 유래하여 칼리드 왕의 어머니인 Mudammad의 동복왕자들로 구성되어진다.

사우디아라비아의 지배엘리트

미국 진보 성향의 싱크탱크인 브루킹스연구소는 "사우디에 수십년 만에 엄청난 변화가 닥쳐오고 있다"며 이 변화를 이끄는 주역으로 모하메드 부왕세자를 꼽았다. 브루킹스연구소는 그가 힘과 야망이 넘치는 인물로, 부왕이 그를 여러 직위에 임명하면서 사우디의 모든 권력이 그의 손으로 집중되고 있다고 진단했다.[2] 일명 '미스터 에브리싱'으로 불리는 모하메드 부왕세자는 국방장관, 경제개발위원회 의장, 왕실위원회 의장 등을 겸임하고 있다. 정치와 경제, 국방 등 전 부문에서 권력을 틀어쥔 셈이다.

특히 그는 사우디의 경제개혁 정책인 비전2030의 주요 입안자로 꼽힌다. 사우디의 석유 의존도를 낮추기 위한 이 장기적 계획을 뒷받침하기 위해, 살만 국왕은 지난 7일 대대적인 규모의 개각을 단행했다. 20년간 사우디의 석유정책을 좌지우지했던 알리 알 나이미도 석유장관도 새 권력 앞에서 무력하게 물러나야 했다.

이 야심만만한 젊은 부왕세자를 보좌하는 것은 30대~50대의 젊은 4인방이다. 니혼게이자이(日本經濟)신문은 칼리드 알팔리 신임 에너지·산업·광물부 장관과 아델 파기흐 경제기획장관, 아델 알-주베이르 외무장관, 압델 알 토라이피 정보장관 등 4인방을 새 권력의 중추로 지목했다.

모하메드 부왕세자의 최측근인 알팔리 에너지장관은 국영 석유회사인 사우디 아람코의 최고경영자(CEO) 출신으로, 알 나이미 전 석유장관의 자리를 물려받았다. 그는 석유부가 에너지·산업·광물부로 확대 개편되면서 석유 외에 수자원·전력 부문까지 관할하게 된다. 그는 지난해 부왕세자의 자문역을 맡아 러시아 방문 일정과 미국·영국 에너지장관과의 회담에 동행해 '그림자 석유 장관'이라 불리기도 했다. 모하메드 부왕세자가 비전2030 계획을 마련할 때 옆에서 도움을 준 것도 알팔리 장관이다.

그와 쌍벽을 이루는 경제부문의 측근은 파기흐 경제기획장관이다. 이슬람 금융의 전문가이자 알자지라 은행 회장, 제다 상공회의소 회장 등을 역임한 그 역시 비전2030의 정리작업에 참여한 바 있다. 금융지식은 물론, 사우디 경제계 내에서 풍부한 인맥을 갖췄다는 평가다. 모하메드 부왕세자는 비전2030을 위한 5개년 계획 마련을 위해 늦어도 내달까지 민영화·인재육성 방안을 담은 '국가 개조 프로그램'을 작성하도록 지시했으며, 이를 두고 알팔리 장관과 파기흐 장관이 경쟁구도를

---

2) 사촌형인 모하메드 빈나예프 알사우드 내무장관에 이어 왕위 계승 순위로는 두 번째지만, 아버지인 국왕의 전폭적인 지원을 등에 업고 사실상의 최고 실권자로 꼽힌다.

형성하고 있다.

외교 부문에서는 주베이르 외무장관, 문화 부문에서는 토라이피 정보장관이 각각 핵심 측근으로 꼽힌다. 주베이르 장관은 9·11테러 당시 주미대사를 역임했다. 사우디가 9·11테러 세력을 지원했다는 미 의회 보고서 공개 문제로 악화된 미국과의 관계를 유지하기 위한 적임자이다. 현 미국 정부는 과거 정부와 달리 중동 문제에 개입을 최소화하는 외교 정책을 펴고 있다. 이에 따라 외교·군사 부문에서 주베이르 장관의 역할이 커지고 있다는 평가다.

토라이피 장관은 4인방 중 유일한 30대다. 영국 런던 정치경제대학교에서 국제분쟁과 이란 문제를 전공했다. 그는 향후 이란과의 관계개선을 위한 중책을 맡을 가능성도 제기된다. 사우디는 지난 1월 이란과의 외교 단절을 선언했지만, 경제개혁을 위해 자금 조달·민영화 등을 진행하려면 이란과의 긴장 완화가 필수적이다.

출처: 아시아경제, 2016. 5. 30.(일부수정).

위와 같은 사우드 왕조의 복잡한 파벌은 또한 정책적 정향을 중심으로 구성되는 도당(faction)으로 분열되어 있어 더욱 복잡해진다. 즉 최근의 가장 큰 영향력을 갖고 있는 도당은 현 국왕과 그의 동복 여섯 왕자들로 구성된 "수다이리 세븐(Sudairi Seven)"이라는 것으로 가장 강력한 왕조 도당이라고 할 수 있다.

이러한 알파이잘 중심의 파드 왕가는 현재 위기에 봉착해 있다고 할 수 있다. 즉 아랍 부족주의와 보수 이슬람 이념인 와히비즘(즉, 순수한 이슬람 정신으로 돌아가라는 이념)이 최근 사우디아라비아에서 희석되어 찾아볼 수 없게 되고, 특히 미국의 보호를 받고 있는 사우드 왕가에 대한 비판과 왕가로의 부의 집중은 왕가의 위기를 가져오고 있다는 것이 서방의 시각이다. 특히 가족정치로 요약되는 절대군주정은 그 자체로 투명할 수 없을 뿐만 아니라, 최근 개방과 세계화 추세에 따른 위기에 봉착해 있다고 할 수 있다. 개방을 향한 사회발전의 경향과 맞지 않는 것이다.

3) 자문위원회(majlis ash shura)

국왕에 대한 권력집중에 대한 문제점이 노정되자 1962년 Saud 국왕은 'majlis ash shura(자문위원회)'의 구성을 약속하여, 국정의 주요한 사항에 대해 자문을 구할 것이라고 약속하였다. 마침내 1992년 파드 국왕은 'majlis ash shura'에 대한 설립을 지시하였고, 그 역할을 규정하였다. 이에 따라 'majlis ash shura'는 1992년

말에 설립되어 최초 61명의 구성원으로 이루어진 자문기구를 발족한 후, 5년 임기
가 지날 때마다 30명씩 증원하여 현재는 150명에 이른다.

이 기구는 정책이나 각부 장관의 요청, 혹은 왕의 자문역을 담당하게 되지만
매우 제한된 권위체(limited authority)일 뿐이고, 근대국가의 의회는 아니다. 즉
'majlis'의 위원은 왕에 의해 임명되며, 실질적인 정책기구 혹은 입법기구라기보다
는 하나의 자문위원회의 역할에 지나지 않는다. 따라서 왕이 실질적인 모든 정책
을 결정하는 기존체제에 획기적인 변화를 기대하기는 힘들었다. 게다가 majlis는
왕실회의에 속하여 열리게 되므로 그 권위에 있어서 왕실의 영향력을 극복하기에
는 한계가 있다.

하지만 왕에 의한 1인 전제정치 또는 왕실정치의 한계를 극복하기 위해서 견
제기구로서 자문위원회를 신설하는 등 서구식 제도분화를 요구하는 움직임이 계
속되고 있다. 이에 따라 2013년부터는 여성위원 30명을 포함하여 위원수를 150명
까지 확대하였으며, 국가 중대사에 대한 자문역할을 계속하고 있다. 이들은 70%가
박사학위 소지자로서 분야별 전문성이 정책에 반영되도록 하고 있으며, 지역별 안
배도 이루어지고 있다. 현재는 13개의 전문위원회로 구성되어 있다.

그러나 국제인권위원회 걸프 및 아라비아반도 지부에서 30여년 동안 사우디
아라비아에 자문 '의회(parliament)'를 구성할 것을 끊임없이 요구하고 있지만, 결코
한 번도 이행되지 않았다. 이는 완전통합형모델인 현 지배구조의 종식을 의미하기
때문이다.

3. 통제제도

사우디아라비아는 3권분립이 되어 있지 않기 때문에 왕의 권력행사에 대한 서
구식 권력분립에 기초한 통제제도는 존재하지 않는다고 봐도 과언이 아니다. 그러
나 국민생활에 대해서는 엄격한 통제제도가 있다. 대표적인 것으로 사법제도와 종
교경찰을 들 수 있다. 즉, 권력에 대한 통제제도는 부재하면서, 국민에 대한 통제
제도는 완비되어 완전한 통합제도를 유지할 수 있는 것이다.[3]

사우디아라비아의 사법제도는 샤리아와 이슬람율법의 적용에 중점을 두고 있

---

3) 다음과 같은 명령이 국민들에 대한 통제를 정당화시켜 준다. "오, 믿는 자들아, 알라께 복종
하라. 그리고 신의 사자와 너희 가운데 권위를 지닌 자들에게 복종하라"(코란 4: 59).

다. 샤리아의 경우 수니(Suni) 이슬람율법에 따라 매우 엄격하게 적용된다. 즉 경건하고 순수한 이슬람의 정신에 따라 샤리아는 국민들의 생활양식을 규제한다. 이러한 이슬람율법은 카디(qudi: 판사에 의해 해석되고 재판의 판결이 이루어진다)에 의해 이루어진다(손주영·김상태, 1999: 153). 카디는 이슬람 창시자인 무하마드의 율법에 따라 형성된 전통과 코란에 대한 철저한 지적 양식을 갖추어야 하며, 샤리아를 다년간 연구하여 그 학식과 인덕을 갖춘 자만이 그 지위를 받게 된다. 역사적으로 보았을 때 qudis의 결정은 통치자들에 의해 실행되었으며, 이러한 결정은 정치적 권위로부터도 독립적이었다. 그러나 전통적으로 qudi의 권위라는 것도 국왕과의 관계에 있어서는 여전히 국왕의 권위가 더 높은 것으로 인식되고 있다.

사우디아라비아의 사법제도를 관장하는 부처는 법무부(Ministry of Justice)이다. 법무부는 1970년 Faisal 국왕에 의해 300여개의 샤리아법원을 관리하는 것을 목적으로 설립되었다. 법무부 장관은 왕에 의해 원로 Ulama 가운데에서 임명되며, 법무부 장관은 최고사법회의의 11명의 원로 Ulama를 이끄는 최고사법회의(의장은 국왕, 메카에 소재) 최고위원의 역할도 함께 역임하게 된다.

사우디아라비아의 경우에도 여러 단계의 법원이 존재한다. 즉 1심인 Summary court, 2심인 일반법원(general court), 3심인 쉬리아 항소법원(Sharia Appeals court) 혹은 파기원(Court of cassation), 그리고 최종심으로서 최고사법위원회(Supreme Judicial Council)가 있다. 이슬람율법 재판을 담당하는 샤리아법원의 경우는 Appeals court를 포함하고 있으며, 3심인 Sharia Appeals court로 제도화되었다.

단순한 범죄의 경우 Summary court에서 단독심을 거치게 되고, 유목민의 분쟁이나 범죄에 대한 판결도 Summary court에서 다루게 된다. 2심인 General court에서는 Summary court의 판결에 불복하거나 Summary court에서의 단순범죄보다 더 중한 범죄를 다루게 된다. 일반법원(General court)에서도 주로 단독심을 거치게 된다. 3심인 Sharia appeals court는 3개의 분리된 법원을 갖게 되는데, 첫 번째는 형사소송(Penal suits), 개인신상소송(Personal status suits), 그 외 소송으로 나뉜다. 형사소송의 경우는 왕도인 Riyadh와 Mecca에 2개의 법원이 소재하고 있으며, 대부분 여러 명의 qudis들의 합의심이 이루어지게 된다.

그리고 최고사법회의(Supreme Judicial Council)에서는 사법제도와 재판에 대한 해석과 함께 판결의 정당성과 이슬람율법의 적합성을 논의하게 되며, 이와 함께 사형, 절단형(절도범에 대한 손이나 손가락 절단), 돌팔매형(간통죄)에 대해서는 최고사법회의 의견에 따라 판결이 결정된다.

사우디, 종교경찰 권한 줄였다 — 매니큐어까지 단속 '무타와'가 뭐길래

사우디아라비아 정부가 13일(현지시간) 종교경찰인 '무타와'의 권한을 대폭 축소하는 새로운 규정을 발표했다. 무타와는 이슬람 율법인 '샤리아'가 잘 지켜지는지를 감시하는 조직으로 폭력·마약사범들도 체포하고 가둘 수 있어 경찰과 다름없는 권한을 행사했다. 하지만 앞으로는 체포·구금 등을 임의로 할 수 없고 법을 어긴 자들을 발견하면 경찰과 단속반에 보고하게 했다. 2006년 내무부 장관 포고령으로 권한을 줄여 체포 후 경찰에 인도하는 데까지 허용했던 것에서 한 걸음 더 나간 것이다. 이슬람주의를 무기로 권한을 휘두르던 무타와의 몰락은 사우디의 변화를 보여준다.

'지원자'라는 뜻인 무타와 인력은 3,500명이 넘는다. 모든 공공장소에 상주하며 샤리아에 어긋나는 행위를 단속하고 교정하는 역할을 한다. 여성들의 옷차림을 지적하는 것부터 술과 돼지고기 판매·소비를 금지시키고, 기도 시간에 상점 문을 닫게 할 수도 있다. 이슬람에 반하는 서구 음악이나 영화 DVD를 압수할 수도 있으며, 동성애 행위나 매춘에 관련된 사람은 누구든 체포할 권한도 갖는다.

경찰과 비슷한 일을 하지만 경찰은 아니며 외양도 일반 시민과 크게 다르지 않다. 머리에 얹은 흰 천 위에 검은 끈을 두르지 않는다는 것, 발목이 보이는 옷에 수염을 길게 기른다는 것 정도다. 왕국 건국을 도운 엄격한 이슬람주의 와하비 종파에 속해 있어 왕정도 함부로 하지 못하는 강경 보수파 준사법 종교조직이다. 와하비즘은 코란의 어떤 새로운 해석도 허용하지 않으며 그 자체를 믿고 따른다.

'선행 권장과 악행 방지를 위한 위원회'라는 특수기관에 소속되어 있는 이들은 아랍어 명칭의 첫 글자를 따서 '하이아'라고 부르기도 한다. 1940년 설립됐다. 과거 성문화된 법을 뛰어넘는 권력을 행사하는 종교경찰은 국민들에게 두려움과 존경을 동시에 받았다. 하지만 현재 그들을 보는 시선은 곱지 않다. 구시대적이고 경직된 샤리아를 들이대며 국민들의 사생활에 너무 많이 간섭하기 때문이다. 2012년 5월 수도 리야드의 한 쇼핑몰에서는 무타와가 매니큐어를 칠한 여성에게 나가라고 했다가 실랑이가 벌어졌다. 여성은 자신이 나가야 하는 이유를 말하라며 맞서는 모습을 촬영해 유튜브에 올렸고, 무타와 비난 여론이 들끓었다.

무타와의 권위가 결정적으로 추락한 계기는 2002년 3월 메카의 한 여학교에서 발생한 화재사건이다. 꼭대기 층에서 일어난 화재는 당초 피해가 크지 않을 것으로 예상됐다. 하지만 무타와가 교실에 들어와 대피하려는 학생들을 막았다. 의상을 율법에 맞게 입지 않았다는 것, 구조대원들과 여학생들의 신체 접촉이 있어서는 안 된다는 이유에서였다. 결국 학생 15명이 숨지고 50여 명이 다치는 등 피해를 키웠다. 무타와에 대한 경외심은 곤두박질쳤고 5년 후 정부는 현행법을 준수하는 선에서 율법을 적용하도록 하겠다고 공표했다.

무타와의 추락한 권위를 상징적으로 보여주는 사건도 있었다. 2013년 4월 리야드에서 연례행사인 최대 문화축제 자나드리야 행사장에 무타와가 난입해 이슬람에서 금지되는 음악을 끄라고 요구했다. 군인들이 무타와를 강제로 끌어내자 지켜보던 관중들은 환호했다. 이 영상은 페이스북과 트위터 등 소셜미디어를 통해 순식간에 퍼져나갔다. 샤리아를 어긴 사람들에게 매질을 하고 발렌타인데이 선물을 금지시키는 등 시대착오적인 무타와의 행동은 이제 조롱의 대상이다. 또 코란만 외우면 누구나 무타와가 될 수 있어 권위도 없다. 형기를 줄이려고 코란만 외운 전과자들로 무타와를 채운다는 비난도 나온다.

사우디 외에도 무타와 같은 종교경찰 조직을 가진 나라들이 있다. 인도네시아 낭그로에·아체·다루살람주, 팔레스타인 가자지구, 나이지리아 칸노주, 수단 수도 하르툼 등에서 종교경찰이 활동한다. 극단주의 무장조직 이슬람국가(IS)는 점령 지역마다 '히스바'라는 종교경찰 조직을 파견한다. 아프가니스탄은 1992년 '선행 권장과 악행 방지를 위한 위원회'를 설립했으며, 탈레반이 집권한 1996년부터 종교경찰 조직이 본격적으로 활동하기 시작했다. 탈레반이 축출된 이후 위원회와 경찰 조직은 효력을 상실했지만 2003년 대법원장이 위원회를 복권시켰다. 2006년 하미드 카르자이 정권은 하지(성지 메카순례)와 종교 업무를 담당하는 부서 아래 이 위원회를 만드는 입법 초안을 제출했다. 당시 자유유럽방송은 현지 주민반응을 인용하며 뉴스를 접한 많은 아프간 국민들이 경계심을 드러냈다고 전했다.

출처: 경향신문, 2016. 4. 15.

위와 같은 사법제도에도 불구하고 뚜렷한 성문법전 없이 주로 Ulama들이 코란이나 샤리아의 해석과 이슬람율법을 통한 판결이 이루어지고 있다. 최고사법회의의 의장은 국왕으로서 국왕이 판결권을 갖으며, 사면권 역시 국왕에게 귀속된다. 만약 행정적인 재판에 있어서 판결에 대해 부당하거나 잘못된 부분이 있을 경우 별도의 독립기관인 청원위원회(Grievance Board)에 판결에 대한 해석을 의뢰하고 시정을 받을 수 있도록 하는 별도의 제도를 마련하여 운영하고 있는데, 이는 행정재판소와 같은 역할을 한다고 볼 수 있다. 주요 범죄에 대한 형벌을 살펴보면 다음과 같다.

　　－살인죄와 상해죄: 응보형

　　－배교 또는 기도 불이행죄: 사형

　　－간통죄: 돌로 처형 혹은 태형 후 추방(미혼자 간의 간통인 경우)

　　－음주죄: 태형 80대

　　－절도 및 강도죄: 수족절단 또는 응보형

　　－반정부죄: 참수형

　　종교는 일상적으로 국민생활을 통제한다. 특히 사우디에는 종교 경찰이 3,500명 정도 있고 일반 국민들의 일상생활을 통제한다.

　　하지만 최근에는 권선징악청의 조직과 권한을 축소하여 국민적 반감을 줄이려고 노력하고 있다. 신법 7조에 의하면 권선징악청은 제 위반사항에 대해 경찰과 마약청에 신고할 수 있는 권한만 가질 뿐, 실제 제재를 가할 권한을 갖지 못한다. 그러나 강력한 종교적인 영향으로 국민들은 문화나 여가를 즐기려는 분위기가 상대적으로 약하다. 공공집회나 모임도 제한되고 언론 활동도 미약하다. 부족주의 시대의 관습이 존재하여 근친 결혼이 만연하고 있으며, 상대방을 알지 못하고 결혼을 하는 관계로 이혼율이 매우 높다.

　　사우디 내의 외국인들 역시도 종교규범에 귀속된다. 따라서 서양인들은 개인의 자유가 어느 정도 보장되는 집단거주지(컴파운드)에서 생활하고, 이 지역에는 사우디인들의 출입을 엄격히 통제한다.

Ⅲ　행정과정

　　사우디아라비아는 절대왕정이기 때문에 민주정치가 존재하지 않는다고 봐도 과언이 아닌 것처럼 근대적 행정체제가 정착되어 있지 않다. 즉 법치주의에 입각한 세부행정절차가 공식화되어 있지 않다. 그러나 코란의 가르침을 실행에 옮기는 데 필요한 범위에서 존재하는 일정의 행정과정이나 의식절차는 있다.

1. 왕실회의(Council of Royal Diwan)

왕 직속기구로서 왕실회의는 국내정치, 종교문제와 외교문제 등에 관해 왕에게 조언을 하는 자문기구이다. 왕실회의는 공적인 기구이면서도 왕의 사적인 기구이며, 이 왕실회의의 최고위원도 왕이다. 내각의 각 부처의 장관이나 수뇌부들 역시 왕실회의의 구성원이다. 또한 종교국가이기 때문에 왕실회의에는 원로 Ulama도 구성원으로 포함된다. F. Riggs가 프리즘모델에서 주장한 대로 기능분화가 되어 있지 않은 것이다.

왕실회의 아래에는 통치를 위한 조직들이 있다. 예컨대 의전장(Chief of Protocol)과 유목민사무국(Office of Beduin affairs), 종교연구 및 선교, 종교수호청(Department of Religious research, Missionary and Guidance), 윤리위원회(Committees of the Propagation of virture and prevention of vice or Committees for Morality)를 소속 기관으로 두고 있다. Ulama의 경우 주로 종교연구 및 선교, 종교수호청에 소속되게 된다.

왕실회의는 왕의 의사결정을 도와주는 자문기구이다. 사우디아라비아에서 보통의 일상적인 규칙의 제정이나, 왕실문제에 관한 결정, 그리고 통상적인 정책결정은 모두 왕에 의해 이루어지지만, 국가의 중대사나 혹은 외교적 문제, 난해한 재판이나 종교적 문제, 사회적 분열을 일으킬 수 있는 불만의 폭증과 같은 정책 사안에 대해서는 왕이 왕실회의에 자문을 구한다.

왕실회의는 단순히 왕의 정책결정을 도와주는 자문기구만은 아니다. 왕실회의 아래 전술한 majlis 자문위원회가 있다. 이 기구를 통하여 왕은 정규적으로 시민들의 청원이나 요구사항을 듣고 이에 대한 기회를 부여한다. majlis에서는 왕의 개인적인 신상은 물론 시민 개인적인 재판에 관한 청원에 대해서도 논의가 이루어진다.

2. 내각회의(The Council of Ministers)

내각회의는 사무처(Secretary General), 회계처(Office of the comperoller of the State Accounts), 전문기술지원처(Technical Expert), 소청위원회(Boad of Grievance)의 4가지 기관으로 구성된다.

사우디아라비아의 내각은 1953년 단명한 Abd al Aziz국왕에 의해 만들어졌으며, 정부의 핵심적인 의사결정기구이다. 실제로는 서구의 국무회의라기보다는 왕

의 자문기구적 성격이 강하다. 내각은 주요한 국정현안에 대한 권위를 갖는 실체
이지만 왕으로부터 분리되어서는 그 권위를 갖지 못하게 된다. 즉 내각회의 의장
인 국왕이 결정적인 정책결정권을 갖고 있다는 것은 내각이 국왕을 중심으로 운영
된다는 것을 뜻한다.

파드 왕은 1992년 총 9장 82조로 되어 있는 통치에 관한 기본법(서구식 헌법에
해당)을 공포하였고, 이는 2006년 개정되었다. 제1장 총론에 이어 제2장에서는 코
란과 순나에 바탕을 둔 통치체제임을 명기하고, 제3장에서 일반적 통치원칙, 제4
장에서 경제원칙, 제5장에서 국민의 권리와 의무, 제6장에서 국가의 권위, 제7장에
서 재정문제, 제8장에서 국가의 감시기능, 제9장에서 헌법개정에 관한 규정이 있
다(금상문, 2006: 134). 이는 기존 권력의 골격을 성문화한 것으로 실질적으로는 코
란과 순나가 사우디의 정치행정의 내용을 좌우한다고 하겠다. 그러나 형식적으로
는 국왕도 오직 알라 신이 내려준 법(이슬람율법)을 집행할 뿐이다. 따라서 서구 민
주국가에 볼 수 있는 입법기능이 존재하지 않는다. 왕은 이슬람법을 집행하는 과
정에서 국민복지를 위해 필요한 사항을 실현시키기 위한 규율(requlation)을 제정할
수 있으며, 이러한 규율은 내각회의를 거치도록 되어 있다.

내각회의는 전체 구성원 3분의 2 이상의 참석으로 소집되고, 참석자의 과반수
이상이 의결정족수이다. 그러나 의결은 내각회의의장, 즉 국왕이 승인해야 비로소
결정된 것으로 간주한다(Fouad, 2001: 49). 내각회의의 심의내용은 법률상 공개할
필요는 없으나, 예외적인 경우를 제외하면 공개되는 것이 관례이다.

1964년에는 총리제를 잠시 폐지하기도 하였으나, 이 시기에도 여전히 내각회
의 의장으로 국왕이 회의를 주재하였고 사실상의 총리역할을 하였다고 볼 수 있
다. 국왕은 동시에 총리로서 국정을 총괄하는 것이다. 왕세자는 제1부총리를 담당
하고 왕위서열 승계 2위의 왕자가 제2부총리를 맡게 된다.

내각은 사우디아라비아 국가체제의 통합성과 체제유지를 위한 부처의 장관들
로 구성된다. 구체적으로 내각은 왕과 제1부총리, 제2부총리, 정부조직상에서의 21
개 부처 장관, 2명의 무임소장관(state minister, 정무장관), 정부조직상에 존재하지
않은 3명의 왕실원로 조언자, 사우디아라비아 방위군사령관(Saudi Arabian National
Guard), 성지의 지방장관과 주요 도시 주지사(Medina 지방장관, Mecca 지방장관,
Riyadh 왕도지방장관, Eastern Province 주지사), 사우디아라비아 재정청장(SAMA:
Saudi Arabian Monetary Agency), 석유·광물청장(General Petroleum and Mineral
Organaization, PETROMIN)으로 구성된다(CIA: www.cia.gov).

　　사우디아라비아는 이슬람경전을 신봉하는 국민교육을 강조하기 때문에 교육을 중시하고 있다. 교육행정기관은 이슬람율법 및 남녀를 엄격히 구분하고 있는 종교·사회체제 때문에 주관부서가 3원화되어 있다. 교육부는 직업, 대학교육을 제외한 남자 초·중·고·사범교육을 관장한다. 그 외에 고등교육부, 기술직업교육청으로 다원화되어 각각 교육행정을 관장한다(김중관·김은경, 2015). 여성교육청이 별도로 있었으나 2003년 교육부로 이관되었다.

　　장관의 구성에 있어서 75%가 왕실의 일족이며, 사우디아라비아의 최고 엘리트들로 구성되어 있다. 특히 장관직 중 최고의 요직이라고 할 수 있는 제1부총리, 제2부총리, 국방항공부 장관, 외교부 장관, 내무부 장관, 공공사업·주택부 장관, 청년복지청 장관의 경우 직계 왕자들로 구성되어 있고, 그 외의 장관들도 외가나 혹은 조카, 혹은 친척들로 구성되어 있다. 즉, 부처 조직도 서로 분립하여 경쟁하는 선진 민주국가와는 달리 실제로는 인맥에 의해서 통합된 통치방법에 불과한 것이다.

　　한편, 1970년대에 이루어진 특수한 독립 공공기관들은 제한적이나마 사우디아라비아의 행정을 발전시키는 계기가 되었다. 이런 독립공공기관은 각 부처에 소속되어 있음에도 불구하고 각 기관은 고유의 예산과 의사결정권이 주어졌다. 특히 회계감사국(General Audit Bureau), 청원위원회(Grievances Board), 투자관리위원회(Investigation and Control Board)와 공공서비스 및 복무처(Organization for Public service and Discipline)의 경우 특정한 부처와도 관련되어서는 안 되며 독립적인 기구로써 그 역할을 담당하였다.

　　마지막 3개 기관의 경우 공직자의 위법행위나 공공기관의 잘못된 사무나 부정, 개인적인 불만, 공직자에 대한 부당한 대우, 부당한 처사에 대해 조사하고, 신고를 받고, 이에 대한 조치를 취하는 독립기관이라고 할 수 있다.

표 10-3　교육관련 부처

교육부(1953년 설립)	남자 초·중·고, 사범학교, 성인교육
고등교육부(1975년 설립)	남자 대학교 이상 교육(7개 종합대학교와 부속 82개 단과대학)
여성교육청(1960년 설립)	여성 교육전반(유치원부터 대학, 직업교육), 2003년 교육부 이관
기술직업교육청(1980년 설립)	남성 직업교육, 실업전문학교, 중·고기술학교

3. 인사행정

1) 교육인적자원관리

코란의 교리에 의거하여 이슬람 교육을 받는 것은 종교의무의 하나이다. 처음에는 이슬람 사원을 중심으로 이슬람 교육이 실시되었다. 1920년부터 소수 사립교육기관이 설립되기 시작하였는데 이들 기관에서는 소년들을 격리 교육시켰다. 1953년 사우디아라비아 역사상 최초로 문교부가 설치되었는데, 이때 초대 장관이 전 파드 국왕이다. 이후 근대적인 교육제도의 기본 골격이 갖추어졌다. 1957년 최초의 대학이 리야드에 설치되고, 6개의 종합대학교와 초급 및 단과대학이 신설되면서 현대적인 교육제도가 확립되었다.[4] 1960년도에는 파이잘 국왕이 여성교육을 강조하면서 여성교육청을 신설하였다.

그러나 사우디아라비아의 교육은 지나치게 종교교육에 편중되어 있다. 따라서 학교교육이 실생활과 괴리되어 있기 때문에 사회에 투입될 수 있는 전문인력이 매우 부족하다. 1990년대 접어들면서 산업전반에 자국화 정책을 추진하고, 이에 따라 교육 분야에서 전문 직업교육이 확대되는 추세에 있다. 9·11테러 이후 미국은 사우디아라비아의 폐쇄적 종교교육이 테러범 양성에 영향을 미친다고 보고 교육과정 개편을 요구하기도 하였다.

사우디아라비아에서는 우리나라와 같이 6, 3, 3, 4의 학제를 택하고 있다. 모든 교육과정은 무상이지만 의무교육이 아니므로 강제성이 없다는 특징을 가지고 있다. 전교육 과정을 통하여 이슬람 교리 등 종교교육이 실시된다. 여자들은 유치원에서부터 분리되어 교육을 받는다. 그러나 음악, 무용 등의 이슬람 정서에 맞지 않는 분야는 교육에서 제외시키고 있다.

---

4) 1957년에 최초로 리야드 대학교가 설립되었다. 리야드 대학교는 1982년에 King Saud 대학으로 개칭되었다.
7개의 국립대학은 다음과 같다.
- King Saud 대학교(리야드, 1957 설립, 1984년 현 위치 대학 신축)
- Imam Muhamad bin Saud Islamic 대학교(리야드, 1976년 설립, 이슬람 전문교육)
- King Abdulaziz 대학교(젯다, 1967년 설립)
- Umm Al Qora 대학교(메카, 1981년 설립)
- King Faisal 대학교(알하사, 1975년 설립)
- King Fahd U. of Pertoleum & Minerals(알코바, 1963년 설립)
- Islamic University(메디나, 1961년 설립)
상기 7개 종합대학교는 여성교육을 위한 별도 여성대학을 운영하며 여성교육청에서 관장한다.

사우디아라비아의 대학생 숫자는 약 63만 명으로 이 중 절반 이상이 여성이다 (김중관·김은경, 2015: 111). 그러나 왕족들은 해외로 유학가는 경향이 크다. 수업은 남학생과 분리되어 받고, 일부 이공계의 경우 여자는 지원할 수 없다. 여학생들은 남자들과 분리된 특별강의실에서 텔레비전을 통해 남자교수의 강의를 듣고 전화로만 질문을 할 수 있기도 하다(손주영·김상태, 1999: 120).

사우디아라비아 대학에서 박사학위를 받은 사람은 대부분 이슬람 분야이다. 사우디아라비아 정부도 교육이 지나치게 이슬람 분야에 치우쳐 있다고 판단하고 초등학교에 영어를 신설하는 등의 교육 커리큘럼을 개편하고 있지만 보수세력의 반발이 심하여 진행상황은 더딘 실정이다(주 사우디아라비아 대사관, www.mofat.go. kr).

2) 공무원 인사관리

공무원 인사위원회는 1971년의 법에 의해 발족되었다. 설립의 가장 큰 요인은 1970년대 사회 서비스에 대한 정부지출이 크게 증가하였고 특히 산업화와 함께 각국에서의 외국인 노동자들이 유입되고 석유자원에 대한 투자 확대로 인한 행정사무의 증가는 행정 공무원의 확대로 이어져 공무원의 체계적 관리가 필요해졌기 때문이다. 따라서 내각회의의 9명의 장관을 위원으로 하는 인사위원회(Civil Service Board)가 설치되었다. 인사위원회는 각 부처의 인사와 신규임용, 퇴직, 그리고 정부기관을 비롯한 공공조직의 모든 행정사무와 인사행정을 담당한다. 인사위원회 산하에는 인사국(Civil Service Bureau)을 두고 있다. 인사국은 인사위원회의 결정에 따라서 공직자의 계급, 급여, 임용과 인사, 근무평가, 후생복지 및 개인적인 상담과 청원 등을 담당한다.

사우디아라비아가 완전통합모델이기 때문에 이러한 제도의 신설을 통해 공무원에 대한 통제에 중점을 두고 있음을 알 수 있다. 이 점은 다음과 같은 공무원채용시 공통적으로 요구되는 조건에서도 알 수 있다(정관용, 1986). 특히 사회적·도덕적 존경의 요건은 사실상 임명권자의 주관적 판단이 개입될 가능성이 높다.

- 원칙적으로 18세 이상의 사우디 국민이어야 한다. 유자격자가 없는 경우에는 예외적으로 외국인을 채용할 수 있다.
- 건강진단에 합격해야 한다.
- 사회적으로 도덕적으로 존경을 받아야 한다.

－채용 전 최근 3년간 범죄를 한 사실이 없어야 한다.[5]
－요구되는 학력조건을 충족시켜야 한다.

공무원의 경우 75% 이상이 전문가집단이고, 나머지 25%가 하위직 공무원으로 되어 있다. 공무원의 계급은 실적제와 근무연수에 의해 결정된다. 행정의 전문화를 제고시키기 위해 직위분류제의 개발을 목표로 제시한 바 있고, 다음과 같은 6개의 직렬을 두고 있다(정관용, 1986).

－외교직군: 외무부에서 일하는 외교업무와 영사업무를 담당하는 직위
－전문직군: 변호사, 기술자, 회계사, 의사 등 고도의 전문직위를 포괄
－교육직군: 교육과 장학, 교과편성 등 교육관리업무을 담당하는 직위
－재정, 회계, 관리직군: 관리적, 재정적, 회계적, 사무적 직위 및 공보, 인사업무를 담당하는 직위
－기술 및 준전문직군: 의료보조, 실험보조 등 기술보조적인 모든 직위를 의미
－기능직군: 전기기사, 기계기사, 목수 등 수작업을 담당하는 직원

그러나 실제 행정현실은 이러한 선언적 규범과는 상당한 차이가 있는 것으로 알려져 있다. F. Riggs가 말한 프리즘적 모델과 같이, 법과 현실 간에는 커다란 괴리가 존재하는 것이다. 물론 정치체제에 대한 위협이 되지 않는 제한적 범위 내에서 실적주의적 개선을 위한 노력이 이루어지기도 한다. 예컨대 공무원에 대한 교육기관으로 각 부처의 행정연구소(Institute of Public Administration)가 공무원의 교육과 훈련을 담당한다. 특히 수도인 리야드(Riyadh)에는 중앙공무원교육원이 있어 공무원의 주요한 교육과 훈련을 맡게 된다.

4. 예산 및 재무행정

석유 생산 이전까지 사우디는 전통적인 유목과 무역에 전적으로 의존하였다. 석유 생산 이후부터 석유를 중심으로 현대적 산업이 발달하고, 오아시스 농업과 유목 및 가내 수공업이 병존하는 이중적 경제구조를 보인다. 1970년대 석유 파동 이후 석유수입을 재원으로 경제개발계획을 추진하여 사회간접자본과 기간산업이

---

5) 이와 더불어 공직에서 파면된 사람은 파면일로부터 3년이 경과하지 않으면 채용될 수 없다.

표 10-4 사우디 예산구조($억)

	2011	2012	2013	2014	2015
수 입	296.0	330.5	301.6	278.9	162.1
지 출	274.1	271.0	274.7	358.6	260.0
수 지	21.9	59.5	26.9	-79.7	-97.9

출처: Kingdom of Saudi Arabia, Ministry of Finance
(https://www.mof.gov.sa/english/downloadscenter/pages/budget.aspx)

확충되었다. 또한 한정된 자원인 석유의 고갈을 대비하여 1980년대 초부터 중화학 공업 개발에 착수하였다.

사우디아라비아에도 각종 세금이 존재한다. 예컨대 이슬람교도이면 누구나 의무적으로 연간수입의 40분의 1을 자카트(Zakat: 종교구빈세)로 내야 한다(손주영·김상태, 1999: 144). 이것은 자발적 헌금과는 구분되어야 한다. 그럼에도 불구하고 유전을 국유화했기 때문에 총세입에서 석유가 차지하는 비중이 조세 등 다른 세입에 비하여 매우 높다. 사우디의 예산과 결산구조를 살펴보면 [표 10-4]와 같다.

사우디아라비아의 역점사업별 세출예산규모의 최근 3년간을 살펴보면, 국방·치안 등의 기타 분야에 상당히 많은 예산이 할애되고 있는 것을 볼 수 있다. 그에 비해, 보건 및 사회 분야는 실업률이 상당히 높은 사우디아라비아의 현실에 비해

표 10-5 역점사업별 세출예산규모($억)

부 문	2015	비 고
교육 및 훈련	51.11	
보건 및 사회개발	27.96	
서민 생활 서비스	5.67	
인프라·수송·정보망	6.37	교통부, 철도청, 통신부 등
경제·관광·수도·전력	20.83	경제기획부, 석유부, 통상산업부, 농업부, 수자원부 등
군사 및 치안 서비스	56.90	별도 분리(내무부, 국방부, 국가방위부, 정보부 등)
공공행정	6.36	
예비비 포함 기타	85.60	예비비: 급격한 유가변동에 대한 대비
총계	260.80	

출처: Kingdom of Saudi Arabia, Ministry of Finance
(https://www.mof.gov.sa/english/downloadscenter/pages/budget.aspx)

예산규모의 비중 자체가 적을 뿐만 아니라, 증가율도 미미한 것을 알 수 있다. 특히 많은 비중을 차지하고 있는 국방·치안 등 기타 분야는 민감한 부분이라는 이유로 구체적인 예산규모를 밝히지 않고 있으며, 이로 인해 정확한 예산액을 알 수 없는 한계가 있다. 이것은 절대왕정국가가 가질 수 있는 특징으로서 국민대다수를 위한 정치라기보다는 소수를 먼저 생각하기 때문이다.

Ⅳ 거버넌스

유목민족으로서 각지에 흩어져 살고 있는 데다가 교통통신의 제약 때문에 지방에서는 제한된 범위의 부족적 '자치'형태가 존재하고 있다. 그러나 사우디아라비아의 거버넌스는 여전히 왕족에 의한 엘리트 지배가 이뤄지고 있고, 제한된 범위에서 하의상달이 이루어질 뿐이다. 즉, 여전히 왕에 의한 중앙집권적 전제정치의 특성이 지배적이다. 이러한 사우디아라비아에서 서구식 지방자치와 거버넌스를 도입하는 것은 의미 있는 일이다.

1. 지방자치와 참여

사우디아라비아의 경우 14개의 주(주의 명칭은 province, 혹은 amirate로 불림. 지방에 따라 쓰이는 명칭이 다름)로 이루어져 있다. 주 밑에는 각 시정부(minicipality council)가 있고, 사우디 전체에 178개가 있다. 각 지방정부에는 주지사인 amir가 왕에 의해 임명된다. 이론적으로 보았을 때 이러한 지방정부의 행정은 내무부(ministry of interior)에 의해 담당되어지나, 사우디아라비아에서는 실제적으로 주지사들이 내무부를 거치지 않고 국왕에게 직접 보고하고 지시를 받는다. 이러한 연유는 14개주의 모든 주지사들은 국왕의 형제이거나 아들, 조카들(이들 역시 모두 왕자임)이기 때문이다.

주지사의 주요한 역할은 중앙정부(국왕과의 국정조율)와 함께 각 지방정부의 사안에 대한 모든 업무에 있어서 정책결정과 책임을 지고 있으며, 치안의 유지(지방

경찰청장을 겸직하고 있다고 보면 됨)와 주 소속의 사우디아라비아방위군 사령관도 겸직하고 있다. 그리고 각 주의 공무원 임명과 인사권, 그리고 방위군의 임명과 인사권을 모두 가지고 있다.

각 주에는 중앙정부와 마찬가지로 주정부 차원의 자문위원회(majlis)를 두고 있다. 자문위원회는 거의 매일 열리며, 주정부의 정책과 주요 공공문제에 대한 해결을 모색하고, 이와 함께 주민들의 요구사항을 논의한다. 자문위원회는 각 주당 30명이며, 내무부장관이 임명한다.

그리고 주지사는 주지사의 수석정책보좌관을 임명하게 되는데, 주로 1명이나 때로는 2명도 임명되기도 하며 그 직책은 deputy of amirate이다. 때로는 부주지사를 최고 3명까지 임명하기도 하여 주를 구역별로 나누어 통치하도록 하고 있다. 부주지사의 경우에도 주로 왕족이 맡는 경우가 대부분이다. 다시 강조하면 이들 역시 왕자이다.

주요 도시나 지역의 경우 지방행정부(ministry of municipal and rural affiars)가 직접적으로 관리하게 된다. 지방행정부는 당초 내무부 산하의 청(deputy ministry)이었으나 1975년 정식부처로 승격된 것이다. 이 부의 주요기능은 도로포장, 경관조성 등 인프라 구축이고, 나아가서 지역경제개발까지 담당한다(minictry of Information, 2002: 63~64).

그리고 1960년대부터 주의회를 만들어서 주지사의 정책적인 보좌를 실시하고 있는데, 1992년 파드 국왕에 의하여 주의회에 대해 선거를 치를 수 있음을 천명하였다. 민주화에 대한 국내외의 압력이 있자, 마침내 2005년에 최초의 지방의회 선거가 치루어졌다.[6] 2015년 12월에 전국에서 총 2,106명의 지방의원이 선출되었다.

사우디에서는 오랫동안 여성의 참정권과 운전을 허용하지 않았다. 2010년 튀니지, 이집트를 기점으로 시작된 소위 자스민 혁명은 이런 거버넌스체제에 중대한 변화를 가져왔다. 아직 여성의 투표참여율이 낮고, 투표에서 남성의 영향력이 크지만, 최초의 여성의원이 당선되는 등 변화를 겪고 있다.

---

6) 사우디에서 실시된 최초의 선거는 178개의 지방의원 중 절반을 직선하게 되는 지방의회 선거이다. 유권자 등록은 2004년 12월 22일까지이며 출마자 등록은 12월 26일부터 30일, 그리고 선거는 2005년 2월 10일에 실시되었다. 그러나 대부분의 시민은 선거용어에 대해 생소해하고 있으며, 유권자의 수 또한 정확하게 파악이 되고 있지 않다. 게다가 여성은 이번 선거에 참여할 수 없다는 점도 논란의 대상이 되고 있다.

2. 거버넌스와 행정개혁

사우디아라비아와 같은 이슬람국가에서는 거버넌스를 논하는 것 자체가 부자연스러운 일이다. 사우디아라비아의 대내통치의 원리는 슈우라와 복종이라고 요약할 수 있기 때문이다. 슈우라는 <모든 일에 협의하라>라는 코란의 조문에서 나오는 원리로 국가원수를 선출하는 독특한 원칙을 말한다. 이렇게 지명된 국가원수와 국민사이에 '복종'의 계약이 체결된다고 본다. 복종의 원리는 '믿는 자들이여, 알라를 따르라. 그리고 알라의 사도와 너희들 중 권한을 가진 자를 따르라'라는 코란의 문구에 명백히 나타난다(금상문, 2006: 116). 따라서 내각회의에서 반대의사표명을 하는 것은 인정되지만 정당무용론이 지배적이어서 정당이 존재하지 않는다. 즉 대내통치의 원리로 자유와 평등 등 다른 서구국가에서 존중되는 가치도 강조되기는 하지만, 실제 정치생활에서 서구식 다원주의와 민주주의의 원리를 실현시킨다는 것은 요원하다고 할 수 있겠다.

정치권력에 관한 것뿐만 아니라, 정치는 경제에도 밀접히 관련된다. 사우디아라비아의 경제거버넌스도 매우 독특하다. 즉 자본주의와는 다른 원리의 경제원칙, 즉 이슬람 경제원칙에 따른 자본축적만을 허용한다(심의섭·홍성민, 1987: 24). 그것은 타인에게 손해를 입히면서 재물을 획득하거나, 뇌물, 절도, 도박, 투기, 사재기 등 정상적인 노력을 하지 않은 채 자본축적을 하는 것을 금지하고 있다. 따라서 은행 등 금융기관을 통한 이윤도 금지하고 있다. 즉, 정당한 교환관계에서 파생한 자본축적만을 허용한다. 고용주와 노동자의 노동관계도 서구식 개념이 아니고, '끼드라'라고 하는 원리로서 양자가 투자관계로 이윤을 발생시키고 이윤이 남으면 분배한다는 형식이다(금상문, 2006: 120).

그럼에도 불구하고 사우디아라비아는 국제 무역관계에서 석유를 가지고 이윤을 극대화하는 자본주의적 특성을 많이 가진다. 즉, 풍부한 석유자원을 가지고 막대한 부를 창출하였다. 그런데 이러한 이윤을 지배계급인 왕과 로열패밀리에 의해서 그 사용방법이 정해진다(금상문, 2006: 179). 또한 국내에서도 지배계급인 왕과 왕족들이 많은 이권에 개입하여 자본을 축적한다.

이러한 정치경제생활과 더불어 사우디아라비아 사회는 계급사회라고 볼 수 있다. 가장 위에는 왕과 왕족, 그리고 울라마라는 종교학자들이다. 이들이 바로 사우디아라비아의 사회를 움직이는 핵심그룹이라고 할 수 있다. 다음으로 이들 핵심그룹에 속하지는 않지만 정책을 집행하는 공무원, 변호사, 군장교, 조종사, 의사,

고급 관리자, 기업관리자 등이 있다. 이외의 사람들은 권력을 행사하지 못하는 피지배층이라고 봐야 할 것이다.

이러한 내용이 사우디 사회에서 권력행사라는 측면에서 본 것이라면, 일부다처제이고 다자녀를 갖는 세대 구성의 특징으로 인해 혈연에 의한 구분도 이뤄진다. 특히 이들은 특정지역에 모여서 거주하기 때문에 일종의 사회세력을 형성한다. 이를 부족(tribe: Ka)이라고 한다. 현 사우디의 지배계급인 왕족은 '아니자' 부족이다. 우타이베(utabeh) 부족은 팔레스타인 지역에서부터 걸프만까지 흩어져 살고 있는데, 사우디의 사회안정에 중요한 역할을 한다. 이외에도 영향력 있는 부족은 5~6개가 있다. 이들 부족 내에는 부족장이 있는데 세이크(sheikh)라고 불린다. 이들은 부족의 여론을 주도하는 사람들이기 때문에 사우디 왕을 비롯하여 왕족과 상호작용을 하면서 자기 부족의 입장을 대변한다(금상문, 2006: 184). 즉, 사우디아라비아 사회는 왕족의 절대적 권력을 부족이 지지해주는 거버넌스 형태를 취한다.

사우디아라비아에서 왕족과 Ulama와 함께 주요한 리더그룹으로서 베두윈(beduin tribes)을 뺄 수 없다. 베두윈은 유목민으로서 오랜 세월 동안 상인으로서 활동해 왔고 지역사회에서 매우 영향력 있는 집단이다. 그리고 지방의 토착부족들 역시 지방에서 큰 영향력을 미치고 있다. 물론 석유자원의 개발과 함께 이들 고유 부족들의 위상도 변화하여 석유와 관련된 부족의 경우에는 여전히 영향력을 발휘하고 있으나, 그렇지 않은 부족의 경우는 쇠퇴일로를 겪고 있다. 최근 들어서는 서구의 고등교육을 받은 전문가집단이나 도시의 상인 계층, 그리고 기술관료들이 새로운 엘리트 집단으로 부상하고 있다(하병주, 2001).

이와 함께 사우디아라비아에서도 소외받는 집단이 있는데, 그 집단이 바로 Shia파 이슬람교도들이다. 현재 사우디아라비아에는 20만에서 40만 사이로 추정되는 Shia파 이슬람교도들이 있다. 사우디아라비아의 경우 수니(Suni)파가 주요한 이슬람 종파로 그 뿌리를 깊게 내리고 있기 때문에 시아(Shia)파의 경우 하층집단을 형성하고 있다. 이러한 종교계파 간의 차이가 일종의 계층적 거버넌스체제로 작동하고 있는 것이다.[7]

사우디아라비아의 국가개혁 및 행정개혁은 이슬람 종교공동체의 정통성을 해치지 않는 범위에서 이루어지고 있다. 이 범위 내에서의 개혁은 국왕이나 실권자가 마음만 먹으면 개혁할 수 있는 것이다. 전술한 대로 제9차에 걸친 국가발전계획을 통하여 사우디아라비아는 지속적인 경제성장 및 국가성장을 추구하여 왔다.

---

7) 수니파와 시아파 간의 차이는 송주영·김상태(1999)의 159~166쪽을 참조할 것.

최근에는 국제유가 하락으로 사우디 경제가 많은 타격을 입고 있다. 25년 만에 해외에서 돈을 빌려야 할 처지가 되었고, 파격적인 개혁을 위해 2016년 '비전 2030'을 발동하였다. 그것은 아람코를 비롯하여 공기업을 민영화하는 것과 같은 혁신안을 통해, 원유 이외의 세입을 6배 증가시키고, GDP 대비 민간비중을 40%에서 65%로 올린다는 야심찬 계획이다. 또한 실업률을 11.6%에서 7%로 축소한다는 목표를 세우고 있다. 즉 비공공분야(private sector)의 개혁과 경제체제의 개혁을 추진하고 있다. 특히 농업, 사회복지, 공공교통 등 비석유분야에 개혁의 우선순위를 두고 있는 것으로 보인다(송주영·김상태, 1999: 394~395).

현재 압둘라 국왕은 급속한 현대화나 개방정책에 반대하는 입장을 취하고 있다. 압둘라 국왕은 1990년 걸프전 당시 사우디아라비아내 미군기지 설치를 반대한 인물이기도 하다. 그리고 팔레스타인이나 시리아와 긴밀한 관계를 유지하는 입장을 취하고 있다.

그럼에도 불구하고 압둘라 국왕은 강경한 '반미주의자' 혹은 석유자원을 활용한 '자원민족주의자'라고 보기는 어렵다. 오히려 급격한 변화를 방지하면서 사우디아라비아의 이익을 극대화하는 실용주의자라고 봐야 한다. 따라서 공공부문에서도 공직사회의 실적제 등 매우 제한된 범위 내에서 개혁을 표방하고 있지만, 실제로는 왕족들의 독점적 지배체제이기 때문에 큰 변화를 가져오기는 어렵다.

V 한국과의 비교

사우디아라비아는 완전통합모델에 속하는 국가이다. 따라서 정치, 경제, 행정, 사회, 문화 등 각종 제도 및 기구가 통합되어 있다. 즉, 종교의 우산 아래 국왕의 수하에 모든 것이 수렴되고, 결정된다. 이것은 상대적 통합모델, 특히 서구 민주주의국가라는 입장에서 보면 비정상적인 것으로 보이는 면도 있겠지만, 그들의 시각에서 보면 그렇지도 않다. 자국의 관점에서 자세히 들여다보면 나름대로의 불가피성 혹은 합리적인 측면을 볼 수 있을 것이기 때문이다.

한국은 비교적 완전통합모델에 속했던 과거 군사정부시기를 거쳐 상대적 모델로 발전하고 있다. 따라서 사우디의 경우와 극명하게 대조되는 면이 많이 있다.

사우디아라비아에서는 석유자원을 기반으로 하는 공공경제가 차지하는 비중이 상당히 크다. 오일머니를 중심으로 경제를 국가가 주도하기 때문에 민간부문 혹은 시민사회가 발달하기 어렵다.

또한 정치행정체제의 주요 비교항목을 보면 사우디아라비아는 우리나라와 극명한 대조를 보인다. 즉 진정한 국민의사대변기구로서 의회의 존재 여부, 국민투표의 존재 여부, 공사부문의 엄격한 구분 여부, 공직임용에 있어서 신분적 차별 여부, 일반국민의 정책참여 여부 등 제도의 분화(한국)냐 아니면 통합(사우디)이냐라는 대조되는 점을 가지고 있다.

아울러 한가지 완전히 다른 점은 제도가 아닌 '사람'에 의한 통치가 이루어진다는 것이다. 장관은 물론이고, 지방에 이르기까지 사우디아라비아 사회 곳곳에 왕자들이 포진하여 중요한 의사결정을 한다. 즉, 왕족에 의한 혈족정치가 이루어진다.8) 따라서 상술한 기능미분화와 더불어 사우디아라비아에서는 법적 제도화수준에 의한 체제의 예측가능성과 안정성이 부족한 편이다. 한국도 일부 명문대 출신에 의한 엘리트 계층에 의해 지배되는 측면이 있다는 비판을 받고 있지만(김상봉, 2004), 사우디아라비아와 완전히 다른 것은 한국에는 어느 정도 경쟁이 있으며, 세대간 엘리트 이동이 가능하다는 점이다. 오히려 한국에는 대통령이나 국회의원은 물론이고, 장관이나 고위공무원은 지나칠 정도로 빈번하게 자리부침이 있다. 이에 비하여 사우디의 엘리트들은 거의 평생 권력의 자리를 누리는 것이다.

이와 같이 한국의 입장에서 보면 사우디아라비아는 매우 독특한 나라라고 보여진다. 그러나 진정한 비교라는 것은 한 국가, 혹은 사회에 대한 단순열거식으로 하는 2분법적 비교가 아니다. 즉 비교의 목적은 그 사회에 대한 진실에 다가가고자 하는 열정의 발로이며, 나아가 비교를 통한 함의를 도출해 내야 한다는 것이다.

사우디아라비아에 대한 비교의 관점도 역시 깊이 있는 이슬람문화와 함께 연구되어야 한다. 국제협력과 공공원조(ODA)는 물론이고, 사우디아라비아의 경제적 진출이나 정치적 관계 형성에서 보다 깊이 있는 이해가 필요하다. 즉, 피상적인 이해를 넘어서서 심층적 지역연구로 이 나라를 이해해야 한다.

정부의 역할과 행정수단에 대해서도 깊이 있는 고민이 필요하다. 물론 완전한 통합형태에서 어느 정도는 상대적 통합모델로 나아갈 것이다. 그럼에도 불구하고 사우디아라비아의 전통적인 통치체제에는 큰 변동이 없을 것을 전제로 정부경쟁

---

8) 따라서 사우디아라비아의 정치행정체제를 이해하는 것은 주요 왕족의 인적 사항을 비롯한 지배층의 인적 구성과 성향을 이해하는 것이 필수적이다.

력을 제고하는 방법을 모색해야 한다.

사우디아라비아에 대한 본 장의 분석은 부족한 원천자료와 함께, 분석틀이 서구를 기준으로 하기 때문에 이슬람국가의 독특성을 반영하기에 많은 한계를 갖고 있다. 앞으로 사우디아라비아의 고유한 특성을 조명할 수 있는 분석틀이나 시각에 대한 논의가 필요하다. 특히 급변하고 있는 21세기 환경변화에 사우디아라비아가 과연 어떠한 모습으로 변화해 갈 것인가에 대한 관심도 요구된다.

☕ **차 한잔의 여유**

수니파와 시아파 1400년째 분쟁

AFP통신에 따르면 4일(현지시간) 사우디가 처형한 시아파 성직자 님르 알 님르(56)의 고향에서 경찰을 겨냥한 총격전이 벌어졌다. 1명이 사망하고 1명이 부상을 입었다. 전날에는 이란 테헤란 주재 사우디대사관이 시위대의 공격을 받았다. 사우디 측은 즉각 이란과의 외교관계를 단절하겠다고 등을 돌렸고, 자국 주재 이란 외교관에게 48시간 이내 본국으로 떠나라고 통보했다.

사태의 도화선에 불을 붙인 장본인은 사우디다. 사우디는 지난 2일 시아파 지도자와 테러혐의로 사형이 선고된 알카에다 조직원 등 47명을 집단 처형해, 중동 시아파의 분노를 샀다.

이에 따라 중동 국가들은 현재 두 진영으로 나뉘어 대립하고 있다. 이슬람 수니파 왕정인 아랍에미리트(UAE), 요르단, 이집트 등 걸프협력회의(GCC) 6개국은 사우디를 지지하고 있으며 이라크, 바레인 등 시아파 국가들은 사우디를 맹비난하고 있다.

AP, BBC, NYT 등 외신들은 이번 마찰로 이슬람교 수니파와 시아파가 1400년 동안이나 갈등을 겪고 있다며 집중 보도했다.

수니파와 시아파는 왜 이렇듯 오랜 기간 앙숙으로 지낼 수밖에 없었을까.

◆ 이슬람교 분열 원인, 종교 아닌 '권력'

갈등의 기원은 7세기 아라비아 반도에서 찾을 수 있다. 이슬람교 창시자인 예언자 무함마드가 610년 이슬람교를 창시한 후 22년 후인 632년 후계자를 지명하지 않고 사망하면서 종단 내 분열이 생기기 시작했다. 분열의 원인은 종교적인 교리가 아니었다. 종교와는 상관 없는 후계자를 둘러싼 알력 다툼이었다.

지도층을 중심으로 무함마드의 유일한 혈통인 조카 '알리'를 후계자로 추대해야 한다는 측이 나타났다. 이와는 달리 장로 중 덕망이 있는 자로 선출해야 한다는 입장이 팽팽히 맞섰다. 결국 초기에는 원로회의의 결정에 따라 칼리프를 선출하게 됐고, '정통 칼리프 시대'를 이어간 4명의 칼리프(아부바르크, 우마르, 오스만, 알리)가 탄생했다.

본격적으로 수니파와 시아파가 갈라지게 된 사건은 4대 칼리프인 알리가 661년 암살을 당하면서다. 또 그의 혈통 후세인이 680년 이라크 카르빌라 전투에서 사망하면서 양 측은 철천지원수가 됐다. 이처럼 수니파와 시아파는 권력 다툼으로 분열된 후에서야 종교적 교리와 예식, 법률, 신학, 종교기관을 달리하기 시작했다.

이와 관련해 지난 3일 뉴욕타임즈는 "후세인의 죽음이 수니파와 시아파의 영구적 갈등을 초래했다"고 평가했다.

◆ '이맘'에 대한 전혀 다른 시각

수니파와 시아파가 후계자를 놓고 입장을 달리한 이유는 사실 이슬람 경전 코란과는 전혀 상관이 없다. 예언자 무함마드의 언행을 기록한 '하디스'를 놓고 두 파의 접근이 다르기 때문에 문제가 생겼다.

시아파는 무함마드가 완전무결하다고 믿으면서도 그의 혈통인 알리도 특별함을 갖고 있다고 믿었다.[9] 시아파가 혈통을 중시하는 이유이기도 하다. 시아파는 신에 의해 혈통이 선택된다고 믿었다. 그래서 최고 지도자인 이맘은 나면서부터 죄가 없다고 믿었으며 인간이 가질 수 있는 모든 능력을 가져 절대적으로 완벽하다고 신봉했다. 무함마드의 특별함을 그 혈통으로 이어지는 후손이 이어간다는 믿음이다.

반면 수니파는 최고 성직자인 이맘이 무슬림 원로회의의 선택이나 칼리프의 지명으로 결정될 수 있다고 봤다. 이들에게 칼리프는 인간에 불과하며 일반인보다 더 뛰어난 정도였다. 이들은 칼리프도 죄를 지을 수 있다고 봤으며 권위에 대한 복종을 통해 이슬람이 유지될 수 있다고 생각했다.

이 같은 배경에서 사우디의 알 님르 처형은 지도자에 대한 존재감이 절대적인 시아파에게는 더욱 더 큰 분노를 불러일으켰을 것이라는 분석이다. 또 이 때문에 시아파의 반발과 시위가 더욱 거세질 것이라는 전망도 나오고 있다.

전문가들은 사우디가 이를 예상하지 못한 것은 아니었을 것이라고 진단한다. 하지만 최근 사우디가 유가하락과 재정난 등으로 불거진 자국 내 '위기설'을 잠재우고, 알 님르 등이 이끈 반정부·민주화 바람을 막기 위해 주변국과의 외교적인 관

---

9) 무함마드는 정략결혼으로 여러 부인이 있었으나 외동딸 하나 밖에 없었으므로, 알리의 아들 후세인이 유일한 핏줄이다. 근친혼이 허용되기 때문에 사촌관계가 된다 ― 필자주

계를 포기하고 이 같은 강수를 둔 게 아니냐는 게 중론이다.

　영국 가디언지는 "사우디에서 소수파인 시아파를 이끌면서 수니파와 평등한 권리를 주장하는 알 님르가 사우디 정부로서는 가시와도 같았을 것"이라고 진단했다(이상 뉴스천지, 2016. 1. 5).

　전세계에는 약 12억의 이슬람신도가 있다. 이들 이슬람교도 가운데 수니파(85%)가 다수이고 시아파(15%)는 수적으로 열세이다. 수니파는 사우디아라비아를 필두로, 시리아·이집트·요르단 등 대부분 중동국가에서 다수 종파를 차지하고 있다. 이에 비하여 이란을 필두로 이라크·바레인 등에서는 시아파가 주류로 있다. 사우디아라비아는 수니파 중에서도 Wahhabism을 믿는 사람들이 핵심을 이루는 나라이다. 와하비즘은 사우디 중부지역 출신인 '무함마드 빈 압둘 와하브(1703~1792)'의 이름에서 유래한 것으로 사우디아라비아 왕국 건국이념의 기초가 되었다. 이는 코란을 엄격히 지키고 청렴한 생활을 중시하고 있는 이슬람 근본주의이다. 즉, 술·담배를 금하고 체스같은 놀이도 금한다. 종교나 예배와 같은 이슬람종교의식에서도 미신적 요소를 배제하여, 초상화같은 것도 금지한다. 오직 종교에 몰입하도록 하고, 주거과 의복도 최소로 간소화한다.

중동 이슬람국가 종파 분포
전세계 이슬람교도 가운데 수니파가 전체의 85%를 차지, 나머지는 시아파

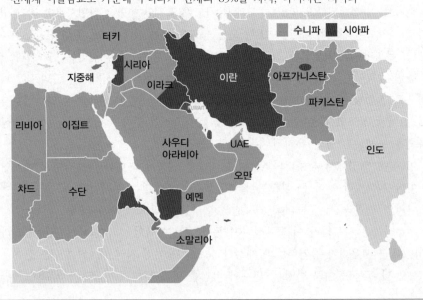

◈ 참고문헌

권중관·김은경(2015), "사우디아라비아의 교육체계 및 제도의 국제화 과정 분석," 『한국 중동학회 논총』, 36권 1호.

금상문(2001) "세계화에 대한 아랍의 적응에 관한 연구," 『한국 이슬람학회 논총』, 11, 한국 이슬람학회.

금상문(2006), 『사우디아라비아의 외교정책: 결정메커니즘 연구』, 서울: 학술정보.

김상봉(2004), 『학벌사회』, 서울: 한길사.

김종찬(2004), 『중동의 두 얼굴: 국제 테러와 세계 경제 부흥의 중심지가 된 중동보고서』, 서울: 새로운사람들.

손주영·김상태 편(1999), 『중동의 새로운 이해』, 서울: 오름.

심의섭·홍성민(1987), 『현대 이슬람 경제론』, 서울: 집문당.

유정열(1991), 『중동정치와 그 현실』, 서울: 어문각.

장건(2003), "사우디아라비아의 세계화와 경제발전," 기초학문육성학술대회발표논문, 한국외국어대학교 중동연구소.

정관용(1986), "공무원제도의 비교연구," 동국대 석사논문.

중동연구소(1976), 『사우디아라비아의 경제』, 중동문제연구소.

최진영(1999), "사담 후세인 ― 아랍 세계의 패권을 꿈꾸며," 『권력과 리더십1』, 서울: 인물과 사상사.

하병주(2000), "이집트, 사우디아라비아의 시민사회와 이슬람," 한국정치학회 2000년 추계 학술회발표논문, 한국정치학회.

하병주(2001), 『현대 중동정치 이해』, 부산: 부산외국어대학교 출판부.

Fouad Al-Farsy(2001), Modernity and Tradition, Knight Commiation Ltd.

Huntington, Samuel P(1993), "The Clash of Civilizations," *Foreign Affairs*, Summer, Vol.72, No.3.

Miner(1993), Jane C and Claypool, Jane, *Saddam Hussein*, The Rourke Book Company.

Ministy of Information(2002), *A Country and A citizon For a happiy, decent life*, ministy of Information.

Wallach(1990), Janet and Wallach, John, *Arafat: In the Eyes of the Beholder*, Carol Pub Group.

중동경제연구소 www.hopia.net/

CIA www.cia.gov/cia/publications/factbook/geos/sa.html

Chapter 11

검은 대륙의 잠재력: 우간다

이 장은 권혁주 외(2016), 지속가능한 개발과 공공행정, 문우사, 제2부 제8장 우간다의 정책조정 환경과 행정개혁의 내용을 발전시킨 것이다.

면적: 241,038㎢	인구: 약 35,918,915명 세계35위(2014. 7. est. CIA 기준)
인구밀도: 약 119명/㎢	수도: 캄팔라
주요 언어: 영어, 우간다어	종교: 가톨릭 42%, 성공회 36%, 이슬람 16%
통화: 1달러($)=3333.3UGX	국내총생산(GDP): 571억 달러(1인당 GDP: 약 1,245달러, 2013)

I 아프리카의 슬픈 환경

1. 검은 대륙의 잠재력

아프리카대륙은 전세계에서 가장 면적이 큰 대륙이다. 대략 미국, 중국, 그리고 유럽의 몇몇 작은 국가들의 국토를 모두 아프리카대륙에 집어넣을 수 있는 정도라고 보면 된다. 인구는 약 11억인데, 인구증가율이 높아서 2050년에는 약 22억명에 달할 것으로 예측하고 있다. 그러나 경제적으로는 전세계 무역규모의 3%밖에 차지하지 못하고 있다. 정치, 경제, 과학기술에서 사실상 단절된 위치에 있다.

아프리카는 국가라는 정치체가 형성되기 이전에 인간이 부족의 형태로 여러 곳에 분산되어 살아오고 있었던 것으로 추정된다. 그런데 17~19세기 삼각무역으로 약 1,200만 명의 아프리카인들이 노예로 팔려 나갔다. 유럽제국들이 그들의 자의대로 아프리카를 식민통치하면서 1885년 베를린에서는 자의적으로 국경을 만들기까지 하였다. 그리고 영국, 프랑스, 벨기에, 포르투갈 등은 자국의 민간회사를 세우고 이들을 통하여 아프리카를 수탈하였다(제이크 브라이크 외, 2016: 146).

이들 민간회사를 앞세운 유럽강대국과 식민지에 세워진 행정부는 수탈경제에 뒷받침되는 방향으로 아프리카 개발을 하게 된다. 개발정책도 식민착취를 위한 수단에 불과하였다. 즉, 철도는 국토의 균형발전을 위한 수단이라기보다는 광물, 고무, 바나나 등을 유럽에 보내기 위한 목적으로 항구를 향해 건설되었다. 모든 완제품은 수입되었고, 원료는 가공되지 않고 수출되었다. 전세계 무역규모의 3%밖에 차지하지 못하는 것은 바로 이러한 구조적 특성 때문이기도 하다.

독립한 이후에도 아프리카의 각국 정부는 진정한 정부의 경쟁력을 갖추려고 하지 않았다. 군부의 쿠데타로 정권을 잡은 독재자들은 장기집권을 하는 것을 주저하지 않았다. 그 이면에는 각국을 구성하는 부족간 갈등이 있다. 식민통치국가들은 다수를 점하고 있는 부족을 활용하기보다는 소수 부족과 손을 잡고 정권을 유지하게 함으로써 자신들에게 의존토록 한다.

정통성이 부족한 독재자들의 지휘를 받는 행정부들은 국가의 진정한 발전보다는 정권유지가 최우선의 목표로 작동하게 된다. 국가가 경제와 산업에 깊이 간여하여, 불평등한 자원배분을 통해 부족간 계서적 관계를 유지한다. 공공부문의 크기는 대체로 큰 편이어서, 공공부문이 현대적 일자리의 절반 정도를 차지할 정도이다(제이크 브라이크 외, 2016: 151). 이처럼 공공부문이 팽창되어 있지만, 정권유지 기능을 중심으로 움직이는 경향이 있다. 그러나 민주국가에서 볼 수 있는 견제기능이나 다양한 행정수요를 충족시키지 못하는 것이 보통이다.

　대부분의 아프리카 국가들은 구 식민국과 정치·경제·문화적으로 의존하는 관계에 있다. 이에 더하여 세계 각국의 개발원조(ODA)의 수혜국이기도 하고, 각종 국제 NGO가 활동하는 무대이기도 하다. 즉, 대외의존성이 크기 때문에 항상 외부 환경적 요소를 배경지식으로 삼아야 그 나라를 정확히 알 수 있다.

　아프리카는 다국적 기업들이 자원개발을 비롯하여 각종 경제활동을 위해 경쟁하는 각축장이기도 하다. 그리고 이들의 뒤에는 해당국가의 정부가 있다는 것도 사실이다. 공업화가 빨리 진행되고 있는 반면, 선진국들의 폐기물이 버려지는 곳이기도 하다. 산업화로 인한 공해로 이탈리아 등 남유럽이 미세먼지로 어려움을 당하기도 한다. 대부분의 국가가 식수 등 물부족에 허덕이고 있고, 전기의 부족으로 각종 경제활동 및 일상생활조차 제약을 받고 있다. NGO 등은 무능한 정부 때문에 민간주도로 해야 한다는 이른바 거버넌스론을 주장하지만, 민간이 정부를 대신할 수는 없는 것이다. 다른 대륙에 비하여, 아프리카 정부의 경쟁력있는 정책이 절실히 요구되는 것이 이러한 이유 때문이다.

기본 인구통계도 없는 현실

　아프리카 중산층의 크기를 측정하려면 모호한 정의와 자료의 혼란스러운 세계로 깊이 빠지게 된다. 중산층 크기의 추정치는 3천만에서 3억 5천까지 다양하게 나타난다. 스탠다드 뱅크(Standard Bank)의 추정이 맞고 경제성장이 궤도에서 벗어나지 않는다면 2030년까지 앙골라, 에티오피아, 가나, 케냐, 모잠비크, 나이지리아, 남수단, 수단, 탄자니아, 우간다, 잠비아에서 4천만의 중산층이 생겨날 것이다. 입수할 수 있거나 믿을 만한 자료가 부족하기 때문에 아프리카 국가에서는 소득을 추산하고 소비 패턴을 이해하는 것이 상당히 힘든 일이다. 미국을 비롯한 선진국에서 당연한 것으로 여겨지는 통계 서비스가 SSA 대부분 국가에서는 존재하지 않거나 존재한다 해도 그만큼 정교하지 못하다. 대부분 아프리카 국가의 인구자료는 불분명하다. 나이지리아의 인구 추정치는 표본 추출 방법과 서베이 기준에 따라 1억6천5

백만에서 1억8천만까지 달라진다. 정확한 수치가 없는 상태에서 이 SSA 최대 경제
국의 중산층의 크기를 가늠하는 것은 쉽지 않다.

출처: 제이크 브라이크 외, 2016: 78.

아프리카 국가들은 자신들의 저개발문제 등이 개별국가 차원에서 해결되기
어려운 지역(region)적인 것임을 인식하는 것 같다. 1964년에 만들어진 아프리카개
발은행과 유럽연합(EU)을 모델로 2002년 결성한 아프리카연합 등은 이런 문제인
식에 기반한 개선노력이라고 하겠다. 54개의 아프리카 국가 중 모로코를 제외한
53개국이 참여하는 아프리카 연합은 기존의 아프리카경제공동체(AEC)와 아프리카
통일기구(OAU)를 통합해 만들었다. 이는 아프리카 최대의 국제기구로, 본부는 에
티오피아의 수도 아디스아바바에 있다. 또한 1964년에 만들어져 1966년부터 활동
을 시작한 아프리카개발은행은 아프리카 국가들의 경제 개발 및 사회 진보를 촉진
시키는 것을 주요 임무로 하고 있는 기관이다. 아프리카 개발기금(AFDF), 나이지리
아 신용기금, 아프리카 재보험회사(Africare), 아프리카의 투자·개발을 위한 국제금
융협회(SIFIDA), 아프리카 개발금융기구협회(AADFI) 등 5개 기관은 이 은행과 제휴
하여 공적, 사적 자금을 운용하고 있다. 현재 아프리카 국가 54개, 비 아프리카 국
가 26개국이 회원이며, 주요 의사결정은 국제연합(UN) 아프리카 경제위원회가 운
영에 관여하고 있지만 UN 산하기관은 아니다.

2. 우간다 개관

우간다의 근현대 역사와 사회적 특징을 살펴볼 필요가 있다. 한 나라의 정치
행정과정은 그 사회의 독특한 역사와 사회적 특징에 좌우되기 때문이다.

우선, 지리적으로는 동아프리카에 위치하고, 수도는 캄팔라(Kampala)이다. 동
쪽으로는 케냐, 북쪽으로는 수단, 서쪽에는 D.R.콩고, 남쪽으로는 르완다, 탄자
니아와 맞닿아 있으며 적도를 관통하는 내륙 국가이다. 적도가 지나가는 아프리카
의 중앙부분에 위치하고, 북부에는 고산지대, 남부에는 대평원이 있는 나라이다.
도시는 수도인 캄팔라 하나만 있다고 봐도 과언이 아니다. 고릴라가 멸종위기에
있어서 정부가 이를 보호하고 있다. 고릴라의 생태계에 가까이 가서 볼 수 있는 입

장권은 600달러 정도 한다. 공공서비스의 수준은 열악하다. 예컨대 캄팔라의 버스는 노선은 정해져 있는데, 정해진 시간이 없고 손님이 다 타면 떠난다.

'아프리카의 진주(Pearl of Africa)'로 표현되는 우간다는 아름다운 자연경관과 더불어 최근 25억 배럴에 달하는 석유가 매장되어 있는 것이 발견되었다. 2018년부터 석유 생산을 앞두고 있는데, 석유 생산이 시작되면 우간다 현GDP의 70%에 맞먹는 수익이 날 것으로 예측되고 있다.

역사적으로는 넓은 땅에 종족들이 흩어져 사는 상태였는데, 영국의 식민지시대부터 일종의 국가라는 단위가 인식되기 시작되었다고 볼 수 있다. 우간다는 1962년에 영국 식민지로부터 독립하였는데, 대체로 전체국민의 왕국, 종교, 종족에 따른 구분이 뚜렷한 나라였다. 그 중에서도 특히 왕을 중심으로 하는 왕국에 따른 분류가 중요하였다.

현 우간다 지역에서 지배적인 위치를 점했던 왕국은 부간다 왕국이었다. 그런데 영국 식민지통치시 '잃어버린 지역'을 부간다에게 빼앗겼다는 이유로 부간다는 부뇨로 왕국을 포함한 다른 4개 왕국의 큰 불만을 야기시켰다(황원규, 2011). 독립과 동시에 우간다인민국회(Uganda People's Congress, UPC) 수장 밀톤 오보테는 초대 수상이 되었고, 상대적으로 정치적, 경제적으로 안정기를 경험하였다.

그런데 1971년에 발생한 군사 쿠데타로 인하여 이디 아민이 정권을 잡았다. 군인 출신인 아민은 국가 요직에 군 출신 인사들을 대거 활용하고, 행정에 군의 원칙을 적용하며 군대 예산 지원에 총력을 기울이는 등 비정상적 통치를 하였다. 특히 아민 정권의 공포 정치는 오늘날에도 우간다의 아픈 역사로 손꼽히고 있다. 군사 쿠데타로 정권을 잡았기 때문에 정권의 합법성이 결여되었고, 이로 인해 아민 대통령은 자신의 이전 수상이었던 오보테에 대한 두려움에 사로잡혀 있었던 것으로 보인다. 따라서 자신의 정권에 비판을 하거나 위협이 되는 사람들을 체포했고, 정권에 반대하는 사람은 현장에서 즉사시켰다. 이 과정에서 8년 동안 (정확한 통계가 없지만) 적게는 10만 명, 많게는 50만 명에 이르는 목숨이 희생될 정도로 우간다는 폭력과 학살로 물들었고, 결과적으로 국가전체와 경제의 붕괴를 가져왔다.

이후 1980년에는 군부지원으로 오보테가 선거에서 승리하여 재집권에 성공하고, 이에 대하여 요웨리 무세베니(Yoweri Museveni)의 국민저항군(National Resistance Movement, NRM)이 게릴라전을 개시하는 등 혼란기가 시작되었다. 이러한 정치적, 경제적 혼란기는 1979년에서 1985년까지 지속되었다.

그리고 마침내 현 대통령인 무세베니가 이끈 NRM이 1986년에 권력을 잡았고, 우간다는 정치, 경제적 재건을 시작하였다(World Bank 공식 홈페이지). 1996년 5월에는 무세베니 정권 하에서 실시된 최초의 선거에서 무세베니가 당선되었고, 2016년 2월 대선에서도 다시 당선되었다. 민주개혁포럼(FDC)을 이끄는 베시그예는 대선에서 패배하자 성명을 내고 대선불복을 선언한 뒤 거리시위를 주도하였으나, 반역혐의로 체포되었다. 무세베니는 2016년 총선에서 총 920만표 중 560만표를 획득해 60.75%의 지지율로 재신임을 얻었다. .

취약한 시장구조

어떤 면에서 아프리카의 시장은 미국의 시장보다 자유롭다. 세금, 법규, 소송의 기준, 어디에서나 눈에 띄는 광고의 지배를 덜 받는 것이다. 시장이 도입한 것은 최근 아프리카에서 자신들의 상품을 판매하기 위해 목소리를 높이고 있는 KFC, 랜드로버(Land Rover), 팸퍼스(Pampers), 뵈브 클리코(Veuve Cliquot) 등의 서구 소비자 브랜드가 아니다. 아프리카에는 이미 활기가 넘치는 시장이 있었다. 주로 비공식적인 장소에 존재하는 시장 말이다. 거의 모든 것(화장지, 전화 충전기, 과일, 땅콩 등)에 대한 매매가 언제 어디서나 벌어진다. 비공식 경제 내에서는 구태여 허가를 구하지 않고, 매매를 좌우하는 규칙이 없으며, 모든 가격에 협상의 여지가 있고, 모든 거래가 직접적인 대면을 기반으로 이루어진다. 판매자는 7살 난 아이일 수도 있고 70살의 노인일 수도 있다. 이들은 그날 일을 하지 않으면 하루의 일당을 챙길 수 없다.

맥킨지 앤 컴퍼니에 따르면 아프리카 총 노동인구의 60퍼센트가 비공식적이고 '취약한' 상업 활동에 관여하고 있다. 이러한 거리의 시장에서 앞서 나가려면 빈틈없는 협상 기술, 정력적인 활동, 행운이 있어야 한다. 길이 막혀서 서 있는 운전자에게도 거의 끝을 알 수 없는 구매 옵션이 주어진다. 주로 가재도구나 소비재를 파는 이 상인들은 물건이 떨어져도 바로 두 차 앞에 있는 친구를 소리쳐 불러서 기적처럼 필요한 것을 대령한다. 모든 거래는 차가 출발하기 전에 완료된다. 거의 모든 요구에 부응하는 놀라운 제품 공급과 즉각적인 고객 서비스 경험이 펼쳐지는 것이다.

출처: 제이크 브라이트 외, 2016: 93.

우간다의 경제는 비교적 높은 성장률의 모습을 보이고 있다. 2000/01년에서 2003/04년 사이에 6.8%의 성장을, 2004/05년에서 2007/08년 사이에 8% 이상의 경제성장을 이룩하였다. 또한 우간다의 GDP는 지난 28년간 16배 확대되었다. 경제 예측에 따르면 국가발전계획(National Development Plan; NDP) 기간의 GDP성장률은 연평균 7.2%에 달할 것으로 예측된 바(IMF, 2010), 아프리카의 다른 나라에 비하여 상당히 높은 성장을 보이는 셈이다.

우간다 인구는 다른 어느 나라보다 젊은 층의 비중이 많은 편이고, 인구증가율도 4% 정도로 높은 편이다. 이런 인적자원의 활력이 향후 경제발전의 동력으로 작용할 것으로 보인다. 아울러 국민들의 성향은 보수적인 편이다. 국민 대부분은 이슬람교 아니면 기독교도로서 정기적으로 예배를 보는 사람들이 많다. 따라서 사람들과 만났을 때, 종교를 비판해서는 안 된다.

II 우간다의 정치체제

1. 다당제와 정당

현재 우간다는 다당제와 공화국 정체를 채택하고 있다. 1986년 무세베니 정권이 들어선 직후에는 당파적 갈등을 저지한다는 명분 아래 모든 정당 활동은 금지된 바 있다. 그리고 대통령이 의장으로 있는 National Resistance Movement (NRM)라는 정치적 조직만 활동이 허용됐다. 1986년부터 2005년까지 사실상 정당의 명칭을 갖지 않았을 뿐 사실상 정당과 다름없는 NRM 일당 체제로 19년을 지내온 것이다.

그러나 무세베니 정권은 국내외의 압력에 굴복해 다당제를 수용할 수밖에 없는 입장이 되었다. 결국 2005년 7월 다당제 복귀를 위한 국민투표에서 유권자의 90% 이상이 찬성함으로써 헌법이 개정되고 적어도 공식적으로는 다수당체제가 되었다(경제사회연구원, 2011: 78).

무세베니가 의장으로 있는 NRM은 국가에 대한 충성을 최상위 이념으로 삼고 있고 정당이다. 대통령이 여당의 당수를 겸하고 있고, 실질적으로 국회를 지배함으로써 권위주의적 정부를 운영한다고 할 수 있다. 국회 의석 수 365석 중 NRM이

다수를 확보하고 있기 때문이다. 즉, 형식적으로는 다당제 체제이기는 하지만, 일
당체제의 역사가 고스란히 남아있고, 절대 다수당인 여당 NRM이 우간다의 실질적
정책 결정권을 쥐고 있다. 따라서 NRM의 선거공약은 정책에 중요한 방향을 결정
한다고 볼 수 있다. 하지만 무세베니 정권의 독단적인 정책결정과 장기집권으로
인한 병폐로 기존의 지지층이 이탈하기도 한다. 그리고 결정된 정책을 정당보다는
부처수준에서 발전시키는 특성을 보인다.

한편, 이탈한 지지층은 정당노선을 변경하여 Forum for Democratic Change
(FDC)의 당원이 되는 경향이 있다. 야당인 FDC는 권위주의적이고 보수적인 NRM
의 정책 결정에 항상 반대하며 NRM의 독단적 결정을 막기 위해 노력한다. 그 예
로, 2011년 4월에는 FDC 지도자 Kizza Besigye(59세) 주도하에 Democratic
Party(DP)와 Uganda People's Congress(UPC) 멤버들, 시민사회 단체의 멤버들이
무세베니 정부에 대항하는 반정부 시위(Walk-to-Work campaign)를 벌였다. Walk-to
Work는 식품과 연료비 상승, 무세베니의 NRM 정부의 부적절한 경비지출, 부패
등에 저항하는 시위로, 매주 월요일과 목요일에 집에서 직장까지 교통수단을 이용
하지 않고 걸어가는 시위였다. 시위를 진압하는 과정에서 우간다 경찰당국은
Besigye를 체포했고 무력 진압하여 4명 사망, 167명 부상 등의 사상자를 냈다. 부
정선거에 대한 항의도 이뤄지고 있지만, 여전히 받아들여지지 않고 오히려 탄압의
대상이 되고 있다. 2016년 선거불복에 대한 항의에 대해서도 마찬가지의 탄압이
이뤄졌다.

이렇듯 무세베니 정부는 FDC를 포함한 야당 세력이 커질 것을 우려해 야당의
활발한 활동을 무력으로 진압한다. 공공질서관리법(Public order management act)에
의하면, 정당이나 정치적 단체 주관의 공개집회(public meeting)는 3~15일 이전에
신고하도록 되어 있다. 법적으로는 '신고'하도록 되어 있지만 실제로는 경찰로부터
'허가'를 받아야 한다. 허가 없이 이뤄지는 집회에 대하여 경찰은 무차별적이고 무
자비한 제재를 가한다. 정부가 언론도 장악하고 있고, 시위도 금하기 때문에, 야당
의 정책은 논의를 할 수 있는 장이 마련되지 못하는 실정이다. 일종의 무의사결정
(non decisionmaking)체제인 것이다. 요컨대 정치적으로 건전한 정당이 존재하지
않고 있고, 그나마 존재하는 반정부적 세력들도 정부가 강력히 탄압하는 억압정치
가 이뤄지고 있다고 하겠다.

2. 국   회

1) 공식적 구조

국회는 상원, 하원이 따로 나누어져 있지 않은 단원제로 운영된다. 1995 헌법 제78조 1항에 의하면 우간다 국회는 직접 선출에 의한 지역구의원과 각 주요집단을 대표하는 의원(비례대표)으로 구성된다. 대체로 지역구 의원과 구역(district)마다 한명씩의 여성 대표가 대부분을 이룬다. 이외에 군인, 청년, 노동자, 장애인 등의 대표자들로 구성된다. 여기에 더해 군부대표와 대통령이 임명하는 직무상 대표가 있는데, 이는 대통령이 의회를 장악할 수 있는 여러 장치 중 하나라고 할 수 있다. 즉, 대통령이 입법부를 장악하는 완전통합모형으로서 기능하도록 제도가 설계되어 있다고 하겠다.

헌법규정에 따라 여성대표나 군부대표, 청년대표, 노동자대표를 의무적으로 일종의 할당식 비례대표제 국회의원을 구성하여 이들 집단의 대표민주주의 (repesentative democracy)가 실현되도록 고안되어 있지만, 실제는 그렇지 아니하다. 즉, 주요 국민 인구구성 집단을 반영토록 비례대표제를 부가하고 있지만, 실제로 발의안과 채택안들을 보면, 사실상 이들 비례대표보다는 여당의 의견이 정책에 주로 반영된다.

국회는 의장에 의해 주재되고, 의장 부재 시에는 국회의원들에 선출된 자와 의장 대리인이 함께 주재한다. 의원의 임기는 5년이다. 정부안들은 모두 국회나 국회 내부의 상임위원회의 논의를 거치고, 국회의원 전체회의에서 절반 이상의 동의가 있어야 의결된다. 대통령이 독주하는 체제이지만, 적어도 공식적으로는 국회는 우간다 정책을 결정하는데 어느 기관보다 (상대적으로) 영향력이 크다고 할 수 있다.

헌법 제79조는 국회의 기능을 다음과 같이 명시하고 있다.

- 제79조 1항: 헌법의 규정에 따라, 국회는 평화, 질서, 개발 및 우간다의 굿 거버넌스에 대한 문제에 법을 만드는 권한을 가진다.
- 제79조 2항: 헌법에 규정된 경우를 제외하고, 국회법에 의해 부여된 권한을 제외한 누구도 법 효력을 지닌 조항을 만들 권한이 없다.
- 제79조 3항: 국회는 민주적 거버넌스를 촉진하기를 명한다.

또한 국회는 다음의 입법 역할, 관리·감독 역할, 대표자로서의 역할, 정부 예산 통과의 역할을 한다.

(1) 과세, 채권취득 등 법적 제재를 통해 정부 업무를 수행하는 수단들을 제공한다.

(2) 정부 정책과 행정을 조사한다: 사전입법조사, 경비 지출의 목적 조사, 공적 자금 이용의 투명성과 책임성을 보장, 정부 프로그램과 프로젝트를 감시한다.

(3) 대통령의 국회시정 연설에서 강조된 관심사에 대해 토의한다.

(4) 헌법이나 기타 법령 하 대통령에 의해 임명된 자의 타당성을 검토한다.

특이한 것은 다른 개발도상국에서 흔히 찾아볼 수 없는 의원들의 활동을 제한하는 것으로 보이는 제도들이 있다는 점이다. 의원들은 본인 선거구의 도로, 교량, 병원과 학교에 대한 건설, 보수에 대한 법률상 의무를 갖지 않고 결혼식이나 수업료에 기부할 의무를 갖지 않는다. 이것은 국회의원의 권력기반을 낮게 하여, 대통령의 독점권을 유지하기 위한 장치로 보인다. 즉, 의원들이 권한을 확장시키고 지역구민들과 유대를 강화할 수 있는 장치에 대한 견제장치가 있다.

또한 보통 대통령제 국가가 가지고 있는 것으로서 최종정책결정권을 대통령에게 주는 장치도 되어 있다. 즉, 국회에서 통과된 법안은 다시 대통령의 승인을 받아야 한다. 헌법 제91조 3항에서는 대통령은 법안을 국회에 되돌려보내 재의를 요구할 수 있다. 만일 대통령이 90일 내에 서명하지 않을 시 국회는 대통령 서명 없이 법안을 통과시킬 권한을 가진다. 이것은 보통 내각제에서 존재하지 않는 제도로서 이미 구성상 국회를 장악하고 있는 대통령을 위해 2중장치를 하여 절대적 권력을 보장해주는 것이라고 하겠다.

2) 그림자 내각(Shadow Cabinets)

영국, 캐나다, 호주 등의 국가에는 야당 당수와 간부들로 구성된 그림자 내각이 존재한다. 각 부처 구성대로 예비(그림자) 장관을 정하여 당의 정책이나 국회안에 대한 대안을 협의하는 협의체이다. 야당은 내각의 멤버가 될 수 없고, 대신에 국회 감사시 책임성과 투명성 확보를 위해 약간 간여할 뿐이다. 때문에 그림자 내각은 야당이 정권을 잡을 경우를 대비한 시나리오라 할 수 있겠다.

영국 식민지 역사를 가진 우간다는 영국의 그림자 내각 제도를 도입하였고, 공식적으로 제1야당은 그림자 내각을 조직한다. 원칙적으로 그림자 내각의 구성원들은 정부내각의 부처들의 시각과 정책에 반대되는 의견이나 대안이 되는 정책을 제시함으로써 정부의 불합리한 정책 결정이나 집행, 권력의 오남용에 대한 통제역할을 하도록 제도화되어 있다.

현재 그림자 내각의 총수는 FDC(Forum for Democratic Change)의 Wafula Oguttu Phillip이다. 정부 부처구성을 그대로 본떠 부처마다 일 대 일 대응으로 그림자 내각 장관을 조직하고 있다. 우간다의 그림자 내각은 국회 홈페이지 상에 그림자 내각 카테고리가 따로 있을 정도로 공식적인 조직이다. 그러나 내각은 부처의 정책 문제들을 기밀에 부치기 때문에, 아이러니하게도 그림자 내각의 존재 자체는 공식적이나 그 영향력은 본 내각의 그림자에 머문다.

Ⅲ 우간다의 헌법 및 사법체계

1. 헌법의 구조

우간다는 다른 아프리카 국가와 마찬가지로 부족중심의 사회질서 유지의 전통이 있는 나라이다. 그러나 영국 식민 지배(1894~1962)의 영향으로, 우간다의 법체계는 한편으로는 영국의 관습법의 영향을 받았고, 다른 한편으로는 자신의 고유한 아프리카 관습법을 따르는 경향이 있다. 하지만 일단 우간다는 성문법 체계를 가지고 있고, 결국 대통령 중심제를 택하고 있기 때문에, 헌법 구조상으로는 영국보다 프랑스 5 공화국 체제와 유사하다고 하겠다.

헌법의 1차적 기능은 그 나라의 최고 정치권력이 행사되는 정부의 기본적 구조를 제시하는 것이다. 즉, 국가의 헌법은 입법, 행정, 사법의 3부에 할당되는 권력과 책임을 명시하여 이들 기관 간의 관계와 국민 간의 관계를 조절한다. 우간다의 헌법은 우간다 최상위 법으로, 제정되는 어떤 법도 헌법을 위배하지 않아야 한다. 현행 헌법은 1995년에 개정된 것으로 영국으로부터 독립한 이래 4번이나 개헌을 거친 것이다. 특히 2005년에 개정된 현 헌법은 현 대통령의 장기집권을 위해 마련한 것이라고 할 수 있다. 예컨대 대통령임기 제한을 없애는 대신, 다당제 정치 체계를 합법화하였다.

헌법은 다른 선진국의 국제관례와 유사하게 원칙적인 것이 명시되어 있다. 우간다 헌법은 전문(Preamble)과 국가 목표와 국가 정책의 지침 원칙(National Objectives and Directive Principles of State Policy) 및 19장으로 구성되어 있다. 헌법 전문은 우간다의 정치적, 헌법적으로 불안정했던 과거와 폭정, 억압과 착취의 힘에 대항했던 역사가 있었음을 천명하고 보다 나은 미래를 지향한다고 명시하고 있다. 따라서 헌법은 "화합, 평화, 질, 민주주의, 사회정의와 진보의 원칙"에 기반한다.

국가 목표와 국가 정책의 지침 원칙(National Objectives and Directive Principles of State Policy)에서는 정치적 목표, 기본권과 기타 인권과 자유의 보호 및 촉진, 사회적·경제적 목표, 문화적 목표, 책임성, 환경, 외국인 정책과 목표와 시민들이 준수해야 할 의무 또한 포함하고 있다. 소외그룹에 대한 공정한 대표와 성평등, 발전에 있어 국가와 국민의 역할, 교육, 스포츠, 의료서비스, 식품안전과 영양, 자연재해 등 사회 전반을 아우르는 영역을 포함함으로써 정치, 경제, 사회적 발전을 동시에 도모하고자 하는 이상적인 상태를 지향한다고 명시하고 있다.

제1장은 헌법, 제2장은 국가(The Republic), 제3장은 시민권, 제4장은 기본권 및 인권, 자유, 제5장은 국민의 대의권(Representation of the People), 제6장은 입법, 제7장은 행정, 제8장은 사법, 제9장은 재정, 제10장은 공공서비스, 제11장은 지방정부, 제12장은 방위와 국가안보, 제13장은 정부감찰(Inspectorate of Government), 제14장은 리더십 행동규칙, 제15장은 토지 및 환경, 제16장은 전통적 또는 문화적 지도자 기관, 제17장은 일반 및 기타, 제18장은 헌법 개정, 마지막 제19장은 과도기적 규정에 관한 조항이다.

헌법 제1조는 국민주권을 표명하며, 헌법 2조에 의거하여 우간다 전체의 모든 기관과 사람에 대한 헌법의 구속력을 선언한다. 헌법은 기본권과 개인의 자유를 인정하고, 인간의 기본권 보호와 차별로부터의 자유, 종교의 자유, 고문과 노예 금지, 개인정보보호, 집회 및 결사의 권리 등의 자유를 보장한다. 적어도 헌법 조문상으로는 특별히 권위주의적 정체를 명시하는 것을 찾아보기 어렵다.

2. 사 법 부

우간다의 1995 헌법에 의해 설립된 주요 법 관련 기관은 정의·헌법부, 사법부, 국회, 우간다 경찰, 우간다 법개혁위원회, 우간다 인권위원회이다. 또한 우간다 법률 사회, 사법서비스위원회 등의 전문가 단체들이 법 관련 이슈에 개입하고 있다.

사법부는 3권 분립 하 3부에 해당한다. 사법부는 최상위에 대법원, 그 아래 항소법원, 고등법원으로 구성된다. 하위법원으로는 치안법원, 지방의회법원, 결혼·이혼·재산과 수호 법원(Qadhis' courts for marriage, divorce, inheritance of property and guardianship), 그리고 토지법, 통신법, 전력법, 세금심사재판법(Tax Appeals Tribunal Act) 등에 따른 특수법원들이 있다.

사법부의 주 기능은 개인 간, 혹은 국가와 개인 간의 분쟁을 해결하고, 우간다의 헌법과 법률을 해석하며, 사회 질서 유지를 위해 법의 규칙을 도모하고, 헌법과 민주주의 원칙을 수호하며, 개인의 인권을 보호하는 것이다.

사법부는 2011년 12월부터 2016년까지의 미션으로, "모두에게 정의를 실현하는 독립적이고, 능력있고, 신뢰받고 책임 있는 사법부(An independent, competent, trusted and accountable Judiciary that administers justice to all.)"를 언명하였다.

그림 11-1 법원 구성

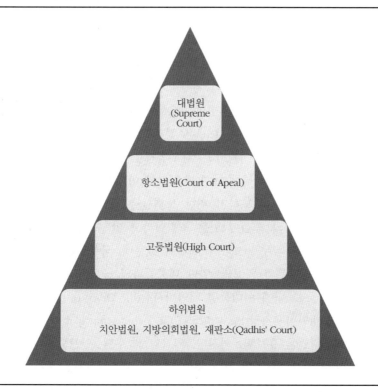

Ⅳ   우간다의 행정체계

1. 행정부의 구성

1) 대통령과 국무원

우간다 공화국 헌법 제98조 1항에 따르면, 대통령은 국가 원수이자 우간다 공화국 행정부의 수장이며 국군 통수권을 지닌다. 대통령은 투표로 선출되며, 5년 임기이다. 이 점에서는 적어도 헌법체제면에서 우리나라의 체제와 유사하다.

2005년 헌법 개정으로 인해 대통령 연임의 제한은 없어지고 피선거권으로서 35세 이상, 75세 이하의 연령 제한이 추가되었다. 우간다의 기대수명이 55세 수준인 점을 고려해볼 때, 75세 연령 제한은 대통령 연임을 가능하게 하는데 따른 반발을 고려해 추가한 것으로 보인다. 현재 연령이 71세이므로 또다시 개헌이 없는한, 2020년 대선에는 피선거권이 없게 되어 있다.

18세 이상의 모든 우간다인은 대통령 선거의 투표권을 가진다. 대통령은 국회의 승인과 함께 부통령을 임명하는데, 부통령은 대통령이나 법에 따라 주어진 의무를 수행하거나 대리 역할을 한다(헌법 제108조 2항, 3항).

대통령실(the Office of the President)은 정부 정책 관리에 있어 대통령과 부통령의 전반적인 리더십 규정을 지원하고, 정부정책을 수립하며, 이를 실행하는 내각을 지원한다. 대외적으로 우간다에 대한 호의적인 이미지를 제고하고, 더불어 우간다의 사회, 경제적 발전을 도모하기 위한 노력들을 한다(대통령실 공식 홈페이지). 실제로 우간다 정책체제의 중심에 있는 조직이라고 할 수 있을 것이다.

대통령실과 별도로 국무원(State House)이 있는데, 국무원은 대통령, 부통령과 그 가족을 지원하고, 정부와 외교관, 일반 대중들과의 공식적 연결고리 역할을 한다. 국무원(State House) 내에는 대통령 개인비서실(the Office of the Principal Private Secretary to H.E), 개인비서차장(the Office of the Deputy Principal Private Secretary to H.E) 외에도 대통령언론/홍보팀, 의전팀, 외교팀, 법무팀, 안보와 방위팀, 경제팀, 그리고 재무관리부서가 있다. 이들 기능별 팀들은 주로 해당 분야에 대해 대통령과 부통령에게 정보나 자문을 제공하여 대통령의 의사결정을 보좌한다. 개인비서실은 각 팀들의 조정자이자, 감시자이며, 관리자이다. 관련된 팀들과 개인비서들은 개인비서실장에게 보고하는 시스템이다.

2) 국무총리(Prime Minister)

국무총리(Prime Minister)는 국회의원으로 선출될 자격을 갖추거나, 국회의원들 중에서 국회의 승인을 받은 후 대통령에 의해 임명된다(헌법 제108A조 1항). 국회의 원으로 자격을 한정하지 않은 것은 내각책임제와 다른 점이다. 이 점에서는 영국 의 내각제를 본받았다고 보기 어렵다.

국무총리는 국회에서 정부 업무의 리더로서 부처와 행정기관들의 정부 정책 을 조정 및 집행하고, 대통령이나 법률에 의하여 정해진 다른 의무들을 수행한다 (헌법 제108A조 2항). 하지만 실제로는 대국회관계가 주를 이루고 있음을 알 수 있 다. 이것은 주로 대통령을 대리하는 부통령과의 차이점이기도 하다.

국무총리실(the Office of the Prime Minister)은 국회에서 정부 업무를 지휘하고, 정부 정책과 프로그램을 조정, 감시, 평가하며, 국가개발계획의 집행조정을 착수하 는 등 정책 조정과 관련하여 국무총리를 보좌한다. 대통령실이나 국무원(State House), 국무총리실은 정책 최종 결정권자인 대통령, 부통령, 국무총리실에 정책 관련 정보를 전달하고 보좌한다. 하지만 각자가 가진 정보를 공공에 공개하거나 주요 기관들과도 서로 정보를 공유하지 않는다. 이 점에서 정책 조정 및 결정시 일 관성이나 투명성이 떨어지고, 기관들 간 정보 불균형으로 인해 효율적인 의사결정 이 어려운 한계가 있다. 이것은 대통령의 권한행사와도 관련된 통치행위로서 일부 불가피한 점도 있지만, 그 정도 차이의 문제가 있는 것은 사실이다.

3) 내각(Cabinet)

내각은 헌법 제111조의 규정 하에 있는 최상위 정책 입안기관이다. 내각은 대 통령, 부통령, 국무총리, 다수의 장관으로 구성된다. 내각은 결정, 수립, 그리고 정 부의 결정을 실행하는 기능을 갖고, 사무국의 도움을 받아 주요 정책, 재정, 자원 에 대한 결정을 한다.

장관은 국회의원으로 선출될 자격을 갖추거나, 국회의원들 가운데 국회의 승 인을 받고 대통령에 의해 임명된다. 내각 장관(Cabinet Ministers)의 수는 국회 승인

그림 11-2 정부 정책 관리의 제도적 체계

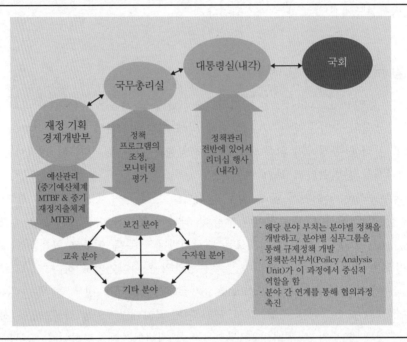

출처: Cabinet Secretariat, Office of the President(2009), A Guide to Policy Development and Management in Uganda.

은 필요없으며 총 21명을 넘지 않으면 된다(헌법 제111조, 113조). 이는 장관의 수를 무한정 늘리는 데 대한 제약이다.

장관의 종류에는 두 가지가 있다. 행정부 부처들을 이끄는 내각 장관이 있고, 내각 장관 아래에는 국가장관(Ministers of State)이 있다. 보통 다른 나라에서는 국가장관이 보통 장관보다 높은 상징성을 가지고 있는데, 우간다의 경우는 차관정도에 해당하는 것으로 정반대이다.

2. 부처 및 위원회

각 부처의 수장은 장관이며, 장관 이하 각 부처에서 최상위 직급은 사무차관(Permanent Secretary)이다. 정부에서 주요 현안으로 다루는 정책 유무에 따라 부처와 위원회 조직은 분리와 합병을 거듭해왔다. 부처 및 위원회 조직은 [표 11-1]과 같다.

표 11-1 부처 및 위원회 조직

부처	Ministry of Agriculture, Animal Industry & Fisheries 농수산부 Ministry of Information Communication Technology 정보통신부 Ministry of Defence 국방 Ministry of East African Community Affairs 동아프리카 공동체 부 Ministry of Education & Sports 교육체육부 Ministry of Energy & Mineral Development 에너지, 광물자원 Ministry of Foreign Affairs 외교 Ministry of Finance, Planning & Economic Development 기획재정경제개발 Ministry of Gender, Labour & Social Development 성, 노동, 사회개발 Ministry of Health 보건 Ministry of Information & National Guidance 정보, 국가지도 Ministry of Internal Affairs 내무부 Ministry of Justice& Constitutional Affairs 법무, 헌법 Ministry of Lands, Housing & Urban Development 토지, 주택, 도시개발 Ministry of Local Government 지방행정 Ministry of Public Service 공공서비스 Ministry of Security 치안 Ministry of Trade & Industry 통상산업 Ministry of Tourism, Wildlife & Antiquities 야생, 유물, 관광부 Ministry of Water & Environment 물, 환경 Ministry of Works & Transport 노동, 교통
위원회 조직	Health Service Commission 건강 서비스 Judicial Service Commission 사법 서비스 Inspectorate of Government Judiciary 정부 사법부 검사단 Education Service Commission 교육 서비스 Public Service Commission 공공 서비스

우간다 정부만의 독특한 것으로 물부족문제를 중심으로 다루는 물환경부, 자연자원과 유적지보호를 위한 야생유물관광부, 그리고 에너지자원부 등이 있다. 아울러 통치체제유지를 위한 부처도 많이 있음을 알 수 있다. 국방, 치안, 내무, 법무, 지방정부 등이 각각 따로 설치되어 있는 것이 그 예이다. 통치관련 조직의 비대는 곧 완전통합형 모델로 정부운영이 이뤄지는 데 기여한다고 하겠다.

대통령 명령, 부처 명령, 내각 명령은 부처나 기관의 가장 지배적 정책 의제를 형성하는 방법이다(Cabinet Secretariat, Office of the President, 2013). 내부주도형 정책의제 설정이 주를 이루기 때문이다. 물론 그 외에도 선거공약, 국가개발계획, 영역별 계획, 예산, 연구결과나 서베이, 일반공중의 요구 역시 정책 문제 형성에 영향을 끼친다. 하지만 대부분의 경우 실제적인 정책의 구체적 개발은 관계 부처에서 진행된다는 점은 다른 나라와 공통적이다. 즉, 행정국가화 현상이 있다.

행정부내의 정책조정은 각 위원회에 의해서 이뤄진다는 점이 특이하다. 물론 실질적인 권한은 대통령에게 있지만, 적어도 형식적으로 정책조정위원회, 정책집행조정운영위원회, 기술집행조정위원회, 분야 실무그룹 등 4단계의 계서적으로 이루어진 조정체계(내각 사무처)가 구성되어 있다.

유용한 웹사이트

- 우간다 국무총리실 공식 홈페이지
- http://www.opm.go.ug
- 우간다 국회 공식 홈페이지
- www.officeofthepresident.go.ug
- 우간다 내각사무처 공식 홈페이지
- www.cabinetsecretariat.go.ug
- 우간다 대통령실 공식 홈페이지
- http://www.officeofthepresident.go.ug
- 우간다 State House 공식홈페이지
- http://www.statehouse.go.ug
- 우간다 국가애국단(National Patriotism Corps) 공식 홈페이지
- http://npcu.wordpress.com
- 우간다 지역정부연합 공식 홈페이지
- http://www.ulga.org
- 우간다 NGO안내 공식 홈페이지
- http://www.ugandangodirectory.org
- 주 우간다 대한민국 대사관 공식 홈페이지
- http://uga.mofa.go.kr/korean/af/uga/main/index.jsp

먼저 정책조정위원회는 국무총리가 위원장이고, 정책집행조정운영위원회는 공공서비스와 비서장(Secretary to Cabinet)이 위원장이며, 기술집행조정위원회는 국무총리실 상임비서관이 위원장을 맡는다(Ssansa Mugenyi, 2012). 가장 최하위에는 분야별 실무그룹이 있다.

　이렇게 체계적인 조정체계는 정부의 다른 수준에서 개발 파트너들인 NGO, 기업들과 협력하여 장기적인 대화가 가능하다는 이점이 있다. 또한 정책과 프로그램 실행 단계에서 수평적, 수직적 조정이 가능하다.

　정책 의제 설정과정을 보면, 우간다는 내부접근모형(inside access model)에 가깝다. 내부접근모형에서는 정부 내 관료집단의 주도하에 사회문제가 공식의제로 채택되고, 공중의 참여를 배제하고자 시도한다(임도빈, 2014). 우간다 정부에서는 엘리트주의와 비공식네트워크가 강하게 작용한다. 부와 권력이 내각에 집중되어 있고 부처 내 고위공무원의 승진에도 주도집단인 NRM의 네트워크가 최우선 조건이다. NRM의 뜻에 따른 결정을 용이하게 하기 위해 공중의제화를 막는 것이다.

아프리카 관료제와 아랍의 봄

　이집트의 경우에서 교훈을 얻을 수 있다. 카이로에서 나(오브리)는 이집트 관료제의 본산인 모감마(Mogamma) 근처에 있는 건물에 살았다. 그곳에는 1만8천 명의 관료들이 운전면허와 건축허가를 내주고, 비자를 발급해주고, 세금 신고를 받는 일을 했다. 미국의 교통국을 확대해놓은 듯한 그 건물은 문화적 조소의 대상이었다. 이집트인들은 그곳에 가는 것을 꺼려했다. 긴 줄, 제멋대로인 업무 시간, 무분별한 서류와 엄청난 수수료, 창구 건너에 앉아서 상대의 하루를 망쳐버린 사람들이 뿜어내는 답답함. 이러한 경험을 담은 훌륭한 이집트 영화가 있다. 1993년 작 <테러리즘과 바비큐(Al-irbab kaba)>는 아이를 전학시키기 위해 모감마에 몇 주 드나든 후 테러리스트가 되는 한 남자에 대한 코미디 영화다. 사회가 가진 창의적 가능성과 생산적인 의도를 뭉개버리는 무신경한 관료주의에 대한 풍자다. 아랍의 봄이 타히르 광장에 있는 이 건물 입구에서 발생한 것은 당연한 일이다.

출처: 제이크 브라이트 외, 2016: 195~196.

　중앙정부가 이렇게 운영되기 때문에 관료제 전체가 권위주의적이고 비효율적으로 운영된다고 볼 수 있다. 국민들의 정책 요구에 우간다의 공공서비스 기관들의 반응성은 매우 약한 편이다. 정치적 차원에서 민주주의가 정착되지 않은 상황에서 민주행정을 담보하기는 쉽지 않은 것이다. 이 문제는 영국 식민지 시절로 거슬러 올라가 기관배치나 정부구조에서도 원인을 찾을 수 있다. 영국의 정부구조를 상당부분 따른 우간다 정부구조는 현재의 시민과 비즈니스 행위자들에게는 맞지

않는 구조이다.

기관과 기능이 맞아떨어지지 않아 다양한 공공서비스 기관에 의한 불필요한 관료제, 갈등, 기능의 중첩과 중복이 해결되지 않고 있다. 이러한 상황은 정책 결정과정에서 국민, 즉 수요자보다는 공급자 중심의 정책을 선택하게 되는 오류를 범할 수 있다. 또한 사실상 규제기관(평가기관)과 모부처간의 권력관계가 복잡하기 때문에 부처들을 제대로 규제하고 평가하기에는 어려움이 따른다(IMF, 2010).

조사에 따르면, 정책 조정 과정에서 부처와 기관들의 70%는 정책 소통에 결함이 있음이 밝혀졌다. 그 중 16%는 정책 소통계획을 개발 중인 것으로 밝혔으나, 나머지 84%는 그마저도 없었다(Cabinet Secretariat, Office of the President, 2013). 성공적인 정책 개발과 집행을 위해서는 관료들의 자질과 태도가 개선되어야 할 뿐만 아니라, 이해관계자의 참여가 필요하다. 부처나 기관 간, 부처나 기관 내 원활한 소통이 요구되지만 정보 공개를 꺼리는 행정문화로 소통의 부재가 장애물이 되는 것이다. 부처 관계자들 역시 주요 이해관계자들의 조언과 협력이 필요함을 인식하고 있다(Cabinet Secretariat, Office of the President, 2013). 정책과정의 투명성이 부족한 것 역시 민주적 제도의 미흡함에 기인하는 것이다.

3. 지방정부

우간다의 행정구역은 4개의 광역도와 80개 기초지역(district)으로 나누어져 있다. 원래 56개 지역으로 시작하였는데, 2005년부터 지속적으로 추가되어 현재는 80개에 이르게 되었다. 기초지역들은 자치기구로서 다시 시(Municipal), 타운(Town), 하위카운티(Sub County) 단위로 나누어지고, 각 단위에는 지방의회가 존재한다. 즉, 우간다에서는 기초자치구역(district)이 지방 자치정부를 구성하는 기본적인 행정 단위이다.

지방정부별로 지방의회를 주민 직선의 의해 구성한다. 지방의원들은 자신의 출신 선거구를 대표하는 일반 지역구 의원 3분의 2와 함께 의원의 3분의 1은 장애인, 청년, 여성 의원으로 구성된다. 지방 정부에는 지역 서비스 위원회뿐 아니라 공공, 건강, 교육, 사법서비스 위원회가 있다. 공무원 인사체계 역시 중앙정부 공무원과 지방정부 공무원을 따로 구분하여 채용, 관리한다.

우간다에는 40개 이상의 부족이 살고 있고, 이들 부족은 특정지역에 모여 살

그림 11-3 우간다 지방정부의 위계구조 및 관계(2008년 9월 기준)

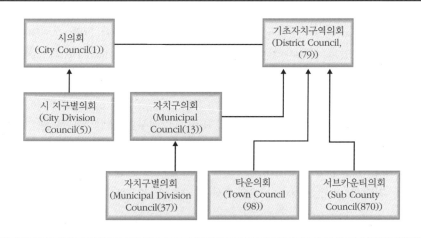

출처: Johnson Bitarabeho(2008), "The Experience of Uganda - Local Government's Role as a Partner in the Decentralization Process to Strengthen Local Development," Conference on Access to Development Funding for Local Governments in Africa, p.3.

고 있다. 가장 큰 부족은 바간다(부간다의 부족)로, 전체인구의 17%를 차지한다. 영국 식민지 하에서 4개의 왕족이 인정되었는데, 부간다, 부뇨로, 토로, 앙콜 왕족이 이에 해당한다. 2011년 대통령과 의회선거 당시, 합법적 군주와 지역 의회가 있는 부간다에서 자치 요구의 압력이 거세었다. 우간다 내 가장 영향력 있는 부간다 지역의 독립 요구는 우간다 중앙정부에 위협요인이 될 수 있었다. 그러나 무세베니 대통령은 중앙정부의 틀은 유지하되 지방정부로의 권력 이양을 약속함으로써 지역 감정을 달랬다(황원규, 2011: 70).

우간다 내 LRA와 ADF의 반정부 세력은 무세베니 정권의 정치적 근간에 위협을 가했다. LRA는 인접한 수단의 지원을, ADF는 D.R.콩고의 지원을 받는 무장세력이었다. 이들은 민간인 마을을 공격하고 정부군을 공격하는 등 끊임없는 내전을 벌였고, 그 결과 우간다 전반적인 경제 상황도 열악해졌다. 결국 2001년 미국의 Patriot Act에 따라 LRA와 ADF는 무장테러단체로 지목되어 무세베니 정부는 국제사회로부터 반역군에 대해 군사적 제재를 가할 수 있는 정당성을 인정받게 되었다. 따라서 정부군은 2002년 무장 헬리콥터를 이용하여 반군을 공격하였고, 그 결과 LRA는 평화 협상 의지를 표명하고 ADF는 2004년에 공식적으로 군사적 활동을 중단하였다. 이처럼 국제사회는 우간다 정부의 활동에 영향력을 끼치고 있다.

무세베니 정부는 반투 부족이 우세한 남부지역의 지지층을 확보하고 있는 반면, 북부지역은 아콜리 부족이 정착해 있는 지역으로 과거 오보테 정권에 충성하고 NRM에 반대하는 LRA(Lord's Resistance Army) 세력이 포진해 있는 지역이다. D.R. 콩고와 맞닿아 있는 서부지역은 이슬람 급진세력인 ADF(Allied Democratic Forces)가 포진해 있던 지역으로(Rohner, D., Thoenig, M., & Zilibotti, F., 2013: 218), 이 두 지역은 전통적인 야당지역이다.

이처럼 부족 중심의 정치적 갈등이 적고 중앙정부에 대한 국민적 합의가 이루어지고 있다면 지방정부는 분권화의 이점을 가진다. 지방정부는 시민과의 거리가 가깝기 때문에 중앙정부보다 상대적으로 시민들의 여론을 가까이서 파악할 수 있고, 보다 적절한 서비스 형태나 수준에서 서비스를 공급할 수 있다는 장점이 있다. 즉, 서비스 공급에 있어 지역 공동체에 보다 책임성을 갖게 되는 이점이 있다(Livingstone, I., & Charlton, R., 1998).

현재 우간다의 지방정부들은 중앙정부로부터 이양 받은 기능, 권력, 서비스 등이 분권화되어 있고, 아프리카 다른 국가들에 비해 분권화된 제도가 잘 갖추어져 있는 편이다. 분권화를 위한 법적 개혁은 1987년 법령, 1993년 지방정부 법령에서 시작하여 1995년 헌법에까지 영향을 미쳤다. 1997년에는 지방정부법(Local Government Act)이 제정됨에 따라 분권화의 범위는 확대되었다(Andrew, 2014).

그렇다면, 우간다 지방정부의 정책 결정은 어떻게 이루어질까? 우선 지방정부에 부여된 권력은 지방 정책을 만들고 서비스를 조정하며, 지역 우선순위에 따른 개발 계획을 수립할 수 있도록 하였다. 더불어 예산 승인과 집행을 통해 수입을 관리하고 배분하도록 하였다. 즉, 분권화는 (ⅰ) 국민들의 정치적, 입법적 권한부여, (ⅱ) 재정권력이양, (ⅲ) 지방 국회에 의한 행정기구통제 라는 세 가지 측면에 기초를 두고 있다(Bernard Bashaasha, Margaret Najjingo Mangheni, Ephraim Nkonya, 2008: 4).

그러나 기획재정경제개발부(Ministry of Finance, Planning & Economic Development) 공무원과의 인터뷰에 따르면, 실제로 지방정부의 상당수는 중앙정부 예산에 의존하고 있으며, 시골 지역정부의 경우 예산 의존도가 더욱 높아 분권의 목적을 달성하지 못하고 있는 경우가 많다.

중앙정부의 지방행정부(Ministry of Local Government)는 지역 개발, 지방정부 감시 및 평가, 정책, 기획을 보조하는 부처이다. 지방정부들은 자발적, 비영리적인 연합을 구성하여 지방 정부의 목소리를 전달하는 데 앞장서고 있다. 우간다 정부에서 분권화정책을 시행하기 시작한 1994년에 설립된 지방정부연합(Uganda Local

Governments' Association, UGLA)은 우간다 지방정부 중 80% 가량이 가입하여 지방
정부의 이해와 헌법적 권리를 주장하고 있다. 그러나 대통령의 권위에 도전하지는
못하는 것으로 알려져 있다.

우간다 정부는 지역개발에 많은 노력을 기울이고 있다. 아프리카의 경제개발
과 지역개발은 아직 저조한 수준에 있기 때문이다. 이러한 맥락에서 우리나라의
새마을운동을 도입하려는 움직임도 있어 왔다.

4. 행정개혁

1) 제약조건: 제왕적 대통령

정책조정 과정에서 전통적 거버넌스 체계와 리더십은 '국가'중심의 하향식
(top-down)관료제 방식이다. 실정법에 근거한 '법치'의 강조와 엄격한 집행, 필요에
따라서는 강제력을 동원하기도 하는데, 이 같은 거버넌스 체계와 공공리더십은 위
계주의 문화가 지배적인 나라에서 흔히 발견되는 정책조정 방식이다(Hood, 1998: 4
장; 정용덕 외, 2011: 16).

무세베니 대통령은 전통적 거버넌스 체계와 지시적 리더십으로 30년간 장기
집권해 오고 있다. 군인 출신에 민족저항군(NRM)으로 정권을 잡았기에 군부스타일
의 방식을 고수하는 것으로 보인다. 정도의 차이는 있지만 권위주의적 리더십을
유지해온 것이다.

일례로, 2014년 2월에는 반동성애법에 무세베니 대통령이 서명하며 국제적인
비난과 질타를 받았다. 이것은 모든 사람을 차별하지 않고 인간적 대우를 해야 한
다는 국제적인 분위기와 어긋나는 결정이며, 우간다가 정책을 독자적으로 결정하
는 메커니즘이 있다는 것을 의미한다.

미국 오바마 대통령은 반동성애법 통과에 대해 실망을 표현했다. 하지만 무세
베니 대통령은 서구의 정책들에 대해 반감을 표현하며 서구의 원조 자체에 문제가
있기 때문에 원조가 필요하지 않다고 반응하는 등 국제사회의 여론에 굴하지 않는
뚜렷한 주관을 드러냈다. 이런 면에서는 대통령이 자신이 중요하다고 생각하는 문
제에 대해서는 국제적 압력에 거슬러 갈 수 있는 정책자율성을 확보하고 있는 것
으로 보인다.

또한 대통령은 매우 강력한 권력을 행사하고 있다. 우간다 서부에 다량의 석

동성연애금지법

전세계적으로 특이한 규제를 하는 나라이다. 그것은 동성연애에 대해서 매우 엄격한 태도를 취한다는 점이다. 2014년 동성연애금지법에 의해, 상습적인 동성연애자에게는 종신징역형까지 취할 수 있도록 하고 있다. 반동성애법에 따르면 동성 간 성관계 금지뿐 아니라 동성애에 관한 공적 토론도 최대 종신형에 처해진다. 또한 어떤 시민이라도 동성애자라고 의심이 되는 사람은 경찰에 신고해야 하며, 신고하지 않는 행위 역시 벌금형에 처해지거나 구속형을 당한다. 따라서 Lesbian, gay, bisexual, and transgender(LGBT) 등 성적인 성향을 밝히면, 길거리에서도 폭력을 행사할만큼 국민들의 증오심이 강하다. 그럼에도 불구하고 에이즈 환자는 인근 나라에 비해서는 적은 편이지만, 서구에 비하여 많은 편이다.

유 매장이 발견됨에 따라 우간다 정부가 어떻게 석유자원을 관리할 것인지가 정책의제로 떠올랐다. 국회와 시민단체는 투명한 석유자원 관리를 위해 무세베니 대통령을 압박하였다. 석유 관련 법률이 제정되기 전에는 어떠한 오일 회사들과도 계약하지 않는 것으로 국회에서 결의하였으나, 정부는 국회 결의안과 무관하게 Tullow Oil과 계약을 체결하기로 하여 지탄받았다(The Guardian 2012년 3월 21일자). 대통령이 국회나 국민들의 여론을 압도하여 정책을 결정하는 것을 보여 주는 예이다. 여기에는 공식적인 정책조정체계가 무력화됨을 알 수 있다.

2014년 9월 19일에는 2011년부터 국무총리직을 수행하던 Amama Mbabazi가 대통령 무세베니에 의해 해고당했다. Amama Mbabazi는 20년 이상 정부의 장관으로 일했고, 2012년에는 국무총리실에서 원조관련 수백만 달러의 공급이 사라지는 일이 있었지만 Mbabazi는 어떤 개입도 없었다고 사실을 부인했고, 자리를 유지했다. 당시 부패 스캔들로 인해 스웨덴, 영국, 독일, EU 등의 원조액이 삭감될 정도로 정부 신뢰에 큰 영향을 미친 사건이었다.

그렇지만 무세베니 대통령은 2014년에 이르러서야 정확한 해고 사유를 밝히지 않은 채 Ruhakana Rugunda를 새로운 국무총리로 임명하였다. 이에 대해 2016년 대통령선거에 앞서 잠재적 경쟁자로 보고 해고했다는 해석들이 있다. 해직한 Mbabazi는 국무총리직에서는 물러났지만 2014년 10월 현재 NRM의 사무총장(secretary general)으로 NRM을 위해 일하고 있다. NRM 내부적으로는 Mbabazi가 정권에 대한 반항심으로 잠재적 문제를 일으킬 수 있음에도 불구하고 NRM의 요직에 머무르고 있는 것에 대한 논쟁이 있는 것 같다.

위의 사례들에서 보듯 무세베니 대통령은 독단적인 결정과 권위주의적 리더십을 발휘하는 제왕적 대통령의 모습이다. 그의 결정은 우간다 정책 조정에 절대적 영향을 미친다. 특히 장기독재로 국민의 불만은 누적되고 있으나 불만의 확장을 막으려고 강제적 수단들을 활용한다.

한편 30세 이하의 일반 국민들은 일생동안 무세베니 대통령 외에 다른 정권을 경험한 적이 없고, 국가 전반의 교육수준이 높지 않아 대체적으로는 무세베니 정권 하의 완전통합형 정책결정 방식에 수용적인 경향이 있다. 현지 공공서비스부 (Ministry of Public Service) 산하의 공공서비스 위원회(Public Service Commission)에 근무하는 공무원과의 인터뷰에 따르면, 각 부처에 근무하는 정책결정권을 가진 공무원들은 정권에 호의적인 성향을 갖고 있다.

특히 우간다 정부 내에는 인맥을 기반으로 하는 낙하산 인사가 공공연하기 때문에 정책 조정에 있어 갈등은 크지 않은 편이다. 2006년 Freedom House의 보고서에 따르면 정부 전반에서 후원과 부패가 만연해 있지만, 공공 보건 및 교육 서비스 위원회는 공개적인(open) 방식으로 실적에 기초하여(merit-based) 인사를 임명하는 것으로 알려져 있으며, 이에 따라 대체적으로 신뢰받고 있었다(홍재환, 2013: 112). 시민들은 정부를 여전히 폭력, 부패와 관련시키는 경향이 있지만 무세베니 정부는 부정적 이미지를 탈피하기 위해 해마다 죄수들을 사면하는 "자비의 특권 (Prerogative of Mercy)"의 노력을 기울이고 있다. 그리고 이러한 정부의 무마책은 어느 정도는 효과를 보고 있는 것으로 보인다.

2) 미시적 개혁

우간다 정부는 최근 몇 년간 정책 수립, 계획, 조정과 실행 역량을 향상시키기 위한 중앙정부차원의 공공서비스 개혁을 진행하고 있다. 정권의 유지에 지장이 없는 범위에서 미세 개혁이 추진되고 있는 것이다.

최근 무세베니 정부는 각종 규제 철폐와 민영화를 통한 해외투자 유치 등으로 경제성장을 이끌고 있으며 인프라 개발에도 힘쓰고 있다. 무세베니의 강력한 리더십 아래 빈곤 퇴치와 과학·기술 부문 촉진을 위한 5개년 국가개발계획(NDP, 2010~ 2015년)을 시행 중에 있어(이투데이, 2014. 3. 10), 우간다의 미래에 대한 낙관적 시각이 정책 결정 및 집행에 지지기반이 되고 있다.

대표적으로는 그동안 기획재정경제부(Ministry of Finance, Planning & Economic Development)의 일부로 되어 있어 제대로 기능하지 못했던 감사(Audit general office)를 분리하여 독립기구로 한 것을 예로 들 수 있다. 이 감사기구는 관료들의 보수를 올려주고, 그 대신 업무집중도를 높임으로써 그 기능을 괄목할 만한 수준으로 향상한 것으로 알려져 있다. 그렇지만 상대적으로 관료 전체는 박봉으로 인하여 허수(虛數)로 직원을 장부에 올려 놓는 등 근무기강이 해이하다.

개혁은 지방 정부에게 정책 집행 기능을 부여하는 쪽으로 진행되었다. 우간다의 분권 정책 하에서 중앙정부는 정책과 정책기준을 만들고, 이러한 정책의 이행을 모니터링하며, 표준과 규제에 부합하는지를 확인하고, 국제기구와의 협력을 통하여 기술 감독, 조언 및 멘토링 등의 정책결정의 핵심 기능을 수행하도록 하였다 (Cabinet Secretariat, Office of the President, 2009).

여기서 주목할 부분은 국제기구와의 협력부분이다. 정부재원 중 많은 부분이 외국의 원조에서 오기 때문에 이를 중요하게 다룰 수밖에 없다. 이 점에서 우간다의 정책조정체계를 좀 더 정확히 이해하기 위해서는 이들 국제적 영향력과 관련된 기구나 인사를 포함하여야 할 것이다. 국제협력은 거꾸로 우간다 정부의 정책자율성을 제약하는 것이다.

관료제 내부의 개혁도 있다. 우간다는 공공서비스 개혁의 일환으로 각 부처단위로 정책분석단(Policy Analysis Units, PAUs)을 두게 되었다. 정책분석단은 정책을 결정하고 수립하여 실행하는 것이 중앙정부의 주요 산출물이라는 시각에서 결성되었다. 정부의 정책능력을 강화시키기 위해 인력, 재정자원관리는 필수적인데 반해 실제로는 그동안 지식과 기술이 부족하여 정책능력이 제한되었다. 모든 부처에 정책분석단이 설립된 것은 아니나, 정책분석단이 있는 부처에서는 정책분석단의 정책분석이나 자문을 통해 정책 능력을 함양하고자 노력하고 있다.

또한 정책 환경을 개선하기 위해 각종 정책발전을 위한 가이드라인을 개발하였는데, 그 예로는, 정책 발전과 관리를 위한 가이드, 좋은 규제를 위한 가이드, 규제 효과 평가 가이드 등이 있다. 이런 노력들은 내각을 비롯하여 각 부처와 기관 내 상급 공무원, 중급 공무원, 기술 담당자들을 대상으로 하였다.

우간다 정부는 투명성과 책임성을 높이고 행정능력을 높이며 민주사회를 높이고자 노력한다는 것을 천명하곤 한다. 또한 중앙정부와 지방정부, 원조국, NGO (Non-profit organization), CBO(community based organization), 민간부문과 다른 이해관계자들 간의 협력을 통해 빈곤문제를 해결하려는 의도가 있었다(JOHNSON

BITARABEHO, 2008). 그러나 정책의 성과는 그리 높은 편이 아니다. 소규모 자작농이 세계 최빈국들의 빈곤의 근원이라는 점을 감안했을 때, 중앙정부와 지방정부가 시민사회와 파트너십을 이루어 민간 기업과 가구들을 위한 문제 해결에 나서야 한다(A Binagwaho, JD Sachs, 2005).

Ⅴ 민주화적 거버넌스의 문제

1. 시민사회와 언론

우간다의 시민사회는 정책 사안들에 대해 활발한 논의를 제기한다. 역사적으로도 목숨을 잃으면서까지 부당한 권력에 항거했던 우간다 시민들을 볼 때, 시민사회는 발달되어 있는 편이다. 그러나 시민사회의 활동을 저지하는 강력한 정권은 사회자발적 정책 조정 메커니즘을 저해한다.

우간다 헌법에서는 양심, 표현, 운동, 종교, 집회와 결사의 자유(헌법 제29조)를 보장한다. 하지만 2008년 이후 베르텔스만 재단의 보고서에 따르면, 시민사회 기구들(CSO)의 등록 기준을 조작하는 것이나 특정 조항을 사용하여 CSO의 활동을 국가 보안과 이익에 해가 되는 것으로 해석하는 것 등 법적 제한에 취약한 것으로 드러났다(홍재환, 2013: 125).

2011~2012년 세계언론자유지수(Press Freedom Index)에 의하면 우간다는 179개국 중 139위를, 2013년에는 179개국 중 104위를 기록했다. 이 순위는 언론인과 미디어에 대한 직·간접적 공격 및 압력에 대한 항목을 물어 그 순위를 매긴 것으로, 2002년부터 매년 발표된 우간다의 순위를 살펴보면 2002년 52위가 최고 순위, 2006년 116위가 최저 순위였는데, 2012년 발표된 순위가 최저 순위 기록을 갱신한 것으로 나타났다. 프리덤하우스(Freedom House)에서 매년 발표하는 2014년 언론의 자유 데이터(Freedom of the Press data)에 따르면, 우간다는 '부분적 자유로움(partly free)'의 평가를 받았다. 하지만 31점~60점의 부분적 자유로움 범주 내에서 58점을 받았고, 매년 '자유롭지 않음(not free, 60점~100점)'에 가까워지고 있는 양상을 보인다. 즉, 민주주의의 후퇴를 겪고 있다고 하겠다.

우간다에서는 정부기관에 의한 언론 자유의 침해가 빈번히 발생하고 있다. 정부에 의한 방송국과 신문사 폐쇄가 거듭되는 등 언론사는 정부 정책에 반하는 의견을 자유롭게 펼칠 수 없는 환경에 있다. 2000년 제정된 언론 및 언론인 법(Press and Journalist Act)에 의하면 언론인들은 언론인국가기관에 가입하고, 미디어 국회(Media Council)로부터 허가를 받아야 한다. 언론이 정부 감시 하에 있는 것이다.

언론의 탄압 정도가 심하면 무세베니 정부의 선호에 반하는 정책 문제는 일반 국민들에게 전달되지 않을 것이다. 의사결정단계에 이르기도 전에 사장되어 버리는, 바흐라흐와 바라츠((Bachrach & Baratz, 1962)가 주장한 무의사결정(Non-decision making)이 이루어지기 쉬운 환경이다. 현 무세베니 정권은 무의사결정을 얻어내기 위해 언론인 감금, 언론사 강제 폐쇄, 방송 라이선스 박탈 등의 수단을 사용하고 있다.

2. NGO

아프리카 많은 국가들에서, 특히 보건 부문에서는 NGO가 정부의 능력만으로 해결할 수 없는 부분을 지원하는 것이 일반적이다. 여기서 NGO는 대부분 국제적 협력을 받는 것들이다. 정부경쟁력이 약한 국가들에서 NGO의 재정적 지원이나 인력 지원은 어쩌면 필수적이다.

다른 아프리카 국가들이 그렇듯이 우간다의 보건 영역은 외부 지원에 상당히 의존한다(Cannon, 1996). 우간다 정부는 권위주의적인데도 불구하고 현실적인 예산 부족으로 인하여 NGO와 타협할 수밖에 없다. 많은 부분에서 NGO의 도움이 있어야만 정책 프로그램들을 실행할 수 있기 때문에 NGO를 일종의 활용 가능한 자원으로 본다.

현재 우간다의 NGO 현황에 의하면, 식수와 위생, 건강, HIV/AIDS와 같은 기초적 생활을 지원하는 NGO와 인권과 거버넌스, 공공정보와 통신, 사회조사와 정책지지, 평화와 갈등조정과 같은 정치, 사회적 발전을 지향하는 NGO 등 다양한 분야에서 NGO가 활동하고 있다.

정책을 시행하는데 NGO의 역할이 필수적이기 때문에 정책 입안이나 조정, 집행과정에서 NGO는 정부 외부에 존재하는 중요한 행위자이다. 그러나 NGO의 투명성을 확보하거나, 중앙정부와 지방정부의 정보와 책임성의 불균형과 같은 문제점은 우간다 정부와 NGO가 함께 극복해야 할 한계점이다. 단일 NGO는 정부활동에 큰 영향을 끼치지 않을지도 모르나, 우간다의 정책조정 및 결정체계에서 NGO의 역할이 일익을 담당하는 만큼 여러 NGO들이 반기를 든다면 정부 기반을 약화시킬 수 있다(Cannon, 1996).

3. 국제거버넌스의 영향

어느 정부에서든, 정책을 결정할 때 최우선으로 고려해야 할 것은 그 정책을 집행할 예산이 충분한지 여부이다. 최빈국인 우간다 정부는 자체적으로는 빈곤을 해결할 충분한 자원이 없기 때문에 국제사회로부터의 원조에 상당부분 의지하고 있다. 2006년 우간다 정부는 예산의 50% 이상을 해외원조에 의존했다. 이때 말하는 해외원조란 국제기구 또는 국가의 공식적 원조만을 일컫는 개념으로 실제 원조 비율은 더 높을 것이다.

2011년 총리실의 해외 원조자금 부패 사건으로 원조액이 대폭 삭감되면서 2012년에는 정부예산 중 해외원조가 차지하는 비율은 29%로 낮아졌지만 여전히 해외원조는 국내 수입 다음으로 정부 예산에서 높은 비율을 차지하고 있다. OECD 자료에 의하면 우간다는 아프리카 국가들 중 최대 원조 수혜국 중 하나로 꼽혔다.

대표적 국제기구인 UN, IMF, World Bank 외에도 다양한 국제기구와 국가들의 원조를 받고 있는 상황에서 이들의 원조에 따라 정책실현 가능성이 좌우되고 정책 방향도 설정된다. 그러나 UN 주도의 MDGs(Millennium Development Goals)와 IMF와 World Bank의 PRSP(Poverty Reduction Strategy Paper)의 추구하는 바가 약간씩 다른 만큼 어떤 분야에서 어떤 정책을 마련하고, 어떤 방향성을 추구할지가 우간다의 정책조정 및 결정에 영향을 끼친다.

국제기관 및 선진국으로부터 제공되는 원조는 주요 이해 당사자가 이권에의 개입이라는 실질적 목표가 있기 때문에 직접 혹은 암묵적으로 첨예한 대립을 하게 되는 문제이다. 그리고 이러한 원조는 특히 현금공여의 경우 그 정책을 집행하는 과정에서 여러 이해관계자가 개입하게 되고, 그 과정에서 부패도 일어난다. 그리고 현물공여와 기술원조 등은 실제 정책집행이 효과를 낳도록 되어 있다. 즉, 그 목적에 맞게 집행을 하느냐 여부의 문제가 중요하다.

우간다는 다양한 국제기구의 회원국이기도 하다. Commonwealth, the East African Community(EAC), the African Union(AU), the UN and its specialised agencies, the Common Market for Eastern and Southern Africa(COMESA) and the Intergovernmental Authority on Development(IGAD)는 우간다가 멤버로 있는 기구들이다. 우간다는 이웃하는 국가들과의 분쟁을 해결하기 위해 D.R.콩고, 르완다, 부룬디 Tripartite Plus(3+) 국가의 군사 책임자들과 만나 안보와 평화유지를 위해 힘쓰고 있다. 그 밖에도 빈곤, 위생, 교육, HIV/AIDS와 같은 전국가적 문제를 해결하기 위해 UK Department for International Development(DFID), 미국 국제개발처(United States Agency for International Development, USAID)와도 협력하고 있다.

Ⅵ 한국과의 비교

완전통합형은 정치, 경제, 행정, 교육, 문화, 국방 등 각종 사회제도와 세력들이 하나로 통합되어 있는 체제를 말한다. 반대로 비통합형은 이들 사회구성 요소들이 어떤 조정이나 질서가 없이 제각기 작동하는 것을 의미한다. 우간다는 크게 보면 무세베니 대통령 1인을 중심으로 공공부문이 작동하는 완전통합형이라고 할 수 있다.

그런데 우간다는 영국 식민지로부터 해방된 이후 정치적 혼란기를 겪었고, 무세베니 대통령이 집권하면서 정치적, 사회적 안정을 되찾아 형식상 민주주의적인 정책조정체계를 갖추었다. 그러나 30년이라는 오랜 시간 동안 장기집권하는 대통령을 견제할 수 있는 기구가 없고, 대통령은 무소불위의 권력을 행사하고 있다는 점에서 완전통합모델의 특성을 가지고 있다.

정부가, 시민사회와 여론의 활발한 개입을 막고 있다는 점, 다당제 체제이지만 사실상 NRM 일당제와 다름없이 운영되고 있는 점, 유능한 관료들이 확보되지 못하고 직업관료제의 목소리를 내지 못하면서 국가의 정책이 정권의 구미대로 이뤄지는 점 등으로 미루어 보았을 때, 아직 우간다 행정체제는 우리나라의 군사정부시대와 비유할 수 있는 체제라고 봐야 할 것이다.

Ssansa Mugenyi(2012)는 제도적 갈등으로 인한 역할과 책임의 불명확성을 정책조정의 난제로 꼽았다. 정책입안자들이 조사나 모니터링의 결과를 본인들의 구미에 맞게끔 부적절하게 사용하고 있다는 점, 국가개발계획 목표에 맞는 전략적 계획이 정비되지 못한 점, 정책 개발과정에서 자문의 부적절성 등의 한계 역시 정책 조정 시 고려되어야 할 점으로 보았다.

무엇보다도 무세베니 대통령과 NRM 주도의 내각이 정책 결정의 주도권을 장악하고 있는 것이 우간다 정부가 해결해야 할 가장 큰 숙제로 보인다. 국민들의 의견을 듣지 않거나 혹은 말살하는 현 체제가 유지된다면, 공직 부패의 가능성을 높이고 정부 신뢰를 낮추어 결국에는 우간다 정부의 경쟁력을 떨어뜨리는 결과를 낳을 것이다. 게다가 완전통합형이라고 하여, 공공부문이 효율적으로 돌아간다는 것을 의미하는 것은 아니다. 정권유지기능을 제외한 사회전체로 보면, 구심점도 없고 제도들이 미성숙된 상황에서 각기 작동하여 조화가 없는 비통합모형의 특성도 보인다.[1]

여기서 근본적인 해결책은 민주화이다. 그리고 여기에는 무세베니 정권의 운명이 달려 있기도 하다. 즉, 그렇기 때문에 체제에 대한 개혁을 하지 못하고 있는 것이다. 이는 대부분의 개발도상국가들이 갖고 있는 한계이기도 하다. 많은 국가들이 정부의 경쟁력이 부족하여 빈곤의 늪에서 헤어나오지 못하고 있다(임도빈, 2015).

우리나라의 민주화 이전 시기와 유사한 권위주의적 특성을 보이기는 하지만, 60년대 고도경제개발의 기적을 보이지는 못하고 있다. 우간다는 우리나라와는 달리 부존자원이 많은 나라이다. 하지만 과거의 한국에 비하여, 국제기구와 외국의 영향력이 큰 것도 중요한 차이점이다. 특히 국제적 재원이 정부예산의 50%에 이르던 시기가 있는 등, 하나의 국가로서 조화로운 정책조정을 하기는 어려운 상태라고 볼 수 있다. 국제 NGO들의 역할도 비교적 큰 편이다.

가장 중요한 것은 정치민주화와 행정효율화라는 두 마리 토끼를 어떻게 좇느냐의 문제이다. 현재 완전통합형 정치행정체제는 실제 운영에서 국민이 원하는 정책방향을 선택할 수 없는 문제점은 물론 비효율성도 가지고 있다. 현행 헌법구조는 부통령과 국무원을 가지고 있다는 점을 제외하면 한국과 유사하다. 하지만 중립적이고 유능한 전문관료제가 없다는 것이 가장 큰 문제점 중의 하나이다. 그리고 대통령 장기집권에서 비롯되는 많은 문제점들이 정부경쟁력을 가로막고 있다.

이러한 한계 내에서 무세베니 대통령은 애국심에 의한 개혁을 도모하고 있다. 2009년 모든 중등교육기관에 애국회(Patriotism Clubs)를 설립하여 학생들과 청년들에게 애국심을 가르치기 위한 프로그램을 시작한 것이 그 예이다. 국가적 동원과

---

1) 이런 점에서 권혁주 외(2016)의 내용에서는 불완전통합모형이라고 기술하였다. 차이를 가져오는 것은 공공부문과 사회전체를 구분해서 봐야 한다는 점이다.

체제유지를 위해 심리적·정신적 접근을 하는 것이다.

무세베니 대통령은 애국심을 구성하는 요소로, 우간다·동아프리카·아프리카를 사랑하는 것, 환경을 사랑하는 것, 인간 진화(산업사회로의 발전)를 아는 것, 자신을 사랑하는 것을 꼽았다. 특히 우간다를 사랑하는 것이 무엇인가를 세분화하여 설명하고 있다.

그 첫 번째는, 자국민 서로 간 가치를 인정하고 지지해주는 것이다. 자국 상품을 소비하고, 의사는 환자를, 경찰은 시민을 존중해주는 문화를 만들어 인간존중의 사회를 만드는 것이다. 두 번째는, 자기중심주의를 버리고 사회경제적 변화를 받아들여 근대화된 국가를 만드는 것, 세 번째는, 모종개선, 관개시설, 비료사용 등의 방법을 통해 농업 근대화를 이루는 것, 네 번째는, 민주주의임을 인식하고 부정 선거를 저지르지 않는 것, 마지막으로 다섯 번째는, 아프리카 고유의 유산을 사랑하는 것이다. 세계에서 가장 오래되었기 때문에 그만큼 가치있는 아프리카의 문화, 언어 등을 강조하며 자부심을 가질 수 있는 메시지를 전달하였다(국가애국단 공식 홈페이지).

☕ **차 한잔의 여유**

중국의 아프리카 공세

베이징칭화대 공공정책대학원, 영어로 진행되는 중국경제발전론의 수강자는 대부분 외국인 유학생이다. 그 중 절반 이상은 아프리카인이다. 이 수업을 진행하는 후안강 교수는 서기 0년으로 시작되는 그래프에 중국이 전세계 국내총생산(GDP)에서 차지하는 비중을 그려놓고 중국의 역사적 우수성과 저력에 대해 열변을 토한다. 중국식 사회주의의 특징과 중국식 시장경제 성과도 설파한다. 알고 보니 아프리카 유학생은 대부분 현지 국가의 공무원이나 국영기업의 우수 인재로 중국 정부에서 장학금을 받은 유학생들이었다. 몇 년 전 베이징 방문 길에 우연히 참관했던 후안강 교수의 수업 풍경이다.

중국은 이미 1950년대부터 정부 초청 아프리카 유학생 프로그램을 시행했다. 56년 아프리카 국가 중에서 이집트와 처음 수교하면서부터다. 현재까지 약 5만 명이 혜택을 받은 것으로 추정된다. 중앙정부의 지원만 그렇고 각 지방정부와 화웨이·시노펙 등 대형 기업들이 별도로 선발해서 지원하는 학생까지 포함하면 그 숫자는 훨씬 많을 것이다. 아프리카에 필요한 고급 인력을 양성해 준다는 차원에서 아프리카 국가들의 호응이 높다. 중국에서 유학한 인력들은 각국의 공공부문과 기업에서 중요 역할을 맡아 중국의 아프리카 진출에 주요 인적 자원으로 활용되어 중국 역시 통 큰 투자를 하고 있는 것이다.

중국사회과학원의 중동아프리카연구소에서 발간한 '아프리카 발전보고서'를 통해 중국의 향후 아프리카 경제협력 전략을 찾아볼 수 있다. 중국은 자국 경제의 서비스산업 중심 발전 기조와 아프리카에서도 수요가 증가하는 금융·관광·항공운송·환경보호기술 등 서비스 무역을 확대한다는 방침이다. 향후 10년 내에 아프리카가 세계 제2의 항공운수 시장으로 성장할 것으로 전망하고 이에 따라 공항 건설과 항공기계설비, 정보통신설비, 물류, 공항관리시스템 등 유발 수요도 기대하고 있다.

또 아프리카가 공업화와 도시화, 지역 간 경제통합화 등의 과정을 거치면서 건설 수요가 지속적으로 증가할 것이라는 판단이다. 이에 따라 아프리카 국가 간, 권역 간 연결을 위한 기초 인프라 건설에서 프로젝트 기획과 타당성 조사 등을 지원하고, 중국 기업과 금융기관이 투자사업에 참여하도록 한다는 방침이다. 단순한 건설시공뿐만 아니라 프로젝트 사전 기획과 개발에 참여하고 설계와 엔지니어링, 사후관리·운영 등 종합적인 건설엔지니어링을 지향한다는 목표다. 아프리카의 니즈에 맞도록 상호 소통을 하며 진행하고 사회적 책임뿐 아니라 이익 공유와 리스크 축소 등을 위한 노력 의지도 밝히고 있다.

2000년대 중반 이후 아프리카에 대한 중국의 지나친 자원외교는 서방의 경계심을 자극해 왔다. 중국이 자국 산업의 발전에 필요한 자원을 확보하기 위해 아프리카의 독재국가들까지 지원하고 아프리카 진출에 인력과 자금, 물자까지 공급하며 중국의 이익과 영향력을 극대화하는 신식민지 건설이라는 비판도 일었다. 뉴욕타임스 특파원 출신의 하워드 프렌치는 『아프리카, 중국의 두 번째 대륙』이라는 책에서 아프리카 대륙을 지배하고 있는 중국 자본의 힘을 생생하게 전한 바 있다.

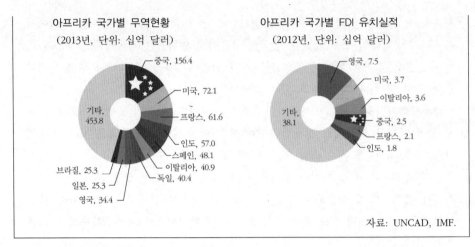

아프리카 국가별 무역현황
(2013년, 단위: 십억 달러)

아프리카 국가별 FDI 유치실적
(2012년, 단위: 십억 달러)

자료: UNCAD, IMF.

출처: 중앙선데이, 2016. 2. 3. 일부발췌.

◈ 참고문헌

임도빈(2014), 『행정학 — 시간의 관점에서』, 박영사.

임도빈(2015), 『한국정부, 왜 16위인가』, 문우사.

정용덕 외(2011), 『공공갈등과 정책조정 리더십』, 법문사.

정정길, 최종원, 이시원 외(2003), 『정책학원론』, 서울: 대명출판사.

제이크 브라이트, 오브리 흐루비(이영래 옮김), 『2016. 넥스트 아프리카』, 미래의 창.

홍재환(2013), 『ODA 반부패 시스템 구축: 수원국의 부패 실태 분석』, 행정연구원.

황원규(2011), "2011년 아프리카지역 기초·정책연구 우간다(Uganda): 아프리카의 검은 진주," 경제·인문사회연구회, 『세계지역 종합연구 협동연구총서』, 11-04-07(1).

A Binagwaho, JD Sachs(2005), Investing in development: a practical plan to achieve the Millennium Development Goals. Earthscan.

Bachrach, Peter & Morton S. Baratz(1962), The American Political Science Review, 56(4): 947~952.

Berg-Schlosser, D., & Siegler, R.(1990), Political stability and development: a comparative analysis of Kenya, Tanzania, and Uganda. L. Rienner Publishers.

Bernard Bashaasha, Margaret Najjingo Mangheni, Ephraim Nkonya(2008), Decentralisation and Rural Service Delivery in Uganda.

Cabinet Secretariat, Office of the President(2009), A Guide to Policy Development and Management in Uganda.

Cabinet Secretariat, Office of the President(2013), REPORT OF THE ASSESSMENT OF THE POLICY CAPACITY OF THE UGANDA PUBLIC SERVICE.

Cannon, C.(2000), NGOs and the State: a case-study from Uganda. Development, NGOs, and civil society, 109.

Hood, C.(2000), The art of the state: Culture, rhetoric, and public management. Oxford University Press.

IMF(2010), Uganda: Poverty reduction strategy paper.

JOHNSON BITARABEHO(2008), The Experience of Uganda – Local Government's Role as a Partner in the Decentralization Process to Strengthen Local Development, Conference on Access to Development Funding for Local Governments in Africa.

Rohner, D., Thoenig, M., & Zilibotti, F.(2013), Seeds of distrust: conflict in Uganda,

Journal of Economic Growth, 18(3): 217~252.

Ssansa Mugenyi(2012), Building sustainable systems to measure and track investment climate reforms, Network of Reformers 4th Peer-to-Peer Regional Learning Event, by World Bank Group, Investment Climate Advisory Services, and co-hosted by Rwanda's Ministry of Trade and Industry.

Livingstone, I., & Charlton, R.(1998), Raising local authority district revenues through direct taxation in a low-income developing country: evaluating Uganda's GPT, Public Administration and Development, 18(5): 499~517.

World Bank(2011), Uganda — Demography and economic growth in Uganda, Washington, DC: World Bank.

제 4 편

비통합모델

Chapter 12

체제전환국: 러시아

국명: 러시아 연방(Russian Federation)

수도: 모스크바　　　　　　　면적: 16,377,742㎢

인구: 142,433,773(2015년 7월 추정치)　인구밀도: 8.7명

종교: 러시아정교 15~20%, 이슬람교 10~15%, 불교, 유대교 등

통화: 루블(RUB) (1$=61.27RUB)

GDP: $3.471조 (2015년 구매력기준 추정치)(1인당 $23,700)

I 개   관

1. 국가개황

러시아는 과거 '소비에트 사회주의 공화국 연방(CCCP & USSR)'이 해체되면서 축소된 나라이다. 국명은 제정시대부터 사용하던 러시아연방을 쓰고 있으며, 이를 1992년 4월 6일 제6차 인민대의원대회에서 공식 채택하여 헌법에 명시하고 있다.

수도는 모스크바이며 지정학적 위치는 유럽과 아시아에 걸쳐 있기 때문에(즉, 유라시아 대륙) 러시아는 유럽국가인가 아니면, 아시아국가인가의 정체성의 문제를 안고 있다(Baranovsky, Valdmir, 2000; 신범식, 2001). 국토면적은 1,637만 평방킬로미터(한반도의 78배, 미국의 1.8배)로 세계면적의 약 1/8(구소련은 1/6)을 차지하고 있는 매우 큰 나라이다. 그러나 토지이용의 측면에서 보면 경작 가능한 면적 10%, 숲 45%, 목초지 5%, 나머지 40%는 툰드라지대이다. 따라서 가용토지와 거주지로서 삶의 환경은 그다지 좋은 편이라고 할 수 없다. 기후 역시 대륙성 기후(모스크바 부근은 겨울 평균기온 섭씨 영하 10도, 여름 평균기온 영상 16도)로 사람들이 살기에 그다지 좋은 편은 아니다.

주요 도시로서는 수도인 모스크바(1,150만), 상트 페테르부르크(488만), 예카테린부르그(135만) 등을 들 수 있다. 러시아는 9개의 표준시간대가 있을 정도로 횡적으로 아시아와 유럽에 걸쳐 있는 나라이고 수많은 민족들로 구성되어 있다.

가장 많은 민족은 러시아인으로 약 78%를 차지하고 있으며 그 외에도 타타르인(4%), 우크라이나인(1%), 기타 200여 민족(고려인: 약 20만 명) 등이 있다. 러시아에서 특기할 만한 것은 평균수명인데, 타국에 비해서 남자의 수명이 여자의 그것에 비해 훨씬 짧다는 점이다(2015년 추정치: 남(65세), 여(77세)).

러시아 경제는 과거 세계와 고립된 소비에트 경제에서 개방된 경제로 바뀌고 있다. 에너지 분야와 군수산업 이외에는 많은 민영화가 이뤄졌다. 그럼에도 불구하고 완전한 사적 재산권 보호 등 자본주의 경제체제로 이행하기에는 요원한 상태이다. 그리고 러시아의 경제는 천연가스는 세계에서 수출 1위를 비롯하여 석유, 철광석 및 알루미늄원석 등 천연자원의 수출에 많이 의존하고 있다는 문제를 안고 있다. 이것은 자국의 고용창출이 안 되고 세계 경기에 영향을 많이 받는다는 것을 의미한다. 최근 몇 년간 저유가 시대를 맞이하여 러시아의 경제상태가 매우 어려워진 것이 그 예이다.

2. 러시아 약사(略史)

러시아는 특수한 나라이므로 간단히 역사를 살펴볼 필요가 있다. 시대 구분은 크게 1917년의 혁명 이전의 시대와 소련연방의 시대 및 냉전 이후 소련의 해체와 그 후 러시아연방으로 나눠 살펴볼 수 있다.

소련연방의 초기는 레닌시대(1917~1924)라고 할 수 있는데, 이 시기는 대독일전쟁 전비조달을 위해 토지, 대외무역, 은행, 대기업 등을 국유화하는 전시공산주의 정책을 추진하였다. 레닌은 로마노프 왕조의 수도였던 상트 페테르부르크에서 모스크바로 수도를 이전하고, 1921년 3월 제10차 공산당 대회를 개최, 신경제정책(NEP)을 채택하여 자본주의적 요소를 부분적으로 도입하는 등 농민의 생산의욕 고취에 노력했다. 1922년 12월 제10차 전 러시아 소비에트대회에서 러시아, 우크라이나 및 백러시아 간 연방조약체결로 소비에트 사회주의 연방공화국이 성립되고, 1924년 연방헌법이 채택되었다.

레닌의 사망(1924. 1) 이후 일시적으로 스탈린, 지노비예프, 카메네프 3두체제가 형성되었다. 1925년 4월 제14차 공산당 대회에서 소련 단독으로 사회주의 건설이 가능하다는 스탈린의 '일국 사회주의론'이 채택됨으로써 3두체제가 종식되었다. 1927년 12월 제15차 공산당대회에서 NEP(신경제정책) 중지와 제1차 5개년경제개발계획 착수를 결정하고 '영구혁명론'을 주장하는 '트로츠키' 등을 제명함으로써 드디어 '스탈린' 독재체제를 확립하였다. 스탈린은 정적에 대한 숙청을 개시하고, 1936년 12월 사회주의 강화의 명목 아래에 스탈린 헌법을 채택, 당의 지도적 역할을 규정함으로써 독재권력을 강화하였다. 1939년 8월 독소불가침조약을 체결, 발트 3국과 몰도바를 합병했으나 독일의 소련침공(1941. 6)을 계기로 연합국 일원으로 2차대전에 참가, 전승국이 됨으로써 소련은 동유럽 전역과 북한을 세력권에 넣는 세계 강국으로 부상하였다.

스탈린 사후에 등장한 흐루시쵸프는 제20차 공산당대회(1956. 2) 비밀연설에서 스탈린식 전제정치를 부인하고 레닌식 당내 민주화 도입 및 생산성 향상을 위한 정치, 경제개혁을 추진한다고 선언하였다. 또한 '스탈린'의 자본주의 포위론과 전쟁 불가피론에서 탈피, 평화공존 노선을 추구하여 대내외적으로 해빙기가 도래하였다고 보여졌다. 그러나 폴란드, 헝가리 등 동유럽의 반소분위기 확산과 함께 농업, 공업생산 저하 등의 경제적 실책, 쿠바에서의 미사일 철수사건(1963), 당내 민주화 등의 정치개혁에 대한 보수관료의 반발이 누적되어, 1964년 10월 긴급소집된 공산당 중앙위총회에서 '브레즈네프', '코시킨' 등에 의해 흐루시쵸프는 실각되었다.

'코시킨', '포드고르니'와 함께 집단 지도체제를 출범시킨 '브레즈네프'는 정치적으로 이념을 중시하는 보수정책을 주장하였으나 경제적으로는 '리베르만'의 이윤개념 도입에 의한 경제개혁을 추진(1965)하는 한편, 군비강화에 주력하였다. 대외적으로는 체코침공(1968) 등 브레즈네프 독트린에 의한 동유럽 이탈방지에 주력하는 한편, 중국과는 우수리강에서 중소간 무력충돌(1969. 3)로 양국간 대립이 심화되었다. 서방권과는 힘에 의한 평화공존노선을 견지, 동서데탕트를 실현했으나, 아프카니스탄 침공(1979. 12) 및 폴란드 계엄령선포 지원(1980. 12) 등으로 서방권의 대소공세를 자초하였다. 브레즈네프 시대는 이른바 '정체의 시대'로 불려지며 전체주의적인 권위체제 및 명령적 계획경제체제 유지로 무사안일과 보수성향이 만연하여 경제의 침체가 심화되었다.

브레즈네프 이후 안드로포프는 '브레즈네프' 통치 후반기에 나타난 정체, 부패현상에 대한 개혁노선을 강화해 나갔다. 중앙집권적 통제경제체제를 개혁하기 위해 국가기강 확립과 노동규율 강화에 주력하면서 기업독립채산제 및 농업집단청부제 도입을 시도했으나, 집권 반년 이후 건강악화로 인해 실험단계에 그쳤다. 그러나 '고르바쵸프'와 '리쉬코프' 등 젊은 층 인사를 발탁하고 자신의 브레인 집단을 '고르바쵸프'에게 인계함으로써 페레스트로이카 정책의 전제조건을 구축하였다.

1985년에 고르바쵸프가 등장하여 새로운 시대가 열렸는데, 그는 1986년 2월 제27차 공산당대회에서 중앙통제경제의 전면적 개혁을 요구하는 신강령을 채택하고, 관료주의와 레닌의 정책으로부터 일탈한 스탈린정책을 비판함으로써 페레스트로이카 노선을 본격화하였다. 그러나 페레스트로이카로 불이익을 받게 되는 관료층, 공산당 지도급 인사, 군부, 군수산업계 종사자 및 집단농장 책임자 등이 개혁저항세력으로 등장하여 고르바쵸프의 정책에 소극적 저항을 보였다. 이 가운데 연방 구성 공화국들의 권한 강화로 연방이 해체되는 것을 우려한 일부 보수 강경세력의 불만이 증가되어 1991년 8월 쿠데타가 발생하였다. 결국 쿠데타 진압에 앞장선 급진 개혁주의자 옐친 대통령에게 정치적 주도권을 넘기게 되면서 소련은 해체의 길로 들어서게 된 것이다.

> **러시아관련 유용한 정보 제공 웹사이트**
> • 駐러시아연방 대한민국대사관 홈페이지
>   - http://rus-moscow.mofwt.go.kr
> • 러시아에 대한 종합적이고 다양한 정보를 한글로 제공(한국인들이 만든 웹
>   사이트로서 각종 흥미로운 동영상물로 있음)
>   - http://www.unirussia.com

1991년 12월 25일, 소연방 붕괴와 더불어 구 소연방의 승계국으로 민주주의와 시장경제제도를 추구하는 러시아연방이 탄생하였다. 옐친은 1991년 6월 러시아 국민의 직접선거에 의해 러시아공화국 대통령으로 당선되었으며, 1991년 12월 소연방이 해체됨으로써 러시아 연방 초대 대통령에 취임하였다.

이어 등장한 푸틴 대통령이 2004년 압도적인 지지로 재선되어 러시아를 이끌고 있다. 3번의 연임이 금지되어 2008년 푸틴은 자신의 후계자로 메드베데프를 대통령에 당선시키고, 자신은 총리 자리를 맡았다. 그리고 이후 2012년 개정된 헌법에 따라 임기 6년인 대통령 선거를 통하여 다시 대통령자리를 맡았다. 총리는 다시 메드베데프를 앉히는 방법으로 절대 권력을 행사하고 있다.

3. 거시환경

러시아의 대외정책은 국력을 감안한 현실적인 대외정책을 추구하여 외교에 있어 이념배제, 국익에 입각한 실리외교를 추구하고 있다(고상두, 2004). 구체적으로는 국내 경제회복 및 강력한 러시아 건설을 위한 대외환경의 안정화 및 경제협력 강화 도모와 함께 미국, 유럽연합(EU), 북대서양조약기구(NATO) 및 G-8 등과의 협력강화를 통한 국제사회의 지도국가로서의 위상확립이라고 할 수 있다.

9·11테러사태 이후 러시아는 새로운 도전과 위협에 대처키 위한 국제적 공조에 협력하고 있다. 러시아는 특히 테러리즘과 조직범죄 등 국제범죄에 효과적으로 대응하고 지역분쟁 해결을 위해 UN 등 국제기구의 역할 증대를 지지하고 있다. 또한 미국 주도의 단극화 국제질서 형성을 견제하기 위해 중국, 인도 등과 전략적 동반자 관계를 강화해 나가고 있다. 이와 함께 종래의 서방 편향성을 극복하기 위

해 아시아 국가들과의 양자관계 증진 및 APEC, ASEAN 포럼 등에 적극 참가하고 있다(외교통상부, 2004). 아울러 CIS 국가와의 전략적 관계에 비추어 CIS 국가들과의 관계 증진에 우선을 두고 있다.

2004년 이라크 문제와 관련, 러미 간 이견이 표출되긴 하였으나, 러·미 정상회담 등을 통해 양국간 협력관계의 발전을 지속해 나가기로 합의했다. 그리고 유럽과의 관계에서 최대의 교역파트너인 유럽연합(EU)과의 실질협력 관계를 발전 강화시키는 데 노력하고 있다. 러시아의 대 EU 수출은 전체 수출의 40% 규모에 달하고 있다. 그 외에도 NATO와의 새로운 협력관계를 구축하고 있는데, 러시아·NATO 양측은 2002년 5월 러·NATO 정상회의에서 상호 관심사에 관한 공동의 정책결정 및 조치를 추구해 나가기로 합의하고, 러·NATO 이사회를 발족시킴으로써 양측간 협력관계를 강화하고 있다.

푸틴 재집권 이후 러시아는 국제적인 비난을 감수하더라도 영역을 넓히는 '강한 러시아' 정책을 추구하고 있다. 우크라이나 침공(2015년)과 시리아 내전 개입(2016) 등이 그 예이다. CIS 국가들과의 관계에서도 CIS 통합 및 협력 진전에 당분간 한계가 있을 수밖에 없다는 인식하에 일방적 통합보다는 각국의 양자관계 발전 및 기능적 협력을 통한 통합여건 조성에 주력하고 있다. 중국과의 관계는 냉전시대 우호적 관계를 유지했으나, 1960년대 이후 사상갈등, 영토분쟁으로 준적대관계로 돌아섰다. 소련 붕괴 후에는 서방세계 견제를 위해 상호 협력하고 있으며, 특히 2014년 크림 합병 이후 어려워진 러시아를 중국이 지원하며 협력관계가 강화되고 있다.

II 러시아의 정치과정

구 소련에서 법의 지배(rule of law) 개념은 부르주아적 개념이라는 이유로 거부되어 왔다. 즉, 법치주의가 아니라 '사회주의적 합법성'이 강조되어 왔다. 이는 1917년 이후 혁명과업을 완수하기 위해서 혁명적 합목적성이 중시되어 왔던 것을 의미한다. 러시아의 출범은 법치주의의 도입을 통한 체제전환을 의미한다. 즉 그동안 당에 의한 권위적이고 자의적 조정이라는 '완전통합모델'로부터 벗어나는 과정에 있는 것이다. 우선 의회, 정당, 시장 등 각 분야에서 행위자(제도와 기관)들이 급속한 기능분화를 해 왔다. 그럼에도 불구하고 선진국에 비하여 아직 제도분화가 미흡한 상태이고, 이미 분화된 기관들도 게임의 법칙을 충분히 습득하지 못하여 제대로 작동하지 않음으로써 혼란이 초래되고 있다. 따라서 '불완전 통합모델' 혹은 '비통합모델'이라고 특징지울 수 있다. 이 와중에서 제도를 형성하고 필요한 경우 조정(통합)기능을 하는 존재가 대통령이다. 법치주의가 요원한 상황에서 러시아 대통령은 선진국 어느 나라와 비교해도 권한이 막강하고, 그 권한을 자의적으로 행사할 수 있다. 그리고 대통령의 이러한 역할을 보좌하는 사령탑이 '대통령 행정실'이다.

1. 정치행정체제의 기본구조

러시아의 정치행정체제의 기본구조는 러시아연방의 헌법에서 잘 나타나고 있다. 러시아의 헌법 제11조 제1항에서는 러시아연방의 국가권력은 러시아 연방대통령, 연방의회('연방회의'의 상원과 '국가두마(Duma)'인 하원), 러시아연방정부, 러시아 연방사법부에 의해 행사된다고 되어 있다. 또한 동조 제2항에서는 러시아연방을 구성하는 주체(즉, 공화국과 자치체)들도 국가권력을 행사한다고 명시하고 있다. 이런 점에서 공식적으로는 러시아 연방대통령, 상원과 하원으로 구성된 연방의회, 연방정부 내각, 사법기관인 검찰과 법원, 연방관구 수장인 대통령 권한의 대표자들, 지방정부 수장들과 지방정부, 지방의회 등이 러시아연방 정치행정체제상의 주요한 행위자들이라고 할 수 있다.

러시아를 대표하는 러시아연방 대통령은 민주적 방식(보통, 평등, 직접, 비밀선거)에 의해 6년 임기로 선출된다. 그러나 후보의 선정과정을 푸틴이 독점함으로써 진정한 선거의 의미를 잃게 하고 있다. 대통령은 내각 임면권, 하원 해산권, 국민투표 실시 결정권, 법률안 서명권 및 공포권, 군통수권, 전시상태 및 비상사태 선포권 등의 권한을 보유하여 국가를 통치하고 있다. 헌법상으로도 그리고 실질적인 측면에서도 러시아연방의 대통령은 다른 연방기구들에 비해서 많은 권한을 가지고 있다. 특히 대통령과 연방정부가 구분된다는 점과 대통령이 직할하는 부처들이 질서유지나 안보에 관련된 기구들이라는 점에서 권력독점을 알 수 있다. 따라서, 러시아의 경우 법적으로는 3권이 분립된 정치체제인 것처럼 보이지만, 3권이 균형

그림 12-1   러시아의 정치/행정/사법 조직

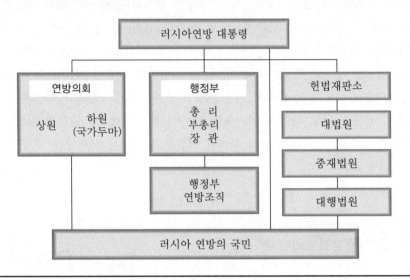

출처: 1999 Timo Aarrevaara.

있게 분립되지는 않은 신 대통령제의 모습이 보인다.

러시아 연방정부내각은 국가의 제반정책을 총괄하여 집행하는 기관이다. 연방행정부는 총리에 의해서 운영되는데, 연방대통령이 관할하는 질서유지나 안보기구들을 제외한 경제기구, 사회문화기구 등을 그 소속하에 두고 있다. 이런 측면에서 보면 순수한 대통령제의 모습은 아니라고 할 수 있다.

러시아의 국가 이미지는 일반적으로 능력이 강한 국가로 보는 경향이 있다. 이는 과거 구 소련처럼 국가가 모든 것을 주도하던 성격을 이어 받았기 때문이라는 점과 체제이행의 과정에서 강력한 힘을 필요로 하기 때문이라는 점 등 여러 원인이 있을 수 있다.

그럼에도 불구하고 러시아정부가 사용하고 있는 국가예산을 보면 이런 생각에 회의가 들 수 있다. 러시아의 정부예산은 러시아연방의 국내총생산(GDP)에서 차지하는 비율이 약 20%에 불과하다. 이런 측면에서 본다면 국가능력의 강약과 정부부문의 상관관계가 없는 것으로 보인다. 그러나 정치체제는 현실적으로 대통령 1인에게 많은 힘을 부여하고 체제유지를 위해서는 절대권력을 실행한다는 점에서는 강한 국가라는 점은 부인할 수 없을 것이다.

러시아는 광대한 영토 때문에 중앙권력이 지방을 통제하는 동시에 지방에 일정한 범위의 자율성이 부여될 수밖에 없다. 구소련의 경우도 처음 성립되었을 때, 여러 주권을 가진 공화국의 연합이라는 점에서 국명을 소비에트 사회주의 연방공화국이라고 규정하면서 연방국가임을 천명하였다(외대소련문제연구소, 1985). 그러나 그 과정에서도 사실상 공산당이라는 일원적 조직이 전국을 관리하였기에 중앙집권의 단일국가처럼 관리되었고, 거꾸로 단일국가를 지향하면서도 여전히 지방에서는 연방국가의 이름에 맞게 지방세력이 형성되어 왔다는 점에서 역설적 현상들이 나타나게 되었다.

한편, 제도적 권력분립에 있어서는 재정관계가 중요하다. 1997년 연방법률 "러시아연방 기초지방자치단체자치를 위한 재정기반"에서 기초지방자치단체의 세입이 제도적으로 담보되었지만, 세원의 60~70%가 개인소득세이다. 따라서 지방은 재정자율권에 있어서 별 권한을 가지고 있지 못하다(조원호, 2010 재인용). 이는 헌법 제12조에서 명기한 러시아의 지방자치단체에 대한 인정과 보장과는 차이가 있는 부분이다. 제도적 장치는 마련되어 있지만 실제적으로는 수직적 권력분립이 제대로 이루어지고 있다고 보기 어려운 것이다(임도빈 외, 2011).

요컨대, 러시아의 정치행정체제는 기본적으로는 연방국가의 성격과 대통령제를 채택하고 있다. 그러나 대통령의 역할과 권한이 본래의 대통령제와는 다르게 규정되었고, 또한 집행단계에서 다르다는 점에서는 차이가 있다. 연방국가임에도 중앙의 역할과 권한이 강하다는 점에서는 일반적인 연방국가와도 성격이 다르다.

2. 투입제도: 정당

1) 정당체계

러시아의 전신인 소련은 세계 최초로 공산주의 이념을 기반으로 세워진 국가였다. 소련에서는 이와 같은 사회주의 내지 공산주의의 이념의 실현을 위한 기구인 공산당이 주도적인 지위를 가졌는데, 이는 헌법상에도 규정되어 있었다. 당시 공산당의 역할은 서구의 정당의 역할이라기보다는 정부를 구성하며, 사회를 이끌어 가는 기능을 담당하고 있었다(Hammer, 1974: 173). 그래서 공식적인 정부기구나 국민들의 대의기관이 정치의 중심이라기보다는 공산당 자체가 정치엘리트 충원의 근원이면서 바로 여기에 정치의 중심이 있었다(안병만, 1978: 44). 이런 점에서 공산당의 역할은 단지 일반적인 정당의 역할로만 봐서는 안 될 것이다. 투입제도로서

러시아 헌법 제정의 의의

공산당의 일당독재 체제를 인정했던 소비에트정권 시기의 헌법들과는 달리, 1993년 러시아 신 헌법에서는 최고 국가권력기관의 구조가 변경되었다. 다시 말해서, 기존 소비에트들이 가졌던 전권이 거부되었으며 민주적 형태의 권력분할원칙이 확립됨과 동시에 연방구조의 개선방향이 분명하게 제시되었다. 또한 기본법으로서의 헌법의 의미와 효력, 시민의 자유와 권리들에 대한 기준들이 강조되었다. 특히 신 헌법에서는 이전 시기 국가소유에 바탕을 둔 통합경제체제 원칙은 배제되었고 그 대신 시민사회 발전의 기본전제인 개인의 자유와 모든 소유형태의 보호원칙들이 천명되었다.

소련시기 300개 이상의 개정과 보완을 겪었던 러시아공화국 헌법과는 달리 신 헌법은 경성헌법이고, 따라서 헌법의 개정시 상당히 복잡한 과정을 필요로 하고 있다. 만일 러시아 연방대통령, 상원과 하원, 러시아 연방정부, 러시아 지방정부와 의회가 헌법의 기본 토대, 시민의 자유와 권리 및 헌법의 개정작업 등이 명시되어 있는 헌법의 1장, 2장, 9장 등에 관한 개헌을 하려면 상원과 하원의 전체 의원 가운데 5분의 3 이상의 지지를 얻어야만 한다. 만일 이러한 지지를 얻는다면, 연방법에 의거하여 러시아연방 헌법회의가 소집되어질 것이고 그 회의에서 헌법개정안의 승인 여부를 논의하게 된다. 헌법개정안은 국민투표를 거치거나 혹은 헌법회의에서 승인되어진다. 헌법개정안을 헌법회의에서 결정시에는 전체 헌법회의 위원들 중 3분의 2 이상의 지지를, 그리고 국민투표시에는 총투표인의 과반을 획득하였을 경우 승인된다.

러시아연방 신 헌법은 서문, 9개의 장과 137개의 조항들, 결문으로 구성되어 있다. 러시아연방 신 헌법의 구성과 내용은 다음과 같다. 1장에서는 헌법제도의 기본적인 토대, 2장에서는 시민의 자유와 권리, 3장에서는 연방구조, 4장에서는 러시아 연방 대통령, 5장에서는 상원인 연방회의, 6장에서는 러시아연방 행정부, 7장에서는 사법부, 8장에서는 지방자치, 9장에서는 헌법수정과 개정에 관한 항목들을 기술하고 있다.

정당만의 의미가 아니라 시스템 그 자체라는 점을 간과해서는 안 되기 때문이다.

그렇지만 1985년 이후 소련이 붕괴되면서 러시아는 과거 일당독재의 정당체제에서 벗어나 사유재산제의 도입 등 자유시장경제체제로의 전환과 이에 맞추어 복수정당의 경쟁체제로 변화하였다. 구 소련헌법 제6조는 공산당의 지도적 역할을 규정하여 공산당의 독재를 명시하였다. 그러나 고르바쵸프시대에 제6조 조항이 폐지되어 신흥정당이 출현하였고, 소연방공산당은 당내분열이 발생하여 그 후 정권에서는 멀어지게 되었다.

현 러시아연방헌법 제13조는 이념의 다양성을 인정하고 있으며, 또한 복수정당도 허용하고 있다. 이런 점에서 러시아는 형식적으로는 일반적인 민주주의 국가와 마찬가지로 복수정당제가 허용되는 국가라고 할 수 있다. 소련 붕괴 후 많은 이해관계를 반영하여 수많은 군소정당이 난립하였다. 하지만 정당의 등록요건 강화와 지역구를 없애고 전면 비례대표제를 통해 비례대표 하한선을 7%로 정하면서, 2003년 23개이던 주요 정치세력이 2011년 7개 정당으로 축소되었다. 이는 대의민주주의가 실현되기 위한 "대중정당시대"로 변화되고 있다는 것으로 러시아 민주주의 제도화에 긍정적인 영향을 줄 것으로 기대된다(이신욱, 2012). 지금도 러시아의 경우 많은 이해관계를 반영하는 정당이 존재하기는 하지만, 푸틴체제에 도전할 정도의 힘을 키우지는 못하고 있다. 투입제도의 변화는 러시아에서 여전히 진행중이라고 볼 수 있다.

2) 러시아 정당의 이념적 분포

일반적으로 이념을 나눌 때 보수와 혁신의 구별, 좌파와 우파의 구별을 들고 있다. 그러나 이 개념들은 각 국가마다 역사적 상황에 따라서 그리고 용어 자체의 의미의 다의성으로 인해 그 본래의 의미와는 다르게 사용되고 있다. 우리나라뿐만 아니라 러시아의 경우에도 보수와 진보의 구별이 그렇게 정확하게 이루어지고 있지는 않은 듯하다.

러시아의 경우 정당제도의 급격한 변화를 겪고 있다. 이 과정에서 전통적인 좌파-우파, 보수-진보 개념의 혼란을 드러내고 있다. 또한 한 정당 내에서도 진보와 보수가 있다는 것은 보수-진보개념의 혼란을 부채질하고 있다. 일반적으로 공산주의의 이념은 보수라고 규정되기에는 좀 어색하기 때문이다. 이에 더해서 최근에는 푸틴 대통령을 지지하는 정당들은 대체로 민주주의의 방향보다는 민족주의 정향이 강하다는 점에서, 또한 자본주의화에 반대하는 공산주의와는 구별되면서 나름대로의 이념을 가지고 있다는 점에서 더욱 복잡하게 나타났다.

러시아의 경우 시장경제로의 개혁문제로 보수와 진보의 개념을 규정하고 있는 측면도 있다. 이와 같이 러시아의 경우, 이것은 단순히 개념구분의 방법론상의

그림 12-2 주요 정당들의 이념적 정향

문제일 뿐만 아니라 현대 러시아 정치의 무정형성을 나타내 주기도 한다. 예를 들어 1996~99년에는 민족주의자에 대항해 개혁주의자와 공산주의자의 연대가 형성된 것에서도 볼 수 있다. 특히 이런 연대는 기본적인 가치의 공유로 이루어진 것이라기보다는 정치적 편의주의의 결과라고 할 수 있으며, 오히려 정체성 불분명을 초래하고 있다는 점에서 문제가 있을 수 있다. 러시아의 정당들은 크게는 세 가지로 분류 가능한데, 그것은 좌파, 우파, 민족주의라고 할 수 있다. [그림 12-2]는 주요 정당들의 이념정향을 나타낸 것이다(고재남, 2003).

3. 선   거

1) 선거제도: 완전종합모델의 해제기제

러시아 선거제도의 발전과정을 살펴보면 초기에는 부패상이 잘 드러났다. 예를 들어, 선거브로커에 의한 추천인명부 매매, 투표시간 후 공무원에게 투표를 강요하는 등 1993년 의회선거는 부패타락 선거 등의 현상이 있었다. 이에 따라 1993년에 중앙선거관리위원회를 창설하여 선거관련 각종 법규범들이 정비되었다. 정당 기부금 사용범위 제한, 대중매체를 이용한 선거운동 규범 등 여러 측면에서 제도의 선진화가 이뤄졌다.

이처럼 러시아의 선거제도는 과거 부정적인 측면이 많았던 선거경험에도 불구하고, 최근 중요한 변화를 겪고 있다고 할 수 있다. 완전통합모델에서 비통합모델로 전환을 하게 된 원인 중의 하나이기 때문이다. 특히 유럽평의회, 유럽연합, 유럽안보협력기구 등에서 파견된 400명의 국제감시단에 의해 1995년 러시아 의회 선거는 민주주의의 기본적 수준을 충족시킨다는 평가를 받기도 하였다. 하지만 이후 선거과정에서 집권자 편에 유리한 편파적인 방송 등 여러 측면에서 공정성의 문제가 제기되었다. 특히 2011년 총선의 경우, 부정선거 의혹이 불거져 모스크바, 상트페테르부르크 등 대도시에서 대규모의 시위가 발생하였다. 이러한 의혹은 2013년 대선에서도 이어졌다. 따라서 여전히 러시아의 선거제도는 공정성과 투명성이란 점에서 큰 문제점이 나타나고 있으며, 서구의 실질적인 민주주의 관점에서 비교했을 때 많은 개선이 요구된다고 할 것이다.

2) 사례: 2011년 총선

2011년 총선은 2007년의 압도적인 승리[1]에 비할 수는 없지만 집권여당이 과반의석을 차지할 수 있었다는 점에서 의미가 있다. 이는 2013년 대선을 통한 푸틴의 안정적인 정권승계를 기대할 수 있기 때문이다. 하지만 50%가 되지 못하는 득표율에서 알 수 있듯이 푸틴의 장기집권에 대한 실망감이 고조되고 있는 것을 보여주기도 한다. 이는 2000년대 후반의 경제위기에 따른 국내 경기침체와 정치적 권위주의의 심화, 부패척결 실패 등 실정에 대한 불만이 나타난 것이라 볼 수 있다.

이러한 경향은 모스크바, 상트페테르부르크 등 대도시를 중심으로 강하게 나타나 '통합러시아당'은 이들 지역에서 30%의 득표율에 그친 반면, 투바공화국, 모르도비야 공화국, 인구시 공화국, 체첸 공화국 등에서는 85~99%의 압도적인 득표율을 기록하였다(유진숙, 2012).

2011년 총선을 통해 생각해볼 점은 러시아 내에서 선거를 통한 대의민주주의가 정착되고 있다는 것이다. 공산정권 후 불안정한 시기를 거쳐 푸틴의 집권이 오랜 기간 지속되고 있지만, 여전히 투표를 통해 민주주의라는 원칙을 실현해가고 있음을 대외적으로 보여주고 있다. 또한 푸틴 집권에 대한 불만이 선거의 결과로 나타나 이전 총선에서 개헌가능 의석수를 가지고 있던 '통합러시아당'이 간신히 과반을 넘긴 결과를 보인 것도 표를 통한 견제가 작용한 것이라 볼 수 있다. 하지만 다른 면에서는 군소정당 출현을 배제함으로써 다양성을 확보할 수 없거나, 개혁세력의 등장을 사전에 차단한다는 비판이 있기도 하다(이신욱, 2012).

---

1) 2007년 12월의 총선 결과는 푸틴지지층의 압도적 승리, 즉 집권여당이라 할 수 있는 통합러시아당이 다수당이 되었다. 친 푸틴계열 정당의 의석수까지 합하면 무려 재적의원의 2/3를 차지하였다.

표 12-1 2011년 러시아 하원 선거 결과(정당별)

정 당	득표수	%	의석수	의석점유율(%)
통합러시아당	32,379,135	49.32	238	52.9
공산당	12,599,507	19.19	92	20.4
공정러시아당	8,695,522	13.24	64	14.2
자유민주당	7,664,570	11.67	56	12.4
야블로코	2,252,403	3.43	0	-
러시아의 애국자들	639,118	0.97	0	-
바른 일	392,806	0.60	0	-
무효표	1,033,464	1.57		

출처: www.russiavotes.org/duma/duma_today.php(2016. 5. 27. 검색).

4. 입법부

러시아연방헌법에서는 3권분립제로 입법부가 독립되어 규정되어 있는데, 연방회의인 상원과 국가두마인 하원으로 구성되어 있다. 상원은 각 연방구성주체들의 대표로 구성되어 있으며, 하원은 국민의 선거에 의해 선출된 대표로 구성된 대의기관이다.

1) 상원: 연방회의

(1) 상원의 구성

러시아에서 각 연방구성주체들의 의사를 반영할 수 있는 것이 바로 연방회의이다. 연방의회의 구성을 보면, 러시아식 연방국가의 특징이 잘 나타난다. 연방회의는 연방을 구성하는 대표들로 구성된다. 푸틴이 대통령이 되기 이전에는 각각 연방구성주체인 공화국, 주, 자치주 등 국가 전체의 89개 지역에서 각 2명의 대표를 연방회의에 보내어 총인원은 178명이었다. 그 중 한 명은 지방행정 집행기관의 수장이며, 다른 한 명은 지방의회의 의장이었다. 하원인 국가두마와는 달리 공식적인 임기규정이 헌법상 규정되어 있지 않은 점이 특색이다.

그런데 2000년 푸틴이 대통령에 당선되면서, 기존 연방회의 구성방법에 중대한 변화가 생겼다. 연방의원을 지방행정부와 지방의회가 각각 임명한 대표가 연방회의에 의원으로 파견되는 형식으로 2004년에 바꾼 것이다. 이들은 원칙적으로 공식적 임기가 없음에도 불구하고 결과적으로는 연방회의의원 각자의 임기가 해당 지역에서 그가 맡고 있는 직무의 임기와 동일하게 바뀌게 되었다.

이처럼 지방수장(地方首長)의 연방회의(상원) 의원 겸직제 폐지와 대통령의 지방수장(地方首長) 해임권 및 지방의회 해산권은 상원의 구성과 권한에 중요한 영향을 미쳤다고 할 수 있다. 공직취임방법의 변경으로 권력구조를 변화시킨 것이다. 이러한 연방회의의 성격은 지역대표의 의미가 강하여 정당의 역할이 미미하며, 국가두마와는 달리 정당분파나 의원그룹이 존재하지 않는다는 특징이 있다.

연방회의의 개혁은 비통합모형의 혼란을 극복하기 위하여 푸틴 대통령이 중앙통제권을 강화한 '재집권화' 현상의 예이다(임도빈 외, 2011). 광활한 나라임에도 불구하고 대통령이 국민투표도 거치지 않고 지방의 권력분배제도를 근본적으로 바꿀 수 있다는 점에서 제도화 수준이 낮음을 보여주는 것이다.

(2) 상원의 권한과 조직

연방회의는 국가두마와는 달리 상시적으로 활동하는 기구이다. 또한 연방법률안을 제출할 수 있다. 연방회의는 국가두마에서 채택한 법률에 대해 심의할 수 있는 권한은 있지만, 국가두마가 최종적으로 확정시킬 권한이 있다는 점에서 일반적인 연방국가의 상원과는 다른 측면이 있다.

연방회의의 권한은 제102조에 다음으로 규정되어 있다.

- 러시아연방 구성주체 간의 경계선 변경승인
- 전쟁 선포에 대한 대통령령의 승인
- 비상사태 선포에 대한 대통령령의 승인
- 러시아 영토 밖에서 러시아연방 군사력을 사용하는 문제의 결정
- 대통령선거의 공고
- 대통령 탄핵
- 헌법재판소, 최고재판소, 최고중재재판소 판사의 임명
- 검찰총장의 임명 및 해임
- 회계감사원원장과 감사위원 구성원 절반의 임명 및 해임 등의 권한

이런 권한을 살펴보면 상원의 경우엔 우선 연방구성주체 사이에 관련된 일을

중심으로 처리한다는 것을 알 수 있다. 상술한 구성원리라는 측면에서 볼 때 당연한 것이다. 둘째, 국가의 대외관계문제에 관련된 일을 한다. 즉, 전쟁이나 비상사태 등의 문제에 관해서는 국가두마가 아닌 연방회의가 관할한다는 점은 상원만이 가지는 권한이며 러시아 연방회의의 특징이라고 할 수 있다. 셋째, 각급 기관구성권을 가진다는 점이다. 이 점은 다음에 언급할 하원과 동일한 기능을 한다는 점에서 행정부에 대비되는 입법부의 역할을 하는 것으로 볼 수 있다. 이외에 대통령선거 공고를 선거관리위원회와 같은 조직이 아닌 연방회의가 한다는 점이 특색이다.

연방회의는 의장과 부의장을 선출하며, 23개의 상임위원회가 있다. 위원회의 명칭은 헌법입법위원회, 법제사법위원회, 국방안보위원회, 예산위원회, 금융통화위원회, 외무위원회, 독립국가연합위원회, 연방 및 지방정책위원회, 지방정부위원회, 사회정책위원회, 경제정책위원회, 산업정책위원회, 천연자원 및 환경보호위원회, 농업정책위원회, 교육과학보건위원회, 북방영토 및 소수민족위원회, 상설규칙 및 의회조직 위원회, 연방기능수행감시위원회, 연방헌법권한이행위원회, 러시아회계 감사원협력위원회, 체육청소년위원회, 정보정책위원회, 국가독점위원회 등이다.

많은 나라들이 그렇지만, 러시아의회의 위원회도 많은 변화가 있었다. 그런데 러시아의 위원회를 살펴보면 행정부의 부처에 대비해서 만들어진 것이라기보다는 각각의 정책이나 쟁점을 중심으로 위원회가 만들어진 것으로 보인다.

2) 하원: 국가두마

-하원의 구성

국가두마는 450명의 의원으로 구성된다. 원래 이 중에서 1/2은 지역구에서 소선거구제와 직접선거로 선출되고, 나머지 1/2은 전국구로 정당명부제 투표에 의해 비례대표로 선출되었었다. 러시아 총선에 참여하는 정당 중 상당수가 지역구선거 보다는 정당명부제에 의한 비례대표로 선출되는 경우가 많았다. 2007년 집권당인 통합러시아당의 압도적인 승리로 개헌이 가능해지면서, 대통령 임기 및 국가두마 (하원)의원의 임기 및 선거제도 등이 변화했다. 이전에는 하원의 1/2은 지역구, 1/2은 정당명부제로 선출되었으나, 모든 의석에 대한 정당명부 비례대표제로 변화되었다.

국가두마의원의 임기는 헌법에 4년(1993년 첫 두마선거는 특별규정에 의해 2년 임기)으로 명시되어 있다. 피선거권은 러시아 시민으로서 21세 이상이고, 선거권은

18세 이상으로 되어 있다. 비례대표 후보는 각 정당에서 지명 추천을 받아야 하며, 연방회의(상원) 혹은 공무원 등 다른 유급활동에 겸직할 수 없도록 하고 있다. 그리고 소수정당의 난립을 막기 위해, 득표율이 7%가 넘지 않는 정당에 대해서는 의석배분을 하지 않고 있다.

-하원의 권한

국가두마의 권한도 역시 헌법에 잘 나타나 있다. 그런데 연방회의와 비교하면, 연방회의에 비해 권한이 강하다. 이는 법률안을 제출하는 곳이면서 최종적으로 확정할 수 있다는 점에서 그렇다. 헌법 제103조는 국가두마의 권한을 다음과 같이 규정하고 있다.

- -국무총리의 임명동의[2]
- -내각불신임문제의 결정
- -중앙은행 총재의 임명과 해임
- -회계감사원장과 감사위원 구성원 절반의 임명과 해임
- -인권문제 전권대표의 임명과 해임
- -사면의 포고
- -대통령의 해임을 위한 탄핵발의

이상의 규정들을 종합하면 하원의 권한을 다음과 같이 요약할 수 있다. 우선 행정부와 관련된 일을 하고 있다는 점이다. 특히 인사동의권을 강조하고 있다.[3] 총리의 임명이라든가, 내각불신임문제 등 입법부의 기능 중 하나인 정부통제와 관련하여 기능을 하고 있다. 둘째, 각종 기구들의 구성에 관여한다. 이는 앞에 상원의 경우에도 유사하다. 그런데 상원과는 달리 중앙은행, 인권문제 전권대표처럼 국내의 경제와 사회문제에 대한 것을 중심으로 하고 있다. 셋째, 입법부의 고유한 기능인 입법기능을 담당하고 있다. 러시아헌법상 국가두마에 법률안이 제안되며 국가두마가 법률을 채택한다(헌법 제104조, 제105조). 물론 연방회의의 경우에도 법률에 대해 일정한 권한이 있지만 최종적으로 법률을 결정하는 곳은 국가두마이기 때문에 국가두마의 의의를 볼 수 있다.

이처럼 연방회의의 경우 연방과 관련된 문제를 다루고 있으며, 국가두마의 경

---

2) 그러나 해임시에는 하원의 동의가 필요하지 않다.
3) 물론 구체적인 권한행사내용은 다르지만 미국은 상원에서 인사인준권을 행사한다는 점에서 러시아하원과 미국의 상원은 기능유사성을 가지고 있다고 할 수 있겠다.

우에는 연방 내부의 문제를 다루는 것으로 구분됨을 알 수 있을 것이다. 그러나 입법에 있어서는 국가두마가 보다 실질적인 권한을 가지고 있다는 점에서 양원제임에도 불구하고 하원의 권한이 보다 크다고 할 수 있다.

－하원의 조직

하원인 국가두마 역시 상원인 연방회의와 마찬가지로 원내에 의장과 부의장을 두며 각각의 상임위원회가 구성되어 있다. 상임위원회는 상원보다는 많은 29개가 있다. 외교위원회, 입법위원회, 헌법 및 국무위원회, 노동 및 사회정책위원회, 예산조세위원회, 신용기관 및 금융시장위원회, 경제·기업·관광 위원회, 재산권위원회, 산업기술위원회, 에너지·교통·통신위원회, 국방위원회, 안보위원회, CIS위원회, 지역문제위원회, 지방행정위원회, 하원운영위원회, 정보정책위원회, 공중보건위원회, 교육과학위원회, 여성·가족·청소년위원회, 농업위원회, 천연자원위원회, 환경위원회, 문화위원회, 민족문제위원회, 체육위원회, 공공 및 종교기구위원회, 북부 및 극동문제 위원회, 재향군인 위원회이다.

특기할 점은 행정부를 살펴볼 때도 나오겠지만 천연자원에 관련된 부처와 함께 의회에도 관련 위원회가 있다는 점이다. 이는 러시아가 세계 최대의 천연자원 수출국이라는 점이 정치와 행정구조에 반영된 것이라고 볼 수 있다. 이외에도 경제부문에 대해서는 분야별 위원회가 존재하는 것으로 보아서 러시아 정부가 사회주의경제에서 자본주의체제로 전환하는 과정에서 나타나는 여러 가지 문제를 직접 담당하고 있음을 알 수 있다.

러시아의 입법과정을 보면, 3권분립원리하에 있는 서구 국가들과 다르다. 즉, 입법과정을 어렵게 하여 대통령의 권력을 강화시키는 결과를 초래한다. 하원인 국

그림 12-3 러시아의 법률안 통과과정

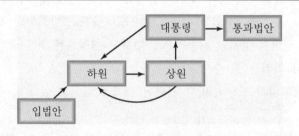

출처: 1999 Timo Aarrevaara.

가두마에서 법안을 만들어서 과반수찬성으로 통과시키면 이것이 상원인 연방의회로 넘어간다. 만일 상원에서 거부당하면 다시 하원으로 법안은 돌아간다. 이 경우 만일 하원의 2/3가 다시 찬성을 할 경우에는 법안은 통과된다. 하지만 이 법안은 다시 대통령의 의사에 맡겨진다. 대통령이 14일 이내에 거부할 경우 혹은 법안에 사인을 하지 않을 경우에도 이 법안은 다시 의회로 내려가며 이 경우 하원과 상원이 함께 법안에 대한 논의를 다시 해야 한다. 그리고 두 의회 모두 2/3의 찬성이 있어야 다시 대통령에게 법안을 제출할 수 있다. 법안이 대통령에게 다시 제출될 경우 대통령은 7일 이내에 법안에 사인을 해야 한다(임도빈 외, 2011).

5. 통제제도

1) 국가기관에 대한 통제제도

러시아연방에서 국가기관에 대한 통제는 크게 국가적 통제와 사회적 통제로 이원화되어 있다. 국가기관 등 공식적 기관들의 행정업무의 적법성에 대한 통제가 국가적 통제인데, 이것은 정치적, 행정적, 사법적 통제로 나누어진다.

첫째, 정치적 통제는 주로 정당에 의해 이루어지지만, 러시아에서 정당에 의한 통제장치는 매우 미약한 실정이다. 먼저 강력한 러시아 대통령제 하에서 의회를 통한 견제가 미흡한 상황이다. 러시아 대통령은 서방의 대통령에 비해 강화된 법안 거부권, 국회해산권[4]을 갖는다. 그리고 3차례 총선을 거치면서 4개 정당이 꾸준한 지지를 받으며 '대중정당'으로서 면모를 갖추었으나, 사회 제 세력의 의견을 통합하지 못하고 있어 대의기능에 충실하지 못하다는 비판이 있다(이홍섭, 2005).

둘째, 행정적 통제는 주로 행정부 자체 기관들에 의한 통제이다. 이것은 주로 러시아연방 예산감사원, 검찰청, 세무경찰 등을 통하여 이루어지고 있다. 특히 연방 및 지방행정기관 업무통제체제에서 중요한 역할을 담당하고 있는 기관이 바로 검찰이다. 검찰의 총체적 통제활동은 국가행정기관과 그 구성원의 올바른 법집행을 확보하기 위한 것이다. 검찰의 통제범위에는 연방정부 부서, 연방구성주체들의 행정기관, 군기관, 감사기관 및 이들 기관의 업무를 담당하는 모든 구성원이 포함된다.

---

4) 하원에서 총리인준을 3차례 거부할 시 하원해산 가능(헌법 제111조), 하원에서 내각불신임 의결 시 대통령은 부동의하고, 재의결 시 하원해산 가능(헌법 제117조).

셋째, 사법적 통제는 후술하는 바와 같이 러시아연방의 모든 법원(헌법재판소, 군사법원, 일반법원 등)에 의해서 이루어지는 사후통제를 의미한다. 상기 법원들은 국가기관에서 제기한 이의신청, 법률에 위반되는 행정조치, 국민과 국가기관의 이익에 침해되는 법령의 무효성에 대한 제반 검토를 한다.

그러나 러시아연방 출범 이후 국가의 통제기관들이 제역할을 수행하지 못함으로써 국가기관의 많은 영역에서 부정적인 현상들이 발생해 왔다. 과거 소련의 관료제는 국가경제를 주도하고, 국민들의 경제생활을 결정하는 역할을 수행하였다. 이에 따라 계획경제에 의한 국가의 생산, 관료들에 의한 부의 배분, 국가가 생산수단을 독점함으로써 생기는 관료권의 증대는 불가피한 것이었다.

체제전환 이후에도 이러한 현상은 어느 정도 잔존하고 있다고 보여진다. 관료들이 자기 부처의 일을 위해 예산을 더 따오거나 정책효과성을 높이기 위한 경쟁을 하기보다는 과거의 권한을 향유하거나 부정에 개입하는 것이다. 행정부의 경직성 경비의 비중이 높고 이 중 관료들의 자리유지를 위해 사용되는 것이 70% 정도가 되기 때문에 이를 위한 경쟁이 필요없다(김광웅·강성남, 2004: 306). 이러한 문제점에서 보여지듯이 아직도 러시아에는 효율적이고 민주적인 국가통제시스템이 존재하지 않는다고 볼 수 있다.

2) 사 법 부

러시아의 사법 역시 일반적인 3권분립의 경우처럼 행정이나 입법으로부터 독립되어 법관에 의해 수행된다. 러시아의 사법기관은 1981년부터 정비되고 있다는 측면과 구 소련의 공산주의시대에는 사법이라는 기능이 독자적으로 정립되지 못했다는 측면에서 볼 때 일반적인 3권분립국가의 사법과는 그 기능에 있어서 차이가 있다. 즉, 사법권이 상부기관이나 정권에 의해 좌우되는 측면이 있다.

러시아의 사법부 조직을 보면 일반재판소로 최고재판소와 각급 일반재판소가 있으며, 특수재판소로 헌법재판소 및 중재재판소가 있다. 재판절차는 3심제, 합의제, 배심원제가 가미되어 있다. 이는 구 소련의 인민재판인 참심제와는 다른 방향으로 변화된 것이다. 러시아의 경우 아직 사회주의에서 체제전환을 겪고 있는 과정이기에 사법제도가 완전하게 갖추어져 있지 못한 측면이 있다. 이에 따라 러시아 사회의 부정적인 모습을 많이 보여주고 있는 것처럼 보인다.

그러나 구 소련시대보다는 사법제도가 많이 정비되었고, 또한 국가사회가 보다 자본주의에 가깝게 진행된다면 사법제도 역시 과거와는 다르게 변화될 것이다. 다른 국가들도 자본주의의 발전에 따라 실질적인 법치국가의 모습을 띠는 현상을 볼 수 있는데, 러시아의 경우도 이런 점들을 고려하여 기존의 자본주의국가의 경로를 따라간다면 그 결과는 다르게 나타날 수 있을 것이다.

Ⅲ   행정과정

러시아의 행정부는 대통령제 국가임에도 불구하고 조직도표상으로는 대통령이 직접 행정부에 관여하지 않는 것처럼 보인다. 그것은 국무총리라는 기관이 있고, 국무총리가 연방 행정부처를 관할하기 때문이다. 그러나 완전통합형 모델에서 체제변화를 겪고 있기 때문에 이미 정치과정과 행정과정이 서로 많이 융합되어 있다. 예컨대 강력한 대통령의 권력행사는 이러한 행정제도의 고유범위를 초월하여 행사되기도 한다. 여기에서는 러시아연방 대통령을 먼저 살펴보고, 내각제적인 요소가 있는 총리와 내각인 행정부를 살펴보려 한다.

1. 대 통 령

1) 러시아식 대통령제

일반적으로 대통령제는 의원내각제와 대비되는 정치제도이다. 대통령제는 권력의 분립과 견제원리를 기반으로 하는 것인데, 이것은 '모든 권력은 남용된다'는 권력에 대한 불신을 전제로 한다. 따라서 대통령 및 의회, 법원은 각각 나름대로의 권한을 헌법에 의해 부여받고 서로 견제를 하며 균형을 이루도록 하는 것이다 (Meny, 2004). 그런데 제3세계국가들의 경우에 특히 대통령제 국가일수록 권력의 분립과 견제보다는 권력의 집중과 권위주의적인 모습들이 많이 나타난다.

러시아의 경우도 이에서 크게 벗어나지 않는다. 우선 헌법상으로 보아도 대통령의 권한에 대한 규정들이 의회에 비해서 많이 존재한다. 물론 규정이 많은 것과 권한이 강하다는 것 사이에 필연관계는 없지만, 러시아 헌법은 많은 규정을 통해서 대통령에게 다양한 권한을 부여하고 있다.

가장 강력한 권한이라고 할 수 있는 것은 헌법 제90조의 대통령의 명령에 관한 규정이다. 대통령의 명령은 헌법과 법률에 상치되어서는 안 된다고 선언적으로 규정되어 있을 뿐, 이를 제한하는 규정은 없다. 또한 이런 명령은 연방전역에 걸쳐 적용될 수 있고, 그 내용은 법률에 위임된 것처럼 구체적이고 제한적인 것이 아닌 일반적인 것이며, 그 효력의 수준이 법률과 같다는 점에서 강력한 대통령제의 모습을 볼 수 있다. 일반적으로 이런 명령은 비상사태의 경우처럼 특정한 상황에서만 발하게 되는 프랑스와 같은 다른 민주주의국가와는 크게 다른 점이라는 것에서 그렇다.

이러한 대통령 명령은 의회의 통제를 받지 않는다는 점에서 대통령에게는 편의적으로 사용될 수 있고, 그렇게 하다보면 남용될 수 있는 여지가 다분하다. 바로 이 점에서 대통령 명령의 위험성이 존재한다. 구체적인 실례를 살펴보면 정부조직에 관한 명령, 앞에서 언급한 연방회의 구성에서 변화된 것에 대한 명령, 지방을 7개로 나눠 연방전권대표를 두어 관리하게 한 명령들이 대통령 명령의 형식을 갖고 있다. 일반적인 민주주의 국가라면 입법부에 따라 성립되는 법률에 따라 규정되어야 할 것들이 러시아의 경우에는 대통령의 명령으로 성립할 수 있다는 점이 러시아대통령제의 특성이라고 할 것이다.

러시아의 수도이전

오늘날 러시아의 수도는 모스크바이다. 크레믈린은 러시아어로 '요새'를 의미한다. 나무와 강으로 둘러싸여 요새인 크레믈린에는 모스크바 중심의 표준시간을 알리는 시계탑이 있고, 모스크바에서 시작하는 모든 도로의 원점도 있다. 모스크바는 이렇게 권력의 상징으로 오랜 시간을 수도역할을 한 도시이다. 그러나 멀쩡한 모스크바를 버리고, 새롭게 건설된 행정수도는 상트페테르부르크이다. Saint Peter's Burg는 문자 그대로 '성 피터의 마을'을 의미하고, 여기서 피터 대제의 이름이 반영되었음을 알 수 있다.

광활한 영토를 가진 러시아에는 강력한 군주(즉, 짜르)가 나타나 국가를 건설한다. 상술한 피터(Peter, 혹은 표드르, 1672~1725년) 대제가 대표적인 예이다. 그는 당시 후진국에 속한 러시아를 선진국으로 개혁하기 위해 모스크바에서 상트페테르부르크로 수도를 옮기기로 결정한다. 이곳은 지정학적으로 스웨덴에서 침투하는 적을 잘 감시할 수 있는데다 유럽과 가까워 교통, 국방, 무역, 문화, 정치적인 거점이 될 수 있었다고 판단한 것 같다. 네바강 옆의 황야의 늪지대이고, 수심이 60m로 깊어 유럽으로의 항구역할을 할 수 있는 곳이다.

1703년에 건설이 시작된 신행정수도 건설은 당시 세계최고의 도시를 만들려고 유럽의 여러 나라를 벤치마킹한 것이다. 해군성 건물이 도시의 중앙에 위치하고 방사선 모양으로 넓은 도로가 있어 세계로 진출하려는 대제의 야심이 나타나 있다. 그러나 늪지대로 된 곳에 건물을 짓는다는 것은 많은 비용이 드는 일이다. 특히 역사적으로 길이 남는 견고한 도시를 만들고자 모든 것을 돌로 만들었다. 피터 대제는 수많은 돌을 조달하기 위해 도시에 통행하는 사람마다 그 이용도에 따라 크고 작은 돌을 하나씩 세금을 부과시켰다. 모든 성당과 궁전은 금색의 돔이 있고, 내부에도 금으로 도금한 것이 수없이 많은 문자 그대로 금의 도시이다.

이런 도시계획과 건물의 화려함과는 대조적으로 그는 생활 속에서도 고정관념을 깨뜨리고 '노블리스 오블리제'를 실천한 사람이다. 스스로 변장을 하여 유럽의 문명을 배우기 위해 신사유람단 일원으로 직접 참여하는가 하면 귀족들에게도 검소한 생활과 노동의 의무를 강요하기도 했다.

상트페테르부르크는 그 후 1917년 레닌이 당시 항구에 정박해 있던 '오로라'해군함에서 겨울궁전을 향해 역사적 대포를 쏘게 된다. 이것이 공산주의 혁명의 시작으로 그 후 소련의 공산정치체제를 만들게 된다. 도시의 이름도 레닌그라드로 바뀐다. 그러나 피터대제의 창조적 상상력은 당시 국제적 도시의 건설과 러시아의 개방화·국제화에 성공했다. 시민들은 투표로 도시 이름을 레닌그라드에서 당초 피터 대제가 건설한 당시 이름인 페테르부르크로 바꿨다.

2) 대통령의 막강한 권한

러시아대통령의 권한은 1993년 헌법개정 이전과 이후가 크게 다르다. 이전에는 실권을 잡은 대통령과 헌법상 권한을 이용하여 정부를 통제하려는 의회 사이의 갈등이 있었다. 그러나 기본적으로는 의회우위였다고 할 수 있다. 대통령은 인민대표자대회 및 최고회의의 해산권을 갖지 않았고, 최고회의 동의 아래에서만 정부를 해산할 수 있으며, 러시아 공화국의 민족-국가구조를 변경할 권한을 갖지 않았다. 또한 비상사태는 인민대표자회의 또는 최고회의의 동의하에 선포하도록 되어 있었다.

그러나 1993년에 의사당 무력 진압, 공포분위기하의 국민투표를 통해서 새로운 헌법이 제정되었다. 신 헌법하의 막강한 대통령의 권한은 "러시아헌법 제4장 러시아연방대통령"의 장에 잘 나타나 있다.

우선 러시아연방대통령의 지위는 제80조에 국가원수로 규정되어 있다. 다른 대통령제국가에서는 국가원수로서의 지위와 행정수반으로서의 지위를 함께 가지고 있지만, 러시아의 경우 행정권은 대통령이 아닌 러시아연방정부가 행사하는 것으로 되어 있다(제110조). 물론 연방정부의 수장인 총리는 대통령에 의해 임명을 받지만 규정상으로는 총리가 행정권을 주도하는 것처럼 보인다. 이는 제113조에도 나타나는데 "총리는 연방헌법, 연방법률, 대통령명령에 따라 연방내각활동의 기본 방향을 설정하고 그 사업을 수행한다"고 되어 있다. 규정 자체만으로 보면 총리가 연방정부의 행정권을 주로 행사하는 것처럼 보인다. 그러나 앞에서 언급한 바와 같이 실상 러시아의 행정에서는 대통령의 명령이 중요하게 작용한다.

다음으로 제81조에는 선출방법과 임기에 대해서 규정하고 있다. 러시아의 대통령은 국민들의 직접, 평등, 비밀선거에 의해 6년 임기로 선출되며, 3기 이상은 연임하지 못하게 되어 있다. 이 규정은 대통령의 권한을 실행하도록 보장해 주는 조항인 동시에 대통령 권한의 한계를 설정하는 조항이라는 점을 볼 수 있는데, 총 18년을 집권할 수 있는 길을 열어 놓고 있다. 형식적으로 선거에 의해서 일정기간 동안 국민에게서 권력을 위임받는다는 의미가 있을 뿐이다.

제83조부터 제91조까지는 대통령의 권한을 규정하고 있다. 제83조에서는 총리의 임명, 국무회의의 주재, 내각사퇴의 결정, 중앙은행총재의 임명과 해임제청, 총리의 제청으로 각부 장관의 임면, 각급 법관의 임명, 국가안보회의의 구성과 주재, 대통령행정실의 편성, 군사원칙의 승인, 군에 대한 최고통수권자로서 군지휘관의 임면 등을 규정하고 있다.

여기에서 주목할 것은 국가안보회의와 대통령행정실 및 군대에 대한 권한이다. 러시아의 대통령은 국가원수로서의 지위 때문에 외교안보에 대해서는 전적으로 권한을 행사할 수 있다. 이를 위한 것이 헌법상으로 국가안보회의와 군대에 대한 권한이다. 그리고 대내적으로 기능을 수행하는 데 도움이 되는 것이 대통령행정실이다. 이상의 내용은 보통 일반 법률이나 대통령의 명령에 규정될 성질의 것인데도 불구하고 헌법에 규정되어 있기 때문에, 그 의미가 작지 않다는 것을 이해할 수 있다.

제84조에서는 선거의 공고, 연방의회의 해산, 국민투표공고, 법률안의 제출 등을 규정하고 있다. 여기에서도 중요한 것은 법률안의 제출이다. 보통 대통령제에서는 법률안제출은 의회의 전속적인 권한으로 되어 있다. 그러나 변형된 대통령제에

서 대통령의 법률안제출권한을 규정하고 있는데, 이는 러시아의 경우에도 동일하
다. 법률안제출의 권한은 각종 입법에서 대통령의 의지대로 법률을 만들 가능성이
높아진다는 점에서 상대적으로 의회보다 강한 주도권행사가능성을 열어두고 있다.

제85조에서는 연방국가기구들과 연방구성주체 간의 갈등이 생겼을 경우 대통
령에게 조정할 수 있는 권한이 있으며, 법원에 제소해 해결하기 전까지 연방구성
주체의 결정의 효력을 정지시킬 수 있다고 규정되어 있다. 이는 대통령이 지방에
대해서도 포괄적인 권한을 행사할 수 있다는 점에서 러시아의 강력한 대통령제의
또 다른 증거가 될 수 있다.

제90조에서는 앞에서 언급한 대통령 명령조항이 있다. 이 명령은 내용에서는
구체적이지 않은 일반적인 것을 규정할 수 있고, 효력 수준은 법률과 같으며, 러시
아 전역에서 적용될 수 있다는 점이 특색이다. 그리고 다른 나라와는 달리 의회의
통제수단이 없다는 점에서 러시아대통령의 강력함의 원천이라고 할 수 있다.

요컨대, 러시아대통령의 권한은 전형적인 대통령제 국가와는 매우 다르다. 법
률안제출권이라든가, 국가원수로서의 지위만 규정되어 있다든가, 연방구성주체에
대해서 강력한 권한행사가 가능하다든가, 그리고 대통령명령의 임의성 등 러시아
에서만 가지는 독특한 제도적인 측면을 볼 수 있다. 이런 점들은 러시아의 대통령
이 국민의 선거로 선출되는 의회보다 강력한 권한을 가지는 제왕적 러시아대통령
제의 특징을 이룬다.

3) 역대 러시아대통령의 특징

러시아연방이 성립한 후 초대대통령은 보리스 옐친 대통령이었다. 그는 러시
아가 사회주의 내지 공산주의 체제에서 민주주의 내지 자본주의체제로 이행하는
과정의 중심에 섰던 인물이었다. 토목기술자로부터 출발하여 전형적인 공산당 관
료의 승진 코스를 밟은 노멘클라투라로서, 개인적인 성격은 격정적이고 돌발적인
성격으로 알려졌으나 반면에 서민적 이미지로 대통령의 자리에 오를 수 있었다.[5]
그러나 소련 붕괴과정에서의 카리스마적 리더십을 신생 러시아의 국가건설시에는
보여주지 못했다는 점에 한계가 있었다. 그러나 당시 국내, 국외적으로 러시아에게
그다지 좋은 환경이 아니었다는 점에서 반드시 옐친 개인에게만 문제가 있다고 할
수는 없을 것이다. 정치에서 지도자의 역할은 그를 둘러싸고 있는 환경도 개인역

---

5) 노멘클라투라는 특권계층을 의미하는 말로 자세한 것은 브슬렌스키(1982)를 참조할 것.

량에 못지않게 중요하기 때문이다.

1999년 옐친은 건강상의 이유로 사임하고, 그 뒤를 이어 블라디미르 푸틴이 대통령권한대행의 역할을 하다가 2000년 선거에서 승리하여 대통령이 되었고, 2004년에는 재선에 성공하였다. 푸틴 대통령 등장의 의미와 배경을 보면, 러시아 사회는 공산당 독재와 사회주의 계획경제에서 다원주의 시장경제로의 체제전환의 소용돌이 속에서 좌절감과 박탈감을 경험하였고, 이런 와중에 강한 리더십을 요구하는 사회 분위기가 형성되었다는 점이다. 바로 이런 분위기에서 나타난 사람이 블라디미르 푸틴이었다. 즉, 현재 푸틴의 장기집권은 '강한 러시아'로 대변되는 푸틴주의에서 나온다고 볼 수 있다.

그는 페테르부르크 출신이며, 노동자계층 출신이다.[6] 그의 성장과정이나 정치적인 과정을 보면 러시아라는 사회의 모습을 볼 수 있다. 변화무쌍한 러시아 정치에서는 특정인이 권력을 장악하고, 권력을 자의적(?)이라고 할 만큼 행사하기도 하는데, 푸틴도 그 중 하나인 것이다. 연임제한 규정 때문에 자신의 심복인 메드베네프를 대통령으로 앉힌 후, 개헌을 하여 결국 2012년 다시 대통령 자리를 차지한다. 이 과정을 보면 러시아 사회의 불안정성과 함께 권력엘리트 충원체계가 사적인 인연의 영향력이 매우 크다는 점에서 제도화 수준이 낮음을 보여준다. 러시아대통령 선거는 지금까지 여섯 번 실시되었지만, 민주적 선거제도가 정착되어 있다고 보기는 어렵다. 여기서 제도와 실제 간 격차가 큰 비통합모델의 특성을 볼 수 있다.

푸틴은 올리가르히(재벌) 척결을 시도하고, 원자재 수출 호황을 겪으면서 경제를 성장시켰으며, 외교적으로 미국이나 서방세계에 대등한 모습을 보이면서 탄탄한 지지도를 구축하였다. 또한 언론, 금융, 천연자원 사업에 대한 막강한 네트워크를 구축해 자신의 권력기반을 공고히 하고 있다. 푸틴은 독재라는 비판에 대해서는 '주권민주주의'라는 러시아식 민주주의를 주창하면서 자신의 통치에 정당성을 부여하고 있다.

---

6) 그의 조부는 레닌과 스탈린의 요리사, 부친은 독소전쟁의 상이군인으로서 지하철 차량제작공장의 현장감독이었다. 이러한 보잘것 없는 상트 페테르부르크 출신 푸틴을, 이 지역출신의 선임자(대통령행정실장)가 발탁한 후 결국에는 대통령까지 오르게 된다. 거꾸로 푸틴은 대통령이 된 후 이 지역출신인사 및 과거 인연을 맺은 인물들을 정부요직에 중용한다.

2. 행정조직구조

1) 행정부의 조직

러시아 연방행정부 조직의 근거는 정부조직법과 같은 법률이 아닌 '대통령령'에 두고 있다. 그래서 러시아의 정부조직은 옐친시대부터 현재의 푸틴시대까지 많은 변화를 겪어 왔고, 정부부처의 수도 많은 변화가 있었다. 2016년 현재는 총리(1명), 제1부총리(1명), 부총리(7명), 각료(22명)로 구성되어 있다.

러시아 정부조직은 대통령이 관장하는 각료와 총리가 관장하는 각료로 2원화되어 있다. 대통령에 소속된 각료를 보면 국방부, 비상사태부, 외무부, 내무부, 법무부가 있다. 이외에도 각료급으로 연방보안부, 해외정보부, 경호국 등이 있다. 이러한 대통령소속 기구들은 대체로 국가안보나 사회질서 유지를 주임무로 하는 기관임을 알 수 있다. 러시아의 대통령은 국가원수로서의 지위가 헌법상 규정되어 있으므로 이런 기능을 하는 기구를 대통령이 관장하는 것은 자연스러운 것이다.

이에 비해 총리가 중심인 연방정부가 관장하는 각료를 보면 보건부, 문화부, 교육과학부, 천연자원환경부, 산업통상부, 통신언론부, 농업부 등 17부이다. 이들 부처 아래에 각종 연방청과 국이 소속되어 있다. 연방행정부가 직접 관할하는 연방청과 국은 독점방지국, 통계국, 환경기술원자력감독국, 소비자권리보호복지감독국 등이 있다. 이렇게 총리가 관장하는 기구들은 대체로 사회, 경제, 문화 등에 관련된 분야의 업무를 담당하고 기타 규제에 관련된 업무를 중심으로 한다는 점에서 대통령소속하에 있는 기구들과는 그 성격이 다르다.

러시아 관료체제는 3가지 영역으로 구분된다. 연방국가조직 차원(헌법과 연방법률에 규정)에서 임명되거나 선거를 통해 선출되는 고위층인 영역 A, 영역 A와 각 기관에 의해서 임명되는 영역 B이다. 영역 C는 공공기관이 임명하는 부류로서 상

표 12-2 러시아의 관료조직의 구분

	관 료	임명방식
A 영역	러시아연방의 고위관료	임명, 선출
B 영역	고위관료의 실무진, 비서	A 영역 관료의 임명
C 영역	일반관료	다른 공공기관에 의해 임명

출처: 1999 Timo Aarrevaara.

그림 12-4 2016년 6월 기준 러시아 연방정부 조직도

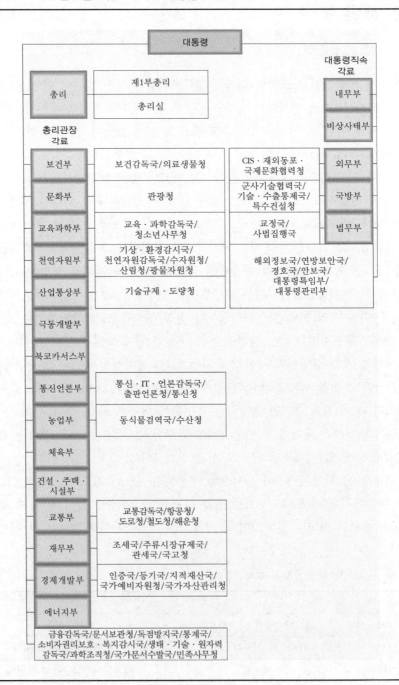

출처: http://government.ru/en/ministries/

대적으로 정치권으로부터 독립되어 있다(Timo Aarrevaara, 1999 재인용).

영역 A를 구성하는 것은 대통령과 총리, 그리고 각 부처장관들이다. 영역 B는 영역 A의 결정을 수행하기 위한 국가차원의 조직으로 총리와 각 부처 장관들의 하부에 위치하는 보좌진과 비서진이 포진된다. 영역 A와 영역 B는 대통령과 총리의 직접적인 영향을 받는 것이다. 영역 C가 일반 관료로서 직업관료로 볼 수 있는 것이다(임도빈 외, 2011).

2) 행정부의 권한

헌법 제110조에 따르면 러시아연방행정부가 러시아의 행정권을 행사하도록 되어 있다. 또한 헌법규정에 따르면 행정은 총리가 주도적으로 하는 것으로 되어 있는데, 제113조에서 제115조까지 이를 규정하고 있다. 제113조에서는 "총리는 … 기본방향을 설정하고 사업을 수행한다"고 되어 있으며, 제114조에서는 권한의 범위를 제시하고 있는데, 경제정책에서부터 사회질서의 유지 등 여러 업무를 수행할 권한을 부여하고 있다. 제115조에서는 헌법과 법률 및 대통령의 명령에 기초하여 각종 포고령을 공포하고 집행할 수 있는 권한을 부여하고 있다.

이런 측면에서 본다면 러시아의 행정부 역시 대통령과 마찬가지로 다른 국가기관보다 주도적으로 업무를 수행할 수 있는 권한과 위치를 가지고 있다는 것을 알 수 있다. 또한 이 점은 러시아의 국가능력이 강력함을 보장하는 기본적인 제도적 장치로 보인다.

러시아의 연방행정부는 대통령에 의하거나 아니면 의회의 불신임결의가 있으면 그 책임을 진다. 실제의 행정활동은 관료들에 의해서 이뤄진다. 행정의 관여범위가 상당히 넓고, 관료들은 일종의 특권적 지위에 있기 때문에 서구에서 볼 수 있는 민주행정과는 거리가 멀다. 일선행정에서 부패가 만연하고 있는 것은 행정이 가지고 있는 커다란 과제라고 할 수 있다(Shelley, Louise I., 2000).

연방구성주체는 연방헌법의 제3장 연방의 구성에 잘 나타나고 있는데, 제65조에서는 연방구성 주체의 종류와 이름들이 규정되어 있다.[7] 적어도 공식문서에는 지방자치의 요건이 나와 있지만, 실제로는 연방대통령이 간여할 수 있는 여러 가지 여지를 남겨놓고 있다. 즉, 비통합모델에서 겪을 가능성이 있는 지방해체의 위험성을 방지하고자 집권적 요소를 가지고 있는 것이다. 여기에서는 우선 지방이

---

7) 지방자치와 거버넌스 절을 참조할 것.

어떻게 이루어져 있는지를 살펴보고, 각각 어떤 의의를 가지는지 보기로 한다.

3) 그림자 정부: 가즈프롬

가스산업을 뜻하는 러시아어 '가조바야 프로므이쉴렌노스트(Gazovaya Promiy-shlennost)'의 첫음을 따서 명명된 가즈프롬은 러시아 행정을 이해하는 데 필수적인 조직이다. 옐친시대인 1993년 국영기업의 사유화정책에 따라 주식회사로 전환되어 민영화되었으나, 2000년 푸틴 집권 후 시행된 개혁은 오히려 가즈프롬을 중요한 그림자 정부로 만들었다. 즉, 크렘린의 절대적 지원 아래 업무 영역을 확대하여, 행정의 중요한 수단이 되었다.

이 조직이 '러시아의 작은 정부'로 불리는 이유는 그 관할분야가 정부기능과 같이 넓다는 것 외에도 이사회 임원진의 대부분이 정부의 최고위직들이 겸직하고 있다는 데에도 있다. 총 11명의 이사로 구성되는 이사회에서 7자리를 정부 고위 관료들이 차지하고 있어 마치 정부부처를 그대로 옮겨 놓은 것과 같다는 인상을 갖게 된다. 이것은 곧 주요의사결정에 정부의 입김이 작용한다는 의미이다.

가즈프롬은 단일 회사라기보다는 그룹이다. 즉, 100%지분 소유 기업 74개, 50% 이상 지분 소유 기업 39개, 50% 이하 지분 소유 기업 41개, 기타 18개 등 총 172개의 자회사를 거느리고 있는 그야말로 초대형 그룹이다. 전체직원의 수도 44만여 명에 이르는 대규모 기관이다. 대표적인 자회사의 예로는 러시아 5대 석유업체 중의 하나인 가즈프롬네프트(Gazpromneft), 러시아 3대 상업은행의 하나로 순자산규모가 400억 달러에 달하는 가즈프롬방크(Gazprombank), 러시아 최대 보험회사인 소가즈(SOGAZ)보험, 러시아 10위 항공사인 가즈프롬아비아(Gazpromavia) 등을 들 수 있다.

직원의 월급도 높아서 이 회사에 다니는 것은 러시아에서 가장 엘리트라는 것을 의미한다고 해도 과언이 아니다. 한국의 재벌과는 비교가 안 될 정도로 문어발식 사업확장을 해 온 것이 가즈프롬이다. 그 결과 재정운영의 불투명성으로 부채의 규모도 증가하는 등 많은 문제를 안고 있다. 주력사업인 천연가스에서 석유를 포함하는 에너지자원 개발뿐만 아니라, 은행, 보험, 투자금융, 건설, 통신장비 생산업, 도소매업, 연금펀드 운용 등 거의 모든 비즈니스 분야에 걸쳐 있다. 특히 오늘날 행정의 필수적인 수단인 언론까지 거느린 그룹이다. 1998년 설립된 가즈프롬미디어(Gazprom Media)는 러시아 최고의 전통을 자랑하는 일간지 이즈베스티야, 프

밀러 가즈프롬 CEO, 러 경제난에도 지난해 300억 원 넘게 받아

러시아의 국영 에너지 기업 가즈프롬의 알렉세이 밀러 최고경영자(CEO)가 지난해 러시아에서 가장 많은 수입을 올린 것으로 조사됐다. 포브스 러시아판이 최근 집계해 발표한 결과를 보면, 밀러의 지난해 수입은 2,700만 달러(약 314억 원)였다. 가즈프롬은 매출 규모가 러시아 전체 GDP의 8%를 차지하는 대형 기업이다. 러시아 경제가 유가 하락과 서방의 경제제재로 어려움을 겪고 있지만, 지난해 밀러의 수입은 2013년 대비 200만 달러 늘었다.

밀러의 뒤를 이어 러시아에서 두 번째로 큰 VTB은행의 안드레이 코스틴 은행장(2,100만 달러)과 러시아 3위 에너지 기업인 로즈네프트의 이고르 세친 CEO(1,750만 달러)가 각각 2위와 3위에 올랐다.

세친은 2013년 포브스 러시아가 자신의 수입을 공개하지 못하도록 소송을 걸었다. 포브스 러시아는 그러나 세친의 올해 수입이 지난해보다 감소한 것으로 파악하고 있다. 포브스는 세친 측이 자신의 지난해 수입이 포브스가 산정한 액수와 다르다고 반박했지만 실제로 얼마를 벌었는지는 공개하지 않았다고 전했다.

러시아 경제가 에너지 수출에 크게 의존하고 있는 만큼 가즈프롬과 로즈네프트와 같은 국영 에너지 기업은 러시아 정부의 주요 경제 정책 수립과 추진에 있어 핵심적인 역할을 하고 있다. 밀러와 세친은 모두 블라디미르 푸틴 러시아 대통령의 측근으로 알려졌다.

미국과 유럽연합(EU)이 지난해 우크라이나 사태의 책임을 물어 러시아에 대한 경제 제재를 가할 때 이들 국영 에너지 기업들을 우선적으로 대상에 올린 것도 이 때문이다.

포브스가 선정한 러시아 25대 부자들의 재산은 총 2억4,200만 달러로 2013년보다 17% 줄었다. 리스트에는 게르만 그레프 스베르뱅크 행장(1,350만 달러)과 블라디미르 야쿠닌 전 러시아 철도공사 사장(1,100만 달러) 등이 포함됐다.

출처: 조선비즈, 2015. 11. 20.

라우다, 트리뷴은 물론 공중파 방송인 NTV, TNT, NTV-PLUS, 라디오 방송인 에흐 모스크바, 러시아 최고의 시사 주간지인 이토기 등 러시아를 대표하는 언론사를 소유하고 있다. 즉, 가즈프롬은 에너지-금융-산업-언론-건설 분야 등 거의 모든 분야에서 러시아의 지배적 기업의 위치를 점하고 있다. 2010년에는 테러로부터 시설을 보호한다는 명목으로 사병조직을 보유할 수 있도록 국회의 허가도 받았다. 무력까지 보유한 특수 조직이 된 것이다.

가즈프롬의 절대적인 영향력은 러시아 국내에 국한되지 않는다. 세계 최대 천연가스 생산업체로서 세계 전체 천연가스 매장량의 16.3%, 러시아 전체 매장량의 61%를 보유하고 있다. 이를 기반으로 하여 천연가스 수출(파이프라인 및 LNG)의 27.8%를 담당하고 있다. 특히 유럽에 가스를 공급하는 권한으로 국제정치에 영향력을 행사할 수 있다. 가즈프롬은 영국 '파이낸셜 타임즈(FT)' 선정 세계 500대 기업 중 6위, 미국 경제전문지 포브스(Forbes)지 선정 2007년 세계 2,000대 기업 중 43위를 차지하였다.

Ⅳ 지방자치와 거버넌스

1. 연방주체 종류 및 하부 행정단위

러시아는 광활한 국토를 가지고 있는 나라로 전체 나라는 다수의 연방주체로 구성되어 있다. 헌법규정에 의하면 22개 공화국, 9개 지방(邊疆), 46개주, 1자치주, 4개 자치구, 2연방(모스크바, 상트 페테르부르크) 등 총 83개로 구성되어 있다. 연방정부가 전국을 행정적으로 관할하는 단위로는 7개의 관구가 있다. 이외에 헌법의 규정에 없는 하부행정단위로서 각종 지구(Ration, 1,834개) 및 시(1,028개)가 있다. 러시아 지방정부의 행정조직 또한 연방정부의 행정조직과 유사한 형태이다. 러시아의 지방자치기관인 군단위 이하의 조직체계는 군단위 행정조직 밑에 10명의 지방자치위원회가 있으며, 리 사무소에는 1명의 이장과 1명의 회계가 있고, 최하위 조직으로는 반과 그 책임자인 반장으로 구성되어 있다.

1) 공화국: 22개

공화국은 구 소련 당시 인구, 면적에 관계없이 독특하고 통합적인 경제권을 형성하거나 또는 특정 지역에 집단 거주하는 대규모 소수민족 집단에 대한 자치권 부여 필요성이 인정될 경우 구성된 것이다. 그러나 명칭과는 달리 공화국은 독자적인 헌법, 의회, 내각 및 자체 언어를 보유하지만, 외교는 연방정부가 담당하고 독립국가로서의 지위는 인정되지 않는다.

구체적인 공화국명을 보면 아디게야, 알타이, 바슈코르토스탄, 부랴티야, 다게스탄, 잉구세티야, 카바르디노-발카르, 칼미크, 카라차예보-체르케스, 카렐리야, 코미, 마리-엘, 모르도비야, 사하(야쿠티야), 북오세티야, 타타르스탄, 티바, 우드무르트, 체첸, 추바쉬, 하카시야가 있다. 하카시야, 카라차예보-체르케스, 알타이, 아디게야는 비교적 최근인 1991년 7월에 자치주에서 공화국으로 승격한 경우다.

체첸의 경우에는 러시아 내의 하나의 공화국의 지위에서 벗어나 완전한 독립국가로서 내전을 겪었다.[8] 그러나 러시아의 중앙에 대한 지배력이 약화되면 다른 공화국에서도 일어날 수 있는 문제이고, 설령 그렇지 않다고 하더라도 만약 체첸의 독립이 이루어지면 다른 공화국에서도 같은 요구가 일어날 경향이 있으므로 푸틴은 무력으로 이를 막았다. 또한 2014년 우크라이나에서 독립을 선언한 크림공화국은 국민투표를 통하여 러시아에 통합되었다. 이 과정에서 독립파와 비독립파 간의 전쟁이 있었고, 푸틴은 연방파를 지원하는 방법으로 러시아 국익을 수호한 공로를 인정받게 되었다.

2) 지방(Krai): 9개

1924~38년 사이 非러시아인들이 주로 거주하던 접경지역에 전략적으로 설치한 개척지구로 역내에 소수민족으로 구성된 특수 독립 행정구역을 말한다. 다르게 번역된 말로는 변강이라고 한다. 즉 변방에 있는 영역을 의미하는 것이다. 이들을 보면 알타이, 자바이칼, 크라스노다르, 크라스노야르스크, 캄차트카, 페름, 프리모리예(연해지방), 스타브로폴, 하바롭스크가 있다.

3) 주(Oblast): 46개

주는 제정 러시아시대 구 베르니아를 재편한 광역 일반 행정구역이다. 주의 수장은 아직까지는 주민직선에 의해 선출되고 있다. 각각의 주 이름을 살펴보면, 아무르, 아르한겔스크, 아스트라한, 벨고로드, 브랸스크, 블라디밀, 볼고그라드, 볼로그다, 보로네슈, 이바노보, 이르쿠츠크, 칼리닌그라드, 칼루가, 케메로보, 키로프, 코스트롬, 쿠르간, 쿠르스크, 레닌그라드, 리페츠크, 마가단, 모스크바, 무르만스크,

---

8) 푸틴은 국제적인 비난에도 불구하고 시위대를 무력진압하여, 대내적 리더십을 공고히 하였다.

니즈니노브고즈드, 노브고로드, 노보시비르스크, 옴스크, 오렌부르그, 오렐, 펜자, 프스코프, 로스토프, 랴잔, 사마르, 사라토프, 사할린, 스베르들롭스크, 스몰렌스크, 탐보프, 트베르, 톰스크, 툴라, 튜멘, 울랴놉스크, 첼랴빈스크, 야로슬라블이 있다.

4) 자치주(Autonomous Oblast): 1개

자치주는 구 공화국 지위를 얻기에는 인구, 영토 면에서 소규모이지만 자치권을 부여할 필요성이 인정될 경우에 설치된다. 과거 5개가 있었으나 4개는 공화국으로 승격되었다. 현재는 예브레이(유태인)자치주만 존재하는 실정이다. 독자적인 헌법, 최고회의, 내각 등은 보유하지 못하나 문화, 언어 및 일부 경제적 자치권은 허용되고 있다.

5) 자치구(Autonomous Okrug): 4개

자치구는 광활한 지역에 거주해 온 토착민을 중심으로 구성된 것으로, 연방조약 체결 전까지는 언어, 문화 등 극히 제한적인 자치권만을 향유했었다. 新헌법상 여타 연방주체와 동등한 권한을 부여한다고 규정하고 있으면서도 실제로는 자치구가 위치해 있는 해당 지방이나 주의 소속으로(독립 행정주체는 아니며 행정적으로 자신들이 위치해 있는 지방 또는 주에 귀속) 되어 있다. 자치구로는 네네츠, 한티-만시, 추코트, 야말로-네네츠가 있다.

2. 중앙·지방의 관계 변화

헌법 5조에서는 연방의 구성으로 공화국, 지방, 연방특별시, 주, 자치주, 자치구 등으로 규정하고 있다. 또한 이들은 자치규범을 제정할 수 있는 권한을 갖고 있으며, 각각 동등한 주체들로 연방을 구성한다고 규정되어 있다. 제12조에서는 지방자치가 인정되고 보장된다고 규정되어 있다. 각각의 연방구성주체는 헌법 65조에 그 이름이 규정되어 있다.

각각의 연방의 구성주체가 헌법으로 규정되어 있다는 점은 연방구성주체가 나름대로의 의미를 가지고 있다고 할 수 있을 것이다. 그러나 규정을 자세히 들여다 보면, 연방대통령은 연방국가기구와 연방구성주체들 간의 갈등이 생겼을 경우 조정할 수 있는 권한이 있고, 법원에 의해서 해결되기 전까지는 효력을 정지시킬 수 있는 권한이 있다는 점에서 지방의 권한이나 자율성이 크다고 말할 수 없을 것이다. 이런 점에서는 구 소련의 경우보다 지방의 권한이 오히려 약화되었다고도 할 수 있다.

그런데 2000년 푸틴이 대통령이 되면서 지방과 관련하여 몇 가지 중요한 변화가 있었다. 그 하나가 연방구(聯邦區) 관할 대통령 전권대표의 권한 강화에 관한 러시아연방 포고령(＝행정부가 발하는 명령)이다. 이 포고령은 2004년 8월 12일 제정된 것으로, 2004년 5월 제정된 "연방구 관할 대통령 전권대표에 관한 러시아 연방대통령령"의 후속조치로서 이루어진 것이다. 블라디미르 푸틴 러시아 대통령은 취임 직후인 5월 13일 기존의 러시아 행정구역을 7개 연방구(聯邦區)로 개편하고, 각 연방구에 대통령 전권대표를 임명한다는 내용의 포고령에 서명함으로써 연방정부의 권한 강화를 위한 획기적인 조치를 단행한 것이다.

이에 따라 기존의 83개 연방주체는 일정한 지역적 원칙에 의거해 7개 연방구에 분할·편입되기에 이르렀고, 대통령이 임명하는 전권대표가 각각 그 행정을 담당하게 되었다. 또한 부총리급인 대통령 전권대표에게는 대통령이 결정한 정책을 해당 지역에서 실현하고, 지역 내 연방정부 기관을 통제하는 등 막강한 권한이 부여되었다. 프랑스의 국가도지사(préfect)와 유사한 구조를 도입한 것이다.

이 포고령은 대통령 전권대표의 권한을 보다 구체적으로 명시하고 한층 강화하는 데 그 목적을 두고 있다. 이에 따라 대통령 전권대표에게는 심의권을 갖고 연방각의(聯邦閣議)에 출석하고, 연방 부총리와 매월 실무회합을 가지며, 연방 행정기관장으로부터 행정기관에 의한 연방법 등 법규 위반사례를 보고 받는 등의 주요 권한이 추가로 부여되었다.

또한, 이번 조치 이외에도 연방정부의 권한 강화를 위한 후속조치로서 푸틴 대통령이 국가두마(하원)에 제출했던 3大 법안인 지방 수장(首長)의 연방회의(상원) 의원 겸직제 폐지를 골자로 하는 "연방회의 구성절차에 관한 연방법"(8월 5일 제정)9) 등은 이미 발효된 상태이다. 이것은 지방의 권력을 감소시키는 개혁조치이다.

이러한 조치들은 헌법상의 연방제 규정에도 불구하고 러시아를 실질적으로는 단일한 중앙집권국가로 운영되도록 하는 것이다. 푸틴 대통령은 자신이 취한 개혁

---

9) 「해외입법」 제51호와 대통령의 지방首長해임권 및 지방의회해산권 등을 규정하고 있는 연방법은 7월 29일 제정되었음.

의 배경으로 러시아에서 중앙과 지방이 여전히 서로 파멸적인 권력다툼에 몰입하고 있으며, 이 과정에서 통치의 공백화가 초래되고 있다고 경고하고 있다. 푸틴 대통령은 러시아에서 진행된 분권화가 그 동안 러시아에서 통치의 공백을 초래했다고 진단했으며, 이를 바로잡기 위해서 위와 같은 개혁조치를 취하게 된 것이다.

3. 거버넌스

과거 구 소련의 경우 일반적으로 시민사회의 발전이 미약한 것으로 본다. 그것은 민주주의의 발전이 이루어지지 못했고 공산당이라는 일당이 사회의 전분야에 적극적으로 개입하여 기능을 수행했기 때문이다(한국외국어대학교 소련문제연구소, 1985: 195~236). 그런데 구 소련의 전체주의는 단지 공산당의 일당독재만에 의해서 유지되었다고 보면 안 된다. 전체주의사회체제의 유지를 위해서는 유일한 정당의 존재뿐만 아니라, 각종 폭력수단의 독점, 그리고 언론의 통제 등이 필요하다. 즉 사회 전체에 대한 통제를 위해 여러 제도들이 국가에 의해서 형성되었다는 것을 생각해야 한다. 공산당의 하부조직으로서의 단체이든, 기존의 노동조합과 같은 단체이든, 아니면 비이데올로기적 기구인 그리스정교, 언론, 교육 등의 기구가 소련의 전체주의 시기에 형성되어 유지되었다. 이들은 이 시기에 수동적으로 공산당의 지휘를 받았기 때문에 시민사회의 개념과는 아무런 연관이 없는 것처럼 보인다. 그렇지만 바로 이런 위로부터의 조직된 사회제도 및 단체들은 전체주의사회의 속성상 두드러지진 않았지만, 과연 이들을 형성시킨 세력(국가)이 없어졌을 때 어떤 모습을 띨 것인가?

소련이 해체된 이후 기존에 수동적인 위치에 있었던 사회단체들은 갑자기 적극적인 역할을 요하게 되었다. 이런 상황에서 기존의 사회단체와 시민사회는 어떤 관련을 가지게 되었을까? 돌이켜보면 소련의 해체과정과 그 이후 러시아의 시민사회의 반응은 생각보다 컸다. 그 이유는 나름대로 제도화된 기존의 사회단체가 소련의 해체 이후 혼란한 상황에서 주도적인 위치를 차지했기 때문이다. 지금도 여전히 수많은 정당의 수나 각종 사회단체의 근원은 여기에서 비롯된다고 할 수 있다. 이런 점들을 고려하면, 비록 러시아국가능력이 강하고 완전한 민주주의국가라고 보기는 어렵더라도 러시아의 시민사회를 다시 볼 수 있는 여지가 있다.

보통 민주주의와 시민사회는 상관관계가 있는 것으로 생각하는 경향이 있다.

그러나 실제로 꼭 그런 것만은 아닌 것 같다. 왜냐하면 어느 것이 우선되어야 다음 것이 성립되는지에 대해서는 의문이 있으며 둘다 동시에 성립하는 경우도 있을 수 있기 때문이다. 이것은 러시아의 경우에도 마찬가지이다. 러시아가 전체주의체제에 있었다고 해서 시민사회가 성립하지 못했다고 할 수는 없다. 앞에서 러시아의 경우에는 전체주의의 실현을 위해서 형성되었던 각종 제도들이 그 제도를 형성시켰던 세력이 없어졌을 때에도 나름대로의 자율성을 가지고 행동할 수 있음을 언급했는데, 이런 측면에서 본다면 러시아 역시 거버넌스 개념이 적용될 여지가 있다고 할 수 있다.

그런데 실질적인 현상은 오히려 거꾸로 국가의 역할과 능력이 강화되고 있다. 러시아의 경제는 점점 더 나아지고 있는데도 불구하고, 정권의 권위주의화 역시 점점 심화되고 있기 때문이다. 그러나 중요한 점은 러시아의 경제가 발전할수록 이미 형성된 단체들의 영향력 역시 점점 더 강화될 수밖에 없다는 점이다. 그렇다면 결과적으로는 언젠가 러시아 역시 일반적인 다른 근대국가와 마찬가지로 보다 실질적인 민주주의에 가깝게 될 수 있을 것이라고 전망할 수 있다.

V 국가체제의 전환

러시아는 두 차례의 역사적 실험을 경험하였다. 첫번째는 1917년의 사회주의 혁명이며, 두 번째는 1991년 12월, 소련의 최초이자 마지막 대통령이었던 고르바쵸프의 성명에서 나온 사회주의에서 자본주의로의 전환이 그것이다. 이 두 번째 전환은 1917년의 혁명이 격렬한 내전과 외국의 간섭을 수반했던 유혈혁명이었던 것과 극명히 대비되는 평화로운 몰락이었다. 통일을 앞둔 한국에게는 러시아의 이런 경험이 중요하므로 특별히 1991년의 사회주의의 포기와 자본주의로의 체제전환과정을 분석하기로 한다.

1. 체제의 전환과 전환비용

이론적으로 살펴본 국가의 유형은 자본주의-사회주의라는 경제체제와 민주주의-전체주의의 정치체제를 기준으로 각각의 조합에 의해 분류된다. 구 소련에서 러시아로의 변화는 전체주의-사회주의의 조합에서 민주주의-자본주의 조합으로의 이동을 의미한다.

소련 붕괴 이후에 신생 러시아 국민들 사이에는 마르크스적 유토피아에 대한 실망과 동시에 냉전시기 반대편에 있던 자유민주주의 체제에 대한 환상이 팽배하였다. 그러나 이러한 환상은 체제전환 후 10년이 경과함에 따라 대중적 환멸로 변하였다. 인구의 10% 만이 자본주의의 달콤한 꿀을 향유하였으며 노멘클라투라라는 구 기득권층과 사유화진행과정에서 정보, 인맥, 자본이라는 기본자산에 접근가능한 소수만이 상위계층을 형성하였다.

대다수 러시아인들은 가이다르(옐친의 초기내각 총리)정부의 급진적 경제자유화 정책의 비용을 부담하였다. 가격자유화 정책에 따라 물가는 천정부지로 치솟았으며, 임금은 물가수준에 턱없이 모자랄 뿐만 아니라 자주 체불되었다. 낮은 시장임금을 보완해 줄 사회적 안전망은 붕괴되었고, 경제질서의 혼란을 틈타 등장한 러시아 마피아의 횡포는 가뜩이나 위축된 러시아 경제를 왜곡하였다. 과거 국제적으로 막강했던 제2세계의 맹주인 러시아는 핵무기를 가진 제3세계로 그 국제적 위상도 추락해버렸다. 즉, 러시아는 자본주의와 민주주의 이행의 대가로 경제침체와 국

그림 12-5 권력분립의 원리

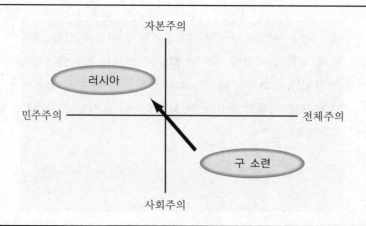

력저하라는 혹독한 체제전환의 비용을 치르게 된 것이다.

　　사회주의 붉은 제국의 몰락이라는 자존심의 상처는 1990년대 들어 국내적으로는 러시아식 자본주의와 국제적으로 미국중심의 국제질서에 대해 강한 민족주의적 반발로 나타났다. 권위주의적 지도자로서 강한 러시아를 천명한 푸틴 대통령의 등장은 이러한 러시아 정세의 필연적 결과라고도 볼 수 있을 것이다.

2. 민주주의 이행단계

　　민주주의는 오늘날 전세계로 제도적 확산을 거듭하며 정당성을 획득하였다. 민주주의가 가장 바람직한 체제라는 것에 대해 더 이상의 이견은 없는 듯 보인다. 그러나 역설적으로 민주주의는 보편적 가치를 획득했지만 동시에 저마다 자신들의 체제가 진정한 민주주의라고 하는, 민주주의에 대한 혼돈이 존재하고 있는 것 또한 사실이다.[10]

　　민주주의의 개념을 최소강령적 정의와 최대강령적 정의로 구분할 수 있다. 최소강령적 정의는 절차적 측면의 민주주의로서 정기적이고 경쟁적인 선거제도의 확립 여부가 민주주의의 성립요건이며, 최대강령적 정의는 결과적·실질적으로 민주주의를 규정하는 바 자신의 삶을 결정짓는 데 있어 자유롭고 평등한 참여를 전제로 한다.

　　민주주의로의 전환을 말하는 '민주화'는 달(R. Dahl)에 의하면 '한 정치체 내의 구성원 간에 정치적 경쟁과 참여의 정도가 증가하는 현상'이다. 비민주주의는 '체제의 부식(decay) → 민주주의체제로의 이행(transition) → 민주주주의체제의 공고화(consolidation)'를 거쳐 민주주의로의 이행을 경험한다. 부식(decay)은 기존의 비민주적 정권이 정당성을 상실하는 단계로서 권위주의 정권이 약속한 경제발전을 달성하지 못하는 '실패의 위기'와 경제발전, 도시화, 산업화로 인해 시민사회의 역량이 성숙해짐으로써 비민주적 정권에 도전하게 되어 결국 정권이 붕괴되는 '성공의 위기'의 두 경로 중 하나를 걷게 된다.

　　이행(transition)은 집권세력 대 반체제세력의 상호 작용 속에서 갈등해결의 규

---

10) 민주주의란 그 어원을 살펴보면 '인민의 통치(Demos＋Kratie)'를 말하여 이는 곧 인민의 자기지배(Self Rule)를 뜻한다. 민주주의의 이러한 단순한 정의는 개념의 명료함과 더불어 의미의 모호성을 내포하고 있다.

칙이 정립되는 단계이다. 그러나 민주주의의 이행이 막 탄생한 정치제도로서의 민주주의를 보장하지는 않는다. 공고화(consolidation)는 사회의 주요세력이 정치제도에 대해 정당성을 수용하고 이를 생활규범화하는 것을 말한다. 비로소 공고화의 단계에 와서야 민주주의는 번복할 수 없는 제도적 안정성을 확보하게 된다.

3. 러시아의 개혁 평가

소용돌이 속의 러시아의 개혁은 푸틴 이후 변화를 겪는다. 푸틴정부의 방침은 2001년 연두교서에서 재확인된다. 푸틴은 연두교서에서 "참으로 강한 국가가 바로 견고한 연방"임을 말하면서 공동의 권한으로 있는 중앙과 연방 주체들의 전권을 명확하게 정하도록 했다. 또한 연방 행정기관들의 지방관할 구조 체계에서 규율을 정할 필요성도 제기했다. 또한 경제문제와 사회문제의 해결도 중요하지만 국제적 위치의 견고성도 고려해야 함을 역설했다. 푸틴정부 후반기인 2005년 이후에는 신공공관리(NPM)이론의 도입을 시도하여 효율성과 성과를 중시하고, 결과지향적 예산체제, 관료들에 대한 인센티브제의 도입 등을 시도했다. 또한 푸틴정부시기 러시아의 경제무역부(Ministry of economic development and trade)는 러시아의 행정개혁의 목표로 공공서비스의 질적향상, 사기업체에 대한 관료들의 간섭 감소, 효율성과 효과성의 향상을 두었다(임도빈 외, 2011).

푸틴정부는 중앙으로 권력을 집중화하기 위하여 제도정비를 단행하였으며, 관료의 채용에 있어서도 권력집중화를 위한 친정체제 구축현상이 나타났다. 이러한 푸틴의 행정개혁은 중앙집권적 권력구조로의 개편, 고위공무원 사정, 올리가르히 척결, 부정부패 타파 등을 통한 법질서 확립 등 국가 경쟁력 강화에 도움을 주는 내용도 있지만 권력집중화를 꾀하고, 정적을 견제하며, 친정체제를 구축하려는 의도도 있는 것이다(서동주, 2004).

이상의 민주주의와 민주화에 대한 이론적 검토를 토대로 러시아를 살펴보면, 첫째, 부식의 단계에서 구 소련은 정당성의 위기를 맞게 된다. 정치체(polity)의 구성에 있어 정권은 국민에게 물질적 수준의 보장을 대가로 정권에 대한 지지와 정당성을 교환하는 사회계약관계에 놓여있는데, 구 소련의 경우 계획경제의 모순으로 생산력이 저하됨으로써 경제의 심각한 침체를 경험하고 이는 공산당 일당독재의 정당성을 훼손하였다. 정권은 위기를 타개하기 위해 대외적으로 글라스노스트

(개방)와 대내적으로 페레스트로이카(개혁)를 실시한다.

둘째, 이행의 단계에서 위기타개책으로 대두된 글라스노스트와 페레스트로이카는 체제유지라는 정권의 의도를 초월하여 공산당의 독점적 지위마저 침해하게됨으로써 개혁과 개방은 더욱 가속화되고 이는 개혁파와 보수파 간의 대립을 낳아결국 보수파의 쿠데타를 초래하게 된다. 그러나 보수파의 쿠데타는 실패하고 개혁파인 옐친이 집권하여 개혁은 더 이상 돌이킬 수 없는 대세가 된다.

셋째, 공고화(consolidation)의 국면을 살펴보면, 옐친의 뒤를 이어 2000년 총선에서 집권한 푸틴은 러시아에서 선거에 의한 정권교체의 규칙을 정착시켰다. 부정선거시비에도 불구하고 선거가 차질 없이 진행되었으며 외국의 감시단도 러시아의 선거를 제도화된 정권교체의 규칙으로 평가하였다. 이제 러시아에서 어느 누구도 선거 이외의 방법으로 정권을 잡을 수 없다는 믿음이 내재화되었다는 점에서러시아의 민주주의는 이행의 단계를 넘어섰다고 볼 수 있다.

단, 여기서 주의해야 할 점은 러시아 민주주의의 현주소는 최소강령적·절차적 민주주의의 이행은 마쳤지만 아직 최대강령적·실질적 민주주의의 완성은 요원한 단계라는 것이다. 급격한 시장경제화로 빈부격차가 심화되고, 체첸사태에서 보듯 소수의 권리가 보장되지 않고 있다는 점에서 러시아국민은 자신의 삶을 결정짓는 조건에 주인으로서 참여가 이루어지지 않고 있다. 결과적으로 민주적 제도의결과인 사회경제적 정책들이 러시아인의 삶의 질을 윤택하게 할 정도에 이르지 못하고 있다.

World Bank의 2015년 보고서에는 러시아의 정치개혁 성과에 대해서 거의 최하점을 받고 있는 것으로 나타났다. 아래의 표에서 볼 수 있는 바와 같이 러시아의

표 12-3 러시아의 행정/정치 부문에 대한 평가

	2006	2007	2008	2009	2010	2011	2012	2013	2014	2015
선거절차	6.25	6.50	6.75	6.75	6.75	6.75	6.75	6.75	6.75	6.75
언론의 독립	6.00	6.25	6.25	6.25	6.25	6.25	6.25	6.25	6.25	6.50
민주적 거버넌스	6.00	6.00	6.25	6.50	6.50	6.50	6.50	6.50	6.50	6.75
사법부 구조와 독립성	5.25	5.25	5.25	5.50	5.50	5.75	6.00	6.00	6.00	6.75
부패	6.00	6.00	6.00	6.25	6.50	6.50	6.50	6.50	6.75	6.46

출처: World Bank 2015 Report, Nations In Transit 2015. http://www.worldbank.org, 각 분야에 대한 점수를 매긴 것(1~7)으로 낮은 점수가 긍정적 지표이다.

정치행정은 모든 분야에서 최하점에 가까운 점수를 받고 있다.

실제로 푸틴정부 시기 선거절차와 언론의 독립, 사법부 구조와 독립성이 갈수록 악화되고 있다. 이러한 경향에 대해서 비교정치학자들은 러시아의 정치체제를 '위임민주주의', '선거민주주의', '비자유민주주의' 등으로 지칭하며 불완전한 민주주의 체제로 분류하고 있다(배정한, 2002). 민주적 제도가 공식화되었다고 발표되었지만, 권력분립과 국민주권의 기초가 되는 정당체제나 시민참여가 견고하게 이뤄지지 않는 상황이 전개되고 있다는 것이다(임도빈 외, 2011).

이렇게 본다면 러시아의 경우에 체제전환의 측면에서 과연 민주주의로 나아갈 수 있을지 회의가 들 수도 있을지 모른다. 그러나 우리나라의 경우에도 그러했지만, 경제발전과 민주주의라는 측면에서 보면 러시아의 경우도 민주주의의 관점을 벗어나기는 어렵다고 볼 수 있다. 특히 최근에 러시아의 경제가 큰 폭으로 발전하고 있는 모습에서 그런 유추를 할 수 있는 여지가 많다.[11)]

VI 한국과의 비교

광활한 국토와 인구특성으로 볼 때, 러시아는 싱가포르와 같은 통합형 모델이 되기에는 원천적으로 불리한 나라이다. 짜르시대를 비롯하여 권위주의 정치역사를 겪은 러시아인들은 체제 순종적인 체질을 가지고 있는 것처럼 보이기도 한다. 하지만 많은 국민들이 미래를 체념적으로 보고, 자신의 일상적 문제를 스스로 해결하는 특성이 있다. 즉 비통합모형의 사회운용이 이뤄지고 있다. 공산체제의 종식 후 제도적인 측면에서 체제전환을 이뤘지만, 여전히 푸틴중심의 권위주의체제인 러시아가 당면한 가장 큰 현안문제는 경제임을 알 수 있다. 이러한 러시아의 국가적 과제를 염두에 두고 러시아 경제가 가지고 있는 강점과 약점은 [표 12-4]와 같다.

국내경제수준의 약화는 국내정치의 불안을 야기한다. 국내 정치경제의 위축은

---

11) 따라서 중요한 점은 이제 경제발전과 민주주의의 관계, 보편적인 민주주의로의 진행의 관점과 같은 측면이 아니라 과연 권력에 대한 국민들의 투입이 어떻게 얼마나 이루어지는가에 대한 제도적인 접근과 같은 측면을 생각해 볼 필요가 있다고 본다. 민주주의는 이러한 국민들의 권력에 대한 투입이 제도적으로 잘 작동되는 정치체제라는 것이기 때문이다.

표 12-4 러시아 경제의 강점과 약점

강 점	약 점
-잠재 시장 크기 세계 4위[12) -기초과학, 우주항공에서 최첨단 기술을 보유 -세계 최대의 자원보유국(국가별 매장량 기준, 천연가스 1위, 석탄·철광석·니켈 2위, 금 4위, 원유 7위)	-에너지(석유)산업의 비중이 지나치게 높아서 경제 상황이 유가 변동에 민감 -낮은 인프라 수준 -복잡한 조세제도 -제도의 투명성 및 안정성 미흡 -심한 관료주의와 부패구조

국제사회에서의 위상을 하락시킴은 물론이다. 따라서 대외정책에 있어서 푸틴 신정부는 국내문제 해결에 기여할 수 있는 실리외교를 펼치고 있지만, 국제적으로는 신뢰를 얻지 못하고 있다.

이러한 러시아의 특성을 감안하면서, 본장의 논의를 정리하는 입장에서 한국과 비교하기로 한다. 가장 큰 특징은 구 소련의 붕괴 이후 러시아의 경우에는 사회주의 국가에서 자본주의 및 민주주의 국가로의 체제변혁이 진행되고 있다는 점이다. 현 상황은 급격한 이행과정에 있기 때문에 어떤 국가라고 정확하게 말할 수 없다.

우선 정치과정에서의 특성이다. 러시아의 경우엔 정치과정에서 입법부의 활동에도 불구하고 입법부보다는 대통령의 역할과 권한이 압도적으로 강하다. 입법부의 법률보다는 대통령이나 연방정부의 명령이 러시아의 정치과정뿐만 아니라 행정과정에서도 중요한 역할을 한다는 점에서 그렇다. 긴급조치, 군사쿠데타 등에 의해서 의회의 입법권과 관계없이 대통령의 '명령'이라는 법적 형태로 통치가 이뤄진 한국의 3공화국 이후 독재정권시대를 연상할 수 있는 대목이다.

둘째로 행정과정에서의 특성이다. 행정과정에서는 대통령과 각각의 각료 및 관료 간의 관계를 볼 수 있다. 러시아의 경우에는 대통령이 헌법상 의회의 동의를 얻어서 총리를 임명하는 내각제적인 요소에도 불구하고 실제로는 총리를 비롯한 각료들을 강력히 통제하고 있는 측면에서 보면 변형되고 강화된 대통령제임을 알 수 있다. 또한 정부조직이 대통령의 명령에 의해서 성립된다는 점은 대통령이 의회와 관계없이 각종 행정조직을 직접 통제한다는 것도 알 수 있다. 대통령직속의 기구가 많고, 권력을 행사할 때 행정적 합리성을 담보하기 어려운 상황이다. 근대적 행정제도의 정착이라는 측면에서 러시아의 현 상황은 매우 미흡하다.

셋째로 행정권의 발동과정에서 비제도화와 부패문제가 발생한다는 것이다. 정

---

12) Global Edge, Market Potential Index(MPI) 2016, http://globaledge.msu.edu/mpi

표 12-5 한국과 러시아의 비교

비교항목	러 시 아	한 국
법적 제도화 수준	낮음, 기능·분화 저급	비교적 높음
경 제	석유의존도 높음	수출의존도 높음
대 통 령	신대통령(명령에 의한 간여범위가 넓음)	대통령중심제(제도화되어 있음)
행 정	복지서비스 축소, 행정력 미비, 투명성 부족	복지국가 형성, 행정력 강함
지 방	중앙집권하 연방제	자치제도의 확립과정

부예산이 국민총생산의 20%밖에 되지 않지만, 행정이 러시아의 경제 및 사회에 미치는 영향은 지대하다. 과거 공산체제에서 작동했던 관료제의 전능성이 아직 잔재하고 있는 측면도 있다. 이 와중에서 관료들의 부패와 주먹구구식 행정이 나온다. 이에 대해 국민들의 좌절감은 크고 체념적인 태도를 보인다. 주택공급의 축소, 연금혜택의 축소 등 많은 부문에서 국민들은 불만을 가지고 있다. 이런 혼란 속에서 연줄과 금전적 매수가 특권적 혜택을 가져오게 하는 것이다.

넷째로 중앙-지방관계의 특성이다. 이상에서 살펴본 모든 특성이 중앙-지방관계의 특성에도 동일하게 적용될 수 있다. 특히 러시아는 국가, 정치, 행정의 여러 측면을 고찰하면 대통령과 각료 및 연방정부가 모든 것을 관할하는 중앙집권적인 국가라는 점을 언급했다. 대통령과 연방정부의 명령이 모든 정치행정의 과정에서 주도권과 권한을 가지고 있다는 점이 중앙-지방관계에서도 나타난다.

러시아의 정치행정을 살펴보면 과거 노태우정권시대와 비슷한 점이 많다. 정치부문이 불안정하여 신뢰성이 부족하며, 정치가 국가에 미치는 영향력이 지대하다는 공통점이 있다. 러시아가 처한 현 상황은 과거 한국과 일부 비슷하다고 할 수 있을 만큼 정도의 차이가 있을 뿐이다. 이 이면에는 과거 공산체제가 가지고 있던 모순과 약점들이 그대로 잔존하고 있고 새로운 제도가 대치되지 못한 공백상태가 있다. 공산당에 의해 사회의 모든 문제가 해결되던 상태에서 행정기능을 비롯하여 여러 기능을 담당하는 조직과 제도가 분화되어 가는 와중에 있는 것이다.

비교행정모델로 본다면 러시아는 완전통합모델(즉, 구소련체제)에서 비통합모델(non integration model)로 전환되었다고 할 수 있다. 그러나 선진국에서 볼 수 있는 주요 기능이 분화된 제도가 담당하는 것이 아니고 아직 정치와 같은 애매모호한 기능을 통하여 해결되기도 하고, 제도분화는 되었지만 아직 제기능을 담당하지 못하기도 한다. 따라서 비통합모델의 혼란 속에서 체제의 유지를 위해 대통령의 강력한 권한이 행사되는 임시방편 속에 있다고 할 수 있다. 극심한 경제불평등, 법질서의 부재 등은 국민들로 하여금 강력한 통치를 희구하게 하기 때문이다.

　물론 그런 모습들이 보인다고 해서 러시아를 그대로 우리의 경험에 유추해서 미래까지 속단해서는 안 된다. 러시아의 경우에도 그 나라의 고유한 역사와 맥락을 가지고 있고, 이런 점이 정치행정에 어떻게 반영되는가를 보아야 보다 진실에 가깝게 러시아의 특성을 살펴볼 수 있기 때문이다. 그렇지만 러시아의 경우에도 기존 정치행정의 이론들이 제시하고 있는 것들을 적용해서 살펴보고 우리의 경우와 비교해서 살펴본다면 비교행정의 측면에서 많은 과학적 지식의 축적이 이루어질 수 있을 것이다.

☕ **차 한잔의 여유**

러시아, '공무원 행동강령' 곧 도입

　러시아 노동부가 중앙정부 및 지방정부 공무원을 대상으로 한 윤리행동강령 초안을 마련했다. 주 목적은 부패 척결과 대국민 공무원 이미지 쇄신이다. 공무원이 윤리규범을 준수하지 않으면 '도덕적' 비난이나 심한 경우 '사회적' 비난이 따를 수 있다.

　러시아연방 중앙 및 지방정부 공무원 윤리행동강령은 차관급 이하의 모든 공무원이 지켜야 할 직무행동규범을 모아놓은 것이다. 이에 따라 러시아 공무원의 상당 부분을 차지하는 221만 2천 명(2014년 러시아통계청 자료 기준)이 새로운 행동강령의 대상이 될 것으로 보인다.

부정적 이미지 vs 안정성

　정부 부처 직원인 미하일(성은 비공개를 요구)은 최근 애국주의가 고조됨에 따라 공무원을 꿈꾸는 청년이 늘고 있다고 밝혔다. "청년들은 국민 대부분이 공무원에 대해 부정적인 이미지를 갖고 있다는 사실을 걱정하지 않는다. 자신이 많은 변화를 이루어 낼 수 있다고 믿기 때문이다"라고 그는 말했다.

　공무원 이미지 쇄신은 새로 나올 행동강령의 주요 목표 가운데 하나다. 지난 3월 러시아의 구직 사이트 SuperJob이 실시한 조사에서는 러시아 국민에게 공무원이 일종의 '반영웅'이라는 사실, 국가권력의 대변자들이 불신과 반감을 불러일으킨다는 사실이 밝혀졌다. 행동강령을 특별 대통령령으로 제정하여 그 지위를 강화하려는 이유가 바로 여기에 있다.

미하일은 직업으로 공무원이 인기를 끄는 또 다른 이유로 공무원의 임금 인상과 복지 혜택을 들었다. "경제 위기에도 불구하고 10~20년 전보다 상황이 좋다. 많은 사람이 공무원을 아주 안정적인 직업으로 보고 그 안정성 때문에 이 길을 택하고 있다"고 그가 말했다. 공무원 윤리규범의 필요성은 1995년 이미 명확해졌으나 당시엔 '공무원 기본법'에 직무 책임을 명시하는 데 그쳤다. 2010년 대통령 산하 부패방지위원회는 '러시아연방 공무원 표준윤리직무행동강령'을 마련했다. 그러나 표준행동강령은 선언적 성격이 크고 실효력은 없었기 때문에 이번에 새로운 행동강령이 나오게 된 것이다.

처벌은 없어

행동강령에는 공무원이 해야 할 행동과 하지 말아야 할 행동에 관한 정확한 규정은 나와 있지 않으나, 입안자들은 공무원이 업무를 수행할 때 사회에 대한 헌신, 적법성, 충성심, 사회적 책임, 개방성, 공정성 및 정직성을 기준으로 삼아야 한다고 밝혔다.

그러나 행동강령 초안에는 개방성 원칙에 배치되는 항목이 있다. 공무원은 공적 발언과 국가 기관 및 그 지도자에 대한 평가를 삼가는 것이 권장된다는 항목이다. 일각에서는 이 항목이 들어간 이유가 2014년 벌어진 파문과 관련있다고 보고 있다. 세르게이 벨랴코프 당시 경제개발부 차관이 자신의 페이스북에 정부가 연금 조성 결정을 채택했다는 사실이 부끄럽다는 글을 올린 사건이었다. 벨랴코프는 해당 원칙을 위반했다는 죄로 해임되었다.

노동부는 행동강령 준수 의무의 법제화를 제안하고 있다. 행동강령을 위반한 공무원은 특정 부처에 끼친 손해의 정도에 따라 책임을 묻게 된다. 과실의 정도에 따라 도덕적 비난이나 사회적 비난을 받게 되는 것이다. 물질적 손실을 끼친 경우 법적 책임을 묻게 된다.

알렉세이 무힌 '정치정보센터' 대표는 본지와의 인터뷰를 통해 이러한 과실 처벌 구조에서 공무원윤리행동강령이 제 기능을 할 가능성은 작다고 지적하며 "행동강령은 벌금 제도, 더 나아가서는 포상 제도와 연계되어야만 제구실을 할 것"이라고 강조했다.

출처: http://russiafocus.co.kr/society/2015/06/10/47341

◈ 참고문헌

고상두(2004), "푸틴의 전방위 외교정책," 『한국정치학회보』, 제39집 1호.

고재남(2003), "러시아 국가두마 선거의 평가 및 정국전망," 『외교안보연구원 주요국제문제 분석』, 2003년 12월.

김광웅·강성남(2004), 『비교행정론』, 서울: 박영사.

보슬렌스키(오기환·김용선 공역)(1982), 『노멘클라투라』, 서울: 효성출판사.

신범식(2001), "유라시아주의와 아틀란티스주의 사이에서," 『역사비평』, 제54호.

신승권 외(2000), 『현대러시아학』, 서울: 한양대학교출판부.

신형직(1995), 『러시아의 정치』, 부산: 부산대학교출판부

심경욱(2000), "러시아 연방군의 현황과 군개혁," 신승권 외, 『현대러시아학』, 서울: 한양대학교출판부.

안병만(1978), "소련, 권력구조의 변화와 엘리트의 충원과정," 『소련의 제정책 변화에 관한 연구』, 서울: 한국외국어대학교 소련 및 동구문제연구소.

외교통상부(2004), 『러시아연방개황』, 서울: 외교통상부.

외대소연문제연구소 편(1985), 『소련 정치과정』, 서울: 정음문화사.

유진숙(2012), "선거현황: 2011년 러시아 총선," 『선거연구』, 2(1): 171~178.

이신욱(2012), "신 푸틴시대 러시아 주요선거연구: 2011년 총선과 2012년 대선에 대한 고찰을 중심으로," 『평화학연구』, 13(3): 51~74.

임도빈 외(2008), "권력의 제도화와 제도의 권력화," 『러시아 연구』, 18권 2호.

임도빈 외(2011), "러시아의 행정개혁: 제도화, 탈제도화와 재제도화의 관점에서," 『러시아연구』, 21권 1호.

정한구(2002), 『러시아 극동지방』, 성남: 세종연구소.

_____(2002), 『러시아의 중앙-지방관계』, 성남: 세종연구소.

현대러시아연구회(2001), 『현대 러시아의 이해』, 서울: 퇴설당.

홍완석(2001), 『21세기 러시아 정치와 국가전략』, 서울: 일신사.

Baranovsky, Valdmir(2000), "Russia: a part of Europe or apart from Europe?" *International Affaires*, Vol.76, No.2.

Hammer, Darrell P.(1974), *U.S.S.R.: The Politics of Oligarchy*, New York: Praeger.

Shelley, Louise I.(2000), "Corruption in the Post-Yeltsin Era," *East European Constitutional Review* 9, No.1/2(Winter/Spring), pp.70~74.

Parison, Neil(2000), "Russia: Public Administration Reform: Issues and options," Paper Presented at conference on Post-Election Strategy(umpublished).

Chapter 13

정치실험국: 브라질

위치: 남미대륙 중동부, 대서양 연안크기   면적: 8,511,965㎢(세계 6위, 한반도의 38배)

수도: 브라질리아(Brasilia)   인구: 207,847,528명(2015년)

GDP: 1조 5,160억 달러(2015년)   1인당 GDP: $ 7,294(2015년)

화폐: 헤알

I   개   관

1. 국가개황

현재 국가명인 브라질은 적색염료(赤色染料)의 원료로 많이 쓰이는 브라질나무의 이름을 따서 정해졌다. 브라질은 1500년 포르투갈인 페드로 알바리스 카브랄(Pedro Alvares Cabral)에 의해 발견되었다.

브라질은 북위 5°에서 남위 34°까지 남북으로 4,320km, 동서로 4,328km에 걸쳐 펼쳐져 있다. 북부 국경에 연한 기아나 고지(高地)와, 동해안을 따라 남북으로 뻗은 산계(山系)를 제외하고는 대부분이 평원이며, 최고봉도 해발고도 3,000m 정도에 불과하다. 아마존강(江)은 길이 약 6,000km(그 중 브라질령 내의 3,165km는 항행이 가능)로, 세계 최대의 수량(水量)을 자랑한다. 이곳에는 약 1,000여 개의 지류(支流)가 흐르고, 수많은 폭포는 방대한 에너지 자원을 지니고 있다.

국토 면적은 세계에서 6번째로 크며, 남아메리카 국가들 중에서 가장 인구가 많은 나라이다. 전인구의 70%가 동부와 남부지방에 밀집되어 있어 지역별 인구밀도차가 크다. 주요 대도시는 대부분 남동부에 집중되어 있는데, 이 중 상파울루시(인구 2천만), 리우데자네이루시(인구 560만), 벨로리존치시(인구 210만)가 3대 상공업도시로 손꼽힌다.

인종 구성을 살펴보면, 포르투갈인의 후손, 유럽 이민자, 과거에 노예로 팔려온 흑인, 원주민(인디오), 동양계 이민자 등 여러 종족의 혼혈로 인해 인종구성이 복잡한 편이다. 인구구성은 유럽계 55%, 혼혈 38%, 흑인 6%, 일본·중국·한국 등의 아시아계 1%이다. 특히 일본의 이민역사가 오래되어 이들이 경제에서 차지하는 비중을 무시할 수 없다.

브라질은 포르투갈어가 공용어이며, 그 밖에 영어, 불어, 스페인어도 사용된다. 종교는 국민의 80% 이상이 로마가톨릭교를 신봉하며, 신교가 11%이고 원주민과 아프리카인들 사이에서는 전통신앙이 그대로 이어져 오고 있다.

브라질은 1825년 포르투갈에서 독립한 후, 민주주의를 도입하는 과정에서 긴 시간 진통을 겪고 있는 나라이다. 민주주의와 경제성장과의 관계가 정의 상관관계가 있는지 의심스러운 사례를 보여주는 나라이다.

　　브라질 사람은 오랜 기간 여러 인종이 섞여 조화롭게 살아온 나라이다. 미국보다는 인종차별이 없는 문화를 가지고 있다. 원주민들은 식민지시대에 커피와 사탕수수를 강제로 재배해야 했던 경험을 가지고 있다. 힘든 노동에서 잠시 쉬는 것이 오늘날의 삼바축제의 기원이 되기도 하였다. 브라질 사람들은 양순한 편이며, 정부에 대해서는 체념을 한 사람들이 많이 있다.

　　인도의 3배가 되는 국토에, 2억이 넘는 인구 중 문맹률이 10% 이하로 개도국 중에는 인력의 질이 높고, GDP도 러시아와 거의 유사한 정도이다. 남미대륙에서 압도적으로 큰 국토와 인구를 가진 나라로서 거의 자급자족적 폐쇄경제체제가 가능한 나라이다. 남미의 맹주로서 모든 면에서 브라질에 도전할 이웃을 찾아볼 수 없을 정도이다(Nye, 2011: 196). 언어도 대부분의 남미국가들이 스페인어인 데 비하여 브라질은 포르투갈어를 공용어로 사용하고 있다. 요컨대, 브라질은 경쟁상대의 부재상태라는 환경 속에서 정부경쟁력에 대해 심각히 느낄 수 있는 분위기가 아닌 것이다.

　　그러나 경제면에서 외부세계의 영향을 받지 않을 수 없는 것이 오늘날의 현실이다. 1970년대 오일쇼크시 브라질 경제가 붕괴되고, 1990년대 초까지 연 700%의 인플레를 겪는 등 경제문제가 발목을 잡고 있다. 2000년대에 들어와서는 일견 많은 발전을 하는 것 같이 보였다. 2007년에 거대한 유전이 발견되면서 더욱 희망을 갖게 되었다. 세계적으로 Bric이란 용어가 말해주듯이 경제성장 잠재력을 인정받는 가운데, 실제 경제성장을 이룬 룰라 대통령의 지도력도 한때 높이 평가된 바 있지만 최근에는 비판도 받고 있다. 이러한 가운데 자원이 부족한 중국이 적극적으로 경제협력을 하고자 손짓하고 있다.

　　브라질의 발목을 잡는 가장 큰 문제는 부패이다. '자원의 저주'라고 할 수 있는 요인과 결합하여 악순환의 고리가 되었다. 대통령이 탄핵받고, 정치에 대한 불신도 크다. 빈부의 격차는 심하고, 일반대중들의 삶은 정부가 관리하기 어려운 정도이다. 최근 브라질에서는 신생아 소두증을 가져오는 지카 바이러스가 유행하고 있고, 이 바이러스가 모기에 의하여 감염되는 것을 알고 있음에도 불구하고, 이를 통제할 수 있는 공중보건의 상태도 매우 열악한 상황이다. 사회전체의 통합성이 부족한 비통합모델의 국가인 것이다.

2. 브라질의 약사(略史)

브라질은 1763년 독립할 때까지 풍부한 천연자원과 인력을 바탕으로 포르투 갈의 재정적 뒷받침을 하는 포르투갈 왕정의 식민지였다. 특히 17세기 설탕산업과 18세기의 금광산업은 포르투갈이 브라질의 식민통치에 큰 관심을 갖게 하는 결정적인 동기가 되었다. 유럽의 자유사상은 특히 1808년 포르투갈 왕가가 프랑스 나폴레옹의 침략을 피해 브라질로 천도하면서 급격히 퍼지기 시작했다. 당시 국왕이었던 조앙 6세는 1821년 포르투갈로 귀향했으나, 자유주의자였던 아들 동 페드로 1세는 브라질에 잔류하여 1821년 9월 7일 브라질의 독립을 선포했다.

이 당시 브라질은 대외적으로도 파라과이와의 전쟁에서 승리하며 당시 남미 최대의 경제, 군사대국으로 성장했다. 1888년 5월 13일 노예제도를 공식적으로 폐지함으로써 근대정치제도의 기틀도 다졌다. 그러나 노예제도의 폐지는 당시 경제권을 장악하고 있던 거대농장주들의 불만을 샀고, 이들은 군부와 손잡고 왕정타도를 모의하였다. 결국, 파라과이 전쟁의 영웅인 데오도로 다 폰세까(Deodoro da Fonseca) 장군의 주도로 역사적인 군사쿠데타가 이루어졌고, 1889년 11월 15일 브라질에 공화정이 선포되었다.

1889년에 수립된 구 공화정은 1930년 제뚤리오 바르가스(Getulio Vargas)의 군사쿠데타에 의해 무너지기까지 지속되었다. 이 기간동안 브라질은 천연고무산업의 부흥으로 큰 부를 축적했으나, 빈부격차 및 구정권에 대한 불만이 군부를 중심으로 다시 일어났다. 바르가스 독재정부는 경제발전에 기여하기는 했으나, 1945년 막을 내릴 수밖에 없었다.

자유공화정으로 복귀한 브라질은 그 뒤 19년간 비약적인 경제발전을 이뤘다. 특히, 근대 경제성장의 대부라 할 수 있는 주셀리노 쿠비체크(Juscelino Kubitschek)는 상파울루 등 중서부지역을 중심으로 한 경제성장정책을 수립하는 한편, 수도를 리우데자네이루에서 브라질리아로 천도하면서 아마존 개발을 통한 국가경제통합에 주력하기 시작했다.

괄목할 만한 경제발전에도 불구하고 군부세력의 불만과 연방의회와의 알력 등으로 인한 정치불안과 정부의 부정부패 등으로 1964년 다시 한번 군사혁명을 맞게 되었다. 군부정권 초기에는 전 정부가 닦아놓은 경제성장의 흐름과 해외금융자금의 대거유치로 전례 없는 고도경제성장을 기록했다.

그러나 1970년대 초부터 시작된 3차례의 석유위기와 국제금융자본 및 외국인

투자 감소 등으로 1980년대 초에 "브라질의 경제기적"에서 중도 하차하게 되었다. 중남미 전역에 번진 경제위기, 전염병처럼 번진 민주화운동과 이에 따른 정치개혁은 브라질에도 영향을 미치게 되어 군부는 21년간의 군정을 종식하고, 1985년 3월 민간정부에 정권을 이양했다.

3. 거시환경

브라질은 군사정권하의 급격한 공업화에도 불구하고, 아직 농업국의 모습을 엿볼 수가 있다. 전국토의 20%가 초원인 브라질에서는 남부의 여러 주를 중심으로 이루어지는 목축업이 아르헨티나를 능가할 만큼 중요한 산업이다. 또한 브라질 전국토의 60%인 510만㎢ 가량이 정글 및 산림지역으로, 이는 세계 산림면적의 10%에 해당된다. 주로 가구용(家具用)으로 사용되는 300종 이상의 풍부한 목재자원을 확보하고 있다.

농산물 중에서 가장 중요한 것은 커피(연생산량은 약 30만t)와 카카오(연생산량은 약 17만t)로 생산 및 수출에서 각각 세계 제1위와 제4위를 차지하고 있다. 브라질에서 농업이 국내총생산에서 차지하는 비율은 불과 12.5%에 불과하나, 노동 총인구의 26%가 농업에 종사하고 있고 수출 총액의 36%나 차지한다. 그러나 농민의 80%는 토지를 갖지 못하고 있어서 농업 생산력의 향상이 이루어지지 못하고 있다.

천연자원이 풍부하여 광업·임업도 성하다. 브라질에는 풍부한 광물자원이 매장되어 있으나, 아직 대부분이 미개발지역에 있어 국내총생산에서 광업이 차지하는 비중은 미약한 편이다. 매장량 6억 7,400만 배럴로 추정되는 바이아주(州)의 석유는 국영(國營)인 '페트로브라스'에 의해 연(年) 1,000만t 이상 채굴되고 있다. 양질(良質)은 아니지만 매장량이 20억t으로 추정되는 남부 여러 주의 석탄은 연산(年産) 약 350만t이다. 세계 제일을 자랑하는 미나스제라이스주의 이타비라 광산을 포함하여, 총매장량 750억t으로 추정되는 철광석은 주로 국영기업인 '바레 드 리우 드 세'에 의해 연간 5,500만t이 산출된다. 이 밖에 금·은·크롬·다이아몬드 등도 산출되며, 아마존지역에 천연가스를 포함한 무궁한 광물자원이 매장되어 있다.

브라질은 라틴아메리카 최대의 공업국가로서 국내총생산(GDP)은 세계 제9위이다. 브라질의 중공업 발전은 외국자본에 힘입은 바가 크나, 항공·어업·정보기기 등에는 투자규제조치를 취하고 있다. 주요 수출품은 커피·철·광석·콩이고, 주요

수입품은 기계·차량·연료·석유·금속제품·화학약품·곡류이다. 주요 수출상대국
은 미국, 독일, 네덜란드, 아르헨티나, 에스파냐 등이며, 수입상대국은 미국, 독일,
사우디아라비아, 아르헨티나 등이다.

　최근에는 브렉시트(Brexit) 논란과 같은 유로존 위기를 비롯한 선진 경제권의
저성장, 중국의 성장 둔화, 그리고 국제 원자재 가격 하락 등 전반적인 세계 경제
침체 속에서 브라질의 경제성장 역시 둔화되고 있다. 여기에 더해 인플레이션 압
력, 정부재정 악화 등 해결해야 할 내부문제들도 산적해 있는 실정이다. 이에 브라
질 정부는 「Bigger Brazil」정책을 기반으로 국내산업 육성 및 보호를 통해 경제성
장을 견인하려고 하고 있다. 그러나 산업경쟁력의 지속적인 하락으로 큰 성과는
거두고 있지 못하다.

BRICs

　BRICs(브릭스)란 2003년 10월 Goldman Sachs 보고서(Dominic Wilson, 2003)에
처음 등장한 용어로서 브라질(Brazil), 러시아(Russia), 인도(India), 중국(China) 등
세계경제의 새로운 성장엔진을 지칭한다. 이 보고서에 따르면 BRICs는 2039년
G6(미국, 일본, 영국, 독일, 프랑스, 이탈리아)를 추월하여 세계 최대 경제권으로 부
상할 것으로 전망되었다. 실제로 BRICs 4개국의 경제성장세는 Goldman Sachs의
예상치를 훨씬 뛰어넘는 수준을 보여주면서 세계경제 회복을 이끌 견인차로 여겨
졌다.

　그러나 최근에는 유로지역 재정위기 및 미국 경제 침체 등 세계 경제위기가 지
속되면서 브릭스의 고성장이 급격히 둔화됨에 따라 이들에 대한 부정적인 전망이
확대되고 있다. 브릭스 4개국은 공통적으로 거대한 영토와 풍부하고 저렴한 노동
력, 풍족한 지하자원 등을 바탕으로 수출주도적인 경제구조를 가지고 있다. 그러나
유로지역의 재정위기와 미국경제 침체 등 글로벌 경제성장 저하로 내수소비가 위
축되고 수출이 감소하면서 성장률이 급속히 하락하고 있다. 미국의 비영리 민간
경제조사기관 컨퍼런스보드(Conference Board)에 따르면, 브릭스는 인플레이션 압
박, 취약한 인프라스트럭쳐, 극심한 빈부격차 등의 구조적인 문제로 인하여 경제성
장이 장기간 정체될 것으로 예측된다.

　경제성장률: 금융위기 이후 BRICs를 주축으로 한 신흥국들이 세계경제 성장을
지속적으로 견인할 것으로 예측되었으나, 최근에는 글로벌 경제 위기로 경제성장

률이 하락하고 있다. 이는 브릭스가 세계경제를 견인하는 추동력이 사라지고 세계 경제위기에 동조화(coupling)되고 있다는 것을 의미한다.

	2001	2002	2003	2004	2005	2006	2007	2008	2009	2010	2011
브라질	1.3	2.7	1.1	5.7	3.2	4.0	6.1	5.2	△0.1	7.5	4.5
러시아	5.1	4.7	7.3	7.2	6.4	8.2	8.5	5.2	△7.8	4.0	4.8
인 도	3.9	4.6	6.9	8.1	9.2	9.7	9.9	6.2	6.8	10.4	8.2
중 국	8.3	9.1	10.0	10.1	11.3	12.7	14.2	9.6	9.2	10.3	9.6
G7	1.2	1.3	1.8	2.9	2.4	2.6	2.2	△0.2	△3.7	2.8	6.5
세 계	2.2	2.8	3.6	4.9	4.6	5.2	5.4	2.9	△0.5	5.0	4.4

출처: IMF, World Economic Outlook, April 2011.

	2012	2013	2014	2015
브라질	1.9	3.0	0.1	-3.8
러시아	3.5	1.3	0.7	-3.7
인 도	5.6	6.6	7.2	7.3
중 국	7.7	7.7	7.3	6.9
G7	1.4	1.1	1.7	1.8
세 계	3.5	3.3	3.4	3.1

출처: IMF, World Economic Outlook, April 2016.

II 정치과정

브라질은 연방공화국(Federative Republic)으로 26개주(States), 1개의 연방특구(Federal District: 브라질리아)와 시(Municipalities)로 구성되어 있다. 브라질연방헌법은 민주주의의 기본원칙대로 모든 권력은 국민으로부터 나오고 국민의 이름으로 행사된다고 명시하고 있으며, 3권 분립에 의해 상호 견제를 하고 있다. 정치체제면에서 본다면, 브라질은 대통령중심제를 택하고 있다. 그러나 오랜 군부통치와 민주화 과정의 잔재, 그리고 정치문화 등으로 아직 제도상 많은 혼란을 겪고 있다. 브라질 정치행정체제를 구성하는 각 하위제도 간의 통합 정도는 낮은 편이어서, 상대적 통합모델보다는 비통합모델에 가깝다고 볼 수 있다.

1. 정치행정체제의 기본구조

1) 강력한 행정부

브라질정치체제의 가장 큰 특징은 연방대통령의 권한이 매우 크다는 점이다. 비록 3권 분립이 되어 있기는 하지만 입법이나 사법부에 비해 행정부의 권한, 특히 대통령의 권한이 상대적으로 크다. 대통령중심제이기 때문에 대통령은 입법부의 신임을 필요로 하지 않는다. 이러한 중앙집권현상은 연방정부와 주정부와의 관계에서도 나타난다.

행정부는 정부예산의 지출권을 갖고 있으며, 주요 행정직에 대한 임명권을 갖고 있다. 나아가서 입법권이라 할 수 있는 긴급조치법(medidas provisórias)을 제정할 수 있는 권한이 있다. 행정부는 일인체제(monocratic system)이기 때문에 대통령, 주지사, 시장 등 개인이 행정관청을 대표한다.

행정부가 이렇게 강력한 권한을 갖게 된 원인으로는 브라질에서 전통적으로 입법부가 여·야 간 균형적인 협상력을 가질 기회가 없었다는 점을 들 수 있다(정진영, 1999). 즉, 브라질 역사상 의회가 권력균형의 역할을 제대로 수행한 경험이 없었다. 군부시절 절대여당의 횡포에 길들여진 브라질정치인들은 문민정부가 들어섰음에도 불구하고 분열되어 있다. 선거에서도 난맥상을 보여 아직까지 연립정부의 틀을 벗어난 체제를 구성해 본 적이 없다. 따라서 정부 내 권력의 중추가 존재하지 않는 오랜 연립정부를 경험해 온 브라질 국민들에게는 대통령에게 권력이 집중되는 것에 대한 거부감이 크지 않다. 권력의 중심에 있는 대통령은 비록 집권당이 의회 내에서 작은 당이라고 하더라도 예산지출권과 공무원인사권을 가지고 정당 간 협상을 할 수 있기 때문에 정부를 이끌어갈 수 있다.

2) 신 민주체제

브라질 제헌의회가 신 민주헌법을 제정·공포한 1988년 9월부터 현재까지의 정치질서를 신 민주체제라 한다. 구체적으로는 콜로르 → 프랑코 → 카르도소 →

룰라 → 호세프 정부로 이어지는 시기이다. 신 민주헌법은 다양한 정치세력들이 타협적으로 브라질 정부의 권한을 제한하도록 하는 한편, 브라질 시민의 기본권과 정치적 권리 및 자유를 보호하도록 하였다. 이 가운데 특히 노동권을 확대 보장하였다. 무엇보다도 신 민주헌법은 시민권과 정치적 자유와 권리가 법적·제도적으로 보장된 조건에서 국민이 경쟁적 민주선거(자유, 공명, 일반, 비밀선거)를 통하여 정기적으로 정부지도자와 의회의원들을 직접 선출하고 그들의 정치적 리더십을 일정기간 인정하는 체제를 수립하였다.

그러나 신 민주헌법과 선거법은 오히려 '극단적 다당제'와 정당의 기강 약화, 의회 내 낙후지역 대표권 강화 등을 초래하도록 제·개정되었다. 이는 신민주정부가 의회에서 안정적인 집권연합을 구성하기 위해서는 부패행위의 동기와 기회가 될 수 있는 '보조금 정치(pork-barrel politics)'를 실행해야 한다는 것을 의미하였다. 또한 텔레비전 선거운동의 허용으로 결과적으로는 대규모의 선거자금 동원이 조장되기도 하였다. 신 민주정부는 집권 연합세력이 의회 내 소수이거나 그 세력이 불안정할 경우 '포고령 정치'[1]에 의존할 수밖에 없게 되었다. 결과적으로 이러한 신 민주체제의 특성은 정치부패의 동기와 기회를 확대·강화하였다(양동훈, 2003: 299~300).

3) 정부의 규모와 투명성

브라질은 1990년대 행정개혁으로 정부의 규모를 줄이긴 했지만, 그 감축의 정도는 크지 않은 편이다. [표 13-1]에서 보듯이 브라질의 인력규모는 공무원 수의 측면에서 라틴 아메리카와 선진국의 평균보다는 작은 편이지만, 임금총액을 기준으로 할 때에는 선진국 평균에 비해 4배 정도 규모가 크기 때문이다. GDP대비 공공지출 규모를 살펴보면 라틴 아메리카 평균보다 매우 클 뿐만 아니라 유럽 선진국 평균과 비슷했다는 것을 알 수 있다. 이러한 수치들은 브라질의 공공부분의 비중이 적어도 유럽과 유사한 정도의 비중을 차지했었다는 것을 보여준다. 그러나 브라질 전체의 취약한 경제구조를 감안할 때, 공공부문은 지나치게 크고 부패가 만연해 있다는 문제가 있다.

다른 라틴 아메리카 국가들과 비교하여 브라질 정부의 투명성은 중간 수준이다. [표 13-2]의 투명지수(Rendiciónón de cuentas)는 1부터 10까지 분포하며 10에

[1] 신 민주정부 대통령의 비상법령 선포권을 통한 정부정책의 입법과 집행.

표 13-1 정부의 인력규모

국 가	전체 인구대비 공무원의 수	경제활동인구대비 공무원의 수	전체공공지출대비 공무원임금총액
아르헨티나	4.90	11.70	37.80
브 라 질	3.30	7.50	38.30
칠 라 레	2.50	6.30	…
멕 시 코	4.80	12.00	44.60
라틴아메리카 평균	3.88	9.38	40.23
캐 나 다	4.00	8.40	10.00
EU	7.10	14.70	8.00
프 랑 스	7.00	15.60	16.00
스 페 인	…	10.20	11.00
선진국 평균	6.03	12.23	11.25

출처: Gaetani and Heredia(2002: 5).

가까울수록 투명한 국가임을 의미하고, 공무원에 대한 통제지수(Control sobre fun-cionarios póblicos)도 1부터 10까지 분포하여, 10에 가까울수록 통제성이 높다는 것을 의미하는 것으로, 다시 말해 부패한 공무원에 대한 처벌의 정도와 임금에 대한 접근성을 측정하는 지수라고 할 수 있다. 브라질의 경우 서구 선진국에 비해서는 양 지수가 현저히 낮은 편이다. 이러한 치명적인 문제가 있음에도 불구하고, 공무원수와 이들의 인건비는 급속히 증가하고 있다.

표 13-2 정부의 투명성

국 가	투명지수	공무원에 대한 통제지수
아르헨티나	2.5	2
브 라 질	2.4	3.3
칠 레	3.9	3.7
멕 시 코	2.4	1.7
페 루	1.9	2.6

출처: Gaetani and Heredia(2002: 6).

그림 13-1 브라질 공공지출 규모의 증가

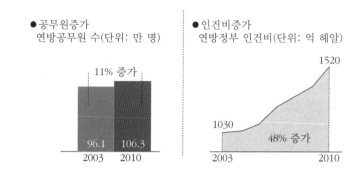

출처: 미래에셋 투자교육연구소, Emerging Investor, 브라질 차기 정부에서는 긴축이 불가피하
다(2010) (Http://media.miraeasset.com/mirae_media.magazine.newsview.twf?d_news_
seqno=318)

2. 투입제도

1) 주요 정당

1979년 군부지배 권위주의체계가 종식되고 정치자유화가 시작되면서 양당제
가 폐지되고 다당제의 근거가 마련되었다. 이후 1988년에는 자유주의와 민주주의
에 기반을 둔 신 헌법 제정을 통해 민주주의의 외형적 틀을 마련하였다. 이와 같은
신 헌정질서 하에서 브라질 국민들은 경쟁적 민주선거를 통하여 정기적으로 정부
지도자와 의회 의원들을 선출함으로써 자유와 권리를 확대해 나갔다.

그러나 신 헌정체제는 정당형성과 조직구성의 제한을 일시에 해제하여 극단
적 다당제를 초래하였다. 정당정치의 경험 부족과 명확한 정치철학의 부족으로 선
거 때마다 새로운 정당이 탄생하거나 기존 정당이 이합집산하는 형태를 보이고 있
으며 선거철에 반짝 등장하였다가 이후에는 사라지는 철새정당들도 적지 않다. 한
마디로 브라질의 정당정치는 매우 유동적이다. 2016년 현재 브라질의 정당은 35개
의 군소정당이 존재하여 전형적인 다당제 구조를 보여주고 있다(양동훈, 2003).

다당제 구조에도 불구하고 브라질 대선은 1994년 이래 중도좌파 노동당과 중
도우파 브라질사회민주당(PSDB)의 양자 대결 구도로 진행됐다. 1994년과 1998년
대선에서는 브라질사회민주당의 페르난두 엔히키 카르도주가 승리하여 집권했고,

표 13-3 주요 정당의 정치성향별 분류

좌파이념 정당	우익정당
PT, PDT, PCB, PCdoB 등	PMDB, PSDB, PFL, PPB, PDS, PL, PRN, 등

2002년과 2006년 대선에선 노동당의 루이스 이나시우 룰라 다 시우바가 승리하여 집권했다. 2010년과 2014년 대선의 승자는 룰라의 후계자 호세프 대통령의 승리였다. 2014년 선거에선 투표 2개월 전 야당의 후보가 비행기 사고로 사망한 바 있다. 의회구성에 있어서는 다른 군소정당과의 연합을 통해 정치주도권을 확보하려는 연합정치적 성향이 강하다. 현재 집권 여당은 노동당(PT)과 브라질 최대 정당인 브라질 민주운동당(PMDB)을 주축으로 연합하고, 야당은 브라질 사회민주당(PSDB)과 민주당(DEM)을 주축으로 여야 대립 구도를 형성하고 있다.

정당은 제각기 다른 집단의 이익을 대변한다. 주요 정당들이 정강정책으로 중도 좌파적 이념을 내세우고 있으나 뚜렷한 차이가 없는 편이다(장성훈, 2007). 또한 수십 개의 정당이 극도로 난립하기 때문에 정당체제에 대한 체계적인 설명이 불가능하다. 따라서 주요 정당을 중심으로 살펴보면 다음과 같다.

－노동당(PT)

노동당(Partido dos Trabalhadores; www.pt.org.br)은 1979년에 창설되었는데, 1970년대 강성노조였던 ABC지역(상파울로시 위성도시)의 철강, 자동차노조가 주축이 되었다. 파업열기가 높았던 1970년대 후반 이러한 파업노조의 수뇌부였던 Luiz Inócio Lula da Silva가 PT의 당수가 되었고, 의식 있는 지식인들의 가입으로 이론적인 배경이 마련되었다. Lula는 1989년, 94년, 98년에 대통령 후보로 나서서 낙선했으나 2002년 당선되었다. 브라질 역사상 처음 좌파대통령에 당선된 룰라는 연임하여 집권한 8년 동안 브라질의 경제를 일으킨 영웅이 되었다. 퇴임시에도 87%라는 절대적 지지를 받았고, 그가 지명한 여성 후계자 지우마 후세프에게 대통령직을 물려주었다. PT는 노동자들을 대변하는 당으로 출발했으나, 우파적 개혁을 추진하고 BRICs라는 개념의 등장과 함께 경제성장을 이뤄내 전국적으로 다양한 층의 지지기반을 확보한 바 있다. 그러나 2016년 대통령탄핵과 더불어 총체적인 기존 정치인들의 부패가 많이 드러나면서 위기를 맞고 있다.

– 브라질민주운동당(PMDB)

PMDB(Partido do Movimento Democrótico Brasileiro; www.pmdb.org.br)는 과거 군부시절 야당이었던 MDB를 물려받아 1981년에 창설되었다. 의식있는 야권인사들이 모두 PMDB에 몰려있었기 때문에 국민의 지지도 압도적이어서 군부가 물러나면서 실시된 1986년 주지사선거에서는 23개 지역 중 22개주를 석권하면서 절대여당으로 부상했다. 그러나 당내 정치노선이 갈라지면서 사회주의적이며 진보주의 성향이 있는 정치인들이 탈당했고, 1988년에 브라질민주사회당(PSDB)을 만들었다. 1994년 선거에서는 연방의회에서 가장 많은 의석을 확보한 다수당이 되었으나, 1998년 대통령선거에서 당후보를 내지 않고 소수집권여당인 PSDB를 지지하면서 연정에 참여했다. PMDB는 전반적으로 과거 야당성향의 인사들이 모였기 때문에 자유전선당(PFL)에 비해서는 기득권이 약하다고 할 수 있고 지역기반도 PFL에 비교가 되지 않는다. 한편 인물 구성면에서도 PSDB에 비해서 열악한 편이라고 할 수 있다.

– 자유전선당(PFL)

PFL(Partido da Frente Liberal; www.pfl.org.br)은 전통적으로 여당성향을 갖는 정당으로 PSDB와 연립정당을 이루고 있다. PFL은 1985년 민주회복기에 Tancredo Neves를 대통령에 당선시킨 PDS(사회민주당)에 반대적인 입장을 갖는 정치인들에 의해 탄생한 정당으로, 과거 군부시절 여당이었던 Arena당을 승계한 정당이라 할 수 있다. 그래서 PFL은 보수적인 기득권세력이 주류를 이루고 있으며 여당성향이 강하다.

PFL은 1990년대 초 민선대통령인 Fernando Collor de Mello가 탄핵을 받아 물러나고 부통령이었던 Itamar Franco가 대통령에 올라서면서 바로 연방정부에서 정치력을 형성하기 시작했다. 그 후 PSDB와 정치동맹관계를 맺어 1994년 대통령 선거 때 PSDB의 대통령 후보였던 Fernando Enrique Cardoso와 함께 부통령후보로 나서면서 Itamar Franco는 명실공히 부통령의 자리를 차지한 바 있으며, 1998년 대선 때에도 PSDB와 손을 잡아 현재에 이르게 되었다. 브라질의 보수, 기득권층을 대변하는 대표적인 전통여당으로, 경제적으로도 상당한 뒷배경을 갖고 있다. PFL은 전통적으로 북동부지역을 선거기반으로 하고 있다.

- 브라질사회민주당(PSDB)

PSDB(Partido da Social Democracia Brasileira; www.psdb.org.br)는 1988년 브라질민주운동당(PMDB)에서 분리되어 생긴 정당이다. 과거 야당인사 중 사회주의적인 성향과 의원내각제를 지지하는 정치인들이 창당하였으며, 1990년대 초 Collor 대통령의 탄핵 시 주동세력으로서 프랑코(Itamar Franco)가 대통령에 오르자 여당인 PMDB당에 합류하여 내각의 일부를 맡았다. 당시 재무부장관을 지낸 엔리케(Fernando Henrique)가 Real Plan을 성공리에 시행하면서 1994년에 PFL과의 연합을 통해 대통령에 당선되었고, 1998년에 연임에 성공했다. PSDB는 소수여당으로 출발하여 집권기간 중 외부인사를 영입하는 등 세력확대에 상당한 노력을 했다. 당내 유명인사들이 너무 많아 각종선거를 앞두고 내분이 잦다는 문제를 안고 있다.

- 민주노동당(PDT)

PDT(Partido Democrótico Trabalhista; www.pdt.org.br)는 레오넬 브리졸라(Leonel Brizola)가 지난 1980년 5월 창당했는데, 제툴리오 바르가스(Getólio Vargas) 전 대통령의 정치노선을 승계하고 있다고 주장한다. PDT는 1981년 정당으로 확정·등록되었다. 브리졸라는 1989년과 1994년에 대통령후보로 나선 바 있다. 그리고 1998년 대선에는 PT(노동당)의 루이스 이나시오 룰라 다 실바(Luiz Inócio Lula da Silva) 대통령후보와 함께 부통령후보로 나섰으나, PSDB의 엔리케 카르도조 대통령에게 참패했다.

- 브라질진보당(PPB)

PPB(Partido Progressista Brasileiro; www.ppb.org.br)는 과거 PPR(Partido Progressista Reformador, 진보개혁당)과 PP(Partido Popular, 대중당)가 통합하여 생긴 정당이다. PPB의 구성인맥을 보면 과거 군부시절 여당이었던 Arena당과 구 PDS(사회민주당) 출신이 많다. 그만큼 여당성향이 강한 과거 기득권층으로 구성된 정당이다. PPB의 지도인물인 Paulo Maluf가 지난 1985년 선거인단을 통한 대통령선거에서 Tancredo Neves에게 패한 후 상당히 많은 인물이 PFL로 이적하면서 당의 세력이 크게 줄어들었다.

표 13-4　정당별 의원분포 현황(2014. 3)

정　　당	상　원	하　원	비　고
(여당연합)	59	379	
노동자당 (PT)	13	88	집권당
민주운동당 (PMDB)	20	76	여당연합 제1파트너당
공화당 (PR)	5	31	
진보당 (PP)	5	39	
민주노동당 (PDT)	5	18	
브라질 노동당 (PTB)	5	19	
사회기독당 (PSC)	1	13	
브라질 공산당 (PC do B)	2	15	
브라질 공화당 (PRB)	1	10	
국민운동당 (PMN)	0	3	
브라질 노동당 (PT do B)	0	3	
진보공화당 (PRP)	0	2	
사회민주당 (PSD)	1	42	
사회공화당 (PROS)	1	20	
(야당 연합)	16	80	
사회민주당 (PSDB)	11	43	제1야당
민주당 (DEM)	4	26	
인민 사회당 (PPS)	0	8	
자유사회주의당 (PSOL)	1	3	
(중립)	6	54	
녹색당 (PV)	1	9	
브라질 사회당 (PSB)	4	23	
연대(SDD)	1	22	

출처: 주 브라질 대사관 http://bra-brasilia.mofa.go.kr/korean/am/bra-brasilia/policy/ove/nor/index.jsp

2) 연방하원

　　연방정부의 입법부(Legislative power)는 브라질리아에 위치하며, 상원(Federal Senate)과 하원(Chamber of Deputy)으로 구성된다. 보통 이 양자를 연방의회(National Congress)로 통칭한다. 연방의회의 정상적인 입법기간은 2월 15일부터 12월 15일까지이고, 7월 1달간 휴회한다.

　　상술한 대로 브라질에는 군소정당이 난립한다. 군소정당이 난립하는 것은 민주화 요구의 폭발도 있지만 바로 의원선거제도에도 원인이 있다. 하원의 경우는 총 513명으로 임기는 4년이고, 인구비례에 따라 선출되기 때문에 지역마다 배출 의원수가 다르다. 브라질 선거제도의 특성을 이해하기 위해 연방 하원선거제도를 구체적으로 살펴보기로 한다(정진영, 1999: 5~6).

- 선거구의 크기가 매우 큰 대선거구제-비례대표제인데다가 정당이 의원을 당 선시키는 데 필요한 최소한의 득표율이 매우 낮게 책정되어 있다. 따라서 기본적으로 소수당에 매우 유리하고 다당제를 출현시키는 경향이 있다. 예 컨대 50석의 의원을 선출하는 주의 경우, 투표자의 20%에 해당하는 득표만 하면 의석을 배정받을 수 있는 자격이 부여된다. 따라서 군소정당이라도 의 석을 차지할 수 있는 가능성이 높다.

- 각 주에서 선출되는 하원의원의 수는 최소 8명에서 최고 60명의 범위 내에 서 각 주의 인구수를 감안하여 결정된다. 이러한 상·하한선은 투표가치에 있어 심각한 불평등 현상을 초래하는데, 예컨대 상파울루주에 있는 투표자 의 표 가치는 인구가 제일 작은 아크리주 투표자의 표 가치의 10분의 1도 안 된다. 이러한 점은 브라질 형 '여촌야도' 현상을 정부가 충분히 이용한 결과이다.

- 개방식 정당명부제(open party-list)를 채택하고 있어 투표자가 정당에 대하여 투표하는 것이 아니라, 개별 후보자에 대하여 투표하도록 되어 있다. 투표 후 각 정당에 대한 의석 배분은 각 정당의 모든 후보자들이 얻은 표를 모두 합한 수를 기준으로 이루어지지만, 각 정당의 후보자들 중에서 당선자의 결 정은 개별 후보의 득표순으로 이루어진다. 이 제도는 유권자들로 하여금 후 보자 명부에 대한 통제를 감소시켜 당내규율을 무너뜨리는 효과가 있다. 개 방식 명부의 경우, 정당지도자가 아니라 유권자가 당락을 결정하기 때문에 당의 규율을 어겨도 처벌할 길이 없다. 특히 브라질의 경우에는 현역의원에 대해서는 후보자 명부에 등재하지 않을 수 있는 권한마저 —소위 정당의 공 천권— 당 지도부에 없기 때문에 더욱 그러하다.

- 선거구가 클 뿐만 아니라 정당명부에 등재할 수 있는 후보자의 수가 그 선 거구에서 선출하는 의원의 수보다 훨씬 많다. 단일정당의 경우 의원정수의 1.5배에 해당하는 후보를 명부에 등재할 수 있으며, 2당 연합의 경우 의원 정수의 2배까지, 3당 연합의 경우 3배까지 후보를 낼 수 있게 되어 있다. 한

브라질의 선거제도

브라질은 독특한 선거제도를 가지고 있다. 연방헌법은 대통령, 주지사, 시장선거 시 총투표유효표의 과반수를 획득해야 당선된 것으로 간주한다. 그래서 1차 표결에서 과반수획득자가 없는 경우 상위득표자 2인을 놓고 다시 투표하여 다수득표자가 당선되는 방식을 사용하고 있다. 이것은 프랑스의 제도와 유사하다. 다만 인구가 20만 이하인 시/군의 경우 제2라운드 선거를 치르지 않고 최다득표자가 선출된다. 투표권은 16세 이상이면 주어지는데 이 중 18~70세까지는 의무투표이며, 그 전후연령은 선택적이다. 의무투표란 투표를 하지 않는 경우 제재를 받는 것을 의미한다. 제재란 관공서의 증명서 발급제한 등 사소하지만 실질적인 불편을 주는 것들이다.

편으로 이와 같이 매우 관대한 정당명부제는 한 정당 내에 존재하는 다양한 파벌들에게 각각의 후보자들을 낼 수 있는 기회를 제공해 주기 때문에 그러한 정당의 유지를 가능하게 해 준다.

다른 한편으로 이 제도는 수없이 많은 후보자를 난립하게 하여 유권자들로 하여금 후보자에 대한 인지도를 낮추고, 선출된 의원과 유권자 사이의 관계를 매우 느슨하게 만들어 대표성의 문제를 제기하게 만든다. 예컨대, 상파울루주의 경우 하원의원 정수가 60명이므로 단일정당의 경우 90명, 2당 연합의 경우 120명의 후보를 정당명부에 등재할 수 있다. 그런데 다당제의 정당체계하에서 정당들의 수 또한 많기 때문에 상파울루유권자가 하원의원선거에서 투표를 하려고 하는 경우 선택할 수 있는 후보자의 수는 천명을 훨씬 넘을 수도 있다. 이러한 상황에서 유권자들이 모든 후보자를 알고 투표하기도 어려우며, 선출된 의원 역시 불과 1~2%에도 못 미치는 득표로써 선출되는 경우가 허다하기 때문에 의원의 대표성에 심각한 문제가 제기되고 있다.

브라질은 1979년 정치자유화로 인해 새로운 정당체제가 출현했다. ARENA(국민개혁연합, the National Renovating Alliance) 출신 정치인들은 민주사회당(PDS)을 결성하였고, 야당역할을 했던 브라질 민주운동(MDB)은 신 브라질민주운동당(PMDB)으로 개편되었다. 1985년 민주주의 정권 수립을 위한 대통령 선거 직전 PDS 내의 일부가 자유전선당(PFL)을 결성하였고 PMDB는 대통령 후보로 PP의 네배스를, 부통령으로 PDS 당수 사르네이를 지명했다. PMDB와 PFL은 민주동맹을 결성하여 의회를 지배하였다(박봉규, 2004: 308~309). PSDB당은 1994년 대통령선거시 PFL, PTB과 연립하여 카르도조 대통령을 후보로 천거했으며, PT는 PPS, PSB, PC do B, PSTU 등과 연립했다. 브라질 역대 의회선거에서 정당별 득표율 분포를 보면 다음 [표 13-5]와 같다.

3) 국회의 권한

연방정부의 입법권은 상원과 하원에 있으며 양자의 권한은 동일하다. 브라질 연방의회는 헌법 개정권(constituent power)을 가지고 있다. 헌법은 하원의원 1/3, 대통령, 그리고 연방의회의원 반수 이상, 상원의원 1/3에 의해 개헌안을 제출할 수 있다. 상원·하원의원들은 그 안건(proposal)에 대해서 토론하고, 투표를 하게 되며, 총의원 수의 3/5이 찬성하면 헌법은 개정된다. 즉, 브라질에서는 헌법개정의 요건에 국민투표가 포함되지 않기 때문에 헌법의 개정이 상대적으로 용이하다.

다른 나라와 마찬가지로 양원은 법률안제안권, 법률개정권과 행정부 통제권을

표 13-5 브라질 의회선거

연도 정당	1986	1987	1989	1994	1995	1998	2004
PSDB*				12.3	83(13)	99(16)	(11)
PMDB*	53.2	53.6	39.7	21.4	99(23)	106(27)	(22)
PFL*	23.6	23.8	20.8	17.7	99(23)	106(20)	(18)
PPB*					90(7)	60(4)	
PTB*	3.9	3.3	3.2	6.0	29(3)	31(1)	(3)
PDS	7.4	6.6	5.8				
PDT	4.9	4.9	5.6	5.8	12(4)	19(2)	(5)
PT	3.5	-	2.6	9.6	50(5)	58(7)	(13)
PPR				10.1			
PP				6.6			
PSB				3.3	25(2)	25(3)	(3)
PCdoB				1.9	10(0)	7(0)	
Others	3.5	3.8	13.3	5.1	2(1)	3(1)	(6)
계	100.0	100.0	100.0	100.0	513(81)	513(81)	(81)

출처: 1986~2000 박봉규(2004) / 2004 연방상원.

가지고 있다. 그러나 브라질의 특징은 의회뿐만 아니라 다양한 방법으로 법률안이 제안될 수 있다는 점이다. 즉, 대통령이 가지고 있는 배타적인 영역(군대의 인사, 행정부와 사법부의 구성, 재정과 예산의 조정, 지방 공무원의 고용)을 제외한 국정의 모든 분야에 대하여 법률을 제안할 수 있는 권한을 가지고 있는 주체들이 많이 있다. 이 권한은 상원과 하원은 물론이고, 대통령, 연방최고법원, 검사(the Public Prosecutor of the Republic), 각각 유권자의 0.3% 이상을 대표하는 5개 주 이상에 분포한 선거권자 1%가 가지고 있다. 법원 및 검사가 법률안을 제안할 수 있는 나라는 드문 편이다. 일반적으로 선진국에서는 입법제안권이 의회로 제한되어 있는 데 비하여, 권력분립의 원칙에 어긋나는 것이라고 볼 수 있다. 실제로 브라질은 비통합모델로서 이런 특성을 보이고 있다.

(1) 입법절차별 유형

브라질은 법률안의 성격에 따라 선택할 수 있는 입법절차가 가장 다양한 국가 중의 하나로, 특히 현대 법률 내용의 전문성과 시민사회의 관심도를 반영하여 상임위원회의 입법심사기능을 강화하는 추세에 있다(조희문, 2010). 연방의회가 다루는 법규범들을 입법절차로 본다면 일반법, 특별법, 예산법 등으로 유형화할 수 있다. 각 유형에 대해 의회가 행사하는 권한은 각각 다르다.

● 일반법[2]

일반법률(leis ordinarias)과 보완입법(leis complementares)은 연방헌법 제59조에 의해 일반입법절차를 따라 제정된다. 입법절차는 통상적으로 법안발의, 법안심의, 토론과 표결, 재가 또는 거부, 공포, 공표의 순서를 밟는다.

모든 법률안은 원칙적으로 연방하원에 제출되며, 연방하원에서 법률안을 접수하면 이때 하원을 개시원(開始院, Casa Iniciadora)이라고 한다. 법률안은 해당 상임위원회에 회부되어 심의와 함께 보고서를 채택하며, 이후 연방하원 본회의에 회부되어 법안심의와 투표를 진행한다. 일반법안은 재적의원 과반수의 출석(하원 253명, 상원 42명)과 출석의원 과반수의 찬성으로 의결하고(연방헌법 제47조), 보완입법안은 재적의원 과반수(하원 253명, 상원 42명)의 찬성으로 의결한다(연방헌법 제69조). 하원에서 승인된 법률안은 상원에 이송되어 심의와 투표를 하며, 이때 상원을 재심원(再審院, Casa Revisora)이라고 한다. 상원이 수정없이 통과시키면 최종의결로 확정

---

2) 조희문(2010), 브라질의 법률체계와 입법절차, 한국법제연구원, pp.161~162.

되고, 수정하여 통과시키면 법안은 다시 하원으로 반송되어 수정안에 대해서만 심의 및 투표를 하게 된다.

● 특별법(Special measures)[3]

헌법수정안과 법전의 입법안은 특별입법절차의 형식에 따라야 한다. 두 경우 모두 연방하원의 특별위원회에서 심사의견서를 작성하게 되고, 최소 세 개 이상의 상설위원회로부터 심의를 받아야 한다(연방하원내규 제34조 Ⅱ), 임시조치도 연방헌법 제62조에 별도의 입법절차 규정을 두고 있다. 헌법수정안과 법전, 임시조치의 입법안은 각각 다른 입법 절차와 통과 과정이 마련되어 있다.

● 예산안(Budgetary matters)

브라질 연방의회가 누리는 예산권은 다른 선진국 의회에 비하여 제한적이라고 할 수 있다. 상·하원의원으로 구성된 상임위원회는 몇몇 허용된 범주를 수정하는 정도의 의견을 제시할 수 있다. 이에 비하여 대통령은 상당한 재량권을 행사하며 재정지출을 할 수 있다. 국민의 혈세는 반드시 국민의 대표(의회)에 의해 통제되어야 한다는 일반적인 원칙이 적용되지 않는 나라가 브라질이다.

(2) 행정부 통제권

브라질 의회는 다른 나라와 마찬가지로 입법권과 더불어 행정부를 감시하고 통제하는 권한을 가지고 있다. 의회의 행정부 견제권(Supervisory power) 중 중요한 것을 열거하면 다음과 같다.

브라질관련 유용한 정보 제공 웹사이트

• 연방상원(Senado)
  - http://www.senado.gov.br
• 연방하원(Camara dos Deputados)
  - http://www.camara.gov.br
• 연방회계원(Tribunal de Contas da Uniao)
  - http://www.tcu.gov.br

---

3) 조희문(2010), 브라질의 법률체계와 입법절차, 한국법제연구원, pp.166~167.

● 조사위원회(Commissions of Inquiry)

조사위원회는 특정 기간동안 특정한 문제를 조사하기 위해 상원 혹은 하원이 단독으로 구성하거나 전체 의원의 3분의 1이 요구할 경우 양원 합동으로 구성할 수 있다. 조사위원회는 사법부와 동일한 조사력을 갖는다.

● 법적 의무 이행의 실패에 대한 고발(Charges of failing to fulfil statutory duties)

연방최고법원장이 참석하는 상원은 대통령이나 부통령이 법적 의무를 이행하지 않았을 때 법률상 조치를 취할 수 있는 독점적인 권한을 가지고 있다. 상원의 3분의 2가 찬성하여 유죄로 판결되면 그 사람은 공직을 박탈당하며 8년 동안 공무를 담당할 수 없게 된다. 다른 나라의 탄핵에 해당하며, 다른 법적 제재는 없다.

● 각료의 소환(Summoning of Ministers)권

각료가 주어진 임무를 제대로 수행하지 못했다고 판단할 때 의회는 그 각료를 소환함으로써 각료의 권한을 박탈할 수 있다.

● 문서질문(Written questions)권

연방의회는 행정부의 정책에 관하여 필요한 경우 문서로 질문을 할 수 있다. 행정부는 이에 성실히 답해야 한다.

● 재정, 예산문제(Financial and budgetary matters)

재정과 예산에 관한 사항을 감시한다.

● 국제활동(The international arena)

국회는 다음 분야에 대한 배타적 권한이 있다: 조약과 협정, 국제 활동에 관한 최종 결정, 선전포고, 평화협정, 외국군대의 일시적 영토 통과에 관한 승인.

4) 연방상원

연방상원(81명)은 임기 8년으로 각 주와 연방 특별구에서 3명씩 선출되는데, 전체 의원의 1/3과 2/3가 4년마다 순차적으로 선출된다. 연방상원은 전술한 하원이 가지고 있는 일반적인 권한 이외에도 다음과 같은 상원만의 권한(Special measures)을 갖는다.

- 위헌에 대한 소송절차

위헌의 여지가 있는 행정행위에 대해서는 상원에 의해 위헌소송제기가 이뤄진다.

- 예외적인 경우

국가의 수호, 연방의 개입, 계엄상태 또는 앞의 것들을 중지시키는 것과 같은 일을 승인할 수 있는 독점적 권한은 상원이 가지고 있다.

- 인사추천권

상원에서는 다음과 같은 독점적 권한을 가지고 있다.

- 특정한 법관의 선택, 주법원의 구성원, 지방의 장, 중앙은행의 행장 및 임원, 검사 그리고 일단의 고위공무원들의 임명 승인
- 지방의회의원들과(이미 상원의원인 사람 중에서) 상원의장의 선출
- 연방상원의원 의장의 특수한 권한: 대통령을 대리하고, 하원의장의 사망시에 부통령을 대리한다. 또한 국가안보위원회(the National Defence Council)의 멤버이다.
- 대부승인 독점권: 상원은 지방과 연방의원에 의한 대부(貸付)를 승인해 주는 독점적 권한을 가진다.

특히 인사추천권을 가지고 있는 것은 브라질만의 독특한 제도이다. 미국의 상원보다 브라질의 상원이 갖는 인사추천권에 의해 임명되는 공직의 범위가 더 넓다. 어떻든 브라질 연방정부에서는 하원보다는 상원의 권한이 더 크다고 할 수 있다.

3. 통제제도

브라질 법은 전반적으로 로마-게르만법에 기초하고 있다. 구체적으로는 1804년 나폴레옹법전과 1896년 독일법전에 큰 영향을 받아 형성되었다. 사법부의 조직구성과 권한은 연방헌법에 규정되어 있다.

1) 사법부 조직체계

기능적 관할권에 따라 브라질 사법제도는 크게 일반법원(민사, 형사)과 특별법원(노동, 군사, 선거)으로 분류된다. 그리고 법원제도는 헌법재판소(STF)와 최고심법원(Tribunais Superiores)인 STJ(대법원), STM(최고군사법원), TSE(최고선거법원), TST(최고노동법원)와 전문법원(Justióa Especializada)인 노동법원(Justióa do Trabalho), 선거법원(Justióa Eletoral), 군사법원(Justióa Militar), 연방법원(Justióa Federal), 주법원(Justióa Estadual)으로 분류가 가능하다.

(1) 일반법원(ordinary courts)

연방헌법에서 부여하는 권능에 따라 연방법원(Federal Courts)과 주법원(State Courts)으로 구분된다. 연방법원은 주로 연방정부, 외국정부 또는 국제기구가 일방이 된 소송을 다룬다. 브라질의 소송제도는 연방·주사법제도를 통괄하여 3심제를 택하고 있으나 판례불기속의 원칙에 따라 각 법원은 상급법원의 판례에 영향을 받지 않고 각 소송에 대해 독자적인 판결을 내릴 수 있는 권한과 의무가 있다. 그리고 한국의 고등법원에 해당하는 2심은 각 주마다 설치되어 있으며(Tribunais de Justica estaduais), 그 하부에 연방지방법원(Regional Federal Courts)을 두고 있다.

그림 13-2 브라질의 사법제도

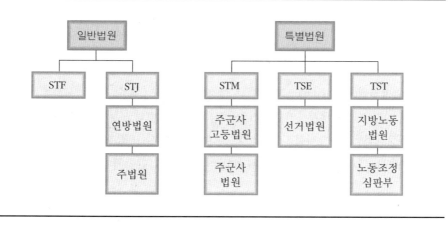

● 헌법재판소(STF)

헌법재판소(STF, Supremo Tribunal Federal, www.stf.gov.br)는 헌법의 해석과 적용의 임무를 맡고 있다. 헌법규정상 11명의 헌법재판관이 STF를 구성하는데, 2000년 브라질 역사상 처음으로 여성재판관이 STF에 임명되었다. STF는 법이나 행정부의 행정규정의 위헌성에 관한 위헌소송(ações diretas de inconstitucionalidade)을 담당한다. 이와 더불어 헌법해석과 관련된 타법원 판결의 항소심을 심리할 수 있다.

이외에도 대통령, 장관, 국회의원이나 상급심법원의 판사, 연방감사법원의 판사, 외교사절단의 대표들의 형사적인 문제를 심리할 수 있는 권한이 있으며, 연방정부와 외국국가, 연방정부와 주정부, 주정부 간의 분쟁을 심리할 수 있는 권한이 있다.

● 대법원(STJ)

대법원(STJ, Superior Tribunal de Justiça: www.stj.gov.br)은 연방법 해석의 통일성을 책임지는 최종심으로 헌법과 직접 관련이 없는 법률문제를 다룬다. 즉, STJ는 주지사의 일반범죄를 심리할 수 있으며 주대법원(tribunais de justiça), 주감사법원, 연방지방법원, 선거법원, 노동고등법원의 판사들의 일반범죄나 책임에 관한 소송에 대한 관할권이 있다.

STJ는 총 33명의 법관(ministro)으로 구성되며, 그 임명은 연방대통령 그리고 연방상원의원의 인준을 받아야 한다. 35세 이상 63세 이하로 브라질국적을 가진 자만이 STJ법관 자격이 있다. 총인원의 1/3은 연방지방법원판사, 1/3은 주대법원판사(desembargador), 나머지 1/3은 변호사와 검사(Ministério Público) 중에서 선임된다.

● 연방법원(justiça federal)

연방법원은 연방정부, 연방공기업(파산과 선거법원 및 노동법원관할사건 제외), 공공단체, 정치범죄, 연방재산, 서비스 또는 이익에 반한 범죄행위 등에 관련된 사건을 취급한다. 그리고 연방판사의 업무상 책임이나 일반범죄에 관한 사건 등도 다룬다.

연방법원은 주에 배치된 연방지방법원(TRFs: Tribunais Regionais Federais)과 연방판사들로 구성되어 있다. TRF는 최소 7명의 연방판사로 구성되는데 모두 연방대통령이 임명한다. 이 중, 1/5은 10년 이상의 경력이 있는 변호사와 연방검찰(MPF)

중에서 선임되며 나머지는 판사들의 승진을 통해 선임된다.

● 주법원

주법원은 보통 합의부(tribunais de justiça)와 단독부(juízes de direito)로 구성되나, 일부 주에서는 상급합의부(tribunais de alçada)로 구성되기도 한다. 주법원은 주나 시에서 재개정하는 법이나 규범의 위헌 여부, 연방이나 연방공무원직이 관련되지 않는 민·형사사건에 대한 재판 관할권이 있다. 그 외 재판권능에 관해서는 주 헌법에 규정되어 있다.

주법원은 단독심(vara, 판사 1인으로 구성된 법원의 최소단위)이 여러 개 모인 합의부(comarca)로 구성되며 이것이 1심이 된다. 1심에 대한 항고심은 주고등법원(tribunais de justiça)에 할 수 있으며, 소송업무량이 많은 일부 주는 지원(tribunais de alçada)도 설치해 놓고 있다.

(2) 특별법원(Specialized Courts)

● 노동법원

노조활동이 활발한 라틴아메리카국가들의 전통에 따라 브라질의 경우도 노동소송은 전적으로 노동법원에서 다루고 있다. 노동법원은 모든 심급에서 합의부제를 구성한다는 점에서 다른 법원과 큰 차이가 있다. 이는 노동소송 자체가 고용관계에서 발생하고 판결보다는 조정에 의한 합의와 사회복지를 지향하는 정부역할을 강조했기 때문인 것으로 보인다.

3심제를 보면 1심 하급법원으로는 노동조정심판부(Panels of Conciliation and Judgement)가 있으며, 2심으로 지방노동법원(TRTs: the Regional Labor Courts)이 있고, 최종심으로 노동고등법원(TST: the Superior Labor Court)이 있다. 노동고등법원(TST: www.tst.gov.br)은 연방대통령의 선임과 상원의 재가를 통해 선발되는 17명의 판사로 구성된다(연방헌법 제111조). 이 중 11명은 지방노동법원(TRT)의 판사 중에서, 3명은 변호사 중에서, 3명은 Ministério Público do Trabalho 직원 중에서 선임한다(동조 제1항).

노동법에서 언급하는 노동분쟁은 전반적으로 개별노동분쟁(Individual Labor Disputes)과 단체노동분쟁(Collective Labor Dispute)으로 구분된다. 개별노동분쟁은 노동자 자신이 개인의 이익을 보호하기 위해 고용주를 상대로 하는 소를 의미하며, 단체노동분쟁은 노조 또는 직종별에 의한 단체이익을 보호하기 위한 소의 경우를 의미한다. 현행 연방헌법은 단체노동분쟁의 경우 중재에 의한 해결을 명문화하여 노동분쟁해결을 위한 획기적인 조치를 단행했다.

● 군사법원

군사법원은 군사범죄를 재판하는 특별법원이다. 군사법원의 최고 상급심은 군사최고법원(STM: Superior Tribunal Militar, www.stm.gov.br)이다. 군대의 구성원이 저지른 범죄에 대한 관할은 우선적으로 1심법원인 주군사법원(juiz militar)에 있고, 2심법원으로 주군사고등법원(tribunal militar)이 있으며 최종심으로 군사최고법원(STM)이 있다. STM은 15명의 대법관으로 구성되는데 대통령의 선임과 연방상원의 인준을 받도록 되어 있다.

● 선거법원

선거법원의 주요 임무는 선거를 준비·집행·감독하고 정당등록을 맡으며 투표인명부를 관리하는 것이다. 브라질에서는 각종 선거에서 후보가 난립하기 때문에 선거관리가 복잡하고 선거 후 분쟁도 많이 발생한다. 따라서 이를 다룰 별도의 법원이 존재한다.

선거법원은 선거최고법원(TSE: Tribunal Superior Eleitoral), 지방선거법원(TREs: Tribunais regionais eleitorais), 선거법원(juízes eletorais), 선거위원회(juntas eleitorais) 등으로 구성된다. 최종심 선거법원인 TSE는 7명의 법관으로 구성된다. 2명은 변호사 중에서 대통령이 선임하고 3명은 STF에서, 2명은 STJ의 법관 중에서 선임한다.

2) 법관의 독립성

법관이 되는 길은 몇 가지 예외가 있지만 원칙적으로 법관임용시험(concurso público)을 통해서만 가능하다. 법관의 지위는 다른 공무원직에 비해 두터운 보장을 받게 되는데, 우선 법관직은 종신직(cargo vitalício)이며 행정적 결정으로 그 직위가 박탈되지 않는다. 법관의 정년은 70세이다.

반면, 법관은 다른 직을 겸임할 수 없으며, 정치적 활동이나 정당 등에 가입할 수 없다. 단 한 가지 예외는 교수직(magistério)의 겸임이 가능하다는 점이다. 그래서 브라질의 경우 법관이든 검사든 법조인의 상당수는 교수직을 겸임하고 있다.

법관이 되려면 법대졸업장이 있어야 하며 법관임용시험에 합격해야 한다(연방법원 제93조, I, CF, Art. 93, I). 이렇게 임용시험을 통해 임용된 법관을 juiz togado라 부른다. 그런데 법대를 나왔지만 일부법관은 법관임용시험을 거치지 않고 특채로 임용되는 경우도 있다. 상급법원(tribunal)의 경우 법관의 일부는 변호사나 검찰청(Ministério Público)의 사람으로 채우도록 하는 헌법상 규정이 있기 때문이다(CF, arts. 94, 104, II, 107, I, e 111, § 1°, I).

이에 비해 juiz leigo라고 불리는 판사가 있는데 이는 법대를 졸업하지 않고 법관임용시험도 거치지 않았으나 법이 정한 바에 따라 법관에 임용되는 판사를 지칭한다. 한편, Juiz leigo 중에 juiz classista라는 분류가 있는데 이는 juiz leigo 중에 노동법원(Justiça do Trabalho)에서 활동하는 노동법원판사를 칭한다. 이들 중 일부는 고용인을 대표하는 판사(juiz classista representante dos empregadores), 피고용인을 대표하는 판사(juiz classista representante dos empregados)가 있는데, 노동법원의 급수에 따라 명칭에 차이가 있다.[4]

법관 간에는 서열이 없다. 물론 법관이 그 경력에 따라 승진되기는 하지만 하급법원의 법관과 상급법원의 법관 사이에 근본적으로 직급상의 서열이 있는 것은 아니다. 그 이유는 법관은 자신의 양심에 따라 판결을 하는 것이고 이것은 어떠한 이유에서든 침해당할 수 없기 때문이다. 그래서 하급심의 판결이 상급심에서 기각당한다 하더라도 하급심의 판사가 이를 따르도록 강요할 수 없는 것이다(CF: Art. 93, II).

특이한 것은 검사도 매우 독립적인 위치에서 일한다는 점이다. 검찰 조직은 행정부와 독립적인 지위를 가지고 있고, 회계문제에 대해서 광범위하게 개입하고 있다. 따라서 부패 통제는 일부 이들 검찰조직에 의해서 이뤄진다고 볼 수 있다. 그럼에도 불구하고 브라질이 관료부패가 낮다고 할 수는 없다.

> **브라질관련 유용한 정보 제공 웹사이트**
> - 연방최고법원(STF: Supremo Tribunal Federal)
>   - http://www.stf.gov.br/
> - 일반고등법원(STJ: Superior Tribunal de Justiça)
>   - http://www.stj.gov.br/a

---

4) 1심 노동법원인 Juntas de Conciliaoe Julgamento에서 근무하는 juiz classista는 vogal이라고 불리고, 2심 노동법원인 Tribunal Regional do Trabalho에서 근무할 경우 juiz, 3심 최종심 노동법원인 Tribunal Superior do Trabalho에서 근무할 경우 Ministro라 불린다.

- 고등군사법원(STM: Superior Tribunal Militar)
  - http://www.stm.gov.br/
- 선거법원들(Tribunais Eleitorais)
  - http://www.brasil.gov.br/estr_trib_eleit.htm
- 일반법원들(Tribunais de Justiça)
  - http://www.brasil.gov.br/estr_trib_just.htm
- 노동법원들(Tribunais do Trabalho)
  - http://www.brasil.gov.br/estr_trib_trab.htm
- 최고재판소(STF) 판사의 사진 및 신상명세
  - http://gemini.stf.gov.br/netahtml/galeria1.htm
- 고등법원(STJ)을 구성하는 판사들의 인적사항
  - http://www.stf.gov.br/bndpj/STJ3A3.htm
- 브라질법률체계에 대한 한글정보
  - http://brazilcenter.co.kr/law/

Ⅲ 행정과정

브라질은 연방주의와 3권분립주의의 원칙에 의하여 연방정부와 주정부에 통치권한을 배분하고 있다. 그러나 의회의 기능이 제한적이기 때문에 연방대통령의 지휘하에 있는 행정권의 기능이 상대적으로 강한 편이다. 연방정부와 주정부수준에는 각각 입법부, 행정부, 사법부가 존재한다. 연방정부는 외국과의 외교관계, 국제교역, 이민정책 수립, 국경확정, 국제기구 참여, 전쟁선포 및 강화, 안전보장, 계엄령 선포, 화폐 발행, 국가경제 및 사회발전 계획수립, 주간 통상관계 조정 등의 권한을 갖고 있다. 한편, 주정부는 연방헌법을 침해하지 않는 한도 안에서 자체의 주헌법을 제정할 수 있다. 노사관계, 환경, 조세 문제 등은 연방법과 주법이 공동으로 규정한다.

1. 연방대통령

1) 대통령 선거

브라질은 1964년 군부가 쿠데타로 정권을 잡은 후 20년간 군부독재를 겪었다. 이 시기에 반정부 투쟁이 지속적으로 이뤄졌고, 그 와중에서 발달한 이론이 종속이론(dependency theory)이다. 따라서 오랜 군사정부를 겪은 브라질에서는 민선 대통령을 선출하는 것이 민주주의를 희구하는 국민들의 소망이었다. 마침내 1989년 11월, 21년 만에 처음으로 직접선거를 통한 민선 대통령, 페르난도 콜로르 데 멜로가 당선되었다. 문민정부는 과거의 국수주의정책에서 탈피하여 시장개방, 무역확대, 공공기업의 민영화정책을 기조로 한 경제정책을 추진했다. 특히 아르헨티나, 브라질, 우루과이, 파라과이로 구성되는 남미경제공동시장(MERCOSUL)의 형성에 노력했다.

그러나 콜로르 대통령은 불법적인 국고금남용으로 의회의 탄핵을 받아 임기 중 퇴임하는 최초의 기록을 남겼으며, 부통령인 이타마르 프랑코가 잔여임기를 마쳤다. 1994년 총선에서 중도좌파인 브라질사회민주당(PSDB)의 페르난두 엔리케 카르도소(Fernando Henrique Cardoso)가 대통령으로 선출되었고, 1998년 재선에 성공하였다. 2002년에는 노동자당(PT)의 루이스 이나시오 룰라 다 실바가 대통령으로 선출되어 소위 '룰라식 개혁'으로 성공적인 대통령으로 추앙받았다. 2010년 대통령 선거에는 대통령의 3선 출마 금지에 따라 룰라가 출마하지 않았으며, 그의 후계자인 집권 노동당(PT)의 지우마 호세프(Dilma Rousseff)가 당선되어 2011년부터 남미 역사상 첫 여성 대통령의 임기가 시작되었고, 2013년에 연임하게 되었다. 그러나 2016년 6월 경제실정과 회계부정 의혹으로 탄핵이 결정되어 직무가 정지되었다.

브라질 대통령은 국가원수이자 행정부의 수반이다. 대통령은 국민에 의한 보통 및 직접선거로 선출된다. 1차 투표 결과 어느 후보도 유효투표의 과반수 이상 득표하지 못할 경우, 선거일로부터 30일 이내에 상위 득표자 2명에 대해 결선투표를 실시한다. 피선자격은 35세 이상 브라질 출생의 국적자로서 소속정당의 공천을 받은 자이다. 대통령의 임기는 카르도소(Cardoso) 전임 대통령이 1995년 1월 취임할 당시에는 4년 단임제였으나, 1997년 6월 대통령, 주지사 및 시장의 재임허용 헌법수정안을 의회에서 최종 승인함에 따라 중임으로 개정되었다.

룰라식 개혁

　루이스 이냐시오 룰라 다 실바(1945년생)는 가난한 농부의 8남매 중 7째로 태어났다. 초등학교도 졸업하지 못하고 길거리에서 구두닦이나 땅콩팔기를 했다. 실바가 14세에 선반공으로 취업한 것이 계기가 되어, 결국에는 1975년 브라질에서 강력한 노조인 철강노조의 위원장이 되었다. 노동운동가로 성공한 실바는 1986년에는 연방하원의원선거에서 최다득표로 화려하게 정치인으로 등장한다. 그러나 89, 94, 98년 세 번 대권에 도전하여 실패한다.

　마침내 2002년 대선에는 공약을 좌파에서 중도좌파노선으로 수정하고 복장도 정장으로 바꿔서 변신한 후 당선된다. 노동운동가 출신 룰라가 대통령이 되자 브라질의 경제는 망한다는 예측이 많았고 외국자본이 철수하였다.

　그러나 룰라 대통령은 우파적 정책으로 브라질의 경제를 살린 역사적 대통령이 되었다. 재선에 성공하여 집권한 8년 동안의 성적은 화려하다. 1인당 GDP는 3배로 늘었고, 실업률은 12.3%에서 5.7%로, 물가상승률은 12.5%에서 5.8%로 떨어졌다. 즉, 그의 재임기간에 2,100만 명이 빈곤층에서 벗어났고, 3,600만 명이 중산층으로 상승했다. 다른 나라에서 볼 수 있는 양극화현상이 나타나지 않은 것이다. 1,500만 개의 일자리를 창출하여 이런 성과를 올린 것이다.

　그의 대표적인 정책은 월소득 7만 5천 원 이하의 가정에 4만 원을 보조해 주는 볼사 파밀리아(Bolsa Familia)라는 저소득층 생계비 지원이다. 취임 첫해인 2003년에는 350만 명이 혜택을 보았고, 2006년 1,110만 가구, 2010년에는 1,280만 가구가 혜택을 받았다. 브라질 인구의 4분의 1이 혜택을 받고 있는 것이다. 그러나 이것은 퍼주는 복지가 아니고, 진정한 생산적 복지제도이다. 자녀를 반드시 학교에 보내야 했고 결석률 15% 이상이면 지원이 중단된다. 극빈층들은 국가에서 돈을 주더라도 생계를 위해 자녀를 돈벌러 보내고 이것은 빈곤의 대물림을 의미하기 때문이다. 예방주사도 반드시 접종해야 했다.

　2005년 측근이 부패에 연루되었을 때, 정에 연연하지 않고 과감하게 수술을 했다. 또한 연방공무원이 퇴직시 받는 연금은 최저임금의 15배, 사법부공무원은 33배였는데, 이를 과감히 수술하였다. 효율적이고 깨끗한 정부를 만들면서 마련된 재원이 바로 복지로 간 것이다. "왜 부자들은 돕는 것은 '투자'라고 하고, 빈민들을 돕는 것은 '비용'이라고 하는지 모르겠다"는 말로 그의 철학을 읽을 수 있다.

2) 대통령의 권한

브라질 연방대통령은 다른 나라에 비하여 강력한 권한을 가지고 있다. 군소정당의 난립과 의회기능의 혼란으로 특징지워지는 비통합모델에서 그나마 대통령이 일종의 구심적 역할을 할 수 있게 되어 있다. 유사시에는 주정부에 대해서도 강력한 권한을 행사할 수 있을 뿐만 아니라, 연방의회의 입법권에 대해서도 강력한 권한을 행사할 수 있다. 대통령은 광범위한 예산지출권을 갖고 있다. 이 밖의 법규범에 관한 대통령의 권한은 다음과 같다.

– 대통령의 거부권 심의권

대통령의 재가란, 입법부가 승인한 법안을 행정부의 수장이 동의하는 법적 절차이다. 법률안 거부권은 행정부의 수장이 이 재가를 거부함으로써 법률안이 법으로 전환되는 것을 막는 행위이다(조희문, 2010: 168). 즉 법안의 전체 혹은 부분에 위헌소지가 있거나 공공의 이익에 반한다고 판단했을 때, 대통령은 연방의회로부터 법안을 송부 받은 지 15일 안에 법안의 전체 혹은 부분에 대한 거부권을 행사할 수 있다. 대통령은 48시간 내에 상원에 그 이유를 고지해야 한다. 대통령이 법률안을 거부하면 의회는 상하원 전체회의를 통해 재의결할 수 있다. 상원의장이 의장이 되는 상하원 전체회의를 열어 30일 안에 과반수의 동의가 있으면 법안은 재의결된다. 이 경우 그 법안은 대통령(혹은 상원의장이나 부의장)에 의해 48시간 이내에 공포된다.

– 임시명령권(Provisional measures)

긴급상황이나 특히 중요하다고 생각할 때 대통령은 법적 효력을 갖는 임시명령을 발할 수 있다. 이 경우 대통령은 양원을 신속히 소집해야 한다. 휴회 중에도 의회는 5일간의 임시회의를 연다. 임시명령은 발효된 지 30일이 지나면 효력을 상실한다.

– 위임입법권(Delegated legislation)

대통령은 의회가 가지고 있는 입법권에 대한 권한위임을 요청할 수 있다. 그러나 다음은 위임대상에서 제외된다: 의회와 상하원의 고유권한, 입법 보충, 사법체계의 조직, 재판관의 지위, 국적, 시민권, 권리, 연례 계획, 예산과 관련된 이슈.

브라질은 비통합모델로서 정치체제가 제기능을 하지 못하는 가운데, 대통령에게 권력이 상대적으로 집중되어 있다. 이러한 점에서는 러시아와 유사하다. 그러나 브라질에는 강력한 권위적 지도자가 없어, 체제불안정성이 있다고 봐야 한다. 민주화의 진행과정에 정당정치는 정착되어 있지 않고, 정치인들의 부패 속에 구심점도 없다.

한때, 대중적 인기 속에서 브라질의 발전에 위대한 지도자로 나라를 이끌었던 룰라 전 대통령도 마찬가지이다. 2016년 1월 그의 정치적 후계자인 호세프 대통령을 탄핵하고자 하는 움직임이 그것이다. 호세프 대통령은 룰라 전 대통령을 제 1 국무장관에 임명함으로써 탄핵을 막으려고 했다. 부통령제도가 있기는 하지만, 제 1 장관은 다른 나라의 국무총리에 해당한다. 강력한 카리스마가 있는 룰라의 등장은 푸틴이 자신의 후계자 메데디프를 대통령에 앉히고 본인이 총리를 한 것과 유사성이 있는 것처럼 보였다.

그러나 근본적 문제는 룰라에게도 있었다. 브라질 국영 석유회사인 페트로브라스의 전직임원 20여명이 비리혐의로 속속 체포되고, 검은돈의 일부가 정치자금으로 유입되었다는 의혹이 불거진 것이다. 호세프 대통령도 대통령이 되기 전 2003년부터 2010년까지 페트로브라스 이사회 의장직을 수행하면서 회사의 임원진을 임명해왔고 회사경영에 간여했다(임도빈, 2015: 358~359). 룰라 대통령도 대통령 재임시 이 거대한 공기업에 영향을 미쳤을 것으로 추측된다.

'2014년 대선을 앞두고 눈덩이같이 커진 재정적자를 가리기 위해 중앙은행의 자금을 불법으로 이용했다'는 혐의로 호세프 대통령에 대한 탄핵심판이 4월 12일 하원에서 시작되면서, 대통령의 직무가 정지되었다. 대통령 직무를 대행하는 부통령 미셔우 테메르는 즉각 대폭적인 개각을 함으로써 호세프와는 다른 노선을 걷는다. 당이 다르기 때문이지만, 부통령자신도 부패에서 자유롭지 않다는 관측이다.[5] 대통령 직무가 정지된 상태에서 올림픽이 치러지고, 이 대행체제는 다음 대통령이 취임하는 2018년까지 계속 될 예정이다.

---

5) 중앙일보, 2016. 4. 19. 탄핵관련 특집.

그림 13-3 브라질 대통령 탄핵 절차

1 17일 하원서 재적 513명 중 367명 찬성, 탄핵안 통과

2 상원, 5월중 재적 81명 중 과반 찬성이면 탄핵 심리 개시

3 호세프 대통령 직무정지, 테메르 부통령이 대통령 권한 대행

4 상원, 180일 내 심리 마무리 후 재적 3분의 2 이상 찬성 때 탄핵

5 테메르 부통령, 대통령 승격 후 잔여 임기(2018년 말) 집권

출처: 중앙일보, 2016. 4. 19.

2. 행정조직: 연방행정부

브라질의 대통령은 국가수반의 지위는 물론이고 행정수반의 지위를 가진다. 대통령은 법률공포권, 주요 인사(장관, 연방회계감사원 감사관, 연방대법원 판사, 검찰총장, 중앙은행 총재 등) 임명권, 군통수권, 조약체결권, 의회소집 및 해산권, 의회연설, 교서발표권 등을 갖고 있다. 또한 대통령명령공포권, 사면, 복권, 감형, 집행 유예, 형집행 정지실시 등의 사법적 권한을 소지한다. 헌법 기능이 침해되거나 정지시, 주의 기능 전부 또는 일부를 장악할 수 있고, 전쟁 또는 침략 등으로 국토의 일부 또는 전부가 위협받고 있다고 판단될 경우, 비상사태를 선포할 수 있다.

부통령은 대통령과 동일한 방식으로 선출되며 임기도 그와 같다. 대통령이 질병, 부재, 사망, 사임, 탄핵 등으로 직무를 수행할 수 없을 경우, 새로운 대통령이 선출될 때까지 대통령의 권한을 승계하여 국정을 수행한다.

브라질연방정부는 입법, 행정, 사법부를 총괄하여 약 100만 명 정도이다. 행정부는 이 중 절반인 약 50만 명 정도이다. 여기에는 독립위원회와 공공재단이 포함되어 있는 수치이다. 이 외에도 30만 명이 넘는 군대와 공기업, 입법부 직원, 사법

표 13-6 연방정부의 규모

부처(Presidency and Ministries)	208,006
독립기관(Independent agencies)	195,220
공공재단(Public foundations)	94,146
행정부 소계(Executive branch)	497,372
중앙은행(Central Bank)	4,507
검찰(Federal Attorney Office)	6,973
공기업(State owned companies)	28,980
투자기업(State and Privately owned companies)	7,748
군(Military)	321,164
입법부(Legislative branch)	20,352
사법부(Judiciary branch)	79,245
총계	966,341

출처: Ministry of Planning.

부 직원이 있다. 특이한 것은 독립적인 검찰조직(Federal Attorney Office)에 약 7천 명의 인력이 있다는 점이다([표 13-6]).

현 행정부의 부처 수와 조직은 다른 나라와 유사하다. 좌파정부이기 때문에 신설된 부처는 주로 사회복지분야에 집중되어 있다.

3. 인사행정제도

1) 인사행정제도

브라질 정부에는 직업공무원으로서 법적 지위를 갖는 경력직 공무원과 일반 노동자와 같이 노동법의 적용을 받는 인력이 있다. 전자는 시험에 의해서 선발되며, 입직 후 3년간 근무 후, 정년보장을 받는 공무원(tenure)이 된다.

군부정권에 의한 권위주의 행정문화에 물든 브라질은 관료제의 혁신이 절실히 요구되는 나라이다. 그러나 민주화 이후에도 계속되는 정치불안 때문에 공직사회에 대한 획기적인 개혁이 이뤄지지 못하고 있다. 국민에게 보다 나은 서비스를 제공하기 위하여 인사행정 영역은 브라질에서 개혁이 절실한 영역이다. 그리고 여기에는 세 가지 핵심쟁점이 있다. 첫째, 공무원의 전문성을 높이는 것이다. 둘째, 유연성의 정도를 높이는 것이다. 셋째, 공무원에게 지나치게 관대한 연금체계를 고치는 것이다.

표 13-7   연방정부 부처별 공무원 수

부 처	공무원 수
Presiden'ts Office	2,487
Ministry of Defense	1,695
Federal Lawyer's Office	2,182
Former Territories	23,329
Ministry of Air Force	8,651
Ministry of Agriculture	10,775
Ministry of Land Issues	5,815
Ministry of Science and Technology	6,887
Ministry of Telecommunication	1,648
Ministry of Culture	2,585
Ministry of Education	165,467
Ministry of Sports	189
Ministry of Army	11,410
Ministry of Finance	27,044
Ministry of Industry and Trade	2,583
Ministry of Regional Development	159
Ministry of Justice	23,115
Ministry of Navy	10,301
Ministry of Environment	8,066
Ministry of Mines and Energy	1,994
Ministry of Planning, Budget and Management	13,055
Ministry of Social Security	41,626
Ministry of Foreign relations	3,050
Ministry of Health	110,885
Ministry of Work and Employment	7,862
Ministry of Transportation	4,512
TOTAL	497,372

출처: Ministry of Planning.

　　직군중에는 1947년 신설된 외교직과 같이 오래된 것도 있지만, 정책분석(1989
년)이나 환경관리(2002년)와 같이 비교적 최근에 생긴 것도 있다.

　　수직적으로는 가장 낮은 1급에서 고위직인 6급까지 6개의 계급체계로 이뤄져
있다. 브라질 공무원에게는 직급명으로 직무의 성격에 해당하는 명칭이 사용된다.
공무원 숫자 중 가장 많은 비중을 차지하고 있는 것은 고졸출신이 가는 1급 기술
직(technician)이고, 그 다음이 대졸이 가는 분석가(analyst)이며, 감사, 검사, 판사,
재정책임자 등의 직책명이 붙는 고위직 6급에는 석사 또는 박사가 간다. 직급간이

동은 별도의 시험에 의해서만 가능한 계급제를 택하고 있다.

교육훈련기관도 많이 있다. 외교관을 양성하는 외교아카데미를 비롯하여 국립 행정학교(National school of Public Administration 약자 ENAP), 세무교육원, 지방공무원 교육원 등이 다수의 기관이 있다. 특히 간부급을 대상으로 하는 ENAP은 경제 재정부에 속해 있는 기관으로서 2002년부터 일반인에게 개방되며, 행정학 석사학위도 수여된다.

오랜 독재로 법치주의가 확립되어 있지 않고, 정실주의문화가 발달해 있는 브라질에서는 공무원도 자신의 역할을 하지 못하고 있다는 비판을 많이 받고 있다. 비통합모델로서 특징이 나타나는 것이다. 브라질 공무원 훈련기관에 있는 교육생을 대상으로 설문조사한 결과에 의하면, 브라질 공무원이 개선해야 할 과제는 다음과 같다(Enrique Saravia and Vera Lucia Correa, 2007: 6).

- 국가사회에 대한 봉사심: 시민에 대한 존중감
- 체계적 사고: 자신의 직무와 관련하여 전체 브라질사회라는 환경과의 관계를 고려
- 정책주도: 법치주의정신을 습득하고, 법률내에서 정책을 입안
- 사고의 자유: 정책아이디어면에서 개방적 사고
- 창의력
- 민주적 윤리의식

2) 전문성 개혁

1998년 개정된 헌법에 따라, 정무직(confidence positions)을 제외하고 모든 정부 공무원은 경쟁임용시험을 통하여 채용된다. 1995년 신규임용자 중 학위소지자는 39.2%에 불과하였으나, 점점 늘어가고 있다. 1988년 헌법으로 공무원이 대거 퇴직한 결과로 이런 변화가 가능해졌다(Gaetani and Heredia, 2002). 즉, 대학학위를 가진 신규채용 공무원의 비율이 1995년 이후 꾸준히 상승하였다. 결과적으로 공무원의 전문성이 향상된 것이다.

브라질 공무원 시험은 정부의 위탁을 받은 여러 기관에서 실시된다. CESPE (University of Brasilia 부속기관)와 Cesgranrio Foundation(the Federal University of Rio de Janeiro의 부속기관)이 그 예이다. 외교분야는 좀 예외이다. 이미 1940년대에

외교관 학교를 설립하여 2년간 외교관 교육훈련을 거친 후, 그 중 일부가 서기관으로 임명된다. 다만 다른 나라와는 달리 대사직은 상원의 임명동의를 거쳐야 한다.

1998년 헌법은 계약직 공무원을 채용할 수 있도록 규정하였다. 하지만, 대법원에 관련 소송이 제기되어 연방정부는 대법원이 이 사안에 대해 판단할 때까지, 공무원을 계약직으로 채용하지 않기로 하였다. 이렇듯 공공부문 노동력의 유연성이 낮기 때문에, 공무원을 채용한다는 것은 ―정년을 보장해야 하고, 연금을 지급해야 하므로― 정부재정에 심각한 압박을 가할 수 있는 문제이다. 기획예산관리부(Ministry of Planning, Budget and Management)가 각 부처의 신규 공무원 수를 결정하는데, 일선부서들은 자기 부서 공무원의 수를 늘리기 위하여 애쓴다. 이런 노력들이 예산 편성과정 중에 치열하게 이뤄진다.

공무원의 임금은 기획예산관리부가 일방적으로 결정한다. 공무원들이 정부를 상대로 집합적으로 임금협상에 나서지는 않는다. 공무원 보수는 세 요소로 이루어져 있다. 기본급(basic salary), 개별 성과급(individual performance bonus, 기본급의 30%까지), 그리고 조직단위의 성과급(organisation-wide bonus, 기본급의 20%까지)이 그것이다. 하지만 공무원들의 문화적 저항 때문에 성과에 따른 배분이 용이한 것으로 보이지는 않는다. 실제로, 상당한 수가 성과급을 받기 때문이다.

4. 예산 및 재무행정

1) 예산과정

브라질 예산과정은 다음 세 국면으로 나뉜다. 첫째, 중장기재정목표를 예산법(Budget Guidance Law)의 초안에 적시한다. 이 법안은 4월에 의회에 제출된다. 둘째, 8월 의회에 제출되는 연예산안을 수정한다. 셋째, 대통령의 예산집행명령(presidential budget implementation decrees)이다. 이는 의회가 제정한 예산을 상당히 변화시킬 수 있는 제도이다.

예산의 편성은 행정부 내부에서 연간 계속된다. 예산과정 일정표는 [표 13-8]과 같다.

행정부에서 편성된 예산은 의회의 심의과정을 겪는다. 의회심의과정은 심의, 수정 그리고 예산법과 예산 자체를 승인하는 것에 초점을 맞춘다. 의회에서 시행하는 구체적인 예산관련 조사는 '계획, 공공예산, 그리고 감사에 관한 공동위원회

표 13-8 연간예산과정

시 기	내 용
3~4월	예산기획담당 차관들(Budget and Planning Secretariats)이 프로그램과 개별 항목을 검토
4월 15일	예산법을 의회에 제출
5월	예비적 세입 추정, 총세입을 갖고서 장관과 토의
5월 말/6월 초	추정 총세입을 각 부처로 공지
3주 후	일선부처들이 예산소요안을 제출
6월 말	의회가 예산법에 투표
7월	세입을 정교화하여 추정, 일선부처들이 예산안에 대해 다시 한번 소청
8월 30일	예산을 의회에 제출

출처: Blöndal, Goretti and Kristensen(2003: 110).

(Joint Committee on Plans, Public Budgets and Auditing)'에서 행한다. 이 공동위원회는 한국의 예산결산위원회와 같이 행정부의 예산안을 심의하는 과정에서 지배적인 역할을 한다.

공동위원회는 상하 양원에 소속된 84명의 위원들로 구성되는데, 브라질만의 독특함을 가지고 있는 제도이다. 21명은 상원이고 63명은 하원의원이다. 위원장은 매년 상하 양원이 번갈아가며 선출한다. 위원회의 활동은 35명 가량의 전문가들로 구성된 연구실(Research Office)의 도움을 받는다. 하지만 이들이 공동위원회에만 이런 서비스를 제공하는 것은 아니다. 의회는 행정부의 예산 및 회계관련 데이터베이스에 충분히 접근할 수 있다.

2) 예산과정의 특징

브라질 예산은 많은 문제점을 가지고 있다. 무엇보다 행정부의 권한이 상대적으로 높음에 따라 예산의 경직성이 높다는 것이 가장 큰 문제점이다. 브라질 예산의 높은 경직성은 헌법이 강제하는 지출의 양이 크다는 점, 구체적인 용도가 지정된 목적세의 비중이 크다는 점, 그리고 기타 의무적(mandatory) 지출의 비중이 크다는 점에서 기인한다. 이러한 의미에서 예산의 90% 정도가 경직적이라고 할 수 있다.

표 13-9 예산승인과정

시 기	내 용
4월 15일	예산법 초안이 의회에 제출됨
6월 30일	의회 예산법 승인
8월 30일	예산안이 의회에 제출됨
9월~12월	공동위원회가 예산 청문회 개최
10월 초	공동위원회가 예비적 의견을 승인, 이때가 수정안의 제출 마감기한이기도 함
11월 초	공동위원회가 분야별 보고서 승인
12월 초	공동위원회가 최종 보고서 승인
12월 15일	하원과 상원이 투표
12월 말	대통령의 재가
1월 1일	회계연도 시작
1월 말	대통령의 예산집행명령

출처: Blöndal, Goretti and Kristensen(2003: 115).

다음으로 예산과 동떨어진 중앙기획기능이 문제이다. 최근 브라질은 중앙기획 기능을 발전시켜 왔는데, 예산과정의 측면에서 이 계획은 다음 세 가지 시각에서 고찰할 수 있다.

첫째, 결과지향적인 예산의 시도라 할 수 있다. 이 계획은 수백 개의 프로그램 들과 관련된 모든 정부 지출(현금, 자본 그리고 이전 지출)을 포함한다.

둘째, 정부의 정책적 우선순위(priority)와 연계하는 것이다. 전체 프로그램의 1/4이 우선순위 프로그램으로 설계된다. 이에 따른 효과는 두 가지이다.

우선, 우선순위 프로그램들은 자동적으로 강제적 프로그램이 되고, 대통령의 예산 집행명령에서도 삭감될 수 없다. 다음으로, 우선순위로 편성하는 것은 정부지 출의 관리방식을 개선시키는 효과도 있다. 개별 부처의 재량에 따라 소비되는 보 통 프로그램과는 대조적으로, '우선순위(priority)' 프로그램은 기획예산관리부가 관 리한다. 이 부처는 이 프로그램을 활용하여 희귀자원을 적정하게 분배할 수 있다.

셋째, 중앙의 기획활동은 다양한 자본사업(capital projects, 민관 파트너십)에서 사부문의 투자를 끌어들이기 위한 시장적 장치(marketing device)로서 기능한다. 예 를 들어, 공식적으로 희망사업을 열거하고 여기에 사부문의 자본이 공공부문에 차 입될 수 있는 방법을 제시하여 준다.

문제는, 계획과 예산이 서로를 보완하지 못한다는 점이다. 예산과 계획은 모두 기획예산관리부가 담당함에도 불구하고, 실제로 양자는 평행선과 같이, 그리고 분리되어 운영된다. 이렇게 양자가 분리되는 까닭은 계획이 중장기적으로 이루어지지 못하기 때문이기도 하다.

마지막으로 지적할 수 있는 것은 브라질 예산이 다년도 지출을 위한 방법이 결여되어 있다는 점이다. OECD 국가들에서 중기예산계획은 재정의 공고화를 위한 기초를 제공하는 기능을 하는데, 브라질에는 이것이 없다. 중기예산계획에는 정부의 집합적 세입, 지출, 적자, 잉여 그리고 채무 등에 관한 중기재정목표들이 명확히 언급된다. 어떻든 이 계획을 충실히 따른다면, 정부의 재정목적에 안정성과 신뢰성이 생길 것이다(Blöndal, Chiara Goretti and Jens Kromann Kristensen, 2003).

3) 재정적자와 재정정책실패

호세프가 이끄는 브라질 정부는 인기위주의 정책을 폈다. 이에 반해 최근 브라질의 경제성장률은 신흥개도국 평균에 훨씬 못미치고 있다. 2010년까지 7%를 유지하던 연간 경제성장률은 1%대로 추락하였다. 2012년 1,050억 헤알이었던 재정흑자는 점점 악화되어 2014년 적자(325억 헤알 적자)로 돌아섰고, 그 폭은 가파르게 확대되고 있다.[6] 지방정부에서 공무원들의 월급조차 주지 못하는 지역이 속출하고 있고, 연방정부는 지방을 도울 여력이 없다. GDP대비 공공부채는 위험수준인 70%대로 진입하였다.

브라질은 복잡한 조세제도, 높은 세율, 긴축재정정책, 투자부진, 수출둔화 등으로 인해 경제성장률이 낮아진 것으로 보고 있다. 세금은 누진적이지 않고, 하류층의 부담이 많아지도록 간접세 비중도 크게 설계되어 있다. 반면, 소비자 물상승률은 6% 이상으로 점점 커지고 있다. 서민들의 삶은 점점 어려워지고, 빈부의 격차는 커지고 있다. 정부는 재정난을 타개하기 위해, 학교, 보건 등의 분야에서 예산을 삭감하고 있다. 결과적으로 공교육체제가 무너지고, 병원, 도로 등 사회기반시설이 형편없는 꼴이 된 것이다. 교사들의 3분의 1은 고졸출신이고, 대학진학률은 21.7%이다. 교육예산이 정부예산의 23%를 차지하고 있지만, 교육의 질면에서는 매우 열악한 수준이다(임도빈, 2015: 362~363).

---

6) 이 수치는 정부발표치로서 탄핵심판을 받고 있는 호세프 대통령의 회계조작이 사실이라면 더 심각한 상황일 것이다.

2014년 월드컵 개최를 앞두고, 인프라 확충을 위해 세워진 예산은 도로, 공항 등의 확충보다는 경기장 건설에 사용되었고, 이를 맡은 건설회사 Odebrecht가 사기혐의로 조사되었다(임도빈, 2015: 355). 2016년 올림픽 준비상황도 마찬가지이다.

그러나 브라질 재정적자의 주범은 지나치게 낭비적인 연금제도라고 보는 시각이 지배적이다. 특히 공무원 연금은 55세부터 후하게 받게 되어 있어, 속칭 '비아그라 효과'라는 현상도 벌어진다(매일경제, 2015. 11. 9). 이것은 젊은 여성들이 은퇴남성들을 찾아 결혼함으로써 안정된 수입도 얻고, 남편 사후에도 연금을 평생 수령하려는 현상을 의미한다. 이러한 재정낭비는 그리스의 경우보다 훨씬 심각한 수준이라는 것이다.

Ⅳ 거버넌스체제

1. 연방국가와 지방자치

광활한 국토를 가지고 있는 브라질은 연방제를 택하여 지방을 통치하고 있다. 연방헌법은 "주정부는 정치, 경제, 사회의 모든 영역에서 사회질서를 효율적으로 유지, 보호함으로써 국민의 복지증진을 도모해야 한다"라고 규정하고 있다. 따라서 주정부가 국민생활의 전반적인 측면에 대한 책임을 가지고 있다.

브라질의 영토는 5개의 지역(region)으로 나눠지며, 각 지역은 다시 다수의 주(state)로 나눠진다. 전 국토의 45%를 차지하는 북부지역은 아마존강을 가지고 있으나, 인구는 7%를 차지할 뿐이다. 이와는 대조적으로 남동부 지역은 전 국토의 11%를 차지하지만, 인구는 43%를 차지하는 곳이다. 경제중심도시인 상파울루시가 있는 곳이다. 남부지역의 빠리나주와 산따까따리나주에 거쳐 흐르는 이과수 폭포는 높이 82m, 너비 4km에 이르는 세계적인 관광지이다.

현 연방헌법에 따르면 브라질은 연방공화국(Federative Republic)으로 26개주(States), 1개의 연방특구(Federal District, 브라질리아)와 시(Municipalities)로 구성되어 있다. 주정부는 자체의 주 헌법을 갖고 있으며, 주지사와 주 의회로 구성된다. 한편, 주는 시단위로 구성되어 있으며 연방헌법이 정한 한도 내에서 어느 정도의 자치권(autonomy)을 갖고 있다. 각 시는 다시 구(district)로 분리된다. 주지사의 임기는 4년이며, 연임할 수 있다. 또한 각 주에도 의회가 있는데 주 의원은 임기 4년이며 인구비례제로 뽑는다. 또한 각 시들도 시의회를 구성하며, 시장을 비롯한 시의원들의 임기는 4년이다.

브라질관련 유용한 정보 제공 웹사이트

• 브라질 각 주 및 연방특구의 이름을 제공하는 CIA factbook site
  − http://www.cia.gov/cia/publications/factbook/geos/br.html#Govt

---

그럼에도 불구하고 브라질은 연방정부의 비중이 크다는 비판을 받고 있다. 하지만 최근 연방정부의 공무원을 50만 명 정도로 유지하고, 예산 자원의 탈집중화 조치들을 통해, 주와 기타 지방자치단체의 인건비가 늘어났다. 그러나, 광활한 국토와 많은 인구로 인하여 전국적인 통합수준은 낮은 편이다. 게다가 각 지방정부는 재원부족으로 연방정부에 의존하려는 경향이 있다. 모든 지방정부의 관심사는 지역경제개발이다. 주민들의 경제수준을 향상시키는 것이 절박한 문제이기 때문이다. 그러나 여기에는 개발과 환경보전이라는 근본적인 문제가 있다. 예컨대 지구의 허파인 아마존 숲은 매년 급속히 사라져 가고 있다.

삼바축제의 경제적 효과

지구촌 최대의 향연으로 불리는 브라질 카니발 축제는 경제적 효과가 상당한 관광상품이기도 하다. 지카(Zika) 바이러스 공포가 확산하는 가운데서도 브라질 당국이 카니발 축제를 멈출 수 없는 이유다.

10일(현지시간) 상파울루시 당국에 따르면 올해 카니발 축제에는 200만 명 이상의 인파가 참가했다. 이 가운데 국내외 관광객이 4만 명을 넘는다. 페르난두 아다지 상파울루 시장은 삼바축제의 관광수입이 4억 헤알(약 1천230억 원)을 넘을 것으로 추산하면서 F1의 경제적 효과를 뛰어넘었다고 말했다. '삼바의 본고장' 리우데자네이루 카니발 축제의 경제적 효과는 상파울루를 크게 웃돈다. 리우 카니발 축제에는 100만 명 가까운 국내외 관광객이 몰린 것으로 알려졌다. 올해도 지난해와 비슷한 20억 헤알(약 6천150억 원)의 관광수입이 기대된다.

상파울루와 리우에서는 삼바 전용공연장인 삼보드로모(Sambodromo)에서 삼바

학교들의 화려한 퍼레이드 경연이 펼쳐졌다. 경연에서 입상한 팀들은 이번 주말 '챔피언 퍼레이드'로 축제의 대미를 장식한다.

사순절(예수의 고난과 죽음을 기억하는 교회 절기)을 앞두고 열리는 브라질 카니발은 유럽으로부터 전해진 전통적인 가톨릭 행사에 아프리카풍의 타악기 연주와 열정적 춤이 합쳐져 생겨났다.

한편, 올해는 사상 최악의 경제위기로 재정난을 겪는 일부 지방정부가 카니발 축제에 대한 지원을 중단하거나 축소했다. 연방정부와 주 정부의 예산지원에 대한 의존도가 높은 작은 도시 중에는 축제를 취소한 곳도 있다.

카니발 축제 기간에 지카 바이러스가 폭발적으로 확산할지도 모른다는 우려도 제기돼 보건 당국이 실태 파악에 나설 예정이다. '이집트 숲 모기'를 통해 전파되는 지카 바이러스는 신생아 소두증 등을 유발하는 것으로 알려졌다. 브라질에서는 지난해 10월부터 지카 바이러스가 창궐하면서 소두증 의심사례로 보고된 신생아가 4천700여 명에 달하며, 이 가운데 400여 명이 소두증으로 확인됐다.

출처: 연합뉴스, 2016. 2. 11. 발췌수정.

2. 브라질의 참여: 노동당과 참여예산제

남미는 극심한 경제적 불평등과 보수적 엘리트층의 부패라는 고질적인 문제를 안고 있다. 1980년대 노동운동의 성장과 사회운동의 발전, 민주화로 인한 새로운 정치적 공간확대 등이 브라질이 추진해 온 객관적 상황이다. 특히 브라질은 전통적인 후견주의 정치를 거부하고 아래로부터의 참여와 사회적 평등을 실천하는 데 앞장서 왔다. 이 과정에는 브라질의 어느 정당보다도 적극적이고 일관성 있는 이미지를 구축했던 '브라질 노동당(PT)'의 노력이 중요했다.

특히 PT는 참여예산제나 취학장학금제 같은 참신한 정책대안을 개발하는 등 국민의 기대를 크게 높여 놓았다. 즉, PT의 실용주의적 기조와 다양한 전문 지식인 및 중산층의 참여도 PT에 대한 급진적 이미지를 완화하여 사회적 거부감을 낮추는 데 기여하였다. 1997년부터의 참여 개념은 민주주의의 심화라는 전략적 가치를 위해 계급적 성격의 민중적 참여를 뛰어넘어 시민적 참여를 지향하고 있다. 즉 단순한 정치참여에 그치는 것이 아니라, 이슈와 행위자의 다원성을 고려한 복합적 개념으로 이해되고 있다. 이는 PT의 참여에 대한 시각이 계급적 관점에서 시민적 혹은 다원주의적 관점으로 확대되고 있음을 시사한다.

특히 참여예산제(participatory budgeting)는 매우 독특한 것이다. 기본적 아이디어는 도시 기반시설과 복지시설의 건설에 있어 투자예산의 우선순위 결정권을 주민들에게 맡기는 것이다. 공공부문의 예산운영에 있어 예산주권이 극대화되도록 주민의 참여를 적극 유도·반영하는 제도이다.[7] 이 제도는 무엇보다 직접민주주의를 실현함으로써 행정의 투명성과 그것을 바탕으로 한 행정의 효율성을 궁극적인 목표로 한다고 할 수 있다.

참여예산제를 세계 최초로 도입하여 모범적으로 운영하고 있는 사례로 히우그란지 두 술 주의 주도(州都)인 포르투 알레그레를 꼽을 수 있다. 1989년 올리비오 두뜨라 시장이 취임하면서 처음 시도된 참여예산제는 초반에 별다른 성과를 거두지 못하였지만, '조세개혁의 성공'과 '연방정부의 지원 확대'로 인한 투자액의 증가와 공동체운동 활동가들의 적극적인 참여를 바탕으로 1992년부터는 PT가 집권하고 있는 지방정부에서 표준적 프로그램으로 자리 잡게 되었다. 현재 브라질 전국에서 200개 이상의 도시에서 시행되고 있으며, PT가 집권에 실패했더라도 참여예산제는 유지되기도 한다. 이러한 브라질의 참여예산제의 성공으로 브라질 전체인구의 40% 이상이 참여예산제의 영향을 받는다고 볼 수 있다(폴투 전 포르투 시장인터뷰, 한겨레, 2008. 11. 2).

브라질은 참여의 측면에서 참여예산제를 비롯한 다양한 참여 메커니즘의 개발과 참여 대상의 확대, 기존의 다원주의 정치체제에 대한 새로운 인식을 확산시킨 것이 사실이다. 그러나 브라질 시민사회의 조직적 기반과 풀뿌리 조직의 취약성, PT 내부의 정파적 경쟁, 열악한 재정상황, 후견주의적 정치문화 등은 PT의 참여조직 시도에 부정적 요인으로 계속 작용하고 있다.

3. 거버넌스와 행정개혁

지난 20년 동안, 브라질 행정제도는 크게 바뀌었다. 1985년에 시작된 재민주화와 수입대체 산업화로 인한 재정적 붕괴는 발전모형을 바꾸어놓기 시작하였다. 브라질의 정치와 경제는 1980년대 후반에 이르러 불안정한 모습을 보였다. 하지만

---

7) 참여예산제라고 하여 모든 예산이 그 대상이 되는 것은 아니다. 당해 제도의 심의대상이 되는 예산은 도로포장, 하수구, 주택, 학교 건설 등 도시 하부구조 투자예산이다.

표 13-10 포로투 알레그레 시의 주민참여예산제 운영과정

구 분	개최시기	내 용
제1차 시민총회 (지역별, 의제별)	3~4월	① 지난해 및 올해 공공투자예산보고 ② 지난해 공공투자 결과평가 ③ 예산작성방법 설명 ④ 시민들의 요구취합 ⑤ 참여시민수에 따라 대의원 선출
대의원위원회(지역별, 의제별 대의원포럼)	5~6월	① 총회와 neighborhood meeting에서 요구한 사항 ② 행정부로부터 필요한 정보취합 ③ 예산편성지침 시의회제출
제2차 시민총회	6~7월	① 시 회계보고 ② 요구사항 투자우선순위 결정 ③ 대의원 중에서 평위원선출(지역별, 부문별 2명)
참여예산평의회 활동과 예산안 결정	7~10월	① 참여예산평의회(PBC) 활동 ② 기획실(GAPLAN)에서 예산안구체화 ③ 평의회에서 예산안 최종확정 ④ 시장에게 제출, 실무진과 실무계획협의
시의회 예산심의	11~다음해 7월	① 시의회 예산안심의투표, 시의회 압박 대중집회 ② 참여예산평의회(PBC) 계속활동

1990년대 초반 처음으로 시장지향 개혁이 강제되었고, 중반에 이르러 거시적인 경제적 정치적 안정성을 모두 달성하는 모습을 보여주었다. 1990년대 내내 연방관료제는 구조와 역할면에서 많은 변화를 겪었다. 지방화(decentralization), 민영화(privatizatization), 그리고 직접적인 규모감축(downsizing)으로 중앙행정의 몇몇 기능이 개편되었다.

1) 카르도소의 행정개혁

1998년에 카르도소 대통령은 다음과 같은 행정개혁을 제한적으로 시도하였다.

첫째, 연금체제와 관련하여, 완전한 연금 혜택을 받기 위해 필요한 정부재직기한을 10년으로 늘렸다. 그리고 최소 퇴직연령도 남성의 경우, 53세로 늦추었다.

둘째, 처음으로 행정서비스 만족도 조사(First National Research about Satisfaction of Public Service Users)를 실시하였다. 조사분야는 보건, 교육 그리고 사회보장에 초점을 맞추었다. 결과는 비교적 만족스럽게 나왔는데, 대부분 만족도가 61~79%를 기록하였다.

셋째, 정부는 각 연방기구들이 시민헌장(Quality Citizens Charter)을 제정하도록 하였다. 이로 인해, 공공서비스 이용자 만족에 관한 국가체계(National System of Satisfaction of Users of the Public Sector)라는 것이 제도화되었다.

넷째, 부패를 퇴치하기 위한 노력도 있었다. 1999년 5월, 고위 공직자의 행위강령(Code of Conduct)을 정교화하기 위하여 공공윤리위원회(Public Ethics Commission)를 창설하였다. 2001년에는 Corregedoria Geral da União를 만들었다. 이것은 내부고발자의 주장을 반응성 있게 조사할 수 있는 기제를 제도화하기 위한 수단으로서 창설된 것이다. 최근에 이것은 내부통제관실(Secretary of Internal Control) 및 Ouvidoria Geral da União와 합쳐져서 Controladoria Geral da União로 바뀌었다. 이는 대통령에게 소속되어 있다. 대통령이 부패문제를 얼마나 심각하게 생각하는지를 알 수 있다(Gaetani & Blanca Heredia, 2002). 그러나 국제투명성기구(Transparency International) 보고서의 부패인지지수(CPI: Corruption Perception Index)를 통한 국가 비교 결과, 브라질은 CPI가 3.7로 나타나 지난 10년 간 답보상태에 머무르고 있다.[8]

2) 방만한 연금체계

공무원 연금의 문제는 브라질 행정개혁의 핵심이슈 중 하나이다. 이는 정부 재정운용 및 공무원 채용의 유연성 문제와도 직결되어 있다. 카르도소가 연금개혁을 시도하였지만, 연금제도는 여전히 많은 문제점을 안고 있었다. 이는 재정적 측면에서뿐만 아니라, 공정성 측면에서도 그러하다. 공무원 연금의 혜택을 받는 이는 단지 2백5십만 명에 불과하다. 더욱이 적자가 GDP의 4.25%에 달한다. 이와 대조적으로, 사부문 연금체제는 2천만 명의 사람들을 부조하면서 단지 GDP의 1.3%에 해당하는 적자만을 안고 있을 뿐이다.

이에 따라, 룰라 대통령는 다음과 같은 다섯 가지 방안으로 공무원 연금개혁을 시도하였다(The Economist Apr 3rd, 2003).

첫째, 퇴직을 위한 최소 연령을 남녀 각각 7년 정도 높였다. 이에 따라 남성은 53세, 여성은 48세까지로 늦춰졌다.

둘째, 정부에 재직해야 하는 기간을 10년으로부터 남자 35년, 여자 30년으로

---

8) 자료 출처: www.transparency.org. 2001~2009 CPI가 10이면 가장 청렴, 0이면 가장 부패, 브라질은 2001년 4.0이었으나 2003년부터 지수가 하락하여 이후 답보 상태.

토지개혁의 NGO

브라질은 근대화가 되면서 토지개혁이 이뤄지지 않아 토지의 불균등배분문제가 심각하다. 2.8%의 소수 국민이 경작가능한 토지의 56.7%를 소유하고 있고, 전체가구의 62.2%가 브라질 토지의 7.9%를 가지고 있다. 대부분의 농민들은 지주에게 '착취(?)'당하는 셈이다.

이러한 문제를 해결하기 위해 1984년에 결성된 운동이 '무토지 운동(Landless Movement / Movimento Sem Terra: 약어 MST)'이다. 이 운동은 '토지를 경작자에게 돌려줘야 한다'는 논리를 내세워 천막을 치고 농장을 무단점거하는 방법으로 투쟁을 한다. 지주들은 이에 맞서 '농촌연맹'을 결성하여, 무력을 사용하는 등 대처하고 있다. 1996년 브라질 동북부의 MST 운동자를 진압하는 과정에서 69명의 사상자를 낸 사건이 일어났다. 이를 까라자스 학살이라고 하여 양자의 대립은 점점 심각해졌었다.

이런 문제를 해결할 수 있는 적임자를 자처한 룰라 대통령이 2002년 당선되어 MST 운동은 투쟁을 중지하는 조치를 취하기도 하였다. 그러나 룰라의 개혁조치가 기대치에 못 미치자 이 운동이 다시 일어나고 있다. 또한 무토지운동의 친구들(friends of MST)이란 운동이 결성되어 환경친화적인 목표를 부가하여 운동을 전개하고 있다. 예컨대 아마존강 근처의 밀림에서 농약, 비료 등을 사용하지 말자는 것이다. 이러한 시위가 진행되는 과정에서 정부와 충돌이 일어나고 있다. 토지개혁은 브라질 사회의 발전을 붙잡고 있는 아킬레스건과 같다.

늘렸다.

셋째, 현직 공무원들의 연금기여액을 더 높였다.

넷째, 원수령자의 배우자 등 2차 수령자에 대한 혜택을 원금의 70%까지 줄인다. 그리고 군인의 딸에게는 21세부터 연금 혜택을 중지한다.

다섯째, 신규임용 공무원들의 경우, 사부문과 비슷한 연금제도를 적용한다.

그러나 룰라 전대통령의 공무원 연금개혁 시도에도 불구하고 세상에서 가장 후한 연금이라는 평가를 받는다. 현재 브라질 공무원 연금은 남자가 35년, 여자가 30년 이상 근무하면 각각 53세와 48세부터 수령할 수 있다. 연금수령액은 퇴직 직전 월급을 기준으로 산정되기 때문에 공무원들은 마지막 받은 월급 액수를 부풀리려는 시도를 하는 경우가 허다하다. 이러한 경우 55세까지 일하면서 받는 임금보다 퇴직해서 받는 연금이 많게 되는 경우가 많고, 조기 퇴직을 초래하여 남은 삶을 연금에 기대는 사례가 증가하고 있다.

3) 거버넌스 개혁

브라질은 오랜 군부정권 시절을 경험함으로써 권위주의적 행정문화에 젖어 있었다. 민주화 이후에도 의회 내 여소야대로 인하여 대통령의 권한이 강하게 발휘되는 정치문화가 계속되어 왔다. 따라서 브라질에서는 각종 제도가 제도화되지 못했다. 진종순(2005)은 주로 스페인의 식민지였던 라틴아메리카 국가에서는 영국의 식민지와는 달리 정부제도의 중요성을 강조하는 전통이 세워지지 못했다고 본다. 이 결과, 국민들은 '효과적인 제도'가 아니라 '선한 행정가'에게 기대를 걸게 되었다. 브라질도 각종 제도에도 불구하고 다양한 정치운동을 통한 개혁 움직임이 있는 것은 바로 이런 성향 때문이다.

브라질은 지역간 경제수준 차이가 크다. 천연자원이 풍부한 북쪽지역은 오히려 가난한 편이고, 남부지방은 형편이 좀 나은 편이다. 남부지방에는 독일, 이탈리아, 일본 출신의 이민자가 많은 편이고 교육수준도 상대적으로 높은 편이다. 브라질 주민들은 낙천적 성격을 가지고 있기 때문에 빈부의 차이에 대해 그리 큰 불만을 가지고 있는 것 같지 않다.

그러나 급격한 시위와 정치참여가 봇물을 이루는 것도 사실이다. 제도의 틀이 제대로 갖춰지지 않은 상태에서 참여의 폭증은 무질서와 비효율을 낳는다. 특히 남미의 자유분방한 문화는 법질서를 등한시하면서 시위 등 급격한 요구를 허용하는 편이다. 이러한 남미의 특성을 반영한 남미식 거버넌스가 등장할지 주목할 일이다.

한편, 브라질 정부는 서민들의 생활을 보장하는 여러 가지 장치를 하고 있다. 지역에 따라서는 최소의 먹을 거리는 정부가 보장한다는 정책을 시행하고 있다. 식품은 시장재가 아닌 '공공재'라는 개념이 있는 것이다. 예컨대 브라질 동남부지역인 벨루오리존치시에서는 5개의 민중식당을 운영한다.[9]

시가 운영하는 Herbert de Souza 민중식당(Herbert de Souza Restaurante Popular)은 경제정의를 주장한 사회학자의 이름을 그대로 딴 것이다. 영양사 등 직원 120명을 두고 있는데 하루에 4,000여 명이 이용한다. 저소득층 카드가 있으면

---

9) 자세한 것은 경향신문, 2016. 4. 25. 벨루오리존치의 특별한 식당 기획기사 참조.

무료로 먹을 수 있고, 일반인도 시중 식사가격의 5분의 1인 3헤알(약 1,000원)을 내고 식사를 할 수 있다. 이것도 70%는 시가 재정을 부담하는 것이다. 노숙자들과 일반인들이 떳떳하게 하루 세 끼를 해결하는 것이다.

ABC(Alimentos a Baixo Custo: 직역하면 저가식품)란 '빈자의 슈퍼마켓'도 있다. 이것은 그동안 저소득층에게 필요한 물품을 트럭에 싣고 다니던 민중의 바구니(Cestao Popular)나 1주일에 한두 번 빈민가에 텐트를 치고 식품을 팔던 호송대(Comboio)제도가 2010년 폐지되고, 그 후속 프로그램으로 만들어진 것이다. 소득에 관계없이 누구나 와서 싼 가격에 품질이 보장되는 식료품을 구입하여 생활할 수 있게 한 것이다. 빈곤층에 대한 배려와 공동체 정신을 배양하려는 정책이다.

V 한국과 브라질 비교

브라질의 정치행정체제는 군사정권 몰락 이후 나타나는 급격한 민주화 요구를 제대로 흡수하지 못함으로써 비통합모델의 특성을 보이고 있다. 풍부한 자연자원과 넓은 국토 등 성장잠재력은 무한하지만, 정치행정체제의 미흡으로 경제도 제대로 기능하지 못하고 있다. 특히 경제위기를 벗어나기 위해 다각도의 정책이 시도되지만 상황은 점점 악화되고 있다. 이 점에서는 많은 남미국가들이 유사한 상황에 있다. 한때 경제상황이 양호했던 베네수엘라, 아르헨티나, 칠레 등도 경제위기에 직면하고 있다.

공식적인 제도라는 측면에서 볼 때, 브라질의 경우 제도분화는 어느 정도 되어 있다. 즉 대통령, 연방하원, 연방상원, 사법부, 공기업, 주정부 등 여러 행위자가 있으나, 이들 간의 조화와 조정수준이 매우 낮은 비통합모델이다. 브라질의 정부경쟁력은 개도국으로서는 양호한 편이지만, 선진국기준으로 보면 많은 약점을 가지고 있다. 특히 재정분야와 인사행정분야가 취약하다.

한국과 브라질은 각각 오랜 군부독재시대를 경험한 후, 민간정부가 집권하면서 지금까지도 정치질서에 있어서 민주화의 노정에 있다는 공통점을 지니고 있다. 그러나 정치체제의 불안정성은 특히 브라질 사회의 고질적인 병이 되었다(정진영, 1997: 51~58). 이렇게 격심한 정치불안정을 겪는 브라질에 비하여, 한국은 정치민주

표 13-11 한국과 비교

	브 라 질	한 국
제도화 수준	낮은 편	높은 편
대통령의 권한	강함(예산지출권, 명령권)	제한적
정당 및 의회	여소야대, 군소정당 난립	여당 영향력 강함
행 정 권	관료개인의 권한 강함, 부정부패	관료개인의 권한은 약함
지 방	연방제	단일국가 내 지방자치
참여와 거버넌스	무관심층과 참여층으로 2분	참여의 제도화

화가 단계적이고 점진적으로 이루어지고 있지 않은가 생각된다.

정치행정체제에 있어 한국과 브라질의 가장 큰 차이점은 한국은 단일국가이고, 브라질은 연방국가라는 사실이다. 이와 관련하여 한국은 단원제를 취하고 있는 반면에 브라질은 양원제를 취하고 있다는 점도 차이로 들 수 있다. 또한 한국은 군소정당이 난립하지 않고 과반수에 근접하는 여당과 야당이 존재하는 반면, 브라질은 절대 다수당이 존재하지 않고 수많은 군소정당들이 각자의 목소리를 내며 활동한다는 점 역시 차이점이라 할 수 있다. 그러나 여전히 정치가 국가사회의 발목을 잡고 있는 현상은 유사하다고 할 수 있다.

한국은 언론을 비롯한 국민들이 '제왕적 대통령'이라는 표현을 쉽게 사용할 정도로 대통령에게 권력과 권한이 크게 집중되어 있는 상황이었지만, '국민의 정부'와 '참여 정부'를 거치면서 대통령에게 집중된 권력과 권한이 조금씩 분산되고 삼권분립의 원칙에 입각한 권력기관 간의 견제가 차츰 자리를 잡아가는 시작 단계에 있다. 반면 브라질의 경우, 비통합모델에 필요한 최소한의 통합을 위해 아직까지도 대통령에게 상대적으로 많은 권한과 권력이 집중되어 있는 모습을 보이고 있다.

브라질은 정치불안의 틈에서 관료권이 비교적 강하게 보호되고 있다고 볼 수 있다. 인사보호를 통한 관료제의 경직성, 예산의 경직성 등이 그 예이다. 따라서 공무원들에게 주어지던 연금제도 개혁은 공무원들의 특권 삭감이라는 점에서 의미가 있지만, 여전히 혜택을 많이 주는 구조적 결함을 가지고 있다. 이에 비하여 한국의 관료는 나름대로 효율성을 높이기 위한 수많은 개혁을 겪고 있다.

그러나 브라질에서 이루어지고 있는 지방자치를 비롯한 시민참여는 비록 아직 제도화 수준이 높지 않아 불안정하고 역기능을 노출하고 있지만, 한국보다는 앞선 면도 가지고 있다. 예컨대 노동당이 주도했던 여러 개혁 중 특히 참여예산제는 매우 뛰어난 제도라고 할 수 있다. 포르투갈 문화의 영향으로 정부에 대한 기대는 크지 않지만, 오랜 좌파정책으로 인하여 정부가 복지혜택을 많이 베풀고 있는 것도 사실이다.

브라질은 저임금으로 인한 경쟁력 있는 노동력과, 남미 대륙을 뒤덮고 있는 광대한 자연자원을 갖고 있으면서도 그 동안 정치 지도력의 부재로 '자원의 저주'를 받고 있는 나라라고 할 수 있다. 국민들의 전반적으로 낮은 교육 수준, 성숙되지 못한 시민의식 등으로 인해 자력으로 경제를 발전시키지 못하고 서구 열강과 다국적 기업의 단순한 투자대상국으로 전락해 있었다.

요컨대, 브라질은 강점을 많이 가지고 있지만 비통합형모델이 국가적 발전에 발목을 잡고 있는 나라이다. 그리고 브라질은 한국에 비하여 상대적으로 비통합모델(Non-integration)의 순수형에 더 가깝다고 할 수 있다. 하지만 21세기 들어 BRICs로 꼽힐 만큼 무한한 잠재력을 갖고 있는 나라이다. 특히 룰라 정부는 기존의 부패와 부정을 청산하고, 자발적으로 공공부문의 개혁을 이룸으로써 시민들의 참여를 촉진시키고 시민의식을 한 단계 성숙시켜 정부의 투명성과 효율성을 높이려고 하였다.

☕ **차 한잔의 여유**

세기의 행정수도 이전: 브라질리아

브라질에서 수도 이전에 대한 논의의 역사는 길다. 브라질이 포르투갈로부터 독립한 이듬해인 1823년 학자이자 정치가였던 호세 보니파치오가 새 수도를 건설할 필요성을 역설하며 이에 브라질리아라는 이름을 붙인 이후 1957년 착공에 이르기까지 근 130여 년 이상의 오랜 세월에 걸쳐 수도 이전이 논의되었다. 식민시대 이후 전통적으로 해안 도시들을 중심으로 발달해 온 브라질로서는 국토의 균형발전과 광대한 내륙자원을 개발하기 위해 내륙지역에 접근할 수 있는 관문으로서 상징적인 도시를 개발할 필요가 있었던 것이다.

수도 이전을 실현하는 데 가장 큰 역할을 담당했던 이는 주셀리노 쿠비체크(Jucelino Kubitcheck de Oliveira) 대통령이다. 새 수도 건설 재원은 외채에 의존했다. 이는 당시 재정상태가 취약했던 브라질 경제에 큰 부담이 되었고, 브라질리아가 완공된 후에도 심각한 인플레이션으로 고통을 줬다.

원래 수도였던 리우데자네이루의 반발도 커다란 장애물이었다. 리우데자네이루의 신문들은 연일 자신의 지역으로부터 수도 지위를 빼앗으려는 정부에 대해 비난을 쏟아부었다. 브라질에서는 불안정한 정치·경제적 상황 탓으로 불가능할 정도로 짧은 기간에 대규모 공공사업을 끝내버리는 전통이 있었지만 특히 브라질리아 건설은 그 유례를 찾아볼 수 없을 정도로 단기간에 이루어졌다.

약 6만 명에 달하는 노동자들이 새 수도 건설에 참여했다. 하루에 2,000개 가로등이 세워지기도 하고, 722가구 주택에 흰색 페인트칠이 이뤄지기도 했다는 일화는 그 건설속도가 실로 어떠했는지를 말해준다. 브라질리아 건설이 추진되자 당시 수도였던 리우데자네이루의 언론은 이를 광란의 극치, 황무지에 우뚝 선 독재정권이라며 비난했다. 하지만 쿠비체크는 굽히지 않았다. 1956년 쿠비체크는 브라질리아 건설을 주도하게 될 신도시건설기획단(NOVACAP)을 설치하도록 의회에 요청했고, 이는 만장일치로 의회를 통과했다.

그리고 브라질리아 계획안의 공모가 실시되었다. 여기에서 루치오 코스타(Lucio Costa)의 대담한 제안이 채택되었고, 주요 공공건물들의 설계는 르 코르뷔제의 영향을 크게 받은 브라질 건축가 오스카 니마이어에게 대부분 맡겨졌다. 브라질리아는 1957년에 착공해 1960년에 완공되어 브라질의 정식 수도로 선포되었으니 세계적으로도 유례가 없는 공사 진행속도였다. 수도 이전 후에도 크고 작은 어려움에 부딪힐 때마다 리우데자네이루로 다시 환도하라는 압력이 거세게 일어나기도 했지만 1964년 쿠데타로 집권한 군부 정권은 브라질리아를 실질적인 수도로 확정하였다. 이후 1970년까지 행정·입법·사법부의 모든 연방정부기구들의 이주가 완료되었고 브라질 대학, TV탑, 대성당, 공원 등이 하나씩 자리를 잡았다.

2000년 현재 브라질리아 인구는 20만 명 정도이나 주변 위성도시들을 모두 합치면 약 200만 명에 달하는 대도시권을 형성하고 있으며, 브라질의 내륙발전거점으로서 확고한 위상을 정립해 나아가고 있다. 아직까지도 브라질리아의 역할과 기능에 대한 문제제기는 끊이지 않고 있다. 행정수도로서 그리고 브라질 내륙개발의 거점으로서 브라질리아가 갖는 상징성에도 불구하고 생활하기에 불편한 브라질리아의 도시구조 때문이다. 일견 비행기와 비슷한 모양을 하고 있는 브라질리아는 도시 전체가 거대한 슈퍼 블록들로 나누어져 있으며, 이 블록들 각각이 필요한 도시기능을 나누어 담당하고 있다.

그러나 식료품을 사기 위해 차를 타고 상가지역으로 수십 분을 달려가야 하는 일이 생기기도 한다. 게다가 황무지에 홀로 건설된 탓에 주변에 생활필수품을 생산하는 공장들이 거의 들어서지 못했다. 그래서 브라질리아 주변 위성도시들은 점차 숫자도 늘어나고 규모도 팽창해 왔다. 브라질리아 행정 관청에서 일하는 사람 중 상당수가 아직도 주말이면 보다 생활이 편리한 상파울루나 리우데자네이루로 날아가 일을 본다고 한다. '사흘 도시 브라질리아'라는 말이 유행하는 것도 그 때문이다.

오히려 오밀조밀한 사람사는 분위기는 주변의 위성도시들에서 잘 드러난다. 현재 브라질리아 주변에는 타구안팅가(Taguantinga), 브라즐란디아(Bragalndia), 가마(Gama), 구아라(Guara), 뉴클레오 반데란테(Nucleo Bandeirante), 소브라딘호(Sobradinho), 플라날티나(Planaltina), 세일란디아(Ceilandia)라고 불리는 8개 위성도시들이 형성되어 있다.

출처: 임창호 서울대 교수, 매일경제, 2003. 3. 27.

◈ 참고문헌

김우택(1997), "브라질 경제: 개혁과제와 전망," 『지역경제』, 대외경제정책연구원, 7월호.

나중석(2004), "브라질 알레그레시의 주민참여예산제," 『한국행정논집』, 제16권 3호.

박봉규(2004), "정당체제와 민주주의: 스페인, 브라질 사례 비교," 『한국동북아논총』, 한국 동북아학회, Vol.30.

브리뚜 알비스(2003), 『브라질의 선택 룰라』, 가산출판사.

양동훈(2003), "브라질의 신민주체제와 정치부패의 문제: 정치체제 접근," 『라틴아메리카연 구』, 한국라틴아메리카학회, Vol.16, No.2.

오삼교(2004), "브라질노동자당의 지방정부집권경험: 지향과 딜레마를 중심으로," 『라틴아메 리카연구』, 한국 라틴아메리카학회, Vol.17, No.3.

장성훈(2007), "브라질 헌정체제와 불안정한 민주주의," 『한국정당학회보』, 6(1): 133~163.

정보정책연구원(2004), "BRICs의 IT현황과 전략적 진출방안," 정보정책연구원 보고서.

정진영(1997), "브라질 정치개혁의 현황과 과제," 『지역경제』, 대외경제정책연구원, 7월호.

정진영(1999), "라틴아메리카 사회변동의 현황과 전망: 브라질의 정치제도와 정치적 불안 정," 한국라틴아메리카학회 1995년도 하반기 학술발표회 자료집.

진종순(2005), "부패와 시계(Time Horizons)와의 관계-개발도상국과 미개발국을 중심으 로-," 한국행정학회 춘계학술대회논문집.

Dominic Wilson, Roopa Purushothaman(2003), "Dreaming With BRICs: The Path to Goldman Sachs," *Global Economics Paper*, No.99, Oct.1.

Enrique Saravia and Vera Lucia Correa(2007), How Brazilian Institutions for the Education and Training of Civil Servants Are Dealing with Values, Ethics and Governance(미발간 보고서).

Francisco Gaetani & Blanca Heredia(2002), "The Political Economy of Civil Service Reform In Brazil: the Cardoso Years"(Draft), Document prepared for the Red de Gestióny Transparencia del Diálogo Regional de Política del Banco Interameri-cano de Desarrollo, October 2002.

Jón R. Blöndal, Chiara Goretti and Jens Kromann Kristensen(2003), "Budgeting in Brazil," *OECD Journal on Budgeting*, 3(1).

Schamis, Hector(1999), "Distributional Coalitions and the Politics of Economic Reformin Latin America," *World Politics*, 51(2), pp.236~268.

The Economist(2003. 4. 3).

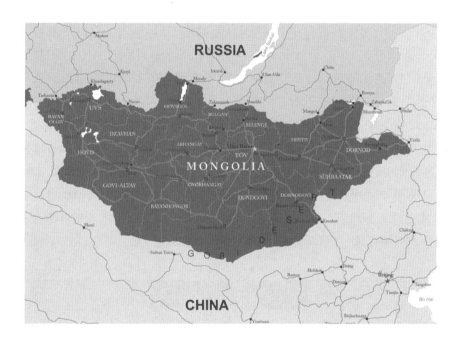

이 장은 임도빈(2015), 한국정부, 왜 16위인가? 문우사, 제5편 집중분석: 몽골의 정부경쟁력부분
을 발전시킨 것이다.

면적: 156만 7,000㎢   인구: 약 299만 명(2014. 12)
인구밀도: 약 1.78명/㎢   수도: 울란바토르
주요 언어: 할흐 몽골어   종교: 라마불교(53% 이상), 무교(39%), 이슬람교(4%), 기독교
통화: 1달러($)=1,950.34투그릭(₮)   국내총생산(GDP): 114.9억 달러(1인당 약 3,843달러, 2014)

Ⅰ 개 관

1. 국가개황

몽골은 1924년 중국으로부터 독립한 공산주의 국가 '몽골인민공화국(Бүгд Найрамдах Монгол Ард Улс)'에서 1992년 민주주의 국가로 체제를 변경한 국가로, 그 과정에서 국명 역시 '몽골국(Монгол Улс)'으로 개칭했다. 동북아시아 서북부에 위치한 내륙국가로 북쪽으로는 러시아, 남쪽으로는 중국과 국경을 접하고 있다. 중국에 속한 내몽골과 대비해 외몽골 지역에 해당한다.

국토면적은 1,567,000㎢로 한반도의 7.4배에 해당한다. 하지만 넓은 국토에 비해 몽골은 고원국가로 평균고도가 1,580m에 달한다. 서쪽에 알타이 산맥이 있어 서쪽으로 갈수록 지대가 높아지며, 남쪽으로는 고비사막이 있는 등 경작 가능한 면적이 적다. 기후 역시 건조하고 겨울이 긴 대륙성 기후로 10월부터 4월까지 평균기온이 영하권을 유지하기 때문에 농경에 적합하지 않은 편이라 국토의 40% 이상이 사람이 거주하기에 바람직하지 못하다. 특히 몽골 국토의 약 90%에서 물이 매우 부족하고, 국토의 약 40%를 차지하는 고비사막으로 인한 사막화와 가뭄이 정부가 대처해야 할 자연재해요인이다(CEDMHA, 2014).

자연재해 주드(zud)

주드는 복합적인 기상자연재난으로서 기온이 비정상적으로 낮고 강풍이 부는 겨울 이후에 건조한 여름이 나타나는 이상기상 현상을 의미한다(CEDMHA 2014). 건조한 여름에는 가축들이 충분히 풀을 뜯어 먹을 수 없으므로(방목될 수 없으므로) 체중이 감소하고 혹한기에 대한 저항력이 감퇴한다(CEDMHA 2014). 또한 주드는 경제적 위기와 식량안보 문제를 초래할 수 있다. 주드에는 화이트 주드, 블랙 주드, 아이언 주드, 후프 주드, 그리고 복합적 주드가 있다.

2009~2010년 기간에 몽골은 심각한 주드를 경험하였다. 몽골 국토의 약 80%가 200~600mm의 눈으로 뒤덮였다. 특히 우브스 아이막(Uvs aimag)에서는 야간기온

이 영하 48°C를 기록할 만큼 극한의 추위가 50일 동안 지속되었을 정도였다 (CEDMHA, 2014). 적십자에 따르면 몽골 총 가축의 약 20%인 850만 마리가 이 기간의 주드로 인하여 죽었고, 목축업을 하는 22,000 가계가 영향을 받아 가축의 절반 또는 그 이상의 손실을 입게 되었다. 이로 인하여 빈민층과 실업자가 증가하여 사회불안 요인이 가중되었다. 특히 주드로 생계수단을 상실한 2만여 명의 유목민들이 수도 울란바토르로 이주함에 따라 몽골의 2010~2011년 평균 실업률은 11%에 육박할 정도로 치솟았다(CEDMHA, 2014).

몽골의 인구는 총 300만을 넘어섰다. 그리고 이 중 약 140만 명이 수도 울란바토르에 거주하고 있다. 몽골의 행정구역은 한국의 도(道)에 해당하는 21개의 아이막과 하부조직 솜(郡), 박(面)으로 구성돼 있으며, 각 아이막에는 행정중심시가 있다. 그러나 인구 규모가 백만을 넘기는 곳은 수도인 울란바토르뿐이다. 울란바토르라는 이름은 '붉은 영웅'이라는 의미로, 울란바토르는 전세계에서 가장 추운 수도이기도 하다.

몽골은 계절 유목이 남아 있는 유일한 국가인데, 유목민들 역시 국가의 관리에서 완전히 벗어나 있는 것은 아니다(유원수, 2012). 유목민들의 이동 범위는 최소 행정단위인 박으로 제한돼 있으며, 그 이상의 이동을 하게 될 경우 사전 협의를 거쳐 동의 또는 승인을 받아야 한다. 일괄적으로 통일할 수는 없지만, 1박의 평균 면적은 840㎢(서울의 1.2배)로 추정된다.

몽골민족은 할흐 몽골부족이 90%를 차지하고 있지만, 카자흐 부족, 브리야트 부족 등 17개 부족으로 구성돼 있다. 공용어는 할흐 몽골어이지만, 문자는 러시아의 문자를 차용해 키릴 문자를 사용한다. 몽골 인민 공화국 성립 시부터 키릴 문자가 사용되기 시작했고, 1941년에는 키릴 문자 전용 정책이 도입됐다. 중국어와 몽골 문자를 동시에 사용해왔던 내몽골과 달리 전통 문자의 맥이 끊어지면서, 몽골국으로 전환한 뒤 몽골 문자 복원을 선언하였다. 이후 키릴 문자와 몽골 문자의 병행 사용을 목표로 하고 있다.

몽골은 여타 대다수 중앙아시아 지역의 사회주의 국가들과 마찬가지로 소비에트 사회주의 공화국 연방의 해체와 함께 민주화와 더불어 개방경제체제로 동시에 변화하였다. 초기 구소련의 원조를 받지 않게 되면서 극심한 경제난에 허덕였던 몽골은 2000년대 초반부터 평균 7%가 넘는 높은 경제성장을 기록해왔다.

몽골의 무역은 급격하게 성장했으나 광물생산이 수출 부문의 약 89%를 차지하고 있고,[1] 반면 섬유산업[2]은 물론 제조업의 수출 비중은 급격하게 감소해 실질적으로 경제 불균형이 심각한 상황이다. 광물의 경우에도 가공능력이 없어 원자재 수출에 머무르고 있다는 한계를 가지고 있다. 이에 반해 제조품과 에너지 자원은 전적으로 수입에 의존하고 있어 국가 경제가 상당한 수준으로 세계 경제에 좌우되는 양상을 보이고 있다.

몽골의 군사력은 약소한 수준으로 평가되지만, 유엔평화유지군 파병에는 적극적으로 참여하고 있다(외교부, 2015). 또한 징병제를 실시하고 있는 몇 안 되는 국가 중 하나이다. 대상은 18세에서 25세 남성이며, 군복무기간은 1년이다. 단, 일정 금액을 납부하면 징집이 면제된다. 2000년대 중반부터 경제성장에 힘입어 국방예산의 절대액을 증가해왔다.

2. 몽골 약사(略史)

몽골 지역을 중심으로 선비, 거란, 몽골, 흉노, 돌궐, 위구르, 여진, 만주 등 다양한 북방유목민족이 존재해왔다. 이 같은 북방유목민족은 한국의 역사 속에서도 끊임없이 등장했다. 그리고 1206년 칭기즈 칸이 등장해 몽골 제국이 탄생했다. 몽골 제국은 유럽과 아시아를 아우르는 인류역사상 가장 큰 대제국을 건설한 바 있다. 몽골 제국은 원(元)이 1368년 중원에서 물러남으로써 중원 지배의 막을 내렸고, 1483년에는 몽골의 러시아 지역 지배 역시 종료됐다.

청은 국가 성립 이후 몽골 지역의 복속을 지속적으로 꾀했고, 초기에 내몽골 지역을 병합했다. 그리고 강희제가 준가르[3]를 정복하면서 1717년 외몽골 지역을 포함한 몽골 전 지역을 장악하는 데 성공했다. 내몽골과 외몽골이 청에 복속되기

---

[1] 몽골은 세계 10위 광물자원국으로, 확인된 광물만 80여 종에 이른다. 대표적으로 석탄 1,623억 톤, 동 5,500만 톤, 형석 2,200만 톤, 몰리브덴 1,600만 톤, 금 800톤 등이 매장돼 있다.

[2] 몽골 국민의 약 30%에 해당하는 유목민들이 GDP의 약 16%만을 차지하고 있을 뿐이다(유원수, 2012). 이에 따라 섬유 및 목축산업의 경쟁력 확보를 위해 유목민 중심의 영세 목축을 벗어나 대형사업화가 필요하다는 지적도 제기된다(이창수·송백훈, 2013).

[3] 준가르는 오이라트 몽골 부족 중 하나로 17세기부터 18세기 마지막 유목제국 준가르 제국을 건설했다. 18세기 초반 할하 몽골 지역(지금의 외몽골 지역)의 정복을 꾀하면서 청조와 전쟁을 벌이게 됐다. 강희제는 준가르 정벌을 위해 4차례에 걸친 친정에 나섰으며, 결국 준가르는 내부 분쟁이 겹치면서 청조에 의해 멸망했다(조병학, 2013).

까지 50년 가량의 차이가 있었으며, 그 뒤에도 청의 간섭으로 교류가 제한됐다. 특히. 칭기즈 칸과의 혈연에서 활불이 등장하는 것을 금하는 등 종교적으로 몽골의 라마 불교를 인정하지 않는 등 몽골 세력이 구심점을 갖게 되는 것을 막으려 노력했다(프레시안, 2015).

이후 몽골은 청의 지배에서 벗어나 독립하려는 노력을 기울였는데, 신해혁명을 계기로 급물살을 타게 되었고, 마침내 1911년 외몽골의 독립으로 근 250년 만에 빛을 발하게 됐다. 제8대 젭쭌담바 호탁트를 황제로 추대하고 몽골의 신정부 수립을 선언한 것이다. 이는 러시아-일본, 외몽골-러시아, 러시아-중국, 몽골-러시아-중국 등 여러 국가 간 협약을 통해 뒷받침됐다. 비록 외몽골로 한정된 지역에 한한 독립이었지만 근대 역사에서 몽골인에 의한 최초 독립 국가라는 점에서 이는 중요한 사건이었다(이평래, 2011). 그러나 중화민국의 군대가 몽골에 진입해 외몽골 자치의 취소를 요구했고, 중국과 러시아 간의 협정에 의해 1915년, 1911년의 독립은 다시 무산됐다.

10년 뒤인 1921년, 몽골인민당의 인민의용군은 구 소련군과 연합해 중국군을 몰아내고 다시금 독립을 쟁취했다. 1921년 7월 11일 임시정부인 '인민입헌군주제'가 수립됐다. 그러나 그 뒤 국가건설 과정에서 친러시아파와 비공산제도파가 대립했고, 국제 공산당 소비에트 대표들이 주도한 첫 국민대회에서 비공산제도파의 지도자가 사형되면서 1924년 11월 26일 '몽골인민공화국'을 선포했다(Jadambaa, 2007). 구 소련에 이어 두 번째로 성립된 사회주의 국가였다.[4]

외몽골의 독립은 1945년 얄타회담을 통해 공식적으로 인정됐다. 중국 역시 몽골인민공화국을 독립국으로 인정했으나 내몽골은 중국의 자치구로 남았다. 몽골인민공화국은 중국의 공산화와 함께 본격적으로 사회주의 노선을 강화하기 시작했다. 이는 중국과 구 소련 외의 국가와의 교류가 어려운 내륙국가인 몽골의 불가피한 선택이었다는 시각과 몽골에 대한 영향력을 높이기 위한 중국과 구 소련의 경쟁적인 지원에 편승하기 위한 선택이었다는 시각이 공존하고 있다(Sukhbaatar, 2009).

1924년 몽골인민공화국 성립 이후 1992년 신헌법 이전까지 몽골의 모든 정책은 구 소련의 영향력 하에 있는 것이나 다름없었고, 실제 구 소련의 16번째 위성국가로 인식됐다(Onon, 2015). 1차 헌법제정은 1924년 국가성립과 함께 진행됐으며, 30년대를 걸치면서 사회주의 소비에트 모델이 강력한 영향력을 행사한 결과 이를

---

4) 이 때문에 몽골에는 1911년 독립을 기념하는 12월 29일 독립기념일과 1921년 독립을 기념하는 7월의 국경절(나담, Naadam)이 동시에 존재한다.

반영해 1940년대에는 사회주의 법제가 정착됐다. 그리고 냉전이 고착화되면서 1960년대부터는 이러한 세계적 정향이 몽골에도 반영됐다.

구 소련 해체와 주변 공산국가의 몰락을 계기로 몽골 역시 체제 전환의 길을 걷게 됐다. 1980년대 후반에는 45년 간 몽골인민혁명당 서기장으로 1인 독재를 유지했던 체넹발(Tsedenbal)이 사임하고 개혁과 개방의지가 당 차원에서 전개되면서 1989년 몽골민주연합이 만들어졌다(Sukhbaatar, 2009). 이들의 민주화운동을 통해 1990년 '공산당 유일통치조항'이 개정되고 다당제가 합법적으로 인정됐으며, 인민혁명당 지도부가 사퇴했다.

3. 사회주의체제에서의 체제전환

1990년 몽골은 '창문하나 깨지 않고' 평화적으로 체제전환에 성공했다는 '제3세계의 모범적인 민주화 사례'로 꼽히고 있다. 소련의 개혁 정책과 갑작스러운 붕괴 이후 몽골의 민주화를 요구하는 과정에서 젊은이들은 '무서워할 것은 하지도 말고, 일단 했으면 무서워하지 마라'라는 구호로 단결했다.

민주화세력들은 사회주의체제의 인물들도 그대로 정권에 참여하도록 요구함으로써, 기득권층들이 박탈감에 의해 민주화를 막는 것을 차단한 것이다. 몽골인민혁명당(구 정권)을 포함해 몽골민주연합, 몽골민족개발당, 몽골사회민주당, 녹색당, 자유노동당 등이 공식 정당으로 등록된 상황에서 1990년 7월 8일 몽골 최초로 민주총선이 실시됐다. 인민혁명당은 여전히 집권당으로 남았으나 야당 세력이 30% 이상의 의석을 차지했다. 이로써 몽골의 민주화와 개방경제가 본격적으로 시작됐다.

그리고 1992년 1월 13일, 신헌법이 공표됨과 동시에 국명이 '몽골인민공화국'에서 '몽골'로 변경됐다. 민주화의 요구에 지도층이 평화적으로 대응하면서 '타협에 의한 민주화'가 전개됐고, 의원내각제에 가까운 이원집정부제 체제가 성립됐다(Lusvan, 2014). 또, 민주화를 위협할 만한 조직적 세력이 국내에 존재하지 않았다는 것 역시 긍정적으로 작용했다.

반정부세력의 중심에 서 있던 몽골민주연맹(MDU) 역시 동유럽 개혁에 영향을 받은 지식인들로, 민주적 온건세력에 해당됐다. 민주화 요구를 수용할 의사가 있던 인민혁명당과 온건한 민주세력은 타협점을 찾을 수 있었고, 임시국회에 대한 총선을 실시할 수 있었다. 임시국회는 국민대회의(상원)와 소회의(하원)의 기존 양원제를 유지하기로 했고, 상원 430명, 하원 비례대표 50석을 선출하기로 결정했다.

야당 세력의 분산과 함께 민주화를 수용한 인민혁명당은 선거에서 승리했다. 그럼에도 인민혁명당이 야당과 연립내각을 발족시켰고, 이들이 1992년 새로운 헌법을 통과시키게 된다. 이 과정에서 단원제, 의원내각제 등이 새롭게 도입됐고, 사회주의 국가 시기 강력하게 탄압받았던 라마 불교, 칭기즈 칸의 부흥을 꾀하기 시작했다.

이를 기점으로 몽골에서는 3차례의 정권 교체가 이뤄졌으며, 2016년 현재 민주당을 중심으로 정의연대, 인민당 등 의석을 확보한 모든 정당이 참여한 연립내각이 구성된 가운데 차히야 엘벡도르지(Tsakhia Elbergdorj) 대통령, 잔다후 엥흐볼드(Zandaakhuu Enkhbold) 국회의장, 치메드 사이한빌렉(Chimed Saikhanbileg) 총리 등이 정계에서 활동하고 있다.

이러한 정치제도의 전환이 곧 사회경제체제의 전환을 보장하는 것은 아니다. 몽골의 개혁정책은 1980년대 후반부터 모습을 드러냈다. 1988년 경제 침체에 빠지게 된 몽골은 인민혁명당 내부의 합의로 개혁정책을 본격화했다(금희연, 2009). 경제적으로는 제한적으로나마 민간경제 활동과 사유재산을 허용하면서 몽골 유목이 전통적인 모습을 되찾아가기 시작했다. 과거 사회주의 체제에서는 이주의 자유가 없어서 유목들의 이동에 협동농장장의 허가를 일일이 받아야 했으며, 언론의 자유도 없었다. 경제구조의 취약과 함께 지도층 등 '사람'의 행태변화가 이뤄지지 않은 상황으로서 많은 문제점을 노정하고 있는 것이다.

4. 거시환경: 자주성의 문제

몽골의 근대사에서 드러나듯 몽골 역시 주변 강대국의 영향력에서 온전히 자유로울 수 없었다. 한국이 미국과 구 소련의 영향력 하에서 일본으로부터 독립하게 되면서 남북으로 분단되고 이후에도 미국과 구 소련으로부터 자유로울 수 없었던 것처럼 몽골 역시 러시아의 힘을 빌어 중국으로부터 독립을 쟁취했고, 독립국임을 선포한 지 20년 가량이 지나서야 얄타 회담을 통해 공식적으로 독립국임을 인정받았다. 그 과정에서 내몽골은 여전히 중국의 자치령으로 남은 채 외몽골에 한정된 지역만이 독립을 이루었고,5) 그 뒤에도 구소련에 얽매여 있었다.

5) 내몽골과의 통합을 시도했던 것은 1911년 독립 시기에 한정된 것으로 보이며, 그 후에는 분

이와 같은 근대사는 몽골의 주권과 자율성을 간과하는 것은 아니지만, 몽골의 지정학적 특성상 중국과 러시아 사이에 자리한 내륙 국가로서 대외관계가 특히 중요하다는 것을 시사한다. 이는 일본, 러시아, 중국, 미국 등 강대국 사이에서 균형을 잡아야 하는 한국의 상황과도 일맥상통한 면이 있다.

몽골의 외교정책은 구조적으로 타국과 갈등이 생기는 상황 자체를 방지하는 예방외교를 취하고 있다(이정진, 2009). 이에 따라 중국과 러시아와의 관계를 긴밀히 유지하면서도 어느 한쪽에 치우치지 않도록 제3국과의 관계를 강화하는 데 심혈을 기울이고 있다. 또한 비핵지대로 남음으로써 전쟁에 연루되지 않으려는 의지를 보이고 있다. 이와 같은 외교정책은 정권이 자주 교체되는 가운데서도 큰 변화 없이 이어지고 있는 편이다.

첫째, 몽골은 상하이 협력기구(SCO)의 옵저버로 활동하고 있다. SCO는 중앙아시아 최대의 다자간 협력체로 2001년 6월 출범했다. 최근에는 옵저버로 활동하고 있던 인도와 파키스탄이 정식 회원으로 합류하면서 주목을 받고 있다(경향신문, 2015. 7. 7). 미국을 제외한 중국과 러시아가 포함돼 있는 기구로, 중앙아시아에 대한 미국의 영향력을 제한하는 역할을 자연스럽게 수행하고 있기도 하다(박상남, 2014). 몽골 입장에서 중앙아시아 지역안보기구인데다 다자주의를 지향하는 SCO는 중요한 기구인 셈이다.

그럼에도 불구하고 몽골은 SCO의 정식 회원으로는 가입하지 않고 있다. 그 이유는 우선, SCO의 정식 회원으로 가입할 경우 앞서 언급된 SCO의 특성상 필요할 때 미국과의 관계에서 SCO가 제약이 될 수 있기 때문이다. 러시아와 중국을 제어할 수 있는 유일한 국가인 미국과의 관계에 지장이 생기는 것을 몽골로서는 기피할 수밖에 없다.

또 하나의 중요한 이유는 기존에 중국과 러시아 사이에서 세력 균형을 유지하던 SCO의 균형추가 중국 쪽으로 기울어지고 있다는 점이다. 몽골 경제는 다양한 광물 수출로 유지되고 있다시피 한데, 아연, 구리, 철, 석탄의 경우 전량 중국에 수출되고 있다. 광물자원 수출에서 대중국 수출액이 전체 수출의 82%를 차지한다(강수연, 2012). 공산품의 경우에도 중국이 차지하는 비중이 매우 높다. 경제적 측면에서 중국에의 의존도가 심화되고 있는 상황에서 중국의 영향력이 확대될 수 있는 또 다른 가능성은 몽골에게는 위험한 선택으로 다가올 수 있다.

두 번째, 몽골에서는 '제3의 이웃 정책'을 통해 미국, 캐나다, 일본, 한국 등과

단 상황이 고착화된 것으로 평가된다(이평래, 2009).

의 협력을 확대하는 데 집중하고 있다. 1987년 미국과 수교한 몽골은 특히 군사적 측면에서 미국과 가까운 관계를 형성하고 있다. 많은 국가에서 파병을 꺼렸던 미국의 이라크전에도 전투군을 파병했고 이를 통해 직·간접적인 수익을 거둔 바 있다(주간경향, 2015. 7. 24). 규모 면에서는 적지만 인구 대비 파병 규모로는 3위 안에 들어간다. 그리고 지금도 아프가니스탄과 남수단에 파병한 상황이다(2015년).

캐나다의 경우 광업 선진국으로 몽골 자원부문에 집중적으로 투자하고 있는 국가이다. 몽골 자원 부문에서 12.4%(2010년)가 캐나다의 투자라는 점을 감안하면 몽골이 캐나다에 관심을 가지는 것은 당연한 현상이다. 몽골에 진출한 센테라골드, 칸 리소스, 사우스 고비 리소스, 아이반호 등은 캐나다 증시에 상장된 기업이기도 하다(강수연, 2012).

일본은 몽골의 가장 중요한 원조국으로, 광업 부문에서의 투자는 전무하지만, 전체적으로 제1위 공적개발원조 국가에 해당한다. 몽골은 2009년 유엔안전보장이사회의 비상임이사국 후보 지위를 자진 철회하고 일본의 진출을 지지하는 등 일본과의 관계를 강화해나가는 데 적극적이다(톱신, 2012). 최근에도 이러한 관계는 지속되고 있는데, 지난 2월 몽골은 일본과 경제동반자협정(EPA)을 체결했다(연합뉴스, 2015. 2. 11). EPA는 자유무역협정(FTA) 이전 단계에 해당하는 경제협력협정으로, 관세가 철폐되는 효력을 발휘한다.

한국과 몽골은 인종적, 역사적으로 가까운 관계에 있었으나, 냉전시대에는 교류가 끊어졌다. 1990년 수교가 이뤄졌고, 1999년 김대중 정부 때 '21세기 상호보완적협력관계'를, 2006년 노무현 정부 때는 '선린우호협력을 위한 동반자관계'로 발전했으며, 주요 교역 국가이기도 하다(김주삼, 2008). 현재 몽골인구의 1%에 해당하는 3만 명이 한국에 체류중이다.

한편, 몽골은 북한과의 관계도 우호적이다. 사회주의 국가에서 체제 전환을 평화적으로 이룩한 우수 사례에 해당하는 국가가 몽골이라는 점에서 북한이 주목할 만한 국가인데다 몽골은 해양으로 진출할 수 있는 북한과의 교류를 중시하고 있다(연합뉴스, 2015. 3. 18). 현 몽골대통령은 김일성대학에서의 연설에서 '독재자는 영원할 수 없다'고 한 적도 있다. 몽골은 북한과의 전통적 외교 관계를 유지하고 있고, 한국과 북한 사이에서 비핵화 문제를 해결하는 데 도움을 줌으로써 국제적 위상을 높이고자 하고 있다(한겨레, 2015. 5. 20).

이뿐만 아니라 몽골은 1961년 가입한 UN을 포함해 WHO, UNESCO, ILO, UNDP, IMF, WB, WTO 등 약 50개에 달하는 국제기구에 가입한 상태이며, ARF,

OSCE, NATO 등 지역안보회의에도 관심을 보이고 있다. 제3국 이웃 외교 정책과 함께 적극적인 다자외교 기조는 향후에도 지속될 것으로 전망된다.

세 번째, 몽골은 몽골을 비핵지대(NWFZ)로 인정받으려는 노력을 해오고 있다. 2000년에는 자국 내에서 핵무기를 금지하는 법안을 통과시키기도 했다. 중국과 러시아가 핵보유국인 만큼 몽골은 비핵지대로 자리매김함으로써 안보 문제를 해결하려는 것이다. 이러한 몽골의 노력은 국제사회의 인정을 받고는 있지만, 실질적인 전망은 밝지 않은 편이다. 몽골은 1992년 제47차 유엔총회에서 비핵지대로 스스로 선언했지만, 이 선언은 구속력이 없다고 평가된다(이정진, 2009). 아울러 영세중립국이 되어 안보문제를 해결하려는 전략을 구사하고 있다.

Ⅱ 몽골의 정치과정

1. 정치행정체제의 기본구조

몽골은 1992년 선포한 신헌법에 따라 의원내각제적 성격이 강한 이원집정부제를 채택하고 있다. 특히, 1999년 개정된 헌법은 의원내각제적 성격을 더욱 강화시켰다. 이러한 몽골 정치행정체제는 강력한 대통령제의 효율성을 추구하던 세력과 독재정권 출범을 우려하는 세력의 타협으로 인해 탄생했는데, 반복적인 정권 교체 및 연합내각 구성 등 불안정성을 초래했다는 비판과 더불어 이러한 정치행정체제로 인해 평화적인 체제 전환을 이룩했다는 평가가 동시에 존재한다(Sukhbaatar, 2009).

형식적으로는 헌법을 통해 입법, 사법, 행정이 분리돼 있으나 주요 기능이 혼재돼 있어 삼권분립이 명확하지 않다는 지적이 있다(외교부, 2015). 헌법 제20조에 의하면 국가권력의 최고기관은 '국가최고회의(The Great State Hural, 국회)'로 국회는 최고입법권을 가진다. 임기는 4년이고 76명의 의원으로 구성돼 있으며, 18세 이상 국민의 선거로 선출된다.

대통령 역시 4년에 한 번씩 선출된다. 몽골의 대통령은 상대적으로 그 권한이 축소돼 있다. 헌법 제33조에 따르면 대통령은 국제조약체결, 외교사절 임명 및 소환, 외국 외교사절에 대한 신임, 접수, 국가작위, 장성계급, 훈장, 매달 수여, 사면,

그림 14-1 몽골 국가기구

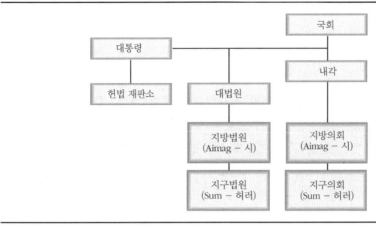

자료: Ganbold, 2012.

시민권 부여 및 망명 허용, 징발권, 군통수권 등을 갖는데, 크게 국가수반으로서의 상징적인 권한과 외교관계에서 국가 대표로서의 권한을 갖는 데 권한이 한정돼 있다는 것을 알 수 있다. 실제 선거로 당선이 된다고 해도 국회에서 당선자를 대통령으로 인정하는 법률을 통과시킴으로써 대통령의 권한을 규정짓기 때문에 대통령의 권한이 강한 한국과는 대비되는 면모를 보인다. 대통령은 45세 이상의 국민이어야 입후보할 수 있고, 1회에 한해 재선이 가능하다.

헌법 제38조에 따르면 내각은 국가의 최고집행기관이다. 주목할 점은 정부의 수반이 대통령이 아니라는 점이다. 내각은 총리와 장관으로 구성되는데, 내각 구성은 총리가 제안하고 국회가 의결해주는 것으로 결정된다. 또한 장관직과 국회의원직을 겸임할 수 있다. 총리가 사임하거나 내각 구성원 반 이상이 동시 사임하는 경우에는 내각 전체가 사퇴해야 한다. 국회에서 정부불신임안이 통과되는 경우에도 마찬가지이다.

한편, 신헌법과 함께 몽골에서는 최초로 자치행정을 시행하게 됐다. 아이막, 솜의 경우 간접민주주의제가 적용돼 지방의회가 구성된다. 하지만 그 이하의 호루(동)와 버그(면)는 직접민주주의로 운영되기 때문에 의회 대신 시민총회가 역할을 대체한다. 몽골에서 지방자치단체장은 선거를 통한 선출직이 아니라 지방의회의 제청에 따라 국무총리가 임명한다. 1996년 개혁을 통해 몽골의 지방자치는 지방의 권한이 좀 더 확대되는 쪽으로 변화하지만, 여전히 지방은 중앙에 종속돼 있는 경향이 강하다(Ganbold, 2012).

2. 정   당

몽골은 다수당을 합법화함으로써 실질적으로 체제 전환 작업을 시작했으며, 1990년 5개의 야당이 추가 정당으로 등록하면서 최초로 민주적인 총선을 실시한 바 있다. 2016년 현재 몽골 국회는 대표적인 정당인 인민당(24석)과 민주당(34석), 그리고 그 외 정의연대(11석), 민의녹색당(2석) 및 무소속(3석) 의원들로 구성돼 있다. 이에 민주당이 인민당을 제외한 야당과 연립내각을 구성한 상태다.[6]

몽골의 정당은 이념적 정향으로 구분되거나 한국처럼 지역색을 띠는 편도 아니다. 오히려 한국의 3김 시대처럼 유력 정치인사에 의해 좌우되기 때문에 정당의 이합집산이 굉장히 잦은 편이다. 특히 지금의 인민당이 아닌 야당 세력은 총선 때를 앞두고 매번 연합세력을 구성하고 정당 자체도 자주 변화하면서 안정성이 낮아 제도화의 필요성이 제기된다(Luvsan, 2014). 하지만 25년의 짧은 민주주의 역사 속에서도 수평적 정권교체를 경험하고 있다.

우선 인민당은 1921년 몽골 독립과 동시에 생긴 사회주의체제의 몽골인민당을 전신으로 하고 있다. 몽골인민당은 1925년 인민혁명당(MPRP)으로 이름을 바꿨으며, 1990년 다당제 합법화 전까지 일당체제를 지속해왔다. 1990년, 민주화를 주도하는 세력이 주축이 된 민주당이 야당으로 처음 탄생했고, 1990년 첫 총선에는 인민혁명당과 민주당을 비롯한 군소 야당이 참여했다. 인민혁명당은 1990년 선거는 물론 1992년 총선에서도 승리했으나 1996년 선거에서 패배하게 됐다. 그러나 2000년 선거에서 다시 선전하며 여당으로 돌아왔고, 2012년까지 다수당으로 집권해왔다.

인민혁명당은 2010년 인민당으로 당명을 개정했는데, 2011년 엥흐바야르 전 대통령은 인민당 내부 갈등으로 인민당에서 나와 새롭게 '인민혁명당'을 만든 바 있다. 엥흐바야르 전 대통령은 2012년 몽골조국민주당과 연합해 '정의연대'라는 이름하에 총선에 나섰다. 그리고 정의연대는 엥흐바야르 전 대통령이 부정부패로 체

---

6) 2016년 6월 29일 실시된 총선 결과, 야당인 인민당이 65개 의석을 차지하여 대승을 거두었으며, 집권여당인 민주당은 9석에 그쳤다. 결과에 따라 본서와 달리 총리를 비롯한 내각에 변화가 있는데 대표적으로 내각의 수장인 새 총리는 에르덴바트(J. Erdenebat)가 지명되었다.

포돼 징역 4년을 선고받은 가운데에서도 11석을 차지하는 등 선전하면서 엥흐바야르 전 대통령의 영향력을 증명했다.

정의연대와 같은 행보는 앞에서 말한 것처럼 몽고의 정당 정치색이 거의 존재하지 않다는 점과 인물 중심 정치를 적나라하게 보여준다(Onon, 2015). 뿐만 아니라 인민혁명당 소속이던 오치르바트(Ochirbat) 대통령은 대통령 선거가 치러지기 전 국회에 의해 선출된 대통령이었는데, 1993년 첫 대통령선거를 앞두고 당내 경선에서 패배하자 바로 탈당하고 야당인 민족민주당(MNDP)에 입당했다. 그리고 야당의 대표로 나와 승리를 거둔 바 있다. 이는 그가 범국민적 지지를 받는 정치인이었기 때문에 가능했다는 평가가 지배적이다(Luvsan, 2014).

한편, 야당 세력의 이합집산은 거의 매 총선 때마다 나타났는데, 큰 줄기는 다음과 같다. 최초의 총선에서 패배한 야당 세력은 민족민주당(MNDP)과 사회민주당(MSDP)으로 크게 정리됐다. 1996년 총선을 앞두고 두 정당은 몽골종교민주당(MRDP) 등 여타 군소야당세력을 규합해 '몽골민주연맹(MDU)'을 형성했으며 총선에서 정권교체를 이룩해냈다.

그러나 민주연맹의 국정 운영 능력은 매우 낮았다. 4년 동안 내각이 여러 차례 해산되면서 총리만 네 명이 등장했을 뿐 아니라 결정적으로 수입관세 폐지, 공기업 민영화 등 이들이 추진한 급진적인 경제개혁은 산업화 경험이 전무한 몽골의 현실을 제대로 분석하지 못한 채 내려진 결정으로, 그나마 사회주의 국가일 때 운영해왔던 국가 소유 공장들이 모두 무너지는 참혹한 결과를 가져왔다(Luvsan, 2014). 더불어 민영화 과정에서 의원들의 부정부패도 극심했다.

야당 세력의 재집권은 불가능했고 민주연맹은 분열돼 신자유주의와 사회민주주의 노선으로 갈라져 다시금 민족민주당과 사회민주당으로 분열된 채 총선을 치렀다. 2001년 대선에서 5개 야당은 다시 민주당(DP)을 만들었지만 야당이 만들어 준 여당의 힘을 이겨내지는 못했다.

2004년 총선을 앞두고 몽골신사회민주당(MNSDP) 등의 야당 세력은 다시 몽골조국민주연맹(MMDU)을 구성했으나 다수당이 되는 데 실패했다. 다만, 절대다수당이 등장하지 않음으로써 연립내각이 구성되게 됐다. 그 이후에도 연립내각 구성은 계속되어 왔으며, 현재는 민주당 출신의 대통령과 총리가 집권해 있다.

3. 선   거

몽골에서 선거는 크게 대통령 선거와 총선이 있다. 대통령과 국회의원 모두 임기가 4년이지만, 동시에 선거가 진행되지는 않아 정권심판적 성격을 띠고 있다 (Luvsan, 2014). 몽골의 선거방식은 굉장히 자주 바뀌고 있으며, 2000년대에는 지속적으로 부정선거 의혹이 제기되고 있어 선거제도의 투명성과 공정성을 확보해야 하는 과제를 안고 있다.

1990년 최초로 치러진 자유선거는 대후랄 430석과 소후랄 50석의 양원제 하에서 중대선거제도로 실시됐다. 소후랄은 대후랄의 의석을 비례 배분하는 방식이었다. 1992년 신헌법과 함께 정부형태가 변화하면서 국회는 단원제로 변경됐고, 의석수도 76석으로 축소됐다. 선거방식으로는 승자독식방식이 채택됐다. 2005년 선거법이 개정되면서 2008년 총선은 중선거구제로 실시됐다. 가장 최근 치러진 2012년 총선 방식은 전자투표에 의한 혼합선거제였다. 투표를 자동 계산하는 시스템이 처음으로 도입됐으며, 중선거구제에 정당명부식 비례대표제가 도입돼 지역의석(48석)과 비례대표의석(28석)을 선출한 바 있다. 재외 몽골국민투표가 도입됐고, 수도와 지방 의석 분포도 14석과 34석으로 수정됐다. 여성후보의 공천(20%)을 의무화한 것 역시 주목할 만하다.

몽골 선거에서 가장 문제가 되는 것은 부정선거 논란이다. 몽골에서는 2004년 총선에서 양대 정당 모두가 상대가 부정선거를 행했다고 고발한 바 있다(이정진, 2009). 그리고 2008년 7월 총선의 경우 야당이 유리하다는 예상을 뒤엎고 인민혁명당이 과반석의 의석을 차지했으며, 이에 야당은 시민단체와 협력해 반발했다. 부정선거로 인해 촉발된 시위가 크게 일어났고, 이를 강압적으로 진압하면서 국제사회에서 논란이 되었을 뿐만 아니라 국내 정치적으로도 큰 지형 변화를 가져왔다 (Luvsan, 2014).

2008년 7월 1일, 선거 결과 조작을 주장하는 시위로 인해 인민혁명당사가 전소됐다. 소란을 틈타 강도, 절도 등이 자행됐으며, 시위는 '폭동'으로 규정됐다(성비락, 2008). 대통령은 비상사태를 선포했으며, 이는 5일까지 이어졌다. 장갑차를 동원해 시위대를 막는 사태까지 벌어졌고, 경찰의 발포도 있었다. 시위과정에서 5명이 사망했으며, 700명 이상이 연행됐는데, 징역 4년~7년의 판결을 받은 사례도 있었다. 이들 대부분은 30살 이하의 청년에 속했다. 이 문제를 해결하는 방식도 문제였는데, 여당이 야당에게 연립정부 구상을 제안하는 것은 결국 부정선거 의혹을

인정하는 모양새를 갖춘 데다, 시위 과정에서 발생한 사망자 및 여타 피해자 문제
가 해결되지도 않은 상황에서 여당의 제안을 받아들인 야당의 행태는 일종의 배신
으로 비쳐졌다는 지적이다(Luvsan, 2014).

몽골 대통령은 1992년부터 2009년까지 인민혁명당에서 4명의 대통령이 선출
됐으며,[7] 2009년 엘벡도르지 대통령이 민주당 출신으로 처음으로 대통령에 당선
돼 2013년 재선에 성공했다. 총선에서도 인민혁명당이 상대적으로 우위를 점했는
데, 1996년 총선에 패배했던 때와 함께 2004년 현 엘벡도르지 대통령이 2년 간 총
리대행을 했던 시기를 제외하고 1990년부터 2012년까지 계속해서 인민혁명당/인
민당에서 총리가 배출됐다. 2012년 이후에는 민주당 총리가 집권했으나 이 역시
인민당 내부 분열의 영향이 컸다. 이 때문에 여전히 정당에 대한 몽골 국민의 인식
이 낮아 사실상 일당독재를 허용해주고 있다는 비판도 제기됐다(Onon, 2015).

4. 입 법 부

몽골헌법 제3조에서는 주권 행사의 방법으로 '국민은 직접 국정에 참여하거
나'라고 직접 명시함으로써 대의민주주의를 넘어 직접민주제적 제도의 도입 가능
성을 열어두고 있다. 이 같은 규정은 러시아 헌법(제3조 제2항)의 영향을 받은 것으
로 보인다(Sukhbaatar, 2009). 이에 따라 직접민주제적 요소가 실제 다수 도입돼 있
다. 이러한 특성의 일환으로 몽골 헌법은 국회에 국민투표 부의권을 자유롭게 주
고 있으며(제25조 제1항 제16호), 일반 국민이 법률안을 제안할 수 있도록 명시하고
있다(제26조 제2항). 즉, 법률 발의권이 국회, 대통령, 정부뿐 아니라 국민 개인이나
일반 시민단체 등도 할 수 있는 것이다.

그러나 그럼에도 불구하고 몽골에서 국회는 입법권을 지닌 유일한 기관으로
그 권한은 막강하다. 몽골의 국회에는 한 명의 국회의장과 부의장이 존재한다. 정
기회의는 4월에서 7월, 10월에서 다음 해 2월까지 두 차례에 걸쳐 열린다. 또, 대
통령, 국회의장, 재적 의원 1/3 이상의 발의에 의해 임시회의가 소집될 수 있다.
국회에는 안보외교, 자연환경식량농업, 예산, 법제사법, 사회정책교육문화과학, 국

---

7) 엄밀히 1993년 대통령 선거에서 당선된 오치르바트 대통령은 인민혁명당을 탈당하고 민족민
   주당에 들어가 민주연합의 대표로 나왔다. 따라서 야당 연합의 승리라고도 볼 수 있지만, 개
   인의 재집권 성공에 초점을 맞춰 인민혁명당의 연이은 집권으로 간주했다.

가조직, 경제, 고충처리를 담당하는 8개의 상임위원회가 있으며, 한 명의 의원이 일반적으로 두 개의 상임위원회에 소속돼 있다. 또, 국가감사원, 국가통계위원회, 중앙은행, 국가인사위원회, 금융조정위원회, 국가인권위원회, 중앙선거관리위원회, 부정부패방지청이 국회에 소속돼 있다. 국회의 권한은 다음과 같다(Sukhbaatar, 2009).

- 법안의 제정 및 개정
- 국가 경제, 신용, 세금 및 재정정책 결정
- 국가 경제 및 사회개발 관련 방향 책정
- 국가예산, 정부 조치 및 실행관련 보고서 승인
- 국가안전위원회의 구조, 구성원, 권력 결정
- 법률체계, 구조 및 지방자치정부나 행정 관계 당국의 활동 결정
- 특정 국가기관 내 조직 결정
- 사면 결정
- 정부 내·외 정책 결정
- 대외정책 관련 문서 및 안내문 채택
- 국제협약의 비준 및 폐기
- 외교관계 수립 및 단절 결정
- 전쟁 선포 및 종결
- 초헌법적 권리인 비상사태 선포
- 위기상황에서 비상사태 선포
- 계엄선포

문제는 국회의원들의 부정부패가 매우 심각한 수준이라는 점이다. 이 때문에 국무총리가 물러나고 내각이 해산되는 경우도 종종 있었다. 그리고 이러한 문제로 인해 몽골 내에서는 국회에 많은 권한을 부여하는 기존의 체제에 대한 의문을 제기하는 목소리도 높은 편이며, 대통령의 권한을 강화해야 한다는 의견이 탄력을 받고 있다.

5. 사 법 부

몽골 헌법 제49조에서는 사법권의 독립을 명시하고 있다. 이는 특히 1930년대 몽골에서 3만 명 가량의 지식인, 승려, 고위직 인사들의 학살이 자행됐던 역사적

경험에 대한 경계심의 발로로 보인다(Jadambaa, 2007). 1993년 사법부에 관한 법안이 채택됐고, 1994년과 1996년에 개정된 바 있다. 사법부는 헌법재판소와 법원으로 구성된다. 몽골은 헌법 제5장에서 독립적으로 헌법재판소를 규정하고 있는데, 한국과 마찬가지로 9명의 재판관으로 구성된다. 3명은 국회, 3명은 대통령, 3명은 대법원이 제청할 수 있다는 점은 한국과 유사하지만, 몽골의 경우 임명권이 대통령이 아닌 국회에 있다. 흥미로운 점은 헌법재판소의 재판관의 경우 자격요건이 재판관 출신이 아니라 '정치와 법률에서 경험이 있는 40세 이상의 몽골 국민'이라는 점이다.

헌법재판소에서는 법규의 위헌, 투표에 대한 합헌여부, 주요 국가공직자들의 법률위반에 대한 심사를 수행한다. 헌법재판소의 결정에 대해 국회는 승인하지 않을 수 있고, 이 경우 헌법재판소는 재심을 하게 된다. 그러나 최종 판결로, 위헌 판결이 날 경우 법규는 무효가 된다. 특히 몽골의 헌법재판소는 1999년 헌법 개정에 대해 국회의 통과 절차를 지적하며 개헌이 무효라고 결정한 바 있다. 비록 국회에서 동일한 헌법개정안을 다시 처리함으로써 실질적인 효력을 발휘하지는 못했지만, 헌법재판소의 존재를 각인시킨 사건이었다. 이 외에도 2005년 위헌 판결 등에서 볼 수 있듯 몽골의 헌법재판소는 정치적으로 매우 밀접한 연관성을 띠고 있다(이정진, 2009).

사법부는 대법원(The Supreme Court), 지방법원(Aimag, Capital City Court), 지구법원(Som, Intersom, District Court)으로 구성된다. 대법원의 전원의회(The General Council of Courts)를 통해 사법부의 독립을 담보하고 있으며, 대법원은 대법원장과 25명의 재판관으로 구성된다. 이들은 모두 국회의 심의를 거쳐 대통령이 임명한다. 또, 대법원 산하에 민사, 형사, 행정재판실이 특별법원(The Special Court)으로 존재하는데, 이들의 활동은 대법원으로부터 독립적이다. 한편, 검찰청은 독립 기관으로 시 검찰청과 아이막 검찰청으로 구성돼 있다. 검찰총장은 대통령이 추천해 국회가 임명하며, 임기는 6년이다.

현실적으로 몽골에서는 부패 문제가 매우 심각하다. 2005년 관세청장이 세금을 선거후원금으로 유용한 것이 드러나 내각이 해산된 것과 같이 몽골에서 정치인의 부패가 드러나 내각이 해산된 사례가 굉장히 잦았다. 그런데 국민 대다수가 사법부에 부패 문제를 척결할 수 있는 능력이나 의지가 없다고 판단하고 있는 것으로 나타나고 있어 이에 대한 혁신의 필요성이 제기되고 있다(한동효, 2011).

Ⅲ   몽골의 행정과정

몽골은 앞서 살펴본 역사적 경로의 특수성에 따라 서구 선진국의 국가권력구조 모델을 도입하고 있다. 3권분립제도를 도입하여 행정부에는 국가의 상징인 대통령(임기는 4년, 연임 가능)을 비롯해서 총리를 수반으로 15개의 부로 구성된 최고행정기관인 각료회의가 몽골의 주요 행정을 집행하고 있다(외교부, 2015). 1992년 2월 제정된 헌법은 대통령중심제와 내각책임제의 중간 형태인 이원집정부제이었으나, 2000년 12월 개정된 헌법에 따라 몽골의 정체는 의회와 내각의 권력이 대폭 강화되어 내각책임제 성격이 강한 이원집정부제로 변화하였다(외교부, 2015).

1. 대통령과 행정권

대통령은 국가의 수장이며 군 최고통수권자 겸 국가안전보장회의(The National Security Council: NSC)의 의장으로서 국가를 대표한다. 대통령은 국민의 절반이상의 찬성투표에 의한 직선제로 선출되며 임기는 4년이고 재임이 가능하다(외교부, 2015). 또한 대통령은 외교·국방을 관장하고, 국무총리 선임권, 정부해산권, 법률제정·공포권을 헌법으로부터 부여받았으며, 국회에서 총리·각료 임명시 제한적인 동의권을 행사하고, 검찰총장·검찰차장은 국회의 동의를 받아 대통령이 임명한다(외교부, 2015).

한편, 대통령은 국회에 대해 책임을 지며, 대통령의 행위가 헌법 규정에 위배되었을 경우에 국회 재적의원 2/3 이상의 찬성으로 대통령 탄핵이 가능하다(J. Amarsannaa & Sodnom Doljin, 2009). 2015년 현재 국가 원수는 민주당의 엘벡도르지(Tsakhia Elbegdorj)이다. 그는 2004~2006년까지 몽골 총리였고, 2006~2008년에는 몽골민주당 대표였으며, 2013년 6월에 대통령에 당선되었다.

의회의 방향에 합치되어야 할 의무를 가지는 내각(정부)은 총리와 각료로 구성된다. 총리는 임기가 4년이며, 대통령과 협의 하에 정부의 조직 및 구성에 대한 변경을 국가최고회의에 제출할 수 있다(외교부, 2015). 내각각료는 총리의 제청으로 국회에서 임명되며, 임기는 4년이나 임기만료 전이라도 불신임결의 또는 국무총리 사임의 경우나 정부인원의 절반이 동시에 하야(下野)하면 퇴진하게 된다(J. Amarsannaa & Sodnom Doljin, 2009).

형식적으로 각 부처의 행정권이 분산되어 있으나 내각회의를 통해 집단적인 의사결정이 이루어진다(외교부, 2015). 구체적으로는 내각회의에서 채택되는 내각결의문을 통해 특정 사안에 대해 소관 부처 장관에게 권한을 부여하게 된다. 내각회의는 매주 월요일 오전에 개최하고, 매주 월·화요일은 국회 상임위, 매주 목·금요일은 국회 본회의를 개최함으로써 내각과 국회가 사실상 유기적으로 연결되어 있다(외교부, 2015).

2. 행정조직구조

몽골의 전체 행정부 공무원 현원은 2013년 기준으로 162,769명이다. 몽골의 국가공무원법(제3조3)에 따르면 행정 공무원은 크게 국가공무원과 지방공무원으로 구성되어 있는데, 국가공무원은 78,111명으로 전체 행정부 공무원의 47.99%를 차지하고 있다. 나머지 52.01%는 지방공무원으로 84,658명에 달한다. 2013년 몽골의 총인구는 2,930,277명으로 인구 1,000명당 공무원 수는 약 55명이다. 이는 2013년 기준 한국의 인구 1,000당 공무원(현원) 수인 19명의 3배에 육박하는 높은 수치로서 한국과 비교하여 몽골은 공공부문의 고용비중이 높다는 것을 의미한다(사랑게렐, 2013).

행정부 공무원의 종류별 현원은 아래 [그림 14-2]와 같다. 행정부 공무원 중 기능직이 약 70%로 가장 많은 비중을 차지하고 있고, 그 뒤로 특정직 공무원이 약 18%, 일반행정직 공무원이 약 10%, 정무직 공무원이 약 2%를 구성하고 있다. 한국의 경우 2013년 기준으로 특정직 51%, 일반직 36%, 기능직 10% 순으로 행정부가 구성되어 있는 것과는 매우 대조적이다. 이는 양국의 산업구조의 차이에서 기인한 측면이 크다. 한국은 서비스 산업과 기술집약적인 산업의 발전으로 법관, 검사, 외무공무원, 경찰공무원, 소방공무원 등의 특정직 공무원이 많은 반면에, 몽골은 다른 산업에 비해 목축업, 광산업이 발달하여 기능직 공무원의 비중이 높다.

그림 14-2 몽골의 국가공무원 직종별 현원

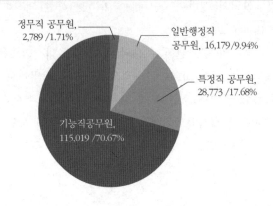

정무직 공무원,
2,789 /1.71%

일반행정직
공무원, 16,179/9.94%

특정직 공무원,
28,773 /17.68%

기능직공무원,
115,019 /70.67%

출처: 몽골통계청(2013).

3. 정부조직구조

2015년 현재 행정부는 2014년 12월 10일 공식 출범한 '해결의 정부(Shiidliin)
Zasgiin Gazar)'로서 민주당의 사이항빌렉(Ch. Saikhanbileg) 총리가 이끌고 있다.
새 내각은 총 19명의 장관과 15부로 구성되어 있다. 총리 아래 부총리를 두며, 내
각관방장관과 신설된 국가장관(State Minister)이 있다. 주요 정부부처로는 재무부,
법무부, 외교부, 환경녹색성장관광부, 식량농업부, 산업부, 인구개발사회복지부, 교
육문화과학부, 도로교통부, 건설도시개발부, 국방부, 에너지부, 광업부, 보건체육
부, 노동부의 부처가 조직되어 있다(외교부, 2015). 새롭게 설치된 몽골국가부는 철
도 및 전략광산 등 국가의 대규모 프로젝트를 전담하게 된다.

새 내각의 구성원으로 부총리는 전 몽골인민당 의원인 후렐수흐(U. Khurelsugh)
이다. 몽골인민당 내 계보인 좌익연합파의 리더로서 긍정적 평가와 부정적 평가가
엇갈리지만 경제와 법률에 밝은 유능한 정치인으로 평가받는다. 내각사무처 장관
은 현 민주당 의원인 바야르촉트(S. Bayartsogt)로서 민주당 내 계보인 북극성파 일
원이다. 현 경제 위기의 주범의 하나인 오요톨고이(Oyutolgoi) 문제와 관련하여 늘
이름이 오르내리지만 능력 면에서는 인정받는 정치인이다.

해결의 정부에서 신설된 몽골국가장관직은 현재 몽골민족민주당 대표이며 전

직 총리인 엥흐사이항(M. Enkhsaikhan)이다. 국가장관은 오요톨고이(Oyutolgoi), 타왕톨고이(Tavantolgoi), 철도 신설 등 대규모의 국가 프로젝트를 관장한다. 1996년 출범한 민주연합 정부 시절에 어려운 정치적·경제적 상황에서도 총리직을 무난히 수행한 합리적인 인물로 평가받는다.[8]

사이항빌렉 총리가 이끄는 새 정부는 무소속 3명을 제외한 모든 정파가 연립정부에 참여하는 대연정이지만 정당 간 또는 정당 내의 불협화음으로 인해 연정의 성과는 미지수로 남아 있다. 각료 인원을 철저하게 의석수에 따라 분배하였고, 내각 또한 그렇게 구성되었다. 민주당 9명, 몽골인민당 6명, 정의연대 3명(몽골인민혁명당 2명 + 몽골민족민주당 1명), 민의녹색당(차관직)은 의석수에 따라 기계적으로 안배한 결과이다(이평래, 2014).

그리고 각 정당 또는 정파, 특히 민주당 내의 계파가 큰 힘을 발휘하고 계파별로 장차관직을 나눠가졌다. 민주당은 대통령 그룹 3명, 북극성파 1명(총리 제외), 송골매파 2명, 몽골민족진보당파 2명, One Democracy파 1명이 입각하였다. 다만 바트톨가(Kh. Battulga)가 이끄는 몽골민주연합파는 사실상 대통령 추천으로 입각한 보르마 식량농업부 장관을 제외하면 입각한 사람이 없다. 몽골인민당은 좌익연합파 4명, 바트볼드 전 총리 계보 2명이다. 몽골민주당의 중심 세력이라 할 수 있는 도시파(Khotyn Frakts)는 이번 내각에 참여하지 않았다.[9]

연립정부 형성과정은 정치란 소수 엘리트가 장관직과 기타 공직을 놓고 다투는 무대라는 것을 재차 확인시켜주었다. 특히 야당인 인민당이 지난 2014년 11월 19일 당 대표와 지도부의 공식 기자회견을 통하여 내각에의 참여를 거부하다가 며칠 만에 참여로 돌아선 것을 두고도 장관 및 공직 배분에 기인한 것으로 보고 있다. 온라인과 오프라인을 막론하고 거의 모든 언론이 민주당과 몽골인민당의 연정을 부정적으로 평가하고 있는 것도 이 때문이다(이평래, 2015).

4. 인사행정

몽골의 인사행정은 크게 사회주의 체제와 민주주의 체제의 두 시기로 구분할 수 있다. 사회주의 시대에 몽골의 인사행정은 직업공무원제를 기초로 하고 있었지

---

8) 다른 장관들에 대한 정보는 이평래(2014) 참조.
9) 대외경제정책연구원 홈페이지(신흥지역정보), http://www.kiep.go.kr/index.do

그림 14-3 몽골 '해결의 정부' 조직도

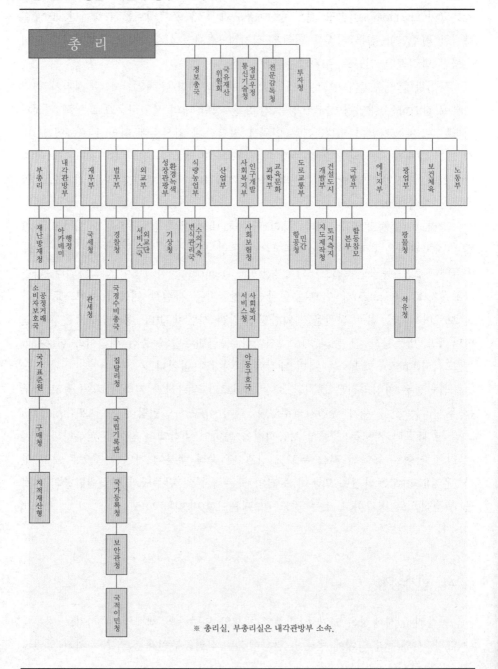

※ 총리실, 부총리실은 내각관방부 소속.

출처: 외교부 동북아시아국 동북아3과(2015), 몽골개황.

만 사실상 몽골 최고통치기구였던 인민혁명당 중앙위원회가 국가의 인사행정 영역에 적극 개입하는 엽관주의적 색채가 강하였다. 당중앙위원회는 행정부에 대해서 행정정책의 기본방향을 제시하고 당 중앙위원회 하에 인사과를 두어 인적자원 관리계획의 수립 및 업무수행의 관리·감독 등을 행하도록 하였다(사랑게렐, 2013). 중앙부처의 장관, 부처·실 국장 등의 고위직 관료는 당 중앙위원회 서기장 회의에서 선발하고, 최고 권력기관인 국가인민대회에서 최종적으로 결정하였다(사랑게렐, 2013). 공직자의 인사결정에 있어 국가인민대회는 형식적인 절차일 뿐이고, 당 중앙위원회가 막강한 영향력을 가지고 엽관주의적인 방식으로 인사행정체제를 운영하였다(차츠랄트, 2012). 공직자가 되기 위해서는 인민혁명당에 가입해야 했는데, 이는 몽골의 국가공무원 조직이 실질적으로 인민혁명당의 하부조직에 불과하다는 것을 의미한다(인민혁명당, 1982; 차츠랄트, 2012).

민주주의체제 전환 이후 몽골은 사회주의 체제 하의 엽관제적 인사행정의 문제점인 정실인사와 권력남용으로 인한 전문성과 안전성의 저하 및 부패 등을 극복하기 위하여 법·제도적 노력을 기울였다. 1992년 신민주헌법에 근거하여 1995년에 국가공무원법을 제정하면서 몽골은 실적주의와 정치적 중립을 위한 인사행정의 법적 기초를 마련하였다. 이후 수차례의 인사행정 관련법 개정을 통하여 실적주의 및 공무원의 정치적 중립과 계급제의 세분화, 그리고 합의제 형태의 독립적 중앙인사기관 설치 등을 특징으로 하는 인사행정체제가 운영되고 있다.

1) 실적주의

몽골의 현행 국가공무원법 제16조와 13조는 인사행정에 있어서의 실적주의와 공무원의 정치적 중립성을 규정하고 있다. 그 내용은 공직진출의 기회균등과 능력에 따른 선발 그리고 공무원의 정치적 중립과 신분보장을 골자로 한다. 실제 운용되는 것을 보면, 결원 발생 시 출신지, 인종, 성, 종교, 사회계층 등에 따른 차별대우 없이 내·외부 공개선발이 실시되고 있다. 그리고 2002년 NPM적 성과관리제도를 도입하여 근무성과에 대한 평정을 상여금과 승진 및 교육훈련과 연계하여 운영하고 있다(차츠랄트, 2012). 또한 공무원은 직무권한을 행사할 경우 정치적 영향을 받지 않도록 중립성을 유지해야 하며, 정당과 공동체 및 종교 활동에 공무원의 지위로서 참여하는 것을 금지하고 있다(사랑게렐, 2013).

실적주의와 공무원의 정치적 중립성에 관한 이러한 내용은 1996년 국가공무원법 제정 당시에도 반영되어 있었으나, 그동안 실질적으로는 지켜지지 않았다. 최초로 제정된 국가공무원법에 의하여 공무원의 정치적 중립 및 권익, 그리고 인사업무를 전담하는 정부서비스위원회가 설치되었으며, 공직취임에의 기회균등과 능력에 따른 인재선발을 위해 공개경쟁시험이 도입되었다(사랑게렐, 2013). 그러나 정부서비스위원회가 인사정책에 관한 포괄적인 권한을 가지고 있음에도 불구하고 실질적인 임명권자는 정무직인 중앙부처의 장관이 인사권을 행사한다. 게다가 2000년 총선에서 몽골인민혁명당이 승리함에 따라 관직이 승리한 정당의 전리품이 되면서 국가공무원법은 형해화되었다(사랑게렐, 2013). 정치적 기준으로 임용·퇴직·해직이 이루어지는 엽관주의적 인사가 재발하였던 것이다. 이로 인하여 공직을 둘러싼 부패가 발생하고 수많은 공무원들이 퇴직·해직·교체되면서 공직사회는 신뢰와 전문성, 그리고 일관성을 상실하는 양상으로 회귀하였다(차츠랄트, 2013).

이에 대한 후속조치로서 몽골은 2002년에 국가공무원법을 개정하여 공무원의 정치적 중립성을 강화하고, 독립적인 중앙인사위원회를 설치하였으며, 공공기관의 예산 및 재정관리에 관한 법을 제정하여 중앙부처와 해당기관의 인사권을 각각 행정직 공무원과 사무차관에게 이전(국가공무원법 제17조 6항)하는 등 인사행정 영역에서의 정치적 개입을 차단하려는 노력을 기울였다. 이어 2008년에 다시 국가공무원법을 개정하여 정무직을 제외한 모든 공무원의 탈당조치와 함께 공무원의 정치적 활동과 정당의 선거활동을 금지하였다(사랑게렐, 2013). 또한 인사권자의 자의적 판단이나 개인적인 정실을 이유로 공무원의 신분상의 권익을 침해받은 경우 중앙인사위원회가 위법결정에 대한 취소권을 행사할 수 있도록 규정(동법 제16조 3항)함에 따라 인사행정에서 실적주의 및 공무원의 정치적 중립성이 강화되었다.

그러나 몽골의 경우 한국과 유사하게 총선 이후 정부조직의 통폐합이 정치적 수단으로 이용되고 있다(차츠랄트, 2012). 이는 행정의 안전성과 전문성, 그리고 정치적 중립성에 악영향을 초래하여 정부경쟁력을 저하시키는 원인으로 작용하고 있다. 이를 방지하기 위해서 인사행정에 정치권의 개입을 차단하는 법률조항을 마련하자는 등 법·제도적 처방이 지속적으로 제시되고 있다. 하지만 하드웨어적 접근만으로는 한계가 있으며, 오히려 정치지도자들의 의지와 리더십이 보다 더 필요하다고 판단된다.

2) 세분화된 계급제

현행 몽골의 인사행정체제는 체제전환 이전보다 세분화된 계급제의 형태를 보이고 있다(차츠랄트, 2012; 사랑게렐, 2013). 사회주의 시기 몽골인민공화국의 공직 분류제도는 계급제로서 아래 [그림 14-4]에서 볼 수 있듯이 개인의 학력을 기준으로 3개 직급으로 구분되었으며, 법적인 공무원은 아니지만 실질적으로 인민을 관리·감독·통제하는 정치적 대표자(관리직 또는 수행직 공직자의 위치)가 존재하였다. 현행 몽골의 계급제는 이를 5개 직급 및 각 직급 내 4등급으로 세분화하였으며, 정치적 대표자는 폐지하였다.

몽골의 국가공무원법 제7조 3항에 따르면 국가공무원은 수반 산하 최고관리자, 운영 산하 부관리자, 장로 산하 상급책임자, 부 산하 수행책임자, 보조 산하 보좌관 등 5개 직급으로 분류된다.

최고관리자는 각 부처의 사무차관 및 그와 동일한 기타 공직이 이에 포함되며(동법 제7조 7.4항), 정부활동에 대한 조정 및 시행업무를 수행하고, 해당 기관의 예산과 국고활동 그리고 산하기관의 시행업무 진행과정 및 결과를 책임지며, 이를 예산 총괄자에게 보고한다. 부관리자는 각 부처의 국장 및 부국장으로 그와 동일한 공직이 이에 속한다. 담당업무는 특정분야에서의 정책 조성 및 시행을 위해 산하기관의 조직관리를 책임지며, 구체적인 업무시행 결과를 최고관리자에게 보고한

그림 14-4 사회주의 시기의 공직분류제도- 계급제와 정치적 대표자

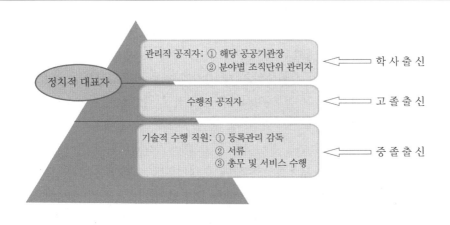

출처: 사랑게렐(2013)과 차츠랄트(2012)의 연구내용을 종합하여 구성함.

다(동법 제7조 7.5항). 상급책임자는 각 부처의 과장, 계장, 전문가 등 그와 동등한 직위이며(동법 제7조 7.6항), 특정분야에서의 전문성과 기술개발을 위해 주도적 역할을 하며, 업무수행 결과를 부관리자에게 보고한다. 중앙 및 지방행정기관의 국· 과장 등은 중간 관료층으로서 전반적인 행정관리 및 대부분의 민원업무를 처리하는 상급책임자이다. 수행책임자는 각 부처 조사관과 전문가 및 그와 동등한 직위가 포함된다. 특정한 정부활동과 관련하여 정책 조성과 개발 및 조정 업무를 책임지고, 그 업무결과를 상급책임자에게 보고한다(동법 제7조 7.7항). 보좌관은 각 부처 보조 조사관과 전문가 및 그와 동등한 기타 직위가 포함된다. 해당 부처의 정책개발을 지원하기 위한 관련 정보의 수집 및 분석 작업을 수행하며, 해당 부처 일반 서비스직 직원에 대한 관리를 담당한다(동법 제7조 7.8항).

국가공무원 중 행정직 공무원의 계급구조는 최하단인 보좌관 계급의 비율이 안쪽으로 들어간 피라미드 형태를 보이고 있다. 계급 중에서 수행책임자 직급 비중이 65%에 육박하여 가장 높았으며, 다음으로 보좌관, 상급책임자, 부관리자, 최고관리자 순이었다. 각 직급에서의 등급은 공직근속기간 및 해당직책 근무기간을 아래 [표 14-1]기준으로 공무원의 전문성 등을 종합적으로 평가하여 1급에서 4급까지 부여한다(몽골의 국가공무원법 제20조 및 국가공무원직책의 등급과 수당 지급 시행령 제6조).

3) 중앙인사기관

한 국가의 인사행정의 방향과 체계를 종합적으로 관리하기 위한 주요 도구로서 중앙인사기관은 많은 국가에서 개별행정기관에 의한 인사행정의 할거성과 비능률성을 극복하고자 운영되고 있는 제도적 장치이다(유민봉·임도빈, 2015). 앞서 언급했듯이 민주화 이전의 사회주의 체제 시기에는 몽골의 인사행정 전반에서 인민혁명당 중앙위원회 및 그 하부 인사과가 실질적인 권한을 행사하였으므로 사실상의 중앙인사행정기관으로 볼 수 있다. 물론 형식상 당 중앙위원회의 인사과와 각료협의회가 인사행정 업무를 분담하고 있었으나, 각료협의회의 인사업무는 보수 및 국가 상훈 수여 등의 보조적인 역할에 한정되었다(차츠랄트, 2012).

1990년 민주주의 체제로의 전환 이후 제정된 국가공무원법(1994)에 근거하여 중앙인사기관 설립의 법적 근거가 마련되었고, 이에 따라 정부서비스위원회 (Government Service Council)가 설립되었다. 이후 국가공무원법의 전면적 개정(2002)

표 14-1 국가공무원의 직급과 해당직의 등급 기준

직급	계급	총 근무기간	
		공직 근무기간	해당직 근무기간
수석 책임자 (Leading officer)	1급 2급 3급 4급	12년 이상	1년 이상
주요 책임자 (Principal officer)	1급 2급 3급 4급	10년 이상	1년 이상
상급 책임자 (Senior officer)	1급 2급 3급 4급	7년 이상	1년 이상
수행 책임자 (Executive officer)	1급 2급 3급 4급	5년 이상	1년 이상
보좌관 (Assistant officer)	1급 2급 3급 4급	3년 이상	1년 이상

과 부분적 개정(2008)으로 정부서비스위원회가 중앙인사위원회로 개편되면서 제한적이었던 중앙인사기관의 권한 및 활동범위가 확대되었고, 중앙인사위원회가 단일조직 형태로 설치되었다.

이러한 법적 정비를 통해 중앙인사위원회의 독립성은 상당히 제고되었다. 인사위를 단일조직으로 설치하고, 위원장과 위원들의 신분을 임기 6년으로 법적 보장(임기6년)함과 동시에 상임위원의 경우 동일지역 및 동일학교 출신을 임명할 수 없다는 제척규정을 마련함으로써 위원회 및 지도부의 정치적 중립성이 강화되었다(차츠랄트, 2012). 또한 관리직 공직자에 대한 부당한 인사결정에 대해 인사위가 취소할 수 있는 권한을 부여한 규정 역시 인사위의 독립성을 강화한 요인이다(사랑게렐, 2013).

조직구성 측면에서 중앙인사위원회는 내부조직과 외부조직으로 구성된다. 내부조직으로는 사무처를 두고 있고, 외부조직으로는 22개의 지방행정기관 관청, 11개 중앙부처, 14개 준정부 시행 및 규제기관 등 총 47개 소인사위원회와 중앙인사위원회 산하 교육·연구·자문 서비스 센터가 운영되고 있다(www.csc.gov.mn). 사무

그림 14-5 몽골 중앙인사위원회 조직체계

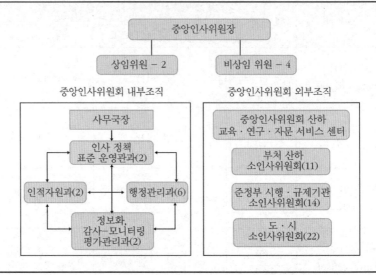

출처: 중앙인사위원회 창립 15주년, 울란바타르시 2010년, p.17(차츠랄트, 2012, p.85에서 재
인용).

처에는 사무국장 아래에 4개의 하위 부서를 두고 있다. 구체적인 중앙인사위원회
조직은 [그림 14-5]와 같다.

　　몽고의 인사행정체제는 적어도 제도적으로는 많은 변화를 겪고 있다. 즉, 능
력보다는 당에 충성하는 충성심을 중시하는 사회주의식 인사행정체제에서 실적주
의제로 전환을 꾀하는 것이다. 그러나 제도와 현실간에는 커다란 차이가 있는 것
도 사실이다. 여전히 공직에 진출하려면 '유력인사의 영향력이 필요하다'는 말을
흔히 들을 수 있다. 적재적소의 원칙에 의해 인사를 함으로써 관료제가 국민의 신
뢰를 얻는 것이 중요한 문제이다.

표 14-2 몽고 체제전환 전후 인사행정 비교

	이전(사회주의 체제)	이후(민주주의 체제)
공무원제도 및 공직분류	• 직업공무원제 • 계급제 및 정치적 대표자	• 직업공무원제 • 세분화된 계급제(정치적 대표자 폐지)
선발기준	• 기본원칙: 마르크스-레닌주의 　-정치적 적극성 　-지도력(리더십) 　-성실성과 업무전문성(지식, 경력)	• 기본원칙: 실적주의 　-능력 　-지식 　-기술

	−개인 성품 • 관리직 공무원 −소속정당, 출신성분 −학력 및 근무성적	• 관리직 공무원 −직위명세서 (전공, 학력, 경력 및 직업전문성)

선발방식	• 엽관주의적 인사행정
	 −외부임용: 초임 공직자
	 −내부임용: 선출직 관리자,
	     수행직 관리자
		• 실적주의적 인사행정
		 −외부임용: 초임 공직자,
		      고위직 관리자
		 −내부임용: 중간관리자

임용절차	• 사전조사
	 −당성, 출신 등 개인의 인적사항
	  철저하게 조사
	
	• 면접: 관리직 공직자 후보만 적용
		• 공개채용시험
		 −서류심사, 필기시험, 면접 및 신체검
		  사 3단계 과정 실시
		 −통과 시 시보임용 및 인적자원명부
		  등재

5. 몽골의 재정운용 및 회계제도

1) 예산 및 재정정책

몽골의 일반정부예산은 아래의 [그림 14-6]에서 보듯이 중앙정부예산, 지방정부예산, 인간개발기금예산,[10] 그리고 사회보장기금예산으로 구성된다. 예산 세입은 안정화 기금 세입과 균형 세입(equilibrated revenue)으로 나누어진다. 이 중 균형세입은 경상세입(current revenue), 자본세입, 그리고 보조금(grants)으로 구성되고, 경상세입은 조세세입과 비조세세입으로 나뉜다. 조세세입에는 소득세, 사회기부금

그림 14-6 일반정부 예산구조

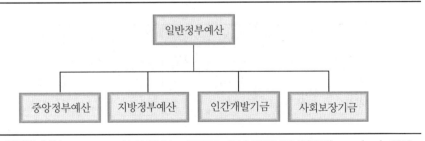

출처: 몽골통계청(NATIONAL STATISTICAL OFFICE OF MONGOLIA)(2012), yearbook_2012.

10) 인간개발기금(the Human development fund budget)은 2010년까지 몽골개발기금(the Mongolian Development Fund)이었다.

(social contributions), 재산세, 국내소비세, 교역세(taxes on foreign trade), 그리고 기타 조세가 있다. 비조세세입은 정부가 소유한 기업지분에서 비롯한 배당금, 이자, 벌금, 임대료 등을 포함한다. 구체적인 내용은 아래의 [표 14-3]과 같다. 한편, 예산지출은 경상지출, 자본지출, 그리고 순대출(net lending)로 구성된다. 경상지출은 상품, 서비스, 이자지출, 그리고 보조금과 이전거래(transfers)를 포함한다.

2014년 몽골의 일반정부의 세출예산은 7조 투그릭으로 GDP의 약 30%를 차지한다. 세입의 약 50% 이상은 광업 관련 기업으로부터의 법인세와 배당금으로 구성되어 있다. 나아가서 세출에 비해 세입예산은 6조 2천억 투그릭으로, 약 8,100억 투그릭의 재정적자를 기록하고 있다. 이는 2014년 GDP 대비 (−)3.7% 수준으로 상당히 높은 편이다. 즉, 건전한 산업에 기초한 세입이 아니라, 광산을 중심으로 한 것이고, 재정적자 수준은 지속적으로 악화되어 왔다는 점은 몽고 정부가 해결해야 할 가장 기본적인 방향을 제시하는 내용이다. 더구나 이와 같은 수치도 IMF 자료에 의하면 상당히 과소 측정되어 있을 가능성이 크다.

IMF에 따르면 몽골의 GDP 대비 재정적자는 2011년에 (−)4.8이고 2012년에는 무려 (−)11.8%에 이르기 때문이다. 또한 World Bank 자료에 의하더라도 2011년 GDP 대비 재정수지는 (−)9.9%에 달한다. 이러한 국제기구 자료에 근거할 경우 몽골의 재정건전성은 몽골통계청의 공식적인 발표보다 훨씬 더 심각할 것으로 우려된다.

몽골의 재정건전성이 악화되고 있는 원인은 몽골정부의 불균형적인 산업정책과 산업구조에 관련되어 있다. 몽골의 주력 사업은 광업, 목축업, 그리고 관광업이다. 그러나 실질적으로 광업이 산업 총생산의 2/3 이상을 차지하고 있고, 총 수출

표 14-3 몽골 재정지표

	2007	2008	2009	2010	2011	2012	2013
세입(십억 투그릭)	.	2,170	1,993	3,078	4,468	4,957	5,927
세출(십억 투그릭)	.	2,466	2,336	3,076	4,997	5,993	6,177
경제성장률(%)	10.2	8.9	−1.6	6.4	17.5	12.3	11.7
재정수지/GDP	2.8	−4.9	−5.4	0.5	−4.8	−11.8	−11.3
소비자물가상승률(%)	9	25.1	6.3	14.2	9.5	14.2	12.5

출처: IMF, 한국수출입은행(KOTRA 2015, p. 몽골-4에서 재인용), World Bank, EIU. (Ganbold Otgontseg 2012, p.30에서 재인용), 몽골통계청. yearbook. 2008~2014.

액의 80%를 담당하고 있는 만큼 몽골 경제의 핵심은 광업이라고 할 수 있다. 몽골은 세계 10대 광물자원 부국에 해당하며, 형석, 구리, 석탄, 몰리브덴, 우라늄, 금 등이 풍부하다. 이에 몽골에서는 주요 광산을 '전략광산'[11]으로 지정해 정부 중심으로 개발 정책을 시행하고 있다(금융투자협회, 2011).

몽골의 재정문제는 2000년대 후반부터 시작한 석탄, 구리 등의 광물자원 개발을 통한 경제성장정책의 문제이다. 이 과정에서 세금혜택과 보조금 지원이 나타나면서 재정적자가 증가했으며, 국제원자재 가격 및 수요에 취약한 산업구조적 특징을 가지고 있어 세입과 세출의 괴리가 심화될 가능성이 큰 것이다(KOTRA, 2015). 즉, 국제경제환경에 의해서 몽골의 국내경제가 영향을 받는 것이다. 광업 분야가 위축되거나 원자재 가격이 하락하면 몽골은 즉각적인 영향을 받게 된다. 하지만 몽골은 이러한 상황에서 확장재정 및 통화정책을 통해서 정부지출을 증가하는 정책을 실시하였는데, 문제는 이 과정에서 재정환경은 더 악화되는 것이다. 실제로 몽골은 2011년 적자 해결을 위해 전년대비 통화공급을 55% 증가시킨 확장적 재정정책을 실시하여 재정적자를 심화시킨 바 있다(KOTRA, 2015).

2) 회계제도 및 회계감사 제도[12]

몽골은 1921년에 재무부를 설치한 이후 이탈리아식 복식부기, 구소련식 회계법 등을 차례로 수용함으로써 단식부기회계제도의 문제점을 극복하고자 노력하였다(바양자갈, 2012). 그러나 1990년 구소련 붕괴 이후 몽골은 시장경제체제로의 전환과 대외개방을 본격적으로 추진하고자 광범위한 경제개혁이나 정부개혁을 단행하면서 몽고의 회계제도 역시 급격하게 변화한다.

정부회계제도는 1990년부터 정부에서 다양한 개혁에 착수하였다. 특히 국제적인 원조기구인 세계은행(World Bank)과 아시아 개발은행(Asian Development Bank) 등의 권고에 따라 예산과 회계의 관계, 정부회계의 재무제표의 종류와 특징 자산·부채의 평가, 회계정보의 공시 등을 망라한 교육계획이 수립되어 실시되었다(바양자갈, 2012). 외국의 영향에 의해 행정제도개혁이 이루어진 것이다.

---

11) 전략광산은 연간 생산규모가 GDP의 5% 이상인 대규모 광산에 해당한다. 전략광산은 정부가 직접 탐사나 개발에 참여하지 않은 경우에도 정부의 지분을 최대 34%까지 법적으로 보장하며, 2012년을 기준으로 15개 광산이 전략광산으로 지정됐다.

12) 바양자갈(2012)과 아짜자야(2014)를 참고하여 정리하였다.

이러한 노력은 정부 재정을 보다 효율적이고 투명하게 관리하려는 목표 하에 이루어지고 있지만, 실제 효과에 대해서는 의문의 여지가 많다. 하지만 2002년에는 재무부에 국가재정정보 통합시스템을 구축하여(바양자갈, 2012), 올란바토르시의 9개 구, 21개 아이막(aimag), 394개의 솜(sum) 등으로 구성된 통합시스템 연결을 마치고 통합재정시스템을 활용하기 시작한 것은 나름대로의 발전이라고 하겠다.

몽골의 회계감사제도 역시 1990년부터 본격적으로 발전되기 시작하였다. 1993년에 회계법을 제정하였고, 여기에는 회계감사, 회계감사기업에 대한 대부분의 내용이 포함되었다. 1993년에 재무부 산하에 회계전문위원회, 1999년에 몽골공인회계사회(Mongolian Institute of Certified Public Accountants: MICPA) 등 회계와 회계감사를 지원하고 전문 경영정보를 제공하는 정부기관 및 비정부기관들이 다수 설립되었다(Badamtsetseg Tudev, 2011). 회계감사법을 적용하기 위해서 회계감사에 대한 국영 및 전문기관들이 일관된 규칙을 제정했고, 국제회계감사기준을 몽골어로 번역하여 법규를 제정하였다.

현재 몽골의 회계감사제도 체계는 아래의 [그림 14-7]과 같이 내부감사, 외부감사, 정부감사의 3가지로 분류된다. 정부감사제도에 관한 법률은 "정부감사법," 외부감사제도에 관하여는 "회계감사법" 및 국제회계감사기준, 내부감사제도에 관하여는 "내부감사규정"을 두고 있다(아짜자야, 2014). 그러나 광산채굴권 등 정책의 수립단계부터 통제할 수는 없기 때문에, 실제 행정관행의 개선에는 많은 문제가 남아 있다.

그림 14-7 몽골의 회계감사 체계

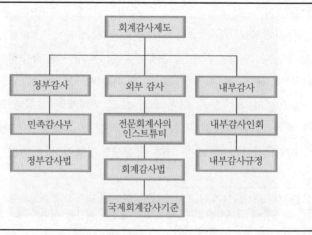

출처: 아짜자야, 2014.

Ⅳ   지방자치와 거버넌스

1. 지방자치단체의 구성 및 자치형태

몽골의 행정단위는 크게 수도인 울란바타르와 21개 아이막(aimag: 도(道))으로 나누어진다. 수도인 울란바토르의 행정구역은 9개의 두렉(구(區))과 두렉의 하부행정단위인 호로(khoroo: 동(洞))로 구성되어 있다. 울란바토르의 두렉은 칭겔테(Chinggeltei), 수흐바토르(Sühbaatar), 바양주르흐(Bayanzurkh), 바양골(Bayangol), 항올(Khan-Uul), 성긴하이르한(Songinkhairkhan), 날나이흐(Nalaikh), 바가누르(Baga-nuur), 박항가이(Bagakhangai)이다(몽골 통계청, 2012). 몽골의 21개 아이막은 아래 [그림 14-8]과 같다. 21개 아이막은 다시 315개의 솜(sum: 군(郡))과 솜의 하부행정단위인 박(bag: 면)으로 구성된다.

수도인 울란바토르 및 하부행정단위 두렉, 그리고 아이막 및 하부행정단위 솜은 지방의회를 구성하여 지방자치를 실현하는 간접민주주의로 운영된다. 아이막의 경우 아이막의 도의회와 도정부로 구성된다. 도의원은 인구수에 따라 주민선거를 통해 25~35명 내에서 선출된다(외교부, 2015). 아이막 도정부의 기관장인 도지사는 아이막 의회의 간접선거를 통해 선출된 자를 추천하면 총리가 임명하는 형태이며

그림 14-8 몽골의 지방자치 구성

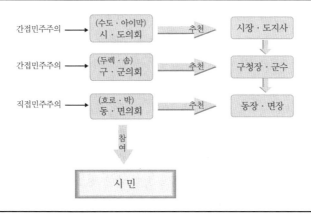

출처: 임도빈, 베차츠랄(2009), Galindev Ulziisaikhan 2014.

임기는 4년이다. 아이막 하부행정단위인 솜의 군의회는 인구수에 따라 의원수가
15~25명으로 결정되며, 솜의 군수와 박의 면장은 각각 아이막 도지사와 숨의 군수
가 임명한다(Delgerjargal Tsanjid, 2012). 각 지방의회의 의원과 자치단체장의 임기는
모두 4년으로 동일하다.

　　반면에 호로(동)·박(면)의 자치 형태는 직접민주주의로서 전체주민회의를 통
해 주민들이 주체적으로 자치관련 사항을 직접 결정할 수 있다. 기관장인 동장과
면장의 선출은 전체주민회의에서 추천된 인물을 상급행정기관인 두렉(구)의 구청
장과 솜(군)의 군수가 승인하는 형식으로 이루어진다. 동장과 면장은 4년의 임기
동안 정부를 대표하여 관할 구역의 행정을 집행하는 권한을 갖고 있다(Galindev
Ulziisaikhan, 2014).

2. 지방자치 추진현황

　　몽골은 1992년 헌법 개정과 그에 따른 「몽골 행정기관 및 관할행정구역 운영
에 대한 법」, 「몽골 예산에 관한 법」, 「시·마을의 법적 환경에 관한 법」 등을 제정
하여 지방자치의 법적 기초를 마련하였으나, 실질적으로는 지방자치제도가 운영되
지 못하였다(Galindev Ulziisaikhan, 2014). 중앙집권적인 사회주의체제의 제도 및 문
화의 역사적 경로의존성으로 인하여 형식적으로 운영되었기 때문이다. 지방의회와
시민총회 등이 구성되었으나, 중앙정부가 정한 지침에 따라 단순히 집행만을 수행
하는 상징적인 기관에 불과하였다. 오로지 선거일에 투표하는 것만이 유일한 주민
참여였다고 할 수 있다(Galindev Ulziisaikhan, 2014).

　　이후 몽골 정부는 스웨덴 국제개발기구 협조로 "지방자치기관 개설 및 기능
향상"계획을 두 단계에 걸쳐 수행함으로써 지방자치의 확대 및 성숙에 박차를 가
하게 된다. 1단계는 1997년부터 1999년까지 기간에 진행된 것으로, 처음에는 6개
도에서 시작하여서 1999년에는 15개 도와 울란바토르 시에까지 확대 시행되었다.
2단계는 2001년부터 2004년까지 "지방자치기관 운영자 실력 향상"라는 이름으로
시행되었다. 자치지역의 사회·경제 분야 독립적 결정권한 확대, 지역개발결정권·
재원재량권·통제권 확보, 그리고 지역발전에 양성 평등화 반영 등을 내용으로 하
고 있다(Delgerjargal Tsanjid, 2012). 현재 몽골의 자방자치단체는 민주주의, 정의, 자
유, 평등, 국가단위(national unit), 그리고 법의 존중을 보장하는 국가활동의 최고

원칙에 기초하여 그들 각각의 사회 경제적 생활과 관련한 문제에 대해 독립적으로
결정할 수 있는 권한을 가지고 풀뿌리 민주주의를 실현하기 위해 지속적으로 노력
하고 있다.

3. 지방의회의 구성과 권한

지방의회를 구성하는 의원의 임기는 4년이며, 의회에 선출될 수 있는 의원 수
는 인구수와 해당 행정구역 단위에 따라 결정된다. 도의원수는 도의 인구수 9,000
명과 5,000명을 기준으로 35명, 30명, 25명이며, 시의원수는 일률적으로 45명이다.
군의원수는 군 인구수 9,000명과 2,000명을 기준으로 25명, 20명, 15명이다. 구의
원의 경우 21~35명까지 가능하지만 인구 수가 적은 바가누르구와 바가항가이구
그리고 날라이흐구는 15명이다. 면의원은 3가구마다 1명씩 선출되며, 동의원의 경
우는 10가구마다 1명씩 선출하되 동회의에 참석할 경우에만 인정된다. 구체적인
몽골 지방의회 의원 수는 아래 [그림 14-9]와 같다.

지방자치의 핵심요소인 지방의회(local hural)는 지방 행정기관과 관련된 권한
외에도 지방의 광범위한 사안에 대해 토론·심의하여 결정할 수 있는 권한을 소유
하고 있으며, 특히 지방자치단체장을 견제 또는 통제할 수 있는 역할을 담당하고

그림 14-9 몽골 지방의회 의원수

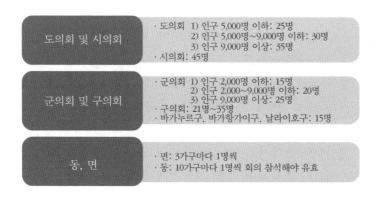

도의회 및 시의회	· 도의회 1) 인구 5,000명 이하: 25명 2) 인구 5,000명~9,000명 이하: 30명 3) 인구 9,000명 이상: 35명 · 시의회: 45명
군의회 및 구의회	· 군의회 1) 인구 2,000명 이하: 15명 2) 인구 2,000~9,000명 이하: 20명 3) 인구 9,000명 이상: 25명 · 구의회: 21명~35명 · 바가누르구, 바가항가이구, 날라이흐구: 15명
동, 면	· 면: 3가구마다 1명씩 · 동: 10가구마다 1명씩 회의 참석해야 유효

출처: 임도빈, 베차츠랄(2009), 몽골의 공공관리, 서울: 서울대학교 행정학과, p.170.

있다. 지방의회는 관할 지역의 사회 및 경제, 예산 및 재정운영, 성과관리 등의 사안과 관련한 결정 권한을 가진다. 예를 들어 각 지방 및 시의회는 「국유재산 및 지방재산 법」에 의해 지역 및 지방재산의 운영 및 처분에 관한 재량권을 부여받고 있다(Delgerjargal Tsanjid, 2012). 그리고 지방의회에서 결정된 것은 도지사/관할 행정기관 관리자/도청사무국이 의무적으로 집행해야 하며, 지방의회는 해당 행정기관 및 관료에게 의무를 부여할 권한이 있다. 또한 지방의회는 해당 행정구역 예산과 지출을 심의하여 통과시키고, 필요하다면 도지사·시장의 업무보고서를 심의하여 지역정책 활동을 평가할 수 있는 정책심의·평가 권한도 가지고 있다. 각 지방 도지사, 시장(해당 지역 행정관리자)의 임명과 사임을 추천할 수 있는 지방의회의 권한도 법적으로 보장되고 있다(Delgerjargal Tsanjid, 2012).

4. NGO와 거버넌스

몽골 NGO의 역사는 비록 오래되지 않았지만, 사회주의 통치와 강경한 재야운동 사이에서 태어난 NGO는 1990년 민주화 운동 이후 투쟁과 대결의 풍토에서 대화와 타협의 유연한 자세를 견지하면서 급속히 성장하여 복지, 환경, 인권, 평화 등의 문제를 합법적인 맥락에서 해결하려는 다양한 운동 방법들이 등장하고 있다. 초기의 시민사회가 국가 권력의 남용으로 인한 피해 영역에 중점적으로 활동하였던 반면에, 현재 시민사회단체들은 과거보다는 사회의 전 분야에서 직면하는 다양한 각종 과제와 현실문제의 해결에 관심을 보이고 있다.

몽골 비정부기관(NGO)법 제4조 및 제16조에 따르면, 비정부기관이란 국민, 정부기관(사법부, 입법부, 행정부) 이외의 법인이 사회 및 자신의 이념과 사상에 따라 자발적으로 설립하여 정부에 종속되지 않고 스스로 운영하는 원칙에 따라 활동하는 법무부에 등록된 비영리기관을 말한다.[13] 1997년 NGO에 관한 법안이 통과된 이듬해인 1998년에 598개의 시민단체가 새롭게 설립되었다. 이후 1999년에서 2001년까지는 1998년보다 약 20%에서 25% 감소한 수준에서 증감을 반복하다가 2002년부터 증가세로 돌아서고, 2004년에 약 1,000개로 정점을 찍은 후 급감하게 된다. 1997~2004년의 추세에 따르면, 몽골 법무부(the Ministry of Justice and Home

---

13) http://world.moleg.go.kr/World/Nation/MN/law/1324?astSeq=478 통해 몽골의 비정부기관 (NGO)법을 자세히 알아볼 수 있다.

Affairs : MOJHA)에 신규로 등록된 NGO 수의 연평균은 560개이고, 한 달에 약 50 개 NGO, 그리고 주당 12개 NGO가 새롭게 설립되었음을 알 수 있다.

한편, 몽골 법무부에 등록된 몽골 NGO의 약 90%가 수도인 울란바토르에, 나머지 10%는 지방에 위치하고 있어 NGO의 수도권 집중이 뚜렷하다(Democracy Education Center 2006, Ganbold Otgontseseg, 2012). 인구 수 대비 NGO 수의 비율을 보더라도 인구의 1/3이 수도인 울란바토르에 집중되어 있다는 점을 고려할 때 수도와 지방 간 인수구 대비 NGO 수 비율의 격차는 여전히 높은 수준이다.

몽골 NGO의 종류는 법률 제4조에 사회복지법인 NGO와 사단법인 NGO 두 가지 유형으로 구분된다. 첫째, 사회복지법인 NGO는 문화, 예술, 교육, 과학, 건강, 스포츠, 자연환경, 환경발전, 인권보호, 사회의 일정 계층 및 계급의 권익을 보호하고, 자선 등으로 사회에 공헌하기 위해 활동을 하는 비정부기관을 의미한다. 둘째, 사단법인 NGO는 사회복지법인이 아니며 회원으로 구성되어 회원의 이익보호와 봉사를 최우선 목적으로 하는 비정부기관을 말한다. 사회복지법인 NGO가 전체의 약 80%를 차지하고, 나머지 약 20%가 사단법인 NGO이다(Democracy Education Center, 2006).

급격한 정치체제 변화와 급속한 경제성장이 사회의 모든 영역과 분야에 미치는 파급력이 컸던 만큼 몽골 NGO의 활동영역은 광범위하다. 일반적으로 몽골 NGO의 활동영역은 경제·농업·비즈니스, 스포츠·관광·레저, 사회문제, 전문협의, 예술·문화·전통·과학, 환경 및 자연보호, 지방 및 지역 개발, 건강, 여성 및 가족, 인권 및 민주주의, 정보기술 등으로 구분할 수 있다(Democracy Education Center, 2006).

몽골 NGO의 재원조달은 비정부기구(NGO)법 제19조에 의거하여 크게 4가지 방식으로 이루어진다. i) 회원의 회비 및 기부금, ii) 개인, 사업체, 다른 기관의 기부금, iii) 정관의 목적의 실현과 관련된 활동에 따라 발생한 수입, iv) 차관, 유산 및 프로젝트를 진행을 위한 목적으로 정부 예산에서 주어진 수입 등이다. 몽골 NGO의 재정조달 상황을 살펴보면, NGO는 재원의 59.5%를 외국인 및 외국 기증기관으로부터 조달받고 있다. 나머지 40.5%는 몽골 자국 내에서 충당하는데, 27.9%는 지방재정지원에, 12.65%는 경제 활동 소득에 의존하고 있다. 주된 경제활동은 교육, 상담, 출판, 관광, 부동산 임대 등이다. NGO에 대한 정부의 재정지원은 NGO 재원의 약 1/4 수준이다. 한국 NGO에 비하여 몽고는 상대적으로 국가재정 의존도가 낮아 정부에 대해서 독립성을 유지할 수 있는 장점이 있지만, 국제적인 비영리단체로부터의 지원이 많아 정부로서는 제약요건이 되기도 한다.

V 국가개혁과 정부경쟁력

몽고는 체제전환을 통해 개혁을 시작한 나라이다. 하지만 외부의 제약과 정부
경쟁력의 약점 때문에 비통합모형으로서 많은 한계를 노정하고 있다. 특히 국토는
넓으나 인구가 적은 나라로서, 중국과 러시아라는 강대국 사이에서 독립성과 자율
성을 유지하는 것이 가장 중요한 상황이다.

안전보장과 자원외교라는 측면에서도 중국과 러시아에 대한 편중외교를 자제
하고 균형외교전략을 펼치고 있으며, 미국, 일본 등과도 관계를 유지하고 있다. 러
시아와는 1921년 수교 이후에 헌법의 틀을 러시아에서 가져오는 등 많은 영향을
받았다. 러시아는 몽골의 2위 교역국, 4위 투자국이며, 몽골에서 사용하는 거의 모
든 석유를 러시아에 의존하고 있는 상황이다. 이 석유는 대형 석탄광산을 채굴하
여 판매한 이익으로 구매한다.

이 석탄광산의 대부분에 대해서는 중국이 채굴권을 구매하였다. 하지만 중국
과는 청나라의 지배라는 역사적 요인으로 인해서 불편한 민족감정이 남아있으며,
국경문제도 존재한다. 그럼에도 불구하고 중국의 자본력에 의해 많은 석탄광산이
채굴되고 있는 상황이다.

광산을 중심으로 한 몽골의 경제구조는 가격변화 및 매장량 등의 요인에 의해
큰 영향을 받는다. 특히 몽골이 자체적으로 자원을 채굴하여 가공할 기술력이 없
는 상황에서 중국과 러시아에 대형광산을 매각하거나 채굴권을 주는 현재 구조는
장기적으로 볼 때 많은 문제가 나타날 수 있다고 할 것이다.

현재까지도 몽골에 대한 러시아의 영향력은 무시할 수 없는 실정이다. 몽골은
러시아에서 원유의 90%를 수입하는데, 실제 러시아에서는 전략 광산 개발 입찰
등을 놓고 석유 가격을 높이거나 수출 중단 등을 카드로 몽고를 압박하곤 했다.
2011년 러시아는 원유 공급을 일방적으로 중단했다가 타반톨고이 광산 개발 입찰
결정이 이뤄진 뒤 공급을 정상화한 바 있다(툼신, 2012).

몽골의 외부조건과 경제구조는 정치인과 관료의 부패문제와 맞물려서 몽골의

표 14-4 몽골의 민주주의 지수 변화

	2014	2013	2012	2011	2010	2008	2006
Mongolia	6.62	6.51	6.35	6.23	6.36	6.6	6.6

출처: The Economist Intelligence Unit(2014), Democracy Index 2014.

전체후생을 저해하고 있는 상황이다. 몽골은 Democracy Index 2014를 보면 몽골은 10점 만점 중 총점 6.62를 기록하여 조사대상 167개국 중 61위로 결점민주주의 국가군(flawed democracies)에 속하는 것으로 조사되었다. 총괄지표를 구성하는 5개 부문별 지수를 살펴보면, 선거과정 및 다원성 부문(9.17/10)과 시민의 자유(8.24/10)는 높은 수준이었으나 정부기능(5.71/10), 정치참여(5.0/10), 정치문화(5.0/10)는 상대적으로 낮은 것으로 조사되었다(The Economist Intelligence Unit, Democracy Index 2014).

Wall Street지 발표에 따르면, 각 국의 일반시민 대상 부정부패 관련 설문조사 결과, 몽골은 107개 대상국 중 부정부패 2위 국가로 조사되었다. 이러한 요인이 반영되어 몽골 시민에 대한 서베이에서 응답자 중 77%는 공무원이, 66%는 경찰이 부정부패에 연루되어 있다고 답변하였다. 몽골의 부패인식지수는 2004년 85위를 기록한 이후 2009년까지 하락하는 추세를 보이다가 2011년 120위를 기록한 이후 지속적으로 감소하여 2014년에 80위로 상승하였다. 시민들의 부패에 대한 인식이 점차 개선되는 추세에 있지만 여전히 몽골은 최하위권에서 중하위권으로 개선되었을 뿐 부패문제가 해결해야 할 큰 문제로 남아있는 상황이다.

VI 한국과의 비교

한국과 몽골은 알타이어계(일부 학자의 주장)라는 언어학적 유사성과 외모의 유사성이 있어서 비슷한 점이 있을 것이라는 추측을 해볼 수 있다. 또한 고구려의 첫 도읍지인 할인골이 현재의 몽골에 위치하고 있다는 연구결과도 존재한다.[14] 하지

14) http://article.joins.com/news/article/article.asp?total_id=9645810

만 사회주의 체제의 영향, 다른 종교(라마교 90%, 이슬람교 5%), 넓은 땅과 대륙의 국가라는 특성들은 이질감을 느끼게도 한다. 몽골은 국가의 면적으로만 비교하면 전세계 19위 국가이다. 많은 천연자원을 바탕으로 경제를 운용하는 국가이기도 하다.

현대 몽골의 가장 큰 이슈는 자원을 바탕으로 한 경제구조와 이 과정에서 나타나는 부패문제와 행정전문성의 부족이다. 세계 10위의 자원부국인 몽골은 석탄, 구리, 석유 등 많은 자원을 보유하고 있지만 이를 효과적으로 활용하지 못하는 상황이다. 자체적으로 보유한 기술력이 없어서 채굴과 가공을 외국에 맡겨야 하기 때문이다. 이 과정에서 대국인 중국과 러시아 사이에서 균형적인 외교를 해야만 한다.

외교문제는 한국의 상황과 유사한 측면이 있다. 중국 및 러시아의 대륙세력과 미국, 일본 등의 해양세력의 사이에서 경제적 이익을 취하면서도 외교/국방 등의 차원에서 균형점을 찾아야 하기 때문이다. 몽골의 차이점은 러시아와 중국 모두 역사적으로 완전한 우방이 아니라는 점이다. 두 국가 모두 몽골을 침략한 역사가 있기 때문이다. 현대 몽골에게 중국과 러시아는 사회주의 체제라는 동질성과 경제적 협력이라는 요인이 맞물려 작용하고 있는 상황이다. 이러한 맥락에서 영세중립 국화를 국가의 목표로 하고 있다. 또한 산업의 구조적 취약점을 보완하기 위해 관광산업을 진작하는 것도 바람직하다. 몽고는 자연, 지리적 특성, 풍부한 역사, 유목인의 문명, 고대 귀중한 유물 및 유적을 비롯한 몽골의 소중한 자원 등은 몽골의 관광산업발전을 위한 가장 기본적인 자원이라고 할 수 있다.

국토의 사막화는 몽고 내부만의 문제가 아니고 황사현상의 주범으로 우리나라와도 연결되어 있다. 한편으로는 대대적인 식목작업을 하고, 다른 한편으로는 실크로드라고 부르는 남북을 관통하는 철도로 몽고내부의 경제는 물론이고 인접국가(우리나라의 유라시아관통철도)와도 연결성을 높일 수 있다.

그리고 이것은 관광정책과도 연계되는 것이다. 이미 몽고의 관광업은 다른 분야에 비해 가장 급속도로 발전하고 있다. 1990년 관광업을 독자적으로 운영하고 있었던 외국관광객 서비스 센터가 사립 외국관광 회사인 "졸친"으로 명칭을 변경하였고, 1991년 사유재산위원회결정으로 졸친 주식회사가 되었다(수흐바타르 바이갈마, 2012). 이러한 변경 이후 400여 개의 공·사기업의 관광업체들이 설립하게 되었다. 독자적으로 운영해 오던 졸친 외에 Juulchin, Genco Tour, Asian Nomads, Nomads Tour 등 약 580개 관광관련업체들이 생겨나 세계시장에 진출하게 되었다. 향후에도 주어진 자원을 잘 활용하여 관광산업을 발전시키는 것이 정부의 과제라고 하겠다.

몽고는 체제전환과정에서 서구민주주의의 제도적 외형을 급수입했지만, 실제 운영에서는 많은 문제점을 노정하고 있는 비통합적 모형을 보이는 나라이다. 그동안 법과 제도 개혁을 해왔지만 여전히 제도화수준은 낮은 상황인 것이다.

특히 제도가 아니라 인물중심으로 정당이나 국가운영이 되고 있는 것이 몽고 체제의 가장 취약한 요소이다. 이런 인물들로 구성된 의회가 매우 큰 권력을 갖는 것도 문제이다. 인물중심의 의회가 몽골 경제의 주요 산업인 광산채굴인허가 결정을 하는데 반해, 부패문제를 견제할 행정권력이 매우 부족하다. 광물은 국가자원으로 가장 중요한 것이므로 채굴권 등 관리와 국가예산과정에 투명성을 제고하는 것이 필요하다.

한편, 개발협력(ODA) 등 외부의 자원이 유입되지만(우렐촐롱 오로다와, 2015), 이를 제대로 관리할 능력이 부족하다. 국가재정을 효과적이고 효율적으로 사용할 행정부의 전문성 또한 부족한 상황이다. 따라서 윤리적이고 유능한 관료를 기르는 것이 필요하다. 행정개혁을 통한 직업공무원제와 실적제를 바탕으로 문제를 개선하고자 노력하는 과정에 있지만, 아직은 갈 길이 요원하다고 하겠다. 능력에 기초한 직업공무원제가 법치행정을 철저히 실천할 때, 정부경쟁력은 제고될 것으로 보인다. 정부가 경쟁력을 올리면, 몽고의 발전은 낙관적이라고 본다(임도빈, 2015).

대체적으로 몽고인들은 개방적이다. 전통적으로 게르(둥근 천막형 거주유형)에서 유목을 나갈 때 문을 잠그지도 않을 뿐만 아니라 식재료를 보이는 곳에 놓는다고 한다. 누군가 길 가던 사람이 쉬고 가라는 의미이다. 그러나 인구의 절대적 부족으로 정부경쟁력을 제고하는 데 한계가 있다. 이러한 맥락에서 보면, 몽골의 정

표 14-5 몽골과 한국의 비교

비교항목	몽 골	한 국
법과 제도화 수준	낮음	비교적 높은 수준
경 제	광물자원의존 높음	수출의존도 높음
부 패	심각	비교적 양호
대통령 권한	이원집정부제(외교/국방에 한정)	대통령중심제
의회의 권한	자원채굴권 등 권한행사	행정부 통제, 예산권
행 정	외형적 제도개혁도입 및 내실의 문제	관료제 경직성, 재량권문제
지 방	울란바토르 중심, 서비스취약	지방자치제도 확립과정
NGO	지역/분야별 편중, 외국의존	적절한 활동필요

부가 인구증가 정책을 추진하고 있는 것은 바람직한 것이다. 300만 명의 인구를 돌파하기 위해, 정부가 출산자에게 훈장을 주고, 300만 명째 출생아에 대해 대통령이 직접 축하하는 등의 정책을 펴고 있다.

그럼에도 불구하고 소규모국가의 한계는 벗어나기 어렵다. 이러한 상황 속에서 넓은 국토에 비하여 인구가 적어서 생기는 문제의 일부는 IT를 통해 해결할 수 있다. 현재 사용되는 핸드폰수가 500만대 이상이라는 점은 이를 말해주는 것이다. 몽고정부가 정보화 정책분야에 경쟁력을 제고해야 하는 이유이다. 이 분야에서는 선진국이 걸어온 과정 중 일부단계를 생략하여 발전할 수 있는 가능성이 있기 때문이다.

☕ **차 한잔의 여유**

네덜란드 병이 우려되는 몽골 자원기반 경제

네덜란드 병(Dutch Disease)은 자연자원이 풍부한 국가들의 경제성장이 그렇지 않은 국가들의 경제성장보다 평균적으로 낮게 나타나 경기침체가 장기화되는 것으로 자연자원의 저주(the natural resource curse)라고도 불린다. 네덜란드는 1960년대 북해에서 대규모 천연가스를 발견하면서 높은 경제성장을 기대하였으나, 천연자원의 수출로 인한 외화유입과 자국통화 평가절상, 서비스 가격 및 임금 상승으로 제조업 경쟁력과 수출경쟁력이 하락하여 1960~70년대에 심각한 경기침체를 경험하였다. 이러한 네덜란드 사례는 자원의 보유가 축복이 아니라 저주로 이어질 수 있음을 시사하고 있다.

네덜란드 병에 대한 연구는 주로 서구 경제학자들 중심으로 이루어져 왔다. 원유를 수출하는 18개 개발도상국의 네덜란드 병을 분석한 연구(Spatafora and Warner, 1995), 인도네시아와 나이지리아 농업부문의 수출감소에 관한 연구(Rudd, 1996), OPEC 국가들의 네덜란드 병에 대한 연구(Gylfason, 2001) 등은 자원부국과 경기침체 간의 양의 상관관계를 밝혀 네덜란드 병의 징후를 확인하였다. 이러한 네덜란드 병에 대한 연구는 아시아와 아프리카의 많은 국가들이 풍부한 자원으로 인해 높은 경제성장을 달성하기보다 오히려 경제가 침체되고 경제성장이 저하되는 상황을 잘 설명한다고 할 수 있다.

자원부국인 몽골도 그동안 두 자릿수의 고도성장을 지속해 오다가 2011년 GDP

성장률 17.5%를 기록한 이후, 2012년 12.3%, 2013년 11.6%, 2014년 6.9%로 지속적으로 하락하고 있어 네덜란드 병이 발생한 것이 아니냐는 우려가 제기되고 있다. Oxford Business Group이 작성한 자료에 의하면 현재 몽골의 광업은 국가 GDP의 1/3을 차지하고 전체 수출액의 89.2퍼센트를 차지할 정도로 급성장하였지만, 광업이 고용하는 인력은 전체 인력의 4퍼센트에 불과하다. 반면, 제조업은 1988년만 해도 국가 GDP의 1/3을 차지했으나 2011년에 들어 이 수치는 7퍼센트로 감소하였다. 한편, 서비스 산업과 그 고용비중은 최근 답보상태에 있지만 2010년까지 지속적으로 증가하였다.

광업이 고용하는 인력은 전체 인력의 4%에 불과하지만 전체산업의 임금상승을 주도하고 있어 네덜란드 병의 징후가 가장 현저하게 나타나는 부분이다. 몽골은 세계 금융위기가 발생한 2009년을 제외하고는 두 자릿수의 임금상승이 지속적으로 나타나고 있으며, 임금상승률이 노동생산성 증가율을 상회하여 물가 상승을 유도하고 있는 것으로 예측할 수 있다.

전체적으로 볼 때 몽골의 임금수준은 2007~2012년 동안 노동생산성 증가율을 크게 웃돌아 3배 이상 증가하였다. 이는 결국 제조업의 생산성 및 수출경쟁력을 약화시켜 몽골의 경기침체의 주요 원인으로 작용하고 있다고 예측할 수 있다.

네덜란드 병이 의심되는 몽골의 경기침체 및 경제성장률 하락은 향후 대규모 구리·금 광산지구인 오유톨고이(Oyu Tolgoi)가 본격적으로 개발될 경우 더욱 악화될 가능성이 높다. 또한 정치인의 인기영합주의로 선심성 복지지출의 증가율이 급격히 증가한다면 높은 인플레이션과 그로 인한 임금상승률을 다시 초래하여 악순환 고리를 형성할 수 있다.

이와 같은 몽골의 네덜란드 병 징후를 극복하기 위해서는 광산에 집중된 수출구조를 완화하고 산업다변화 정책을 적극 추진하여 경제 전반의 균형적 발전을 도모할 필요가 있다. 2013년 7월 재선에 성공한 몽골 엘벡도르지(Elbegdorj) 대통령은 이러한 취지에서 경제의 다변화를 추진하겠다고 선언하였으나, 정부의 광산업에 대한 지나친 관심은 사그라지지 않아 여전히 다른 산업분야의 성장을 가로막고 있다(김흥진, 2014).

사실 네덜란드 병 퇴치의 가장 큰 걸림돌은 역설적으로 자원산업의 호황이다. 자원산업이 호황을 누리고 있는 동안 경제를 다변화하려는 노력은 실패할 가능성이 높기 때문이다. 이런 이유로 몽골의 네덜란드 병을 치유하기 위해서는 자원산업의 불황이라는 충격이 필요하다는 주장이 제기되기도 한다(이유신, 2013).

◈ 참고문헌

강수연(2012), "몽골의 자원 및 인프라 개발 현황과 시사점 — 남부지역 광산개발을 중심으로," 한국수출입은행 해외경제연구소, 개도국 지역이슈 리포트, 2012-18.

권헌영, 홍필기, 정인환, 송윤정 & 김경열(2012), 몽골전자정부 법·제도 구축 사전 타당성 조사, 미래와 세계.

금융투자협회(2011), 몽골 금융산업과 금융시장 현황. 금융투자회사 해외진출 지원을 위한 이머징마켓 조사시리즈(11-5).

금희연(2009), "몽골의 체제전환과 민주화과정에 관한 연구: 역대 총선과 대선을 중심으로," 『한국 통일전략학회』, 9(2): 181~223.

김주삼(2008), "한·몽골의 정치경제적 관계변화와 전망," 『세계지역연구논총』, 26(3): 341~ 362.

몽골통계청(2003~2012), 몽골통계연감(year book), 몽골 통계청.

바양자갈(2012), "몽골 정부회계제도의 개선방안에 관한 연구," 경기대학교 석사학위논문.

박상남(2014), "상하이 협력기구의 평가와 전망," 『유라시아연구』, 11(4): 121~137.

사랑게렐(2013), "한국과 몽골의 인사행정 제도의 비교," 가천대학교 행정학 석사논문.

성비락(2008), "몽골의 7월 1일 사태의 끝은 어디인가," 『동아시아 브리프』, 3(4): 71~75.

수흐바타르 바이갈마(2012), "몽골 관광산업 경쟁력 제고방안에 관한 연구," 경희대학교 석사학위논문.

아짜자야(2014), "몽골과 한국 회계감사제도 비교 연구," 선문대학교 석사학위논문.

외교부(2015), 몽골개황 2015.

우렐촐롱 오로다와(2015), "한국의 공적개발원조(ODA) 정책의 우선순위에 대한 비교연구 — 몽골사례에 대한 계층적 비교연구를 중심으로," 공주대학교 행정학 석사논문

유민봉·임도빈(2016), 『인사행정론』, 제6판, 박영사.

유원수(2012), "몽골 고원의 유목 전통과 현실 — 몽골 고원의 유목 전통과 현실— ," 『인문논총』, 67: 349~380.

이유신(2013), 네덜란드 병을 앓고 있는 몽골, 대외경제연구원.

이정진(2009), "몽골의 민주주의 정착과 외교정책 방향," 『신아세아』, 16(3): 200~225.

이창수, 송백훈(2013), "몽골 경제 발전전략: CGE 분석 및 사례연구," 대외경제정책연구원, 전략지역심층연구 13-13 연구보고서 13~32.

_____(2011), "1911년 외몽골 독립에 대한 중국 연구자들의 시각," 『북방사논총』, 3(0): 225~238.

_____(2015), 여론조사에 나타난 최근 몽골 민심의 동향, 대외경제정책연구원.

이평래(2014), 사이항빌렉 내각 출범 후 몽골 정치경제 동향, 대외경제정책연구원.

이평래(2015), 여론조사에 나타난 최근 몽골 민심의 동향, 대외경제정책연구원.

임도빈(2015), 정부경쟁력보고서, 문우사.

임도빈, 베차츠랄(2009), 몽골의 공공관리, 서울: 서울대학교 행정학과, p.169.

차츠랄트(2012), "체제전환국가의 인사행정체제 변화에 관한 연구: 몽골을 중심으로," 서울대학교 박사학위논문.

툽신(2012), "몽골의 독립과 외교정책에 관한 연구 ― 준완충국에서 완충국으로 이행 ―," 고려대학교 정치외교학 석사학위논문.

한동효(2011), "공공부문 뇌물 및 부패발생의 특성요인에 관한 비교연구 ― 한국과 몽골의 부패실태를 중심으로 ―," 한국지방정부학회 하계학술대회, 59~92.

Badamtsetseg Tudev(2011), "몽골 회계감사에 관한 직무특성별 인식 차이 분석," 충북대학교 회계학과 석사학위논문.

CEDMHA(Center for Excellence in Disaster Management & Humanirarian Assistance) (2014), Mongolia disaster management reference handbook 2014.

Delgerjargal Tsanjid(2012), "몽골 공무원 공공봉사동기와 혁신행동의 관계에 관한 연구: 상사신뢰·직무특성의 조절효과를 중심으로," 단국대학교 박사학위논문.

Democracy Education Center(2006), NGOs in Mongolia. Open Society Forum.

Galindev Ulziisaikhan(2014), "몽골의 초·중등 학교교육비 배분 모델 연구," 충남대학교 교육행정학·교육사회학, 박사학위논문.

Ganbold Otgontsetseg(2012), "몽골 국가개혁에 관한 연구," 세종대학교 행정학 석사학위논문.

Jadambaa Ariumstsetseg(2007), "몽골 정치의 특성에 미친 환경요인에 관한 연구," 상명대학교 한국학과 정치와 경제전공 석사학위논문.

J. Amarsannaa & Sodnom Doljin(2009), 몽골의 정부조직과 법체계. 한국법제연구원.

Luvsan Namnansuren(2014), "몽골의 민주주의: 이행에서 정착까지," 강원대학교 정치학 박사학위논문.

Onon Khurelbaatar(2015), "몽골의 민주화 과정에 관한 연구," 충북대학교 정치학 석사학위논문.

Sukhbaatar Batchimeg(2009, "몽골 헌법에 관한 연구," 서울시립대학교 법학 석사학위논문.

Chapter 15.

종합비교

한 국가의 정치행정기구는, 그 사회가 요구하는 기능이 무엇이냐에 따라 분화를 한다. '사회의 요구'란 단순히 국민들의 다양한 요구만을 의미하는 것이 아니고, 헌법이나 과거역사가 요구하는 규범적인 것도 포함한다. 기구가 분화되면 될수록 이들 간 행위를 통합해야 하는 문제가 발생한다. 본서에서는 기구(혹은 제도) 간 통합의 정도에 따라 세 가지 유형으로 분류하였다. 완전통합모델(중국, 사우디아라비아, 우간다), 상대적 통합모델(미국, 프랑스, 일본, 독일, 영국, 스위스), 비통합모델(러시아, 브라질, 몽고)이 그것이다. 이 유형화도 이들 간의 상대적 차이를 기준으로 한 것이지 어떤 절대적 기준에 의한 것은 아니다. 이 장에서는 종합비교를 하기 위해 지금까지 각국별로 논의한 것을 항목별로 모아 수평적 비교를 하기로 한다.

I 국가사회의 구성유형

Rawls(1999: 186)는 국가(state)란 '평등한 시민들로 구성된 연합체(association)'이고, 사회(society)란 '그 성원 상호 간에 구속력을 갖는 어떤 행동규칙을 인정하고 대부분 그에 따라서 행동하는 사람들로 이루어진, 어느 정도 자족적인 연합체'라고 하였다. 이러한 맥락에서 전세계는 여러 '국가사회'라는 울타리로 구분되어 있다. 그런데 21세기에 들어서면서 급속히 확대된 세계화의 도도한 물결은 전세계를 하나의 공동체로 만들어 가고 있다고 주장하고 있다. 공산권의 몰락을 마치 미국모델의 완승을 증명한 것으로 믿는 사람도 있었다. 그러나 이는 서구적인 시각에서 파생된 매우 위험한 사고일 수 있으며, 한 국가를 연구함에 있어서 중대한 오류에 빠지게 할 수 있다. 따라서 열린 마음으로 다른 나라의 경험으로부터 겸허히 교훈을 얻으려고 노력해야 한다.

이러한 맥락에서 지금까지 살펴본 각 나라의 특성을 종합적으로 비교하는 작업을 시도하려고 한다. 본서에서 다룬 12개 나라들은 국민 대다수 혹은 국가지도자가 추구하는 사회상(社會像)이 서로 다르다. 이상적인 사회에 대한 구성원들 간에 합의 정도도 다르다. 비교행정 연구에서의 중요한 것은 국가와 개인 간의 관계가 어떠해야 하느냐의 문제이다. 이를 기준으로 하여 이념형(ideal type)으로 제시할 수 있는 유형이 주피터형과 헤라클레스형이다.

헤라클레스형은 국가사회의 핵심이 '공동체'보다는 '개인'에 있다고 보는 개인주의(individualism) 혹은 이기주의(egoism)적 사고에 기초한다(Sommers, 1986). 반대로 개인보다는 국가공동체의 중요성을 강조하는 것이 주피터형이다. 이런 맥락에서 유럽대륙은 귀납적인 국가성(deductive stateness)에 기초하고 있다면, 영미는 연역적 무국가성(inductive stateless)에 기초하고 있다는 차이가 있다(Rugers, 2001).

주피터형은 과거 왕권신수설에 의한 국가나 섭리국가론에서 볼 수 있는 바와 같이 군주가 공익 혹은 국익을 결정하는 역할을 하고, 공무원은 그들이 의사결정한 것을 실현하는 역할을 담당하는 것을 상정한다. 근대국가에서는 군주대신 법단계설에 의하여 주권자인 국민이 합의한 가장 기본적인 사항의 표현인 헌법이 있고, 이를 구체화하는 법률이 있으며, 법률의 내용을 구체화하여 집행하는 역할을 공무원이 담당하는 것이다. 즉, 공무원은 수동적으로 국민이 원하는 것이 무엇인가

표 15-1 사회구성에 대한 이념형모델

	주피터형	헤라클레스형
정책공동체	계서적 피라미드식, 공동체중심	역피라미드 형(공직자가 국민을 떠받들고 있는 모양), 개인중시
정보 및 의사소통유형	하향식	상향식
선, 진리의 존재 여부	선험적으로 존재	사회에서 만들어지는 것
행정의 주요 방법	지시, 확인, 계획, 강행	공청회, 투표, 참여
공무원의 역할	미래 예측, 엘리트	환경에 대응(의견수렴)
예	프랑스, 중국, 일본, 사우디아라비아	미국, 스위스

를 파악하여 집행하는 도구가 아니라, 적극적으로 공익을 추구하는 '주체'의 역할을 한다.

이에 비하여 헤라클레스형에서는 국민개개인 의사의 총합이 곧 그 사회가 추구해야 하는 것이라고 본다. 무엇이 공동체를 위해 좋은 것인가가 선험적으로 결정되어 있지 않기 때문에 공직자가 해야 하는 일이란 이들 전체 의사를 파악하는 것이다(임도빈, 2003).

완전통합형 모델은 주피터형을 취할 수밖에 없다. 비통합형은 헤라클레스형에 가깝다고 볼 수는 있으나 반드시 일치하는 것은 아니다. 상대적 통합형은 주피터형과 헤라클레스형 중 중간의 어디에 속할 가능성이 높다.

이 유형은 이념형이기 때문에 대표적인 예로 든 나라들도 그 나라 국민들은 일부 동의하지 않을 수도 있다. [표 15-1]에 나와 있지 않은 영국은 유럽국가로서 주피터형 모델에 속하지만, 미국의 영향으로 헤라클레스형도 어느 정도 가지고 있는 나라이다. 이 점에서는 정도는 좀더 약하지만 독일도 마찬가지라고 본다. 러시아는 주피터 모델이었으나 체제전환으로 헤라클레스형으로 가고 있는 과도기에 있다. 브라질의 경우는 군사독재시 주피터형이었으나 극심한 민주화 투쟁으로 인해 헤라클레스형으로 진행되거나 아직 방향을 잡지 못하는 혼란 속에 있다고 할 수 있다. 한국도 브라질과 유사한 상황 속에 있는 나라라고 생각한다.

양 유형을 극단으로 하면, 중간에 여러 가지 유형이 존재할 수 있다. 대부분의 국가는 과거의 전통에 의해 어느 정도 주피터형의 특성을 가지고 있다. 한국의 경우 과연 헤라클레스형으로 가는 것이 좋은지에 관한 철학적·윤리적 논의를 해야 한다. 이것이 어느 정도 결정이 된 후에 비로소, 각종 국가개혁이나 행정개혁을 외국 경험에서 배워야 하는지 여부가 결정되는 것이다.

Ⅱ 종합비교: 정부경쟁력의 관점에서

국가의 경쟁력을 구성하는 기본요소로서 인구규모나 질, 그리고 자연환경(즉, 국토면적, 지질, 기후) 등은 국가마다 매우 큰 차이가 있다(Nye, 2012). 이러한 자연자원을 중심으로 한 공간(space)은 각국 정부의 경쟁력을 제약하는 요인이다. 그러나 이것은 극복할 수 없는 제약만은 아니다. 인간의 노력에 의하여 제도를 만들고 자원을 효율적으로 동원-배분함으로써 그곳에 사는 사람들의 생활을 완전히 다르게 할 수 있기 때문이다. 세계지도를 놓고 보면, 선진국과 후진국의 분포를 두고 자연적 제약에 따라 일반화를 하기는 어렵다. 열악한 자연조건에도 불구하고, 정부가 하는 역할에 따라 선진국이 된 나라도 많기 때문이다. 정부가 무엇을 어떻게 해야 경쟁력이 있을까라는 관점에서 이 책에서 다룬 나라들을 종합적으로 비교하기로 한다.

1. 공간과 정부경쟁력

자연공간(natural space)과 그곳에 거주하는 인간이 만들어낸 인위적 공간(artificial space)은 정부경쟁력을 비교하기 위해 기본적으로 고려해야 할 차원이다. 인위적 공간면에서는 산업구조, 도시화, 사회간접자본 등이 고려해야 할 요소이다. 예컨대, 본서에서 다룬 나라들은 이들 공간의 규모라는 점에서 확연히 구분된다.

미국, 중국, 러시아, 브라질은 초대형국가로서 적어도 나라 규모라는 측면에서 비교가능하다. 기후로 볼 때, 러시아는 북극에, 브라질은 남극에 가까운 곳에 위치하여 서로 대조적이다.[1] 두 나라는 모두 연방제를 택하고 있고, 경제수준이 낮은 편이다. 중국은 인구 및 국토면적에서는 공룡과 같은 나라이지만, 공식적으로는 연방체제가 아니다. 그러나 실제적으로는 중앙정부가 일일이 통제하기 곤란하기 때문에 지방의 자율성이 높을 수밖에 없다. 중국과 러시아는 사실상 다당제가 아닌 권력집중이 된 권위주의 정치체제를 가지고 있다. 중국, 러시아, 브라질은 BRICs의 일원으로서 세계경제를 주도할 만한 잠재력을 가진 것으로 평가되고 있다.

이렇게 본다면, 미국은 예외적인 나라이다. 미국은 국토가 광활하고, 이민자들이 많은 나라로서 다른 단일국가와는 비교하기 어려운 측면이 있다. 그동안 축적하여 온 국제질서에 대한 영향력으로 세계의 정치와 경제를 주도하기 때문에 갖는 장점도 많지만 지불해야 하는 비용도 많이 있다. 미국의 경제지표들은 대체로 양

---

1) 이하의 각 국에 대한 비교론적 기술은 각 국의 현황을 나타내는 구체적인 정보를 놓고 보면 더 풍부한 설명이 된다. 이런 정보는 매년 업데이트되는 것이기 때문에 여기서의 설명은 생략한다. 자세한 것은 다음 웹페이지 참조. https://www.cia.gov/library/publications/the-world-factbook/

호하지만 무역적자가 심하고, 재정적자도 위협적인 수준이다.

전통적 민주주의 국가인 프랑스, 일본, 독일, 영국 등 중간규모의 국가들은 나름대로의 성취를 한 나라들이다. 이들은 공통적으로 '저성장과 과대 성장한 사회복지를 어떻게 해결해야 하는가'가 문제시된다. 또한 이들 선진국들은 과도한 부채문제를 시급히 해결해야 할 문제로 안고 있다. 이 중 스위스는 강소국가로서, 자연의 제약을 장점으로 전환한 흥미있는 나라이다.

몽고, 사우디, 우간다는 모두 자원은 풍부한 편인데, 서구에 비하여 다른 조건들이 균형적으로 갖춰지지 않아 열악한 경제수준에 있는 나라이다. 몽고는 인구가 적다는 점에서 소형국가가 가지는 약점을 갖고 있고, 러시아와 중국의 식민경험에서 벗어나 체제전환을 하는 나라이다. 우간다는 영국의 식민지 경험에서 벗어나려고 하지만, 1인 독재로 인하여 정치행정이 제약받는 나라이다. 사우디는 이슬람국가로서 종교가 정치행정을 지배하는 독특한 조건에 있는 나라이다. 이들 세 나라 모두 국민들의 전반적인 경제수준이 낮다는 커다란 문제점이 있다.

인위적 공간을 결정하는 요소로서 사회자본(social capital)도 매우 중요하다. 거시적인 환경은 사회, 경제적 측면뿐만 아니라 각 나라를 지배하고 있는 가치를 통해 형성되기 때문에 각국의 행정제도를 비교함에 있어 그 나라의 중심가치가 고려되어야 한다. 신제도주의 입장에서 본다면 각 나라들이 제도개혁을 할 때 중심가치가 결정적인 영향을 미치기 때문이다. 중심가치를 일반화하기는 무리가 있으나 대체적인 성향을 보면 다음과 같다.

국가행정을 비교할 때 고려할 중심가치로는 개인과 전체(국가사회) 간의 관계에 관한 그 나라 국민들의 생각이 가장 중요하다. 프랑스는 개인의 자유 못지않게 평등과 유대감을 중시하는 전통을 가지고 있다. 프랑스 혁명의 정신은 전체 속에서 개인을 생각하여 결과적으로 공적부분의 비중의 확장에 영향을 미쳤다. 즉 이는 사회적 약자나 시장에서의 약자에 대해서 국가가 중심적인 역할을 해야 한다는 생각 때문이다. 이에 대조되는 나라는 미국으로서 개인의 자유를 매우 중시하는 전통이 지배적이다. 하지만 특히 레이건 이후 일관되게 추진되어 온 시장중심주의 개혁은 정부경쟁력에 부정적인 영향을 미친 것도 많다. 9·11테러 이후, 미국사회 전체에 퍼져가고 있는 테러위협은 이런 가치관 간의 갈등이 원인이라고 할 수 있다. 독일, 영국, 스위스, 일본은 모두 프랑스와 같이 전통과 공동체를 중시하는 경향이 있다. 일본은 집단주의가 지배적인 가치라고 한다면, 독일은 국가라는 절대적인 존재를 인정한 후 그 한도 내에서 개인의 자유와 이성을 추구한다는 차이가 있다.

704 제 4 편 비통합모델

사우디아라비아의 경우 이슬람 종교의 영향으로 강한 통합이 이뤄지기 때문에 정치적·행정적 분화와 제도화가 미흡하다. 국가 혹은 전체사회에 대한 집단의식은 매우 강한데, 이것은 신앙심 혹은 강요된 문화라고 할 수 있다. 중국은 일견 사회주의를 포기하고 자본주의국가인 것 같으나, 사실상 많은 제약이 있다. 일반 국민들은 이념적인 것보다는 개인 혹은 가족단위라는 차원에서 실리에만 관심을 갖는 경향이 있으나, '중국'이라는 자부심 또한 크다. 러시아는 오랜 권위주의 체제를 경험하여 이를 바탕으로 하는 역사적 공동체주의적 성향이 있으나, 정치불안감, 정치효능감부족, 신뢰부족 등의 문제도 크다. 개인과 가족에 대한 가치가 국가단위보다 크다. 브라질은 오랜 식민지생활을 겪었지만 인간의 존엄성과 평등주의를 바탕으로 따뜻한 사회를 만들려는 가치관은 있으나, 국가와 행정에 대한 불신이 크다. 몽고는 징기스칸이라는 역사적 인물에 의한 자부심이 크지만, 현재 국운의 쇠약과 정치불신으로 전통적 가치관의 해체를 겪고 있다. 우간다의 경우 전통부족사회가 오랜 내전과 학살로 몸살을 앓고, 경제문제에 대한 가치가 제고되는 상황에 있는 나라라고 하겠다.

2. 정치체제의 비교

광의의 정부경쟁력은 국회와 사법부를 포함한 넓은 의미의 정부를 대상으로 한다(임도빈, 2014). 한 국가를 바라보는 연구자의 시각에 있어 지켜야 할 주의사항 중 한 가지는 'ethnocentrism'에 빠져서는 안 된다는 것이다(Riggs, 1998). 즉 비교연구의 중심이 서구라고 해서 모든 비교에 있어서 서구의 방식과 서구의 관점에서 살펴보아서는 진정한 비교가 불가능하며, 그 함의를 이끌어 내기에 적절치 않다는 것이다. 각 나라는 나름대로의 권력구조를 가지고 있고 그 내부에는 정치권력의 구심점이 있어 균형을 잡고 있다.

정치기능은 어느 나라에서든 존재하지만, 그 제도화의 방법과 정도는 다르다. 완전통합모형의 사우디아라비아는 왕과 종교를 구심점으로 하고, 중국의 경우는 공산당을 중심으로 한다. 비통합모델의 경우 브라질, 몽고는 구심점이 없으며, 정치의 부재라고 할 수 있는 가운데 제한적으로나마 대통령의 권력이 팽창되어 있다. 러시아와 우간다는 전반적으로 권위주의적인 체제로서 대통령 1인의 전제적 정치가 이뤄진다.

상대적 통합국가로 분류된 나라들은 첫째, 비교적 정치행정권력이 한 곳에 집중되어 있지 않고 여러 제도화된 기관으로 분산되어 있으며, 세습되지 않고, 둘째, 이들 간 상호작용을 통해 균형을 찾는다는 의미에서 합리적 권력구조를 가진 국가로 볼 수 있는데, 권력의 분산과 작동방식은 국가별로 상이했다.

미국은 연방제와 3권분립을 통해 권력의 균형과 견제가 작용하는 체제를 가지고 있다. 영국과 일본은 모두 왕권이 존속하는 의원내각제를 기본 정치행정체제로 하고 있는데, 영국에서는 양당제를 기반으로 한 정권교체를 통한 수상 중심의 의회민주주의가 발달한 반면, 일본에서는 약 50년 간 자민당의 장기집권과 메이지유신의 전통으로 인하여 자민당 중심의 정치권력의 독점 속에 엘리트 관료가 공공부문의 중심이 되는 행위자로 고착화되어 있다. 프랑스와 독일은 모두 대통령과 수상이 공존하는 구조를 가지고 있지만, 독일은 수상 중심의 의원내각제, 프랑스는 대통령제와 의원내각제의 양자 특성을 겸한 이원집정부제 구조를 가지고 있다. 그러나, 상대적 통합이란 측면에서 볼 때, 독일은 정당의 역할이 두드러진다면, 프랑스에서는 관료제의 역할이 두드러진다. 스위스는 직업정치인보다는 일반주민이 참여하여 공공문제를 해결하는 직접민주주의적 성향이 가장 강한 나라이다.

거시적 차원에서 정치체제는 경제생활과 밀접한 관계를 갖는다. 정치적 '자유민주주의'와 경제적 '시장주의'는 상호 관계가 높은 변수들이다(Meny et al., 2004: 15). 그러나 지구상에는 완벽한 자유민주주의도 존재하지 않고, 완벽한 시장경제도 존재하지 않는다. 특히 시장경제는 경제적 강자가 우위를 점하는 게임을 조장하기 때문에 약자의 보호에 많은 취약점을 안고 있다. 여기에서 공권력의 개입이 정당화된다.

공공부문의 규모는 여러 가지 지표로 비교가 가능하다. 공권력은 사회질서 유지는 물론이고, 공공복지, 교통통신, 과학기술 등 모든 분야에 개입함으로써 국가공동체를 유지한다. 개입의 범위와 정도는 헤라클레스모델의 경우 국민들의 합의에 의하여 결정되는 반면, 주피터모델의 경우 헌법의 정신이나 권력자의 통치철학에 의해 결정된다. 물론 대부분의 국가에서는 이 두 가지 철학이 혼재되어 있다.

어떤 원인이 작용하였든 공공부문이 얼마나 큰가를 가시화하는 대표적인 지표는 재정과 인력이라고 할 수 있다. 즉, 경제가 많은 부분을 지배하는 중심변수가 되었다. 경제는 자연공간과 인문공간의 상호작용에서 복잡하게 작동하는 존재이다. 정부의 경쟁력도 경제측면에 의해서 많은 부분이 결정되는 측면이 있다. 예컨대 국내 총생산액 중 공공지출이 차지하는 비중(Public Expenditure/GDP)과 전체 인력 중 공공부문 종사자 수의 비율(공무원 수/총고용인력)이 가장 중요한 지표들이라고 볼 수 있다.

정치와 행정권력기구에 대한 통제가 어떻게 되어 있는가도 정치체제의 특성을 나타내는 중요한 변수이다. 서구의 경우 3권분립의 원칙에 의해 주로 사법기관에서 담당한다. 권력통제 측면에서 살펴보면 미국은 의회권이 강한 나라이지만 사법기구에 의해 통제도 활발하다. 프랑스의 경우 의회도 중요하지만 행정권력에 대한 통제는 중립적 기구에 의한다. 행정권이 강한 나라일수록 사법부에서 행정재판소가 별도로 존재하거나 별도로 발달하는 경향이 있다. 프랑스, 독일 등 유럽제국이 그 예이다. 영국은 정당중심으로 권력통제가 이루어지고 있다. 특히 의회가 국민의사를 대변하면서 내각불신임을 한다는 점에서 가장 강력한 통제기구라고 할 수 있다. 일본의 경우, 영국과 유사한 제도이지만 상대적으로 권력에 대한 통제가 약하게 작동한다고 하겠다. 스위스도 통제제도가 있지만, 기본적으로 국민투표 등으로 주민직접통제가 작동하도록 되어 있는 나라이다.

다음은 중국, 러시아, 브라질, 사우디아라비아, 우간다, 몽고의 경우, 정치권력의 통제가 상당히 어려운 나라라고 볼 수 있다. 중국은 공산당에 의한 통제, 그리고 상급기관에 의한 지시와 감독이 이뤄진다는 점에서 서구의 민주적 통제는 아니지만 일종의 통제 메커니즘이 작동하고 있다고 볼 수 있다. 러시아, 사우디, 우간다는 비교적 장기집권을 하는 1인 때문에 통제장치가 작동하지 않는다면, 몽고는 전반적인 제도화의 수준이 낮아서 혼란 속에 있는 나라라고 하겠다.

3. 행정체제의 비교

행정의 역할에 대해서 평가하려면 정치와의 관계에서 관료제가 어느 정도 자율성과 안정성을 가지고 있는가의 문제를 살펴보아야 한다. 부당한 정치의 압력에 대해서 행정이 '국익'이란 입장에서 중립적으로 업무를 수행할 수 있느냐가 정부경쟁력을 좌우한다. 정부부처의 수와 조직은 러시아와 프랑스에서 가장 자유롭게 바뀐다. 이외에도 영국, 독일, 몽고 등에서도 의회의 동의 없이 수상이 바꿀 수 있으나 실제로는 자주 바뀌지 않는다. 이에 비하여 부처조직이 사실상 경직성을 띠고 있는 나라는 미국, 일본, 영국, 스위스, 우간다 등이다. 특히 일본은 부처의 총수를 헌법이 20개 이하로 제한하고 있다.

행정부처 조직의 규모와 범위는 그 나라의 특성에 따라 다르다. 공기업 등 기존 부처의 형태를 벗어나는 준정부기관도 많이 발달하고 있다. 이름, 법적 지위, 활동을 봐도, 행정기관인지 민간기업인지 구분이 안 되는 조직들이 많이 등장하고 있다. 이들 기구가 복잡하게 분화되어 있다는 것은 결국 이들에 대한 외부 통제가 그만큼 어려워진다는 것을 의미한다. 부처수준에서 해결할 수 없는 문제들이 위원회라는 조직을 양산하는 것도 공통적인 특성 중의 하나이다. 분쟁의 소지가 있는 문제를 해결해 주는 일종의 사법적 기능을 가진 독립위원회(independent authority)가 등장하는 추세에 있다.

정치에 대하여 관료제의 자율성이 강한 국가는 프랑스, 일본, 독일, 영국, 미국, 스위스 몽고, 중국, 우간다, 러시아, 브라질, 사우디아라비아의 순서로 나열할 수 있다. 자율성이 크다고 하여 반드시 관료권이 크다고 할 수는 없지만 대체로 민간에 대해 행사하는 관료권이 큰 나라들은 법치주의에 근거한 나라들이고, 하위순서에서는 부패 등 개인차원의 권력행사도 포함되어 있다는 점을 감안해야 한다. 특히 직업공무원제도가 발달한 프랑스, 독일, 스위스, 일본 등의 나라에서 관료제의 자율성이 높은 편이다. 즉, 젊고 유능한 인재가 공직에 들어와 '공익의 실현을 위해' 평생을 봉사하게 하는 목적을 가진 직업공무원제도가 중요하다. 사우디아라비아, 러시아, 브라질, 몽고, 우간다 등에서도 실업난 때문에 유능한 젊은이들이 공직을 선호하지만, 행정엘리트가 되기 위해서는 정치적 요인이나 혈통(왕족)이 더 중요하다.

행정부를 움직이는 데 필요한 예산의 편성과 집행이 누구에 의해 좌우되는가도 비교를 위해 중요한 요소이다. 의회가 예산심의권을 갖고 있는 것은 중국만 제외하면 공통된 현상이다. 그러나 국회의 예산권이 실질적으로 제약되는 곳이 많이 있다. 행정이 복잡하고 전문화되기 때문에, 의회는 커다란 방향만 결정해 주고 행정수반에 일정 범위 내에서 재량권을 주는 것이 보통이다. 예산과 인사권이 중요한데, 이를 담당하는 기구가 독립된 부처로 있지 않고 거대한 수반보좌기관 직속으로 있는 나라는 미국, 영국, 러시아 등이다.

예산이 주로 어느 부분에 지출되는가는 나라마다 다르다. 모든 나라의 행정이 그 나라의 경제발전(성장)에 집중되고 있는 것은 공통적인 현상이다. 주목할 것은 선진국일수록 재정적자 및 과도한 국채문제가 심각하다는 점이다. 특히 오래된 선진국일수록 사회복지비 지출이 많고, 따라서 재정적자를 줄이는 문제는 바로 복지체제 개편에 있다고 하겠다. 그러나 선심성 정치로 개발도상국도 복지병을 앓고

그림 15-1 관료제의 자율성과 안정성

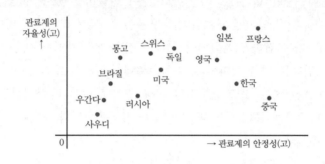

있다. 브라질의 경우가 그것이다. '자원의 저주'라는 네덜란드병을 앓고 있다고 생각되는 나라는 브라질, 몽고, 사우디, 러시아 등이다. 행정체제가 뒷받침해주지 못하고 있다. 미국도 국가부채의 누적이 심각한 수준에 있다. 미국을 비롯한 여러 나라가 국방비를 높은 비중으로 지출하고 있다. 사우디아라비아는 재정이 비교적 풍부함에도 불구하고 사회복지지출의 비중은 비교적 낮은 반면, 교육에 대한 지출은 높은 편이다.

정부경쟁력은 올바른 정책결정을 할 수 있는 능력과 정책을 효율적으로 집행할 수 있는 능력이 필요한데, 후자에 대한 노력은 대부분의 나라에서 이뤄지고 있다. 영국은 money for value라는 차원에서 정책의 경제적 효율성을 높이려 하고, 프랑스는 program별 예산제도를 도입하려고 하고 있다.

4. 거버넌스의 비교

정치권력이 분화되지 못하고 통합된 제도에 집중되는 나라는 민주주의의 측면에서 문제가 있다. 그러나 이것은 대부분의 일반국민들과는 관계없는 지배엘리트들에 해당되는 차원이다. 지방자치는 일반국민들이 지역공동체의 의사결정에 얼마나 쉽게 참여할 수 있느냐를 결정해 주는 제도이다. 즉, 권력에 대한 접근가능성과 권력과 일반국민 간에 존재하는 거리를 나타내 주는 지표이다.

본서에서 다룬 나라 중 미국, 러시아, 브라질, 독일, 스위스가 연방제를 택하고 있으며, 영국, 프랑스, 일본, 중국, 사우디아라비아, 몽고, 우간다가 단일 국가체제를 택하고 있다. 제도의 문제를 떠나 실제적인 측면을 본다면 국토면적과 인구규모와 지방분권과는 밀접한 관계가 있다고 본다. 영토가 광활한 미국, 러시아, 중국, 브라질, 몽고 등은 중앙정부가 물리적으로 지방을 통제하는 데 한계를 가지고 있으므로 그만큼 지방자치적 요소를 가질 수밖에 없다. 그러나 실질적인 자치가 이뤄지는 나라는 미국으로 연방정부에 대하여 각 주가 자율적인 통치를 하고 있는 나라이다. 스위스는 작은 나라인데 지방자치가 활성화된 나라이다. 사우디가 권력의 분점이라는 점에서 가장 극단적인 위치에 있는 나라이다.

헤라클레스형과 주피터형 간에는 거버넌스면에서도 차이가 생긴다. 이것은 헌법이 그 사회의 구성원리를 어떻게 규정하고 있는가와 다수 국민들이 사고하는 방식에 달려 있는 문제이다. 사우디는 종교국가로서 대표적인 주피터형이고, 미국과 스위스는 헤라클레스형이라고 하겠다. 제도분화의 정도가 높으면서 동시에 이들 간 조화와 균형이 이루어지는 나라가 상대적 통합형에 해당하는 나라들이다. 이들 간 거버넌스의 양상은 다양하게 나타난다. 미국에는 헤라클레스모델에 의해 민간 및 지방이 중심이 된 상향식 거버넌스체제가 잘 작동하고 있지만, 그 이면에는 자본주의적 메커니즘이 있다고 봐야 한다. 독일은 사회조합주의적 거버넌스가 강한 반면, 프랑스는 중립적 행정기구가 거버넌스의 핵심을 이루고 있는데 그 이면에는 극단적 자본주의의 폐단을 견제하는 메커니즘이 있다고 봐야 한다. 일본은 관주도형 거버넌스가 강한 편이고, 영국은 의회가 중심이 되지만 나름대로 보수주의적 가치를 지키는 거버넌스가 발달되어 있다.

이 문제는 단순히 공무원의 역할뿐만 아니라 정책에 관련되는 행위자(actor)들 간 상호 관계가 어떠한가, 행정적 공간(administrative space)에서 이루어지는 주된 의사소통의 유형이 어떠한가와 관련된다. 주피터형에서는 정책을 추진하는 핵심세력이 소수이고, 이들의 역할이 정책내용을 결정하는 것이다. 헤라클레스형에서는 정책을 추진하는 핵심세력이 해당 행정서비스의 직접 수요자를 포함한 다수국민이고, 공무원은 정책의 내용을 결정하기보다는 결정을 도와 주는 역할에 머문다. 따라서 진정한 거버넌스는 헤라클레스형 사회에서 절실히 필요한 것이다.

Ⅲ   비교행정학의 발전방향

1. 공적개발원조와 비교행정

비교의 목적은 그 비교 대상의 진실과 본질에 대해 접근하는 것에 초점이 있다. 무리한 서구식의 처방이나, 혹은 자국이나 자민족과의 비교를 시도하는 것은 마치 포유류와 조류의 출산에 대해 비교하는 것과 같이, 차원이 맞지 않는 비교가 되는 것이다. 즉 출산이라는 것은 같은 현상이지만 그것은 전혀 다른 생물학적 차원이므로 단순히 비교할 수 없는 것이다.

이를 비교행정에 적용하여 보면 국가와 국가를 비교함에 있어 똑같은 국가라는 지위를 갖고 있다고 하더라도 국가의 맥락이 전혀 다른 차원의 비교는 결코 의미있는 함의를 이끌어 낼 수 없다는 것이다(Jong S. Jun, 2000). 포유류의 태생은 태생대로, 조류의 난(卵)생은 난생대로 연구해야 하며, 그 후에 각각의 함의를 끌어내거나 혹은 그 둘의 차이점을 논하는 것에서 비교는 마무리되어야 한다. 국가 간비교에 있어서도 차원이 다른 국가의 비교연구에 있어서는 각 국가에 대한 연구를 각각 진행시키고 그 나라 내에서의 함의를 찾아가는 것이 보다 합리적일 것이다.

각국의 문화적 독특성에 대해 깊이 탐구하게 되면 그 독특성 자체를 강조하게되어 진정한 비교연구가 불가능해진다(MacIntyre, 1971: 260~279). 이렇게 되면 각국의 사례에 대한 기술을 병렬적으로 연결한 것에 불과하고 비교연구라고 보기 어렵게 된다. 특히 비교라는 것은 비교가 가능한, 같은 차원(dimension)에서의, 같은 맥락(context)에서 접근하여야 한다. 즉 비교라는 것은 매우 엄격한 의미로 연구되어야 하며, 어설프거나 혹은 비교를 위한 비교가 이루어져서는 안 될 것이다.

최근 공적개발원조(ODA)의 확대로 개도국에 대한 관심이 제고된 것은 고무적인 일이다. 그러나, 각국의 실정에 대해 정확한 이해나 심층적인 연구 없이 ODA 사업이 이뤄지는 것이 문제이다. 미국, 유럽 국가들이 수십년 간 개도국에 돈을 쏟아부었는데도, 성공한 나라는 한국이 유일한 사례인 정도이다. 우리도 이들 선진국의 전철을 밟지 않아야 할 것이다.

Eric Welch와 Wilson Wong(1998)은 서구와 비서구권 간 행정연구를 분석한결과, 이론(theory)과 실제(practice) 간에 커다란 차이가 있음을 발견하였다. 그는 국제적인 맥락에서 각국의 개별행정을 연구하면 이론과 실제와의 간격을 줄일 수 있다고 주장한다.

한국에서도 진정한 비교행정이 체계적으로 연구되지 않고 있다. 단편적이고 피상적인 벤치마킹(Bench marking)이 난무하고 있을 뿐이다. 김선혁(2004: 271)은 신 비교행정학이라고 칭하면서, 행정체계 중 관료제를 비교제도론적 시각에서 파악하고, 분석하고, 설명하려는 것을 핵심적인 연구과제라고 주장한다. 특히 정치-행정 불가분론과 개방체제시각을 택하게 되는 신 비교행정학은 행정학이 관리과학 (management sciences)으로 '타락'하는 것을 막아 준다고 보고 있다.

2. 한국정부의 경쟁력을 위하여

오늘날 전세계는 점점 가까워지고 있다. 심지어 최강대국인 미국도 외국과 복잡하게 연결되어 있어서 완전히 독자적인 의사결정 행위자라고 보기 어렵다 (O'Toole & Harf, 2002). 따라서 모든 나라의 행정은 비교행정연구를 통하여 다른 나라의 행정을 알아야 한다.

무역의존도가 높은 한국은 더욱 그렇다. 한국정부가 경쟁력을 갖추려면 많은 노력이 필요하다(임도빈, 2015). 한국이 국제무대에서 제 몫을 하려면 소위 개발도상국을 비롯하여 각국의 특징과 제도들을 살펴봄과 아울러 새로운 축으로 부상하고 있는 유럽연합에도 관심을 가져야 한다. 비교행정이론을 발달시킴으로써 개발도상국의 발전전략에 실질적으로 도움을 줄 수 있다. 즉, 대부분의 나라가 맥락이 매우 상이함에도 불구하고 미국으로부터 각종 제도를 수입하려는 성향이 지나치다. 그보다는 자연적, 사회적, 역사적 조건이 비교적 유사한 나라로부터 교훈을 얻는 것이 중요하다. 이를 위해서는 한국의 행정학도들이 세계의 각국에 대해 심층적인 지역연구를 해야 할 것이다.

현재 유럽연합을 구성하고 있는 대부분의 국가들이 고령화 사회에 직면하고 있는 문제점을 안고 있다. 이탈리아의 경우 인구의 65%가 퇴직자로 구성되어 있어 향후 이 문제가 사회적 부담으로 현실화될 것이다. 유럽연합의 경우 인구의 외부유입, 즉 이민에 대한 거부감을 안고 있으며, 독일, 프랑스와 같은 나라에서 추진하고 있는 사회복지비 감축의 효과도 의문시된다.

또한 경제문제는 모든 나라의 가장 중요한 요소로 작용하고 있다. 고령화 사회와 더불어 경제 저성장이라는 악재까지 겹치고, 빈부격차는 확대되고 있다. 고용은 확대되지 않고, 사회불만세력은 늘어가며, 전통적 사회의 해체현상을 보이고 있다. 국가부채가 증가함에도 불구하고, 적자재정을 유지할 수밖에 없는 나라들이 많이 있다. 정부의 역할과 행정수단에 대한 고민이 있어야 할 것이다. 이를 볼 때, 유럽연합은 최근 부상하고 있는 BRICs국가들과의 경쟁에서 경쟁력이 약화될 것이다. 한국도 유사한 처지가 되지 않는다는 법이 없다.

APEC 등 아시아 수준의 지역연합체 구축도 유럽연합의 경험으로부터 배워야 할 점이 많이 있다. 그러나 유럽연합의 구조상의 문제와 같은 한계도 함께 알아야 할 것이다. 유럽연합은 인구비례에 의한 투표가중치를 부여하고 있다. 이러한 점은 소규모국가의 피해의식을 가져올 수 있다. 미래의 구조상에서 회원국을 어디까지 늘려야 할지, 다양한 국가들을 어떻게 조화시켜야 할지가 과제로 남아있다.

이상에서 살펴본 바를 토대로 한국이 안고 있는 과제들을 살펴보면, 한국은 국제적으로 다른 국가들과의 관계 조정능력뿐만 아니라 북한과의 특수한 관계를 어떻게 해결해 나갈 것인가가 중요 과제로 남아 있다. 중국, 일본과의 역사분쟁과 영토분쟁에서 아시아의 패권을 두고 경쟁해야 한다. 고령화 사회의 문제도 유럽 선진국의 문제만이 아닌 우리의 현실로 나타나고 있다.

경제부분에서는 국제시장과 국내시장이 서로 다른 2원화 현상이 나타난다. 우선 국내시장은 규모가 작고, 침체되어 있다. 국제시장의 경우 규모는 넓으나 국가 경쟁력에서 문제가 있다. 따라서 국제적인 국가경쟁력 확보를 위해서는 앞으로 수년 내 한국의 저임금 노동집약적 산업의 60%가 중국 등 다른 나라로 이전해야 경쟁력이 있을 것이다. 그런데 이것은 필연적으로 국내의 실업문제를 가져온다. 앞으로 한국은 적극적으로 인적·물적 시장을 개방하여 외부의 것을 유입하는 방향으로 나아가야 할 것이다.

정치행정의 각종 제도들도 복잡한 양상을 띠고 있다. 현재 미국, 프랑스 등 선진국뿐만 아니라 러시아 등 개발도상국에도 대통령을 비롯한 일부 행위자의 역할이 중요해지고 있다. 강력한 지도자가 정치행정제도에 영향을 미치기도 한다. 그러나 크게 보면, 좋은 의미의 정치행정제도는 그 사회의 사회·문화제도라는 틀 안에서 움직이고 있다. 제도와 행위자 간에 상호작용이 있어 상호변동이 일어나고 있지만 역시 제도가 중요하다. 한국은 고려시대 및 조선시대를 통하여 주피터모형에 가까운 사회전통을 가진 나라이다. 정치행정의 세부적인 관행은 일본의 것과 가까운 것이 많다. 그러나 대통령중심제와 같이 헌법구조는 그렇지 않다. 최근에는 국제화라는 물결에 따라 추가적으로 계속하여 미국식 제도를 도입하고 있다. 여기서 상호 모순되는 제도들을 어떻게 할 것인지가 중요한 과제로 남는다.

미국식 제도의 도입은 결국 한국사회를 주피터모델에서 헤라클레스모델로 전환시키는 데까지 이를 것이다. 개혁의 문화적합성 논의의 근저에는 이런 사회구성 원리와의 모순문제가 있는 것이다. 시장원리에 기초한 제도의 도입은 '공공성(publicness)'을 감소시키는 결과를 가져온다(Haque, 2001). 정치적으로는 대중인기주의(populism)로 흐를 수밖에 없다. 이런 문제에 대한 근본적인 고민이 필요한 시기이다. 현실에 맞지 않는 무분별한 개혁은 '문제인식 → 일시적 해결 → 모순재생산'이라는 악순환고리(vicious circle)에 빠지게 해서 한국행정의 문제를 더욱 악화시킬 뿐이다(임도빈, 2014). 이를 선순환모델로 바꾸는 것이 우리의 과제이다.

☕ **차 한잔의 여유**

'미시간대'는 가치관 차이가 미·동맹국 외교마찰 불러온다고 밝혔다. 이와 관련하여

영국 방송 '채널4'는 최근 '로마: 제국의 모델'이라는 프로그램에서 이 같은 물음에 대한 답을 내놓았다. 사학자들의 눈으로 봤을 때 두 '제국'은 놀랄 만큼 흡사한 점이 많았다.

■군사력과 식민지＝로마는 당대의 초강대국으로 최고의 훈련·장비·예산으로 뒷받침된 군대를 자랑했다. 미국 국방예산은 2~10위 군사강국 예산을 합친 것보다 많다. 기술력도 추종을 불허한다. 미국은 공식적인 식민지는 없지만 세계 40여 개국에 군사기지, 혹은 군사기지 사용권을 갖고 있다.

■선전술과 유화책＝로마는 콜로세움(원형경기장)의 검투 경기를 통해 '힘'을 과시했다면, 미국은 24시간 방송을 통해 군사작전을 중계한다. 또 로마의 피정복지 주민들이 로마식 겉옷과 목욕·중앙난방 문화에 매혹됐듯이, 오늘날 세계는 스타벅스·코카콜라·맥도날드·디즈니 등 미국 브랜드에 둘러싸여 있다.

■도로와 인터넷·영어와 라틴어＝로마는 길을 곧게 정비, 군사적 용도뿐만 아니라 상업적인 유통로로 활용했다. 오늘날 정보고속도로인 인터넷 역시 미 국방부 프로젝트에서 시작된 후 미국의 경제 기반으로 자리잡았다. 이 과정에서 영어는 로마시대의 공용어인 라틴어의 지위를 확보했다.

■ 원격조정＝AD(기원후) 1세기 영국의 남부 서식스의 토기두브누스왕이 로마에서 교육을 받은 '꼭두각시'였던 것처럼, 로마는 정복지의 고위 인사를 자기편으로 만들었다. 오늘날 무바라크 이집트 대통령과 무샤라프 파키스탄 대통령이 국내 반미 감정을 무마하는 것이나, 워싱턴의 일류 사립학교에 '친서방' 아랍 왕족, 남미 대통령, 아프리카 지도자 자녀들이 넘치는 것과 흡사하다.

■ 로마판 9 · 11테러＝BC(기원전) 80년대 그리스의 왕 미스리다테스는 추종자들에게 특별한 날을 정해 자국 내 로마시민들을 모두 죽이도록 했고, 모두 8만 명이 숨졌다. 당시 로마인들 역시 9 · 11테러 직후 미국이 제기한 것과 같은 질문을 던졌다. "왜 우리가 이토록 미움을 받아야 하는가."

■ 공통점 혹은 차이점＝모든 제국은 쇠퇴의 길을 걷는다고 학자들은 지적한다. 미국이 로마제국의 말로를 답습하고 있는지, 상승세에 있는지는 단정할 수 없다. 다만 미국은 앞으로 10~15년 내 국외 문제에 얼마나, 어떤 방식으로 개입할 것인지를 두고 고민해야 한다고 학자들은 지적했다.

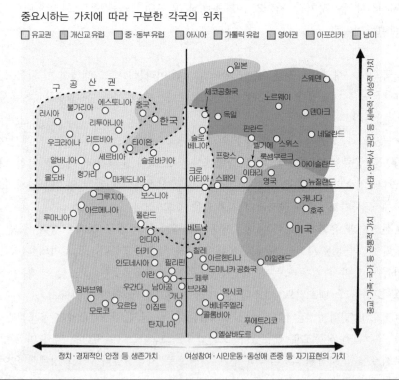

[문화권별 국가차이]

출처: 조선일보, 2002. 9. 25.

◈ 참고문헌

김선혁(2004), "비교정책학의 현재와 미래 ―신제도주의, 사회적 구성주의, 신비교행정학을 중심으로―,"『한국정책학회보』, 제13권 3호.

백종현(2004),『현대한국사회의 철학적 문제·사회운영원리』, 서울대 출판부.

임도빈(2003), "한국 신공공관리론적 개혁에 대한 비판적 고찰: 지방자치단체 행정서비스 헌장도입사례,"『한국행정논집』, 제15권 1호, pp.1~23.

임도빈(2004),『한국지방조직론』, 서울: 박영사.

임도빈(2007), "관료제, 민주주의, 그리고 시장주의,"『한국행정학보』, 41권 3호.

임도빈(2014),『행정학』, 서울: 박영사.

임도빈(2015),『한국정부, 왜 16위인가』, 문우사.

Haque, Shamsul(2001), "The Diminishing Publicness of Public Service under the Current Mode of Governance," *PAR*, Vol.61, No.1, pp.65~83.

Jong S. Jun(2000), "Transcending the limits of Comparative Administration: A New Internationalism in the Making," *Administrative Theory & Praxis*, Vol.22, No.2, pp.273~286.

MacIntyre, Alasdaire(1971), Is a Science of Comparative Politics Possible?; in MacIntyre, *Aginst the Self Images of he Age*, London: Duckwork.

O'Toole, Laurence Jr. & K. I. Hanf(2002), "American public Administration and Impacts of International Governance," *PAR*, Vol.62, special issue, pp.158~169.

Rawls, J.(1999), *A Theory of Justice*(revised edition), Oxford: Oxford Uni. Press.

Riggs, Fred W.(1998), "Public Adminstration in America: Why Our Uniqueness in Exceptional and Important," *PAR*, Vol.58, No.1, pp.22~31.

Sommers(1986), *Right and Wrong: basic readings in ethics*, New York: Harcourt Bracc College Publishers.

Tummala, Krishna K.(1998), "Comparative Study and the Section on Comparative and International Administration," *PAR*, Vol.58, No.1.

Welch Eric and Wilson Wong(1998), "Public Adminsitration in a Global Context: Bridging the Gaps of Theory and Practice between Western and Non-Western Nations," *PAR*, Vol.58, No.1, pp.40~49.

색   인

저자 약력

임 도 빈(任道彬, IM Tobin)
서울대학교 사회교육과 졸업(문학사)
서울대학교 행정대학원 졸업(행정학 석사)
서울대학교 대학원 행정학 박사과정 수료
프랑스 파리정치대학원(I.E.P. de Paris) 졸업(사회학 박사)
프랑스 파리정치대학원(I.E.P. de Paris) 초빙교수
인디애나·퍼듀대학(IUPUI) 교환교수(2005-2006)
조지메이슨대학 교환교수
한국행정학회 회장
한국행정학회·한국정책학회 학술상 수상
현재 서울대학교 행정대학원 교수
       정부경쟁력연구센터 소장

[주요 연구업적]
「지방화시대의 국가행정」, 서울: 장원출판사, 1994
Le Prefét dans la Décentralisation, Paris: I'Harmattan, 1997
「프랑스의 정치행정체제」, 서울: 법문사, 2001
「인사행정론」, 서울: 박영사, 2016(공저)
「행정학」, 서울: 박영사, 2014
「한국지방조직론」, 서울: 박영사, 2004 외 저서 및 학술논문 다수

제 3 판
개발협력시대의
비 교 행 정 학 ─ 선진국과 개발도상국의 행정체제의 분석적 이해

초판발행	2005년 9월 10일
제 2 판발행	2011년 9월 5일
제 3 판인쇄	2016년 10월 20일
제 3 판발행	2016년 10월 30일

지은이	임도빈
펴낸이	안종만

편 집	마찬옥
기획/마케팅	강상희
표지디자인	권효진
제 작	우인도 · 고철민

펴낸곳	(주) **박영사**
	서울특별시 종로구 새문안로3길 36, 1601
	등록 1959. 3. 11. 제300-1959-1호(倫)
전 화	02)733-6771
f a x	02)736-4818
e-mail	pys@pybook.co.kr
homepage	www.pybook.co.kr
ISBN	979-11-303-0361-1 93350

정 가   38,000원